ギリシア教父の世界

ニカイアからカルケドンまで

F・M・ヤング［著］

関川泰寛／本城仰太［訳］

From Nicaea to Chalcedon:

A Guide to the Literature and Its Background

Frances M. Young

教文館

From Nicaea to Chalcedon:

A Guide to the Literature and its Background

Second Edition

by

Frances M. Young

with Andrew Teal

第二版への序文

本書の第一版が出版されてからおよそ三〇年が過ぎ、その間に多くの研究が生み出されてきた。三二五年から三八一年にかけてのアレイオス論争の歴史と抗争は徹底的に再考され、キリスト論における共感はアンティオキアからアレクサンドリアへと移る傾向を示してきた。特定の人物たちの長編の伝記も数多く出版され、カッパドキアの教父たちに対する注目が飛躍的に高まり、禁欲主義と修道院運動への関心も増大し、初期ビザンティンの社会とその政治、シリア研究も同様に高まった。この新しい版は、これらすべてを考慮に入れるように努めている。

第一版の序文で示したように、ニカイアからカルケドンまでの時代は、教会の教理が形成される最も重要な時代の一つである。しかしながら、キリスト教教理を学ぶ平均的な学生のほとんどは、史料に見出される神学的な議論は言うに及ばず、この時代背景や文献を把握していることはほとんどない。そこで本書は、背景となる資料を提供し、論争に関わる人物の紹介、さらにそれらの人物たちの諸史料や彼らの投げかけた批判的な問いを紹介することによって、標準的な教科書への手引きとなることを目指した。伝統的な教父学が扱う主題はより広範囲なかたちで示され、教父学者たちによって議論されてきた重要な問題や解釈上の問題は、より広範な読者に向けられたものであった。このような本書の目的は変わらない。本書は四世紀と五世紀の重要な文献、信徒、司教、異端者の評価をひととおり示すものであり、伝記や文献批判、神学的な情報も提供している。それらのうちのあるものは教理史の重要性から選ばれたものであり、あるものは新たな研究によって光が当てられたものであり、あるものはその時期の文化と歴史に対する理解、または教会生活の問題への理解が広がったことによる。この版では、何人かの追加された人物が登場するが、最近の学問でその重要性が増しているものを反映している。アンキュラのマルケロス、エヴァグリオス・ポンティコス、偽マカリオス、シリアのエフライムがそうである。

本書はいくつかの異なるアプローチを橋渡しする。歴史家は戦いの最中にある高位聖職者たちや頭でっかちの政治家たちばかりを見ようとし、伝記作家はしばしば美化された形で伝記を記し、教会人は正統か異端かという点にのみ興味を示し、教父学者は批判的な問いに没頭し、断片を集め、史料を出版し、教理史家は特定の教理的な立場を推し進めようとするのである。もちろん私のこの表現には誇張があるだろう。しかし本書ではこれらの多くの異なるアプローチの結果を一つにまとめ、異なる視点でこれらすべてを評価しようとしているのである。

第一版は、初心者にとって英語で利用できるものを示し、大学院生にとってはカステンの標準的な教父学の著作（Quasten, 1960）の文献表を更新して学生の便宜をはかった。今日では多くの参考文献が利用しやすくなった。例えば、『教父学目録』（*Bibliographia Patristica*, Walter de Gruyter, 1959-）や『ギリシア教父学必携』（*Clavis Patrum Graecorum*, Brepols, 1974-）があり、インターネットでの資料も手に入れることができる。そのような資料があるので、本書では包括的なリストのようなものを提供しようとするのではなく、二つの類似した目的が参考文献表には盛り込まれるようにした。つまり、初心者のために、各章の本文中に英語で読むことのできる標準的な文献が示されており、大学院生のために、本の後ろの部分にある引用文献が、最も重要な参考文献の紹介となっている。

第一版は、そのとき私の研究室の学生であったジュディス・リュー（Judith Lieu）と指導教授であったM・ワイルズ（M. Wiles）教授に負うところが多かった。私は第二版でも彼らになお負っている。私はアンドリュー・テール（Andrew Teal）牧師にも感謝している。師は、第二版の新たな第二章の草稿を提供してくれ、古い引用をより完全な形で調べ上げ、説明する必要のある新しい史料を入手し、利用可能にしてくれて、出版するためのタイプ打ちをして、最終的な編集を手伝ってくれ、索引まで準備してくれた。しかしながら、本書に残されている誤りは私の責任である。各分野の専門家の方たちは、疑うまでもなく、不十分な点を簡単に見つけ出すであろう。最も優れた学者たちだけが「狭く深い研究」から脱却できるからであり、私はそうでないので、お詫びをしなければならない。私はその方たちからできる限り、学ぶように努めてきた。

ベイカー・パブリッシング・グループのジェームズ・アーネスト（James Ernest）の励ましによって第二版が生み出され、新たな版が最初の版と同様に役に立つことを願っている。私たちはＳＣＭ出版社のナタリー・ワトソン（Natalie Watson）の忍耐に感謝している。私たちが約束していたよりも、かなり長い時間がかかってしまったからである。

フランシス・Ｍ・ヤング

二〇〇九年九月

目次

第一章　教会史の誕生とその結果

Ⅰ　カエサリアのエウセビオス

エウセビオスは変遷の時代をまとめ上げる人物である。彼の著作に反映されているのは、キリスト教徒が少数派で迫害された初めのときから、まだ数の点では多数には至らないものの、影響力の点ではローマ帝国の主要な信仰となるまでの時期の教会の動きである。この時期は、おそらく「教会史の父」として、彼が執筆にとりかかるのに最も良い時であっただろう。それは一つの時代の終わりであり、新しい時代の始まりであった。

エウセビオスが四世紀の人であると考えるのは当然であろう。なぜなら、現存している彼の著作は、四世紀の最初の数十年のものだからである。加えて、彼はニカイアの協議とその結果によって生じた出来事に巻き込まれた。しかしエウセビオスは四世紀を迎えるときは四〇歳に近い年令であり、あらゆる点で彼の見解はそれ以前の二〇年から三〇年前の時代を前提としていた。彼の著作の大部分には弁証的な要素が見られ、政治の局面が急展開しているにもかかわらず、神学的考察はアレイオス主義論争の求める新たな要求と困難には答えていないように思われる。

けれどもこのこと自体が、エウセビオスをより興味深い人物にしている。彼が保守的な教会人たちの大部分を代弁していたことは疑いがない。彼は、彼らの信仰を揺るがすような明らかに革新的なことにさらされながら、皇帝〔コンスタンティヌス〕の回心と教会の大勝利を心からの理想の実現として歓迎している。彼の著作の中に、

「オリゲネス主義」（Origenism）へと至らせたものを見出すこともできるが、それにもかかわらず、彼はそれまでどおりの教会のリーダーとしての信仰を持ち、驚くほど忠実な精神で聖書と教理にアプローチするのである。彼の行動には、妥協的なものも読み取れるが、そう見えたとしても、おそらくそれは伝統的な信仰と教会の一致を保ちたいという偽りなき願いからであろう。

1　生涯

驚くことに、エウセビオスの生涯のことはほとんどわかっていない。[1] 彼は二六〇年代初頭に、おそらくパレスチナのカエサリア地方に生まれ、カエサリアを生涯にわたって故郷としたと思われる。カエサリアはオリゲネスが生涯の晩年に二〇年間を過ごした地であり、そのために、この町は、オリゲネスの著作の熱心な収集家であった、エウセビオスの師であるパンフィロスを魅了した。エウセビオスの初期の経歴は、よく知られているように、パンフィロスに師事していたことを除いて、断片的にしかわかっていない。パンフィロスは、エウセビオスがその名を取って、「パンフィロスのエウセビオス」（Εὐσέβιος ὁ Παμφίλου）とも名乗ったほどである。[2] パンフィロスの家は学校になり、よく知られた図書館の近くにあり、おそらくオリゲネスによって集められた著作が基になり、パンフィロスはその著作を絶え間なく増やしていったと思われる。[3] ここでパンフィロスとエウセビオスは二人三脚で働いた。結局のところ、二人は偉大な学者として、自分たちが多くを負っている学者〔オリゲネス〕のための弁護を共同で生み出した。[4] エウセビオスの著書の中の引用文が図書館の蔵書から取られたものであるとすれば、図書館にはかなり広範囲な蔵書があったと思われ、[5] キリスト教の文献のみならず、特に哲学の著作をはじめ、ギリシア語の幅広い範囲の著作にも及んでいたのだろう。パンフィロスのもとで、カエサリアは蔵書の中心地となり、コンスタンティヌスがのちにコンスタンティノポリスの新しい教会のために五〇冊の聖書写本を注文したのは、エウセビオスからの依頼によるものであった。[6]

エウセビオスは平和の時代に育った。デキウスの迫害は過去のものとなり、教会はローマ帝国中に拡がっていた。彼は三〇三年のディオクレティアヌスの勅令によって、新たな迫害が教会を襲った時には、すでに四〇歳かそれ以上であった。一〇年間にわたり、エウセビオスは、キリスト教に対するローマ帝国の厳しい迫害を生き抜いた。エジプトやパレスチナでの迫害の結果を詳細に知ることができるのは、彼が筆を執ったからである。エウセビオスは明らかにそれらの地域に足を運んでおり、自分の手で多くの出来事を報告することができた。彼や他

(1) Barnes (1981) は年表の要約を提供してくれる (pp.277-9)。その表の年代は現実離れしたものであるが、それに代わる説は Carriker (2003) の表に見出される (pp.37-41)。これは Burgess (1997) に従ったものである。

(2) このことに関する論争が激しくなっている。なぜならフォティオス以来、ある者たちはこれをパンフィロス「の奴隷」もしくはパンフィロス「の自由民」と理解するからである。しかしこの形はおそらく父祖の名を取ったものと理解され、パンフィロスがエウセビオスを息子や跡取りとして養子にしていたことがほのめかされ、図書館を継承させた可能性もある。詳細は Gifford (1903, III.1, pp.vi-xi) の議論を参照されたい。エウセビオスが単にパンフィロスの名前を、死後に尊敬の念から取っただけという可能性も残されている。

(3) Carriker (2003) を参照。彼はオリゲネスの図書館がデキウスの迫害によって破壊されたという考えを放棄し、おそらくパンフィロスがカエサリアに来る前から、図書館は〔ローマの〕監督下に置かれていただろうという考えを提案する。

(4) 彼らの共著である『オリゲネスのための弁明』(*Apologia pro Origene*) はルフィヌスによるラテン語訳のみで現存している。Amacker and Junod (2002) によるテキストがある。

(5) Carriker (2003) の p. 311 は、エウセビオスの膨大な著作からその内容をうかがえるすべてを提供している。Carriker はそこで「宗教的な文献の豊富さ、古典的な歴史、詩、修辞の高度さ、中期プラトン主義の著作の強み」について述べている。

(6) エウセビオス『コンスタンティヌス伝』(*Vita Constantini*), iv.36.

のキリスト者は、危害を受けることなく、信仰のゆえに監獄や鉱山に監禁されて苦しめられている者たちを訪ねた。三〇七年にパンフィロスは投獄され、三一〇年に殉教者として生涯を終えた。投獄中に彼はエウセビオスの助けを借りて、『オリゲネスのための弁明』(*Defence of Origen*)を執筆した。エウセビオス自身も、三一一―三一三年の間に、エジプトで投獄されたと思われるが、そこから解放されるために、ある種の妥協をしたと後に非難されている。図書館には、当局の第一の標的とされた聖書の多くの写本や版が収蔵されていたにもかかわらず、破壊されることはなかった。ここから、この迫害が散発的で非組織的なものであったと結論づけることができる。

三一三年に、迫害が終わり、エウセビオスはカエサリアの司教になった。この地位に彼は生涯留まることになった。彼がエウスタティオスの免職後にアンティオキアの司教に選出されたときには、七〇歳に近かったにちがいない。賢明にも彼はその栄誉を受けることを断わった。表向きにはニカイア公会議で確立した教会法を徹底させるという理由があったのだが[7]、おそらく〔カエサリアでの〕図書館に専心するという理由もあったと思われる。

しかし彼がカエサリアの司教に留まったことは、教会のぬるま湯の中で平和のうちに過ごしたことを意味しなかった。彼は、新しく建てられた国家教会の政治に関与するようになった、司教となってからの後の時代がよく知られている。それらの時代は、嵐のような数年間であった。アンティオキアで〔三二五年の春に〕彼の正統性は攻撃にさらされ、そして彼がニカイアで〔三二五年の夏に〕〔その攻撃を〕甘受したことが、彼を困難な立場に追い込んだ。けれども、ニカイア公会議での教理論争の結果にかかわらず、エウセビオスのコンスタンティヌスに対する称賛は減るどころか増していくばかりだった。コンスタンティヌスは優れたキリスト教の学者をどのように用いるべきか、心得ていたようである。公会議のすぐ後に、コンスタンティヌスは在位二〇周年を司教たちとともに祝っており、三〇周年ではエウセビオスが称賛の言葉を述べている。後者の出来事の直前に、エウセビオスはアンティオキアとテュロスの会議で大きな役割を果たしており、エウスタティオスとアタナシオスという「急進的ニカイア派」(ultra-Nicene)司教を取り扱う訴えを処理していた。彼はマルケロスへの反論を詳細にわたって書き、その周囲の者たちをも同時に退けた。アレクサンドリアの若造とのこの闘争の結果（他の者たちとの闘争も言うまでもなく）[8]、エウセビオスの在位中に、彼は絶えず「半アレイオス主義」（semi-Arianism）であるとの非難を受け、波風立てないようにする彼の政治的な姿勢が攻撃にさらされた。これらの攻撃への評価は後に検討することになるが、公平な目で見るならば、エウセビオスはニカイア公会議の時にすでに、おそらく六〇歳に達していたということ、そしてテュロス会議はその一〇年後であったことを考えるべきである。彼は老年に達しており、教会の大勝利に深く感謝をし、急速に進展していく論争や新たな時代の発展に対して、深く関わろうとすることは、おそらく少なかっただろう。本質的に保守的で年老いて尊敬を受けていた司教と、攻撃的とも言えるほどひたむきな若者アタナシオスとが明らかに相性が悪かったことは、当然のことである。エウセビオスがただ望んでいたことは、コンスタンティヌスの在位三〇年の壮大な祝いのための教会内の平和であった。彼はコンスタンティヌスの在位中は存命であり、三四〇年頃に死んだ。エウセビオスは教会の歴史の重要な転換期を生き抜いたのである。

2　『教会史』と初期の歴史に関する著作

多くの学者が研究してきたにもかかわらず、エウセビオスの生涯はあまりよくわかっておらず、その結果、彼の著作年代を確定することは難しい。さらに彼の著作は多くの改訂が重ねられ、編集が加えられているゆえに、この問題をさらに複雑にしている。著作全体の順序は、ある程度まで引用によって確定され、その引用が示している当時の状況によって年代が確定されるものである。しかし彼の著作は膨大であり、かなり長い期間にわたっ

（7）　エウセビオス『コンスタンティヌス伝』（*Vita Constantini*）, iii.61.

（8）　Klostermann（1972）. 本書第二章を参照（一一八―一二六頁）。

て編集されたに違いない。

『教会史』[9]は明らかに数回の版を重ねた。かつては、シュヴァルツの考えが広く受け入れられていた。すなわち、第一版が三一二年頃に全八巻で構成され、第九巻が三一五年に、第一〇巻が三一七年に、そして最後の版は、リキニウスの失脚に合致するように、皇帝リキニウスに言及する描写に変更が加えられているゆえに、ニカイアの頃であるという説である。『教会史』は、三二五―三二六年にかけて最終版が作られ、最終版は長い年月にわたり実質的な修正を被ってきたということでは、広く合意されている。しかし初版の年代に関しては多くの推測がなされ、七巻構成であったとか、もっと早くに書かれたとか、三〇三年よりも前である、[10]などと言われており、その初版の箇所にかなりの改訂が加えられていったのである。事実、グラントはこの作業を「過程」(process)と特徴づけた。[11]年代を早くに設定する説には次第に疑いが向けられるようになった。三一三年よりも前にもう一つの版があったという説や、初版は八巻構成であったという説は不可能であるとみなす実質的な根拠も示されるようになった。[12]第一巻から第七巻までと、その後に加えられたもの[13]が決定的に異なるのは、ディオクレティアヌスの大迫害がまさに最後の大迫害になったということをエウセビオスが自覚した時に、その歴史を書くように促されたことを示すことによって説明がつくであろう。つまり、第一巻から第七巻までは迫害間際までの歴史を辿っているが、第八巻(さらには第八巻から第一〇巻)は迫害の過程とそこからの解放を語っているからである。

エウセビオスは、『教会史』よりも前に『年代記』(*Chronicle*)[14]を記し、両者がいつ書かれたのかという議論は、それ以前に編集された文書のさまざまの版をめぐって繰り返されている。[15]ギリシア語の原文は失われ、部分的に翻訳が残っているだけである。アルメニア語版はおそらくギリシア語版を要約して書かれたものであり、[16]西方教会の要素が多く加えられたヒエロニュムスのラテン語版とは対照的である。最初の部分が失われていることは、多くの国の歴史が単調に語られていることが明白な原因であり、エウセビオスが利用可能であった文献からの依存度が高い。年表として知られている第二部は、注釈形式の要約が載せられている並列表であり、それぞれが異なった出来事であったり、東方と地中海世界の人物であったりしても、それらが並列に並べられた表である。このような表はおそらくエウセビオス独自のものであり、オリゲネスの『ヘクサプラ』（*Hexapla*）の並列表からヒントを得たのだろう。[17]

このような年表は以前にも試みられたことがあったが、キリスト教のものとしては、ユリウス・アフリカノスによるもののように、弁証論や終末論のために構成されたものであった。それはつまり、モーセや他の預言者たちがプラトンよりも前にいたことを示すため（つまりプラトンがモーセや預言者たちから拝借したことになる）、ま

（9） Schwartz（1903-9）, Bardy（1952-60）, 英訳では Lawlor and Oulton（1932）, Williamson（1965/89）.

（10） 例えば Wallace-Hadrill（1960）, Grant（1980）, Barnes（1981）が三〇〇年よりも前だと考えている。

（11） Grant（1980）, p.10.

（12） Louth（1990）, Burgess（1997）.

（13） Louth（1990）はこのことを詳細に調べ上げた。さらなる議論は Tabbernee（1997）が行った。

（14） テキストは Karst（1911）や Helm（1913）を参照。

（15） ある者たちは、もともとの年表（*tables*）が三〇三年まで、あるいはそれ以前までのものであり（Barnes（1981））、『教会史』が版を重ねていき、それゆえにいつ書かれたかという問題が発生するのだと考えている。この問題に関しては Wallace-Hadrill（1955）や Burgess（1997）の批評を参照。Grant（1980）は、『教会史』の初期の版に対してなされた改訂を識別するために、『教会史』と『年代記』の両者の違いを利用した。

（16） テキストの問題については Mosshammer（1979）を参照。Burgess（1997）はアルメニア語版とヒエロニュムス版の両者とも共通の版があると主張した。

（17） これを最初に言ったのは Barnes（1981）である。この考えを Grafton and Williams（2006）は発展させた。

た創造から受肉までのすべてが五五〇〇年であり、六〇〇〇年が経ったときの千年王国（Millennium）、つまり〔終末の〕大安息が来るということを示すためであった。エウセビオスにとって、モーセが先に実在した人物であることは大きな問題であった。実際に彼の年表調査は、ポルピュリオスが主張したモーセとイナハス（トロイ戦争の五〇〇年ほど前〔のエジプトの神話に登場する〕）が同時代に生きたのではないかという一致した見方に対する挑戦によって刺激を受けて作成された可能性がある。[18] ポルピュリオスはモーセの生きていた頃をもっと早い時代と考え、トロイの陥落よりも八〇〇年前も先立つと考えた。エウセビオス自身は三五〇〇年前であるとし、モーセはケクロプスすなわちアッティカ王国の初代の王と同時代であると考えた。彼は、ヘブライ語聖書では異なっているものの、七十人訳によって、アダムから受肉までが五一九九年であると計算した。これら二つの運動は、千年王国の枠組みを切断する。エウセビオスは必然的に、先人たちの史料に依存することになる。事実、たいていの場合、彼は自身の同時代のものよりも過去の史料を信頼していることを指摘しておくが、もちろん独自の調査もかなり行っている。エウセビオスは、聖書の写本間での相違や歴史的文献を用いる困難から生じる疑いを、ある程度、許容しているところがある。彼はエジプトやカルデアの史料と聖書の史料との間の長い時間的な隔たりを簡単に調和させることはできなかった。彼は使徒言行録の「時や時期は、あなたがたの知るところではない」（使一・七）という記述から、調査することも許されているし、不確実性があっても差し支えないと言っている。[19]

このように詳細部分に学問的な関心を向けたにもかかわらず、エウセビオスは宣伝目的のために歪曲を行ったという非難を完全に免れてはいない。[20] 彼の最大の関心事は、アウグストゥスの時代までに並列表が二列に減らされているという事実から知ることができる。つまりローマ帝国の年代と、キリスト教の年代のみが重要と考えられたのである。エウセビオスはパレスチナ地方に住みながらも、隣国ペルシア帝国のすべてのことを熟知していたと思われ、他の著作からもローマ帝国の領域外のキリスト教の宣教の様子を知っていたことがうかがわれる。

エウセビオスの『年代記』は意図的に、彼が好むような弁証のテーマに合わせられていると結論づけざるをえない。つまり、受肉とアウグストゥスの平和の確立は、摂理的な一致ということになる。

『教会史』の序文の中で、『教会史』が『年代記』の後半部分に収録されていた情報を拡大したものであるとエウセビオスは言っている。(21) そうだとすると、『教会史』は、『年代記』の次に来るエウセビオスの主要研究として生み出されたことになる。この背景を踏まえると、『教会史』の中で資料がいささか奇妙に分割されている点を理解する助けになる。『教会史』は年表から生み出された著作であり、論理的な帰結が伴うというより、「年表的なもの」である。皇帝位の継承は、叙述の一つの枠を提供しており、殉教者ユスティノスやオリゲネスのようなキリスト教会の指導者たちは、異なる皇帝の統治の異なる表に分けられて配置されている。エウセビオスは、これから彼が何をなそうとしているかということよりは、おそらく彼がなしたことを振り返って最後に加えた序文の中で、(22) 自身の目的は、聖使徒たちからの系譜をたどることであり、異端者たちの名前や年代、救い主〔の十字架〕に対する陰謀以後のユダヤ人たちに降りかかった惨事、信仰ゆえに殉教することになった殉教者や英雄者の名前を挙げていくことであると述べている。これらのテーマはそれぞれに応じて記される傾向があり、多く

---

(18) Burgess (1997), p.489 に参考文献としてエウセビオスの序文が載せられている。Burgess は最初の言葉が「モーセ」であり、すぐにモーセの年代の問題が取り上げられている、と注釈している。
(19) Attridge and Hata (1992) に収められている William Adler の「エウセビオスの『年代記』とその遺産」を参照。
(20) 相違する見解は Barnes (1981) を参照。Barnes は『年代記』が三世紀に書かれ、初期のエウセビオスを資料も自ずと限られていたものの、学者であるとみなし、弁証的著作に取り組んだのは教会の平和が打ち砕かれた三〇三年以降だと考えた。
(21) 『教会史』1.1.2.
(22) Grant (1980) を参照。

の司教たちは皇帝の統治と連動させられている。その結果、明らかな順番やテーマの混乱が見られ、どこか読者を戸惑わせるものがある。

エウセビオスは第一義的には学者であり、明晰な思考をする哲学者のようなタイプでも、[23] 彼の弁証的な関心事に客観性を持たせることに最優先に取り組むようなタイプでもなかった。むしろ彼は古代研究家として証拠を分類し、情報を収集することを愛した好古趣味的な人間であった。細部へのこだわりによって衒学的になっている。[24] 彼は歴史家としての想像力に長けていたわけではないが、後の時代から評価すると、彼の優れていたところは史料への情熱であり、報告を裏付けるための具体的な史料に言及してくれたことである。教会の歴史を明らかにする現代の史料集が、『新エウセビオス』（*A New Eusebius*）[25] と名付けられている事実によっても、エウセビオスの著作の性格に注意が向けられる。エウセビオスがいなかったら、私たちの初代教会の知識はかなり乏しいものになっただろう。[26] いくつかの口伝を除き、彼の記述のほとんどはカエサリアとエルサレムの図書館にあった著作や手紙からのものに限られていたが、それらはかなりの史料であった。[27] エウセビオスは、資料の年代を決め、評価することに困難を感じていた。そこで、彼の見方は、彼自身の生きた時代の教会を投影させるという時代錯誤的なものとなった。[28] ある程度まで、私たちは入手可能な他の著作から、彼の伝える情報を修正し補うことができる。しかし常にそうできるわけではなく、彼の不十分さゆえにもどかしさを覚えるようになる。たとえば、サモサタのパウロスが実際のところ何を教え、なぜ彼は非難されたのか。エウセビオスは彼の非道徳的な生活や非教会的な振る舞いを書き記したが、彼の異端的な教理の説明は十分ではなく、単にエビオン派やアルテモンとのつながりを示唆しただけである。[29] エウセビオスはほとんどの異端について曖昧な記述しかしていないので、誤った教えを記録することの「有益性」[30] を疑っていたのかもしれない。しかし、エウセビオスは、異端は短命にすぎず、議論するに足りないとも考えていた。[31] このような不十分さにもかかわらず、エウセビオスは欠くべからざる存在である。たとえば、パピアスについて、エウセビオスは彼の知性をいささか侮蔑的に考えているにもかかわらず、私たちに唯一のパピアスの断片の記述を残してくれている。さらにまた、最初期の殉教者の記録の断片や、サルディスのメリトンやアレクサンドリアのディオニュシオスのような重要人物からの断片もエウセビオスによっている。加えて、もっと重要な教会著作家たちの著作リストを示し、その年代を提供してくれたことである。たしかにいくつかの修正は必要なのであるが、新約聖書の時代からエウセビオスの時代までの教会史の一般的な出来事を再構築する基本的なガイドを提供する。

エウセビオスは主として教会史に関する著作で知られている。しかしながら、彼の神学のみならず、まさにこの点で、現代の学者たちは、エウセビオスを批判の対象としてきた。エウセビオスは、意図的に事実をゆがめ、

---

(23) Barnes (1981, p.100) はエウセビオスのことを「哲学的には混乱している」と評価した。しかし Lienhard (1999) と Robertson (2007) はエウセビオスの神学を精密なものではないとする一般的評価に疑問を投げかけている。さらなる議論は続く注を参照されたい。
(24) Kofsky (2000), p.251.
(25) Stevenson (1957).
(26) Lawlor は「『教会史』がもしなかったら、」『教会史』の半分の記述を私たちは知ることができなかっただろうと評価している。Lawlor and Oulton (1927), II, p.19 を参照。
(27) Nautin (1961) と Carriker (2003) を参照。
(28) Barnes (1981) を参照。
(29) この議論に関しては Grant (1980), pp.92-93 を参照。
(30) エウセビオスは彼が用いた史料と全体構成がいかに有効であるかを主張した。Grant (1980), p.23 を参照。
(31) Grant (1980), p.85.

史料を損ねてしまったのではないかと非難されてきた[32]。とりわけ、彼の著作が明確な意図をもってなされていること、判断力と洞察力の欠如、社会的・政治的要因に関心を払わないことが指摘されてきた。特に、エウセビオスが行う、同時代の出来事の説明が信頼に足るかどうかは、これまで多くの議論の的となってきた。『教会史』の第八巻から第一〇巻と、それに関連する小冊子、『パレスチナの殉教者たち』は、数年間におよぶ迫害の時代の進展を取り上げている。『パレスチナの殉教者たち』(*Martyrs of Palestine*)には二つの校訂本が存在し、長い版の方はシリア語のみが現存しており、短い版の方はギリシア語で現存し、四つの手稿形式で『教会史』の第八巻に付加されている。エウセビオスは、自身が記した多くの出来事の証言者であることを主張し、キリスト者への迫害がどのような影響を与えたかに関して、それらは時代の貴重な史料である。しかし詳細な検討に至ると、エウセビオスの説明からの迫害の年代順の再構成は、かなり困難になる[33]。さらに同時代の碑文は、エウセビオスの証言の信頼性に疑いを投げかける[34]。説明全体が、エウセビオスの視点に影響されている。例えば、リキニウスは英雄として迎えられた後にその名声が傷つけられることになり、マクシムスの行為はエウセビオスによって迫害者として悪意ある形でゆがめられることになった。エウセビオスのこのようなあからさまな点は非難の対象となり、彼は意図的に皇帝の歴史を自分の都合のいいように書き換えたのだということが指摘されてきた。

しかしながら、彼の歴史家としての資質は、現代の基準から判断するよりも、当時の基準のもとで判断されるべきであろう。エウセビオスを退屈で受け入れがたいものにしているのは、異教徒の歴史記述と彼の歴史記述とを区別する方法論そのものにある。歴史とは「創作された言葉の最大化されたものと真正な資料の最小化されたものからなる修辞的な著作[35]」、すなわち文学的な形態をとるものなのである。エウセビオスはきちんと学問をした人であったが、トゥキディデスとリウィウスの伝統的な道をたどろうとはしなかった。もちろん、エウセビオスはまったくの無からすべての著作活動をしたのではない。さまざまな方法によって、異教徒の歴史家や哲学者の著作が、彼の興味関心を先取りしていた。アリストテレスの弟子は、特定の分野において、一人の師がどのように他の人に追従するのか（例えばアリストクセヌスの『音楽の歴史』（*History of Music*））という「連続」（successions）を土台にして歴史を記述した。ディオゲネス・ラエルティオスは『哲学者列伝』（*Life and Opinions of Philosophers*）の中で、哲学者の生い立ちと教えの発展を混ぜ合わせ、哲学学校の学校名と校長名の一覧を記し、分派争い（*haireseis* 多様な意見のこと）について議論した。つまりエウセビオスの司教のリストはこのような異教徒の先例に従っており、異端のグループに関する彼の議論も同様なのである。[36] さらにエウセビオスの歴史全般にわたる理解は、異教の先駆者たちがすでにそこから作り上げていたものに対する応答として形成された。異教徒たちは運命や宿命にとらわれていたのに対して、エウセビオスの答えは、自由な意志と摂理であった。[37] けれども、彼が史料の証拠に信頼を置きながら、創造的な記述を生み出すことに前向きでなかったことから、彼は、新たな歴史記述を生み出していったのである。彼自身が「私たちは今、このような企てにすでに乗り出し、人跡未踏の道を行こうとしている」と主張し、[38] 自分の欠けについて読者に許しを請うている。彼には従うべき前

（32）Lawlor は50以上の聖書以外からの引用が損なわれているのではないかと見積った。彼は、写本に書き写すためにエウセビオスが雇った無能な写字生のせいにした。Lawlor and Oulton（1927）, pp.20-25 を参照。このようなたくさんの例は Grant（1972, 1975, 1980）を参照。

（33）Lawlor（1912）および Baynes との間になされた議論は Lawlor and Richardson（1924-25）を参照。

（34）この点および続く点に関しては Grant（1972, 1975, 1980）を参照。

（35）Momigliano（1963）を参照。この議論は Markus（1975）によって補強された。

（36）Bardy（1952-60）の第四巻の序（p.79）を参照。

（37）Chesunt（1977）, 第一章と第二章を参照。

（38）『教会史』1.1.2.

例はなかったのである。なぜなら、この歴史は、人間の政治や軍事戦略の研究ではなかったからである。つまり、歴史は、誰かの気に入るように、あるいは誰かに強い勧告を与えるために書かれたものではなかった。キリスト教が主張する真理を説得させる意図を持って書かれたのであり、その結果として、論争的な手法を歴史記述に導入したのである。その目的は弁証であり、[39] たくさんの証拠が証明のために積み上げられ、異教徒の歴史に関する著書にも見られないような学識が積み上げられた。モミリアーノが提案するように、[40] おそらくエウセビオスは、注意深い史料蒐集に基づく現代の歴史編纂の方法論の展開を先取りしていたのである。

エウセビオスは資料に依拠した。なぜなら彼は、真理を確立し、読者にそれを説得させようとするに熱心であったからである。彼は公平であろうと意図したことはなかった。彼は、キリスト教神学者として、救いの歴史として諸事象を示す著作を書いた。この点でエウセビオスは、〔旧約〕聖書に見られるようなユダヤ人の歴史的な記述の伝統に、さらには一定程度ヨセフスに従った。彼が歴史の過程についての理論を発展させることによって、結論から諸事象を見たということは驚くにあたらない。彼は異端に対しては正統の、偶像崇拝に対してはキリスト教の大勝利を描いてみせた。エウセビオスは、歴史の中での諸事象の中で識別されるように、神の裁きと神的ロゴスの摂理的な働きを証言しようとした。必然的に、二世紀に千年王国の信仰が広がったというような都合の悪い事実は抑えられることになり、[41] やっかいな事実もゆがめられることになった。彼は「良い皇帝」であったマルクス・アウレリウスに迫害の原因を押し付けることができなかった。リキニウスの場合のように、キリスト教からの先入観のもとで、〔良し悪しの〕裁きが下されることになった。エウセビオスは今日における意味での客観的な歴史家ではもちろんない。つまり彼は宣伝者（propagandist）であったのである。しかし事実への探求心や史料を保存したいという思いは、時代に先んじていた。エウセビオスは先駆者となって、教会史を記述するための標準となる方法を発展させたのである。エウセビオスの継承者のほとんどは、彼の著書に代わって新しい試みをしたのではなく、むしろそれを継続し更新させていった。このことは明らかにエウセビオスの業績の評価の証言となる。

3 弁証的著作

『教会史』は、著作年代はともあれ、エウセビオスの多くの業績の一つにすぎない。彼の実質的な最初の弁証的著作は『ヒエロクレス反駁』（*Against Hierocles*）であった[42]。この著作は、迫害が起こる直前にキリスト教への攻撃を開始した帝国の役人に対する迅速な応答である。ある時点で（三〇三年もしくは三一三年?）、イエスがティアナのアポロニオスよりも劣っていることを人々に説き伏せようとするヒエロクレスの挑戦に答えて、エウセビオスは、フィロストラトスの『アポロニオスの生涯』（*Life of Apollonius*）を詳細に批判した[43]。（ほとんどが散逸しているが）全一〇巻から成る『一般的基本要項』（*General Elementary Instruction*）は、関心を持つ教会外の人に向けて書かれたように思われるが、キリスト教の集会が禁止をされた後には、カテキズム教育の代用品となっていた[44]。この迫害の時期に『オリゲネスのための弁明』（*Defence of Origen*）[45]、『パンフィロスの生涯』（*Life of Pamphilus*）、

（39）相違する見解は Barnes（1981）を参照。Attridge and Hata（1992）の中の、Arthur J. Droge の「『教会史』における弁証的特徴」（The Apologetic Dimensions of the *Ecclesiastical History*）も参照。

（40）Momigliano（1963）を参照。

（41）Grant（1980）は pp.131-136 において、エウセビオスがヨハネ黙示録に対する正典理解を変えたのだと議論している。このことはパピアスから得られる情報に対する彼の評価にも見られることである。

（42）テキストは Forrat with des Places（1986）, 英訳は Conybeare（1921）を参照。

（43）このテキストと書かれた時期に関する十分な議論は Forrat with des Places（1986）を参照。

（44）Barnes（1981）, p.168 を参照。

（45）Amacker and Junod（2002）を参照。

ほとんど散逸しているものの他の著作の中で引用されているポルピュリオスの大きな書『キリスト教徒反駁』（*Against the Christians*）に対する膨大な回答も生み出された。[46] エウセビオスの膨大な残存する弁証的著作である『福音の準備』（*Praeparatio Evangelica*）と姉妹編『福音の証明』（*Demonstratio Evangelica*）[47] はおそらく迫害後の時代に書かれたが、いくつかの記述は迫害がなお続いていること、あるいは少なくとも近い将来に起こるかもしれないことを示唆している。[48]

これらの膨大な著作の積み重ねが行われた正確な年代がいつであろうとも、統一した思想の多くは、その時までにすでに導き出されていた。私たちが読むことのできる『福音の証明』の大部分が、現存している『キリストに関する預言者的詞華集』（*Prophetic Eclogues*）に基づいていることはわかるであろう。[49]〔『キリストに関する預言者的詞華集』は〕キリストにおいて成就された旧約聖書のテキストを集めたものであり、『一般的基本要項』の第六巻から第九巻を構成するものである。年代が再考された結果、どれが先に書かれたかは、かつてほど明瞭ではなくなったが、『教会史』で素描されている理論は、これらの著作において確実に発展し、詳細に論証されていることがわかる。実際、エウセビオスの著作を読めば読むほど、彼が同じ議論を再考し、新たな文脈で同じ史料を用いる一貫した能力を持つことに驚かされる。このことが最も顕著に表れているのは『神顕現』（*Theophania*）である。[50] この書物は、おそらくエウセビオスの晩年に書かれ、彼が生涯にわたって関心を抱いてきたキリスト教の優越性を証明しようとしている最終形態のものである。〔エウセビオスの晩年にあたる〕コンスタンティヌスの在位三〇年祭でなされた称賛演説の中にも、エウセビオスのこのようなよく知られた主張を見出すことができる。

この歴史家〔エウセビオス〕は心底から弁証家であり、[51] 彼の弁証への興味は『福音の準備』と『福音の証明』の中で十分に達成された。[52] これらの著作の性格はエウセビオスの他の歴史的著作の性格と類似しており、彼の図書館の豊かな資料に相当程度由来するものである。いくつかの文章をつなぎ合わせるためには、索引帳（card index）のようなものをエウセビオスが作っていたことをうかがわせる。そのような便利な助けとなるものなしでは、彼の労力、もしくは筆記者の労力は計り知れないものとなっていただろう。巻物の中で引用を確かめるのも容易であったはずはなく、聖書以外の文書が、コデックス（codex form〔つまり羊皮紙を重ねたもの〕）であったとは思われない。『福音の準備』とその姉妹編〔『福音の証明』〕は、キリスト教の文書だけでなく、多くのギリシアの散文著作においても、かなりの調査をもとにした膨大な著作である。伝統的な弁証の中心主題は、反対者の言葉そのものから証言を得ることであり、反キリスト教の立場にあるポルピュリオスの言葉がしばしば、長文の形で引用されている。このようなエウセビオスの手法は、後世に至るまできわめて貴重なものではあるが、読みやすさの助けにはならない。彼は著作家というよりも編集者や収集家であった。『教会史』の中で見せたよりもさらに一層、彼は膨大な史料に支配されているように見える。そうではあるが、異邦人の哲学者や歴史家の失われた著述をたどることに興味を持つ学者たちは、いくらエウセビオスに感謝してもしすぎることにはならないので

（46）テキストはMras（1982-3）, Places（1974-91）, 英訳はGifford（1903）にある。
（47）テキストはHeikel（1913）, 英訳はFerrar（1920）にある。
（48）『福音の証明』iv.16, viii.1を参照。
（49）テキストはMigne, *PG* 22を参照。
（50）『神顕現』（*Theophania*）、ギリシア語の断片はGressmann（1904）を参照。全文はシリア語のみ、英訳はLee（1843）を参照。
（51）Frede（1999）はエウセビオスの著述のすべてを弁証的なものとして扱うことを警告し、そのような考えが広まることは意味のないことであるとしている。そうではなく、エウセビオス自身は弁証という言葉を、著述様式としての限定的な狭い意味と、キリスト教を護るというすべての意味において用いている。
（52）詳細な議論はKofsky（2000）を参照。

である。[53]

そうであるとすれば、これらの著作によって与えられる印象は、エウセビオスが新しい考えや洞察を発見したというよりは、むしろ教会の立場を確認していたということになる。彼は他の人の考えや言葉を再生産することを好んだ。しかしながら、エウセビオスは弁証論に、新しく独創的な歴史的パースペクティブをもたらしたと論じられてきた。この主張の論拠となるのは、エウセビオスがヘブライ人の原初的宗教（それによって彼は聖書の族長たちを意味する）をキリスト教によって回復された理想の宗教であると提示するその頻度である。[54] ここから、私たちは離れたところに立って、膨大な細部に人類の宗教史の全体的ビジョンを理解することができると主張される。[55] このビジョンは、一つには、天体をより純粋かつ単純に礼拝することが、血による祭儀や英雄ないしは自然的な力を神とすることに先立つというポルピュリオスの理論によるのであり、さらには伝統的なキリスト教が偶像や多神教について、邪悪な悪魔の誘惑に富んだ行為として説明することによっている。この全体構図は以下のように要約することができるだろう。堕落によって、人類は真の神礼拝から物質礼拝へと変わったのである。人類は最初、少なくとも天にある星々を礼拝していた。しかし続けて人類はより低きところに目を注ぎ、緒元素や自然の力を礼拝し、ついには自分たちの有名な祖先を神々として礼拝したのである。悪魔は人間の自由意志を最大限利用し、人間たちが誘惑へ陥るように誘ったのである。かくして多神教が登場することになった。その一方で、ロゴスは人類の救済を実行し、アブラハムとその継承者に対して、真の宗教を明らかにした。しかし、彼らの子孫たちはビジョンを見失ってしまった。そこでモーセが、真の宗教の本質的な特徴を象徴や、さらには弱く罪深い人間が理解しうる物質という形のうちに保存する法を構築するために選ばれた。それゆえに、私たちは多神教やユダヤ教をともに物質主義的なものと考え、さらには人間の愚かさや無知の結果として考えるのであるが、ユダヤ教は、最も悪いところから人間を救おうとする神の試みから出たものと考える。そのとき、まさに歴史の中で細心の注意を払って準備されたその瞬間に、預言の成就がユダヤ人に与えられ、ロゴスが肉となって自身を表し、真の宗教を示し、万国民の間に、純粋なる信仰を再構築するのである。かくして、キリスト教は、ある種の刷新としてではなく、もっぱら純粋で真実なる原初宗教への回帰として生まれたのである。基本的にエウセビオスにとって、キリスト教は唯一の真なる神を正しく礼拝することを表したものであり、この点で他のすべての宗教と区別されるのである。

このような歴史を提示することがエウセビオスの主要目的だったわけではない。彼は、完全なる一貫性をもってこの目的を達成することに成功しているわけではない。すなわち、モーセの役割の評価だけでなく、原初の天体宗教の地位も然りである。けれどもこのような思想が、確かに彼の用いた史料の背後にあるように思える。つまり、それらの思想を読み取ることは、彼の弁証的な著作を理解する助けとなる。エウセビオスはこの枠組みの中に古典的な弁証のための武器[56]、特に異邦人から借用したギリシア語の知識、宗教、哲学といった古くからの

---

(53) Gifford (1903) はエウセビオスに依存している断片のリストを示した。これはとても注目すべきものであり、ピタゴラス学派のヌメニオスとプラトニストのアッティコスに関して実質的に知られているすべてを含み、ユダヤ人のフィロンとポルピュリオスからの引用に関しては言及していない。Carriker (2003) も参照。

(54) 『福音の準備』vii,『福音の証明』i.

(55) ここでのエウセビオスの歴史的な考えに関しての議論は、Sirinelli (1961) に依存している。同様の説明は Chesnut (1977) の第四章を参照。Kofsky (2000) はこの全体にわたる説明の不連続性と固有の難しさに注意を払っている。

(56) 借用物に関しては、『福音の準備』x を参照。モーセの優先性については『福音の準備』xi-xiii (cf.『神顕現』(*Theophania*) ii, pp.44f) を参照。運命論や占星術に関しては『福音の準備』vi を、反哲学者に関しては『福音の準備』xv を、神託 (oracles) に関しては『福音の準備』iv-v を、予言に関しては『福音の証明』の至るところを参照されたい。

ものを導入していった。エウセビオスは、彼以前の多くのキリスト者と同じように、プラトンが、モーセから得て、すでに真理を発見していたことを認めていた。エウセビオスは占星術や運命信仰に対して伝統的な議論を繰り返している。そのために、彼は、そのような哲学の各学派の誤りを明るみに出すために、よく用いられていた攻撃手段を用いている。彼は〔ギリシアの〕神託の源が何であるかを説明し、キリストの時代に神託が終わりを告げたのは、ロゴスと悪魔との間の戦いの結果であったと説明した。彼は、預言とその成就の証拠から、昔からのキリスト教の議論をまとめ上げている。手に入る石はすべてエウセビオスの努力によって掘り返された。つまり、それは、一方で粗い形のものも洗練された形のものも、異教には信を置かないためであり、他方で、キリスト者は、祖先からの宗教を新しい偶像崇拝に代えて捨て去ってしまったのではないか、あるいはユダヤ人にもギリシア人にもならず、二兎を追って一兎をも得ていないのではないかというキリスト教に対する一般的な非難に答えるためであった[57]。ポルピュリオスの『キリスト教徒反駁』に対して詳細に答えていたので、エウセビオスは、ポルピュリオスの攻撃の背景に対して、キリスト教擁護のためのより一般的な事例を示し、ポルピュリオスを彼自身の議論を支持するために用いている[58]。

膨大な史料と議論を通して、エウセビオスが、キリスト教の真実が現れていると確信していた人類の歴史の中で、神の摂理をどのように理解していたのかが見えてくる。彼の心に最も響いていたことであり、すでに概要を示した主題に貢献してきたのは、(i)預言の成就、(ii)キリスト教の奇跡的な成功、(iii)摂理的な出来事の証拠、である。これらの議論それぞれに、エウセビオスは何度も立ち返っており、ここで三つの主題を概観することは有益だろう。

(i)『キリストに関する預言者的詞華集』と『福音の証明』の中では、預言からの議論が説得力あるものとして用いられている。イエス・キリストは、モーセのようなもう一人の預言者の預言を成就した唯一の人であり、新しい契約を確立し、新しい律法を据えた唯一の存在である。彼のみが預言を成就することができたのである[59]。

エウセビオスは、伝統的なキリスト教の典拠を引用するが、彼にとって旧約聖書諸文書は、キリストにおいて成就され、キリスト教の立場を証明してくれる神の霊感によって書かれた言葉なのである。「新しい文書は古い文書から証明され、福音書は預言の証拠に照らし合わされるのである」(60)。

しかしながら、モーセに対するエウセビオスの評価では、キリスト教とユダヤ教の間の関係がすべて曖昧になってしまう。モーセなしでは、理想的な宗教指導者も存在しなかっただろう。またモーセなしでは、預言も存在しなかっただろう。モーセは不可欠な存在であり、ユダヤ教の創始者であった。聖書文書を持っていたユダヤ人は、キリスト教にとって容易に和解できない敵対者であった。それゆえユダヤ人からの攻撃にさらされることになったのである。その上、キリスト者は聖書諸文書を受け入れようとしている間、ある決定的な点でユダヤ人の要求に従い得なかった。エウセビオスはこれらの事実の真意を認識し、『福音の証明』で明らかにしたのである。

その説明にあたって、エウセビオスは、パウロ以来伝統となったユダヤ教の律法の評価を利用する。モーセによって確立された律法の体系すなわち統治は、教育的な目的を有していた。つまり、それは神と神礼拝の真理全体というわけではなかった。それはあくまでも象徴であり、真理が来たときには廃止されなければならなかった。エウセビオスはこのことに加えて、異邦人がユダヤ人と同様に、律法に従うべきであるということに関して、多くの実践上の反論を行った。例えば、すべての国民が、犠牲を捧げるためにエルサレムに巡礼することなど所詮

---

(57) このことは『福音の準備』と『福音の証明』の序文のところで、二つの目的として記述されている。
(58) Kofsky (2000), pp.250-257 は、ポルピュリオスの『キリスト教徒反駁』(*Against the Christians*) とエウセビオスの『福音の準備』と『福音の証明』を記した目的に関連することを、有益に説明している。
(59) 『福音の証明』i.7, iii.2 を参照。
(60) 『福音の証明』iv.15.

できなかったことが挙げられる。[61] モーセはユダヤ人に対する律法の賦与者であった。イエス・キリストは律法の賦与者という点ではモーセと同じであるが、イエス・キリストの与えた律法はより優れたものであり、普遍的であったし、もはや時代遅れであったモーセの律法を置き換えたのである。

しかしながら律法を置き換えたことは、預言の書としての聖書からはずれることにはならなかった。モーセの諸著作は神の霊感によって書かれたもので、それらの中に真理があった。つまり、それらは、悪魔が起源となっているような神託や預言からは、慎重に区別されなければならなかった。[62] キリストにおいて真理が明らかにされたとき、ユダヤ人たちは、その真理を見損ねてしまったのである。それゆえユダヤ人の国と統治は、神の摂理によってローマ帝国によって滅ぼされてしまった。事実、このことは、ユダヤ人自身の秘められた預言の言葉で前もって言われていたのである。肉的なことにこだわるあまり、霊的なことを見分けることができず、暫定的な律法を恒久的な律法にしてしまったのである。キリスト教は、象徴の後ろに隠されていたリアリティーの啓示だったのである。

このように預言に関する議論は、『キリストに関する預言者的詞華集』と同様、『教会史』の中でも効果的に働き、彼の弁証的な著作の中に出てくることになった。明らかにエウセビオスはその議論が、説得力があることを知っていたのである。

(ii) キリスト教の奇跡的な成功は、エウセビオスの目に映ったもう一つの注目すべき事実であった。論争は、政治的展開が進むにつれ、よりいっそう増していった。しかしながら、すでにコンスタンティヌスの最終勝利の前には、この議論は利用されていたのである。万国と万民に福音が急速に広まったこと、「あらゆる形の悪魔的な多神教」から人類が回心したことは、『教会史』の中ではっきりと書き記された。[63] さらにエウセビオスは、政治的な著作の中で、読者が帝国に支援された見事な建物と多くの会衆を伴った勝利の教会の時流に乗った動きに加わるように促された時に、よりいっそう雄弁にそのことを述べている。初期における福音の奇跡的な成功は、異教徒の嘲りに対するエウセビオスの主要な武器の一つであった。もしキリスト教が、偽りの魔術師の弟子たちによって名声を得た大いなるまがい物であったなら、どのようにしてキリスト教は、その信奉者たちから、禁欲的で自己犠牲的な行動を求める純粋なる生の哲学として生き延びてこられたであろうか。読み書きができない、シリア語を話す無教養な人々が、洗練されたギリシア・ローマ世界でそのようなだまし事をやり通すことができたのであろうか。いったいなぜ、偽りだと知っているもののために、人間は死ぬ備えをすることがあろうか。エウセビオスはおそらく特にこれらの議論を展開するために、最も力を注いだのであり、(64)『コンスタンティヌス頌詞』(*Laus Constantini*)と『神顕現』(*Theophania*)の中で、これらの議論を再度行うことによって、このことを認識している。

(iii)摂理的一致の証拠は、エウセビオスにとって、最も力点を置いた議論であった。エウセビオスの歴史の発展についての考え方の一つの特徴は、キリスト教と文明並びに平和を同一視していることである。偶像崇拝に陥る人類は、野蛮で未開なものと描かれている。アウグストゥスの下での文明によってもたらされた平和の確立は、単に受肉と偶然一致するのではなく、ほとんど必然だったのである。二つの大きな力であるローマ帝国とキリスト教会は、万人に平和を与えるために湧き起こったのである。(65)この奇跡は、キリスト教の宣教が急速に拡大し、多神教を克服することのための諸条件を提供する摂理のなせる業に帰せられる。

(61)『福音の証明』i.3.
(62)『福音の証明』第五巻の序。
(63)『教会史』ii.3.
(64)『福音の証明』iii.
(65)『神顕現』iii.2 や他のところでもしばしばこの議論が出てくる。

しかしその後の迫害は何を意味するのか。もしローマの平和と教会の平和が一致するのであれば、教会とローマ帝国の間の対立はどのように説明されるべきか。エウセビオスはこの説明のためにさまざまな手法をとったように思える。『教会史』の中で、初期の迫害は「悪い皇帝」のせいにされたり、「良い皇帝」が邪悪な家臣たちからそそのかされたせいだとされる。神が教会に対してしばしばそのような衝突を許したのは、教会の成功が世俗の力によってではないことを示すためであった。神が迫害を許容したのは、殉教者たちの誉れ高い行為を、死にすら打ち勝つキリスト教の力として輝かせるためであった。しかしエウセビオスは、いかにして最後の激しい大迫害に直面し、それを正当化したのであろうか。

エウセビオスは、大迫害の記述を始めるにあたり[66]、大迫害に先立つ数年間の教会の平和と成功を描き出した。この数年間は、エウセビオスの生涯の初めの頃であった。彼はまだ迫害の時代を経験したことがなかった。エウセビオスは、当局が多くの会衆や大きな建造物をまだ許容していたことを目撃した。しかしエウセビオスは、この頃を振り返りつつ、教会の外見上の成功が霊的な力を弱らせていたに違いないと断じた。権力の乱用や意見の相違、偽善や世俗化が優勢になってしまった。そこで、神は預言者の警告を成就させ、エウセビオスは自分の生きている時代に、教会が荒廃し、聖書が燃やされ、司教が身を隠し、信徒たちが牢に入れられるのを目の当たりにすることになった。これは、教会を聖め、懲らしめるための、教会に対する神の裁きであった。その後、迫害が不可解にも長引くにつれて、エウセビオスは「悪い皇帝」のせいにする古い説明に戻っていく。そして最後には、このような迫害を起こした皇帝たちのひどい不幸とキリスト者の支持者であるコンスタンティヌスの成功を見るのである[67]。最終的にエウセビオスは、一連の出来事を、歴史における神の裁きの証明として理解するようになる。その裁きは、地上におけるコンスタンティヌスの勝利と平和の確立に見られる輝かしいクライマックスへの道備えをするものである[68]。神の摂理に対する彼の見解は、彼の生涯における政治的な出来事によって立証されていた。教会とローマ帝国の統一は完全に実現されていた。キリスト教が真実であることを証明するのに、これ以上の証明がありえようか。

4　政治的著作

コンスタンティヌスは、エウセビオスの目には最も説得力のある証拠であった。それはエウセビオスの弁証的議論に決着をつける事実であった。ここから、おそらくエウセビオスの皇帝に対する態度を理解することができるだろう。『コンスタンティヌス頌詞』のような賛辞の詞の中で、エウセビオスが、コンスタンティヌスをほとんど無条件に称賛し、コンスタンティヌスの個人的な過ちも無視するようになっているのは、まったく驚くにあたらない。このことは〔エウセビオス以外の〕一般的な称賛の形式とも調和しているだけでなく、宗教的確信としてコンスタンティヌスの意義を見るというエウセビオスの観点からも避けられないものである。エウセビオスがローマ帝国の栄光を極端に重視していることが非難されるかもしれないが、それにもかかわらず、歴史の中での神の活動に照らして見れば、完全に理解することが可能である。

またこのことは当時の文化の光のもとでもまた理解することができる。エウセビオスはコンスタンティヌスの果たした役割を記述する際に、ビザンツ帝国の帝国神学を予示している。賛辞の詞の中で、地上の帝国は天上の神の最高権威の模倣と考えられている。帝国の称号が神に用いられ、神の称号が皇帝に用いられるのである。独裁統治だけが平和を保証し、多数による統治は、無政府状態を意味する。それゆえに一人の神がおられ、神の

（66）『教会史』viii.1.
（67）『教会史』viii.13-16.
（68）『教会史』ix.8.

下に一人の皇帝がいるのである。[69] これに近い考え方は、プルタルコスとディオトゲネスに見られるようなヘレニズム哲学によって発展させられた見解と王権の理論との間に見られ、[70] 異教の賛辞の詞の中にも似たような言葉遣いを見出すことができる。[71] エウセビオスは同時代の通俗的な哲学に見られる王権論を取り上げ、キリスト教化した。コンスタンティヌスは理想的な「哲人王」(philosopher-king) となった。彼こそは、自身の感情を抑制することを学んだがゆえに、他者を統治する正当な権利者となった。[72] コンスタンティヌスは、自分に対する過度な称賛を拒否し、豪華な衣服、日用の用具、自身の力ある立場など何も気にかけずに、彼の成功の原因のすべてを神に帰した者として記されている。彼の謙虚さ、寛容さ、信心深さが強調され、ロゴス (Logos) との直接の交わりがコンスタンティヌスには与えられている。かくして彼は支配者であるのと同じように、ローマ帝国民の模範であり教師となる。明るい太陽のように、彼は最も遠くにいるローマ帝国民さえも照らす。コンスタンティヌスが司教をもてなせば、それは神の国の食事のようになる。エウセビオスはコンスタンティヌスを地上におけるロゴスの現れ同然に見ている。帝国の祭儀の言葉を採用する際には、エウセビオスは皇帝が持つ特別なキリスト教的目標を誇張する姿勢と帝国における宗教的な統一と合意を達成するという目的でキリスト教独自の主題を抑える姿勢の間を揺れ動いている。換言すれば、エウセビオスは、コンスタンティヌスの宗教政策全般と考えられてきたものを伝える報道官に進んでなったのである。[73] エウセビオスのこの態度は当時においてはまったく荒唐無稽というわけではなかった。しかし、為政者に対して教会がへつらってしまう危険は、まだ表面化していなかったのである。

議論は、コンスタンティヌスに関連する史料全体が真正であると仮定している。しかし実際のところはこれまで多くの議論がなされてきた。[74] 四巻からなる『コンスタンティヌス伝』(*Vita Constantini*) は、コンスタンティヌスの死後に彼の偉業を称賛するために書かれた賛辞のような、曖昧なジャンルに属する見たところ未完の文書を含んでいる。この賛辞は、挿入された史料によって、『教会史』のような著作に変えられている。『コンスタンタンティヌス伝』は、皇帝のキリスト教的な徳を強調し、それにそぐわない事実を抑えるという明確な意図を持っている。しかしながら、著者であるエウセビオスは「すべての統治者である神を喜ばせる高貴で気高い行動」を提示することだけに関心を寄せていると述べている。[75] なぜなら、もしネロの悪行が良く描かれ、コンスタンティヌスの善行が沈黙のうちに忘れられてしまうならば、それは不本意の極みとなるからである。換言すれば、エウセビオスは、皇帝の賛辞を描く伝統に従って著作しているのであり、包括的な伝記を書こうと見せかけているの

(69)『コンスタンティヌス頌詞』i-iii.
(70) Baynes (1933/1955) を参照。
(71) Setton (1941) を参照。Chesnut (1977) の第六章も参照。
(72) 哲人王 (Philosopher-king) などに関しては『コンスタンティヌス伝』iv.48を参照。教師 (Teacher) に関しては『コンスタンティヌス伝』iv.48,『コンスタンティヌス頌詞』v,『コンスタンティヌス頌詞』iv.29を参照。太陽 (Sun) に関しては『コンスタンティヌス頌詞』iii を参照。王国の祝宴 (Feast of the Kingdom) に関しては『コンスタンティヌス伝』iii.15を参照。
(73) Drake (1976) を参照。Barnes (1981) はエウセビオスがコンスタンティヌスの助言者となったとする広く行き渡った考えに反対する。エウセビオスはコンスタンティヌスに四回しか会ったことがなく、特に個人的な手紙はほとんど存在しなかった。けれどもエウセビオスはコンスタンティヌスの政策を支持しことは議論の余地はないように思える。
(74)『コンスタンティヌス伝』と『コンスタンティヌス頌詞』のテキストに関しては、Winkelmann (1975) を参照。英訳では、『コンスタンティヌス伝』は Cameron and Hall (1999)、『コンスタンティヌス頌詞』は Drake (1976) を参照。
(75)『コンスタンティヌス伝』i.10.

ではない。彼はコンスタンティヌスの宗教性を示す事例のみに説明を加えているのである[76]。それゆえ、この類まれな著作に欠落や歪曲があることを理由に、エウセビオスのことを信用できない歴史家として退けるべきではないだろう。この著作にはコンスタンティヌスによる演説（『諸聖人たちへ』〔*Ad Coetum sanctorum*〕）と皇帝の在位三〇周年の時にエウセビオスが示した賛辞も付加されており、エルサレムの主の墓の上に偉大な新教会を建てたことも詳細に記されている。後者の二つの著作が、『コンスタンティヌス頌詞』（*Laus Constantini*）として知られている[77]。

しかし、エウセビオスは『コンスタンティヌス伝』の著者だったのだろうか。真正な文書は、この賛辞の中に保持され、それに付加されているのだろうか。残りの文書に対しては、エウセビオスが真正な著者であることへの疑念が長い間提起されてきた[78]。注目に値するのは、『コンスタンティヌス伝』のいくつかの個所が『教会史』と『コンスタンティヌス頌詞』と強い平行関係にあることである。私たちはすでに、エウセビオスが史料を再利用することに注意を促してきた。ジョーンズは、パピルス写本（*P.Lond.* 878）が『コンスタンティヌス伝』ii.27-28に引用された当時の〔ローマ帝国の〕布告であったと指摘している[79]。この史料自体がエウセビオスによって書かれたことに疑いはなく、そうすると〔『コンスタンティヌス伝』の〕残りの部分も真正であることが推定される。ジョーンズはさらに、「後の加筆者が元の古い史料のオリジナルを探し出す労苦を担い、詳細に（*in extenso*）書き写したと信じることは困難である」と指摘し、〔エウセビオスの〕死後の偽造に反対する議論を重視している。『コンスタンティヌス伝』は歴史の中で実際に起こった出来事をそのまま描写したわけではなく、エウセビオスは、弁証的な方法や聖人伝というような方法も利用して、記録を整理するためにコンスタンティヌスの肖像を作り上げようとしていた[80]。

皇帝に関するエウセビオスの著作の強調点やそのスタイルは、彼の従来の著作や最も重要な思想に沿ったものである。コンスタンティヌスはモーセのように、司祭や律法の賦与者、教師となる以前から、直接的な神経験を持っていた[81]。彼は、神に召され、自分の運命を遂行するようになり、歴史における神の行為の最終証明者として、悪人を裁き、あらゆる形の悪と偶像崇拝を克服し、世界と教会に平和を打ち立てたのである。このことがエウセビオスの神の摂理理解とも一致していることから、コンスタンティヌスが偶像崇拝に対してとった政策についての誇張された見解や、教会内における教理論争の本質と深刻さを体裁よくごまかしたことが説明できるだろう。エウセビオスが抱いていたのと同じような関心事がコンスタンティヌスの演説に反映されており、彼の布告の多くにも見られることは興味深い。教会内の平和への願い、キリスト教の真理とその優越性の主張、多神教と哲学に対する反論、受肉の正当性などがそうである。エウセビオスはローマ帝国の政策の代弁者となる心づもりがあり[82]、異教徒とキリスト教徒との間の和解というコンスタンティヌスの願いに応え、時にはキリスト教の中心的な考え方を犠牲にしてまでもコンスタンティヌスを至高の神との特別な関係に据えた。そのようにしたのは、彼が単に卑屈な時代への迎合主義者であったからではなく、コンスタンティヌスの到来が、彼の歴史の神学と歴史の哲学を確証させたからである。

(76)『コンスタンティヌス伝』i.11.
(77) Drake (1976), Cameron and Hall (1999) がこれらのテキストの批判と歴史的な問題の両方について、役立つ議論を展開している。
(78) Baynes (1929) はすべての反対意見を議論し、とても長い注をつけて真実性を主張している。
(79) Jones (1954) を参照。
(80) Edwards and Swain (1997) の中に収められている、Averil Cameron, Eusebius' *Vita Constantini* and the construction of Constantine を参照。
(81) Edwards and Swain (1997) の中に収められている Cameron を参照。
(82) Drake (1976) と Storch (1971) を参照。

これらすべてのことは、アレイオス論争の間の数年間、はるかに重要であると思われる差し迫った諸課題があったことを思い起こさせる。コンスタンティヌスとエウセビオスにとって、第一の課題は、キリスト教が、大多数の異教徒に直面しながら、唯一の真理であることを主張することであった。このことによって、教会の一致はコンスタンティヌスとエウセビオスの両方にとってきわめて重要なものとなった。このことによって、両者の全体的な目的を揺るがした。両者の行動と妥協は、この背景によって説明することができる。エウセビオスの妥協的な態度は、アタナシオスの非妥協的な態度よりも、皇帝に気に入られたことは当然である。カエサリアの司教〔エウセビオス〕は包括性を支持し、アレクサンドリアの司教〔アタナシオス〕は排他性を支持した。

5　エウセビオスのキリスト論

アレイオス論争とニカイア公会議での議事運営でエウセビオスが果たした役割は、等しく歴史家と神学者によって大いに議論されてきた主題である。[83] エウセビオスのキリスト論が論争のいずれの側に立っているかは、正確に把握することができない。彼は、ロゴスを通して世界にご自分を与えてくださった、把捉不能で言表できない、唯一の超越的なる神の概念という見地から考えていた。彼は、この存在を神とみなしたが、それは究極的な意味では、彼が自分の中から引き出すことができるような神ではない。万物の究極の源は、ロゴスの発出によっても分割されたり減らされたりすることはなく、人間の理解を超えたものであり、このロゴスこそが「完全なる創造者の完全なる被造物」[84]であった。エウセビオスは、ロゴスが変わりやすいとか無から生み出されたというアレイオスの結論にはもちろん賛同しないが、ある程度アレイオス的な傾向があった。[85] この「第二の神」は、第一原因から造られ、その似像に従って、[86]「生ける神の生ける似像」[87]として形造られた。エウセビオスは、受肉においても、御子の完全性と不変性を確信しており、この信仰は、反アレイオス主義の釈義に示されているように、エウセビオスの主張のいくつかの中で、同じ偽仮現論（quasi-docetic）を伴った。つまりロゴス自身は十字架上では苦しまず、彼の体だけが苦しんだという仮現論である。[88]しかしながら、エウセビオスは、神的存在のヒエラルキーを信じるにあたって、何も問題はないと考えていたように思える。つまり、神的なものと神的でない者の間の根本的な相違は、エウセビオスの世界地図の中には見当たらない。

それにもかかわらず、彼は礼拝の対象である一なる至高の神と、天使であれ悪魔であれ、礼拝の対象ではない他の下位の霊的な存在との間の事実上（*de facto*）の区別を信じていた。[89]それでは、一神教と多神教の論争の中で、ロゴスはどこに位置するのか。エウセビオスは明らかに、伝統的な「オリゲネス主義者」（Origenist）の方法に従ったために、内在する諸問題を理解することができない。彼の独裁神論とキリスト論の間には、根本的な緊張関係がある。「神の独り子であり、万物に先立って最初に生まれ、万物の初めである方が、私たちに父である唯

（83）エウセビオスのキリスト論に関して、Luibheid（1978）, Hanson（1985）, pp.253-6（1988）および pp.46-59, Lienhard（1999）, Delcogliano（2006）, pp.471-6, Parvis（2006）, Robertson（2007）を参照。
（84）『福音の証明』iv.2.
（85）『福音の証明』v.1を参照。Robertson（2007）は、エウセビオスは、無からは無しか生じないがゆえに（これはギリシアの共通認識である）、万物が無から創造されたというような考えを持たず、むしろ神が第一原因であるという観点から、万物が「神から」（*ek Theou*）もしくは神の意志から生じた、と主張している。このことは、エウセビオスの抱いていた観点とアレイオスとその追従者の観点が違っていたことを示している。
（86）『福音の準備』vii.12, 13, 15を参照。エウセビオスは聖書からの参照箇所とともに、フィロンからも引用する。
（87）『福音の証明』v.1.
（88）『福音の証明』iv.3, 13を参照。および本書一三〇—三頁を参照。
（89）『福音の準備』iv.10, 17, 21.

一の真なる神を信ぜよ、そして彼のみを礼拝せよと命じておられる」[90]。ロゴスも礼拝の対象ではあるが、彼は神の代理者であり、神の似像であり、神の道具なのであり、第二の主なのである[91]。エウセビオスは、神が唯一であることを証明するにあたって、大きな困難にぶつかる。その結果、唯一のロゴスのみがおられる。この問題に直面して、一人の神に一つの言（Word）を加えることは、礼拝の対象となる二人の神を仕立て上げてしまうことになる。エウセビオスがいとも簡単に二神論に陥っていると感じられるのは無理もなく、特に『神顕現』の中に、修辞的かつあいまいな表現が見られる。

エウセビオスは、御言の神性と御言が礼拝を受けるにふさわしいことを弁護する一方、神の独自性の主張をするにあたっては少し混乱し自己撞着に陥っているように見える。彼の立場は、彼がよりどころにしたプラトン的／オリゲネス主義的（Platonic/Origenist）遺産によって、理解可能となる。すでに二世紀の新ピタゴラス主義者であるヌメニオスが、第二の神について語っており、エウセビオスもヌメニオスの断片の大多数を保存しておく責任を担っている[92]。どちらの場合も、第二の神の必要性、つまり、一と多の存在論的関係の必要性が、プラトン的、ピタゴラス派的な伝統の古典的問題から生じているのである。オリゲネスのように、エウセビオスはロゴスに仲保者としての役割を与えた。神は多をまったく超えている一なのである。ロゴスは一であり多であり、同時に万物へと広がっていく神の似像である。ロゴスは新プラトン的な世界霊（World-Soul）なのであり[93]、神が世界を造り、それを維持する手段として、また世界と歴史における神の摂理的な愛を示す仲保者として位置付けられる。エウセビオスにおけるロゴスの仲保の説明は、ヌメニオスが必ずしも典拠ではないという主張によって、挑戦を受け続けてきたし、「正しいキリスト教の教えであるとエウセビオスが信じてきたことへの確証」を、究極的には聖書から得て提供した。仲保者としてのロゴスは、神と被造物のどちらとも似ているところもあるし、異なるところもあるのである[94]。

そうすると、ロゴスは決して神として認識されることはなくなる。すなわち、ロゴスが、共通の本質を持つという意味で、「御父と同一本質である（substance）」ことを認めることは、神の唯一性とロゴスの仲保者としての立場の両方を傷つけてしまうことになるからである。ロゴスは「全能の神の造られず、不変である本質が人の形態に変わり得ないとの理由から、必要なのであった[95]」。エウセビオスはロゴスの不変性という自身の信念を否定する方向に近づいた。彼が、アレイオス主義的な言葉遣いを、保守的な考え方に沿って理解したことは驚くにあたらない。彼に関する限り、ロゴスは神ご自身と被造物との間の仲保的なつながりに留まらなければならない。

エウセビオスが反アレイオス主義の立場を理解し損なった一つの理由は、彼の救済論に対する見解であった。エウセビオスは知的なキリスト者であった。「私たちは全能の神の恵みと恩寵によって、救い主の福音の教えの言葉には言い表せない力によって、健やかな理性的解明によって、救い出されたのである」、「私たちは批判的な判断に基づく検証と探求の末に、これらの証明を受け取ったのである[96]」。このような文章は、しばしば、エウセビオスがキリスト者として生まれ育った可能性があるものの、彼の回心を証言する証拠とみなされてきた。しか

(90)『福音の準備』vii.15.
(91)『教会史』i.2.
(92) des Places（1975）を参照。
(93) Ricken（1967）, Lyman（1993）を参照。Luibheid（1978）はエウセビオスのプラトン主義的またオリゲネス主義的背景を真剣に取り上げることに失敗している。反対にKannengiesserは'Eusebius of Caesarea, Origenist' in Attridge and Hata（1992）の中で、エウセビオスの著作のあらゆるところにオリゲネス主義者としての特徴が見られるとしている。
(94) Robertson（2007）, p.41を参照。
(95)『教会史』i.2.
(96)『福音の準備』ii.4,『福音の証明』iii.4.

しながら、これらの文章から、彼の信仰が、ライバルである哲学者の信仰よりも、キリスト教の説明を説得的にしようとする知的で理性的な信仰であることを鮮明にしている。彼は深い宗教的な情熱につき動かされていたわけではないようである。カンペンハウゼンが指摘しているように、一神教と道徳が、エウセビオスの福音の中心点であった[97]。キリストの御業は、真の宗教に至る道を示し、無知と偶像礼拝を克服する教師であり啓蒙者の業であった。エウセビオスが敵対する悪の力に対する勝利と考えるキリストの死を説明するために、犠牲としての比喩を用い解釈していることは事実である。彼は、アタナシオスの用いたθεοποίησις（*theopoiēsis*）に類似した言葉を用いて、救いを神化としても表現している[98]。しかし常に伝統的なイメージは、キリストの啓示者としての働きをエウセビオスが理解する範囲の中で、キリストの死を説明するような方法で解釈されている。つまり、それは、悪の力を克服し、誤った宗教を滅ぼし、人間を罪と弱さから清めることで、放浪する人類を摂理的に監督し、漸進的に教育することである[99]。エウセビオスにとって、主が来られたことの重要な結果は、基本的には真の宗教を確立し、誤った教えと偶像礼拝の悪に対して真の神を啓示することであった。もし『神顕現』とアタナシオスの『異教徒反駁』（*Contra gentes*）と『言の受肉』（*De incarnatione*）の主たる強調点を対比させるならば、類似点がきわだっているにもかかわらず、このことがとりわけ明らかになってくるであろう[100]。エウセビオスはアタナシオスとは異なって、キリストの啓示と救済の業から、キリストの本質に関わり、はっきりとした神性に至る議論をしなかった。事実、このことから、ロゴスが仲保者として働く力を損なってしまう。このことは、超越的な第一原因にとっては理解不可能であったが、第二の主が人となった可能性もある。一つの似像は、その起源となるものと同一でなくとも明らかになりうる。つまり、代理人は、上長から委任された権限によって行動できるのである。エウセビオスの立場は、同時代の思想の言葉遣いの範囲内で受容可能であったように、キリスト者の救いについて彼自身が理解する言葉遣いの中では十分に合理的であった。けれどもこれは三世紀の世界、すなわちその後も数十年にわたって多くの人々がとるようになる霊的世界の階層的な理解に属するものであった[101]。しかしこのときすでに、アレイオスは、教会に対して新しい問いを提起し、より洗練された批判的な主張を投げかけたのである。キリストは本当に神であったのだろうか。神性とはどのように定義されるべきか。もし神であるとすれば、ロゴスはどんな意味で神とみなされるのだろうか。エウセビオスの第一の関心は、ロゴスがどのように神との仲保者になったかということであった。アレイオスは自分が理解するところの言語で語ったが、アレイオスの反対者たちは、慎重に考え抜かれたアレイオスの考えに困惑させられた。そこでエウセビオスはアレイオスを擁護したが、エウセビオス自身が三二四年のアンティオキアの教会会議で破門されることになった。

ニカイア公会議の議事の説明に示唆されていることと語られていないことがあるのは、特に戸惑いを与える。エウセビオスは『コンスタンティヌス伝』の中で折に触れてそのことを説明し、またどのように信条の合意に到達したのか、カエサリアの教会に宛てた手紙の中で言及している。(102) これらの説明から、エウセビオス自身が開会の挨拶を行ったと結論できるだろう。その後で、エウセビオスが、彼の教会の伝統的な洗礼信条を、妥協でき

---

(97) von Campenhausen (1963) の第五章を参照。
(98) 『福音の証明』iv.14. アタナシオスがこの言葉をどのように用いたのかは本書一一六、一二八、一三三頁を参照。
(99) 『福音の証明』iv.12.
(100) 本書一〇九―一一〇頁を参照。
(101) Weber (1965) はエウセビオスの立場がニカイア前のものであり、まったくの伝統的な立場であったと提案している。それに対し、アタナシオスとマルケロスは進歩的であった。Ricken (1967), Luibheid (1978), Lienhard (1999) は、エウセビオスを創造的な天才ではなく、四世紀の東方における最も優秀な史料家の一人であったとしている。さらなる議論は本書五二―三、五八―六〇、八八頁を参照。
(102) アタナシオスによって保存された『ニカイア公会議の決議に関する手紙』(*De decretis Nicaenae Synodi*) を参照。本書第二章の注121と122も参照。

る文書として持ち出し、エウセビオスは同意は難しいと考えたものの、皇帝によってエウセビオスが満足できるほど注意深く説明されたときに、いくつかの用語の付加を認めた。しかし事の成り行きは、彼の説明では、ずいぶんと圧縮され、ゆがめられていたように見える。多くの人々にとって、エウセビオスが引用したカエサリアの信条の改訂版としてニカイア信条を理解することは、批判的な想像力を無理に働かせた結果のように考えられてきた。エウセビオスが自分を復権させるために、自身の信条を提示したということは、特にアンティオキアで彼が直前に非難されたという点からみれば可能性は高い。[103] カエサリアの信条は、はっきりと教会の伝統的な信仰を表明し、彼の名声を高めていた。しかし、論争になっている神学的問題には、関わりはなかった。

結論から言えば、エウセビオスは「同質」(*homoousion*)という言葉を伴った新しい信条に同意をしたが、それは皇帝の願いに敬意を払い、教会内の平和を確立する目的のためであった。けれども、彼の教会宛ての手紙を読むと、彼が当惑したことは明らかである。このことは、エウセビオスが政治的な便宜主義のために原理原則を犠牲にしたことを意味するのだろうか。

そのような評価は公正ではないだろう。『福音の証明』におけるキリスト論の部分は、エウセビオスが「実体」(substance)という用語を、物質主義の意味に取られてしまうという理由から、嫌っていたことを示している。[104] 彼のアナロジーは、物体からの香りや光源から発する光線に向かう。エウセビオスはこれらでさえ地上的なイメージとして、つまり物質的なものと関わりを持たない、神学によってはるかに超越した説明によって描き出す。御子は言い表しようも、考えようもない仕方で生誕した。[105] 彼はたしかにロゴスは独自の意味で御父に由来することを受け入れたが、神の御父と御子の関係は、職人と職人が作ったものという関係では決してないのである。神の場合、御子の生誕の方法は人間の理解を上回るものである。エウセビオスは、作られた用語について信頼していなかったにもかかわらず、他の人が譲歩をするならば、彼も受け入れる用意はできていた。もし『福音の証明』と後期の教理的な論考とを比較するならば、ニカイア信条に同意して署名したことは、彼のキリスト論に根本的な変化を何らもたらさなかったことは明白である。

かつての論争の時代に、ある者たちが異端の嫌疑でエウセビオスを非難し、別の者たちが「教会史の父」を擁護しようとしたとしても、それは驚くにあたらない。明らかにエウセビオスは、どちらの側についたというのでもなく、コンスタンティヌス自身のように、いささか当惑気味に、第一に教会の一致のために活動した。彼は中立の立場を取ったのである。そうすると、ニカイア公会議の結果についてはどうであったのだろうか。エウセビオスはそれに続く行動を取ったときも、同じような動機からだったのだろうか。

ニカイア公会議は一つの信条定式を生み出した。今や問題はその解釈であった。[106] つまり、その定式が、どのように後から解釈されるかということであった。けれどもその時、エウセビオスは、会議の場でエウスタティオス、マルケロス、アタナシオスに対する、必ずしもニカイア信条に直接結び付くようにも見えない議事に巻き込まれていた。テュロスで持ち上がった事件が正しかったのか間違っていたのかということはまったく明瞭でなかった。もしアタナシオスの活動から、彼に対する嫌疑がでっちあげられたことであると証明されたとしても、アタナシオスの追従者も良心的というわけではなく、両方の側に圧力がかけられ、歪曲があったことは疑い得ない。どのような妥協もできるはずがなく、コンスタンティヌスの在位三〇周年の祝いを平和のうちに成功するように進めるためには、〔アタナシオスという〕最も譲歩をしない者を排除する以外になかったのである。仮にアタナシオスがいなかったとしたら、教会の一致という夢は達成できたかもしれず、このことは、エウセビオスの政

---

(103) Kelly (1950), pp.217 以下を参照。エウセビオスの評価は Parvis (2006) によって回復された。
(104) これ以降になされている議論は、Stead (1973) に依存するものである。
(105) 『福音の証明』iv.3, v.1.
(106) アタナシオス『ニカイア公会議の決議に関する手紙』3, ソクラテス『教会史』i.23 を参照。

治理論と歴史哲学にとって決定的に重要であった。そこでアタナシオスはテュロスで非難された。マルケロスの場合も、エウセビオスは筆を執り、『アステリオス反論』の中で、自身を攻撃するマルケロス自身の神学に返答することになった[107]。エウセビオスが大急ぎで書いた著作『マルケロス反駁』では、マルケロスからの長い引用文が、ほとんど論駁されることなくそのまま置かれている[108]。しかし『教会的神学』(*De ecclesiastica theologia*)は、四世紀の初めにギリシア東方世界で流行していた神学を説明し、アレイオスとマルケロスの間に舵をとろうとする[109]。エウセビオスがロゴスの仲保者としての地位を主張することは、さらに強められた[110]。エウセビオスにとって、マルケロスの神学は誤りで危険に満ちたものであり、自身の立場は教会の伝統神学を代表するものであることは自明なことであった。このことは、エウセビオスが本質的に保守的であることを証明するに至る。彼の晩年のもう一つの著作である『神顕現』は、生涯にわたってエウセビオスが、神とロゴスの関係についてのいささか混乱し時代錯誤的な自身の理解を洗練するよりも、多神教に対する真の宗教を支持するところにより関心を注いだことを示している。彼の関心は教会の一致を守ることとキリスト教の真理性を表明することにあり、エウセビオスは、その成功の出来事こそ、歴史的な経過の目標点であるとみなした。

6　聖書学者としてのエウセビオス

エウセビオスの主要な著作が書かれた後期に見られる驚くべきことは、彼が五〇歳頃にカエサリアの司教であったとき、パンフィロスの死後まで、事実上、ほとんど著作を書かなかったことである。パンフィロスの周辺にできたグループの性質から、このことは説明できるだろう[111]。パンフィロスは本の収集家であっただけでなく、落丁調べに従事し、訂正したり、書き写したり、聖書を整え、開示したりしたが、彼はそれらを弟子たちに口伝えで、また共同作業として行わせたのである。何年にもわたって、エウセビオスは疑いもなくパンフィロスとともに作業にあたり、経験を積み、〔オリゲネスの〕『ヘクサプラ』の研究にあたった。おそらくこれは迫害のときまでであり、パンフィロスが亡くなるとともに、エウセビオスはキリスト教を弁証する必要に気づき、「落丁調べ」とは違うこと、すなわち、〔エウセビオスらが〕すでに書き上げてきた引用からなる偉大な「寄せ集め」（mosaics）を作成することに着手し、彼の留まるところを知らない改訂作業は、彼の共同執筆者たちが大きな貢献をしたことを思わせる。司教として、彼はおそらく直接写本の生産に従事することはなくなったが、多くの助手を雇って、コンスタンティノポリスにおけるコンスタンティヌスの新教会に、五〇冊もの聖書写本を送るという大事業ができたのである。

オリゲネスのように、エウセビオスは多様な可能性を持ち、並行して調査探求を進めた。この点で、『ヘクサプラ』は、重要な影響を与えるもので、「中には判断しかねるものも含まれてはいるものの、聖書の安定した、完全なテキストを提供する努力というよりは、むしろ釈義的な素材の宝庫」として用いることができる著作である。[112] エウセビオスの偉大な貢献の一つは、情報を簡単に検索し参照することができる情報の組織化のためのシステムを考え出したことであった。彼のこのような最初の努力は、福音書の並行箇所を見つけるための福音書研

（107）『マルケロス反駁』（*Contra Marcellum*）と他の教義的な著作に関するテキストは、Klostermann（1972）を参照。マルケロスのことは、本書第二章の一一八―一二六頁を参照。

（108）Parvis（2006）は Vinzent（1997）に従い、これはコンスタンティノポリスでの教会会議において、マルケロスを非難するための書類であったと提案している。

（109）Lienhard（1999）を参照。Parvis（2006）の批判的意見も参照。

（110）Robertson（2007）, pp.99ff を参照。

（111）パンフィロスとその著作については、Grafton and Williams（2006）を参照。

（112）Grafton and Williams（2006）, p.170 を参照。

究を可能にする福音書正典表を作ったことである。[113] エウセビオスにとって新約聖書は、史的なイエスについての確実な記録であったが、彼は福音書間の矛盾に深刻な思いで向き合い、『福音書の問いと答え』の中では、歴史的な説明が見つかると仮定して、それらを説明しようとした。[114] 彼が物事を分類するときの傾向を表している他の例は『地名表』(*Onomasticon*)であり、[115] 聖書の地名を見つけ出せるように、アルファベット順に聖書の地名がリスト化されている。このリストは、モーセ五書内の文書ごとにまとめられ、次いで、旧約聖書の史書が続き、包括的ではないが福音書の箇所が加えられる。このことから、ユダヤ人がもともとは編集したものに、エウセビオスが手を加えただけではないかと考えられてきた。エウセビオスは、巡礼者のための便覧の必要をまだ考えられていなかったので、このリストは、聖書の釈義の助けとなるように書かれたと思われる。[116]

エウセビオスは、聖書の研究者として当時は有名であったものの、釈義的な著作はほとんど残されていない。『詩編注解』(*Commentary on the Psalms*)と『イザヤ書注解』(*Commentary on Isaiah*)の相当数の断片は、〔教父たちによるキリスト教教義の要約集である〕「カテナ」(Catenae)に収められているが、フィレンツェでほぼ完全な写本が見つかるまでは、ほとんど重要性が認められていなかった。[117] この注解は、『キリストに関する預言者的詞華集』と『福音の証明』の中に見られた彼の旧約聖書観に基づいた、エウセビオスの旧約釈義に関するそれまでの結論を全体としては追認するものである。そこにはいくつかの特徴が見られる。第一に、七十人訳聖書以外のギリシア語聖書についての頻繁な議論と、ヘブライ語への時たまの言及である。彼は傍らに、『ヘクサプラ』を置いて作業にあたっていたに違いない。[118] 第二に、後の歴史的な出来事における成就として預言の字義通りの意味を理解することである。しばしば『福音の証明』において、彼は字義通りの解釈と比喩的な解釈の二つを提供する。例としてインマヌエルの到来における平和の預言を挙げよう。この預言は、字義通りには受肉の時代の皇帝による平和を指すが、比喩的には「神は我々とともにおられる」ことを受け取る個々人の魂の平和を意味する。[119]『イザヤ書注解』においてエウセビオスははっきりと、第一の関心事は、個人主義的もしくは知的な霊性を追い求めるよりも、この世界における神の働きを識別することであると言っている。このことこそ、オリゲネスとの大きな違いである。エウセビオスは直接的な預言と包み隠された預言とを区別した。後者の預言は、テキストを予告として扱うだけではなく、例えば数、動物、自然現象に見られるメタファーやシンボルを解き明かすために、アレゴリーの使用を通して、未来の出来事にテキストをどちらかと言えば恣意的に適用することを認めるものである。エウセビオスにとって、旧約聖書の歴史は生きた現実であり、現在において成就したものであった。ニカイア公会議の直後の三二五年に書かれたと言われている『イザヤ書注解』[120]は、コンスタンティヌスを称賛する彼の著

(113) Nestle-Aland の *Novum Testamentum Graece* の第二六版の pp.73-8 と欄外の注を参照。
(114) 『福音書の問いと答え』(*Quaestiones Evangelicae*)の要約と断片は Migne, *PG* 22 を参照。
(115) 『地名表』のテキストは Klostermann(1904)を参照。英訳と解説は Freeman-Grenville の中の Taylor and Chapman(2003)を参照。英訳はヒエロニュムスのラテン語版に沿っており、三三〇年代のテキストと三八〇年代のテキストとの違いが比較されている。Notley and Safrai(2005)はギリシア語、ラテン語、英語の三つからなる対訳である。
(116) Wilken(1992)を参照。Walker(1990)はエウセビオスとエルサレムのキュリロスとの間の聖なる場所に関する違いを指摘している。詳しくは本書三七二頁以下を参照。
(117) Möhle(1934)は『イザヤ書注解』発見のいきさつを記している。テキストに関しては Ziegler(1975)と Cangh(1971, 1972)を参照。
(118) Hollerich(1999)は pp.80-1 において、エウセビオスがヘブライ語の聖書を用いたのは、〔ヘブライ語聖書の逐語的なギリシア語訳を編纂した〕アクィラによるものであり、〔オリゲネスによって編集された四つのギリシア語版聖書を集めた〕*Tetrapla* も用いたかもしれないと考えている。
(119) 『福音の証明』vii.1.
(120) エウセビオスの『イザヤ書注解』に関するさらなる議論は Hollerich(1999)を参照。

作以上に、エウセビオスの最大の関心事が何であるかのより良い洞察を与えるものであるとこれまでも指摘されてきた。というのはこの注解が、聖書に予示された「神的な統治」を具現化するものとして教会を描き、預言者たちによって予見された具体的な教会共同体の指導者としての司教を描くことで、帝国に関する事柄よりも、教会に関する事柄に焦点を当てているからである。

エウセビオスは寓意的な釈義に傾くよりも、オリゲネスの批判的な精神を受け継いでいる。しかし彼はオリゲネスの知的なアプローチ方法をも継承している。そのアプローチは、異教世界の文化や学問に対して受容的で、キリスト教を擁護されるべき真理として見ていた。宇宙が霊的な存在の階層から成り立っている家のようなものであるとの考えは、オリゲネスに由来するものであり、超越的な神と多種多様な被造物との間の仲保者としてのロゴスも、オリゲネスに由来する理解である。さらにエウセビオスが千年王国説を避けたのも、ロゴスによる人間の道徳的な教育に関心を寄せたのもオリゲネスに由来する。主な違いは、オリゲネスが個人の魂の成長を強調したのに対し、エウセビオスはこの教育を、歴史の過程で達成される、長期の進化の過程であるとみなしたことである。(121)

このようにして、キリスト教会の具体的な歴史的な現実は、彼の神学的な師〔オリゲネス〕よりもエウセビオスにとってはるかに重要であった。そうして彼は最初の教会史家になった。また、彼はビザンティン時代のいわゆる「皇帝教皇主義」(Caesaro-papism)の最初の理論家ともなったのである。もちろん彼は欠点も持っていた。それは、不都合な情報を隠蔽する傾向であり、コンスタンティヌスへの過度な反応であり、神学に関しては保守的な姿勢である。しかし、少なくとも言えることは、彼は教会史を書いた先駆者であり、他の教会史家たちが、エウセビオスが到達したところから追従することができたのである。

英訳

Cameron, A. and Stuart G. Hall, 1999. *Eusebius. The Life of Constantine*（introd., trans. and commentary）, Oxford: Clarendon Press.

Drake, H. A., 1976. *In Praise of Constantine: a Historical Study and New Translation of Eusebius' Tricennial Orations*, Berkeley: University of California Press.

Ferrar, W. J., 1920. *The Proof of the Gospel (Demonstratio Evangelica)*, 2 vols, London: SPCK.

Gifford, E. H., 1903. *Eusebii Pamphili Evangelicae Praeparationis Libri XV*（text and ET）, Oxford: Oxford University Press.

Lawlor, H. J. and I. E. L. Oulton（ET and notes）, 1927, *Eusebius, Bishop of Caesarea, The Ecclesiastical History and the Martyrs of Palestine*, 2 vols, London: SPCK.

Lee, S., 1843. *Eusebius. On the Theophaneia*, Cambridge: Cambridge University Press.

Notley, R S. and Z. Safrai, 2005. *Eusebius,* Onomasticon. *The Place-Names of Divine Scripture. A Triglott edition with Notes and Commentary*, Leiden: Brill.

Williamson, G. A., 1965/89. *Eusebius. The History of the Church from Christ to Constantine*, rev. edn A. Louth, Harmondsworth and Baltimore: Penguin books.

研究書

Attridge, H. W. and G. Hata（eds）, 1992. *Eusebius, Christianity and Judaism*, Leiden: Brill.

Barnes, T. D., 1981. *Constantine and Eusebius*, Cambridge, MA: Harvard University Press.

Chesnut, Glenn F., 1977. *The First Christian Histories: Eusebius, Socrates, Sozomen, Theodoret and Evagrius*, Paris: editions Beauchesne.

Grafton, Anthony and Megan Williams, 2006. *Christianity and the Transformation of the Book. Origen, Eusebius, and the Library*

（121）　Attridge and Hata（1992）の中に収められている Kannengiesser のものを参照。

of Caesarea, Cambridge, MA: Harvard University Press.
Grant, R. M., 1980. *Eusebius as Church Historian*, Oxford and New York: Clarendon.
Kofsky, Aryeh, 2000. *Eusebius of Caesarea Against Paganism*, Leiden: Brill.
Lienhard, J. T., 1999. Contra Marcellum: *Marcellus of Ancyra and Fourth Century Theology*, Washington, DC: Catholic University of America Press.
Luibheid, C., 1978. *Eusebius of Caesarea and the Arian Crisis*, Dublin: Irish Academic Press.
Robertson, Jon M., 2007. *Christ as Mediator. A Study of the Theologies of Eusebius of Caesarea, Marcellus of Ancyra, and Athanasius of Alexandria*, Oxford: Oxford University Press.
Wallace-Hadrill, D. S., 1960. *Eusebius of Caesarea*, London: Mowbray.

II　エウセビオスの後継者たち

教会史を書くその後の試みはすべて、エウセビオスの著作の支配的な影響を示している。アクィレイアのルフィヌスがラテン世界に教会史を紹介した時には、今は失われてしまったけれども、後にカエサリアの司教となるゲラシオスが付加した部分とともに、エウセビオスの『教会史』を主に翻訳したのである。次の一世紀半にわたって、ギリシア語を用いる教会史家は、エウセビオスの著作にとって替わる著作を試みることはなかった[122]。彼らはむしろ、エウセビオスが書かなかった出来事を取り上げる選択をした。エウセビオスの後継者のうち、以下の四人が注目に値する。ソクラテス、ソゾメノス、フィロストルギオス、テオドレトスである。

五世紀初頭の歴史家たちが、「ニカイア派」（Nicenes）と「アレイオス派」（Arians）との抗争という観点から四世紀の出来事を再構築したと考えることは、後知恵を意味した。三七九年にコンスタンティノポリスにおいて、ナジアンゾスのグレゴリオスがアタナシオスに対して捧げた賛辞、および、それに続く三八一年の正統教会の大勝利という二つの観点は、ほぼ一六〇〇年にわたってすべての叙述を形づくり、アタナシオスに由来する史料に照らしてソクラテスが最初の二章を改訂したことは、明らかにこの過程を強化することになった。ようやく二〇世紀後半になってから、主にアタナシオス自身によって作られた歴史叙述の再解釈によって、ニカイアとカルケドンの間の時期の複雑さと変化する関係が、明確にされ始める。[123]

ニカイアで「敗北組」(losing party)であったエウセビオス派が、「運命の逆転」(reversal of fortunes)を組織的に企てる可能性は残されていたけれども、[124] ニカイア会議直後の時代に主導権をとっていた指導者たちのいずれか

---

(122) シデのフィリッポスの『キリスト教の歴史』(*Christian History*)は四三〇年代に出版され、おそらく例外的なものであった。しかしそれは歴史というよりは、百科事典のようなものであった。ソクラテス(『教会史』vii.27を参照)はそのことを「とても異質の材料」を集めたものであると表現し、そこには「幾何学的な定理を集めたもの、天文学的な推測、算術的な計算、音楽の原理」が、地理的な詳細にわたることとまったく関連性のないようなことと一緒に含まれている。これは、フォティオスの『ビブリオテカ』(*Bibliothecae*)35によれば、創造から始まり歴史全体を表そうとした試みである。いくつかの断片以外はすべて失われてしまった。

(123) この移行に関しては、例えばBarnes(1993)やBarnes and Williams(1993)を参照。その他にもHanson(1998)のものに基づくAyres(2004a)のものや、アレイオス主義やニカイア公会議のものなどを参照。マルケロスの著作(本書第二章以下)、アエティオスとエウノミオスの著作(Vaggione(2000)や本書第四章以下)は重要な役割を果たし、アタナシオスのこの論争との関わりも再評価されることになった(Kannengiesser(1974)の第二章以下を参照)。

(124) ニカイア公会議の後の二〇年についての詳細な議論は、Parvis(2006)を参照。二つの派の間の権力闘争が強調するが、彼女は、異端としての「アレイオス主義」(Arianism)の形成を、三四〇年のローマにおいてアタナ

が、地域の伝統に対して〔ニカイア信条が〕権威のある信条であると一致してみなしていたか、あるいは彼らが同質（*homoousion*）を守ろうとしたのか、あるいはそれに反対しようとしたのかは、はっきりしないと広く考えられている。対立は、教義的な問題以上に、倫理的な問題、さらには政治的、個人的な敵意から生じたのであり、教義的な問題は、必ずしも「アレイオス主義」とそれに対する抵抗から生じたものではなかった。エウスタティオス、マルケロス、アタナシオスがよい例であろう。[125] 三四一年に集まった司教たちは「アレイオス派」のレッテルを貼られることを拒否した。その理由は、彼らが一人の長老への追従者ではなくて、真の信仰の伝統を護ってきた教会の司教たちだったからである。このことは、アタナシオスが自分のすべての敵に、たとえ実際の立場がどのようであっても、「アレイオス狂」（Ariomaniacs）とあだ名をつけ始め、その結果、「イデオロギー的な領域まで自分の戦いを引き上げる」[126] ことに努めたのである。エルサレムのキュリロスの生涯からも次のことがわかる、すなわち後になって作られた特に対立する二つの陣営との関わりで言えば、彼の立場はカエサリアのエウセビオスの初期の頃のようにまったく曖昧であり、どの時点でも彼が関わった「党派」を決定したのは、教理ではないのである。[127] つまり、カエサリアのバシレイオスの初期の盟友たちは、[128] 三六〇年代までは「ニカイア支持派」（pro-Nicene）のような明確な実体がなかったことを示している。その後、ニカイア派のグループが一つになるための和解と統合が始まり、テオドシオス一世がコンスタンティノポリスに到着した途端、「アレイオス主義」に代わる「正統」の風潮が帝国内に熟するようになった。しかしながら振り返ってみると、このようなレッテルは「多くの共通点を持っていた者たちの間の、相違点」を不鮮明にさせるように無理強いをし、[129] そのような不明瞭な移行期間に、最終的な「ニカイア」神学を作り出した。コンスタンティウス〔二世〕とウァレンスが与えた影響力は大きかったが、ただ単に彼らを「アレイオス主義」の皇帝であると特徴づけることもできない。いずれにせよ、彼らは教会の指導的な立場にいる者たちを統一させようとする、実利的な支配者だったのである。

けれどもこのような修正せざるをえない部分があるにもかかわらず、ここで扱う教会史家たちは、批判的に吟味するならば、ニカイアとテオドシオス一世の統治の間に起こったことを跡付けるに際して、紛れもなく価値のある史料と証拠を提供する。(130) 対立が、教会における論争の根に横たわっているというソクラテスの直感は、資料がうまく当てはまる傾向のある古典的な対立の枠組みよりも、彼の論点におそらくはより近いのである。

1　ソクラテス・スコラティクス

ソクラテスに関しては、彼の著作から知ることができる以外には、ほとんど何も知ることができない。彼は明らかに生まれながらのコンスタンティノポリス市民であり、各地の風習を描いていることから、わずかな旅をしたとしても、基本的にはコンスタンティノポリスから離れることはなかったのだろう。彼の誕生と死の期日を確定することはできない。ソクラテスは、自分が書いた『教会史』(131)が、四三九年で終わっており、少なくとも著作を一回改訂しているとみられるので、四三九年の後しばらくは生存していたことになる。彼はおそらく、教会

シオスとマルケロスが行なったことと見ている。
(125) 詳細は第二章を参照。
(126) Barnes (1993), p.53を参照。
(127) 本書の第五章II節を参照。
(128) 本書の第四章を参照。
(129) Ayres (2004a), p.13を参照。
(130) Barnes (1993) の付録5、6、7と表(i)ソクラテスのキリスト論とその誤り、(ii)ソゾメノスがソクラテスとは独立して用いた史料、(iii)テオドレトスに見られる追加された情報、を参照。
(131) テキストはHansen (1995) やHansen, Péichon and Maraval (2004, 2005, 2006, 2007) のものを参照。英訳は*NPNF*に収められている。

史の最後の四〇年を書き記すために、十分な記憶を持つ年齢に至っていたと考えられる[132]。また彼は、法律家という職業に就いていた信徒と思われる。彼の歴史記述の最後の年は、テオドシオス法典（Theodosian Code）の刊行の年にあたり、〔彼の著作は〕テオドルスという名の人物に献げられている。テオドルスとはこの法典の編纂を指導した九人の法律専門家の一人なのだろうか。おそらくソクラテスは、教会法を選ぶにあたって、これら専門家を手助けするために、歴史的な調査を行うために委嘱されたのだろう[133]。前世紀の論争によって、法律面で「アレイオス主義」の皇帝をどう扱うのかという問題が生じ、そのことによってこの務めが複雑なものになった。ソクラテスはコンスタンティヌスの統治とアレイオス論争のことから書き始めるが、この事実が、仮説を支持するに役立つかもしれない。しかし実際には、ソクラテスはこの法典に興味を示さず、いかなる法の引用もしていない[134]。著書の最終巻で、総司教であったプロクロスと皇帝テオドシオス二世の扱い方から、ソクラテスの歴史は、あらゆる降りかかってくる試練の後でも、テオドシオス二世は、コンスタンティヌスの業績に匹敵するほどに、教会と帝国を統合することにいかに成功したかを示す意図を持っていたことを示唆している[135]。

ソクラテスは意識的かつ意図的にエウセビオスが書き終えたところから始め、最初に重複している部分を説明する必要があると感じた。ソクラテスは、エウセビオスのコンスタンティヌスの統治とアレイオス主義の台頭の扱いが不十分であると考え、コンスタンティヌスの生涯を記すにあたり、エウセビオスが「事実の正確な記述よりも、著作の修辞的な仕上げと皇帝を称賛することに目的を定めた」とみなした[136]。そこで彼は第一巻をコンスタンティヌスの統治にあて、それぞれの巻ごとに皇帝の統治で区切っていった。ソクラテスはエウセビオスと異なることを言及することもあったが、歴史記述の状況や目的がたとえ何であろうと、ソクラテスのモデルはエウセビオスであった。おそらく最も特徴的なのは、エウセビオスが戦争の叙述と教会の平和を対比させることによって、古典的な歴史叙述から自分の教会史を区別したのに対し、ソクラテスは教会における論争と皇帝の戦争を、密接に結び付くものと見て、実際これを自らの歴史の主題と考えたのである[137]。

わずかな賛同する言葉を除いて、それ以上の証拠はほとんどないけれども、エウセビオスと同様、ソクラテスはオリゲネス主義者であったと指摘されてきた(138)。彼はオリゲネスに訴えて、アレイオス主義の嫌疑からエウセビオスを守り(139)、アレクサンドリアのテオフィロスのようなオリゲネスの敵対者には鋭い批判を加え、中傷を加える者からオリゲネスを弁護した(140)。しかしソクラテスは全般的には細かい神学的な議論を避けていたため、彼の立場を定めることは容易なことではない。彼はエウセビオスのように、学問的かつ批判的なキリスト教的ヒューマニズムを信奉する。それは、オリゲネスへの尊敬から生まれた可能性もあるが、同様に、「方法論的な懐疑」というアカデメイアの立場を採ったことに由来していたとも考えられる。その「方法論的な懐疑」によって、さまざまな見解がそれぞれ位置付けられ、人間の知の不十分性が論証された。ソクラテスの場合、このアプローチは、驚くほど寛容な精神と結び付いていた。というのは、彼はノウァティアヌス派に敬意を払い、接触したアレ

---

(132) このことは彼の名前に Scholasticus が結びつけられたことによる。Urbainczyk（1997）, pp.13-14 は、このことは後代のことで根拠はないとされている。
(133) Chesnut（1977）, pp.168f を参照。
(134) Urbainczky（1997）, p.37 を参照。
(135) Urbainczky（1997）を参照。
(136) ソクラテス『教会史』i.1.
(137) エウセビオスに関しては彼の『教会史』の第五巻の序文を、ソクラテスに関しては彼の『教会史』の第五巻の序文を参照。Urbainczyk（1997）, pp.67-70 も参照。
(138) Chesunt（1977）を参照。
(139) 『教会史』ii.21.
(140) 『教会史』vi.13.

イオス主義の長老たちにさえ敬意を見せるからである。ソクラテスは真理全体を傲慢にも知っていると主張する異端を非常に嫌い、彼らを「詭弁者」(sophistry)、論争好きな者であると非難した。彼は論争的な司教にも敬意を払わなかった。彼は論争よりも統一への模索を好んだのである。

しかしながらソクラテスの姿勢は、いくつかの点でエウセビオスとは大きく異なっていた。

(i)エウセビオスが教会内での論争を隠蔽しようとしたのに対し、ソクラテスはこれらを歴史記述の資料とみなした。ソクラテスは遍く教会が平和であるように祈ることで彼の著作を終えているが、加えて次のように言う。「平和が続く限り、歴史を書こうと志す者は、そのための資料を見出せないだろう」。さらに他のところで、もし教会が分裂によって脅かされていないままであり続けたなら、自分は何も書けずにいたであろうと述べている。[141]

(ii)エウセビオスは異端と分裂に関しては不寛容であったが、ソクラテスは異端に対する帝国の寛容さを称賛し、[142]世俗的な正統教会と比較して、ある意味では厳格な基準が魅力的に見えたノウァティアヌス派を公然と称賛するのである。彼はオリゲネスとプラトンに敬意を払う同時代のアレイオス主義に対してさえも寛大であった。けれどもソクラテスの寛容と敵意のなさにもかかわらず、彼はアレイオス主義以後の正統派の立場から著作を行い、異端は、ひとたび正統教会から分離されると、不可避的に多様な党派にさらに分裂していくという説明を支持している。[143]彼は、全般的には、教理論争における焦眉の哲学的かつ神学的課題を分析したり理解しようとするいかなる試みも否定する。彼は単純に、無秩序は悪であり、異端も悪であって、寛容さの欠如も悪であるという見解を採っている。

(iii)エウセビオスは教会の英雄、学者、指導者に対して熱意と尊敬をもって著作活動にあたった。ソクラテスは教会政治家と教会政治に対しては、冷やかに近い態度をとった。彼の著作の主題は「司教たちの論争と相互の油断ならない企み」であった。[144]なぜなら「司教たちは、自分たちを排斥する人々を不信仰であると非難し宣告するが、そうする理由を説明することもなく、あらゆる場合にこのように行動することに慣れてしまっているからである」[145]。ソクラテスは「神に最も嘉せられた人」とか「最も聖なる方」というような、司教に対する敬称を用いることをやめない。ソクラテスは、批判することを恐れない。例えば、ヨアンネス・クリュソストモスのことを語る際に、彼は聖人としての地位に復帰したばかりのクリュソストモスの欠点を隠そうとはしなかった。彼は無意識のうちに「魔女狩り」に加わるよりも、自分自身のために、ネストリオスの見解を評価検討する準備をしている。全体として、彼は取り上げている人物の実際に即した評価を行い、聖人伝を書くような傾向はなかった。彼は、人々の野心と嫉妬心が教会政治に影響を与えていることを認めている[146]。

(iv)エウセビオスは教会と国家の新しい関係を熱狂的に歓迎し、それを神の意志とみなした。一世紀後のソクラテスは、それほど熱狂的ではなく、その新しい関係の曖昧さを認めていた。ソクラテスが、国家の諸課題が教会の歴史とどのような形で密接に関わりを持ったのかを省察したとき、彼は教会と国家が宇宙的な共鳴（これはネ

---

(141) ソクラテス『教会史』i.18.

(142) 帝国の寛容さに関しては v.20, vii.41-42 を参照。ノウァティアヌスに関してはたびたび出てくるが、vii.46 と比較されたい。アレイオス主義に関しては vii.6 を参照。

(143) 異端に対する態度に関しては v.20 以下を参照。論争をあまり詳しく調べて書かなかったことに関しては i.22 を参照。〔教会内の〕混乱などに関しては ii.1 を参照。

(144) 『教会史』v. introd.; i.24.

(145) 『教会史』vi. introd. 第六巻の残りの箇所はクリュソストモスの事件を扱っている。クリュソストモスの遺体は四三八年にコンスタンティノポリスでテオドシオス二世によって埋葬された。つまりごく短い期間ではあるが、ソクラテスは彼のことを歴史に含めることができたのである。彼の事件に関しては vii.45 に記されている。

(146) 『教会史』vi.20 を参照。ネストリオスに関しては vii.32 を参照。

ストリオスを土台とする考え）によって結ばれているという理論を生み出した[147]。その結果、教会の不一致が国家の不一致を引き起こし、その逆も同様であると考えるに至る。同じように、教会もしくは国家のどちらか一方に平和と繁栄があるということは、他方にも同じ平和と繁栄があることを意味した。皇帝は教会史における重要な鍵となる役割を果たした。「なぜならキリスト教が国家の宗教であると公言し始めたときから、教会の問題は皇帝に依存することになり、教会の重要な会議も皇帝によって召集されたからである」[148]。ソクラテスは皇帝には政治の面でも教会の面でも調和を促す務めがあると信じていた。彼がこう信じていたのは彼の敬虔さ（ευσέβεια）、彼の祈りの力、彼の道徳的意識と正統信仰によってであった。過去には、国家の保護が教会の一致をいつも強めていたわけではなかった。エウセビオスが、この問題を「迫害」によって説明したのに対して、ソクラテスは、「悪帝」によって説明した。しかしホモウシオスを受け入れない（nonhomoousian）皇帝たちが国家にとって有害であっても、ソクラテスは彼らは異端の聖職者によって間違った方向にそそのかされたものとして、弁護するところがあった[149]。対照的に当時の皇帝であったテオドシオス二世は称賛に値した[150]。なぜなら、平和と繁栄が確立されたからである。その懐疑心にもかかわらず、ソクラテスは、エウセビオスと同じように非現実的なところがあったとも言える。というのは、カルケドン公会議と反カルケドン派の続く分裂前の二三年の間に書かれた彼の著作は、その時代の状況についての未熟で熱狂的過ぎる評価で締めくくられているからである。

(v)エウセビオスは、歴史における摂理の働きを示そうと熱意を持っていたが、ソクラテスは神の摂理や裁きという、神秘的な理由を分析することはせず、教会における論争を客観的に説明することが自分の唯一の目的であると主張した[151]。大嵐の原因について、人々は、ヨアンネス・クリュソストモスの罷免に対する神の裁きであると考えていたが、ソクラテスはその理由は不明であると考えた。だが彼は完全に神の摂理の思想を捨てたわけではない。彼は皇帝に信仰がある限り、摂理は皇帝を通して注がれると理解しているように見える。このようにしてソクラテスはテオドシオス二世への敵対者の服従を神の行為とみなした。すなわち、エゼキエルの預言が成就して、稲妻と疫病によって、蛮族による破壊が阻止されたのは、神がテオドシオスの温和さに報いたからである（近代の歴史家はこれを弱さと見ることだろう！）。

それゆえソクラテスの歴史を書く目的と興味は、エウセビオスとは常に近似していたわけではない。弁証的な関心はより曖昧であり（ダウニーは弁証的な面をいくつか認めているが[152]）、自分の文化によって課された制約の中で、ソクラテスは嵐のような荒模様の世紀の出来事を寛大に、そして公平に記述しようと試みたと思われる。彼はエウセビオスの記述方法を取り入れ、自分の説明に説得力を増すように原典の史料にあたったため、非常に貴重な史料が残される結果につながった。彼は、必然的に対立するさまざまな資料を調べ上げ、吟味し、骨の折れる作業について語っている[153]。彼は不公平と偏見によって事実が抑圧されたりゆがめられたりすることを認識している。彼は風説と真正な情報を区別しようとした。しかしソクラテスはしばしば、人々や出来事について人口に膾炙している評価を無批判に繰り返す過ちを犯している。そのような評価は、判断を下す際の彼の努力と必ずしも常に一致するわけではない。コンスタンティヌスが彼の息子であるクリスプスをどのように殺害したのかを書いているのは、フィロストルギオスと異教徒の歴史家である。ソクラテスを含めた正統的なキリスト者の著作

(147) Chesnut（1975）および（1977）, pp.186ff を参照。
(148) ソクラテス『教会史』v. introd. を参照。皇帝の役割に関しては Downey（1965）を参照。
(149) Urbainczyk（1997）, p.152 を参照。
(150) ソクラテス『教会史』vii.20.
(151) 『教会史』vii.32.
(152) Downey（1965）.
(153) 『教会史』vi. introd. を参照。史料の制約や歪曲に関しては i.10 を参照。

家はその事実を隠蔽した。さらに確実に言えるのは、彼が利用可能な史料も彼の理想にはほど遠かったことである。

ソクラテスはどのような史料を用いたのだろうか。彼はエウセビオスとルフィヌスの著作にあたることから始めた。多くの箇所で、彼はルフィヌスの史料に依拠しながら、同時に彼の誤りを意図的に修正していることを認めている[154]。ソクラテスは批判的にこれらの歴史を受け容れ、それとともに、入手可能な教会会議の決定事項、手紙、他の史料の記録を用いた。最初の二巻を改訂した理由を説明している第二巻の序文から、ソクラテスの方法を知る手がかりが得られる。彼はまずルフィヌスに従って書き、その後、自分が描こうとする出来事についてのアタナシオスやその他の同時代人の著作にあたった。ソクラテスは、これらを後に推論された以上により正確だと仮定した。この理由から、ソクラテスは、この新しい史料に照らして、自らの改訂を行ったのである。しかし、問題は、アタナシオスの弁証的な著作や諸史料は、一方的な事実のみを描き出す意図を持っているということにある。ソクラテスは、教会会議の議事録を集めたマケドニア派の異端のサビノスの取り扱いにも示されているように、「正統派」の史料だけに限定しなかった[155]。それでも、彼はその時代の「公的な」立場から前世紀に起こった出来事を見る他はなかった、サビノスの偏った発言と史料の選び方には批判的ではあった。しかし彼は当時のものの見方からは完全に自由になることはできなかった。さらに、彼は取り上げる問題を正当に評価できなかったし、そうするつもりもなかった。それゆえに各集団に神学的かつ政治的な動機を与える理由となるものについては、理解しようとはしなかった。カエサリアのエウセビオスとアタナシオスとの間の論争をめぐる彼の記述では、ソクラテスは、論争の争点それ自体にも、二人の人物像にも関心を払うことはなく、むしろエウセビオスの正統としての評価を回復することに関心が払われている。つまり、彼は論争の状況を一般化し、当時は一方の側と他方の側に別れて「暗闇における争い」をしていたが、どちらの側も論争の理由をはっきりとは理解しておらず、「あたかも」互いに敵とみなし合っていたようなものだと考えていたからである[156]。ソクラテスが問題を明確化することに失敗したことは、この論争に関わる事柄を理解しようとする現代の研究者たちに対して、彼の価値を損なう結果を生んでしまった。加えて、さらに詳細に見ると、彼は正確な再構成ができず、出来事や人物を順番に描き出すことができなかった。例えば彼はマクシムスとマクシミアヌスを混同したり、どちらもアンティオキアでなされたものだが、アタナシオスを三三八年もしくは三三九年に流刑に処した教会会議と、三四一年の「献堂式」会議を混同している。

しかしながら、当時の他の歴史家と比較すると、ソクラテスの業績はかなりのものであった。ソゾメノス、フィロストルギオス、テオドレトスはソクラテスよりも論点をより意識的かつ意図的に提示した。彼らは、ソクラテスのように、エウセビオスが著述を終えたところから歴史を書き始め、およそ同じ時代を扱った。当然のことながら、彼らの主題は長いアレイオス論争として理解された事柄であり、エウセビオスの著作とは異なる特徴をその著作に与えることになった。信仰と実践における相違を調停したり伏せてしまうことによって、単一の成功した集団の像を示すことはもはや不可能になった。今や歴史家たちは一つの立場に属さざるをえなかったのである。ソゾメノスにとっては、ソクラテスよりもはるかに勝って、歴史の主題と目的は、政治や教会の勝算に対して、正統派が少しずつではあるが勝利に向けて進んでいった物語を語ることであった。エウセビオスは、歴史の出来事に摂理的に神の御手が働くことを弁証的に探究したが、そのことが再び中心を占めるようになるのである。同じことがフィロストルギオスについても言えるが、彼はエウノミオスの熱烈な追従者であり、それゆえ彼

(154) 例えば『教会史』i.12, 15, ii.1 を参照。
(155) 『教会史』i.8, ii.15, 17.
(156) 『教会史』i.23 を参照。また ii.21 と比較されたい。ソクラテスは自分の主張を論証するために『マルケロス反駁』からの長い引用を多用し、エウセビオスの正統性を擁護するためにこの章全体を費やしている。

の歴史の出来事の解釈は、ソゾメノスの解釈とは正反対となった。フィロストルギオスは、真実が抑圧され、神の真の預言者と仕え人たちが迫害されにつれ、歴史は今や恐るべき結末に向けて動きつつあると見られた。フィロストルギオスの「異端的な」歴史が九世紀の大主教フォティオスによって要約される時代まで生き残ったのは驚くべきことである。ただし、四世紀の論争を理解しようと試みる場合には、彼の原著が失われたのは残念なことである。[157] 誹謗中傷や事実の歪曲の実態が、どのように両陣営で用いられた武器となったかを理解するためには、フォティオスの要約とその他の残存する断片で十分である。個人的な誹謗中傷は、教理論争には付きものであったし、敵対者の信仰を非難するために、それらしい罪をでっち上げることもあった。正統派の歴史家にとってはそうでないとしても、フィロストルギオスにとっては、アタナシオスに対してなされた不名誉な嫌疑は、真実であった。[158] 論争の両陣営とも、信仰の英雄は徳に関して欠点がなく、奇跡的な力によって霊感を受けたと考えられていた。彼らの敵は、敵対する摂理に付きまとわれた神への敵たちであった。立場に違いはあるが、そのような構図をフィロストルギオスとソゾメノスは描いたのである。対照的に、ソクラテスの興味深い反聖職者主義（anticlericalism）と寛容さは新鮮である。悪意あるうわさ話を吐き出すよりも、自身でネストリオスを読む備えをしていたという事実そのものが、このような時代に彼が洞察力を持ち、批判的な能力を持っていたことを証拠立てている。

2　フィロストルギオス

ソクラテスとは異なり、フィロストルギオスは意識的かつ慎重に、歴史の過程における神の摂理的な計画を明らかにすることを企てた。奇跡と不吉な兆候が彼の著作には多く見られる。「真の信仰」に共感する者たちは成功し、エウノミオス派を迫害する支配者たちには災いがふりかかる。病は神の裁きのしるしであり、地震は神の怒りの鞭である。このような図式は、確かにエウセビオスの著作の伝統に連なるが、フィロストルギオスの図式は、より原初的で、エウセビオスが否定したであろう黙示的、占星術的な香りを伴っている。フィロストルギオスにとってローマが略奪されたことは小さな事件などではなく、世界の終わりが近いことのしるしであり、その前触れが三八九年に現れた彗星であった[159]。直近の出来事が黙示的に描写されるのである。飢饉、伝染病、野獣と蛮族による破壊、天から注がれる水と火、雹の嵐や雪、強風と地震、すべてが神の怒りを啓示する。テオドシオス二世の破壊的な統治は、日食と隕石の出現によって予告されている。神の怒りの裁きが地上を襲ったのである。フィロストルギオスが作り出そうとしたのは、帝国が終末の日を迎えつつあったという印象であり、フォティオスの要約はこの点をすべて消し去ってはいない。

フィロストルギオスはどのような人物だったのだろうか。彼はカッパドキア人であり、二〇歳の時にコンスタンティノポリスに赴いた。彼はアレイオス派の家族の出であると自ら述べており、コンスタンティノポリスでエウノミオスに触れ、明らかに彼から深い影響を受けている。ソクラテスとは違い、フィロストルギオスは聖人伝を好む傾向があり、エウノミオスに対してほとんどの栄誉を与えている。エウノミオスの知性と徳、気品と尊厳さらには、彼の唇と肌の病すら彼の品位と威厳を増すものとして称賛されている[160]。

フィロストルギオスはすぐれた著述の能力があり、自然を超えた奇跡とともに、自然の美に対してもきわめて

(157) テキストは Bidez (1972/81) を参照。
(158) フィロストルギオス『教会史』ii.11.
(159) 病に関しては『教会史』vii.10 を参照。地震に関しては xii.9 を参照。天のしるしに関しては x.9 を参照。他の段落に記されていることに関しては xi.7, xii.8, 9 を参照。
(160) 『教会史』x.6.

敏感であった[161]。首都の町は彼に強烈な印象を与え、彼はその町の土台やすばらしい建物を生き生きと説明している。彼は旅を楽しみ、直接の見聞によって聖地のすばらしさを描く。彼は地理的な興味も持っていて、彼の記述によって当時の世界観を知ることができるが、東方のどこかにある楽園から（ナイル川を含めて！）すべての川に水が流れていくと推測している。フィロストルギオスはあらゆる不思議な現象に魅了され[162]、それは彗星や幻覚や前兆、天からの驚異、巨人や小人や異常な生き物のようなものであった。当時の教育水準からみて、彼は教養のある信徒であったが、この時代の洗練された社会では占星術や奇跡の力に与えられた重要性を理解することは有益である。懐疑的によりも素朴に信じることがより一般的であった。フィロストルギオスは、悪魔の憑依を好み、狂気を合理的に説明することをはっきりと拒否する[163]。

フィロストルギオスは、エウセビオスのように、異教徒との論争に関心を払っていた。彼は、キリスト者に代わって、ポルピュリオスを論駁する著作を書き、キリスト者は殉教者もコンスタンティヌスの像も礼拝しないことを示すのに関心を払った[164]。当時の異教徒たちは、テオドシオスによる統治の災厄を、古来の神々を捨てた結果であるとみなしていた。フィロストルギオスは、すでに見てきたように、いくぶん異なる解釈を施した。彼は実際に、歴史の多くの部分を異教徒に対する論駁に割いた。彼はコンスタンティウスの統治下におけるローマ帝国外でのキリスト教宣教について熱狂的に語り、ユリアヌス治下のキリスト者に加えられた侮辱に対して不満の声をあげ、いわゆる正統的な著作家と同じ態度をユリアヌスと彼の政策に対して取ったのである。

フィロストルギオスの『教会史』は、おそらく四三〇年代の初頭に、ソクラテスの著作よりも少し早く書き上げられた。この『教会史』は、明らかにエウセビオスの続編であり、異教徒と偽りの正統派に直面した「真の教会」の歴史と弁証のために書かれた。フィロストルギオスにとっての重大な出来事は、エウノミオス派の教会に影響を及ぼした出来事であった[165]。フォティオスがフィロストルギオスの『教会史』を評価して、歴史というよりも異端の賛辞だとしたのは、あながち見当はずれではなかった。フィロストルギオスはアンティオキア、コンスタンティノポリス、ローマ、アレクサンドリアのような中心的な大教会の司教の一人にすら言及していない（毛嫌いしていたアタナシオスを除いて）。エウノミオスに反対する者たちは、ホモウシオス派（homoousian）であれ、ホモイウシオス派（homoiousian）であれ、アレイオス派であっても、ひとまとまりにされる傾向がある。[166] それ以外の党派は、エウノミオスが神学は知識の十全な光にはっきりとさらされていると主張したのに対して、神の現実性は究極的には神秘の内に隠されていることには少なくとも合意をしていた。それゆえフィロストルギオスは、歴史家としてはエウセビオスを称賛するが、宗教に関わる点では、誤った見解ゆえにエウセビオスを非難した。なぜなら、エウセビオスは神を知解不可能で把捉できないものと考えたからである。[167] アレイオス自身は、神が人間の精神によって知られず、理解されず、認識されないと主張する愚かな誤りを犯していると酷評されている。エウノミオスだけが、時間の経過とともに曖昧にされてきた信仰の教えを純化して、その結果、一貫してその教えを保っていた。彼は現代の学者たちがつけた「新アレイオス主義」（Neo-Arian）という称号を認めることはないであろう。[168]

（161）『教会史』iii.11 を参照。コンスタンティノポリスに関しては ii.9 を参照。川に関しては iii.7-10 を参照。

（162）『教会史』iii.26, x.9, xii.8, vii.14, x.11, iii.11 にその例を見ることができる。

（163）『教会史』viii.10.

（164）『教会史』ii.17 を参照。宣教のことに関しては ii.5, iii.4-6 を参照。ユリアヌスのことに関しては vii.4 を参照。

（165）特に viii.2-4 を参照。ここにはエウノミオスの時代の繁栄が書かれている。

（166）『教会史』x.3.

（167）『教会史』i.2 を参照。アレイオスに関しては ii.3, x.2 を参照。

（168）Barnes（1993）, p.137 によれば、アエティオスとエウノミオスによって提起された問題は新しい問題であり、アレイオスの視点とは少し異なるとされる。

しかしながら、フィロストルギオスは単なる狭いセクト主義者であったわけではない。彼はカエサリアのバシレイオスとニュッサのグレゴリオスという、エウノミオスの主要な敵対者の知恵と文学形式に対する称賛を示している。フィロストルギオスは文章批評力を持ち、世俗の出来事や自然界にも広く関心を持った。これらは、他の正統派の歴史家たちには見られないことであった。さらに彼は諸史料、特にもはや現代の私たちが入手できない非ニカイア派の史料を用いたことは明らかである。ただ残念なのは、それ以上の「非正統派」の文献は残らなかったことである。

フィロストルギオスの著作の一つの驚くべき特徴は、彼が修道制に無関心であったことである。彼の描く英雄たちはその高潔さと奇跡的な力で知られていたが、この時代のキリスト者の指導者たちを惹き付けるような禁欲の理想にはフィロストルギオスは言及していないと思われる[169]。それでもある学者たちは、彼の理想とする旅する宣教者、テオフィロスを称賛して描いている箇所に、禁欲的な特質を見てはいるが、実際のところフィロストルギオスは教理と奇跡により強い関心を示している。ソクラテスは、東方の教会の包括的な歴史調査を行って、修道院の起源、理想、著作に言及し[170]、自分が叙述する出来事に修道士たちの影響に気づいている。しかし禁欲生活を送る人物たちを最も強調するのはソゾメノスである。

3 ソゾメノス

ソゾメノスの著作は[171]、本来の意味での歴史というよりはむしろゴシップのコラムのような印象を時に与える。彼の著作は逸話や伝記に満ちているのである。彼は、明らかに好んで禁欲主義者の行いや奇跡を描いている。彼の目的の一つは、修道制を真の哲学として提示することであり、時代ごとに数章を費やして同時代の禁欲主義者、殉教者、聖人たちを描いている。彼は膨大な伝記と聖人に関する史料を用いて、小アジアやヨーロッパに禁欲主義をもたらした者たちだけでなく、エジプト、パレスチナ、シリア、ペルシアの名の知れた修道士たちを調査している。さらにアントニオスのような修道士は、ソゾメノスの考えでは、アタナシオスがアレクサンドリアで司教座の後継者となったことの正当性についての疑念を和らげるに十分なのである。加えて、異端の壊滅は、禁欲主義者たちがニカイアの信仰に常に忠実であったので、最終的には禁欲主義者への称賛につながったのである。(172)

序文のところで、ソゾメノスは歴史を書こうと決断したことに影響を与えたいくつかの事柄に言及する。彼はローマの古い国家の祭儀が破壊され、キリスト教の発展によってもたらされた奇跡的な変化や、キリスト者の殉教者たちの貴重な証言に影響を受けている。彼はこの出来事の初めから起こったことに興味を惹かれたが、特にエウセビオスをはじめとする彼の先達たちの著作が存在したので、代わりにリキニウスの退位のところまでを単純に要約することを選び、そこから歴史を詳細に書き始めるのである。彼の〔リキニウスの退位のところまでの〕要約はもはや現存していない。

ソゾメノスは続けて彼の歴史記述の目的と方法を記している。彼は口伝の証言だけでなく、初期の出来事の記録や法、教会会議の議事録や手紙を調査探索する伝統に従うと主張している。そうなると史料全体があまりにも膨大になるので、彼は逐語的に引用するよりは、むしろ史料の内容を要約すると決めた。ソクラテスと比べると、彼はごくわずかな実際の史料を収録しているにすぎない。彼は、自分たちの主張を支持するために、各党派の支

(169) Barnes and Williams (1993) の中に収められている Vaggione の 'Of monks and lounge lizards: "Arians", polemics and asceticism in the Roman East' を参照。ここにはエウノミオスとその他の者との間の禁欲主義に対する考え方の違いが述べられている。
(170) ソクラテス『教会史』i.21, iv.23.
(171) テキストは Bidez and Hansen (1960), Bidez et al. (1983, 1996) のものを参照。英訳は *NPNF* を参照。
(172) ソゾメノス『教会史』vi.27 を参照。アタナシオスに関しては ii.17 を参照。

持者たちによって作られた史料の集成の存在に言及している。加えて、あらゆる妨げにもかかわらず、歴史的な正確性と真実を探求したと述べている。彼にとって、真実は、歴史によって証明される、実証可能な事実であり、これまで神の摂理的な導きによってあらゆる攻撃に耐えて生き残ってきた、最も真正なものなのである。彼はローマ帝国内の教会と関わる出来事だけでなく、ペルシアや蛮族の間の教会についても調べるように提言している。さらに、彼の説明は、教会政治に限定されない。なぜなら、今まで見てきたように、修道士の性質や行いが、教会の歴史に関わるとともに、記録にとって重要だからである。実際、彼は、最初の章では、アレイオス論争が優先的な位置を持つことを否定して、コンスタンティヌスの勝利、教会の発展、修道士の美徳から歴史を始める。

ある意味で、ソゾメノスはエウセビオスの真の継承者であると言える。なぜなら、歴史における神の摂理を跡付けることが、彼の第一の目的だからである。彼は、正統派の勝利を神の勝利と見る。おしなべて不寛容な正統派の立場から書いているのである。成就した預言と奇跡が、歴史的出来事における神の働きの真実を証言している。キリスト教は真の普遍的な宗教である。(実践上の一致ではなくて)教義上の一致の主張が[173]、アレイオス主義の支持者たちがいなければ、正統派の為政者にとってはふさわしいことだった。つまりコンスタンティウスと大テオドシオスが異教と異端を抑圧する努力のために褒めたたえられているのに対して、ウァレンスは、狂気に満ちた抑圧者なのである。テオドシオスの弱いけれど正統を守った後継者たちは過度のへつらいの言葉を与えられている。ソゾメノスは、先達の教会史家と同じ態度を示している。彼は、自分が描く信仰深い正統主義者は、教会と国家の安寧を確かなものとすると考えられたので、皇帝を理想化した。彼の献呈の序文は、皇帝のパトロンを魅了するために歴史を書き、改訂のために宮殿へ献呈したことを示している。

歴史家として、ソゾメノスは、なお求められる課題を残している。彼は自身の目的を達成するのにソクラテスほど成功しておらず、実際客観的な判断を試みていない。彼には批判的な能力に欠けるところがあり、額面通りに史料を受け入れる。彼は、アレイオスの死について五つの異なった説明をしているように、しばしばいくつかの異なる説明を示すことがある。このように彼は、入手可能な史料を分析したり吟味したりせずにいるので、公正であるかのように見える。さらに、彼は、最も重要な史料を認める際に、彼の先達の教会史家に従わない。彼の著作の大部分は、ソクラテスの著作と似通っている。彼がソクラテスの歴史を、感謝を表明することもなく、少なくとも史料の手引きあるいは指針として利用していたことは明白である。ソゾメノスはかなり多くの補足史料を加えたが、それらのほとんどは逸話や物語的なものであった。彼は人々の噂話や広く行き渡っていた話なども無批判に採用しており、神の慈悲や怒りに結び付くような出来事は特にそうであった。奇跡的な事柄に対してはまったくの無批判である。彼は安易に人にこびへつらうところがあり、ソクラテスが引用する批判からヨアンネス・クリュソストモスのような英雄を弁護しようとするのである。彼は、異なったスローガンの下ではあるがニカイアの信仰を真実に保持していると確信して、コンスタンティウスに対してさえも有利に解釈することで、黒白の判定を急いでいる[174]。ソゾメノスは本当にホモウシオスとホモイウシオスの違いを理解し損ねていたのだろうか。結局のところ、彼は、自分の弁証的な能力の欠如を明らかにしているのである。あるいは、コンスタンティウスがだいたいにおいて父親の政策に従い、彼の統治期間中は敬虔なキリスト教徒の皇帝とみなされた事実を認めることで、少しばかりこのことを明らかにしているのだろうか。

ソゾメノスの著作は未完成のままで終わったようである。皇帝への献辞で、彼はテオドシオス〔二世〕の在位一七年（それは四三九年のことであり、ソクラテスが著作を終えた年であった）まで続けるつもりがあると述べていたが、四二五年に第九巻で突然終了する。おそらく最も納得のいくのは、彼が著書を完成させる前に亡くなった

(173)『教会史』vii.19.

(174)『教会史』iii.18.

という説明であろう。[175] 彼は法律家としての実務についた後、人生の晩年に著作の執筆を始めたと思われる。正確な年代を特定することは難しいが、ソクラテスと同時代を生きたのは明らかである。彼はパレスチナの出身であり、コンスタンティノポリスに定住するまで、かなりのところを旅行したようである。彼はソクラテスよりも、シリアや西方教会についてのより多くの情報を伝えてくれる。彼の文体は、簡潔を心がけるも、退屈な記述になりがちなソクラテスよりも優れている。ソゾメノスはたしかに記述力を持ち、教育を受けた人々を魅了する文体で著作をすることを恐れなかった。なぜソゾメノスが明らかにソクラテスと重複するような歴史を書いたのかはわからないが、ソゾメノスは喜んで読みたくなるようなものを提供したかったのかもしれない。そのために、摂理の役割をより鮮明に語り、聖人や信仰の英雄を鼻につくほどに持ち上げて、ソクラテスの評価を修正した。

4　テオドレトス

単なる歴史家というにはほど遠く、テオドレトスはアンティオキア近くのキュロスの司教であり、五世紀のキリスト論論争の間のいわゆるアンティオキア学派のリーダーの一人であった。彼は弁証や歴史的な著作とともに、教義的かつ釈義的な著作も執筆した。かなりの数の書簡も現存しており、加えて、『宗教の歴史』（*Historia Religiosa*）として知られているシリアの禁欲修道士たちの生涯の集成も編集した。[176]

テオドレトスの『教会史』[177]は、テオドレトス自身が司教であり、その当時の論争の当事者とまでは至らなくとも、深く関与した司教によって書かれたという点でまさに、これまでに考察してきた他の歴史とは異なる。この書物は、異端に一貫して汚名を着せ、「アレイオス派の伝染病」（Arian plague）に悩まされている「アレイオス狂」というレッテルも貼ることで、党派的な色彩が強いものである。彼は、しばしばソクラテスの評価を意図的に修正し、「善良な」司教や皇帝の欠点をカモフラージュしているように思える。典型的なのはテオドレトスが、クリュソストモスが皇后と対決した物語を記述する際に見せた戸惑いである。[178] いずれの側に対しても批判することができず、困難を避けるために、皇帝の名前を伏せたのである。そのようにして彼はこの話に深入りはせず、クリュソストモスが追放された原因と軽視の理由を伏せたのである。幸いなことに、テオドレトスの史料が唯一のものではないので、この出来事に関して推測をするだけに終わらずに済んだ。全般的にテオドレトスの叙述は他の歴史家の叙述よりも圧縮されていて、彼の目的や方法論を説明するのに多くの言葉が費やされていない。彼はしばしば短いコメントのみで、史料をつなぎ合わせている。

テオドレトスの著作は、その当時の様々な歴史家たちの記述の相互関係の問題に注意を促す。彼がソクラテスとソゾメノスを知っていたことはほとんど疑いのないところだが、ルフィヌスとフィロストルギオスも知っていた可能性もある。かつては彼が、理解の足りない信徒によっては不十分にしか扱えなかった諸問題について、聖職者としての説明を加えた、大まかにいえば、剽窃者としばしば考えられた。しかし最近では、テオドレトスが、多くの事例で、ソクラテスとは違う文書資料を示しているという事実に関心が向けられてきた。テオドレトスの言葉遣いからしても、同じ史料を独自に用いていると推測させる。テオドレトスの歴史記述の目的に関するあるコメントは、「今までに捨てられてきた教会史の出来事を記録する」試みを行おうとしているとまで言う。では一体誰によって捨てられたのだろうか。テオドレトスがはっきりとエウセビオスに言及していることは事実であるが、加えて彼は言う。「私はエウセビオスが終えたところの時代から私の歴史を書き始める」。これこそが今までに捨てられた出来事という言葉によって彼が意味していることなのだろうか。いやむしろ、テオドレトスは、

---

(175) Chesunt（1977）によって他のさまざまな説明もなされている。p.195 の注 20を参照されたい。
(176) 本書の第三章と第六章を参照。ここでは歴史と弁証の著作のみを論じる。
(177) テキストは Parmentier（1954/98）のものや、Parmentier et al.（2006, 2009）を参照。英訳は *NPNF* の中にある。
(178) テオドレトス『教会史』v.34.

同時代の著作を指して、それらが見落とした点の詳細を埋めて、間違いを訂正することを意図しているのではないだろうか。テオドレトスの著作の第一巻とソクラテスの第一巻を比較すると、このことを確認することができる。ソクラテスが、選択した例文を引用しながら、アレクサンドロスとアレイオスによって書かれた手紙の集成に言及しているところでは、テオドレトスはその手紙がソクラテスによって採録された手紙であることに短く言及し、その上でテオドレトスは別の史料を引用している。[179]他のところではソクラテスと同じものを引用しているが、[180]テオドレトスはそのままの書き写しを止め、自分自身で調査をしたように考えられる。

テオドレトスの主要な意義は、彼が収録する追加の史料にある。アレイオス論争の過程についての彼の評価には、独自の価値はない。彼にとって、アレイオス派の異端は単に悪魔の働きとして説明され、コンスタンティヌスのもとでの繁栄し、平和と成功をもたらした教会を見て、嫉妬によって起こされたものと考えられた。サタンは「教会が順風満帆に航海していることを見るのに耐えられなくなり」、「造り主であり主である方によって操縦されている舟を沈めようとした」のである。[181]ギリシア人のキリスト教徒たちは、すでに造り主の代わりに被造物を礼拝することをやめて、神と全面戦争をすることをあえてしなかったが、悪しき者は、アレイオスの野心につけ込まれ、異端の説を持ち込むことによって、造り主を一被造物に引き落とそうとしたのである。エウセビオスのように、テオドレトスは、悪の力と連合する、外にも内にも存在する敵に対する真の教会の勝利として、歴史を理解した。

エウセビオスのように、テオドレトスは自分自身が関わった論争に何らかの説明を加えることを差し控えた。両者には、状況についてのある種のとまどいを感じる理由があった。エウセビオスは非難されていたアレイオス主義に対して好意的なところがあった。テオドレトスはネストリオスに好意的であり、ネストリオスが非難された後、勝利を収めた党派に敵対し続けた。当時の出来事にあっては、両者ともに自分勝手に真理を掲げているとして攻撃にさらされた。両者とも教会の一致が脅かされているのを感じ取っていた。両者とも歴史の著作において、問題を提起することを避けていた。テオドレトスの歴史は、モプスエスティアのテオドロスの死で閉じられている。モプスエスティアのテオドロスの教えは、テオドレトス自身に深く影響を与え、ネストリオスの見解に刺激を与えた。結果として生じた教会の混乱は隠され、著作は、扱われた時代の大都市の司教のリストで終わっている。その際に、叙述全体を中断させる同時代の司教のリストを一つにまとめている。そのような終わり方によって、私たちは、テオドレトスが教会というものを、神によって導かれた成功した組織として示すことに関心を寄せていたことが、信徒の歴史家たちよりも秀でていたことを思い起こさせる。他方、この著作は対立がしばらく止んだ時期の四四〇年代のものと思われ、テオドレトスは、すべての陣営にアレイオス派に対する共通の戦いを思い起こさせることによって、一致させようと試みていたのかもしれない。

エウセビオスのように、テオドレトスは歴史家であると同時に弁証家であった[182]。彼の著作である『ギリシア人の悪弊の治癒』（*Graecarum affectionum curatio*〔英訳では *Cure for Pagan Maladies*〕）は、包括的な弁証的著作としては最後のものであった。キリスト教が支配的となった時代に、かつてのような伝統的な弁証の必要は次第に消滅していった。ここで生じる問いは、テオドレトスの著作が純粋に著作を目的とした営みなのか、それともその時代の状況に応えたものなのかということである。

「ギリシア哲学から示される福音の真理」という副題が示すように、この著作はエウセビオスの『福音の準備』

(179) ソクラテス『教会史』i.6 とテオドレトス『教会史』i.2-3 を比較されたい。
(180) テオドレトス『教会史』i.14-16 とソクラテス『教会史』i.9 を比較されたい。
(181) テオドレトス『教会史』i.1.
(182) 続く段落に書かれていることは、Canivet（1957）と彼の再版のもの（1958/2000）から引用しているものである。Pásztori-Kupán（2006）はこの著作の抜粋を翻訳している。

と共通点が多い。テオドレトスが弁証的な伝統と彼の前任者たちの著作に大きく依存していたことは否定できない。テオドレトスは彼らの議論と主題を用いただけでなく、異教徒の著作からの引用を用いた。クレメンスの『ストロマテイス』(*Stromateis*) とエウセビオスの『福音の準備』はこの点で特に重要である。テオドレトスの依存の程度によって、ローマ帝国が一世紀の間、キリスト教的になった時に、彼の著作の独創性と妥当性を低く見積もることになる。

このことは、テオドレトスの業績を低く見積もることになることは疑いえない。エウセビオスの『福音の準備』に大きく依存しているにもかかわらず、テオドレトスの著作は、多くの点で秀逸な著作である。史料をより注意深くかつ正確に引用しているが、このことは彼が独自に史料を確認したことや、彼の深い知識を示している。さらに、エウセビオスが主題の枠組みを示し、拡散と反復という方法で短い導入的なコメントと長い引用とを結び付けただけなのに対して、テオドレトスは、もっと短い引用が完全に統合されるような注意深い議論を組み立てた。加えて、テオドレトスは、自分の目的のために、伝統的な史料と議論を採用して、それをその時代の諸課題に適合するように作り直したことが明らかにされてきた。彼が意図した読者層は、教養と学識があり、ギリシア－ローマの遺産を引き継ぐ著作や伝統に親しんでおり、キリスト教の野蛮な起源や聖書が粗野であることを軽蔑し、キリスト教の新しさや非合理的な傾向に疑念を持ち、殉教者の祭儀における死者の崇敬や極端な禁欲が度を越していることに躓きを覚えていた。彼らは、比較的最近になって背教者ユリアヌスの下での異教の復活を支持し、ローマ帝国の惨事の原因が古来の伝統的な神々を拒絶したところにあると主張してきた人々であった。アウグスティヌスの『神の国』が、テオドレトスの著作とほぼ同時代のものであったことを忘れるわけにはいかない。異教的な信仰は、特に教育を受けた上流階級の者たちを、なおも惹き付け、支持を得ていたのである。アンティオキアの人々は未だに、寛大でキリスト教へ改宗するには至っていないが、ヨアンネス・クリュソストモスを含む多くのキリスト者の指導者の教師となった哲学者リバニオスを記憶していたのである。そのような人々にとって、信仰は知識の源泉としては不十分なものであり、無からの創造は哲学的にも不合理なものであり、キリスト教的な理想、特に修道的な理想は、文化と美徳の点からは馬鹿げたものであった。テオドレトスは彼らのキリスト教に対する先入観に反論し、キリスト教がギリシア哲学の最も良き伝統よりも実際に優れていて、矛盾しないものであると主張した。彼は、彼らが福音の真理に対する固有の嫌悪感を克服できない魂の病にかかっていると診断し処方した。

テオドレトスの最も独創的な貢献は、同時代の批判に応じるための資料を揃えたことである。それぞれの巻は特定の主題に分かれていて、巧みにキリスト教と異教徒の見解を比較し対照している。第二巻から第一一巻は伝統的な主題を取り上げる。第一原理と世界の起源、天使と霊的存在、物質と宇宙論、人間の本性の概念、摂理、犠牲と祭儀、殉教者の崇拝、法と習慣、真の預言と偽りの預言、最後の審判の期待が記されている。しかしながら、テオドレトスが、それぞれの主題に関して、彼以前の弁証家たちにどれほど多くを依存しているとしても、輝かしい貢献とまではいかなくとも、明快でかなり簡潔に、それらの問題を注意深く考察し、首尾一貫した説明を加えている。書物全体に見られる殉教者崇拝の祭儀についての議論の卓越性は当時話題となっていた事柄に対してテオドレトスが特別に関心を払っていたことを表している。加えて伝統的な資料と議論は、特定の枠組みの中に置かれることによって、特別な傾向と強調点が与えられている。第一巻は、理性よりも信仰に信頼を置くように求められることを哲学者が好まないことを取り上げる。また最後の第一二巻は、キリスト教の美徳における信仰の実践的な働きを扱っている。テオドレトスの独創性が最もよく表れ、彼が単に伝統的な資料だけに基づいて時代錯誤の著作を書いたのではないことを示しているのは、これら二つの領域である。彼は伝統的な議論を更新し、キリスト教徒と異教徒の価値観のぶつかり合いの焦眉の問題に直面した。彼の著作が最後の、最も美しいキリスト教の弁証であったことには十分な理由がある。

この主要な著作は別にして、テオドレトスはその他の弁証的な性格を持つ著作、特に『摂理に関する一〇の講話』を生み出した[183]。これらの講話はおそらく四三一年から四三五年の間に、アンティオキアの教養あるギリシア人の会衆に対して語られたと思われる。大部分の説教と異なり、これらは、聖書テキストについてのホミリア（講解説教）というより、理性に基づく議論であり講義であった。これらは、時代の先端を行くキリスト者たちが、自身の信仰を確かなものにさせる必要だけでなく、キリスト教が国家の宗教となった時代に、周辺にいる教会の会衆たちを説得する必要があったことを示している。それらは、異教徒のものであれ、キリスト教のものであれ、主題についての多くの先立つ議論に大きく依拠していながら、見事にそれらの議論を新しく言表しているゆえに、『ギリシア人の悪弊の治癒』と同じくらい質の高いものである。テオドレトスは、エウセビオスと共有したもう一つの関心事であるユダヤ人に対する弁証的著作を書いたと述べている[184]。この失われた著作の断片と思われるものについては、今までに多くの議論がなされてきた。そのような著作は、そもそも初めから存在しておらず、反異教徒の著作のみならず、反ユダヤ人の著作は、実際は『ギリシア人の悪弊の治癒』に言及したにすぎないという主張さえなされてきた[185]。

その他の関心事についても、テオドレトスはエウセビオスの主要な先入観すなわち弁証と歴史を共有した。弁証と歴史の著作活動において、テオドレトスは、他の人々の著作を利用したが、時代の傾向もしくは彼が真理と考えるものに適合をするように、自身でそれに修正を施した。彼の歴史は無神論者に対しては共感の欠如を示しているが、彼の弁証的な著作は、彼が教養人であったことを示しており、彼の書簡からこのような印象を確認できる[186]。この時代の他の者たちと同様、彼はギリシア－ローマの文学的遺産の豊かさには開かれた心を持っていたが、信仰に関しては思索や逸脱に対して心を閉ざすというどこか分裂した心性を持っていたのである。

英訳

ソクラテス、ソゾメノス、テオドレトスの英訳は *NPNF* の中にある。

研究書

Ayres, Lewis, 2004. *Nicaea and its Legacy*, Oxford: Oxford University Press.

Chesnut, Glenn F., 1977. *The First Christian Histories: Eusebius, Socrates, Sozomen, Theodoret and Evagrius*, Paris: Editions Beauchesne.

Hansom, R. P. C., 1988. *The Search for the Christian understanding of God*, Edinburgh: T. & T. Clark.

Lienhard, I. T., 1999. Contra Marcellum: *Marcellus of Ancyra and fourth Century Theology*, Washington, DC: Catholic University of America Press.

Parvis, Sara, 2006. *Marcellus of Ancyra and the Lost Years of the Arian Controversy 325-345*, Oxford: Oxford University Press.

Urbainczyk, Theresa, 1997. *Socrates of Constantinople, Historian of Church and State*, Ann Arbor: University of Michigan Press.

Vaggione, R. P. C., 2000. *Eunomius of Cyzicus and the Nicene Revolution*, Oxford: Oxford University Press.

結論

本章ではニカイアからカルケドンまでの時代を見てきた。つまり、教会が知的にも社会的にも世に受け入れら

---

(183) テキストは Azéma（1954）を参照。英訳は Halton（1988）を参照。

(184) テオドレトス『書簡集』（*Epp.*）113, 116, 145.

(185) Canivet（1957）.

(186) さらなる議論は本書の第六章Ⅶ節を参照。

れることをなお願い求めている迫害された少数者であった三世紀の時代状況から、教養あるキリスト者のエリートが現れ、殉教者や聖人たち、聖者への人々の帰依が生じる初期ビザンティンのまったく異なるエートスまでである。しかしながら、数世紀を貫く、継続する宗教的、文献上の伝統があった。テオドレトスは一つ以上の点で、エウセビオスの関心と伝統を共有していた。というのは、もし哲学的神学（philosophical theology）の領域で、エウセビオスが時代を相手に著作活動をすることができなかったとしたら、テオドレトスは他の方法で、ビザンティン世界のキリスト教帝国と帝国教会の態度と展望を予測しなければならなかったからである。教会は今や過去を再検討する立場にあった。一方で大衆たちのキリスト教が、死んだ英雄たちの祭儀を発達させている間、教養あるキリスト教徒たちは、一つの真の公同かつ正統的な教会の勝利に栄光を帰することに関心を寄せる著作を生み出した。このような状況の中で、聖人伝と教会の歴史が開花したのである。

第二章　アタナシオスとニカイア神学の形成

序文

四世紀の歴史と神学は、アタナシオスという「中心」人物によって支配されている。[1] アタナシオスは、アレクサンドリアの司教として、ローマ及び西方教会との特筆すべき結び付きを作り出すことになり、エジプトでの修道院運動を紹介して修道士たちを自身の正統教会の一員として取り込み、あらゆる敵対者に抗して、政治的手腕と神学的洞察力を発揮してニカイアの信仰を勇敢に守った。アタナシオスは存命中にある程度、伝説的な人物となっていたが、特に四世紀から五世紀、さらにはそれ以降の続く抗争の中で、対立する党派によって、各党派固有の正統信仰を保証する人物として名を挙げられている。[2] 本章における目的は、彼の神学的な立場全体を解釈するとともに、このような伝説を批判的に検討し評価することである。

（1）　Anatolios（1998）, p.1.

（2）　アレクサンドリアのキュリロスにおけるアタナシオスの用いられ方はほとんど驚くにあたらないが、アンティオキア学派も彼に訴えている。例えばキュロスのテオドレトスの詞華集である『乞食あるいは多くの姿をしている者』（*Eranistes*）やネストリオスの『ヘラクリデスの書』（*Book of Heracleides*）におけるアタナシオスの引用を参照。詳細は本書第六章を参照。

アタナシオスは自分の敵対者を「アレイオス狂」と名付けた。アレクサンドリアのバウカレスの司教を一時的に務めたアレイオスという人物の熱狂的信奉者たちのことである。このように、古代教会の歴史の中で最も激しい論争の一つにアレイオスの名前が与えられた。複雑で変動する同盟と神学的な立場の入り組んだ関係は、「ニカイア派」と「アレイオス派」の二極化した対立、すなわちニカイア公会議（三二五年）からコンスタンティノポリス公会議（三八一年）まで続いたと言われてきた単一の論争に還元された。[3] 教会全体にとってのこの抗争は、論争の上で過度な単純化をしようがしまいが、広い政治的かつ神学的な意味を持っていた。一方では、三位一体論の教理の形成、最終的にはカルケドンの定式へと導かれる議論を促した。他方では、コンスタンティヌスとカエサリアのエウセビオスにとっては残念に映ったが、この論争は、帝国内の平和と権力、影響力を獲得したまさにその時に、教会の一致をも打ち砕いた。加えて、抗争は、蛮族の侵入より一世紀後にカトリックの西方が崩壊した時に、カトリック西方の不幸な状態をさらに悪化させたのである。なぜなら、蛮族はアレイオス版のキリスト教へと回心していたからである。[4]

そのようなわけで、「アレイオス主義」は破壊を引き起こし、アレイオスは「原型となる異端」とみなされるようになった。[5] アレイオスの反対者たちは、彼の考えが意図的に福音に不忠実であり、福音を捻じ曲げるものであると信じていた。しかし彼らはどれほど正しくアレイオスの考えを理解していたであろうか。彼が実際に教えていたことが、当時から現代に至るまで、非難に値するものであったかどうかは明白でなく、彼は結局のところ、論争の引き金を引いたにすぎなかったのではないだろうか。この論争の主役となったのは、現代ではしばしば「エウセビオス派」（Eusebians）という名で呼ばれるようになった、東方の指導的な司教たちであった。この問題は、論争が発展するにつれてより複雑化し、政治的な関心に覆われていった。アレイオスの見解は、カッパドキア教父たちが彼らの教えに対峙した、後のアレイオス派の詭弁家であるアエティオスやエウノミオスからは区別して考える必要がある。[6] 同時代人にとっては、アレイオスは、後に振り返って見られるのと同じように見られたわけではないことは確かである。というのは、最初は、多くの人々は、アレイオスの立場を、彼の敵対者の立場よりもより伝統的なキリスト教に沿っていると考えたことは明白である。すでにカエサリアのエウセビオスの相反する対応は指摘した通りである。[7] エルサレムのキュリロスの曖昧な立場も、後に確認することになるだろう。[8]

二〇世紀後半の研究によって、アレイオス自身の名誉がある程度まで回復された。[9] 他方、史料をよりいっそう批判的に検討することによって、この時代の論争や党派についてのそれまでの説明が次第に疑われるようにな

(3) 「ニカイア派」対「アレイオス派」という構築された構図からの脱却は、最近の多くの研究に見られ、「半アレイオス派」という政治面からの考察が加わることによってその構図が揺らいでいる。例えば Barnes and Williams (1993), Barnes (1993), Williams (1987), Hanson (1988), Ayres (2004a), Parvis (2006), Gwynn (2007) を参照。〔反対に〕Weinandy (2007) はこの構図への挑戦を非難している。さらなる詳細は本書五八—六一頁を参照。

(4) ゴート族がどの程度、アレイオス主義と結び付いていたかを評価することは困難である。ウルフィラは三五九年のホモイオス信条 (Homoian Creed) を明らかに支持した。コンスタンティノポリスのエウセビオス (ニコメディアのエウセビオス として知られている) によって、ゴート族の担当としてウルフィラが司教に叙階されたことは、ソゾメノスとテオドレトスによって、四一〇年にローマがゴート族に落ちた際に大虐殺がなかった理由と考えられた。ゴート族は、不十分な信仰を通してさえ、キリストのいくばくかの加護を得ていたのである。

(5) Wiles (1996), pp.1-26.

(6) Hanson (1988), Barnes and Williams (1993) を参照。さらには本書第四章のカッパドキア教父たちのところを参照。

(7) 本書第一章を参照。

(8) 本書第五章を参照。

(9) Wiles (1962), Gregg and Groh (1981), Lyman (1993).

った。(10) 本章の目的は、四世紀の論争に別の説明を付け加えることではなく、むしろアタナシオスと彼の著作の再評価に焦点をあてる。そしてこのことは、(他のアレイオス主義者と異なる) アレイオスの人物像を批判的に紹介することと、アタナシオスの最も重要な同盟者の一人であるアンキュラのマルケロスのその時には不明瞭だった神学の概要を結び付けることによってより成果を上げることになるであろう。結局のところ、いずれの側も、まったく同じ考えで首尾一貫していたというわけではないのである。

さらなる読書のために

Ayres, L., 2004a. *Nicaea and its Legacy: An Approach to Fourth-Century Trinitarian Theology*, Oxford: Oxford University Press.
Hanson, R. P. C., 1988. *The Search for the Christian understanding of God*, Edinburgh: T. & T. Clark.

I　アレイオス

アレイオスはリビアの出身であったが、アレクサンドリアが彼の居住地となった。彼の見解が論争の的となった時期は、確実ではないがおそらく三一八年頃であっただろう。(11) 彼はそのときアレクサンドリアの比較的年長の司祭として仕えており、彼の説教は多くの者たちを惹き付けていた。ソゾメノスは、このときまでに彼が〔ディオクレティアヌスの〕大迫害の時に司教ペトロスと対立していた分派であるメレティオス派と関係があったとしているが、これを疑うにはもっともな理由がある。(12) 彼はおそらくペトロスによって助祭に任命され、ペトロスの後継者であるアキラスによって司祭とされ、初めは司教アレクサンドロスの尊敬を勝ち得ていた。(13) ソクラテスは、アレイオスがアレクサンドロスの説教に対してサベリオス主義的な危険を感じていたと記している。(14) しかしながら、アレクサンドロスが論争を意識せずに刺激したとしても、彼が論争を始める手助けをしたという可能性がないことを、史料は示している。むしろ、事実は、アレイオスの見解が教会内にかなりの混乱を引き起こしたことが明らかになり、彼はやむなく論争に巻き込まれたのである。ルフィヌスによれば、アレクサンドロスは「穏やかで静かな」人であった[15]。彼がわざわざアレイオスの言い分を公正に聞いたという史料も残されている。このことはソゾメノスの説明が、同時代の聖職者たちによって表明された対立する見解の間を揺れ動いていることや[16]、さらには優柔不断や過度に慎重すぎるという同時代の批判を反映している。

そしてこの時点で、私たちは、人々を惹き付けた説教者〔アレイオス〕に次第に対抗するようになる穏やかで寛容な司教〔アレクサンドロス〕の像を再構成できる。アレイオスは、共同体の各陣営の間でその論争的な見解が支持を得るようになっていく。アレクサンドリアの教会を一つにたばねる際に起こる困難は、より広い背景を持つと思われる[17]。人々の間へのアレイオスの思想の拡大は、「海のために、粉ひき所のために、道のために」(for the sea, for the mill, and for the road) という歌を作ることによって促された[18]。エジプトの司教たちの教会会議は

(10) 本章の注3を参照。
(11) Schwartz は三二三年であるとしている。この年代の議論に関しては Telfer (1946, 1949), Baynes (1948) を参照。Boularand (1972) は三二二年であるとしている。
(12) Williams (1986, 1987), Hanson (1988).
(13) ソゾメノス『教会史』i.15.
(14) ソクラテス『教会史』i.5.
(15) ルフィヌス『教会史』i.1.
(16) ソゾメノス『教会史』i.15.
(17) Williams (1987).
(18) フィロストルギオス『教会史』ii.2.

最終的にアレイオスを破門したが、その後、彼は支持を築くために、主要な東方の主教座に赴いた[19]。その結果、ニコメディアのエウセビオスが一貫した影響力のあるアレイオスの支持者となり、カエサリアのエウセビオスもアレイオスに説教をすることを許可した。

アレイオスの最初期の考えを知ることができる史料は、この時期からである。エピファニオスはアレイオスによって書かれた数通の手紙を保存し、当時はアレクサンドリアから東方の同僚たちへの七〇通の手紙が現存していたと報告している[20]。私たちが知っているアレイオスの最初の手紙は[21]、ニコメディアのエウセビオスに対する訴えであり、アレイオスがエジプトを離れる前に書かれ、神には初めはないが御子には初めがあると言ったことから、彼が追放されたことの不満を述べている。アレイオスは自分の立場を、御子の永遠の生誕を説教することを拒否したためにアレイオスを迫害するアレクサンドロスの立場に対比している。アレイオスの二番目の手紙はアレクサンドロスに宛てられており[22]、彼がニコメディアにいたときに書かれたとされる[23]。それは ἔκθεσις πίστεως、すなわち自分の立場を記した公の手紙である。彼は、自分の信じるところを注意深く強調しつつ、厳密に唯一神論的立場、すなわち唯一の神は生まれず（ἀγέν[ν]ητος – *agen(n)ētos*）[24]、唯一永遠で、唯一初めを持たず、唯一真実で、唯一不死であり、唯一知恵ある方であり、唯一善き方であり、唯一主権を持つお方であるという諸前提から議論をしながら、先達たちの信仰を明らかにしようとしていると主張する。御子は御父とともに永遠ではなく、神が万物に先立って存在しており、万物のモナドであり初めである。アレイオスは、このことは、自分の司教であるアレクサンドロスから学んだ信仰となんら異なるところはないし、自分がサベリオス主義や養子論の誤りを犯していると非難されれば、それはアレクサンドロスにも当てはまると主張した。ここに示されているアレクサンドロスの見解は、少し前にエウセビオスに対してなされた訴えとは異なるが、このような説明になっているのは彼の置かれている環境によるものであることは確かである。最初の手紙は破門による怒りの最中に書かれ、二番目の手紙は彼らの相違点を埋めて、共通の土台に立とうとしていたときに書かれたものである。

他方、ソクラテスとテオドレトスによって保存されている、アレクサンドロスの同僚の司教たちへの二通の手紙は、ひとたびアレイオスの誤ちと頑迷さを確信すると、アレクサンドロスが、アレイオスの非難をはっきりと続けたことを示している。最初の手紙には[25]、アレクサンドロス自身がアレイオスの教えを要約したものが含ま

---

(19) Telfer (1936), pp.60-63は、アレイオスがパレスチナと小アジアの司教を訪ねた物語を懐疑的に見ている。Gwynn (2007) は反対者たちに対するアレイオスの描写の政治的価値に注目し、論争のために意図的に正統派が構築したものと判断している。しかしながらParvis (2006) はこの見解に否定的で、アレイオスと彼の追従者たちがこの論争において、そのようなネットワークを構築したと考えるに躊躇している。

(20) エピファニオス『パナリオン』(*Panarion*) 69.4.

(21) エピファニオス『パナリオン』69.6を参照。テオドレトス『教会史』i.5 (Opitz (1934) の第一巻) にもある。

(22) エピファニオス『パナリオン』69.7を参照。アタナシオス『教会会議について』(*De Synodis*) 16 (Opitz (1934) 第六巻)。

(23) Telfer (1936) はしかしながら、この手紙が東方にまったく触れていないことから、エジプトで書かれたと主張している (注19も参照されたい)。

(24) 付加されているν (n) は括弧の中に置かれ、アレイオスに由来するのかどうか曖昧なところがある。アタナシオスは明白に「出生を持たず」(unoriginate) や「造られず」(uncreated) という意味を持つἀγένητος (*agenētos*) をγίνομαι (*ginomai* = 私は存在となる) から区別し、また、「生まれず」(unbegotton) という意味を持つἀγέννητος (*agennētos*) をγεννάω (*gennāō* = 私は生む) から区別した。さらなる詳細はPrestige (1933, 1936の第二章と第七章) を参照。

(25) ソクラテス『教会史』i.6 (Opitz (1934) 第四巻b) を参照。この主張は『アレイオスとその追従者たちの排斥』(*deposition of Arius and his associates*) をはじめとするアタナシオスの写本にも見られ、エジプトの聖職者たちに対してそれに署名するように添え書きがされている。

れ、その要約は、ほとんどがアレイオス自身の残存する著作から得られる印象を確証するものである。二番目の手紙は[26]、エジプトの外にいる多くの司教たちに対して、アレイオスと彼の追従者たちへ警告を発している。アレイオスと追従者たちは、説得力があるものの、人を欺く論述を伴う堕落した教理を隠していると非難した。

これに続く歴史はよく知られている。コンスタンティヌスはこの問題に介入するようにと駆り立てられた。最初のニカイア教会会議で、大多数の者はアレイオスを非難し、ニカイア信条を受け入れた。しかしながら、カエサリアのエウセビオスの困惑、すなわち、母教会への弁明の手紙ではっきり示された困惑は[27]、その時代にすでに不安が感じられていたことを示している。抗争が再び起ころうとしていたのである。コンスタンティヌスがアレイオスを追放先から呼び戻し、司祭への復職を求めたとき、彼を受け入れない者はなかった。これらの交渉の最中、コンスタンティヌスはアレイオスから、直接に聖書の言葉によって記され、論争的な言葉を避けた信条を記した書簡、つまりある種の信仰告白を受け取った。この手紙を保存したソクラテスとソゾメノスは[28]、アレイオスが呼び戻される前に求められた手紙なのか、それとも三三五年のテュロスにおける教会会議の前に書くことを求められたものなのか、その点で見解が異なっている。その会議の一年後に、アレイオスは死去した[29]。

アレイオスは、わずかな文献上の重要性を持つにすぎないとされて、重んじられてこなかった[30]。すでに言及したいくつかの手紙を除いては、ほとんど資料が現存していないのが事実である。しかし、アレイオスが韻文を用いたことは、讃美歌の歴史の中では無視できないであろう[31]。すでに言及したいくつかのよく知られた歌が、彼が唯一書き著した『タレイア』（*Thalia* 饗宴）に取り入れられた可能性もある。これは彼の考えを非難するために、彼の反対者が引用したことによってのみ現存している。このテキストは、アタナシオスとアンキュラのマルケロス以降、誰も標準的なアレイオスの定式を引用しなかったことから、きわめて早い時期に消えてしまったに違いない。この著作を再構成することは、事実上、不可能である。なぜなら、二つの鍵となる章句の唯一の主要な資料提供者であるアタナシオスは、直接〔『タレイア』から〕引用しているものの、引用文がパラフレーズされているようであり、文脈を無視して無作為の例文を集め、いくつかの引用は、本当に『タレイア』からの引用なのかどうか、疑わしいほど曖昧だからである。さらにアタナシオスはあからさまに、これがエジプト人のソータデース作の自堕落的な酒宴歌であり、アレイオスを「救い主に対する冒瀆の踊りと悪ふざけ」をしていると非難している。(33) しかし、これはバランスがとれているとは言いがたい判断であり、信用するには、公平さを欠いている。いくつかの引用文から『タレイア』が実際、韻文で書かれたことがうかがえる。冒頭の七つの行の頭文

---

(26) テオドレトス『教会史』i.4(Opitz(1934)第一四巻)を参照。

(27) アタナシオスの『ニカイア公会議の決議に関する手紙』(*De Decretis*(33))のいくつかの写本に付け加えられている。ソクラテス『教会史』i.8やテオドレトス『教会史』i.12(Opitz(1934)第二二巻)にもある。英訳は*NPNF*のII.とIV.を参照。

(28) ソクラテス『教会史』i.26とソゾメノス『教会史』i.27(Opitz(1934)第三〇巻)を参照。

(29) Barnes(2009)は*Athanasius Werke* 3.1.3(Brennecke et al., 2007)校訂者に対するSchwartzの(ここに表されている)〔アレイオスの死の〕日付を弁護している。これはかなり早い日付であり、アレイオスの死が三二八年かそれよりも前ということになり、「アレイオスの周りの者たち」の復帰を皇帝が主張したことをアタナシオスが三二八年に書いた時に、アレイオス自身はすでに死んでいたことになる。Barnesはアレイオスの共同体の復帰への証拠の整合性を弁護して、このように言う。「それゆえアレイオスが共同体への復帰を許された後、三二八年にリビアに行き、彼が死を迎えるまで、三三六年の夏の死の直前にコンスタンティノポリスに旅をするまで、ずっとそこに留まっていた」(pp.126-7)。

(30) Altaner(1960), p.310.

(31) Böhm(1992).

(32) 『アレイオス派反駁』i.5-6,『教会会議について』15.

(33) 『アレイオス派反駁』i.2, 4, *PG* 26.16, 20.

字をつなぎ合わせるとある語になるという形式の詩となっているが、その韻文の形態を再構成することは難しい。ある研究者は、この著作の全体が詩文形式ではなく、何らかの形式を持った論争や釈義を含んでいる可能性があると考えた。(34) アレイオスがニコメディアのエウセビオスのところに滞在しているときにこのいささか通常ではない形式で自分の異端的な主張を書き付けたことは明白である。ただし資料の解釈については、これまでに異論も唱えられてきたことは事実である。(35)

アレイオスの反対者の著作は多数残されているにもかかわらず、アレイオス自身の元来の教え、それが由来する源泉や霊性についての私たちの知識は限られている。五世紀の教会史家が示してくれることは、アレイオスが優れた弁証家であり、自らの論理の力によって誤りへと陥ったことである。(36) ここから、アレイオスが哲学的な前提から論理な結果を導き出そうとしていたにすぎないのだという結論に至るのが常であった。

一般的な見方は、アレイオスが、神の本質的な属性とは、神的存在には由来がないこと（ἀγέν[ν]ητος – *agen(n)ētos*）という前提から始めたというものであった。つまり御子は生誕した（γέννητος – *gennētos*）のであり、加えてこの由来を持つ状態とは、御子が真の神とは本質的に異なっていることを意味する。それゆえ、御子は、伝統的な章句が示すように、神の被造物の中で、第一にして最大の存在ではあるものの、一被造物に他ならない。御子は、創造において造られた被造物の一つではなく、他の被造物がそれによって造られるための仲介者であった。御子は一被造物であるゆえに、誤りを犯すし、可変的である。さらに、御子は、御父なる神とは異なるゆえに、御父を完全かつ正確に知ることができないとされた。アレイオスの論理が至りついた極端な立場を明らかにしたのは、このような推論であった。アレクサンドロスによれば、アレイオスは、神の言が悪魔のように堕落しうることを進んで認めたことを記している。それゆえ、アレイオスの敵対者は、アレイオスの理論が贖罪と啓示というキリスト教の福音の中核を、神の言そのものを通して攻撃し、彼らが礼拝していた主を半神（demigod）もしくは悪魔の次元に引き下げたと主張した。このようなアレイオスの広く知られていた評価は、アレイオスは、信仰よりも論理によって突き動かされ、彼の一神教理解は、聖書的であるよりも哲学的なものであり、同時代人が語ったように、それは異教信仰以外のなにものでもなかった。したがって、ポラードは次のように述べている。アレイオスは「聖書の生ける神」を「哲学の学派の絶対者」に変えてしまった[37]。さらにまた、バーナードは、アレイオスが「冷淡な論理」（remorseless logic）によって、さまざまな流動的な思想を一つの体系に捏造したと結論づけた[38]。さらにウィリアムズはアレイオスの哲学を詳細に調べ上げた後、彼の議論が三つの三段論法で言い表される論理を持っていると主張した。

1　神のロゴスは世界における理性的な根拠である。その理性的な根拠は、世界と独立した存在ではない。それゆえロゴスは被造物を先在させない。

2　御子なる神には複数性があるが、御父なる神は絶対的な単一性を持つ。絶対的な単一性は、複数性（つまり、認識主体に対抗する何らかの存在）を示唆することなしには概念化されない。それゆえ御子は御父の本質についてのいかなる概念も持つことができない。ついでのことであるが、アレイオスの否定神学主義（apophaticism）が、父なる神が完全に単一で認識可能であると信じた新アレイオス主義とは決定的に異なる

（34）詳細な議論は Bardy（1927）を参照。Bardy はここで用いられている断片のテキストを出版した。Stead（1978）や Williams（1987）も参照されたい。
（35）『教会会議について』15. Opitz（1935a）, p.242. しかしながら、Kannengiesser（1970a）の議論も参照。
（36）ソクラテス『教会史』i.5, ソゾメノス『教会史』i.15.
（37）Pollard（1958）, p.104.
（38）Barnard（1970, 1972）. Williams（1987）, pp.231-232.

ことは、注目に値する。
3 ロゴスは御父とは区別された対象として存在する。つまり、一つの主体の定量は、他の主体と分有されえない。区別された一つの対象は他の対象と共有されることはない。それゆえ伝統的に御子に適用された神の属性は、御父に当てはまるものとは異なる意味で、御子に当てはまるに違いない。

しかしながら、アレイオスがキリストにおける救いの認識よりも、むしろ宇宙論的あるいは論理的な考察によって動かされていたと考えることには疑問が残る。というのは、現実に誘惑に直面し、それに打ち勝った救い主は、τρεπτός（可変）であるゆえに、それに屈服したかもしれなかったが、実際には κατὰ χάριν（恵みによって）勝利を収め、どっちつかずで勝利した神的存在にまさって、救済論的な利点を持っているのである[39]。この可能性を追求することは、驚くべき結果を生み出した。なぜなら、アレイオスの敵対者たちによって用いられた議論のやりとりを検討してみると、どのような形で表明されていようとも、残存する断片は、アレイオスの見解が基本的には、救済論的な考察に由来することがわかってくるからである[40]。アレイオスと彼の敵対者たちとの間の議論の要点は、御子であることの本性に関わりがあり、アレイオス派は、私たちの救いが御子と私たちの同一化によるということに基づいて、御子は恵みと服従によって御子であると主張している。「キリストの限界は私たちの（願うこと、選ぶこと、努力すること、苦しむこと、進むことに関する）限界とまったく同じであり、同様にキリストの利益と栄光はまさに私たちのものである……。アレイオスが主張していることは御子を引き下げることではなく、信仰者を御子と完全かつ同じ状態に引き上げることである[41]」。ここでの問題は、以前の教理の概説書が示唆してきたように、三位一体論に関わるというよりも、救済論や倫理そしてキリスト論に関わる問題なのである。

このように、アレイオスの神学と動機の再評価が、アレイオスのこれまでの一般的な評価を拒否するところにまで至るのは行き過ぎのように見えるかもしれない。しかしながら、アレイオス主義がキリスト教の真理を異教的、哲学的に歪曲したものだという伝統的な評価を問い直すには別な理由もある。結局のところ、哲学によって異教正道を逸れてしまうということは、キリスト教弁証においては、あまりに現代的な動機なのである。もし新奇な思想が諸哲学派との不適切な混合の結果であると判明したなら、そういう考えの主唱者は、修辞学的に言えば、刷新者にすぎないとして追い出された。そこで、非難は予想されるはずである。したがって、多くの証拠となる事実はアレイオスの真の意図の判定としての事実とうまく合致しないのである。

(i)彼の立場は完全に聖書的であると示すことができる。ニカイアにおいて、彼の敵対者たちは彼の見解を排除するために、非聖書的で哲学的な用語、ホモウシオス（本質において同じということ）を採用することを強いられた[42]。アレイオスは生涯にわたって、彼が伝統的な聖書的言葉が含まれている諸信条を受け入れるのに何の困難もなかったことを示したのである。

(ii)アレイオスとの議論は、聖書の鍵となるいくつかのテキストをめぐってなされるようになる。そのために、アレイオスの敵対者は彼の立場に対抗するために、かなり無理な釈義を生み出さなければならなかった。そこで、ある研究者たちはアレイオスの出発点は、哲学にあるよりもむしろ聖書にあるという可能性を真剣に考慮するよ

（39）Wiles（1962）. Gregg and Groh（1981）は、アレイオスの解釈と考えの中には、救済論的な動機があったことを強調している。
（40）Gregg and Groh（1977）. 詳細は Gregg and Groh（1981）のものを参照。
（41）Gregg and Groh（1977）, p.272.
（42）Kelly（1950）の例えば pp.213, 235, 253 を参照。アタナシオスの『ニカイア公会議の決議に関する手紙』18-21と比較されたい。

うになった。ブーラン[43]は、神が唯一であるというアレイオスの主要な教理がモーセに由来するというヒラリウスの主張のみならず、アレイオスの聖書の説明には嫌疑がかけられてきたというテオドレトスの見立てに注意を促している。アレイオスの教えの特徴は、何人かの研究者たちが議論しているように、当時の哲学的な唯一神論を前提とするものではない。むしろ、ロゴスの地位に関するキリスト教の内部での釈義的な論争なのである。アレイオスは成長や人間的な弱さを神の御子に帰する聖書テキストの字義的な解釈を採り、このことはヨハネによる福音書一四章二八節「父は私よりも偉大な方だからである」によって確証されると考えた。彼は箴言八章で知恵がロゴスと同一視されるという伝統的な見解を受け入れ、二二節〔「主は、その道の初めに私を造られた。いにしえの御業になお、先立って」〕に基づき、ロゴスは神の被造物であると結論付けている。

もちろんアレイオスは、モナド〔単一〕や ἀγέν[ν]ητος〔由来がない〕というような哲学的な用語も用いた。しかし、それは、他の者たちが用いたのと同じようにしたにすぎない。アレイオスの哲学についてのいくつかの研究は、アレイオス自身が、後のアレイオス派の詭弁家、アエティオスやエウノミオスとは異なり、自身の神学の中に哲学的な考察を取り入れた可能性は少ないということを示すに至っている。アレイオスはむしろキリスト教の伝統それ自体から継承したのである。バーナード[44]はアレイオスの考えと初期の弁証家であるアテナゴラスとの重要な接点を実証し、またスティッド[45]は「アレイオスが、異教の哲学を乱暴に導入したことよりも、むしろ教会の中で醸成されていたプラトン哲学の伝統を利用している」と主張している。さらにウィリアムズは、アレイオスの根本的に保守的な意図の中に急進的な傾向を認めて、アレイオスに、初期のプラトン主義とのプロティノス後の断絶を見出している[46]。アレイオスの思想的な先駆者についての複雑な問題は、彼の貢献を評価する上でますます重要になっている。

彼の先駆者が誰だったのかということについては、多くの論争が行われてきた。アレイオスの古代の敵対者たちによっては、考慮に値する背景が示唆されたために、何人かの研究者は、敵対者たちの非難は、事実に基づくものと認めてきた。アレクサンドロスの復活節書簡はアレイオスがエビオン派、アルテモン、サモサタのパウロス、ルキアノスと彼の継承者の再来であると非難している。もしこの文書をその証拠として受け入れるなら、アレイオスの思想が究極的には、かの地で養子論の伝統を育んできたアンティオキアの異端の司教であったサモサタのパウロスに由来していることになる。アレイオスがアンティオキアのルキアノスの学校で神学的な教育を受けたという証拠は妥当である。彼はニコメディアのエウセビオスに〔自分のことを〕「ルキアノスの徒」(fellow-Lucianist)であると言っている。ルキアノスの弟子たちは、東地中海世界の多くの司教たちを含んでおり、アレイオスへの敵対が明らかになったときに彼を守るために明らかに団結した。しかしながらルキアノスとサモサタのパウロスとの関係は、私たちが持っている乏しい史料から論証することは難しい。私たちはパウロスの実際の立場についてもほとんど知らないし、事実上、ルキアノスの教えについても何も知らない(47)。ルキアノスは崇拝された殉教者であり、おそらく新約聖書のビザンティン版を校訂するのに重大な寄与をした本文批評家であったことしか私たちは知らないのである。アレイオスが聖書を字義的に解釈したことは、アンティオキアから継承された特徴の一つであろう。けれどもアレイオス主義がアンティオキアに教理的なルーツを持っていたかどう

---

(43) Boularand (1972), 第四章など参照。
(44) Barnard (1970, 1972).
(45) Stead (1964), p.30.
(46) Williams (1987). Williams (1983) のものと比較されたい。
(47) Bardy (1936) はルキアノスと彼の弟子たちに関する私たちが持っている史料の網羅的な研究である。Pollard (1958) はアレクサンドロスの証拠に基づいて議論をし、Bardy らの見解に反対した。さまざまな見解の可能性を探る研究は Boularand (1972) の第五章や Williams (1987) を参照されたい。

かは定かではない。

しかしながら、継続的で一貫した伝統を論証することは難しいとしても、アレイオスの考えともっと初期のアレクサンドリアの人たちとの考えの間にはつながりがあることも事実である。アレイオスの神論はアテナゴラスとクレメンスと類似しており、彼の従属的な考えはオリゲネスの伝統から生じており、彼の神学的な方法はアレクサンドリアのディオニュシオスのものであり、彼の聖書の字義的な解釈は〔アレクサンドリアの〕司教ペトロスに関係しているかもしれない(48)。アレイオスは、父なる神を高く上げたというよりも、御子を引き下げたというところに過ちがある。というのは、スティッドが示したように、アレイオスはオリゲネス主義的な位階的な三位一体を教えた（あるいは少なくとも仮定した）からである。この教えこそ、アタナシオスによって論争上の目的のために曖昧にされ、カエサリアのエウセビオスの対応によって確かめることができる。アタナシオスは、アレイオスがロゴスを被造物の一つに位置付けた事実を強調した。アレイオスの主な関心事はおそらく、流出や生誕のような肉体的な過程を神に帰すことを避けるためであったが、これはそれ以前にグノーシス主義に対抗するための伝統の要であった。つまりアレイオスは多くのキリスト者がずっと以前から前提としていたことを一貫して表明していたにすぎないのである。

ソゾメノスはアレイオスがこれらの争点を「敬虔さ、および、神の完全なる発見の探求を口実にして」作り出したと言っている。〔ソゾメノスが〕このように言ったことは、アレイオスが率直な意図を持ったキリスト者の教師であったことを示している。もっとも、このような示唆は、その口実の非難によって覆い隠されてはいるが。アレクサンドロスがアレイオスのことを、説得力があり、思慮深く語ると言及しているが、このことはアレイオスのキリスト教信仰の説明が魅力的であったという事実を反映している。実際に、唯一の神への信仰とキリストへの信仰との間の緊張関係に対して、彼が与えていた聖書的な解釈に注目が集まっていたことは間違いない。したがって、アレイオスの誠実さを疑う理由は見出せないのである。アレイオスの敵対者たちは彼が偽りゆえに人気を博しているとした。しかし、それは、キリスト教信仰が真に意味するところのものを追求するに熱心な者への一つの反動であったと考えられる。アレクサンドリアには、聖書を時代の哲学的な文脈の中で意味が通るように解釈しようとする、独立した教師たちの長い伝統が存在した。司教が彼の考えに疑問を抱いていたときでさえも、アレイオスは霊性に満ちたキリスト者の教師としてやっていくことができると考えていたが、このことがおそらく彼に不幸をもたらしたのであり、すでに時代は「学派に基づく」(school-based)キリスト教から、教会の一致という目的のために、司教の権威や政治的な要求が増していた時代だったのである[49]。

それでもこのような見方はあまりにもアレイオスに責任を押し付ける見方かもしれない。彼が単なる頑迷な保守主義者であったと見ることも不可能ではない。つまり彼は自分の司教〔アレクサンドロス〕の革新的な考えに恐れずに挑戦しようとし、危険な神学的展開について他の多くの人たちが感じていたことに声を挙げたという理由で追従者を惹き付けたそういう保守主義者と見るのである。もしアレイオスが自身の考えを別な方法で問題提起していたら、アレイオス主義の反対者たちは彼の解釈に対して効果的に反論する方法を見出すのは難しいと考えただろう。彼は単に伝統的なことを真剣に声を挙げて主張しているだけだったからである。彼は「私たちの先祖から来た私たちの信仰」を表明していたと心から信じていたのである。おそらく、ちょうどエウセビオスのように、彼は「唯一の神と道徳的なこと」に関心があったのである[50]。もしこの見方が正しいなら、アレイオス

(48) Barnard (1970) を参照。以下に続く注は Barnard と Stead の著作に基づいており、特に Stead (1978) に基づいているが、Stead (1976) のものもそうである。

(49) Williams (1987) を参照。ヒエラクスとディデュモスの人物像はたしかに学派に基づくキリスト教がその世紀のもっと後半にも存在していたことを示している。詳細は本書一八八—一九〇頁を参照。

(50) 本書二八頁参照。

は「原型となるような異端」でも、ましてや探究者でもないのである。むしろ、彼は古典的な考えを持っており、信仰の基礎として聖書と伝統に訴えた、字義通りに解釈する志向を持つ保守主義者であった。

さらなる読書のために

Gregg, Robert and Dennis Groh, 1981. *Early Arianism: a View of Salvation*, Philadelphia: Fortress Press.
Williams, R. D., 1987. *Arius: Heresy and Tradition*, London: Darton, Longman & Todd.

II　アタナシオス——伝説とその評価

アレクサンドロスが巻き込まれていた論争の矢面に立ったのは、彼の後継者であるアタナシオスであった。アタナシオスは若き時代に、助祭や個人的な秘書としてアレクサンドロスに仕え、この資格でニカイア公会議に出席した。この二人のうち、アタナシオスの方が疑いなく強い個性を持っており、後継者たちは、アタナシオスのお陰でアレイオスに対する決然としたアレクサンドロスの反対が可能になったことを認めてきた。ナジアンゾスのグレゴリオスも、アタナシオスがまだ司教になる前に、実際に教会会議に臨んでアレイオスの「伝染病」に反対する立場をとったと記している[51]。実際には、年若い助祭に、多くの立派な司教たちの議論に貢献する機会が与えられたとは考えられない。さらにアタナシオスは自分の司教〔アレクサンドロス〕には影響を与えることができたとしても、アレクサンドロスは会議の中で重要な位置にいたというわけではない。アタナシオスが、鍵となるニカイアの定式を導く責任を果たしたとは思われない。ただ彼がニカイアの神学を示す言葉としてホモウシオンの価値を次第に理解するようになったことは明白である[52]。

ニカイアでのアタナシオスの役割が誇張されたのは、急速に発達した「アタナシオス伝説」(legend of Athanasius）の特徴の一つである。この「好意的伝承」（good tradition）はすべての主要な史料に影響を与えた。なぜならアタナシオス自身の弁証的な著作は、歴史家にとって一次史料であったからである。したがって、アタナシオスの古典的な描写とは、彼が、アレイオス派皇帝の統治の間、ニカイアの定式をほとんど孤軍奮闘して守り抜き、最終的には東方の反アレイオスの党派の間の和解を導いた聖人であり神学者であるというものである。二〇世紀後半に批判的な研究がなされるまで、困難を抱えながらも勝利を収めた生涯を再構成する典型的なものは、だいたい以下のようなものである。

アタナシオスは、三二八年にアレクサンドロスの後任として司教になったとき、まだ三〇代にすぎなかった。彼が引き継いだ地位はいささか居心地の悪いものであった。ニカイアでのコンスタンティヌスの目的は教会の一致を確立することであったが、ホモウシオンの定式は、東方の司教の大多数からは、かなりの疑念をもって受け止められており、この言葉が政治的に好都合なものとなった時には、アレイオスと彼の仲間を教会の交わりに受け入れることを拒否する者はいなかった。アタナシオスは世界を敵に回して（*contra mundum*）動じることのなかった唯一の影響力を持つ人物であった。とても公正とは言えないテュロス教会会議（三三五年）では、殺人と黒魔術を行った嫌疑をかけられて、彼は罷免に追い込まれ、さらにコンスタンティヌスへの訴えは、アタナシオスがアレクサンドリアから首都に向けての穀物運搬船の航行を妨害したというより

（51）ナジアンゾスのグレゴリオス『講話』（*Oration*）, *PG* 35.1096.
（52）『ニカイア公会議の決議に関する手紙』（*De Decretis*）は三五〇年代にアタナシオスが最初にこの語を弁護しようとして書かれた著作である。Ayres（2004b）, p.339 を参照。「この言葉はもともと論争的な目的を持って、よく確立した神学的な意味を持たないまま選ばれ、親ニカイア神学の鍵となる用語として徐々に認められた」。

単純だが憂慮すべき嫌疑を作り出すように陰謀者たちを仕向けた。この非難は、司教がエジプトではあまりに力を持ちすぎているという、すでに皇帝が抱いていた疑いを強めることになり、教会内の平和を回復するための障害を取り除く機会となった。アタナシオスはトリーアに追放させられたのである。

この出来事は、アタナシオスの困難の始まりにすぎなかった。三三七年にコンスタンティヌスが死去した後、アタナシオスは帰郷することができたが、東方の帝国は今やアレイオス主義の支持者であるコンスタンティウスの支配下にあり、東方の司教たちも総じて皇帝に従う準備をしていた。三三九年にアタナシオスは、教皇とコンスタンスがアタナシオスに同情的であった西方に再び逃亡した。アタナシオスは、自身の立場への強力な支持基盤を構築することに加えて、追放されている最中に西方教会へ新たな禁欲主義をもたらしたと言われている。三四〇年から、帝国と教会の西半分と東半分が、アレイオス派の教義によって分割された。それは、セルディカ教会会議における三四三年の修復できないほどの分裂に表された悲劇的な状況であった。

アタナシオスの司教の座を奪取したゲオルギオスが死去した後、コンスタンティウスはコンスタンスからの圧力に屈した。その結果アタナシオスは復職した（三四六年）。しかし、ひとたびアタナシオスを支持する皇帝が殺害されると、彼の地位は安泰からはほど遠いものとなってしまった。アタナシオスの経歴は、教会のように広範囲で多様な共同体が、最も有力な信徒の政治的権力からの独立を維持することが、ますます困難になっていったことを示している。今や単独皇帝となったコンスタンティウスが出席することで、西方の教会会議（三五五年のミラノで）でさえ、アタナシオスの退位を強制することになる。その結果、三五六年には帝国の兵士たちが彼の教会の扉のところに押し寄せてきた。略奪と暴力が続く事態の中で、アタナシオスに代わって就任したカッパドキアのゲオルギオスは、アレクサンドリアの民衆たちにはかなりの不人気であった。民衆たちは、アタナシオスの三度目の流刑の間、この追放された司教を支持し続けていた。この時には、アタナシオスは国外に逃亡はせずに、エジプトの敬虔な修道士たちの間に身を隠し、時にはアレクサンドリアの町の中にも身を潜めた。多くは、アタナシオスがこの時期に、すんでのところで逃亡して、皇帝の遣わした追手からどのように身を隠したかを語る伝説になっていた。「姿を見せない主教」(invisible patriarch) として、アタナシオスは、自分を保護し状況を知らせてくれる同信の人々の集う教会を巧みに統治し、身を隠している間に書いた弁証的な文書を配布した。背教者ユリアヌスとアレイオス主義者であるウァレンスの時にさらに二度の逃亡を経験したが、アタナシオスは逃亡先の支持者たちによって、匿われて短い追放期間を過ごした。都市の大司教と地方の修道士たちの緊密な連携が生み出されたのは、アタナシオスが司教のときであり、このような連携は次の世紀に強い政治力を証明してみせた。もう少し広い領域では、アタナシオスは、カエサリアのバシレイオスによって権威ある者として依拠されるほどの尊敬を獲得した。加えて、アタナシオスは、晩年に、アンティオキアの分裂した教会に宛てた手紙である『アンティオキアの人々に宛てた文書』(*Tomus ad Antiochenos*) で顕著に見られるように、反アレイオス主義の多様な党派を一つに糾合しようとする真の調停的な試みを行った。

アタナシオスは、その時すでに老年であったが、自分の信念が勝利することを確信しながら、三七三年に逝去した。四五年にわたる司教としての歩みの間、三四六年から三五六年にかけて、つまり彼の生涯の最後の七年間、二度にわたる期間に比較的平和な期間を過ごすことができた。彼は真理のための殉教者として生きたのである。

しかしながらこのような「好意的伝承」[53]と並んで、アタナシオスと同時代の者たちの間には、それほど好ましくない評価の痕跡も見受けられる。彼は、明らかに緻密な戦略をめぐらせることができる政治家であったに違

(53) 以下に述べることは、Kannengiesser (1974) のいくつかの著述に依拠している。主に W.G.Rusch, 'A la

いない。最初の戦略は、間違いなく争われた彼自身の司教選出においてであったと思われる。その選出は、非合法的で無理に行われたようにも見える。彼の性格には非情なところがあったようにも見える。というのは、彼が自身の目的を達成するために暴力に頼ったことが、多くの証拠によって示されている。彼がアレクサンドロスの後任となったとき、その地の一触即発と言うべき状況を引き継ぐことになる。エジプトのメレティオス派の驚異的な力は、アレイオス派の問題に関心を寄せることで、しばしば見落されてきた。しかし、六五人中三五人のエジプトの司教たちがメレティオス派であったことを示唆する証拠がある。アタナシオスはニカイアの決定に従って、メレティオス派のグループとの和解の道を進むよりは、彼らに敵対しようとした。このことは、テュロスの教会会議において、アタナシオスが攻撃によってダメージを受けるように仕組んだメレティオス派がもたらした証拠によるものである。アタナシオスがこのグループとの駆け引きを行うのにためらうことなく力を用いたことはほとんど疑いがなく、彼のテュロスでの追放は、教義上の理由からでなく、エジプトにおける不正行為に基づくものであった。ラッシュが、次のように述べたことはもちろん正しい。すなわち、フィロストルギオスの敵対的な報告や、パピルスの証拠や、ナジアンゾスのグレゴリオスが賛辞の中でそれに答えなければならないと感じた批判は、「史的アタナシオス」(historical Athanasius)の探求にあたっては、証拠として認めなければならない。

このことに加えて、アタナシオスの影響力が三四五年から三七三年まで東方教会を支配的していたという考えは、ルルーによる厳しい批判にさらされてきた。(54) 彼の資料の解釈によると、アタナシオスは蚊帳の外に置かれていた。すなわち、他の者たちが、アエティオスとエウノミオスによって引き起こされたもっと些末な問題と取り組んでいるとき、アタナシオスはアレイオスとの以前からの戦いを続行していたのである。彼がアンティオキアの現状を知らなかったからである。バシレイオスのみがアタナシオスに訴え出ている。なぜなら、アタナシオスは西方で影響力を持っていたからである。『アンティオキアの人々に宛てた文書』は、論争好きな「超ニカイア的」(ultra-Nicene)主義者たちだけに宛てて書かれたものである。つまり、アタナシオスは、エジプトにおいてだけ、優位に立つことができたが、この地域でさえも、彼は自己防御しなければならなかった。彼の弁証的な著作は、自分の仲間たちに対して、自身のおぼつかない経歴を弁明するためであり、その他の地域で広く流布することはなかった。東方の教会政治のほとんどは、彼に影響を与えなかった。

アタナシオスの価値をこのように「切り下げること」（deflation）は、行き過ぎかもしれない。なぜなら、「好意的伝承」のいくつかの部分は確かに正しいからである。アタナシオスは、晩年までにはコプトの修道士たちとの連携を構築し、エジプトにおける完全な優位性を勝ち取った。テオフィロスやキュリロスのような後継者たちが、コンスタンティノポリスと皇帝自身の権威に対抗することができたのは、アタナシオスが構築した権力基盤に基づくものであった。もし彼のエジプトでの地位が初めから不安定なものであったなら、彼の政治的な技量はより優れたものであったはずである。[55] さらに言えるのは、彼は西方の支持を得て、どんなに犠牲を払おうとも、特定の神学的な立場を一貫して貫いたということである。彼の一意専心の背後にあった力は何であろうか。いかにしてニカイア神学は、東方で広く受け入れられるようになり、テオドシオス一世の登位後の三八一年に勝利を収めたのだろうか。

第二の問いはより複雑な問題を提起する。しかし、私たちは、第一の問いに対する答えをそこに求め見出した

---

recherche de I' Athanase historique', pp.161-180 であるが、Annik Martin, 'Athanase et les Mélitiens（325-333）', pp.31-62 と L.W.Barnerd, 'Athanase et les empereurs Constantin et Constance', pp.127-144 もそうである。メレティオス派については、Barnard（1975）, pp.183-189 や Martin（1996）を参照。これらの批判的研究が標準的になっていることは Barnes（1993）のアタナシオスに対する評価と、Weinandy（2007）の反発から証明される。

（54） J.M.Leroux, 'Athanase et la seconde phase de la crise arienne（345-373）' in Kannengiesser（1974）, pp.145-156.

（55） Frend（1976）.

多くの資料を持っているという幸いな立場に置かれている。アタナシオスの波乱万丈の経歴にもかかわらず、彼の残した文書は膨大であり、そのほとんどは彼が関わった論争についてのものである。彼自身の著作から、彼の議論の力、専門用語の駆使の仕方、神学的に一貫した考え、聖書の真理と教会の伝統、そして殉教者たちがこの初期の時代にそのために命を賭した信仰を読み取ることができる。私たちはアタナシオスの遺した文献中に、彼の信仰の前提となるものを推定することができ、なぜ「アレイオス主義」を論駁することが、あらゆる困難や迫害に直面しながら、彼にとって生死に関わるような問題となったのか知ることができる。

さらなる読書のために

Barnes, T. D., 1993. *Athanasius and Constantius: Theology and Politics in the Constantinian Empire*, Cambridge, MA and London: Harvard University Press.

Ⅲ　アタナシオス神学の土台——『異教徒反駁』と『言の受肉』

アタナシオスの思想には、表現の詳細や方法に関する限りは、ある種の発展をたどることができるものの、アタナシオスの立場の核心部分は扱われなかった。彼の最初期の著作は、実際彼の生涯と教理論争の鍵である。元来は単一の弁証的な著作の二巻本、『異教徒反駁』と『言の受肉』が、アレイオス論争が勃発する前に書かれたとの見方は、もはや研究者の一致した見解ではなくなっている。著作年代の推定の根拠となったのは、これら二つの著作にアレイオスへの言及がないことにあった。しかしこのような主張は、必ずしも最終結論に至ってはいない。なぜなら、三二九年から三三五年にかけて書かれた『復活節書簡』（*Festal Letters*）にもアレイオスへの言及がないからである。[56] 確かに、〔アレイオス派への〕警告は、未信者が興味を惹くように書かれた著作よりも、牧会的な書簡の中に記されるのが、よりふさわしいのではないだろうか。『異教徒反駁』と『言の受肉』を初期の著作と考える学者たちは、彼がまだ二〇代だった頃、出版することを意図せずに、神学論文としてこの著作を執筆したのではないかと考える。テキストの伝承で明らかになったこの著作の短い版と長い版は、アタナシオスの生涯の終わりに書かれた論文の中に見出される二つの異なった草稿であると説明されている。(57)もしこれが正しければ、アタナシオスはかなり早い時期に、成熟した信仰の基礎を築き上げていたことになる。そこで実際には少しの後の時代に書かれたと考えることがより妥当であろう。さらに言えることは、もし、『異教徒反駁』と『言の受肉』が、アタナシオスがトリーアに初めて追放されていた最中かあるいはその直前に書かれたとするならば、これら二巻本とエウセビオスの『神顕現』の関係は、さほど困惑するものとはならないであろう。(58)『神顕

(56) Kannengiesser (1964a).
(57) Cross (1945). Meijering (1968) も Parvis (2006) 同様、この著作がアタナシオスの若い頃のものであるとしている。史料の詳細な議論、すなわち短い版と長い版との関係は、Kannengiesser (1964b, 1965, 1966) の概説と研究を参照。短い版の存在は J.Lebon によって最初知らされ、R.Casey によって詳細に研究された。このことに関しては Ryan and Casey (1945/46) を参照。短い版のものがアタナシオス自身のものであるという共通見解を Kannengiesser が否定しようとしたが、彼は (Opitz (1935b) に対し)〔古い版から新しい版への〕改訂の過程に何も教義的な意図がなかったことに同意している。Casey は短い版のものは第二版としての改訂であると結論づけた。
(58) 著作年代の最近の再考は、Nordberg (1961a, b) によって始められた。彼はこの著作の弁証的な企ての機会を提供しているという理由から、背教者ユリアヌスの統治の晩年に書かれたとしている。しかし Kannengiesser (1970b) の議論も参照されたい。彼が提案している年代〔トリーアへの追放の年〕は、彼の初期の著作 (1964) に従う形で Roldanus (1968) によっても受け入れられた。多くの学者たちは確かなことは定かではないとして

現』が三二〇年代の半ばよりも早く書かれたのではないことは疑いえない。老年で尊敬された学者であり歴史家であるエウセビオスが、まだ一〇代そこそこの若い助祭の弁証的な著作を引用したということはほとんど考えられない。両者の類似は、いささか無理があるように見えるが、共通の弁証的な伝統と共通の文化・宗教的な環境に帰せられるか[59]、あるいはアタナシオスの著作の成立年代をもっと後に想定するかのどちらかである。アタナシオスがエウセビオスの著作を利用したことは、両者の詩編の釈義の並行関係によってより蓋然性が高くなっている。ロンドによれば[60]、アタナシオスはこの著作でエウセビオスの歴史的また文献学的な広い知識を利用したが、神学的にはかなり異なる見解を持っていた。そこで、アタナシオスが、同じようにエウセビオスの弁証的な著作を利用した可能性は高い。ただし、彼は、それを資料として盗用し、いささか異なった体裁に整え全体として提示できるように神学的に修正してそのようにしたのである[61]。これがアタナシオスの意図であったことを示唆する証拠がある。エウセビオスはキリストの死と復活に証拠としての価値を賦与したが、アタナシオスは、死と復活におけるキリストの人性との一致を際立たせることによって、救済論的な側面を強調している。さらに、いくつかの表現はアレイオス派の不十分な理解に対するあからさまにならないような批判を含んでいるように見える。エウセビオスは、「力であり、知恵であり、御父の言である神の真の御子[62]」に言及する際に見られるように、アレイオス派に共感していたのである。エウセビオスが、おそらくアレイオスとともに、基本的には宇宙論的なアプローチを取ったのに対し、アタナシオスは受肉の救済行為から始めたのである。その後、著作の最初の成果として、アタナシオスは異教信仰に対する確度の高い議論を組み上げただけでなく、キリスト教の福音が真に意味するところを組織的に提示した[63]。ここに私たちは、彼の生涯の長きにわたる衝突と論争の背景にあった根本的な前提の開始を見出す。第一巻目にあたる『異教徒反駁』は[64]、多神教や偶像礼拝に対する古典的なユダヤ教、キリスト教の議論に従っている。悪の起源や魂の実在という伝統的な宗教哲学の諸問題も現れる。神の実在はデザインからの議論（argument from design）によって証明がなされる。自然神学（natural theology）の可能性は、間接的ではあるが、認められている。しかしなんといっても私たちは『言の受肉』の中でより明瞭になる、アタナシオス思想の特徴を見つけることができる。そこでは、アタナシオスに関する限り、キリストにおける救いの真実こそが、問題となる唯一の事柄であることを理解できる。(65) それでは、キリストにおけるアタナシオス

おり、例えばWinden（1975）の例を参照されたい。しかしながら、アタナシオスとエウセビオスの著作の関係はほとんど決定的である。Pettersen（1982）とSlusser（1986）はわずかばかりKannengiesserの考えを改訂し、著作がなされたのが最初の追放よりも少し前であるとした。Barnes（1993）は（エウセビオスの『神顕現』が書かれた三二五年頃の後の）三二〇年代の後半であると考えたが、今ではより後であることが広く認められている。Hanson（1988）, Anatolios（1988）, Weinandy（2007）, Steenberg（2009）を参照。

（59）Van Haarlem（1961）を参照。Cross（1945）は、アタナシオスが三一一年にアレクサンドリアに訪問したときにエウセビオスから神学的なことを学んだ影響であるとしたが、これは推測にすぎない。Anatolios（2004）は、この著作がエウセビオスの『神顕現』に対抗するための、エイレナイオスの著作に基づくものであると考えた。

（60）Rondeau（1968）.

（61）Anatolios（2004）と比較せよ。

（62）『異教徒反駁』46を参照。このことはRoldanus（1968）の付録に示されている。p.375の注5も参照。Kannengiesser（1974）の著書の中のpp.215-230にあるE.Mühlenbergの 'Verité et Bonté de Dieu' も参照されたい。

（63）Pettersen（1982）はこの著作が弁証的であるよりも教理教育的であるとみなした。この著作はしばしばアタナシオスの基本的な神学理解を探るために用いられる。例えば、Pettersen（1995）, Anatolios（2004）, Weinandy（2007）を参照。

（64）『異教徒反駁』と『言の受肉』のテキストと英訳はThomson（1971）を参照。Kannengiesser（1973/2000）, Camelot（1977）, Meijering（1984）, Meijering and van Winden（1989）も参照。

（65）Weinandy（2007）はアタナシオスの神学的な考えの基本が救済論にあったことを、他の多くの研究者とともに

の救いの理解とはどのようであろうか。

『言の受肉』と『異教徒反駁』の二巻とも、人類の原初状態と恵みからの堕落の説明から始まる。二つの異なる説明がアタナシオスの救済論の二つの主要な関心事を示している。すなわち人間の理性に適わない在り方（human irrationality）と人間の死すべき本性（human mortality）である。両者とも同じ災いに起因する。他の被造物とともに、人間は τὰ οὐκ ὄντα（非存在）から存在へと呼び起された。けれども、神はこの〔人間という〕被造物に対しては、ロゴス自身の理性的な存在を共有することができるように、ご自身の似像を授けることを選ばれたので、部分的にではあるが、神ご自身の永遠の命を享受することができるのである。しかしながら、人間は不従順によってロゴスへの参与を喪失してしまった。アタナシオスによれば、受肉こそが、このような結果への唯一の解決方法なのである。

(i)人間の理性に適わない在り方。『異教徒反駁』（2-5）において原初的には神の θεωρία（テオリア、観想）とすべての善きものを有している人間は、「それ自体により近いもの」（things nearer to itself）、霊的なものより物質的なものへと向かっていく。人類は利己的な欲望に堕ちてしまい、造り主の代わりに被造物を礼拝してしまった。この主題は『言の受肉』（11-16）でも取り上げられている。人間はいったん神のロゴスを失ってしまうと、理性に適ったあり方 λογικοί（*logikoi*）ができなくなる。すなわち、人間は野獣のレベルにまで下げられて、非理性的な仕方で偶像を礼拝してしまう。実際、偶像礼拝は人間が理性に適わない在り方をしていることの証拠なのである。人類は神が造られた世界の調和と秩序を熟考することによって、あるいは神が遣わされた預言者や知者に聞くことによって、さらにはまたユダヤ人を通して世界に与えられた神の律法に従って生きることによって、神を知ることができたかもしれない。しかしたとえそうできたとしても、人間はロゴスに参与することなくして、神の完全な知識を取り戻すことはできなかったであろう。究極的には、唯一の解決方法は、人類の内に神の像を再生することであり、このことはロゴス自身が人の間に宿ることによって成し遂げられる。ロゴスが人と同じところに来て教え、人間と直接に接触することを通して神を啓示する。神の真の啓示は救済のために第一に必要なことであった。

(ii)人間の死すべき本性について（『言の受肉』6-20）。神は人間にロゴスへの参与を与えられ、さらに人間に自由意志をも与えられた。そこで神は、特定の法への服従を条件とすることによって、この賜物を保護しようとした。もしこの法が破られたなら、人間は楽園を去り、死と腐敗の力の下で避けられない堕落に身をさらさなければならない。すなわち、人間は、それが由来するところの無に帰るのである。人間は不従順になり、生の原理であるロゴスを失った。

アタナシオスにとって、このことは神を耐えがたい立場に置いた。神がご自身の言葉を裏切ることは考えられないことであった。罪を犯した人類は、死なねばならない。神は、神としての自分自身を偽ることはできないのである。しかし、ロゴス自身の本性に与えられてきた存在の場合には特に、神の働きが滅びゆくことは、神の善性にはふさわしからぬことであった。〔そうでなければ〕決して創造しなかった方がよかったということになってしまうだろう。このことは「神のジレンマ」（divine dilemma）として表現される。[66] 神の愛の要求は満たされねばならないが、神の完全性は回復されなければならなかった。

その答えが受肉であった。ロゴスは死ぬことができる人間の体をとった。ロゴスが全人類の死を背負って死ん

に強調している。

(66) この表現は、CSMV（一九五三年に出版された）の修道士による英訳の章の見出しのところにあるものであり、『異教徒反駁』と『言の受肉』の数多くの説明で用いられてきた表現である。

だとき、神の栄誉への負債が支払われ、死それ自体が克服された。人間の堕落した本性は、ロゴスの体が復活させられ、朽ちないものを着させられたときに、造りかえられた。〔人の間に〕宿ったロゴスは人間における神の像を回復し、神ご自身と和解させられた。

アタナシオスは死に関心を持ちすぎたために、罪の深刻さや罪意識からの救いの必要性を軽んじているのではないかと、しばしば非難されてきた[67]。確かに、『言の受肉』において、死が強調されているが、死は神の特別な命令に対する人間の不従順の直接の結果であることは心に留めておかねばならない。アタナシオスは死に対して際立った関心を示しているが、それは死が罪の呪いであるからであり、人間が所有し続けてきた本性の喪失のしるしであったからである。もし死が単なる違反にすぎないとしたら、アタナシオスが言うように[68]、悔い改めが問題を解決しえたであろう。しかし人間の状態はこれよりもさらに悪い。なぜなら、罪の結果は本性の堕落と、ロゴスが回復できる唯一の再創造の力である恵みの喪失なのである。創造と再創造は同じ神のロゴスによってなされた。

再創造は、キリストにおける救いに関するアタナシオスの主要な理解である。人間は、もし堕落することがなかったならば、ὡς θεός（神のように）生きていたに違いない[69]。聖書は「あなたたちは神々なのか、皆、いと高き方の子らなのか」〔詩八二・六〕と言っている。ここにアタナシオスの θεοποίησις（*theopoiēsis* 神化）の教理の源があり、『言の受肉』の終わりにかけて最初に暗示されている。そこでアタナシオスは自分の立場を何度も引用される文章で次のように要約している。αὐτὸς γὰρ ἐνηνθρώπησεν, ἵνα ἡμεῖς θεοποιηθῶμεν（彼は人となり、そのことによって私たちが神的になることができる[70]）。

キリストにおける救済は、啓示と再創造によって理解されるとは、アタナシオスが最大限に擁護しようとしていた信仰であった。彼が支持するようになったその他のことはすべて、彼の宗教意識の中心的事実から導かれる当然の結果にすぎなかった。「アレイオス派」に対する彼の戦いは、彼の救済論的な関心によって動機づけられている。彼はこれ以降、彼の立場を完全に説明するようなことは決してなかったが、敵対者に対する彼の神学的な議論すべての背後に、この二重の救済理解を跡付けることができる。『アレイオス派反駁』(*Orationes contra Arianos*)に見られる長く広範囲にわたる論争の中で、彼の二つの主要な関心事はたびたび議論の基礎として繰返されている。啓示と再創造は、回復を神の真のロゴスの人間性へと導く。最初期の頃から、アタナシオスの救済論は神のみが救済の源であることを示しており、神のみが人間の苦境に対して率先して行動し、関わることができる。この確信は、ロゴスの本質的な神性を弁証することにつながった。ロゴスは被造物ではなく「父の本質より出でた」(ἐκ τῆς οὐσίας τοῦ πατρός)のである。なぜならそれだけが私たちの救いを完全に実現し、保証するからである。このことこそ、アタナシオスの中心的な議論の中心であった。

さらなる読書のために

英訳

Thomson, Robert W., 1971. *Athanasius. Contra Gentes – De Incarnatione*, text and ET, Oxford: Clarendon Press.

研究書

アタナシオスの思想に関する研究は、本書の最後のところにまとめて示す。

---

(67) 例えば van Haarlem (1961) を参照。
(68) 『言の受肉』7.
(69) 『言の受肉』4.
(70) 『言の受肉』54. アタナシオスの考えを英語で伝えることが難しいことに注意せよ。彼は神が神であるような意味での私たちが神になるという考えを持たなかったが、私たちが「神的」になる以上のことを彼は意図した。本書一一九頁を参照。

Ⅳ　マルケロス――協力者か妨害者か？

三三九年に、再び追放されたアタナシオスはローマに到着した。その数か月後、経験の豊富な司教であり、アタナシオスよりおよそ一五歳年上のアンキュラのマルケロスも到着した。三四〇年に彼らは一緒に過ごし、その後「二人の著作に一匹の新たな獣が現れる。すなわち、古い異端研究（old heresiologies）の概念に範をとれば、成熟したアレイオス派の異端であった」(71)。その期間、彼らはともに一連の命題を並べ、そのうちある命題には合意し、またある命題には否定したりするとともに、アレイオスとその同調者に原因があるとした。このことは、マルケロスの『ユリウスへの手紙』（*Letter to Julius*）と『アレイオス派反駁』の第一巻に並行箇所があることからも確認できる。この点で、アタナシオスがマルケロスから影響を受けていたと思われることから、マルケロスについて、彼の著作活動と経歴をもう少しよく知っておくことが必要であろう。

実際、新しい千年紀の初めに、この謎めいた人物への興味がきわめて重要な仕方で蘇ってきたのである。マルケロスは一九世紀の偉大な歴史家であるアドルフ・フォン・ハルナックによって「教理史における最も興味深い現象」と評価された(72)。これは、マルケロスはおそらく、単に古代のロゴス神学の枠の中でキリスト論を構築しようとしたよりも、より複雑な営みを行っていたことを表明する判断であった(73)。しかしながら、マルケロスが確実に書いたとされる史料は、論争相手であるエウセビオスによって選ばれたものや、他の断片やエピファニオスの著作の中に含まれている教皇ユリウス一世への手紙とともに残されているだけであり、マルケロスがどのように評価されるかは明瞭とは言いがたい(74)。これらのテキストはマルケロス自身のコンテキストや、彼が結び付けた叙述あるいは議論の中には出てこない(75)。そのような大きな沈黙から彼の考えを読み取ることはきわめて困難である。

生涯にわたって、マルケロスが重要人物だったことは明らかである。ガラテヤ地方のアンキュラの司教として、彼は三四三年のセルディカ教会会議まで、アレイオス論争に参与しており、その後、彼は三七四―三七五年頃に九〇歳以上で死を迎えるまで、ほとんど注目されることはなかった。[76] それでも彼の名前は広く知られたままであり、また彼の表明された見解も次世代がそれに対抗して自己定義した基準のまま残り続けた。司教としてすでに、彼は三一四年のアンキュラの教会会議に出席していた。おそらく自分の教会の管区で行われたため、議長を務めただろう。このことによって、背教者（とキリスト教の共同体から排除された他の違反者たち）の復帰に関する

（71） Parvis（2006）, 181を参照。彼らの共通の主張に関してはpp.181-185と比較されたい。
（72） Von Harnack（1931）, p.242を参照。Loofs（1902）は、Vinzent（1997）やParvis（2006）と同様に、マルケロスのキリスト論の成果の独創性についての刺激を共有している。
（73） というのは、マルケロスは初期の弁証家たちのように、ストア派の区別であるロゴス・エンディアテトス（*logos endiathetos*）〔内在的ロゴス〕とロゴス・プロフォリコス（*logos prophorikos*）〔表現されたロゴス〕を再定義し、「経綸的三位一体論」（economic trinitarianism）の復活がしばしば述べられている。Kelly（1958）を参照。
（74） エウセビオス『マルケロス反駁』（*Contra Marcellum*）と『教会的神学』（*De ecclesiastica theologia*）、エピファニオス『異端反駁』（*Adv. Haer.*）72.2.3を参照。ギリシア語テキスト批判はVinzent（1997）によって出版された。完全な英訳はないが、Robertson（2007）やParvis（2006）によって断片が訳され、Parvisはさらに英訳と注解を伴った校訂版を提供するという計画を示した。他の著作は推測にすぎないがマルケロスのものであるとされることが多く、特に『聖なる教会』（*De Sancta Ecclesia*）がそうである。Lienhard（1999）を参照。Parvis（2006）, p.190はこの著作がマルケロスのものであると考え、三四〇年を成立年代とみなし、「アタナシオスとマルケロスがローマでともに過ごした間に彼らによってアレイオス主義の神話が最初に表明されたもの」と描いている。
（75） Ayres（2004a）, p.2.
（76） エピファニオス『パナリオン』72.1.2.

問題に直面することになり、彼はその法を起草するのに関わった可能性もある。(77) マルケロスは三二五年のニカイア公会議にアレイオスの強固な反対者またホモウシオスの擁護者として出席したので、「エウセビオスの周囲の者たち」がエウスタティオスとアタナシオスを斥けたときに、マルケロスも三三六年にコンスタンティノポリスでは追放の憂き目にあったことは、当然のことであった。ニコメディアのエウセビオスが〈アレイオス主義の第一世代の指導者であった〉アステリオスを擁護したことをマルケロスが批判して問題となり、エピファニオスがさらに書き伝えているのと合わせて、カエサリアのエウセビオスの『マルケロス反駁』のおよそ六分の一が、そのことに関する記述として残されている。

アレイオスとともにルキアノス一門であるカッパドキアのアステリオスは、ニカイア公会議の以前より、論争の最初からアレイオスを支持していた。四世紀初頭の最後の迫害の時に彼が棄教したことは、彼の反対者たちの忘れることの許されない事実であったが、彼はアタナシオスから神学的な強い反対者とみなされ、明らかにマルケロスはニコメディアのエウセビオスの擁護に応える必要性を感じていた。アステリオスの著作には多種多様な強調点があるように思われる。ニカイア会議がホモウシオスを予期せずに含むようになったことへの応答である、彼の『シュンタグマ』(*Syntagmation*) の断片は、アタナシオスによって保存されている。この著作はあからさまにアレイオスを支持しているように思われ、極端に従属主義的である。しかしながらマルケロスは、エウセビオスがアステリオスを擁護する際のより微妙な形式を残している。すなわち、御子は神性と実体、そして力においては御父と異なることのない似像であるという形式である。けれども御子はただ似像に留まる。「御父は固有(*allos*) であり、自から唯一の生誕したロゴスであり、万物のうち最初に生まれたもの……父の本質と意志と栄光と力の正確な似像を生じさせる」(78)。アステリオスの穏健な立場は、マルケロスが父とロゴスの本性の同一を存在論的にさらに強調するように促した。彼は「似像」が二つの実体を示唆することに同意をしており、一つが他方を映し出しているが、神格に「二」または「三」が適用されることは拒否していた。

結果的に、従来のマルケロス解釈は、彼が厳格な単一神を守るために多大な労力を費やしたというものである。[79]チャドウィックはこのことを新ピタゴラス学派の数学（Neo-Pythagorean mathematics）の文脈で考えた。すなわち、「モナド（monad）〔単一〕は、二性（dyad）と三性（triad）を生み出す潜在力を持つが、第一位のものである」。[80]しかしながら、リーンハルトは「三性へのモナドの拡散をマルケロス思想の中核と考えることは、彼の神学をゆがめてしまうことになる」と見ている。[81]聖書および、神の単一性を否定して一つ以上のヒュポスタシス〔本質〕を仮定するいかなる教えに対するアナテマ〔呪い〕を打ち出したニカイアの成果は、古代末期（もちろんこの時期は明らかに多くの論争がなされた環境にあったが）の哲学的な成果よりも、マルケロスにとって影響力の強いものであった。マルケロスにとって、ロゴスと父は一つのヒュポスタシスであり、本性において区別されないのであるが、このことはイエスの本性にとても大きな危険をもたらす問題であった。「イエスは単なる人間以上だったのか。〔マルケロスを〕批判することは……サベリオスとサモサタのパウロスを結び付けることのように思われる。彼らは受肉の主が神であると確言するためには超越的な神との区別が必要であると考えており、マルケ

（77） Parvis（2006）, pp.11-30を参照。
（78）『断片』21.
（79） Robertson（2007）, p.97は、このことがある意味ですべての立場の者にとって共通であったので、マルケロスを他の誰かと区別することはほとんどできないと注釈している。ニカイアにおける二つの対立する「派閥」（parties）がこのことを確立するために異なる戦略を取っていた点が重要である。つまり、キリストを神の統一の中に引き入れたい者たちと、統一を護るためにキリストを神の本質から排除したいと思っていた者たちである。
（80） Chadwick（2003）, p.234.
（81） Lienhard（1999）, p.57.

ロスは両者の主張とも害しているように思われる」[82]。

永遠の言は、神性の内にあって永遠に沈黙していながら(eternally silent)、創造の際には発話された、神格の動的な力である[83]。リーンハルトはマルケロスが三つの経綸を説明すると描き出す。(i)創造において、言は御父から発出するが、いかなる独自のヒュポスタシスをも持たない。(ii)受肉において、言は肉となり、「御子」となった。ここにおいて、言に適用される別の「名」が可能になった。(iii)二性は復活節の夜に、聖霊によって三性へと拡げられ、言は御霊と区別された。しかしながら、時の終わりにおいて(一コリ一五・二四―二八に従えば)、神は「すべてにおいてすべて」、つまり絶対のモナドに再びなるであろう[84]。「似像」や「御子」(という名)さえも含めて、他のキリスト論的な「名」を受肉の経綸に制限することによって、マルケロスは、ロゴスだけが「御父と一つの存在である神よりの神、光よりの光……」である、「一つのヒュポスタシス」(mia-hypostatic)という立場を保ち続けた。

しかしながら、マルケロスをさらに非難するための一致した努力を促したのは、一方でロゴスの地位を高め、他方で「唯一の主イエス・キリスト」を引き下げるという、この極端な分離であった。彼の誤りを警告する手紙が三三九年にローマに送られ、彼を非難するようユリウス一世を仕向けた。マルケロスは『ユリウスへの手紙』を書いて応答し、自分自身の信仰の概要を記し、自身が正統であることをユリウス一世に納得させた。ローマの洗礼信条の最初期に書かれたテキストは、その想定される年代にもかかわらず、この手紙に現れる。おそらくマルケロスは外交的な理由があってそれを用いたのだろう。けれども興味深い変更も見られる。マルケロスは冒頭の箇条の「御父」を省いて、「私は一人の全能の神を信じます」とした。さらに最後のところに「永遠の命」を加えている[85]。「御父」を省いたことはおそらく重大なことであり、御子の永遠の出生を排除したことを示しており、終わりの時に、初めがそうであったように、神が一つとなることを示唆しているのである。このことから、三位一体それ自体が、人間の堕落した状態に対する応答であり、人間として必要なこの世界における解決、さらには時間の中に存在し、救済されるべき必要がある罪への応答であることが示される。これはまた、絶対的な次元における存在論的な変化から神の本性を守る方法を提供する。モナドを二性や究極的な三性へと戦略的に「拡張」することは、究極的な神を縮小から守ることになる。こうしてモナドの力と優先性とは、維持される。

マルケロスにおける仲保の概念についてのロバートソンの研究は、アタナシオスが共有する、マルケロスの主要な関心事が、どこかより近づきやすい存在、つまり御父よりも超越性や力において劣るような存在としての仲保者キリストという思想への強力な対立であったことを明らかにする。(86) テュロス（アンティオキア）のパウリヌスは「『より人間的な神』（ἀνθρωπικώτερος θεός）すなわち御父とは正反対に、人間が理性によって交流ができる神」を示すキリストを描くことが重要であると説いた。(87) エウセビオス派は、マルケロスの神学が二つの異なる党派の「間に立つ」という意味での仲保の概念を危険にさらしていると考えた。すなわち、仲保者になる神は、この義務を果たせないからである。マルケロスは、神ご自身の言を神から分割することによって二神教となってしまういかなる仲保者概念も、絶対的に拒否する。(88) 神を三つのヒュポスタシスに分割することは、神を単一の神的存在として認識することを不可能にしてしまうだろう。単一の神的存在は、いかなる種類の区分に対しても

（82） Chadwick（2003）, p.234.
（83） Parvis（2006）, p.31ではZahnに従い、マルケロス自身の重要な土台としてのリヨンのエイレナイオスの神学の継続を強調している。
（84） Lienhard（1982）, p.489.
（85） Vinzent（1997）, p.126を参照。さらなる議論はParvis（2006）, pp.181-185を参照。
（86） Robertson（2007）, pp.97-126.
（87） Robertson（2007）, p.98.
（88） 『断片』117.

優先していなければならず、先に見てきたように、このことが彼の解決策であった。[89] マルケロスは、アタナシオスがそうであり、エイレナイオスがそうであったように、創造者なる神が創造に仲保者なしで関与することを受け容れることが、彼の敵対者よりもおそらくより容易であっただろう。

三四〇―三四一年にかけての冬に、アタナシオスとマルケロスの両者はローマにおいて異端の嫌疑が晴らされ、教皇ユリウス一世はこのことを東方の司教たちに伝えた。しかしながら、ユリウスの結論は、三四一年のアンティオキアの献堂教会会議（Dedication Council）で拒絶された。後にセルディカで、東方の司教たちはアタナシオスとマルケロスが教会会議に臨席することを拒否した。つまり、東方と西方は、ロゴスの永遠性と神性についての彼らの（大きく隔たった）主張をめぐって分裂していたのである。けれども西方では、マルケロスの影響が及び続けていた。三四〇年代の半ばに、第三回のアンティオキアの教会会議が、マルケロスと彼の弟子であるフォティヌスの両方を、長文の教義的な文書（*Ekthesis Makrostichos*）の中で非難した時に、三四五年のミラノの教会会議は、フォティヌス非難を掲げつつ、マルケロスに対するアナテマを求める呼びかけを拒絶した。しかし、このとき、御子の永遠の出生を拒否するという危険をおそらくより明瞭に理解して、アタナシオスはマルケロスとの関係を断ち切った可能性が高い。『アレイオス派反駁』の第三巻が、マルケロスの弟子であるフォティヌスに宛てられているということはありうることである。マルケロスは、彼の信奉者たちが彼の復帰を求めた三七〇年頃までには、沈黙を守るようになる。[90]

マルケロスはその時までに、自分の立場を変えていたのだろうか。リーンハルトはマルケロスとその追従者たちが徐々に「彼が『アステリオス反駁』（*Contra Asterium*）の中で（推測の域を出ないものの）主張していた教えの大部分を、二つの本質的な点（御子が永遠の存在であることと神を一つのヒュポスタシスと呼ぶことの妥当性）を保持するために捨て去っていた」と述べている。[91] マルケロスは、三四〇年にアンキュラのバシレイオスに司教を代わったが、永遠の三性（ἐν ὑποστάσει）を告白するアンキュラに存続していた党派を表立つことなく指導していたようである。アタナシオスは、マルケロスの死後、三七五年にカエサリアのバシレイオスがしたように、彼らを正統であると受け入れた。しかし三八一年のコンスタンティノポリス信条は、「その御国は終わることがありません」という言葉によって、マルケロスの脅威を避け続けようとしたのである。

ニューマンはいささかロマン主義的に、マルケロスとアタナシオスとの仲たがいを次のように理解した。すなわち、仲たがいは、「二人の戦友の悲劇的な物語であり、アタナシオスはマルケロスの問題のある神学のために関係を絶たなければならなかったのであり、マルケロスは、二人が老年の極みに達した時に静かに和解できるように神によって守られたのである」と言っている。(92) 二人と同時代の者たちは、二人の関係が謎めいたものと考えていた。エピファニオスはこのように記している。

私自身、祝福された司教であるアタナシオスに、このマルケロスのことをどうお考えであるかをかつて尋ねてみた。そうするとアタナシオスは、マルケロスを非難するわけでも敵意を見せるわけでもなかった。アタナシオスはただ微笑み、マルケロスがまったく誤りがないわけではないが、自分はマルケロスを許されたとみなしていると答えた。(93)

---

(89)『断片』47.
(90) Tetz (1973), pp.78-84.
(91) Lienhard (1999), pp.242-243.
(92) Parvis (2006), p.249 で J.H.Newman (1881), *Select treatises of St Athanasius in Controversy with the Arians, Freely Translated*, 2nd edn, London: Pickering, vol. 2, pp. 197-8. に関して言及している。
(93) エピファニオス『パナリオン』72.4 を参照。英訳は Lienhard (1993), p.78 に載せられている。

マルケロスは「暗黒星のようなものであり、それ自体では見えないが、その近くに来るものの軌道を曲げてしまう」と描かれてきた(94)。マルケロスのことになると、沈黙が繰り返されるように思える。万物が造られる前に、ἡσυχία（沈黙）があった(95)。言はまだ発せられていなかった。アタナシオスの沈黙、すなわち彼がホモウシオスを使わなかったのは、その言葉がマルケロスによって汚されており、それによって人間の状態を回復するために時間の中で生起した三位一体を偽サベリオス的に描くことと結び付いていたのではないだろうか(96)。パービィスはエピファニオスを引用し、「マルケロスは四世紀の歴史から少しずつ姿を消し、アタナシオスの微笑だけが残るまで、ゆっくりとますます実体がなくなっていった」と結んでいる(97)。

さらなる読書のために

Lienhard, J. T., 1999. Contra Marcellum: *Marcellus of Ancyra and Fourth-Century Theology*, Washington, DC: Catholic University of America Press.
Lienhard, J. T., 1993. 'Did Athanasius Reject Marcellus?' in Barnes and Williams（1993）, pp.65-80.
Parvis, S., 2006. *Marcellus of Ancyra and the Lost Yeays of the Arian Controversy, 325-345*, Oxford Early Christian Studies, Oxford: Oxford University Press.

V　アレイオス主義に対する反駁

アタナシオスが徐々に力を増すことで、自らを防衛する際の中心に、ニカイアの決定を次第に位置付け始めると、マルケロスは沈黙のうちに姿を消していった。ホモウシオスについては、なお積極的に用いることはなかったが、アタナシオスは全三巻からなる『アレイオス派反駁』を著した[98]。この三巻はともに彼の最も重要な教義的著作を構成し、反アレイオスの古典ともなり、ここでの議論が、他の人々、例えば〔アレクサンドリアの〕キュリロスの『聖なる同一本質の三位一体に関する宝庫』(*Thesaurus de sancta et consubstantiali Trinitate*)によって、後にきわめて綿密に受け継がれた[99]。第一巻は、アレイオス派の立場に対して、ロゴスが真の御子であることを擁護している。残りの二つの巻は、アレイオス派が好んで用いた論拠となる聖書テキストを取り扱っている。一見すると、アタナシオスは議論の緊急性から、文体の形式を無視するに至っているかのように見える。というのも、彼の議論は退屈なほどに組み立て方が悪く、繰り返しも多いからである。カネンギーサは、この著作が元来のものに後の付加がなされて構成されていると考え、特に第三巻は独立したものであり、アタナシオスの手になるものではないとした[100]。しかしながら、さしあたり、『アレイオス派反駁』第一—三巻がひとまとまりであり、アタ

(94) Lienhard (1993), p.65.
(95) 『断片』76.
(96) Ayres (2004a), p.96.
(97) Parvis (2006), p.252を参照。エピファニオス『パナリオン』72.4.4も参照。
(98) 『アレイオス派反駁』(*Orationes contra Arianos*)。テキストは *PG*, 26とBright (1884) とTetz (1998, 2000) にある。Kannengiesser は *Sources Chrétiennes: Athanasius: Orations Against the Arians*, ed. trans., and commentary: SC, Paris: Cerf: 2009において新版を提供してくれた。*NPNF* II.4に英訳があり、また部分訳もAnatolios (2004) にある。
(99) Liébaert (1951) を参照。本書五九一—四頁を参照。
(100) Kannengiesser (1973, 1982).『アレイオス派反駁』の第三巻がアポリナリオスのものであるとの彼の主張は、徐々に説得的なものではなくなってきている。Meijering (1996) も参照されたい。『アレイオス派反駁』第四巻は一般的に偽作であると言われており、その証拠もあり、カッパドキアのアステリオスとカエサリアのエウセビ

ナシオスの一貫した神学的な立場を理解するための資料を提供してくれるものであると考えよう[101]。

アレイオスによれば、ロゴスは、天使や天的存在を含む他のすべての被造物とは異なって、一被造物にすぎず、本質的に神ご自身ではないと考えられた。これは、少なくともアタナシオスが理解したアレイオスの主張であり、明らかにこのアレイオスの考えはアタナシオスの救済理解全体を危うくするものであった。ロゴスが神でなければ、神の真の啓示は不可能になってしまう。だからこそ『アレイオス派反駁』の中で、アタナシオスは継続してこの主題に立ち帰るのである。「子のほかに父を知る者はなく」、「私と父は一つであり」などのヨハネのテキストが何度も繰り返し引用される。キリストが神の栄光の反映であり、神の本質の完全な現れであると記されているヘブライ人への手紙一章三節は好んで用いられた箇所であり、啓示の働きにおける御父と御子の結び付きを強調するために詳述された。同様に、人間本性の再創造も神ご自身によってのみ達成される。命である主がご自身を死に引き渡すことだけが、全人類のために死を克服しうるのである。御子は復活によって、死者の復活の初穂となった。しかしながらこの点において、アタナシオスの強調点は『言の受肉』以降、少しずつ変化していった。アタナシオスは、罪と呪いからの救い、さらにキリストが私たちの罪と弱さを背負ってくださることをより強調するようになる。彼は、キリストが人間をそこから解放してくださった悪と苦しみの深さに、以前にもまして気づくようになったと思われる。しかしこのことは彼の議論全体を弱めてしまったわけではない。被造物にすぎない人間が、罪の深さから人間を清めて、新たな生へと歩ませることなどできるはずがない。ゆえに、ロゴスは神でなければならなかった[102]。このことに加え、アタナシオスの特徴的な考えである θεοποίησις もしくは υἱοποίησις（神化もしくは子化）は[103]、『言の受肉』よりもはるかに明確になっている。ロゴスは肉となられた、それによって、私たちが新たにされて神化される[104]。ロゴスと σύσσωμοι（共通の体を分有すること）によって、私たちは完全な人へと変えられ、天に昇ることができ、神化される[105]。ロゴスご自身が神であることだけが、私たちのために、これを達成できるのである。

このことはアタナシオスの立場にいくつかの困難さをもたらす。

（i）どのような意味で私たちは神になるのだろうか。実際、アタナシオス自身はこのことを説明することに強い関心を寄せている。私たちは、ロゴスがθεός〔神〕であり神の子であるのと同じ意味で、θεοί（神々）もしくは神の子らになるのではない。ロゴスは本性と真理において御子であり、私たちは任命と恵みによって子らとされた。(106)アレイオスがロゴスは私たちがそうであるのと同じ意味で子であることを主張していたため、この違いを主張することは重要なことであった。アタナシオスは、それが子であることを破壊してしまうと本能的に感じていた。なぜなら、私たちが聖霊によって参与する真の御子なしには、何の養子とされる事態も生じないと思われるからである。もしロゴスを通しての神化があるなら、それはロゴスが真の神の本性と本質を備えていなければならないだろう。(107)救済の存在論的な局面における聖霊の介入は、後にアタナシオスをしてὁμοούσιος（ホモウシオス）を聖霊へ拡張させることになった。「聖霊は、御子が御父と共有するように、御子と同じ統一性を共有す

オスとアンキュラのマルケロスを反駁するためのものであった（Vinzent（1996）を参照）。

(101) 多くの研究者たちもこの立場であり、例えばBarnes（1993）, Anatolios（2004）, Weinandy（2007）を挙げることができる。

(102)『アレイオス派反駁』ii.67.

(103) アタナシオス前後のこの考えに関する歴史はRussell（2004）を参照。

(104)『アレイオス派反駁』ii.47.

(105) アタナシオスが何度もこのことを繰り返したことをすべて引用するのはあまりにも数が多すぎてできない。これはこの段落のほとんどに当てはまることである。

(106)『アレイオス派反駁』iii.19-21を参照。Christensen and Wittung（2007）, Meyer（1998）も参照。

(107)『アレイオス派反駁』i.9以下、頻繁にこのことが表れている。

る」[108]。

(ii)ロゴスは一人の人に宿ったのだろうか、それともプラトン哲学のある種の人間観のように、集合的な人間に宿ったのだろうか[109]。アタナシオスは、現代の研究者が持っているキリストの地上の生涯の具体的かつ歴史的な状況にもちろん関心を寄せていたわけではない。キリストの生涯についての詳述は、それが救済論的な意義があったところでのみ、彼の著作中に現れる。キリストは、本当に人間の肉体をまとい、私たちの弱さを負ったことを示すために、ゲッセマネで涙を流し、恐れを抱いた[110]。加えて、受肉が自動的に人間の本性全体を聖化したことを示唆しているように思える記述が多数ある。他方で、いくつかの記述では、彼は自動的な変化をはっきりとは描いていない。つまり、変化は、「ロゴスに従って造られた」存在として、個々人が聖霊を通してロゴスに参与するかどうかにかかっているからである。このことは、キリスト者が「キリストにおいて」(in Christ) 生き、キリストとともに死んで甦り、古い自分に死んで新しい命を受けるというパウロの考えからそれほど遠くはないだろう。しかし参与という言葉さえもプラトン哲学のしらべを持っており、アタナシオスの見解についての最も満足のゆく理解は、そのような哲学的な前提による。この時代までに、このような哲学的な前提は、知的なサークルの間では、共通の財となっており、それらを用いることは、さほど大きな哲学的な技巧というわけではない。アタナシオスの思想におけるキリストの人間性は、キリストの人間性と私たちの人間性の関係が、他の人間の人間性とは違っているという理由だけからしても、明らかに普通の人というわけではない。

(iii)アタナシオスの受肉の説明は仮現論的であったのだろうか。多くの場合、アタナシオスの釈義は不自然で作為的な感じがする。〔キリストの〕弱さや無知が示唆されている聖書箇所を、単に受肉の状況に言及しているにすぎないと彼は説明している。すべての箇所が、ロゴス自身はそれ自体のうちに不受苦 (impassibility)、全知全能 (omniscience) などというような神性のすべての属性を備えていたことを示す目的のために、従わせられているのである。ロゴスが誤りやすく一被造物にすぎなかったというような聖書箇所についてのアレイオスの説明は、何としても反駁されるべきであった。あるとき、アタナシオスは一線を踏み越えて、τὰ ἡμῶν ἐμιμήσατο（彼は私たちの状況を模倣した）とさえ言う。[111] しかしながら、アタナシオスがその発言をした文脈では、仮現論的な意味合いを伝えたのではない。信仰を持つ聖人や英雄といった人たちは、まさに「彼〔キリスト〕が私たちの状況を模倣してくださった[112]」ゆえに、キリストを受け取り、キリストを模倣することによって、キリストの不朽性に与ることができる。救済論な動機が、最も重要であり続け、真の受肉を指し示している。

それにもかかわらず、証拠の重みは、キリストが人間の魂を持たなかったと主張する人々を支持する。アタナシオスのキリスト論はロゴス・肉〔サルクス〕（Word-flesh）キリスト論であり、彼はアポリナリオス以前のアポリナリオス主義だったというものである。[113] しかしこのことは、アタナシオスが隠れた仮現論者（crypto-docetic）であったということを必ずしも意味するものではない。ここで再び当時の哲学に説明の手がかりを見出してみよう。プラトン哲学者にとって、人間存在は肉に閉じ込められ、その誘惑に屈する魂の経験であった。もしアタナシオスがこのように人間の生を理解していたとしたら、一般的に言って、彼の受肉の理解は完全に正当なものであった。ロゴスは、私たちと同様に肉に閉じ込められ、私たちと同様に肉の誘惑を受けるがゆえに、人間と同じ

（108）『セラピオンへの手紙』（*Ad Serapionem*）1.2を参照。Hanson（1988），pp.748-760やWeinandy（2007），pp.103-119とも比較されたい。英語の部分訳はAnatolios（2004）を参照。

（109）van Haarlem（1961），英語の要約である第五章を参照。Bouyer（1943），第三章を参照。Kelly（1958），p.378を参照。

（110）『アレイオス派反駁』iii.54-57.

（111）『アレイオス派反駁』iii.57を参照。Richard（1947）の古典的な論文も参照。

（112）Brakke（1995）.

（113）本書四七二―八八頁を参照。

経験をするのである。しかしロゴスは、人間である経験を有していた。なぜなら、ロゴスは、私たちと同じように、肉体に閉じ込められ、私たちと同じように、肉によって試みられたからである。しかし、経験の主体がロゴスであるゆえに、ロゴスは、その本性自体から、その過程で罪を滅ぼしたのではなかった。このことは、仮現論的な見せかけではなく、人間の生の諸条件を真に経験することであり、唯一の違いは彼にまったく罪もしくは罪科がなかったということである。実際には、仮現論は、アタナシオスの救済論を完全に損なったであろう。というのは、真の肉をまとったロゴスだけが私たちとの関係を持ちえたからである。[114] にもかかわらず、人間の状態に一貫して関わることは、容易には理解されず、アタナシオスの立場は、私たちがこれまで見てきた不自然な釈義へと至り着いたのである。

アタナシオス自身はこれらの問題について省察を加えることはまったくなかったように見える。これらの問題は彼の視野の中には入ってこなかった。その時代に流布していた人間の（魂と肉体の）二重の本性は、彼の著作に出てくるかもしれないが、彼は自分自身のために人間論的な分析への興味を持っておらず、哲学的神学を展開することにはさらにわずかな興味しか持っていなかった。もし私たちが、アタナシオス自身の言葉で彼が言わんとすることをよく考えてみると、アタナシオスの神学の問題は、それほど火急のものではないものになる。アタナシオスの根本的な思想のすべては、創造者と無から造られた全被造物との間に明瞭な区別をつけることに由来しているのである。人間の知解力と永続性は、造り主との関係に依存しているのであり、受肉はその関係をより安定的な次元に構築するための手段であった。キリストは自身において創造者の神性を分かち持たねばならなかったように、人間の被造性を共有しなければならなかった。そうすることで、創造者と被造物は、キリストにおいて一つにされうるのである。Θεοποίησις（神化）は神と被造物との間の存在論的な区別を抹消するものではなく、ロゴスの人間性が、ロゴスに統合されることを通して、神への参与を可能にした。キリストの人間的な魂の問題は、アタナシオスの地平線の内には現れていない。にもかかわらず、仮現論は、アタナシオスの救済論を破壊していたであろう。[115] 受肉における創造主と被造物との結合、つまり被造物が本来的に受苦にさらされる性質と破壊を被る性質に打ち勝った結合は、アタナシオスの思想を支配したものであった。人間性に神学的な意味を与えることによって、アタナシオスは彼自身とアポリナリオス（さらに後にはアレクサンドリアのキリスト論）との間にあるキリスト論的な説明に一貫性をもたせたままにしておく。ἃ γὰρ τὸ ἀνθρώπινον ἔπασχε τοῦ λόγου, ἵνα ἡμεῖς τῆς τοῦ λόγου θεότητος μετασχεῖν δυνηθῶμεν（というのはロゴスの神性に私たちが参与する力を得られるように、ロゴスの人間性が苦しんだからである[116]）。

『アレイオス派反駁』の著作年代については議論がある。著作年代をアタナシオスがエジプトの修道士たちの間に三度目の流刑になっていた時とするのが一般的だが、この著作年代の問題はカネンギーサの文献批判によ

（114）詳細は本書一三九—四〇頁とYoung（1971）を参照。Pettersen（1980）も参照。他の多くの研究者たちが「言－肉」（Word-Flesh）という分類にすることに挑戦しており、人間の魂に重きを置いて議論をしている。例えばAnatolios（2004）, Weinandy（2007）を参照。

（115）詳細はRoldanus（1968）を参照。Louth（1985）も参照。Kannengiesser（1973）は、アタナシオスが魂よりもνοῦς（心）に興味を示していたとコメントしている。人のνοῦςは神によって修正されねばならない。νοῦςはκατ᾽ εἰκόνα θεου（神の像にかたどられて）造られた。神の真の像はロゴスである。受肉は「体におけるロゴス」（Logos-in-body）である人となった神の像との直接の出会いを可能にした。Kannengiesser（1972）と比較されたい。

（116）『エピクテトスに宛てた手紙』（*Epistle Ad Epictetum*）6, *MPG* 26, 1060Cを参照。これはテオドレトスの『乞食あるいは多くの姿をしている者』（*Eranistes seu polymorphus*）, *MPG* 292の中に収められており、Ettlinger（1975）, p.235を参照。

って再考されるようになった。彼はこの著書の核となる部分が三四〇年までに書かれたのではないかと考えた[117]。ホモウシオスという言葉は一度だけしか言及されていないことがこれまで調べられ、ニカイアは、これらの著作では、神学論争の中核にはなっていないように思われる。むしろ、『アレイオス派反駁』の中での議論は『言の受肉』で拡大された救済論に土台を置いたものになっている。もっとも、その叙述の仕方は外観上は何らかの発展とアレイオス主義にそれを適用することをかなり考察していることを示している。これら初期の弁証的ないくつかの著作とこの拡大された論争的な著作の間には、どれほどの時代の隔たりがあるかは、この著作とアタナシオスの他の著作との関係についての詳細な批判的検証にかかっている。アタナシオスの『司教たちに宛てた回状』(*Encyclical Letter to the Bishops*)はおそらくローマで三三九年に書かれたと思われる。真の信仰に対する迫害に抗議して、彼はこの著書に、アレクサンドリアにおけるグレゴリオスの強引な司教就任に伴う諸事象を記している。『アレイオス派反駁』は、彼の敵対者たちが異端であるという主張を立証するために続いて書かれた。アステリオスがアレイオスと並んで非難されている事実は、ローマに同じように追放されたマルケロスからの情報であることを示唆してきた。サラ・パービィスは、詳細な並行箇所を資料的に裏付けてくれた[118]。そこで、アタナシオスは、三三九年から三四五年の間に、つまりより個人的で、弁証的な多数の著作が書かれるはるか前に、『アレイオス派反駁』を生み出したように思える。

Ⅵ　自己正当化、歴史の回顧、神学的同盟への移行

コンスタンスが、三四六年にアレクサンドリアへのアタナシオスの帰還をコンスタンティウスに認めさせた後、アタナシオスは自身の立場を弁護するために多くの文書の蒐集に着手した。これらの弁証的な著作の多くは、手紙や教会会議の議事録からの引用など、関係資料の書類という形態をとっている。つまり、このことから、これ

らの資料は、当時の論争のうち続く時代の出来事の歴史やさらには実際のアタナシオス自身の伝記を再構成するために、最も価値のあるものとなっている。けれどもこれらの資料の客観的なみかけとは裏腹に、アタナシオスを支持するために注意深く選択されたものであり、これらの資料の偏った性質は、他の資料の光の下で吟味される必要がある。[119]

アタナシオスが自己弁証した著作の年代については、おおよその一致が見られるようになった。最初の著作は『アレイオス派反駁の弁明』(*Apologia contra Arianos*)であり、[120]三四九年にアンティオキア会議で司教たちに送るために、オリジナルな版が編集された可能性がある。この著作は、三二八年以降、アタナシオスに対して持ち上がった数々の批判を伝えている。この会議のアタナシオス非難は、諸々の事件によって投げかけられ、しばらくの間、アレクサンドリアでは、消えずに残った。

次の著作は三五三年頃の『ニカイア公会議の決議に関する手紙』(*De Decretis Nicaenae Synodi*)である。[121]この著作

(117) Roldanus(1968)も三三九年頃と考えている。

(118) このようなつながりを見ている研究は、例えばKannengiesserやBarnesや他の者たちを参照。Parvis(2008)はこの証拠も示している。

(119) アタナシオスの生涯を最も詳細に再構築したのはBarnes(1993)である。彼は序と付録の部分で、批判的に資料を精査している。今日では『ヒストリア・アケファラ』(*Historia acephala*)と『復活節インデックス』(*Festal Index*)が集められて『復活節書簡』(*Festal Letters*)が構成されているという考えが一般的である。テキストはMartin and Albert(1985)を参照。

(120) 次の段落で議論されている著作のテキストはOpitz(1935a)を参照。Szymusiak(1958, 1987)とHeil(1999)も参照。英訳は*NPNF*のII.4を参照。

(121) 英語の部分訳はAnatolios(2004)を参照。

はニカイア公会議の定式を弁護し、それを生み出した議事録に説明を加えている。実際には、これは、アタナシオスが、初めて自己の立場を旗幟鮮明にした著作である。この著作には、カエサリアの教会に宛てたエウセビオスの手紙が引用されており、アタナシオスは自身の目的のためにエウセビオスとの議論を用いている。アイレスが主張してきたように、アタナシオスはより根本的なものとみなした教義上の言明を解く「暗号」としてホモウシオスを用いている。アタナシオスの第一の関心事は、御子が御父自身の子であり、本当に御父固有の本質から生じ、御父の「外」(ἔξωθεν)から生じたのではないことを論証することであった。[122] それに続いてすぐに、『ディオニュシオスの見解について』(*De Sententia Dionysii*)で、ホモウシオンを批判してきたアレクサンドリアの司教座の前任者の正統性を擁護した。これらの二つの著作で、アタナシオスは御子の生誕が持っている物質的な示唆を取り除く必要を主張する。「真の子」(true offspring)という言葉は、神にふさわしい仕方で理解されるべきなのである。

三五〇年代の中頃には『皇帝コンスタンティウスに宛てた弁明の書』(*Apologia ad Constantium imperatorem*)が書かれた。この書によれば、あらゆることがあったにもかかわらず、アタナシオスが今や単独皇帝になった人物となお折り合うことを希望しているようにも思われる。しかしながらその望みは実現せず、『エジプトとリビアの司教たちに宛てた回状』(*Encyclical to the Bishops of Egypt and Libya*)では、彼が追放される三五六年の時期に、エジプトとリビアの司教たちに対し、異端を警告する内容が記された。アタナシオスは、この追放期間中に、アレクサンドリアや砂漠における修道士や禁欲主義者たちの間で過ごした。三五七年に、彼は『自らの逃亡についての弁明』(*Apologia de fuga*)と『アレイオス派の歴史』(*Historia Arianorum ad monachos*)を書き上げた。この「激しく論争的な」[123]著作は、個人的に広く読まれることを意図して書かれたものであった。なぜなら、読者は読んだときにその文書を返却するように指示されているからである。

『アリミニおよびセレウキア会議について』(*De Synodis Arimini et Seleuciae*)は、おそらく三五九年の二つの教会会議直後にアタナシオスが書いたものである。この二つの会議では、コンスタンティウスは、エウノミオスやアタナシオスによって代表される極端な立場を排除して、東方と西方双方の「中心的な」諸党派の間に教会の一致をもたらすことを願っていた。このときまでにエウセビオスの後継者であるカエサリアのアカキオスは、図書館を保存し[124]、マルケロスを非難し、アタナシオスの帰還に反対しコンスタンティウスの統一への希求を支持する東方の司教たちの中心を指導することで、前任者の後釜に座っていた。ウーシア〔実体〕(*ousia*)という言葉を避けることは、人々の共通の信仰を表現するためであったと思われる。そこでアカキオスは、聖書に基づき、御子が御父に類似している(like the Father)と提案した。『ニカイア公会議の決議に関する手紙』の中で、アタナシオスはアカキオスの立場がアレイオス的であるとすでに示唆していた。そして今や『アリミニおよびセレウキア会議について』において、ホモイオス信条に反対した人々が、出現しつつあったニカイア支持の立場に近かったことを認めながらも、アカキオスと彼の同調者たちを「アレイオス狂」の仲間に位置付けた。振り返ると、三二五年から三六〇年の時期は、この一つの論争によって理解されている。この単純化され過ぎた構図によって、アタナシオスは、ホモウシオスという具体的な言葉についてのためらいがあるにもかかわらず、ウーシアという言葉を用いる用意があって、ニカイアで同意されたその他すべてのことを受け入れる人々が、実質的には同盟者であることを認めたのである。ホモイウシオス派との和解が、彼に勝利を確証し、彼の伝説的な名声をたしかにしたのである。

やがて他の諸問題が起こり始めた。三五九―三六一年頃に書かれた四つの手紙からなる『セラピオンへの手

(122) Ayres (2004b).
(123) Hanson (1988).
(124) ヒエロニュムス『著名人列伝』III.98.

紙』(*Letters to Bishop Serapion*)は[125]、聖霊の本質における神性を確立するために、ロゴスとの関係ですでに跡付けられた議論を用いている。私たちの救済は御霊への参与に基づく神との関係に依拠しているので、御霊は神とホモウシオスでなければならない。つまり、御霊は被造物ではありえない。御霊は、聖なる三位に属する。御霊は、それによってロゴスが聖化し、照明を与える生命的活動であり賜物である。アタナシオスが、同じ原理があてはまるとすぐに考えたことは、驚くにあたらない。明らかに、これらの手紙は、セラピオンに促されて書かれた。セラピオンは、ロゴスについてのアレイオス派の説明を捨てたけれども、アレイオス派の用語によって、聖霊を天使とは異なった導く諸霊の一つであると理解した人々について、アタナシオスに手紙を送って問い合わせたのである。しかしながら、三六〇年代にアカキオスが、オリゲネス主義の伝統に基づく階層的な見方に忠実に従って、聖霊の神性を否定し、天使よりも高い位にあるがロゴスよりは低い(存在としてではなく位において)という理解を示していたことは重要だろう[126]。

イエス・キリストにおける神性と人性との関係の問題についてのキリスト論的問題は、アタナシオスの晩年に向けて、より明瞭になった。『エピクテトス、アデルフィオス、マクシモスに宛てた手紙』(*Letters to Epictetus, Adelphius and Maximus*)は[127]、この問題について扱おうとしたものである。アタナシオスは、救いを必要としたのは人間の本性であったゆえに、ロゴスは真の人間にならねばならなかったと以前にもまして強く主張していた。しかし、彼の基本的な立場は変わらないままだった。ロゴスは、神であるゆえに、苦しみを受けたり、弱くなることはありえなかった。しかし、ロゴスの肉体は泣き、苦しみ、死んだ。それはロゴスの肉体であるゆえに、「肉体の外にはない」ロゴスは、彼自身の身体の苦難に参与すると言いえた。アタナシオスはこのことが、不受苦な神的ロゴスが受難を被ったという逆説であることを認めている。しかしロゴスが不受苦で不変のままであったとしたら、肉の弱さに対する勝利は成し遂げられることがなかっただろう。このような救済論的考え方は、爾来、アタナシオスの議論を導いていることは注目に値する。

すでに述べたように、アタナシオスのキリスト論をめぐる議論は、イエスの人間的な魂の問題に集中してきた。アタナシオスが受肉のロゴスが人間的な魂をとったと考えた可能性は、きわめて低い[128]。彼の作であるとされてきた反アポリナリオス主義に関する著作は確実に彼のものではなく、彼の真正の著作はこの〔イエスの人間的な魂という〕思想を用いてはいない。しかしながら、晩年に至って、アタナシオスは救い主の中に人間的な魂の存在を主張する必要を認識するようになったと議論されてきた。アタナシオスが三六二年のアレクサンドリア会議に代わって書いた『アンティオキアの人々に宛てた文書』（*Tomus ad Antiochenos*）の中で特に一つの語句が取り上げられている。アタナシオスが最初にこの問題に直面したのは明らかにこの教会会議のときであり、彼は「御言自身の内に行われる救いには、単に肉体だけでなく、魂も含まれる」という救済論的主張の意味を受け入れた。それゆえ、「ロゴスが私たちのために人となったとき、彼の肉体は知性（intelligence）なくしても存在しうると言うことは、不可能であった[129]」。アタナシオスからの何らかの支持を勝ち取る方法が存在しないとしても、彼の救済論的原理に訴えることが、支持を勝ち取る方法であった。しかしアタナシオスは οὐ σῶμα ἄψυχον οὐδ' ἀναίσθητον εἶχεν（救い主は「魂なしの肉体、あるいは感覚や知性なしの肉体」を持たなかった）という言葉を、救い

(125) 四つの手紙からなる『セラピオンへの手紙』のテキストは *PG*, 26.525ff にあり、校訂版が Lebon（1947）によって出された。英訳は Shapland（1951）, 部分訳は Anatolios（2004）を参照。包括的に論じたものは Campbell（1974）を参照。
(126) Leroux（1966）, pp.82-85.
(127) 『エピクテトス、アデルフィオス、マクシモスに宛てた手紙』のテキストは *PG*, 26.1049ff を参照。英訳は *NPNF* にある。
(128) Richard（1947）を参照。反対意見は Galtier（1955）を参照。
(129) 『アンティオキアの人々に宛てた文書』7を参照。テキストは *PG*, 26.796ff を参照。英訳は *NPNF* にある。

主が人間的な魂を持っているという主張であると解釈しなかったかもしれない。つまり、彼はロゴスの現在によって、肉体が動き、知性的な存在とされるとおそらく考えていた。[130] このことが要求された救済論のすべてであった。実際アタナシオスは、この教会会議以降でさえも、キリストの人間的な良心という思想を積極的に用いていない。ロゴスは、肉体、人間の身体をとった。ロゴスは、人間の罪と弱さに対して勝利することによって、すべての受肉の経験の主体に留まり続けた。肉体は彼の神殿であった。つまり肉体は、非人格的（ἀνθρώπινον）であり、それによって、人間性の聖化をもたらす道具であった。ロゴスが本性において不変であるという理由によってのみ、誘惑と罪に対する勝利が保証される。人間イエスの恐れや無知を説明しえたであろう誤りやすい人間的な魂は、アタナシオスのこの問題についての見解では、論じられることはなかった。彼の考えは、初めからの救済論の枠組みに留まったままであった。啓示と再創造として理解された救済は、人間の本性を帯びて、人間性の弱さや罪を克服するロゴスの不変的で圧倒的な力に依拠しているのである。

他の点でも、『アンティオキアの人々に宛てた文書』は解釈上の問題を私たちに提示する。いったいどの程度まで、この著作は、反アレイオスの諸党派の和解を達成したのだろか、あるいはアンティオキアにおける「ニカイア派」の間に分裂を呼びかけているのだろうか。多くは全教会的な一致の達成としてこの書物をこれまで提示してきた。つまり、三六二年のアレクサンドリアの教会会議は、アタナシオスの主導のもとで招集され、『アンティオキアの人々に宛てた文書』を作成した。この文書はニカイア信条に単純に基づくものであり、論争者の意図が同じであれば、語彙をめぐる終わりなき論争に入り込むことを拒否するものであった。この会議で和解が成立することによってアタナシオスは成功を収めたが、第四回目の追放という報いを受けた。なぜならこのときの皇帝は背教者ユリアヌスであり、この異教の神々を復古させた皇帝が望まなかったことは、新しい改宗者を惹き付ける教会内の平和であったからである。そこで、アタナシオスは、晩年にあたって、彼は自分の抱いていた信仰の中核が攻撃されたときを除けば、妥協も嫌わなかったように見えると言われている。彼は柔軟になる備えをしていた。この柔軟さと寛容さは、『アレイオス派反駁』や他の弁証的な著作において、ホモウシオスという言葉をほとんど使わなかったことからも読み取れる。彼はこの言葉がどれだけ論争の的となるかということや、数多くの異なる解釈を生み出してしまうことをよく知っていたために、この言葉を必要以上に用いることを躊躇していた。『アレイオス派反駁』には、同じ思想を表明する意図的な遠回しの表現が数多くあり、アタナシオスがホモウシオスを控えたのは、おそらく彼の「すぐれた神学的な臨機応変の才覚」（fine theological tact）の結果であった[131]。

しかしながら、この見方には困難が伴う。アタナシオスがホモウシオスという言葉の使用を避けたことには、他の党派への「才覚」（tact）を考える必要はない。なぜなら、これまで見てきたように、彼自身がその言葉の有用性を徐々に感じていたからである。さらにアンティオキアで起こった分裂は、『アンティオキアの人々に宛てた文書』によっても回復されなかった。そこでこの文書がアンティオキア教会の深刻な分裂に向けて語られたものではなかった可能性もある。アレイオス派ではなかったが、アンティオキア教会の多数派を率いていた司教のメレティオスについては何も触れられていない。三六二年のアレクサンドリア会議は、追放されていた司教たちの地域的な再結集のようなものであり、固有の普遍的な特徴を見出すことはできない[132]。いずれにせよ、ユリアヌスはこの教会会議の招集前に、アタナシオスを排除しようとしていた[133]。エジプトの外にまで及ぶアタナシオ

(130) Kelly（1958）, pp.288fを参照。アポリナリオス自身がこのように解釈していたのは明らかである。本書四七八—八〇頁と Galtier（1955）を参照。
(131) Kelly（1950）, pp.257ff.
(132) Kannengiesser（1974）の中の Leroux と Hanson（1988）を参照。
(133) Armstrong（1921）.

スの権威と影響力とともに、アタナシオスのこのような柔軟さが過大評価されていたのかもしれない。カエサリアのバシレイオスも残念がっているように、アタナシオスと西方教会はアンティオキアのメレティオスに対抗してパウリヌスを支持し続け、分裂は、三八一年のコンスタンティノポリス公会議でも回復されなかった。

いくつかの批判は、真剣に受け止める必要がある。もっともなお受容されてきた見解に対する応答として、振り子はあまりにも極端に触れすぎたきらいはあるが。アタナシオスが再統合と寛容さを主張した際に、メレティオスの追従者たちのことを念頭に置いていたことを示すいくつかの証拠がある。[134]『アンティオキアの人々に宛てた文書』自体が、アタナシオスがヒュポスタシスという言葉に対して曖昧な態度をとっていたこと、さらに教会の平和のために言葉の違いを乗り越えて霊的に一致する人々に訴えていたという二つのことを示している。アタナシオスの妥協しない姿勢は、彼の聖人のようなあり方と同じくらい誇張されている。ユリアヌスがアタナシオスに対してアレクサンドリアを離れるようにと何度も促し、ますます激高しながら命令している手紙は、アタナシオスが教会政治のより広い領域において、もはや無視できない存在であったことを示している。

さらなる読書のために

英訳

Russell, Norman, 2004. *The Doctrine of Deification in the Greek Patristic Tradition*, Oxford: Oxford University Press.
Shapland, C. R. B., 1951. *The Letters of St. Athanasius concerning the Holy Spirit*, London: Epworth.

Ⅶ　他の著作

アタナシオスの生涯における実際の状況がどのようなものであれ、アレイオス派が台頭した時代に独力で、二カイアの正統信仰を十分に擁護した人物として伝説的な地位を急速に獲得した。この時期の数多くの教義的な著作は、一二巻からなる『三位一体について』(*De Trinitate*)やアタナシオス信条のように、アタナシオスによって書かれたとされた。これらの二つの著作は西方に起源を持っている。いくつかの反アポリナリオス的な論考は、アタナシオスの名を冠しているが、言葉や文体が彼の真正な著作とは異なり、おそらく彼の死後に書かれたものだろう。(135) すでに示したように、アタナシオスの真正の著作は、アポリナリオス主義的な傾向が見られた。実際、アポリナリオス主義の著作は五世紀にアタナシオスの名前のもとで広められ、アレクサンドリアのキュリロスの特徴的な用語のいくつかが、これら偽名で書かれた冊子に由来していたように見える。この偽名の冊子は、キュリロスにとっては、彼の偉大な先達の権威を有していた。(136) アタナシオスが生きている時代には、諸問題は、回答を求めるほど明瞭には提起されてはいなかったのである。

アタナシオスについての伝説は、彼を正直、信頼、慈愛によって志を与えられた優れた指導者として提示する。しかし彼が暴力的と言ってよいほどの激しさを備え、彼の「慈愛」は自身の目的を達成するための抜け目ない政治家の外向きの顔であったと言うことの方が真実に近いであろう。アタナシオスが物事を白か黒かで見る傾向があったことは疑いがない。つまりあなたはアタナシオス側か、そうではないかという見方である。それでも明らかにアタナシオスは忠義を尽くすことができる指導者であった。そうでなければ、彼のこのような伝説は決して作られることはなかっただろう。牧会者や禁欲主義者として、彼は特に砂漠の修道士を含めたエジプトの修道士たちを愛し尊敬した。いくつかの残存している史料は当時の論争とは直接関わらないかもしれないが、アタナシ

(134) Tetz (1975).
(135) これらの偽書についての詳細は、教父学概説書や *Clavis Patrum Graecorum* を参照。
(136) 本書六〇七—八頁を参照。

オスの活動の違う側面を表しているものである。私たちはあるいは彼の政治的な動機を探るかもしれないが、史料をそのまま受け取ると、アタナシオスの生涯のキリスト者としての基本的なところに興味深い光を与えるものとなる。貞節に関する著作と『アントニオスの生涯』(*Life of Antony*)は別のところで扱うことにする。[137]ここでは『復活節書簡』のみに言及する。

牧会者として、アタナシオスは実行できる限りは、自分の司教としての義務を怠ることはなかった。どんなに厳しい状況に置かれていようとも、彼はほとんど毎年、復活節の日付を告げ知らせるために、エジプトの諸教会に手紙を送る習慣を続けた。[138]わずかな断片を別にして、これらのすべての手紙は、一九世紀初頭に、三二九年から三四八年に書かれた一三のシリア語版の手紙が砂漠の修道院で発見されるまで、失われたままであった。[139]これらの手紙の中で、アタナシオスは悪事を働く人々や異端者の影響のような牧会上の問題やどの文書が聖書とみなされるべきかという事柄を扱っている(ついでに言うと、この問題を取り上げている第三九番目の手紙は特に興味深いものである。なぜなら、この手紙は、後に正典化される二七文書と正確に対応する新約聖書の最初のリストを含んでいるからである)。しかし彼の第一の目的は、彼の仲間の者たちにキリスト者の過越祭〔である復活節〕[140]を、真の礼拝者としての純真な心で守るように促すことであった。アタナシオスの手紙は、聖書の引用、伝統的な予型論、純粋な敬虔に満ちあふれており、哲学的な精巧さや、彼の著作の特徴である説得力のある詳細な議論は影を潜めている。

結論

本章は、四世紀の神学的に一貫した省察を探究するにあたって、「中心」となる人物としてアタナシオスについて叙述することから始めた。けれどもいかなる意味で、アタナシオスは「中心」だったのであろうか。ある意味では、彼は根本的な神学の課題と考えたものへの関与を失うことはなかったが、このことと並んで、混乱した時代における均衡を回復する能力を見せた。この時代には、特にホモウシオスという鍵になる語句が、アタナシオスが後に説明することになる事柄にむしろ対立する意味を獲得したのである。彼はできる限りマルケロスとアポリナリオスに忠実であろうとしたが、同時にホモイウシオス派の関心事にまで至りついて、神学的な和解に達することを願い、表現の相違を超えて理解しようと心を配ったことを示したのである。アタナシオスが、アレクサンドリアとアンティオキアの神学的な伝統の両方の中心軸となり、五世紀のキリスト論論争の要の人物となったのは、この能力によるのである。[141] 彼の才能と重要性とは、少なくとも「彼がキリストの働きを限定することなく、キリストの業の惜しみないことを強調する」[142] ことゆえに、中心的なものと評することができる。

(137) 本書一五一—八頁を参照。
(138) このような習慣は、疑いなく復活節の正しい日付に関して、ニカイア公会議の教令に付された手紙の中に記されたアレクサンドリア教会の勝利に由来している。
(139) シリア語のテキストに関しては、Cureton (1848), Lefort (1955) を参照。英訳は *NPNF* にある。Cureton はアタナシオスの生涯の年譜を再構築するのに非常に貴重なものである、すべての書簡の目録を発見した。シリア語のほかに、コプト語のものも発見された。
(140) アタナシオスの聖書引用についてはYoung (1997a) と Ernest (2004) を参照されたい。特に重要なのは、議論になっているテキストの断片的な用法を論破するために彼がどのように聖書全体の「意図」や「心」を扱っていたかということや、『ニカイア公会議の決議に関する手紙』に見られるように、ホモウシオスが聖書の言葉ではないと主張していたことである。
(141) Wessell (2004).
(142) Stead (1992), p.95.

けれどもこのことは彼がまた「ずる賢く、残忍で、慎重さを欠く[143]」と表現されるような問題のある人物であったことを否定するものではない。彼が誠実で、他者への忠誠心を賦与されていたとしても、争いや敵対を引き起こしたことも事実である。彼は、きわめて政治的な人物であった可能性が高く、専制的になりえたのである。つまり、彼が暴力に個人的に関与していなかったとしても、明らかに残虐な行為は、彼の名において行われた。しかしながら、この問題児は一世代のうちに聖人となった。彼の死から一〇年も経たないうちに、ナジアンゾスのグレゴリオスがコンスタンティノポリスにおいて、彼に熱烈な賛辞を送った[144]。アタナシオスは、力に満ちた行動と説得力のある議論によって、キリストに倣って宮清めを行った。彼は「正統信仰の父」として知られるようになったが、この称号は、ただ単に彼の人格と彼がよって立つ原理へのあらゆる攻撃に対して、彼が一徹な抵抗をしたという理由からだけではなく、正統教会の諸伝統がアタナシオスの神学的な著作に多くを負うほどに、神学の発展の陰翳に彼が注意深く接近しているからである。後の神学論争において、彼はすべての陣営が味方に付けたがるような人物になる。そして彼は東方教会の教父の中でただ一人、西方教会に対して、即時的かつ直接的な、永続的な影響を与えた。

だからこそアタナシオスは、アレイオスとその後の原型となる異端思想に対する戦いの勝利の立役者として栄誉を受け続けているのである。彼の中心的な意義は、彼が「祈りの法則」(*lex orandi*)と関わるようになったことも理由として挙げられる。彼は、修道士に対して、司教に対して、信徒に対して等しく、キリストにおけるキリスト者の救いの経験に訴えたのである。アタナシオス以後には、専門的な神学においてさえ、御子の神性を減じることは、不敬虔や誤りと結び付けられることになった。「御子が人となり給うたゆえに、私たちは神化されうる。御子は、見えない御父の御心を理解することができるように、肉体のうちにご自分を啓示された。かくして御子は、私たちが不死性を受け継ぐために恥辱をも耐え忍んだのである[145]」。

このような中心的かつ核となるキリスト教の洞察は、アタナシオスに出発点があり、ここから、彼は波乱万丈の生涯を通じて、啓示とθεοποίησις（神化）は神の完全な本性を分かち持つ御子に依拠していると主張していた。アレイオス派の思想と議論は、単純に言えば教会におけるこの力を考慮しなかった。そのために、「アレイオス主義」は、四世紀前半の混沌の中の戦いで勝利に近づいているように見えながらも、アタナシオスが最終的に戦いに勝利することになった。実際、アタナシオスの成し遂げた結果は、キリスト教神学の発展の要なのである。

さらなる読書のために

英訳

Anatolios, K., 2004. *Athanasius*, London: Routledge.

研究書

Anatolios, K., 1998. *Athanasius: The Coherence of his Thought*, Routledge Early Christian Monographs, London: Routledge.

Ayres, L., 2004b. 'Athanasius' Initial Defense of the term *ὁμοούσιος*; re-reading the *De Decretis*', *JECS* 12, pp.337-59.

Gwyn, D. M., 2007, *The Eusebians: The Polemic of Athanasius of Alexandria and the Construction of the 'Arian Controversy'*, Oxford Theological Monographs, Oxford: Oxford University Press.

Pettersen, Alvyn, 1980. *Athanasius and the Human Body*, Bristol: Bristol Press.

Pettersen, Alvyn, 1995. *Athanasius*, London: Geoffrey Chapman.

Weinandy, T. G., 2007. *Athanasius: A Theological Introduction*, Aldershot: Ashgate.

(143) Frend（1965）, p.157.

(144) ナジアンゾスのグレゴリオス『講話』21.

(145)『言の受肉』54.

第三章　信仰の英雄たち――砂漠の修道士の著作

序文

エウセビオスは、『パレスチナの殉教者たち』（*Martyrs of Palestine*）を書いたとき、長きにわたる伝統を受け継いで、殉教者たちの『言行録』（*Acts*）や信仰の英雄たちの試練の記録や伝記を蒐集することを始めた。[1]しかしながら、エウセビオスの時代には迫害も止んでおり、殉教は過去のものとなっていた。その代わりに、別の人々が、悪の力と戦いを続けるキリストの「競技者」（athletes）として描かれるようになった。すなわち、砂漠の修道士たちが殉教者に代わって英雄となり、聖人となったのである。[2]この章において考察するほとんどの著作は、一つの確立された文学的ジャンルに属するものとみなされる。

いわゆる修道院運動が、それ自体の文学的伝承を生み出し、それがまた運動を刺激することになった。実際、修道院運動の文学的伝承が禁欲主義運動の発生の様態のプロパガンダを構成し、それ以前の形態の否定を伴っていたと考えられてきた。最初に多大な貢献をしたのが、アタナシオスの著作と考えられる『アントニオスの生涯』である。この著作は、キリスト教世界全体に向けて、砂漠への隠遁の理想を公にした。文学的また哲学的な

（1）例えば Musurillo（1972）を参照。
（2）Malone（1950）.

衣装をまとわせることによって、〔アントニオスという〕無教養なコプト人が、教育を受けて洗練された者たちのモデルにさえなるということが示されている。エジプトの砂漠は巡礼者の目的地となり、全盛を極める文学の主題となった。ギリシア語では『エジプトの修道士の歴史』（*History of the Monks in Egypt*）やパラディオスの『ヒストリア・ラウシアカ』（*Lausiac History*）があり、ラテン語ではヒエロニュムス、ルフィヌス、ヨハネス・カッシアヌスらの著作がある。後に『師父の言葉』（*Apophthegmata patrum*）は、〔修道士の歴史と格言が幅広く〕集められて整理され、文学的な形態をとった。一方、テオドレトスは、エジプトの禁欲主義運動の偉大な英雄たちにその著作が帰されているにもかかわらず、シリアでの異なる禁欲主義運動の説明を生み出した。この説明は、おそらく『（偽）マカリオスの説教』（*Homilies of (Pseudo-) Macarius*）と結び付いている。

　本章は包括的な論述というわけではない。膨大な範囲に及ぶ史料を網羅しているわけでもないし、禁欲主義運動の歴史を再構築するにあたっての最近の研究成果を論議するわけでもない。議論の的となる文献がどの程度まで文学的なフィクションであるかという議論もあるが、真の歴史がどのようなものであったのか明らかにするために史料のゆがみを解きほどく試みでもない(3)。加えて、パコミオス(4)に関する記述も欠落している。その他にも貞節について扱った文学や、修道院運動の生活を記したものや、聖人の生活を称えているものなどが数多く存在する。これらのいくつかに関しては〔本書の〕さまざまな箇所で出会うであろう。例えば、第四章で扱うバシレイオスの『修道士規定』（*Rules*）がそうである。この章ではギリシア語の史料をいくつか扱うが、それらは巨大な氷山の一角であり、あるものは他の古代語によって現存するが、大部分は失われてしまった。この章では、エジプトとシリアにおける四世紀の運動を扱ったギリシア語の有力な史料を紹介し、修道院運動に関わりを持った三人の著作を探究する。その三人とは、盲目のディデュモス、エヴァグリオス・ポンティコス、「マカリオス」である。

さらなる読書のために

Brown, Peter, 1988. *The Body and Society: Men, Women and Sexual Renunciation in Early Christianity*, London/Boston: Faber & Faber.

Elm, Susanna, 1994. *'Virgins of God': The Making of Asceticism in Late Antiquity*, Oxford: Clarendon Press.

Goehring, James E., 1999. *Ascetics, Society and the Desert: Studies in Egyptian Monasticism*, Harrisburg, PA: Trinity Press International.

Harmless, William, SJ, 2004. *Desert Christians: An Introduction to the Literature of Early Monasticism*, New York: Oxford University Press.

Rousseau, Philip, 1978. *Ascetics, Authority and the Church in the age of Jerome and Cassian*, Oxford: Oxford University Press.

I　アタナシオスと『アントニオスの生涯』

貞節と禁欲主義はキリスト教の伝統に深いルーツを持っている。[5] キリスト教の性的な禁欲がすでに〔二世紀のギリシアの医者であった〕ガレノスによって言われており、[6] アタナシオスの時代よりずっと以前から、献身的な処女は教会生活の特徴となっていた。コプト語で残されているのがアタナシオスによる『処女たちへの第一の手紙』（*Letter to Virgins*）であり、第二の『処女たちへの手紙』はシリア語であるが、『処女について』（*De Virginitate*）

（3）　詳細は Goehring（1999）を参照。
（4）　パコミオスに関する紹介は Harmless（2004）を参照。Rousseau（1999）はさらに詳しく扱っている。
（5）　Brown（1988）を参照。
（6）　Brown（1988）, p.3.

はシリア語とアルメニア語で残存している。これらの史料の真正性は論争されているが、ブラッケによって真正であることが主張されてきた[7]。ブラッケはこの史料の英訳を提供してくれただけでなく、アタナシオスがどのようにして教会生活における〔禁欲主義の〕実践と献身的な処女たちを融合させようとしていたのかという枠組みをも提供してくれた。男性たちも、村や町の近くに住み続けて地域の教会の礼拝に参加しながら、「他のキリスト者たちよりも、よりいっそう厳しい断食、祈り、徹夜の祈り」に従うことができたことは明らかである[8]。アタナシオスが関心を寄せていた実践は、男性も女性も禁欲修道士として協働して家を建てることであった。そのような実践は、広がったと思われるが、四世紀には多くの異なる地域では抑圧された[9]。

それゆえに禁欲主義は新たな現象というわけではなく、アタナシオスの時代には、新しいタイプの修道生活がエジプトで出現し始めたのである。最初の修道士としてのアントニオスへの関心の集中は、大砂漠へ隠遁した最初の人物ということによってより正確に特徴づけられるかもしれない。というのは、彼自身はその地域の「隠者」（solitary）から学ぶことによって隠遁生活を開始したのである。しかし、このことは、いささかアントニオスの革新的な性格を誇張しているかもしれない。他の修道士たちも、ほぼこの時期に[10]、類似した行動をとっていたからである。アタナシオスが被った五度にわたる追放のうち、最後の三回は（三五〇年代と三六〇年代には）、修道士たちの間に身を潜めて、エジプトですべて過ごした。アタナシオスの禁欲主義者たちとの連携は、政治的には抜け目ないものであって、彼が書いたことを仮定すれば、三五七年頃の作『アントニオスの生涯』の出版によってさらに強固なものとなった。

修道の理想が広まっていったのは、この著作によるところが大きい。すぐに二つのラテン語版が出版され、シリア語、アルメニア語、アラビア語の版についても知られている。この著作が広く影響を与えていたことは、多くの人々によって証言されている。例えばナジアンゾスのグレゴリオス、ヒエロニュムス、ヨアンネス・クリュソストモスらである。さらにアウグスティヌスの回心の一つのきっかけともなった[11]。その直後には、アタナシオスの名声は、ニカイアの正統主義の擁護ばかりではなく、修道文学への貢献に依拠したように見える。しかしこの著作が彼のものであるかどうかには異論もある。[12] シリア語版とギリシア語版の間には興味深い違いがあり、[13] このことはコプト語の原本があった可能性を示唆している。すなわち、コプト語の『アントニオスの生涯』を、「地中海世界の都市文化への精神的な憧れにより適うようにアレクサンドリア的な修復を加えたもの」として、ギリシア語に書き改めた人物はアタナシオスではなかったと考えるに足るいくつかの根拠がある。[14] この異論から続いて生じた議論は、[15] アタナシオスの他の文言との相違にもかかわらず、『アントニオスの生涯』は、ア

（7） Brakke（1995）. Elm（1994）も参照。Elm は処女についての諸著作を三五〇年以後のものであると考えている。しかし Brakke はアタナシオスの生涯の初期のものであったとしており、三五〇年頃に焦点を砂漠の修道士たちに変化させたと指摘している。いずれにしても、アタナシオスがメレティオス派とアレイオス派の影響を最小限に食い止めようとして、あらゆるタイプの修道士たちと手を組むことを意図的に行おうとしたと明らかに思われる。

（8） Brakke（1995）, p.9.

（9） Elm（1994）.

（10） Harmless（2004）, pp.418-423.

（11） ナジアンゾスのグレゴリオス『講話』21.5, ヒエロニュムス『著名人列伝』87, クリュソストモス『マタイによる福音書の説教』8.5, アウグスティヌス『告白』8.16.

（12） この議論を要約したものは Harmless（2004）, p.111-113 を参照。

（13） Gragnet（1980）.

（14） Barnes（1986）.

（15） Tetz（1983）, Louth（1988）, Lorenz（1989）, Brakke（1994）.

タナシオス神学の具体化、つまり神化の「イコン」である人物を提示するものであると理解されてきたという深い慣例を明らかにした。[16] 砂漠での生活は小さなエデンの園の再創造であり、アントニオスにあっては、神的な無情念（*ἀπάθεια: apatheia*）が可視化されているのである。[17]

『アントニオスの生涯』[18] は、アントニオスが死んだ三五六年の直後に、アタナシオスが追放されていた期間に書かれた可能性が高い。[19] この著作の目的の一つは、アタナシオスとエジプトの修道士たちとの間の良好な関係を促進することであったとこれまで考えられてきた。しかしながら、この著作が『国外の兄弟たち』に宛てて書かれたとは私的に回覧されることが意図されていた。『アレイオス派の歴史』のように『アントニオスの生涯』という エヴァグリオス〔・ポンティコス〕の指摘を考慮するなら、内的な証拠は、この著作が国外の読者、すなわちおそらくはエジプト人と争うことを望むような修道士たちに宛てて書かれたということを示している。[20] おそらくこの著作の受取人が、アタナシオスが西方に追放されている間に接触があった者たちだろう。序文によれば、アタナシオスは個人的にアントニオスを知っており、何度か彼に会って付き添って行動をしていた。しかしこれらの個人的な接触は明らかに誇張されている。[21]『アントニオスの生涯』は理想的な、模範的な修練として意図された描写であり、伝統的かつ伝説的素材と哲学的かつ教会的理想とが奇妙に混淆している。[22] 奇跡的な癒し、悪魔祓い、超自然的な幻視、写実的に描かれた悪魔との戦いなど、神話的な要素が加えられている。しかし、著者は、アントニオスがメレティオス派、マニ教徒、アレイオス派と決して関わりを持たず、教会の規律を守り、聖職者に従っていたことや、[23] 神に似るものとなるために、徳（virtue）とアパテイア（*patheia* 情欲からの自由）を得ようと努めていたことを記述するために、[24] 労苦している。この著作は、プロティノスやアポロニオスの生涯のようにいくつかの書かれた「生涯」（Life）をモデルにしており、この文学的な慣行に従い、修道士や異教徒に対する長い講話が著作には挿入されている。アントニオスには文化や教養が欠けていることが強調されているにもかかわらず、彼のすばらしい知恵もまた際立たせている。すなわち、彼は θεοδίδακτος（神によって教えられた

(16) Harmless (2004), p.90.
(17) Harmless (2004), pp.92-93.
(18) 『アントニオスの生涯』(*Vita Antonii*) のテキストはBarnard (1974) を参照。英訳はMeyer (1950) やGregg (1980) がある。
(19) 著作年代についてはBarnard (1974) が議論をしている。その議論に対する応答はBlennan (1976) を見よ。続く論評はこのやりとりから生じているものである。この著書の歴史性の問題はDörries (1966), Rubenson (1990) および注22を参照。
(20) 序文には、手紙の受取人がエジプトの修道士と競う者であるようなことが示唆されている。『アントニオスの生涯』93にはアントニオスの名声がスペイン、ガリア、ローマ、アフリカにまで及んでいたことが言われている。Brakke (1995), p.262 の注を見よ。
(21) Brakke (1995), pp.205ff.
(22) このアントニオス像がどれほど歴史的に信憑性があるのかはRubenson (1990) によって注意を向けられてきた。彼はアントニオスに帰されてきたいくつかの手紙の真正性に賛同し、アタナシオスの『アントニオスの生涯』と『師父の言葉』の中でアントニオスに帰されている言葉の両方を評価するための証拠として用いた。Rubensonの結論は、『アントニオスの生涯』を理想化された像として特徴づけることを支持しているように見える。間違った一貫しない特徴を伴っていたとしてもそのようである(例えばアントニオスが文字を読めなかったことや、ギリシア語の能力を欠いていたなど)。「『アントニオスの生涯』に記されている英雄としての哲学的また神学的な背景のほとんどはこの手紙の著者と同じものであったが、やはり重大な違いが見られ、明らかに異質なものである」(p.140)。テキストの構造を分析しているものとしては、Frazier (1998) を参照。
(23) 『アントニオスの生涯』67-69, 82, 91.
(24) 『アントニオスの生涯』14, 20f, 67, 74.

もの）である。[25]この著作は教育を受けている者たちにも受けていない者たちにも等しく向けられたものであり、さらに修道制に魅せられた人々や、無学のコプト人や、哲学的な傾向のある者たちの両極端の人々に宛てて書かれている。

『アントニオスの生涯』には、アタナシオスの他の著作とは異なった神学や異なった禁欲主義が反映されていると指摘されてきた。ある程度まで、このことは明らかに真実である。つまり、この著作は、きわめて異なる調べを持っている。悪と悪魔の支配は、最も明白な例証である。これはアタナシオスの他の著作にはほとんど出てこない。しかしこの対比は誇張されている。『言の受肉』では、悪魔に対する勝利よりも、死と罪の力に対するキリストの勝利が讃えられている。しかし、悪魔は、長い校訂本には出てきており、その主題は、勝利の主題である。[26]同じく『アントニオスの生涯』のアントニオスにとっても、主題は、悪の力に対する勝利である。キリストは悪魔の力の源泉を断ち切った。キリストが死に打ち勝ち、無知を追い払い、人間を偶像崇拝、迷信、占星術から解放したがゆえに、悪魔の力は滅ぼされた。祈りという武器を示し、十字のしるしを高く掲げることによって信仰を示すことは、悪魔を完全に武装解除させることにつながる。これらの武器によって、悪魔自身の領域である墓や砂漠で成功を収めることができるのである。幻覚、奇妙な現象、誘惑に関する説明では、アントニオスを通して悪に打ち勝ち、この世の知恵を愚かにする勝利者キリストの鮮やかなイメージが示されている。勝利は、神に帰されるのである。理想的な禁欲主義者であるアントニオスは、神の救済の業を行う道具なのである。「これがアントニオスの悪に対する最初の勝利である。もしくは、むしろこれはアントニオスにおける救い主の最初の勝利である」。[27]神のロゴスの力は、人間の罪と死ぬべき性質に対する勝利を通して、救いをもたらすものとして示される。アントニオスは、キリストの人性が受肉におけるロゴスの道具となったように、ロゴスの道具となる。禁欲主義者は、単に自分自身の魂の救いのために孤独へと隠遁するものとしてではなく、悪魔との戦いに参与するために砂漠へと赴く者として描かれている。それゆえに、禁欲主義者は、ロゴスの救いの業に参与することによって、世界の救いに積極的な貢献をなす。情欲を統御しようと努めることや肉体的なものを霊的なものに従わせること、さらには神に似ることを達成するという哲学的な理想は、後の砂漠の敬虔についての概説の中でよく知られるようになる禁欲主義者の心理的な戦いとともに、アタナシオスの救済論にとってきわめて重要なθεοποίησις〔神化〕(28)のキリスト教的な理想に同化していく。

それゆえ、この著作の真正性の問題は容易に決着がつかない可能性がある。しかし、真正性の問題が、初期の修道院運動にとっての意義をこの著作から取り去るものは何もない。この著作の中に、後の時代にも繰り返される諸主題を見出すことができる。それは砂漠におけるエデンの園の回復である。注意は、知的な思索ではなくて、道徳的な改革に向けられる。さらに、ロゴスの受肉によって可能になる肉体の不朽性を受けるために、肉体とその欲望を統御すること、また悪の力との継続的な抗争において日々勝利者の十字架を高く挙げることに当てられる。

(25)『アントニオスの生涯』72を参照。現存している史料によると(上記の注22を参照)、真正性(議論されているが)を仮定すれば、アントニオスが文字を読めなかったということには疑いがある。Harmless (2004), pp.78-81の議論と文献を参照。
(26)『アントニオスの生涯』と『異教徒反駁』『言の受肉』との関連についての議論は、Brakke (1995), pp.218-226を参照。またアタナシオスの神学との並行性についてはHarmless (2004), pp.85ffを参照。
(27)『アントニオスの生涯』7を参照。22-28, 38, 78, 84と比較されたい。
(28)『アントニオスの生涯』14, 74.

さらなる読書のために

英訳

Cregg, R. C. (trans.), 1980. *The life of Antony and the Letter to Marcellinus*, CWS, New York: Paulist Press.

Meyer, R. T., 1950. *The Life of Antony*, ACW 10, Westminster, MD: Newman Press.

研究書

Brakke, David, 1995. *Athanasius and Asceticism*, Baltimore/London: Johns Hopkins University Press.

Louth, Andrew, 1988. 'St Athanasius and the Greek Life of Antony', *JTS* NS 39, pp.504-9.

Rubenson, S., 1990. *The Letters of St. Antony: Origenist Theology, Monastic Tradition and the Making of a Saint*, Bibliotheca Historico-Eeclesiastica Lundensis 24, Lund: Lund University Press.

II 歴史——『ヒストリア・ラウシアカ』と『修道士の歴史』

エジプトにおける初期の修道士たちについての二つのよく似た叙述が、中世において人気を集めた。一つがルフィヌスによるもので、もう一つがパラディオスの『ヒストリア・ラウシアカ』であった。現代の研究者たちは、この二つの著作がかなり複雑なテキストの編集過程を辿ってきたことを明らかにしている。ルフィヌスのラテン語のテキストの大部分と一致しているギリシア語のテキストが、今日ではオリジナルなものであるとみなされ、『エジプトの修道士の歴史』(*Historia monachorum in Aegypto*)として知られている。[29]その著者をめぐっては、多くの推測がなされている。唯一、知られている事実としては、オリーブ山におけるルフィヌスの共同体に関係のある一人の修道士によって書かれたということである。このことが、ラテン語版の叙述の中でのルフィヌスの資料の使い方を説明する。おそらく四〇〇年頃に書かれたであろうギリシア語原本は、三九四年から三九五年にかけて、七人の巡礼者の一団が、大きなエジプトの修道の中心地を訪れたことを記している。この著作はパラディオスの叙述と内容が非常に類似している。実際にいくつかの箇所では、同じ逸話を記している。しかし、この著作は旅行記のように、ナイル川に沿って北方に修道の中心地を次々と辿っていく形で記されており、その当時のエジプトにおける修道士たちの生活のうねりのように高まる印象的な姿を描いている。(30)

『ヒストリア・ラウシアカ』は自叙伝として書かれており、パラディオスがエジプトの修道の中心地を訪れたことから、禁欲的な運動について学んだことを描き出している。彼が描き出すのは、ほとんど正確に同じ時代、すなわち三九〇年代の出来事である。もっとも、この著作は、少し後、すなわち四二〇年頃に書かれた。この著作の場合もそうであるが、テキスト批評の問題が研究者たちを悩ませてきた。テキストの混乱が最も大きな難点である。この著作は広く読まれたので、ラテン語、シリア語、アルメニア語、コプト語、エチオピア語、アラビア語、古ソグド語など多くの異なる版が存在する。これに加えて、ギリシア語写本には多くの異なる編集の手が加えられている。史料には加筆、並び替え、修正が思うままになされた。ドン・カスバート・バトラーによってこれらがすべて整理されて、(31)二つの基本となるテキストの型が明らかにされた。長い版はパラディオスの〔元来の〕『ヒストリア・ラウシアカ』と『修道士の歴史』を結合したものであり、短い版の方がオリジナルのものであるとされた。しかしながら、論争が、彼の著作後にも続けられた。特にドラゲが、バトラーはオッ

(29)『修道士の歴史』(*Historia monachorum*) のテキストは Festugière (1961/71) を参照。初期の版は Preuschen (1897) を参照。Preuschen はルフィヌスのものが最初であったと議論しているが、Festugière (1955) も見よ。仏訳も Festugière (1965) にある。英訳は Russell (1981) を参照。複雑な成立過程についてはBammel (1996) を参照。

(30)「生きている聖人」を訪れる巡礼の現象についてはFrank (2000) を参照。

(31) Bulter (1904). 英訳は Meyer (1965) を参照。

クスフォードにある一つの重要な写本にほとんど注意を払わなかったと主張して以来、そのようになったのである[32]。しかしながら、実際的な目的のために、バトラーのテキストは、かなり信頼できる研究の基礎を提供し続けてきた。しかし、さらに研究が進むと、長いコプト語版の中にある資料の信憑性が受け容れられるようになった。『ヒストリア・ラウシアカ』を書くために、パラディオスは、完全な形ですでに以前に自分が書いた〔アントニオスの弟子であった〕パンボ、エヴァグリオス、エジプト人のマカリオス及びアレクサンドリア人のマカリオスの『生涯』(*Lives*)を要約した可能性がある[33]。

第二の困難な点は、この史料と他の並行史料との関係である。パラディオスは『修道士の歴史』を利用したのであろうか。ソゾメノスは『教会史』の修道士についての章を書くにあたり、これら二つの著作を資料として用いたのだろうか。それとも三つの著作とも同じ共通史料を用いたのだろうか。『修道士の歴史』とパラディオスは、だいたいにおいて相互に確証し合う別々の証言者であるかのように思われる。さらにソゾメノスは、これらのテキストを両方とも資料として用いていた（結局のところソクラテスも、パラディオスの著作を知って、それに言及した[34]）。

しかしながら、これらの議論を続けていくと、第三の困難に至る。すなわち、史的な信頼性についての問いである。奇跡の要素を含んでいる資料はすべて退ける傾向を持つ、一九世紀の合理主義的な傾向は、文献批評学の攻撃に降参してしまう。その結果、議論は、三つの領域に集中してきた。すなわち、自叙伝的な枠組みの問題、タベンニシにおけるパコミオスの共同体の実像、リュコポリスのヨアンネスについての記述である。基本的な批判は、パラディオスの著作が、以前に書かれた史料をもとにして、架空の自叙伝の枠組みを提供することによって、人為的に配列されたことに向けられる。ブセーはこの主題を論じ[35]、ナウの『聖パコミオスの歴史』(*Historie de S.Pachome*)の中に、自分の見解の正しさを見つけ出した。ナウの著作は今まで未刊であったギリシア語の史料に、シリア語版の訳を加えて利用することができるようにしたものである。『ヒストリア・ラウシアカ』の章立ては、間違いなくこの史料に依存している。その後、ペータース[36]は、コプト語の『リュコポリスのヨアンネスの生涯』(*Life of John of Lycopolis*)が『修道士の歴史』と『ヒストリア・ラウシアカ』の両方を資料として用いたことを突き止め、両著作の記述に矛盾が見られるときには、前者を好んで用いたことを発見した。ペータースによれば、前者を優先したのはその地域についての知識に基づくものであり、パラディオスの叙述の大部分は、もし彼が有名な隠修士への仮想的な訪問を「書き立てようと」しているものであれば、人々が期待するであろう事柄そのものなのである。さらに、パラディオスが訪問したと考えられる日付は、パラディオスの書物に提供されている自伝的な資料とは合致しない。事実、パラディオスの動向を年代順に一貫した説明を再構成することが困難であることは、さらなる批判が妥当であると考えさせるに至る。もっとも、かなりの証拠が積み上げられてきたという事実は、この著作のいくつかの部分が、目撃者の証言であったというよりは、書きつけられた資料に基づくものであるということを示しているように見えることは別にしてのことだが[37]。

しかしながら、パラディオスの信頼性については、無視されてはこなかった。ギリシア語で書かれたパコミオ

(32) Draguet(1949, 1950)を参照。Chitty(1955)はBulterを擁護した。それに対してDraguet(1955)は再反論した。
(33) 緒論と文献表に関しては、Harmless(2004), pp.303, 305-8を参照せよ。
(34) ソクラテス『教会史』iv.23.
(35) このことは最初にReitzensteinによって議論され、Bousset(1917, 1922)に引き継がれた。Nauの資料は一九〇八年に明らかになった。
(36) Peeters(1936)を参照。彼の議論はTelfer(1937)に英語で要約された。
(37) Draguet(1944, 1945, 1947b).

スの生涯のすべてを集成し編集したハルキンは、[38] ブセーが主張した依存関係は別の結論に至ると主張した。つまり、パラディオスのものがオリジナルなものであった。他の研究者たちもペータースの議論の重要な弱点を指摘している。[39] エジプトとパレスチナの修道院運動についての古典的な著作、『都市としての砂漠』(*The Desert a City*) の著者であるダーバス・チティーは、その作者が際立ってだまされやすく見える『修道士の歴史』よりも、パラディオスの方が穏健で信頼できると主張している一人である。[40] ハームレスは二つの著作を突き合わせて、以下のように言っている。[41]

両著者とも、強調点は違うが構図においては、類似した肖像画家である。パラディオスは道徳的な技法を好む細密画家 (miniaturist) であるのに対し、『修道士の歴史』を書いた無名の著者は神秘的な写実主義を好むイコン画家 (iconographer) である。

史料の偏った使用は、パラディオスの主張をすべて傷つけるものでもないし、この著作の全体的な評価は、問題に満ちた細部に基づいてなされるべきでもない。このことの事例として、ポタミアエナの物語を挙げることができる。彼女の殉教は、エウセビオスによって記されており、[42] エウセビオスは、その年代を二〇二年から二〇三年頃のこととしている。パラディオスはこの出来事を、ディオクレティアヌスの共同統治者であったマクシミアヌスの時代であるとしているが、それはエウセビオスの記述よりも一〇〇年以上も後の出来事となる。仮に矛盾があったとしても、パラディオスがこの物語を語ったという事実が、興味深い点なのである。ポタミアエナは、パラディオスが育てた禁欲主義者の一人というわけではなく、それゆえに、パラディオスの著作には実際のところふさわしいとは言えない。にもかかわらず、パラディオスはこの物語を語るために一つの章を費やしたのである。彼がこの物語を語ったのは、アントニオスから伝え聞いたイシドロスからこの物語を聞いたからである。換言すると、彼は砂漠の共同体において、口伝で流布していた好ましい物語の一つとしてこれを語り伝えたのである。このことは、この著作の特徴を知る手がかりとなるだろう。パラディオスが提供するのは、ある部分は風聞に、またある部分は資料に、さらにまたある部分は自分自身の経験に基づいて、いささか無計画に物語を寄せ集めたものである。彼自身が一二年ほど属していた修道士たちの共同体の間に流布していた伝承や伝説を反映したものである。預言、奇跡、並外れた禁欲的な偉業はその伝承の内容であり、その特別な生活の外観と様式へと組み立てられていく取り巻く状況の一部であった。信じがたい物語が広がっていたことは、パラディオスの良き信仰を疑わせるものではない。なぜなら、この広がりは、彼が読者と共有する心性を忠実に映し出しているからである。〔実際には巡礼をせずにパラディオスの著作によって擬似的に巡礼をする〕「空想の巡礼者たち」（armchair pilgrims）はこのような魅惑に満ちた世界が喚起するものを求めていたのである。[43] そう考えると、この著作の構造はでたらめのものとは言えなくなるかもしれない。バックによると、[44] この著作を理解する最善の方法は、それぞれの物語をパラディオスが情報を受け取った文脈に照らして位置付けながら、自叙伝として読むというもの

（38）Halkin（1930）を参照。パコミオスのギリシアでの生活に関することはHalkin（1929）を参照。テキストはHalkin（1932）のものを参照。
（39）例えばBuck（1976）を参照。
（40）Chitty（1966）, pp.51f.
（41）Harmless（2004）, p.299.
（42）エウセビオス『教会史』vi.5.
（43）Frank（2000）は、『修道士の歴史』とパラディオスの『ヒストリア・ラウシアカ』の両著作とも、遠くの魅惑的な別世界を表している特徴があると考えた。それゆえに旅行記のモチーフや、奇跡物語を含むのである。
（44）Buck（1976）.

である。このようにこの著作を扱うことによって、年代の矛盾のいくつかを解決することができる。誇張や理想化の傾向を認めるならば、パラディオス自身が提供した目撃証言を疑う余地はほとんどないように見える。年代の混乱も、三〇年か四〇年前の出来事を回顧する老人の記憶の混乱にせいぜい帰せられるかもしれない。

そのようなわけで、パラディオスは自分が描き出す大部分の事柄を同時代に実際に観察したということ、さらには彼の著作は初期の修道院運動とその理想と心性の研究の重要な資料とみなされねばならないことは間違いないことと思われる。彼の著作は、禁欲の理論を記した著作でも、批判者に対して修道院運動を弁護しようとしたものでもなく、読者を啓発する意図をもって「記憶にとどめ、人を楽しませる」(memorable, even entertaining)逸話の集成なのである。「肉体の鍛錬は、実際に精神を鍛練するための方法である」[45]。ある人々の過ちや弱さは、最も偉大な人々が成し遂げたものの背後に隠されているのではない。なぜなら、それはすべて、例証や警告のための有益な素材を提供するからである。霊性を高めるマニュアルとして、この著作は、著者が男性に限らず、〔女性をも含む〕聖人たちとの出会いについて語った事実からその信用を得た[46]。著者は「男性と女性の師父たちの行い」について書き記すことを約束しており、一章全体を主に「神が男性たちと等しく抗争を戦い抜く力を与え給うた……女性たち」に割いている[47]。

これらの禁欲隠修士たちの中で、パラディオスが称賛したものは何であっただろうか。論理的には彼が情欲の抑制に興味があった。しかし同時に、彼は、霊的なうぬぼれを躊躇なく批判した。「横柄な態度で水を飲みすぎるよりは、理性に留まりながらぶどう酒を飲む方がよい」。食事の節制の問題は、彼が一貫して取り組んだ問題である。しかし彼にとっての英雄たちは、驚くほど聖書に精通しており、静かで勤勉であり、祈りに没頭した生活を送っていた。悪魔の誘惑、天使の奉仕、奇跡的な治癒、預言の成就などの逸話が存在する。しかし、支配的な調べは、肉体の弱さの克服なのである。英雄たちは睡眠の必要を否定しようとしたり、戸外で厳しい真昼の太陽を浴び続けたり、真夜中の寒さの中に身を置いたりするのである。また性的な欲求を抑制することも強調されている。死の間際にエヴァグリオスがこのように言っている。「これは、私が肉体の欲求に苛まれることのなかった第三年目である」。このことを報告するにあたって、パラディオスは次のようにコメントしている。「これこそ、そのような労苦と労働、そして絶え間ない祈りの生活の結果である」。しかしながら、いくつかの最も奇妙な物語は、肉体の死の持つ霊的な目的を真実に自覚していたことを示している。

> ある日の朝早く、［マカリオスが］小部屋に座っていたとき、ブヨが彼の足を刺した。痛みを感じて、彼は手でブヨを殺したが、ブヨは、彼の血を一杯吸っていた。彼は復讐心からそのようにふるまったことを悔いて、砂漠の中にあるスケティスの荒れ野に裸で半年間、座ることを自身に課した。この地では、蜂もそうであるが、野生の蚊でさえも肌を切り裂く。すぐに彼は体中、かまれてしまい、彼は象皮病にかかったかのように腫れ上がってしまった。半年経って彼の小部屋に戻ったとき、マカリオスのことを彼の声によってしか認識することができなかった(48)。

パラディオスの目的は帝国の侍従であるラウサスに対して、肉体の必要と自己欲を超越することが可能であることを説得することにあった。パラディオスの著作は、このラウサスに献呈されている（それゆえ『ヒストリア・ラ

（45） Harmless（2004）, p.287.
（46） Hunt（1973）.
（47） Elm（1994）の特に第一〇章「女性たちを含めたすべての経験」（All experiments included woman）を参照。
（48） この段落における訳のほとんどは Meyer（1965）に従っている。引用したのは序文と第三八章と第一八章からである。

ウシアカ』〔ラウサスに宛てた修道士の歴史〕となっている)。パラディオスが、生涯にわたって修道の大きな中心地を旅することによって、彼が実際に会った師父や彼が耳にした他の師父たちの物語を記録するようにという求めに答えた理由もここにある。[49]

この著作の著者に関しては、どんな情報を得ることができるだろうか。彼の生涯の詳細については、なお議論が続いている。彼が、エルサレムで三年間を過ごしたのはいつだったのか。彼はインドの国境付近まで旅をしたのであろうか。どのようにして六か月から一二か月という期間内にリュコポリスのヨアンネスを訪ね、ヘレノポリスの司教に叙階されるまでに小アジアに戻ったのであろうか。しかしながら、多くの難しさにもかかわらず、彼の著作からかなり明瞭な輪郭を再構築することができる。

パラディオスは三六〇年代の初頭に生まれたガラテヤ人である。彼はエルサレムである時期を過ごした後、聖人たちと会うためにエジプトに行き、三八八年にアレクサンドリアから旅を始めた。アレクサンドリアでは、一〇年間に盲目のディデュモスに四回も会っている。彼は五〇年も前にアタナシオスに伴ってローマに赴いた七〇歳の老人であるイシドロスに接触した。イシドロスはパラディオスの訓練を引き受けることを断り、町から五マイル離れた洞窟の中で六〇年にわたって生活し続けていたドロテオスのところに彼を送った。三年後、パラディオスは健康を損ねたために、見習い生活を断念しなければならなかった。パラディオスはドロテオスの生活が惨めで厳しいものであったと振り返っている。これはおそらく彼の失敗の弁解であるが、彼が極端な禁欲主義に対して大きな敬意を払っていなかったと疑わせるものである。彼がドロテオスになぜそのような苦行を自分の肉体に課すのかと尋ねたとき、ドロテオスは「苦行が私を殺し、私は苦行を殺すであろう」と答えた。けれどもパラディオスはくじけずに、「エチオピア、マジカエとマウレタニアにまで広がる広大な砂漠」の近くにあるニトリアの山を訪れた。ここにはおよそ五〇〇〇人の隠修士たちがいた。彼は、これらの隠修士たちのうち、最もよく知られている人々と一年を過ごした後、砂漠の一番奥地を通過してセルリアに赴き、そこでエヴァグリオス・ポンティコスと九年間を過ごした。〔本章の〕この後で見ていくように、エヴァグリオスは東方世界の献身と霊的生活に多大なる影響を与えることになった禁欲主義に関わる多くの著作を記した。パラディオスの著作は、エヴァグリオスの教えで満ちている。もっとも、エヴァグリオスの著作はパラディオスの思想や語彙によって、さらには理論的な説明というよりも、修道士の生活様式の記述の中に、表現されている。(50)

パラディオスの生涯のその後の経歴は、オリゲネス主義陣営との関わりから生じた。(51) エジプトでの旅をさらに続けた後〔彼はパコミオスの修道院を訪れ、リュコポリスのヨアンネスがパラディオスの将来の教会政治への関与を予言したと主張する。ただしこれらのことが書かれているのは、彼の史料への依存が議論されてきた箇所である〕、彼はパレスチナに向かった。彼の記述によると、これは医者の忠告に従ったということだが、奇しくもその時はエジプトにおいてオリゲネス主義が高まった時期と重なる。パレスチナでは、彼はルフィヌスやメラニアといったオリーブ山に基盤があったオリゲネス主義者たちと親交を深めた。その後、コンスタンティノポリスに赴き、ヨアンネス・クリュソストモスによってヘレノポリスの司教に任命された。こうして、彼はヨアンネスの行動をめぐる論争に巻き込まれ、四〇三年の〔カルケドン近郊の修道院のある地である〕「樫の木」教会会議ではオリゲネス主義の罪で告発され、「祝福されたヨアンネス」(the blessed John) という大義を訴えんと努めるためにローマにまで旅をした。結局、追放中に、彼は『聖ヨアンネス・クリュソストモスの生涯についての対話』(*Dialogus de vita sancti Joannis Chrysostomi*) を書いた。この書に関しては、本書第五章で取り上げる。この追放期間中、彼はエジプトで過ごし、有名な修道の中心地からの十分な情報を収集することができた。ヨアンネスの問題が解決されたた

(49) 『ヒストリア・ラウシアカ』についての詳細は Molinier (1995) を参照。
(50) Draguet (1946, 1947a) を参照。Meyer (1970) も参照。
(51) Hunt (1973) はこの関係を詳細に研究した。オリゲネス主義論争のさらなる史料は本書第五章を参照。

めに戻ることができ、『ヒストリア・ラウシアカ』は彼が小アジアに戻った後の四二〇年頃に書かれた。この帰還は、ヨアンネスの記憶の復権によって可能となった。ソクラテスによれば、(52)パラディオスはアスポナの司教になり、『ヒストリア・ラウシアカ』を書いたときは、修道士として三三年、司教として二〇年、そして今は六六歳であると自分自身で言っている。彼がいつ死んだのかは不明である。

『インドの諸民族とブラフマンたち』(*De gentibus Indiae et Bragmanibus*)というパラディオスのものとされるもう一つ別の著作がある。その真正性は、コールマン・ノートンによって弁護された(53)。一九六〇年代にテキストの新しい版が出ると、この著作への興味が再び生じた(54)。著者〔パラディオス〕はインドの国境にまで旅をしたと言い、その旅はすでに私たちが知っているパラディオスについての他の情報とはまったく合わないが、特に文体上の関連が深いために、完全に排除することはできない。たしかにインドについての情報は、すべてまた聞きのものである。著者〔真性であればパラディオス〕は、スコラスティコス(Scholasticus)と呼ばれた別な旅人であるテーベ人からこれらの情報を得て、アリアヌスの〔アレクサンドロス大王東方遠征記として知られる〕『アナバシス』(*Anabasis*)の注解で締めくくっている。ヒンドゥー教徒たちの禁欲的な実践への興味は、『ヒストリア・ラウシアカ』からパラディオスについて知られるものとは調和しない。

さらなる読書のために

英訳

Meyer, R. T., 1965. *Palladius: The Lausiac History* (ACW 34), New York: Newman Press.

Russell, Norman, 1981. *The Lives of the Desert Fathers: The 'Historia monachorum in Aegypto'*, CS 34, Kalamazoo, MI: Cistercian Publications.

研究書

Frank, Georgia, 2000. *The Memory of the Eyes: Pilgrims to the Living Saints in Christian Late Antiquity*, Berkeley: University of

California Press.
Hunt, E. D., 1973. 'Palladius of Helenopolis: A Party and its Supporters in the church of the late Fourth Century,' *JTS* NS 24, pp.456-80.
Meyer, R. T., 1970. 'Palladius and Early Christian Spirituality,' *SP* 10, pp.379-90.

Ⅲ 『師父の言葉』

『ヒストリア・ラウシアカ』と『修道士の歴史』は文学的著作であり、教養あるギリシア語を話す訪問者によって書かれた点では、アタナシオスの『アントニオスの生涯』と類似している。つまり、おそらくは哲学的な目的に覆われてはいないものの、脚色や理想化がなされていることは言うまでもなく、著者の興味と関心が反映している。同じようなことは、ルフィヌス、ヒエロニュムス、カッシアヌスによるラテン語の著作にも当てはまる。三人とも砂漠に赴いて直接の経験を持ったが、ある程度、自分たちを崇敬する者たちの外に身を置いた。エヴァグリオス・ポンティコスやアルセニオスのように、有名な禁欲主義者たちの何人かはギリシア語を話す移住者であり教養人でもあった。私たちは『師父の言葉』の様式化された史料によって、洗練と文化のカーテンを上げて、口伝伝承を垣間見ることができる。これら収集された口伝伝承は明らかに後代のものであり、口伝伝承を取り巻く批判的な問い

(52) ソクラテス『教会史』vii.36.
(53) Coleman-Norton（1926）.
(54) この版に関してはDerrett（1960）やBerghoff（1967）を参照。

は相当に煩雑であるが、それでも、本章ではパラディオスと他の者たちに多くの素材を提供したに違いない史料のようなものを跡付けることが可能である。パラディオスの描く何人かの英雄たちは、その実像は不明瞭なままであるが、多くは、アンモナスやパコミオスのような初期修道士たちの指導者であったり、きわめて有名な人物であるゆえに、その言葉が伝承されて『師父の言葉』の中に見出される人々、すなわちパンボ、大マカリオス、アレクサンドリアのマカリオス、エチオピアのモーセ、無垢なパウロのような人々である。『師父の言葉』の大部分は、パラディオスの情報と重なるものではなく、補完するものになっている。その多くの逸話と格言は次世代の偉大な人物から取られる傾向がある。

1　起源、批判的問題、歴史性

アルファベット順に配列された集成の七分の一は、第二世代の人であるポイメンという人物に帰される。複数のポイメンが混同されてしまった可能性はあるが、蛮族の侵入（四〇七―四〇八年）後に古都のスケティスから避難した人たち、すなわちポイメンの仲間たちが、この集成の中核を担ったと思われる(55)。他方では、アルファベットの集成は、五世紀中頃にガザにおいて師父イサイアスによって作られた小さな集成に依存しているように思われる。この集成はシリア語で残存し、次のように始まっている。「私の同志たち、私が老いた男たちについて見たこと、聞いたことをあなたがたに話そう。何かを付け加えたり、削ったりしてはならない」。次いで語られるのはイサイアスに関する話である。イサイアスもスケティスからの避難者であり、このことはこの集成の起源を探る上での大きな手がかりとなるかもしれない(56)。今日では、この集成がパレスチナにおいて書かれたものであることが受け入れられているが、史料のほとんどは、四世紀初頭から五世紀中頃にかけて、下エジプトの修道院の共同体に関するものである(57)。

しかしながら、研究者たちがぶつかる諸問題の大きさを、過小に見積もってはならない。史料、集成、版の多様性は、この領域をきわめて複雑なものとし、そこから得られる結論は、当然のことながら仮説にすぎないものとなる。著作の特質と言っても、著作年代を特定することもできない有様である。啓発的な言葉や逸話が加えられたり並び替えられたり、異なる師父たちに帰されたり、新たな文脈に拡張されたりしている。修道院ごとに独自の『砂漠の師父たちの言葉』(*Gerontikon*)や『師父たちの言葉』(*Paterikon*)を持っていたはずであり、これらのものが寄せ集められて統合されたかもしれない。口伝のものや書かれたものも共存していたと思われ、相互に影響し合っていたのである。史料の大部分が、なおさまざまな言語の写本でのみ残されており、出版された史料の大部分でさえ、校訂されたテキストは、存在しない。史料の大部分は、今のところソレムの修道士によって出版されたフランス語訳を通して見ることができるが、いくつかの事例では、彼らが翻訳したオリジナルのテキストは、未刊のままである(58)。

一般的に言って、この集成は個々のペリコーペを配列するために採用されたパターンによって二つの主要なタイプに分類することができる。すなわちアルファベット順に並んだタイプと主題ごとに並んだものである。ラテン語版は六世紀の中頃に助祭ペラギウスと副助祭ヨアンネスによって翻訳がなされ、主題ごとあるいは組織的な配列の代表的なものとされる。資料は、二〇ほどの修道の徳の見出しによって分類されている。それらは、「沈

(55) Bousset (1923), §19.
(56) Chitty (1971, 1974) を参照。彼はすでに彼の著作 (1966), pp.74 と p.80 の注117にヒントを残している。Draguet (1968) がシリア語版を出版したときに、このことの確証は得られた。シリア語の翻訳版は Draguet (1970) を参照。
(57) Regnault (1987) を参照。彼の意見は Gould (1993a) と Harmless (2004) も受け入れた。
(58) Regnault et al. (1966, 1970, 1976, 1981, 1985, 1992).

黙について」「忍耐について」「修道士は何も所有してはならないことについて」「人に見せようとして何事も行うべきではないことについて」「謙虚さについて」などである。[59] 多くのギリシア語写本も同じ配列を持ち、ギリシア語版の出版もすでに開始されている。[60] しかしながら、最もよく知られたギリシア語のテキストは、アルファベット順に配列された別のタイプのものであり、修道士たちの名前順に逸話や語録が載せられている。[61] 匿名の語録（logia）は、序文で約束されたように、テキストの最後では現れないが、この欠陥は、コイスリニアヌス写本（Codex Coislinianus）126からのいくつかの資料が公刊されることによって部分的に補われた。[62] 続いて、ガイが残りの部分を出版し、より優れて完全なものとおそらくは考えられる写本に見出される、アルファベット順に配列された匿名のタイプの別の資料を調べ上げた。[63] 二つの基本的な集成のタイプのうちには、内容も配列もかなりの多様性があり、さらにはシリア語、コプト語、アルメニア語、エチオピア語の集成のみならず、その他の複数のラテン語の集成もあって、状況はさらに複雑化している。

この史料を最初に研究したのはブセーであった。[64] 彼は、アルファベット順に配列された集成は、五三〇年頃のものであると結論付けた。ただし、この集成は、おそらくは五世紀後半の、それほど組織立っていない初期の集成に明らかに基づいている。主題別に配列された集成は、今度はアルファベット順のもの（Alphabeticon）に依拠している。しかしながら、これらの結論は公刊された史料だけに基づくものであったために、ガイの研究によって疑問が投げかけられた。ガイはギリシア語の資料の証拠に基づいて、二つのタイプの集成は、初期のそれほど組織立っていない集成にそれぞれ独立して由来しているのであり、両者の関係はもっと複雑であると主張した。それぞれのタイプには、発展と編集者の付加や並び替えの歴史を跡付けることができる。ガイはギリシア語の証拠にのみ研究を基礎付けたが、ダーバス・チティーはガイの結論に疑いを投げかけた。[65] というのは、ラテン語版は、いかなるギリシア語写本よりも発展の初期段階に依拠するものであり、このことは明らかにアルファベット順に配列されたタイプのものに依存していると彼は考えたのである。このような批判的な問いは、今なお解決には程遠いままである。ルーベンソンは二つのタイプの集成が独立して発展し、その後、互いに影響を及ぼし合ったと主張するが、彼の結論はこれまで十分に説得力あるものとなったとは言えない[66]。さらなる研究が、ギリシア語で書かれた集成がコプト語で現存するさまざまな版に先立つという、広く受け入れられた別の結論を問い直せるかどうかは、なお不明のままである。

多くの問題があるにもかかわらず、資料の信憑性についてはいくばくかのことを語ることができるだろうか。基本的に私たちが手にしているのは、最も有名なエジプトの隠修士たちからの知恵の格言集や「神託」(oracles)のようなものや、彼らの驚くべき偉業に関する逸話だけである。パラディオスの場合と同じように、資料をすべて伝説であるとして合理主義者が退けてしまう姿勢は、二〇世紀には反論を受けることになる。そして多くの

---

(59) この著作は『老師の言葉』(*Verba Seniorum*)として知られている。テキストは *PL* 73.851-988 を参照。翻訳は Waddell(1936)がある(数節のみ)(〔本著作において〕『老師の言葉』から引用する場合、修正を加えた以外は、たいていこの翻訳からのものである)。

(60) Guy(1993)はフランス語の対訳を付けて第一巻から第九巻までを出版した。第一〇巻から第二一巻までは未刊である。Regnault(1992)は全巻の翻訳を出版した。

(61) *Alphabeticon* のテキストは Guy(1968)を参照。Guy(1962)は補足資料を提供してくれた。翻訳されたものは Ward(1975a)を参照(〔本著作において〕*Alphabeticon* から引用する場合、この翻訳からのものである)。

(62) Codex Coislinianus から編集に関しては Nau(1907-9, 1912-13)を参照。翻訳は Ward(1975b)を参照。

(63) Guy(1962)を参照。完全な訳は Regnault(1985)を参照。

(64) Bousset(1923).

(65) Chitty(1974).

(66) Rubenson(1990)を参照。Gould(1993b)と比較されたい。

人々が、修道院の共同体の精神と歴史を理解するための一源泉として資料的な価値があることを強調してきた。もっとも、異なる版で相異なる人物に時として帰されている個々のペリコーペの独自の歴史性にはいくらかの懐疑が残っているけれども。比較評価ないしは「様式史批判」の方法が発展すると、ガイは、(i)特別な場合に、霊に満たされた「アッバ〔師父〕」のカリスマ的なもしくは預言者的な言葉から成る一次史料、(ii)より一般的に適用される二次的で字義通りの言葉、(iii)言葉の集成と結び付くようになった教訓的なエピソードや奇跡物語、さらには伝記的な逸話の分析を提案している。[67] ガイは、口伝伝承と記述された集成のプロセスが、かなり長い時期にわたって重なっており、それぞれが共同体の必要に応じて発展し適合するものとなり、相互に影響し合った可能性が高いと考えた。このプロセスのいくつかは、未だに、私たちが利用できる資料のテキストの伝達にも、修正や付加に明らかなように、実際に見ることができるものである。

ガイは文献的な分析へと傾斜しがちであったために、起源については懐疑的であった。最近では、グールドの意見に従ったルニョーが、[68] 資料の口伝としての特性と、記憶が正確に伝達された可能性の高さを強調した。資料自体が、伝承の中での連続性を示している。さらに、その大部分が、かなり狭く限定されている地理的な空間と時期に由来するという事実に訴えながら、グールドはそのような口伝伝承の歴史的な信頼性により大きな確信を持つことを主張している。グールドの示唆するところでは、集成の首尾一貫性は、「自分たち自身のアイデンティティを意識する」共同体の起源と発展に伝承が焦点を当てていることに見出される。[69] グールドは、どのようにして共同体の創設者と次世代の者たち、さらにはディアスポラ（つまり共同体から遠く離れて暮らしている者たち）が伝承と記録された物語によって結び付けられているかを示している。これに対して、彼らは修道院共同体の外にある教会やパコミオス共同体のような他の共同体には、ほとんど興味を示していないのである。この共同体における基本的な関係は、師と弟子との間の関係であり、いくつかの言葉は、ある「師父」が、別な「師父」が今や次世代に伝えようとする言葉を語るのを聴いたと言うことを実際に語っている。ある言葉は、〔それまでの〕「師父たち」と比較された第三代では、水準が低下していることを示している。そのような例は「自分たちの共同体を共同体の過去の歴史と結び付ける」という絆を意識していたことを示している。

2 『師父の言葉』の世界

『師父の言葉』は、文字を用いない環境（unliterary）、また場合によっては文字をあえて用いない（anti-literary）環境に起源を持つ。その環境では、書物や記述、さらに教義は、〔修道〕生活の態度や方法に対して二次的な位置を占めていた。個々のペリコーペの信憑性がいかなるものであっても、その内容はエジプトの砂漠における生活の生き生きとした描写、さらには信仰の英雄たちの苦行や恵みを提供する。この著作が、キリスト教的敬虔の理想を形作るにあたって、数世紀にわたってどれほどの影響を与えてきたかを覚えることは有益である。必然的に、いくつかの逸話は現代の読者には奇異に感じられる。性的な誘惑に取りつかれることは、彼らが身を任せたような状況下では心理学的には避けられないように見える。それでもこの著作には、真珠のような永遠の知恵と、喜ばしいほど自然で人間的な感触を伴う情景がある。もし周りにいる者が誰一人として怒りを誘発することをしないなら、兄弟は自分の怒りを克服しようと願って共同体から離れる。水差しが三度あふれると彼は、激しく怒って水差しを壊す。彼は、共同体に戻る。なぜなら、「あらゆる」（all）場所で、〔怒りと〕戦うこと、忍耐することと、そしてとりわけ神からの助けをいただくことを学んだからである。[70]

（67） Guy（1955）.
（68） Regnault（1987）, Gould（1993a）を参照。
（69） Gould（1993a）, p.14.
（70）『老師の言葉』vii.33 もしくは Codex Coislinianus 126.201 を参照。

味気のない要約をすれば、生き生きとした描写の大部分は力を失ってしまうだろう。テキストそれ自体を読むことは、〔修道士たちの〕忍耐と寛大さ、知恵と人間性、慈愛の深さと誠実さの描写に感銘を受けることである。概ねこれらの物語は、登場人物が悪の誘惑に対して謙遜、貞節、闘争という信仰を示しており、この闘争は、たとえ今の私たちからすると誇張がなされているように見えるとしても、彼らが直接経験したものなのである。全体的に極端な禁欲主義よりも、中庸と常識がより重んじられている。「私たちは自分の体を殺すように教えられているのではなく、情欲を殺すように教えられているのである」と師父ポイメンが師父イサクに言っている。(71)そして、すぐれて人間的な状況から忍耐する必要が生じたときのことである。

ある日、スケティスで教会会議が開かれたとき、教父たちが〈エチオピア人の〉モーセを試みようとして侮辱して言った。「なぜあの黒い男がこの場にいるのだ」。彼はこの言葉を聞いたが、沈黙したままであった。会議が終わったとき、彼らは彼に言った。「師父〔モーセ〕よ、あなたは深く悲しむことはなかったのか」。彼は答えた。「悲しんだが、沈黙を守っていたのだ」。(72)

このような人種差別に関わる出来事は、試練として常に企てられたわけではないかもしれない。隠修士の理想を表面的に推測すれば、その見かけは、自己中心的なものであり、社会の幸福を無視してまでも、個人の救済を求めていたと思えるだろう。典型的なのは、アントニオスの次のような言葉である。

孤独のうちに座して沈黙を守る者は、三つのことを放棄した者である。すなわち、聞くこと、話すこと、見ることである。それでも彼は一つのことに対して戦い続けるのである。それはすなわち彼の心に対してである。(73)

しかしながら、匿名の語録もある。

もしある若い男が自分の意志で天に登ろうとしているのを見たら、彼の足をつかみ、彼を地に投げつけるがよい。というのは、それは彼のためにならないからである。(74)

『師父の言葉』は、自己を抑制し、謙虚さをもって他者の利益を第一にする真正な願いを明らかにする。特に惹き付けられるのは、師父ヨアンネス物語である。〔あるとき〕彼と他の者たちは夜に旅をしていたが、旅の案内人が道に迷ってしまった。案内人を責めて恥をかかせるよりも、ヨアンネスは体調が悪いふりをして、朝まで旅を続けられないようにふるまった。(75)

実際に、これらのテキストを通して私たちが分け入る世界は、相互に学び教え合う世界なのである。ガイの考えでは、砂漠における霊性教育の基礎は、カリスマ的な言葉によるものであった。(76) 経験豊富な禁欲主義者たちの言葉は、聖霊に満ちたものであり、弟子たちの行動に感化を及ぼすことが可能であった。そこで、師と弟子と

(71) *Alphabeticon*〔アルファベット順の版のもの〕, *Poemen* 184.
(72) *Alphabeticon, Moses* 3 もしくは『老師の言葉』xvi.7 を参照。
(73) 『老師の言葉』ii.2 もしくは *Alphabeticon, Antony* 11 を参照。
(74) 『老師の言葉』x.III もしくは Codex Coislinianus 126.244 を参照。
(75) *Alphabeticon, John the Dwarf* 17 もしくは『老師の言葉』xvii.7 を参照。
(76) Guy（1974）を参照。Burton-Christie（1993）と Gould（1993a）と比較されたい。

の間の対話が、頻出する形式なのである。『師父の言葉』は服従することを少しずつ教え込むものであるが、それは一連の規則への服従というわけではないのである。それは、手本となる「老師」（elder）と模倣する弟子たちの間の関係というコンテキストの中での服従である。

ある兄弟が師父ポイメンに尋ねた。「ある兄弟たちが私と一緒に暮らしています。あなたは、私が彼らの指導をすることを欲しますか」。老師は彼に言った。「何よりもまず第一に、何もしないことです。もし彼らがあなたのように生きたいと思うなら、彼らは自分自身でそうするでしょう」。その兄弟は老師に言った。「しかし師父よ、彼ら自身こそ、私に彼らの指導の責任を持ってもらうことを望んでいるのです」。老師は彼に言った。「いいえ、彼らの規則の与え手となるのではなく、彼らの模範になりなさい(77)」。

このような物語は『師父の言葉』そのものの特質を明らかにする。指針と例証の反復は、規則を学ぶことに取って代わり、時にはまったく相反する助言が、個々のペリコーペを比較すると、見出される。ガイの観察をもとにして考えることで、他の研究者たちは(78)、師と弟子がそこでともに霊的に成熟していく共同体についての像を発展させてきた。

これらの史料に示されていることは、逆説的ではあるが、孤独なる人々の集団であり、教えることと学ぶことがかなりの程度沈黙のうちに行われる「学校」なのである。「言葉」を求めると、しばしば言葉から例証へ、あるいは、師の想定しうる力から探求者の不適切な期待へと注意を向けさせようとする驚くべき曲解に出会う。「言葉」は多くの場合、普遍的に適用できる助言の何らかの断片ではなく、探求する者が聞く必要のあることを、霊感によって識別することから生じる状況に特有のものである。ある時には言葉なしに、またある時にはその代わりに実際に語られたたとえが存在する。時に、弟子に自分の意志を放棄することを学ばせるような、従順かつ忠実に実行されるべき務めが存在する。資料の大部分は、師父と弟子との親密な関係を中心にして記されている。忍耐力と服従心が増すのは、共生の過程においてである。

師父ポイメンは言った。「自分自身を評価するのではなく、良き生活を送っている者とともに過ごしなさい」[79]。

修道生活を始めて間もない人は、経験豊かな修道士に従うことになる。その関係において、誘惑的な「考え」が明らかにされ、それらが解決される中で成長が見られる。時にそれは継続的な誘惑との戦いを師自身が自ら示したり、弟子とともに悔い改めを一致して行うことによってなされたりする。とりわけ、教えは、指針によってではなくて例証による。ポイメンは、自分が教えたことを実践しなかった教師は、「すべての人に水を与えて清めることはできるが、自分自身を清めることができない泉のようである」と言っている[80]。師父イサクは師父クロニウスが自分に何をすべきかを言ってくれなかったことにどれほど落胆したかと語ったが、クロニウスは彼に指示を与えることを拒否して、イサクに「私がしていることを見る」べきであると提案した。

そのときから、もし老人〔クロニウス〕は何かをしようとするなら、私は彼がそれを行うことを期待したも

(77) *Alphabeticon, Poemen* 174.
(78) 次の段落の骨子は Gould（1993a）によるところが大きい。Rousseau（1978）と Regnault（1987, 1990）も参照。
(79) *Alphabeticon, Poemen* 73 を参照。この言葉は Gould（1993a）, p.28 で引用されている。
(80) *Alphabeticon, Poemen* 25 を参照。この言葉は Gould（1993a）, p.58 で引用されている。

のだった。もし彼が何かをしようとするなら、彼は、沈黙してそれを実行した。ここから、私は、沈黙のうちに行動することを学んだのである。(81)

経験豊かな師の謙虚さが、若い修道士との関係の一要素として何度も示され、その関係の中で、師の忍耐力と完全さもまた試されているのである。

砂漠において兄弟間で相互に試されていく様子は、純真で無学な修道士と教育を受けた外部の修道士との間の関係についての物語によって、際立って印象的に明らかにされている。最も有名な禁欲主義者の一人は、アルカディウスとホノリウスという王子たちの家庭教師であったアルセニオスであった。

ある日、師父アルセニオスは、年老いたエジプトの修道士に自分の考えに関して相談を持ちかけた。誰かがこの出来事に気づいて彼に言った。「父アルセニオスよ、あなたはラテン語もギリシア語もよくできる教養人なのに、なぜあなたの考えをそのような無学者に尋ねるのでしょうか」。彼は答えた。「私は確かにラテン語とギリシア語を教えているが、私はあの無学者のアルファベットすら知らないのだ」(82)。

『師父の言葉』の中には、ギリシア人とコプト人、教養人と無教養人との間の緊張関係についての証拠はわずかしか見られない。また書物やエヴァグリオスについて語られた物語のような逸話についての価値には異なる評価も存在する。

ある日、修道士たちの小部屋（Cellia）において、何らかの問題について集会が開かれ、師父エヴァグリオスは長々と話をしていた。その時、司祭が彼に言った。「父よ（Abba）、私たちはもしあなたが故郷で暮らしていたなら、あなたはおそらく司教となり偉大な指導者となったであろうことを知っています。しかしあなたはここで、よそ者として存在しています」。エヴァグリオスは良心の呵責で胸がいっぱいになっていたが、少しも狼狽することなく、頭を下げて答えた。「私はすでに一度語りましたが、もう答えることをいたしません。私は二度語った時には、さらには続けません」（ヨブ四〇・五）。(83)

もう一つの逸話は、別な側面についての困惑を示している。ある年老いた男が、アルセニオスが枕をしてベッドに横たわっているのを見て、驚きを覚えた。アルセニオスは病を得て、司祭によって看病されていたのである。司祭はその年老いた男――この男は、羊飼いとして過酷な生涯を送ってきたが、修道士の庵では、実際にはそれよりはるかに快適な生活を過ごしていたことを認めていた――に次のように尋ねた。

この師父アルセニオスをみなさい。彼が俗世にいたとき、彼は皇帝の父であり、何千人もの僕たちに囲まれており……手厚い保護を受けていた。それに対し、あなたが羊飼いとして俗世にいたとき、あなたはあなたが今享受しているような快適な生活さえ受けることはできなかった。しかし、彼〔アルセニオス〕はこの世界で送ったこの上ない生活をもはや享受できないのである。アルセニオスが困難の中にある最中、あなたは快適な生活を送っているのである。年老いた男は事柄の核心を悟り、赦しを求めたのである。(84)

（81）*Alphabeticon, Isaac of Kellia* 2 を参照。この言葉は Gould（1993a）, p.61 で引用されている。
（82）*Alphabeticon, Arsenius* 6 もしくは『老師の言葉』xv.7 を参照。
（83）*Alphabeticon, Arsenius* 7 もしくは『老師の言葉』xvi.2 を参照。
（84）*Alphabeticon, Arsenius* 36.

霊的な思索をしたり、書物から学んだりすることよりも、実践的な訓練を強調していたことは、数多くの物語から明らかである。さらにいくつかの物語では、聖書に尋ねることすら思い止まらせようとしているように見える。伝えられているように、アルセニオスは、聖書に関する問いに回答しようとは決して願わなかった[85]。ポイメンは、天的なことや霊的なことに関して、聖書箇所について話すような人には返答をしなかった。なぜ返答しないのかと尋ねられたとき、ポイメンは答えた。

彼は偉大であり、天的なことを語っている。私は低く、地的なことを語っている。もし彼が魂の情欲について語ったならば、私は答えるべきであったであろうが、彼は霊的なことを語っているので、私はどう答えたらよいのかわからないのである[86]。

聖書の中のあるテキストから、何を読み取るかをアントニオスが何人かの兄弟たちに尋ねるという逸話がある。それぞれの返答に対して、アントニオスは言った。「あなたがたはまだ理解していない」。そこで、彼がどのようにその箇所を説明したのかというと、彼は「私にはわからない」と答えた。しかしながら、砂漠の修道士たちの大部分が無教養で、聖書が彼らの中心にはなかったとする古い推測は、今や強力な反論にさらされている[87]。聖書は、記憶されたのである。悪魔からの誘惑に対抗するために、聖書の節が引用された。口伝によって伝えられた聖書の黙想は、肉体の労働とともになされた。礼拝の集いでは詩編が歌われ、聖書が読まれた。実際、修道士たちの生活に聖書は浸透していたが、彼らのやり方は、学者が行う注意深い探求的な釈義ではなくて、聖書の言葉やイメージを、しばしばアレゴリカルにではあるが、自分たちの状況に実践的かつ洞察力に富む仕方で同化することであった。

結論

本節の最初に言及した〔『ヒストリア・ラウシアカ』や『修道士の歴史』のような〕より文学的な著作や、パコミオスの『生活』(*Lives*)や『規則』(*Rule*)などを含めたすべての資料は、多くの魅力を伴った広範囲にわたる研究領域である。そこは二つの異なる次元で描かれた像が存在する。より文学的な著作では、哲学的な理想が資料を覆っており、それは、教養があって教育を受けた人々、すなわち同時代のカッパドキアの教父たちやアウグスティヌスを惹き付けることができたし、また実際に惹き付けた理想なのである。しかし、その著作にすら、叙述的な著作の背後にあって、『師父の言葉』の集成で示された像を識別することが可能である。ギリシア語を話し、教養のある修道士たちは、ギリシア・ローマ文明の社会、経済そして政治の支配から身を引き、コプト人の極端な単純さによって、自己判定するのである。写本の伝承の問題、さまざまな史料の相互関係、一つ一つのペリコーペの信頼性、口伝から書かれた資料への移行の影響、一つの言語から別の言語への翻訳、これらの問題はすべて、この文学の研究を少なくとも一般的には、福音書の研究とどこか似たものとしている。これらの批判的な問題の詳細な結果がどのようなものであれ、これらの資料は、エジプトやパレスチナでの修道制、すなわち、これまで扱ってきた時代により広汎な教会の場面に多大な影響を与えた運動である修道院運動の起源と特質を知るための重要な史料を私たちに提供する。一般的に言うと、これらの史料が創り出す印象は、砂漠の共同体で発展したエートスの信頼できる反映であることは疑いの余地はない。

---

(85) *Alphabeticon, Arsenius* 42.

(86) *Alphabeticon, Poemen* 8.

(87) アントニオスに関しては Rubenson(1990)を参照。『師父の言葉』に関しては Burton-Christie(1993)を参照。

さらなる読書のために

英訳

Waddell, Helen, 1936. *The Desert Fathers*, London and New York: Burns, Oates & Washbourne.

Ward, Benedicta, 1975 (a). *The Sayings of the Desert Fathers*, London: Mowbrays.

Ward, Benedicta, 1975 (b). *The Wisdom of the Desert Fathers*, Oxford: SLG Press.

研究書

Burton-Christie, Douglas, 1993. *The Word in the Desert: Scripture and the Quest for Holiness in Early Christian Monasticism*, New York/Oxford: Oxford University Press.

Chitty, D., 1966. *The Desert a City*, Oxford: Oxford University Press.

Gould, Graham, 1993 (a). *The Desert Fathers on Monastic Community*, Oxford: Clarendon Press.

Ⅳ　盲目のディデュモス

ディデュモスは砂漠よりもむしろアレクサンドリアで生涯を過ごしたが、この章で彼を取り上げるいくつかの理由がある。パラディオスは自分がエジプトで訪ねた有名な修道士たちの中にディデュモスを加え、(88)また、ディデュモスはルフィヌスやメラニアにも知られていた。アントニオスも彼を訪ねたと伝えられている。またエヴァグリオスは「偉大なグノーシスの教師」であると彼を称賛し、『覚知者』（*Gnōstikos*）の中で彼の助言を引用している。(89)彼が禁欲主義者であることは広く知られており、おそらく都市の環境の中に身を置きつつも禁欲主義を実践する古いタイプの修道士として認識されていたのだろう。

それゆえディディモスは、指導的な立場に立つ砂漠での禁欲主義者のように、弟子たちを抱える師であったが、指導的な禁欲主義者たちとは異なって、明らかにより「学問的な」サークルの中心にいた。ディデュモスは、エヴァグリオスのように、オリゲネスの学統を代表する。オリゲネスの学統は、両者が死んだ後の四世紀の最後の一〇年間、エジプトの砂漠の修道士たちを二分することになる。しかしながら、五五三年にオリゲネスに対する非難決議がなされた後、二人の著作の多くが失われる結果となってしまった。ディデュモスの場合、少なくとも部分的にではあるが、第二次世界大戦の間にトゥーラにおいて、ごみ捨て場から相当数のパピルス古文書が偶然にも発見されることによって、劇的な復元がなされた。興味深いことに、新たに見つかった史料の中には、問答形式のものがいくつか含まれている。つまり、それらはディデュモスと彼の弟子たちとの間の対話を筆記したものである。彼の教育は、明らかに、「砂漠の師父たち」のような「言葉」のやりとりよりもむしろ、学校における正規の指導というより公的な状況で行われた。[90] それでも、ディデュモスの第一の関心事が、それによって霊的な成熟を達成する過程を学んでいくことにあったのであり、このことは砂漠の英雄たちの関心と共通であったことは明らかである。

1　教師ディデュモス

ディデュモスは三九八年に八五歳で生涯を閉じた。当時の史料に見られるきわだったディデュモスの印象は、年老いてはいるが尊敬される教師というものであり、彼の博識と並外れた記憶力のために地中海の教会の諸集団

（88）パラディオス『ヒストリア・ラウシアカ』4.
（89）『覚知者』48.
（90）Layton（2004）を参照。さらなる詳細はこの後の記述を参照。

において、大いに尊敬を集めていた。彼の名声は、素朴な禁欲主義によるとともに、彼が子どもの頃から盲目であったにもかかわらず、驚くべき博識を身に付けていたという事実による。ディデュモスの生涯と性格の描写は四世紀の終わりの時代に由来し、多くの弟子たちからもたらされたものである。オリゲネスの翻訳家であり弁証家でもあったルフィヌスはディデュモスのもとで八年間を過ごし、[91] 師から幼児の死に関する論考をもらい、[92] 彼がオリゲネスの『諸原理について』のラテン語翻訳をしたときに、『諸原理について』についてのディデュモスの注解を利用した。[93] 西方の偉大なる聖書学者、ヒエロニュムスは、多くの注解書の序文で、自分はディデュモスに負っていることを感謝し、[94] 彼に会って難問に対する答えをもらうためにアレクサンドリアへ赴くことを明らかに重視した。[95] ディデュモスが『ゼカリヤ書注解』(*Commentary on Zechariah*) を書いたのはヒエロニュムスの求めによってであり、[96] 西方においてディデュモスの不変の名声を高めたのは、聖霊に関する彼の論考を翻訳したヒエロニュムスであった。数多くの敬意を表明したにもかかわらず、ヒエロニュムスが後にオリゲネスを批判するようになり、オリゲネスとともにディデュモスを批判したことは、オリゲネスに対して忠実であったルフィヌスの特に嫌悪するところであった。[97]

このような名声にもかかわらず、ディデュモスは生粋のアレクサンドリア人であり、その町から離れることをあえてしなかった。四歳の時、学校で読み書きを習い始める前に、彼は視力を失った。このハンディがありながら、彼は生まれながらの学者であり、当時の高等教育を構成するすべての科目において優秀な成績を収めた。史料によれば、アリストテレスの三段論法やプラトンの雄弁術も含めて、弁証学、幾何学、算術、天文学、音楽、詩文学、修辞学、哲学を挙げることができる。[98] ソゾメノスによれば、ディデュモスは板の上に刻まれた文字に触れることによって学習したが、[99] 彼の最も偉大な才能は、読んでもらったことをすべて記憶してしまったことであった。ルフィヌスは、次のような印象を記している。ディデュモスは、目の見える人々が睡眠を必要としている間に、長時間にわたって、自分がすでに聞いたことを沈思熟考することによって自分の能力を徐々に培っていった。[100] ディデュモスに帰せられる広汎な成果は、残存する著作には明示的には反映されてはいない。[101] しかし、膨大な引用数（とりわけ聖書とキリスト教の資料からの知識、またもし『三位一体について』（*De Trinitate*）がディデュモスの真正の著作であれば、異教の文献からも）は、彼の驚くべき記憶力と彼の文献学的な知識の幅を証言するものである。多くの逸話が、彼が盲目であるという物理的な面と彼の明敏さという精神的な面の対比に焦点を当てて

（91）ルフィヌス『ヒエロニュムスに反対する弁明』（*Apologia in Hieronymum*）ii.12.
（92）ヒエロニュムス『ルフィヌスへの反論』（*Adversus Rufinum*）iii.28.
（93）ヒエロニュムス『ルフィヌスへの反論』ii.11を参照。Bardy（1910）, p.33も参照。
（94）ヒエロニュムス『ガラテヤの信徒への手紙注解』『マタイによる福音書注解』『ホセア書注解』『イザヤ書注解』『ダニエル書注解』などを参照。
（95）ヒエロニュムス『エフェソの信徒への手紙注解』の序文および『書簡』84を参照。
（96）ヒエロニュムス『ゼカリヤ書注解』の序文および『著名人列伝』109を参照。
（97）ルフィヌス『ヒエロニュムスに反対する弁明』ii.8, 12, 23, 25などを参照。
（98）ルフィヌス『教会史』ii.7やソクラテス『教会史』iv.25fやテオドレトス『教会史』iv.26を参照。
（99）ソゾメノス『教会史』iii.15.
（100）ルフィヌス『教会史』ii.7.
（101）詳細はBardy（1910）, pp.218ffを参照。『三位一体について』の中に、イリアッドとオデュッセイア、オルフェウス、ピンダ、メーロのディアゴラス、ソフォクレス、エウリピデス、喜劇作家のプラトン、アラトス、ヘルメス・トリスメギストス、シビリネスの記述が見られる。ディデュモスの哲学的な考えは取捨選択された間接的なものではあるが、プラトン、アリストテレス、ポルピュリオスにも言及している。最近の新しい研究もこのことを確認しているが、彼の異教的な知識はキリスト者の学者からの間接的な知識であったことが指摘されている。詳細はLayton（2004）を参照。

ており、彼の同時代人たちに強烈な印象を与えた。例えば、修道院運動の先駆者であるアントニオスは彼を訪ね、蟻や蠅でさえ持っている視力を失ったことを悲しまず、天使の目と神を識別する能力を持っていることを喜ぶようにとディデュモスに言っている。[102] ヒエロニュムスはしばしば彼を、盲目のディデュモス（Didymus the Blind）よりもむしろ見者ディデュモス（Didymus the Seeing）と言っている。

ルフィヌスは、[103]「神に教えられること」によって、ディデュモスはそのような博識を有し、「教会における教師」となり、「司教アタナシオス」や他の教養ある教会人たちにも「認められた」と伝えている。このことは彼が過去においてクレメンスやオリゲネスの下で全盛となった有名な教理学校（Catechetical School）の校長であったことを意味すると考えられてきたが、[104] このような学校がずっと存続していたかどうかについては、長く疑問視されてきた。[105] アレクサンドリアにおけるキリスト教の歴史は、多くの「学校」がさまざまなキリスト者の教師たち（必ずしも司教に認められていたわけではない）を中心にして存立したことを示唆しているように見える。つまり、ある者はヴァレンティノスたちの学校を考え、また別の者はオリゲネスとともに浮き沈んだデメトリオス学校を考えたり、アレイオスを中心にしてできた聖書釈義の学校を考えたりする。[106] アタナシオス自身は、レオントポリスのヒエラカスなる人物と対立した。[107] この人物は、ディデュモスにきわめて似て、生徒や弟子の一群を伴った禁欲の教師であった。おそらく他の者たちと異なり、アタナシオスは親アタナシオスであったと思われるディデュモスを認めている。ディデュモスはニカイアの立場に生涯にわたって忠実であった。実際ソクラテスは彼のことを、アレクサンドリアにおけるカエサリアのバシレイオスやナジアンゾスのグレゴリオスになぞらえている。つまり、ディデュモスは、神の摂理によって築かれたアレイオス主義に対する防壁のようなものと考えられた。[108]

トゥーラ文書の発見の最大の成果は、これらの文書が「初期キリスト教の教育目標、実践、制度」のために提供する証拠である。[109] レイトンの研究は、このような側面、すなわち、「アレクサンドリアの広範囲にわたる抗争の中で、明確なキリスト教的アイデンティティを推し進める」ために、再発見された注解が「徳の理想に向かっての道徳的な進歩」を促す「伝統的学問方法」(scholasticism)を明らかにする方法に焦点を当てるものである。ディデュモスは「聴き、教え、学び、異教徒やユダヤ人やマニ教徒や、彼らが異端であるとみなした対立するキリスト教教師と議論をした」人物であることが示されている。しかし注解には、どのようにしてヘレニズムの諸学派の言語が「聖書についての語りを通過することによって、新しく形作られていった」かが示されている。これらの語りが、その後「生徒たちが熱望していた美徳の模範と言語」を確立していく。それは「模倣」(mimetic)の伝統である。古代世界における大部分の教育や釈義の活動のように、それは学習者の生涯に据えられる「型」(types)を提供した。しかしそれは同時に「伝統的学問方法」の過程でもあり、その過程においては、「受容した権威ある伝統の理性的な基盤を確実にすることに関心が向けられ、その伝統内で潜在的な首尾一貫していない点や矛盾を明らかにするとともにそれらを解決するための探求方法が適用される」。

(102) ルフィヌス『教会史』ii.7やソクラテス『教会史』iv.25を参照。ソゾメノス『教会史』iii.15と比較されたい。
(103) ルフィヌス『教会史』ii.7.
(104) Philip Sidetesは教理学校の校長たちの中にディデュモスの名を連ねている。Gauche(1934)は大学における科目を再現し、ディデュモスをオリゲネスの後継者として位置付けた。
(105) Bardy(1937, 1942).
(106) Mitchell and Young(2006)の中に収められているPearson, 'Egypt'とYoung, 'Towards a Christian *Paideia*'を参照。Williams(1987), pp.84ffも参照。
(107) Brakke(1995), pp.44ff.
(108) ソクラテス『教会史』iv.26.
(109) Layton(2004)を参照。この段落における引用は、この著作の序文からの引用である。

この方法は明らかに講義における講解ではなく、討論であり、その目的は「哲学と美徳に従って生きること」であった[110]。すでに言及したように、いくつかの討論は再発見された資料に書き写されており、「聖書テキストを協力して探求する」ための共同体の存在を明らかにしている。はっきりしているのは、彼らが「師の聖書講解を聴くために、一日に二度、集まっていた」ことである。この講義は、参照して振り返る説明は何らなされていないので、聴衆が連続して講義に出席していることが前提とされている。生徒たちの質問からすると、「教育の達成度の基礎レベル以上の学力」があったことがうかがえる。聖書テキストの異同、神学的な論争、哲学的な解釈問題などが〔質問として〕挙がっているのである。都市に場所をもつとともに、このような組織立てられた学校は、砂漠の禁欲主義者たちの明らかに予備的な学校とディデュモスの学校とを区別するものである。もっとも、両者は、自分たちの教師のうちに、見習うべき師を認めた弟子たちを惹き付けたところでは共通しているが。「ふさわしい教師」は、模範と考えられる。他方、ルフィヌスと他の者たちは、ディデュモスのことを「神の光によって輝いているランプ」であるとみなした。ディデュモスは「都市のただ中にある砂漠を教えるための方法を探求した」。そこから彼は、アタナシオスのみならず、アントニオスとエヴァグリオスによっても、その業績を認められたのである。

2　文学的著作

ルフィヌスはディデュモスが個人的に口伝えで教えるのを聴いたことを重んじている[111]。しかしディデュモスも、書かれた著作の膨大な量の集成を生み出した。この著作ゆえに、ディデュモスは、エジプトの外で、おそらくは特に西方でもよく知られていた[112]。すでに指摘したように、ほとんどの著作が、五五三年にオリゲネス主義者として非難を受けたために残存しなかった。一六世紀には、知られていた全著作は、ヒエロニュムスがラテン語に訳した『聖霊論』と『公同書簡注解』のラテン語テキストだけである。それ以降、いくつかの教義的な著作のギリシア語テキストが、他のもっと著名な教会教父の著作の間に探索されるようになった。その中で最も重要なのが、一八世紀にマンガレリがディデュモスの著作であると認めた『三位一体について』（*De Trinitate*）である。[113] ディデュモスの著作であると考えられるようになった。二〇世紀の学者たちは、この問題を再考し始めた。[115]『三位一体について』がディデュモスの真正の論考である『聖霊論』[114]との相互引用がなされており、それによって、ディデュモスの著作であることは絶対的に確実とは言えなくなってはいるが、ここではディデュモスの著作であると仮定することとしよう。他にディデュモスの著作である可能性があるのが、『マニ教徒反駁』（*Against the Manichees*）である。ディデュモスがバシレイオスの『エウノミオス反駁』（*Contra Eunomium*）の第四巻と第五巻

(110) Layton（2004）を参照。この段落における引用は、この著作の第一章からの引用である。
(111) ルフィヌス『ヒエロニュムスに反対する弁明』ii.12.
(112) ヒエロニュムスは自身が多くの注解に依拠していたことを認めている。彼がディデュモスの『聖霊論』（*De Spiritu Sancto*）を翻訳する前にも、アンブロシウスも自身の著作をするために『聖霊論』から多くを引用しており、アンブロシウスの『再生の神秘あるいはその哲学』（*De mysteriis*）はおそらくディデュモスの『三位一体について』からの影響を受けていた。アウグスティヌスもその影響を受けることになった。詳細は Bardy（1910）、pp.241-9 を参照。
(113) 編集されたテキストは Hönscheid（1975）と Seiler（1975）を参照。
(114) 本文批評がなされたテキストは Doutreleau（1992）を参照。
(115) Doutreleau（1957）はディデュモスによる著作であることに疑問を抱いている。Béranger（1963）は Mingarelli の議論は決定的なものではないとし、真正性の問題は可能であれば、他の側面から考察しなければならないとしている。

の著者であるとの説もさらに論争をまき起こしており[116]、ニュッサのグレゴリオスに帰されている小論文である『アレイオス主義とサベリオス主義反駁』(*Adversus Arium et Sabellium*)もそうである[117]。後者のものは「一つのウーシアと三つのヒュポスタシス」という定式が出てくる最初期の著作である。果たしてディデュモスが東方の論争にこのような見事な解決をもたらした建築士であったのだろうか。

ディデュモスは、彼が生きた時代には聖書注解者として最もよく知られていた。さらに、『詩編注解』(*Commentary on the Psalms*)をはじめとする彼の諸注解からの多くの引用が、「カテナ」(Catenae)の中に見出されてきた[118]。しかしディデュモスの釈義的な著作についての私たちの知識は、トゥーラ文書の発見によって飛躍的に増大した[119]。最初に出版されたのは『ゼカリヤ書注解』(*Commentary on Zechariah*)であり、一九六二年の *Sources Chrétiennes* シリーズの中に収められ[120]、その後、かなりの期間が置かれてから『創世記注解』(*Commentary on Genesis*)が続いた[121]。その間に『ヨブ記注解』(*Commentary on Job*)が出版され[122]、『詩編注解』[123]と『コヘレトの言葉注解』[124](*Commentary on Ecclesiastes*)が *Papyrologische Texte und Abhandlungen* シリーズの中にいささか扱いにくいタイプ印刷で出版された。

これらの史料が出版されていくにつれて、その重要性をめぐる学術的な議論がなされていった。第一の印象は、それまでに知られていたこととさほど相違はないということであった[125]。聖書は、ディデュモスにとっては、主要な霊感の源であることは、長い間自明のこととされてきた。私たちはすでに彼が創世記、出エジプト記、レビ記、ヨブ記、詩編、箴言、コヘレトの言葉、雅歌、イザヤ書、エレミヤ書、ダニエル書、ホセア書、ゼカリヤ書、マルコによる福音書といくつかの短いパウロ書簡を除く新約聖書全体の注解を書いたことを知っている。彼の教義的な著作は、聖書からの不必要に長い引用で満ちているが、それによってディデュモスは、主題からの散漫な逸脱に入っていく。例えば『三位一体について』では、テーマごとに聖書からの膨大な引用が寄せ集められている。ディデュモスは、思索を弁法とみなし、聖書を探求することを知恵の道とみなしていたことが知られている。[126]

私たちはまた、ディデュモスが注解書の中で寓意的な解釈を用いたオリゲネス主義者であることを知っており、

（116）バシレイオスに帰されている『エウノミオス反駁』の第四巻と第五巻が、バシレイオスによって書かれたのではなかったという説も広く認められているが、ディデュモスが書いたとすべきかどうかについては議論が続いている。一九七九年、オックスフォードにて開催された教父学会において、二つの論文が発表された。一方はディデュモスの著作であると考え（Hayes（1982））、他方はアポリナリオスのものであると考えた（Hübner（1989）、これは研究書として発表されたものである）。後者の説は、テキストの編集者であるRisch（1992）によって受け入れられた。前者の説の詳細はPatrologiesで読むことができる。例えばLebon（1937）やPruche（1970）を参照。

（117）Holl（1928), pp.298-309にこの小論文が載せられている。Hollはディデュモスによる著作であると議論したが、Bardyはこれとは反対意見である。

（118）例えばMühlenberg（1975-8), Petit（1986, 1992-5), Hadegorn（1994-2000）を参照。

（119）Doutreleauは発見された二つの著作について調査を行った。Doutreleau and Aucagne（1955), Doutreleau and Koenen（1967）を参照。

（120）Doutreleau（1962).

（121）Nautin and Doutreleau（1976, 1978).

（122）Henrichs, Hadegorn and Koenen（1968-85).

（123）Doutreleau, Gesché and Gronewald（1968-70).

（124）Binder, Liesenborghs, Kramer, Krebber and Gronewald（1969-83).

（125）Doutreleau（1961).

（126）『三位一体について』i.18, *PG* 39.341.

このことは〔トゥーラ文書の〕新たな発見によっても確認された。オリゲネスは、自分の方法論を説明するにあたり、聖書の三つの意味を区別した。しかし実際には彼の釈義的な著作は、字義的な意味と、一つないしはそれ以上の寓意的意味の区別に基づいている。『ゼカリヤ書注解』によって提供された新しい情報に基づく、ディデュモスの方法から受ける第一印象は、彼がそれら二つの意味を区別することで満足していることを示した。もっとも彼は、ἀναγωγή（*anagōgē*）、ἀλληγορία（*allēgoria*）、θεωρία（*theōria*）、τροπολογία（*tropologia*）、διαλογία（*dialogia*）のように「より高い意味」の記述の領域を考えていたことも事実である。つまり、この意味は、象徴的に、神秘的に、あるいは霊的に解釈されることによって到達された(127)。

オリゲネスにとってと同じように、ディデュモスにとっても、万物は潜在的には象徴であった。とりわけ、数字と記述的な箇所はそうであった。つまり『ゼカリヤ書注解』においては、ゼカリアが幻を見た日付が神秘的な意義を持つと説明されているのである(128)。馬に乗った人は人となった救い主である。二つの山は旧約・新約聖書を表し、それらは神と受肉についての思想の中で、実り多く豊かなゆえに、雲に覆われた山として表現されるのである。この幻が夜のうちに起こるのは、旧約・新約聖書の謎めいて深遠な預言の中には多くの曖昧なものがあるからである(129)。オリゲネスに見られるように、ディデュモスにおいても、神の怒りや他の擬人化された特徴への言及は、寓意的に解釈される。神は変化や感情を超えて不変であるが、懲らしめという手段によって罪深い人間の悔い改めと教育を求める(130)。寓意的な解釈は一般的に、聖書テキストに、テキストとは異なるある種の哲学的な意味を読み込む方法である。つまり、多くの箇所で、ディデュモスは、思索的な意味を引き出しているように思われ、彼の偉大な師であるオリゲネスと大きな違いはないと言える。

しかしながら、ディデュモスの注解のより詳細な研究は、彼の方法論のより正確な定義が、アレクサンドリアにおける寓意的解釈の伝統についての私たちの理解全体を推し進めることができるかもしれないということを示唆する。論争は、彼が用いた専門的な用語の定義に集中した。彼は *allēgoria* と *anagōgē* を区別するいかなる試みも行わなかったというのは本当だろうか。ビエナールは、*anagōgē* を一般的な哲学的あるいは神秘的な意味とは区別して、キリスト論的な意味に限定することができるかもしれないと述べている。[131] また、『ゼカリヤ書注解』を土台にして研究を行ったティグヒャラーは、[132] この区別を複雑な解釈学的な順序に基礎付けた。この順序によって、ディデュモスは、字義的な次元と霊的な次元の両方で、聖書テキストの「言葉遣い」（wording）と「引用」（reference）の間に注意深く区別を設けた。それによって、*allēgoria* を言葉の比喩的な意味を認識するものであるとし、*anagōgē* を比喩的な言葉が言及している現実を指すものであるとした。しかしながらヒルは、[133]『ゼカリヤ書注解』の全体を翻訳した後、ディデュモスの解釈学には一貫性が欠けており、明確な方法論がないと指摘し、*allēgoria* と *anagōgē* の区別が常になされているわけではないとの印象を語った。ディデュモスは、字義的または歴史的に説明をしたかと思えばすぐに霊的な意味に移行したり、心の赴くままに解釈をしたりしている。これらのことから両者を区別することは適当ではなく、どのような解釈も可能であったことがうかがえる。

しかしながら、ディデュモスの寓意的解釈は、聖書の統一性、キリスト論的な理解の優位性、さらには異端的な解釈よりも教会的な解釈の重要性という観点によって、オリゲネス以上に修正が施されたように思われる。聖

（127）より詳細な議論は『ゼカリヤ書注解』に対する Doutreleau（1962）の序文を参照されたい。Gesché（1962）もディデュモスの釈義方法について同じように説明している。

（128）『ゼカリヤ書注解』i.17-19, *SC* I, 198ff.

（129）『ゼカリヤ書注解』i.21f, *SC* I, 200ff.

（130）『ゼカリヤ書注解』i.9, 15, 56-8 など。

（131）Bienart（1972）.

（132）Tigcheler（1977）.

（133）Hill（2006）の序文、pp.12, 15, 17, 19-20 を参照。

書の他の箇所からのテキストの集成の形をとって、何度も何度も解釈が示されている。そしてこれらのテキストは、論議されている聖書箇所とは、曖昧な関係を持っているにすぎないか、あるいは字義通りの関係を持つものであることは、多くの場合事実なのである。しかし、唯一の主導原理は、それらの聖書箇所がキリストにおける神を指し示すということである。例えば『ゼカリヤ書注解』3において、大祭司ヨシュアは悪魔から告発されているが、神によって弁護されている。ディデュモスにとって、この箇所は、十字架において人類の罪を引き受け、悪の力を打ち破ることによって人類を解放する、メルキゼデクの位に次ぐ偉大なる大祭司イエスを描き出すものである。

しかしながら、ディデュモスの釈義の最も大きな力は、レイトンが示したように(134)、教育的な方法と関係している。「二つの解釈上の問題」が彼を支配していた。「第一に、読者が直面するかもしれない難解なところを明確化することであり、第二に、そのテキストの内的な意味を明らかにすることである」。レイトンは、第一の点はディデュモスが「字義的」(literal)な解釈とみなしていたものであると考え、第二の点が「霊的」(spiritual)な解釈と考え、*allēgoria* と *anagōgē* の間には実際に何も区別はないと考えている。新たに発見された詩編、ヨブ記、創世記に関する三つの注解に焦点を当てながら、レイトンは、いかにして美徳に向かう魂の動きの主題が、本題からそれるような議論や長々とした説明、さらには聖書の並行箇所の集積を経て進められていくかを明らかにしている。ディデュモスの節ごとの説明では、魂についての叙述は、魂が成熟し、「観想的な生活を送るための」能力を獲得していくにつれ、字義的に理解されたテキストの直接的なコンテキストよりもむしろ聖書に統一性を与えることになる。柔軟であることは完全に向かう旅を妨げない条件であり、詩編は巡礼への憧れと努力を表現し、ヨブはその勇気を見倣うべき英雄である。創世記の注解は「人間の道徳形成の物語」を展開しており、キリストは「人間が造られたときの原型となり、美徳を表現する写し」となったのである。これらの「美徳の生活に関する物語」は、「聖書自体には含まれていないもの」であるが、聖書を読むことが共同の活動となっているディデユモスのサークルでは、「読者とテキストの相互作用から生じたもの」なのである。

3　教義への貢献

ディデュモスは聖書の人であった。大まかに言えば、彼は注解の方法ではオリゲネス主義者であった。ディデュモスのオリゲネスへの依存度がどれくらいであったかは、ヒエロニュムスの時代からもう論じられていた。残存していれば、多くのことを私たちに伝えたはずの、オリゲネスの『諸原理について』の解説は、不幸なことに失われてしまった。ヒエロニュムスから知ることのできることは[135]、それがオリゲネスへの当時の批判に対する擁護であり、その中でディデュモスは、後の正統説と一致するオリゲネスの三位一体論の解釈を示し、魂の先在や ἀποκατάστασις (*apokatastasis* 万物を原初の完全な状態に復興すること）のような、オリゲネスの最も論争の的となった教義を無批判的に受け入れたことである。ディデュモスの現存している著作には、彼がオリゲネスの後者の教義、つまり万物復興の教義を受け継いだことを示唆する点がある[136]。他方、前者の魂の先在については[137]、「復活における肉体の所有の否定」とともに信じていた[138]。ディデュモスはオリゲネスに触発され、当時の論争によ

（134）Layton（2004）を参照。ここでの引用は pp.26-7, 39, 87, 94,112 からである。
（135）ヒエロニュムス『ルフィヌスへの反論』i.6, ii.16.
（136）Quasten の *Patrology* III.99 の中に、このことの要約がある。しかしこのことは注解が発見されて新たな証拠が出てきたことによって覆された。『ヨブ記注解』でディデュモスはサタンも悔い改めの能力がありうるとの見解を示している。詳細は Layton（2004）, p.152 を参照。
（137）ディデュモス『三位一体について』iii.1（*PG* 39.773-6）および 'widely represented in the Tura commentaries,' Layton（2004）, p.152 を参照。
（138）Layton（2004）, p.152.

ってはまだ規範が固定化されていなかった諸点について、オリゲネスを弁護したが、ディデュモスはその時代の神学的な傾向を知らなかったわけではまったくない。ヒエロニュムスは、反オリゲネス的な局面においてさえも、ディデュモスが三位一体の問題においても、言うまでもなく正統の立場に立っていたことを認めなければならなかった。実際、ディデュモスはその同時代の論争に対して知的な貢献をしたのである。

　ディデュモスは知的ではあったが、特別に独創的な思想家というわけではなく、多くの資料から思想を吸収し、容易に統合できる定式に豊富な文書資料とともに、それらを提供した。彼は「一つのウーシア〔実体〕と三つのヒュポスタシス〔本質〕」を考え出したのかもしれないし、そうでないのかもしれない[139]。しかし『三位一体について』が彼の著作であると仮定すると、彼は聖書からの証明を何頁にもわたって力説したと言える。アレイオス主義への反論、並びにアレイオス主義に対する議論をロゴスよりも聖霊に適用しようとしたマケドニオス主義への彼の反論は、彼の先達や同時代の者たちの議論に従って展開したものであるが、おそらく史料を集め、聖霊の神性と三位一体の特性についての学問的な著作を生み出したのは、ディデュモスであった。彼の教義的な著作には、哲学的な思索に反対する心性が明らかにされており、関連する聖書箇所を最大限に利用して信仰について唯一十全な表明と思われる定式によって、教会の伝統的な信仰を表明することが願われているのである。『三位一体について』の著書を開いてみると、そこには本質的に信仰深い人を見出すことができ、この人は、三つのヒュポスタシスが一人の救いの神として礼拝されているという事実である、ἰσοτιμία（栄光の平等）に関心を注いでいる[140]。

　当時の論争に対するディデュモスの最も興味深い貢献は、キリスト論の分野にあった。五世紀の激しい論争はまだ先のことであったが、すでにロゴスが受肉の際に、肉体のみならず魂をも持ったのかどうかという問題が明るみに出始めていた。ディデュモスの著作では、アポリナリオスへの明瞭な言及はないが[141]、彼は常に反アポリナリオスの定式を用い、救い主は、魂や心を持たない肉体を取らなかったことを強調していた。ディデュモスの興味をさらに直接惹き付けた論争は、アレイオス主義者やマニ教徒に対する論争であり、興味深いのは、〔救い主が魂や心を有するのかどうかという〕見解が、これらの論争にも関連していることに気づいていたことである。これらの両方の敵対者たちは、仮現論的であった。後者はキリストの体が幻想であるとみなして明示的に仮現論であり、前者は〔キリストの〕体が人間的魂を持つことを否定することによって、実質的に仮現論であった。[142] ディデュモスは、アレイオス主義者たちがキリストの肉体の代わりに神的ロゴスに人間性を帰していると非難することによって、アタナシオスと同じ理由でアレイオス主義者たちを非難している。しかしアタナシオスとは異なり、ディデュモスは、内住するロゴスが救い主の肉体の中で魂に取って代わることをアレイオス派が前提としているゆえに、彼らの解釈は可能であることを理解している。[143] それゆえ、〔ロゴスは〕魂なしの肉体を持っていたのでもなく、食べることや寝ることを必要としなかったのでもないと彼は言う。したがって言表しがたい受肉は、魂なしではあり得なかったのである。[144] 聖書に記されているイエス・キリストの弱さや苦難は、誤りを免れない人間の魂に帰されるべきなのである。彼は人となったということのすべての結果を保っていた。つまり、彼は完全に私たちと同じであった。体の痛みや弱さだけではなく、心理的な緊張や精神的な苦しみも引き受けた。[145] イ

(139) 本書一九二頁と注117を参照。
(140) ディデュモスの三位一体論についての詳細な議論はBardy（1910）の第三章を参照。もちろんこの文献は『三位一体について』に大部分、依拠している。
(141) Bardy（1910）の第三章や、Doutreleau（1962）, Introduction, I, 88を参照。Gesché（1962）も参照。
(142) 『三位一体について』iii.21（*PG* 39.904）.
(143) 『三位一体について』iii.21（*PG* 39.900）を参照。iii.30と比較されたい。
(144) 『三位一体について』iii.2（*PG* 39.797）.
(145) 『三位一体について』iii.21（*PG* 39.900-16）.

エスの魂と他の人間の魂の違いは、本性における違いではなく、質の違いであった。彼は誘惑に屈服する可能性があったにもかかわらず、罪なきままであった。レイトンは、[146]ゲッセマネにおけるキリストの苦しみを論じるにあたり、ディデュモスの προπάθεια (*propatheia*) という言葉の用い方を調べ、今述べてきた概要をさらに明らかにしている。キリストの魂は、思惟 (λογισμός) において、あるいは思想において、あるいは心の動揺にあっても、決して神的な言から切り離されたのではなく、προπάθεια と呼ばれる動揺（それ自体が罪ではなく、理性的な魂を屈服させるために誘惑する）を経験するのである。「もしもキリストの魂が動揺を経験されなかったとしたら、それは栄光も、尊厳も、称賛も、栄冠もなかったであろう」。

　ディデュモスはその後、受肉したイエスの魂に正真正銘の肯定的な役割を割り当てている。救い主の人間的な魂は誤ちを犯すものであったが、実際には罪なきままに留まり、造り主の御心と完全に一つとなったのである。つまり、自身には救いは必要なかったが、私たちの救いのための道具となったのである。この点に関して、ディデュモスはオリゲネスに負っているように思われる。オリゲネスによれば、罪なきままに留まってきた一つの魂を媒介にして、ロゴスは人間とご自身を結び付けたのである。[147]しかし彼の思索のもう一つの要因は、美徳を教え込む教師としての彼の関心であった可能性がある。というのは、ある意味で、キリストはディデュモスが熱望する美徳そのものだったからである。「美徳は本質的に神の中にあり、人間は三位一体の神に参与することによって美徳を得るのである」。この参与は仲保者としてのキリストを通して生じる参与である。[148]なぜならキリストは、それに従って人間が創造されたかたちであり、それを得ようと努める似姿だからである。進歩は、キリストによって与えられる美徳の模範 (pattern of virtue) に深く参与することを通してなされる。[149]この思想の線を辿っていくと、彼は当時の論争に妥当性があることを見抜いていたのであり、アタナシオスによって示された救い主に関する伝統的な考えを取り入れることによって、建設的な貢献をしたのである。[150]人間の体も魂も心も、彼によって全体が救われたのは、ロゴスが人間の本性全体をとったからである。

結論

ディデュモスは何よりもまず博識ある禁欲主義者であった。彼の名声は学者及び教師としての彼の能力によるものだった。『三位一体について』や他の教義的な著作は、彼のそのような特質を裏付けるものである。ソクラテスは、ディデュモスの浩瀚な博識による思想を得たいと望む者は、彼が生み出した膨大な著作にあたることによって、それを発見するだろうと述べている。[151] 盲目であったので、彼は筆記する秘書に頼っていた。書かれたテキストは、だいたいにおいて彼の教材に基づくものであることはたびたび明らかになる。このことは再発見され注解においてもそうであり、すでに述べたように、一八世紀に『三位一体について』を発見したマンガレリが、この著作の大部分は元来、講義のために作られたものであると考えた通りである。[152]

---

(146) Layton（2000）および（2004）, p.121-7 を参照。ディデュモスの議論は『詩編注解』221.34-222.6 に見られる。
(147) Gesché（1959）を特に参照。Wiles（1965）と Bouteneff（2001）も参照。
(148) Placid Solari, 'Christ as Virtue in Didymus the Blind' in Luchman and Kulzer（1999）, pp.67-88 を参照。ここでの引用は『詩編注解』からである。
(149) Layton（2004）.
(150) Young（1971）.
(151) ソクラテス『教会史』iv.25.
(152)『三位一体について』に関しての Mingarelli の序文と注は *PG* 39 に再録されている。Gauche（1934）, pp.96ff はディデュモスの教える方法がこの理論に基づくものであると考え、『三位一体について』iii.4 に関して「整然とよく整えられた講義をした有能な教師であった」と主張した de Regnon（1892-8）, III.118-20 の著作に言及している。Gesché（1962）, p.38 は『詩編注解』のことを 'un cours professoral'〔教授のための教材〕と評価した。このこ

ディデュモスは洗練された著作を生み出す試みを拒否している[153]、彼の文体はまるで彼が学生たちに対して重要な諸点を強調しているかのように、言葉数が多く、繰り返しの多いものとなっている[154]。彼は自分の議論に詳細な引用を加えている。彼は興味を惹かれる問題があると、二次的な問題であっても脇道に逸れ、ついでに（en passant）重要でない点を明確化する。〔そうかと思えば〕彼は論じていた問題を忘れずにたやすくそこに戻る。彼は自分の議論を要約し、積み上げてきた論理の連鎖を概説し、論点のリストを示すのである[155]。彼は他の人たちの考えを吸収し、吸収したものを他の人たちがわかるようにして示すことができ、良い教師としての能力を備えていたのである。

ディデュモスは学者でもあり、教師でもあった。しかし、学問的な業績にもかかわらず、彼は本質的に敬虔な修道士であり、保守的な教会人であった。彼の学識のほとんどは、聖書を解明するために、また教会の教義を深めるために費やされたのである。これらの専門的な領域において、彼は独創的な考えを示さなかったが、彼が正統的な立場を統合することに貢献したことは疑い得ない。ディデュモスの著作の主たる資料、彼に著作を促した書物は聖書であった。長期間にわたって、ディデュモスが永続的な影響を与え続けたのは、釈義家としてであった。『ゼカリヤ書注解』の発見は、ヒエロニュムスを介して、中世の寓意的な解釈が無意識のうちにディデュモスの影響を受けていた度合いを明らかにした。ヒエロニュムス自身も自身の影響力のある注解書を著すにあたって、ディデュモスの著作から引用することをためらわなかった[156]。自分の信仰を聖書の学びと修道的な美徳の探求に基礎付けた、一人の単純で学問に秀でた教会人の記憶を回復するために、新しい発見や研究が行われているのを見ることは喜ばしいことである。

さらなる読書のために

英訳

Hill, R. C. (trans.), 2006. *Didymus. Commentary on Zechariah*, FC, Washington, DC: Catholic University of America Press.

研究書

Bouteneff, P. C., 2001. 'Placing the Christology of Didymus the Blind', *SP* 37, pp.389-95.

Layton, Richard A., 2004. *Didymus the Blind and His Circle in Late-Antique Alexandria*, Urbana and Chicago: University of Illinois Press.

V　エヴァグリオス・ポンティコス

ディデュモスのように、エヴァグリオスも二〇世紀の研究の成果によって、暗がりから出現することになった[157]。ディデュモスの場合と同じように、彼の著作の相当量が失われているのは、〔オリゲネス主義の非難決議がなされた〕五五三年以降、彼自身の非難に直結してしまったからである。ディデュモスのいくつかの著作と同様、彼のいくつかの著作もまた、他の著作家の名で残されている。さらに多くが、翻訳で残存しており、特にシリア

とはすでに注記した再発見された注解によって補われている。

(153)『聖霊論』(*De Spiritu Sancto*) 63 (*PG* 39.1086).

(154)『三位一体について』iii.1 (*PG* 39.781-4) において、彼は自分のやり方を自己正当化している点を特に注目されたい。

(155)『三位一体について』iii.2を参照。ここでは全巻における全議論の要約が示されており、全部で五五の要点が示されている。

(156) Doutreleau (1962) の序および136を参照。

(157) Konstantinovsky (2009) はエヴァグリオスの伝記を提供し、批評的な考察を加えている。

語とアルメニア語が多い。三九九年の初期の論争が起こる前に、ディデュモスもエヴァグリオスもすでに亡くなっていた。しかし、彼らの神学が、いわゆる神人同形論（Anthropomorphites）に反対の立場の神学の支持を受けていたので、エジプトから自主的に逃げ出したのは、エヴァグリオスの協力者と弟子たちであった。それゆえ、彼はその時代に直接に関係していたわけではないが、エヴァグリオスの考えが第一回のオリゲネス主義論争を引き起こすにあたり、ある役割を果たした可能性もある。(158)

しかしながら、エヴァグリオスは、禁欲的実践の理論的基礎を提供する大きな貢献をした。この貢献の重要性は、彼の著作の多くが再発見され、この学問を収めた修道士への興味が復活することによって、さらに明らかになってきた。エヴァグリオスは、砂漠の知恵に組織的かつ書かれた形態を与え、直接もしくは間接に、東方教会の修道的霊性の形成に大いに貢献したのである。

1　生涯とその影響

エヴァグリオスに関して知られていることのほとんどは、パラディオスによるものである。(159) パラディオスは、ソクラテスとソゾメノスと同じように、他の人々について知るための史料でもある。彼は三四五年頃に小アジアのカッパドキア地方の北にあるヘレノポントスという街の中のイボラというところで生まれた。若い頃に、彼はカエサリアのバシレイオスの影響を受け、朗読奉仕者（lector）に任命された。彼の初期の著作である『信仰について』（*On the faith*）はバシレイオスの手紙（第八書簡）の中に認められる。彼はコンスタンティノポリス公会議のときまでナジアンゾスのグレゴリオスに従い、彼の助祭長（archdeacon）として仕えた。エヴァグリオスがオリゲネス神学に出会ったのが、この二人を通してであった可能性は高い。(160) 何といっても、この二人はオリゲネスの選文集である『フィロカリア』（*Philocalia*）を共同で生み出したのである。

エヴァグリオスは三八一年のニカイア・コンスタンティノポリス公会議に出席した。〔ナジアンゾスの〕グレゴリオスが〔コンスタンティノポリスの司教を〕辞した後、彼はグレゴリオスの後継者に仕えてその地に留まったが、一年かそこらで、既婚女性との問題に巻き込まれ、エルサレムへ向けて旅立つように促す幻を夢で見た。エルサレムで彼は長患いをするが、彼はメラニアの祈りによって回復し、修道の生活に入った。メラニアはエジプトの砂漠にいる彼女の知人たちに加わるように彼を送り出した。ルフィヌスのような「オリゲネス主義者たち」とエヴァグリオスの関わりは、明らかにこの時期から始まった。エヴァグリオスはニトリアに二三年間滞在し、その後三八五年頃にセルリアへ移動した。彼は生涯を閉じるまでそこに留まった。彼は偉大な砂漠の修道士である大マカリオスとアレクサンドリアのマカリオスから教えを受けた。彼がアントニオスに会ったことは明らかであり、リュコポリスのヨアンネスとも会っている。彼にはパラディオスとヨハネス・カッシアヌスを含めた彼自身の弟子たちがいた。直接の証拠はないものの、エヴァグリオスの思想が西方世界に伝えられたのは、ヨハネス・カッシアヌスの著作を通してであった。彼は、綱や籠を織る仕事よりはむしろ、自分の著作を執筆するとともに、筆写家（calligrapher）として働いた。しかしその他の外部の教養人と同じように、自分がともに生活していた無学の聖人たちからの初歩の教えを学ぼうと努めた。(161) 彼は、もし伝えられるようにエルサレムへと逃亡しなかったとしたら、テオフィロスが司教に任命したであろうと思われる修道士の一人であった。(162) 彼は、そこで友人たちと接触していたことは明白であった。エヴァグリオスに関する逸話は、砂漠の文学、歴史、『師父の言葉』の中

(158) Clark（1992）の第二章参照。Konstantinovsky（2009）の反対意見も参照。
(159) 『ヒストリア・ラウシアカ』38.
(160) カッパドキアの教父に関しては、本書第四章を参照。
(161) 本書一八〇頁を参照。
(162) ソクラテス『教会史』4.23.

に収められている。

エヴァグリオスは何度も、自分の師がナジアンゾスのグレゴリオスと大マカリオスの両方であると述べており、彼の神学的な著作は両者との出会いの結果であるように思われる。つまり、エジプトの砂漠についての語り方や禁欲主義的な理想の中に、表現する言葉を見出しつつ、心はカッパドキアの教父たちの神学によって形作られ、ニカイア正統主義に傾倒していたのである。(163) エヴァグリオスの著作のほとんどは、短い「見出し」つまり、信仰、記憶、さらには格言のような短い言葉の集成というかたちをとっている。それは、後の集成で記憶された『師父の言葉』と同じである。(164) このことは、主たる関心が修道士たちが「諸思想」や内なる悪魔と戦う手助けをすることにあるという事実とともに、エヴァグリオスの著作を、砂漠の共同体に根付かせることになる。にもかかわらず、砂漠における誘惑との戦いを通して、内的な旅の究極の目標を描き出すということは、オリゲネスの著作に由来する創造の起源と運命に関する考え方に何かしらを負っていたけれども、新アレイオス主義に対してカッパドキアの教父が展開した否定神学と三位一体論的神学との関わりでもまた理解された。(165)

2　著作

ディデュモスのように、エヴァグリオスも一般的にかなり広く知られた存在であった。彼の著作活動に対する言及は、パラディオスのみならず、ヒエロニュムス、ゲンナディウス、ルフィヌス、ソクラテスにも見られる。特に「オリゲネス主義的」な教えの特徴を帯びていない彼のいくつかの禁欲主義的な著作は、ギリシア語の修道的な論考集成の中に残存し、その著作は時にはエヴァグリオス自身に帰され、また時にアンキュラのニロスに帰されている。結局のところ、他の多くの著作も断片として選集やカテナの中に残されたりした。失われた著作は、シリア語やアルメニア語でその存在が認められてきた。他方、ギリシア語の資料が彼のものと認められたり、すでに失われてしまった著作のいくつかの再構成が、資料が正しくエヴァグリオスに帰されるような初期の版との比較によって可能とされてきた。そのすべてを分類することは難しい作業であり、なお完成に至ってはいない。しかし、より多く批判的なテキストにあたることによって、かつての状況よりははるかにエヴァグリオスの著作を研究することが容易になり、彼が実際に書いたことを知ることで、より確信を持つことができるのである。

書簡のまえがき（アナトリオスへの手紙）によると、全一〇〇章から成る『プラクティコス』（*Praktikos*）は三部作の最初のものであり、全五〇章から成る『覚知者』（*Gnōstikos*）と、全六〇〇章から成る『覚知の諸問題』（*Kephalaia gnōstikos*）が後に続く。この三部作は確実にエヴァグリオスの主著であった。『プラクティコス』は五つのギリシア語写本、三つのシリア語版、アルメニア語版、アラビア語版、グルジア語版によって知られている。すべてではないがギリシア語写本の大部分がエヴァグリオスによるものであるとされ、そしてこの著作の断片を証言する者は他に多く存在する。この史料のすべてがアントワン・ギラモンとクレア・ギラモンによって分類され、批判的なテキストが *Sources Chrétiennes* シリーズの中に発表された[166]。それによると、二つの異本があったのではないかと考えられる理由がある。「賢人たち」（sages）と砂漠の「師父たち」（Fathers）による逸話が収められた最後のいくつかの章が、アナトリオスに宛てられたまえがきと後がきとともに、おそらく「オリゲネス主義」に関する疑いを晴らすために、後から付け加えられたものと考えられる。

三部作の続く著作はそれほどきちんと資料が整えられてはいない。『覚知者』はギリシア語版が断片的に見つかってはいるが、シリア語とアルメニア語によって全体が見つかっている。ギリシア語で史料にあたることがで

---

(163) この考えに相違して、Konstantinovsky（2009）はカッパドキア教父たちの影響を最小限に考えている。
(164) 本書一六九—八三頁を参照。
(165) 本書第四章を参照。
(166) Guillaumont and Guillaumont（1971, 1972）.

きるのは、*Sources Chrétiennes* シリーズの中に収められているギラモンによる再構成された版によってであり、全体のフランス語訳を提供するために、古代の諸版から欠けたところを補っている。[167]『覚知の諸問題』の完全な無削除版は、一九五二年に大英博物館において、シリア語写本がアントワン・ギラモンによって発見された。[168]この発見によって、五五三年に非難されたのは、エヴァグリオスのオリゲネス主義であったというギラモンの議論が生まれる。[169]

『プラクティコス』の冒頭の言葉は次の通りである。「キリスト教は私たちの救い主であるキリストの教えであり、πρακτική（*praktikē*）、φυσική（*physikē*）、θεολογική（*theologikē*）で構成されている」（オリゲネスの ἠθική（*ēthikē*）、ψυχική（*psychikē*）、ἐνοπτική（*enoptikē*）の形を変えたものに由来することは疑い得ない）。この三部作は、これら三つの霊的な生活に関することがそのまま一対一で対応しているというわけではないが、これら三つの霊的生活の段階を含めている。エヴァグリオスはしばしば πρακτική と γνωστική（*gnōstikē*）という二つの主題に焦点を当てている。エヴァグリオスは、これら三つの段階のうちの第一の段階のみに、確実な基礎があったことを振り返って考えていたようである。『八つの悪霊（もしくは思い）について』（*On the Eight Sprits of Evil*（*Thoughts*））や『思いについて』（*On Thoughts*）のような類似した資料を発展させる他の論考とともに、ギリシア語で残されているのは、この部分である。これらすべては、『修道生活の土台』（*Foundations of Monastic Life*）や『修道士たちへ』（*Ad Monachos*）や『修道士エウロギオスへ』（*To the monk Eulogios*）のように、修道制の抜粋集を含むギリシア語写本の中にしばしば見出される。実際に『プラクティコス』は『祈禱論』（*On Prayer*）と並んで、現存しているギリシア語の史料で最も重要な二つの史料となっている。『祈禱論』は、一八世紀の抜粋集である『フィロカリア』に集められた古典の一つである。しかし、その書物では、それは、アンキュラのニロスの著作とされている。実質的にエヴァグリオスによるものであると論じられたのは、一九三〇年代にイレーネ・オシェールが論じたことによってであり、[170]シリア語とアラビア語の伝承に帰せられている。ギリシア語の禁欲主義の集成は、ロバート・シンケヴィ

チによって集められ、序文と注解が付されて翻訳されているので、校訂版よりも英語でもっと容易に読むことができる。(171)

すでに言及した三部作と著作に加えて、他の著作もエヴァグリオスのものであることが明らかにされている。『反論』（*Antirrhetikos*）はシリア語版とアルメニア語版で残存しており、エヴァグリオスの分析の特徴を示す八つの「思い」のもとに記載された四八七項目にわたる誘惑からなり、聖書テキストがそれぞれの対処法として提供されている。その他にシリア語で残っている何通かの手紙があり、その中には彼の初期の著作である『信仰について』（バシレイオスの手紙、第八巻）や、メラニアあるいはルフィヌスに宛てた手紙が含まれている。聖書注解からの抜粋はカテナの中に発見されてきた。それらは、詩編や知恵文学の講解（Scholia）を含んでいる。講解、テキストの短い注解として、それらは、エヴァグリオスの他の著作の短い「いくつかの章」と対応し、彼の「霊的な」釈義を明らかにする。『箴言注解』（*Scholia on Proverbs*）はその良い例である。(172) エヴァグリオスの思想が聖書に根拠を持つことは、さらなる説明を要するテーマである。現在エヴァグリオスに帰されている著作の範囲を例証するものは、A・M・キャシーディの研究書に収められた抜粋の翻訳によって提供されている。(173)

---

(167) Guillaumont and Guillaumont（1989）.
(168) Guillaumont（1958）.
(169) Guillaumont（1962）.
(170) Hausherr（1959, 1960）は序文、フランス語対訳、注解とともに、著者問題についての議論も提要してくれている。彼の初期の論文はSinkewicz（2003）も取り上げている。
(171) Sinkewicz（2003）を参照。ギリシア語テキストに関することは、本書の参考文献一覧を参照。
(172) Géhin（1987）を参照。Géhin（1993）の『コヘレトの言葉注解』（*Scholia on Ecclesiates*）とも比較されたい。
(173) Casiday（2006）. エヴァグリオスの聖書への関心事及びオリジナルのテキストを辿っていくさらなる議論につ

3　エヴァグリオス解釈

エヴァグリオスの短い「章」は、熟考させることを意図したように思われる。格言を解釈することは、しばしば挑戦であり、エヴァグリオスの研究者たちの間で一般的に採用されている方法は、[174] エヴァグリオスによってエヴァグリオスを解釈することである。換言すると、ある箇所で彼が言ったことを、別の箇所で言ったことと関連付けるのである。『修道士たちへ』が特に興味深い。なぜならドリスコルが示したように、見たところではでたらめに並べられているように見えるが、格言集の集成の背後には、エヴァグリオスが理解した通りの霊的な生活に至る進歩を映し出すように考えられた、きわめて精緻なかたちが実際には存在するからである。[175] つまり、ギリシア語で現存している著作は、すでに失われてしまった資料において明瞭になる教えを前提としている。私たちはここで、他の著作にもあたりつつ、三部作に関連する議論を明確にし、次いで『修道士たちへ』に戻ることとしよう。

『プラクティコス』

エヴァグリオスにとって、この用語は、肉体と魂の欲求に挑む際に、〔両者の〕引き離しを醸成し、禁欲主義を実践的に完成させることと関わる。「実践的な生活は、魂の情欲の部分を浄めるための霊的な方法である」[176]。エヴァグリオスはプラトン的な魂の三分法を受け入れている。理性的な部分（νοῦς: *nous*）、欲求的（もしくは強欲的）な部分（ἐπιθυμία: *epithymia*）、感情的な部分（θυμός: *thumos*）である。彼は情欲を後者の二つの部分に位置付け、[177] それゆえ πρακτική の目的は、ἀπάθεια（情欲のないこと）を達成することであった。この目的のために、エヴァグリオスは八つの「思い」（λογίσμοι）を分類したが、これらは七つの大罪の先駆けとして扱われた。彼は夢が禁欲主義者の内なる状態を指し示す方法についても論じた。つまり焦点は砂漠の修道士の内面性、内面の誘惑に当てられることになった。例えば、大食は、本当の大食という行為というよりも、「一人の禁欲主義者の訓練を緩和するための誘惑」であった。[178] エヴァグリオスは「思い」や誘惑が避けられないものであると考えていたので、重大な問いは「思い」や誘惑に屈してしまうかどうかということであった。[179]「人間には罪がなく、情欲もないと彼が主張したことは一度もない。……その代わりに彼は恩寵によって形作られた安らかな人格性における魅力と反発の統合を描いている[180]」。

『プラクティコス』で、エヴァグリオスは最初に手短に八つの「思い」を表明している。大食、姦通、貪欲、怒り、悲しみ、ἀκηδία（*akēdia* 怠慢、献身の心の喪失、意気消沈の組み合わせを意味する）、高慢（高すぎるほど思いをいたす期待）、自尊心である。その上で、彼はどのように抑制するのかを説く。『プラクティコス』における「思い」の対処方法は、彼の短い著作である『八つの思い』（あるいは『八つの悪霊』）と、より長い著作である『思

いての注釈を参照されたい。

（174）Driscoll（2003）, p.x の注1を参照。ここでは Guillaumont たちから引用している。

（175）Driscoll（2003）.

（176）『プラスティコス』78を参照。アリストテレスの *bios praktikos* と *bios theorētikos* の区別に基く世俗の生活と瞑想の生活との間の違いについては、Louth（1981）, p.102を参照。

（177）しかしながら、このことは一貫しているわけではない。情欲を抑制する秘訣として、高慢さと虚栄心の問題が持ち上がるが、彼はこの二つを魂の欲求的な部分と感情的な部分に当てはめることをためらっている。Sinkewicz（2003）, p.138の特に注6を参照。

（178）Louth（1981）, p.105.

（179）『プラクティコス』74-5.

（180）Luchman and Kulzer（1999）における Stewart, p.8を参照。

いについて』の間にある。[181] 前者は知恵の格言の形式をとっていて、きわめて初心者的なものであるが、後者はより上級者向きになっていて、より推論的なパラグラフを含んでいる。前者は『八つの悪霊』というような別な表題が付けられているにもかかわらず、そこに収められている格言は、悪魔論に向かうのではなく八つの思いについて焦点が当てられている。比喩による描写や聖書がほのめかされているいくつかの例は、修辞的な描写や聖書の引喩を明らかにする。

「霧は太陽光線を隠してしまう。同じように、大食は精神を曇らせる」(1.16)。

「ひそかに持ち込まれた天幕の釘は、敵のこめかみに打ち込まれた(士四・二一)。節制の原則は情欲に死をもたらしてきた」(1.9)。

「さまよい歩く修道士は、砂漠における乾いた小枝のようである。彼は少しの間、じっとしていたかと思えば、しぶしぶ次の場所に移動するのである」(6.10)。

他方、『思いについて』は、さまざまな「思い」の相互関係を探求するために、悪魔についての言及を用いている。これらの「思い」とは、どのように人は他者を都合よく利用するのか、どのように意志の表示、記憶、夢が情欲を刺激するのか、どのように悪魔が内面的な動機を都合よく利用し、それらを捻じ曲げるのか、自己欺瞞に陥ることがいかに容易いか、絶えず注意を払い、識別することが必要なこと、過度の禁欲主義に陥ってしまう落とし穴などである。敵を知ることは戦いに勝利を収める秘訣である。だからこそエヴァグリオスは、修道生活を送る上で障害になる諸力の分析を提供している。

同じようにここで彼はこれらの「思い」と、魂の異なった部分とを結び付けている。大食と姦通と貪欲は、（体の欲の部分で結び付いた）魂の欲望の部分から生じる。怒りと憂鬱と ἀκηδία は短気な部わから生じる（感情の場、つまり物事によって刺激される反応や反感）。高慢さと自尊心は、欲望に打ち勝つ過程の中で、進歩を成し遂げているという意識から生じる。禁欲が身体の欲望を節制するところにおいて、魂は霊的な愛に屈するのである。[182]しかしながら、『プラクティコス』において、エヴァグリオスは、生きている間に、完全な無情欲を獲得することは不可能であるとはっきりと理解している。

エヴァグリオスは感情を抑圧したり、魂を強制しようとしたのではなく、制御しようと努めた。欲望は、美徳を切望することを意味し、短気は、ゴールを目指す闘争を意味する。[183]「人間の個性には二つの主要な活力の源」がある。「欲望と憧れの源」は、病理としては色欲を有するが、健全な状態のときは、神と隣人を愛し、美徳への憧れとなる。「抵抗と反感の源」は病理としては憤りを伴い、健全な状態では罪に抵抗して、誘惑と戦うのである。[184] πρακτική の究極の目的は、（ヒエロニュムスが皮肉を込めて主張したような）[185]「石のように無感覚になる」という意味での ἀπάθεια ではなく、むしろ「感情の統合」[186]、あるいは愛にとって不可欠な分離である。というのは、所有欲の強い愛は、他者に対する真実の愛というよりはむしろ自己志向的だからである。「愛は不受苦から生じ

---

(181) Sinkewicz（2003）.
(182) 『プラクティコス』35-6.
(183) 『プラクティコス』86.
(184) Luchman and Kulzer（1999）における Stewart, p.13 を参照。
(185) ヒエロニュムス『書簡』133 を参照。Guillaumont and Guillaumont（1971）, I.98-100 で引用されている。
(186) Stewart（2001）.

るのであり、不受苦は〔禁欲主義の〕実践的な生活の花である[187]。「実践的な生活の目標は愛である[188]」。

理性的な魂は、私たちの思慮深い教師〔おそらくナジアンゾスのグレゴリオス〕によれば、三つの部分に分かれているゆえに、美徳が理性的な部分に表れる時、それは思慮深さ、理解力、知恵と呼ばれる。強い欲望の部分に表れるとしたら、それは貞節、愛、節制と呼ばれる。怒りっぽい部分に表れるとしたら、勇気と忍耐と呼ばれる。しかし魂全体に行き渡ったとしたら、それは義と呼ばれる……

エヴァグリオスは、例を挙げて、これらの美徳のそれぞれに解説を加えている。

貞節の働きは、情欲なしで、私たちの中に非合理的幻を生ぜしめる対象物を見ることである。愛の働きは、原型に向かうのとほぼ同じようにすべての神の像に向かって行動することである……。義の役割は魂の諸部分の一致と調和を養うことである[189]。

『覚知者』

三部作の二番目の著作は最も短いものであり、次の著作につなげるためのものであることは明らかである。ソクラテスは[190]、別個の著作であるという証拠を示したが、シリア語版の一つは『プラクティコス』の続編であることが示されている。別の観点からは、より大著である『覚知の諸問題』の序とも言える[191]。エヴァグリオスによれば、πρακτικός とは、魂の「情欲を感じる」(pathetic) 部分が ἀπαθής〔情欲を感じない状態〕に達した人のことであると説明している。γνωστικός は、清められていない人を清めるための塩の役割を果たす人のことであり、清められた人のための光となるのである[192]。言い換えると、γνωστικός(「覚知者」)の役割は他者に教えることであり、金品を持たぬまま、施しを行うことである(193)。

この著作が焦点を当てていることは、知識のある人が持っている知識のことではなく、教師としての態度のことである。つまり誰に対して何を教えることができるかということである。それらは、聖書の寓意的または字義的な箇所の解釈さらにはそれらの聖書箇所が、πρακτική と φυσική と θεολογική とどのように関連しているか、さらにまた教師の継続的な誘惑や美徳である。「γνωστικός の良心は、自分に対する批判者となることである。良心は自分の心の秘密を知っているがゆえに、良心から何も隠し立てすることはできないのである(194)」。この著作はナジアンゾスのグレゴリオス、カエサリアのバシレイオス、アタナシオス、ツムイスのセラピオン、盲目のディデュモスの引用で終わっている(195)。これら引用は、πρακτική が知性を清め、それが不受苦であることを保証することを意味するとの結論を指し示している。他方、φυσική は被造物に隠された真実を識別することを意味し、

---

(187) 『プラクティコス』81.
(188) 『プラクティコス』84.
(189) 『プラクティコス』89.
(190) 『教会史』4.23.
(191) Guillaumont and Guillaumont (1989) の序を参照。
(192) 『覚知者』2,3.
(193) 『覚知者』7.
(194) 『覚知者』39.
(195) Young (2001), p.71 を参照。これらの鍵となる人物は「四世紀の終わりにおいて、人々の記憶に新しかったキリストの『原型』をかなり正確に映し出す複数の者たちの像」なのである。

θεολογική の賜物は知性を物質的なところから第一原因（First Cause）へと向かわせることである。

『覚知の諸問題』

この著作の「各章」は、六つの「世紀」に配列されたものであり、終わりのところで、これらが創造の六日を表すものであると伝えられる。実際に、アナトリオスへの手紙に反して、それぞれの「世紀」には一〇〇ではなく九〇の章がある。『スケンマタ』（*Skemmata* 省察）は、時に失われたいくつかの章を補っていると考えられることがある。事実、「この考えは『覚知の諸問題』に対して膨大な量の注解をしたマル・ババイ（569-628）にまで遡ることができる[196]」。

この著作によって、覚知者の知識に近づくことができる。しかしそれは、直截的な記述とは程遠い。この謎めいた資料は、主題が織り交ぜられて、切り離され、再び繰り返されて、多くの論点が同時進行していくゆえに、「多声的」（polyphonic）と呼ばれてきた[197]。そこで、この著作は、ドリスコルが『修道士たちへ』（*Ad Monachos*）に注いだ十全な注意を再度払っているのかもしれないと疑う者もいる。ギラモンによれば、何らかの輪郭の捉え難さは認められるが、この著作が宇宙論と被造物の現状から始まり、知性的存在が原初状態にまで再び漸進的に高められていくような黙想へと向かう。それから、この著作は、終末と最終復興が始まる最後の「世紀」とともに、キリストとキリストの救済論的な役割を考察する。しかしこれらすべてのテーマが行ったり来たりしており、著作全体の体系を追うことが非常に難しくなっている。

最初の数行には[198]、第一の善には何の対立物も存在しないと語られる。その理由は、単純に第一の善は、存在それ自体が善であり、その存在に対立するものは何もないと考えられるからである。これとは対照的に、対立は属性において見られ、属性は身体に属するゆえに、対立は、被造物の特質なのである。そのようなプラトン的な響きのする冒頭部分とともに、第一の「世紀」における一つの主要な前提が、懈怠によって生じた対立や分離に関わることによって、さらには魂の病である無知と悪の原因となることによって、統一から離れていく「運動」に関与していることは、さほど驚くことではない[199]。エヴァグリオスは、悪が存在しなかった時期はあったが、美徳が存在しなかったときは一度もなかったと明言している[200]。そしてほとんどの章は、復興の必要性、すなわち πρακτική と黙想に焦点を当てている。霊的な事柄を見分ける霊的な感覚の必要性、神の恩寵によって生まれる不受苦の状態と霊的な感覚との同一性[201]は、悪魔との戦いへの折に触れての言及と並んで、省察を再び『プラクティコス』、すなわち必要不可欠な出発点に結び付けている。しかし一方で[202]、エヴァグリオスは五つの原理となる「熟考」(contemplations)を提示している。聖にして崇められるべき三位一体に関する熟考、霊的なものに関する熟考、肉体に関する熟考、裁きに関する熟考、摂理に関する熟考である。後に彼は、神の裁きは、世界の起源であると説明している。この世界によって、神はふさわしい身体を各 λογικοί〔思い〕に与える。さらに彼は、最初のラッパの音は体の起源を意味し、最後のラッパの音はその体の破壊を意味すると述べている[203]。

---

(196) Sinkewicz(2003), p.210 を参照。Muyldermans(1931)のギリシア語テキストと、Harmless and Fitzgerald(2001)の議論と別の英語翻訳とも比較されたい。
(197) Guillaumont(1962).
(198)『覚知の諸問題』I.1-2.
(199)『覚知の諸問題』I.2, 4, 40, 41, 49, 50, 51 を参照。III.22(*logikoi* の最初の動きは、自分自身の中に持っている統一から *nous* を分離することである)および 28 と比較されたい。
(200)『覚知の諸問題』I.40-1.
(201)『覚知の諸問題』I.33-7 を参照。*nous* の五つの感覚が語られている II.35 と比較されたい。
(202)『覚知の諸問題』I.27.
(203)『覚知の諸問題』III.38, 66 を参照。VI.79 と比較されたい。

第二の「世紀」は、無から生じたものは神の善性の鏡であると述べることから始まる。つまり、摂理的な諸原因と創造者の知恵を指し示す「自然な熟考」であるφυσική を探究するように導かれるのである。[204]それからすぐに、四つの変換という考えにたどり着く。まず悪から美徳への変化、次いで不受苦から「第二の創造」（肉体的な事物）の熟考、次いで肉体を持たないものへの変換、最後に聖なる三位一体の知識への変換である。[205]回復の漸進的な段階の統合は、エヴァグリオスの禁欲主義的で神秘的な思想には基本的かつ繰り返されるものである。知識はνοῦς（心）を癒し、θυμός（感情）を愛し、ἐπιθυμία（欲望）を抑制するのである。[206]

最初の「世紀」ですでに、神はその知恵によってすべてを生み出した方であるとされるが、神ご自身はすべての存在の間に数えられる「部分」ではない。[207]聖なる三位一体は、感覚的あるいは知性的な存在の熟考と同じカテゴリーに並べることはできず、対象として数えることもできない。それは「本質的な知識」なのである。[208]「自然な熟考」は、身体が発生した後初めて可能となるような「本質的な知識」とは区別される。しかし被造物全体は「神がすべてを知恵によって造られた」（詩一〇四・二四）ゆえに、「しるし」（signs）を伴う。[209]エヴァグリオスが物質的な創造について、そのような高度なサクラメント的な見方を持っていたことは注目に値することである。[210]しかし彼の身体についての評価は、かなり曖昧であることも事実であり、ある意味では、身体は罰であり負債であるが、同時に聖でもある。それゆえ、身体を傷つける者は誰でも「造り主を冒瀆している[211]」。

被造物の調和から造り主を理解する者は、神の本性を知らず、神がそれによって万物を造られたという知恵を知っているにすぎない。しかも、それは「本質的な知恵」ではなく、存在において明らかになる知恵である。とするなら、神の本性を知っていると主張する者は、なんと愚かであろうか。[212]エヴァグリオスはここで、エウノミオスに対するカッパドキア教父たちの論駁を再現している。[213]聖なる三位一体の本質を知ることは単純に不可能なのである。[214]しかしながら、神のように、νοῦς（心）もまた、心が聖なる三位一体を受け入れているという理由だけで[215]、「理解不能」なのである。ちょうど火が「体」を圧倒するように、もし魂が聖なる三位一体に完全に

「混合される」ならば、νοῦς も魂を圧倒することができる。[216] ちょうどアダムが「命の息を吹き入れられた」（創二・七）後に「生きた者」となったように、νοῦς も聖なる三位一体を受けたときに「生きる心」となるのである。[217] ここには、エヴァグリオスの神の他者性の感覚と、「知る者と知られる者が一つであるという知識」を獲得する期待との間に、真の緊張関係が存在する。[218] にもかかわらず、その可能性は、νοῦς が神と共有する不可知性の中

(204) *Physikē* は「本性の驚異を観察したり楽しんだりすることではなく（これらを排除するものではないが）……、むしろそれによってロゴスが世界を造った諸理性（*logoi*）を発見することである」。Driscoll (2003), p.14 を参照。
(205) 『覚知の諸問題』II.4.
(206) 『覚知の諸問題』III.35.
(207) 『覚知の諸問題』I.43.
(208) 『覚知の諸問題』II.47.
(209) 『覚知の諸問題』II.66-7, 70.
(210) このことに関する詳細は Konstantinovsky（2009）の例えば pp.47, 56ff を参照。
(211) 『覚知の諸問題』IV.62 を参照。Konstantinovsky（2009）の特に pp.122ff を参照されたい。
(212) 『覚知の諸問題』V.50-1.
(213) 本書第四章の三〇七―一三頁を参照。
(214) 『覚知の諸問題』V.62 を参照。神についての分析を行う可能性に反対している V.55-6 と比較されたい。
(215) 『覚知の諸問題』II.11.
(216) 『覚知の諸問題』II.29.
(217) 『覚知の諸問題』III.71.
(218) Louth（1981), p.109 は Hausherr に従い、エヴァグリオスをニュッサのグレゴリオスの「根本的な無知」(radical unknowability）という立場の反対の立場にオリゲネスとともに位置に位置付けている。「すべての熟考

に存在する。したがって、私たちが、聖なる三位一体を感受できる本性なるものを理解することは不可能であるし、一なるものを理解することや、「本質的な知恵」を理解することも不可能であると、エヴァグリオスは述べている。[219]

キリストにおいて私たちが相続人として相続するものは、一なるものについての知である。[220] 第四「世紀」の冒頭で、このことが少しだけ展開されている。キリストの共同の相続人は一なるものに到達し、キリストを熟考することを喜ぶのである。[221] エヴァグリオスのキリスト理解は特に理解しにくい。ある「章」ではキリストと言（Word）を区別している。実際、キリストは、「本質的な知識を」分離することなく自らの内に持っており、神の言が自身の内にありながら、三位一体と本性を同じくするのではないと述べている。[222] 多くの注解者たちは、ここでのキリストは、オリゲネスの思想に見られるように、堕落しなかった λογικός〔思い〕や νοῦς〔心〕と考えられると仮定している。エヴァグリオスが、キリストを、多種多様の被造物を究極的な一者に結び合わせる「一対多存在」（One-Many）と理解していることを示しているように見える言葉もまた存在する。エヴァグリオスは、繰り返し、「いろいろの働きをする神の知恵」（エフェ三・一〇）という表現をキリストに当てはめて多用している。[223] しかし、キリストのみが一なるものの内に存在し、彼の中に一なるものがあるのである。というのは「父のほかに子を知る者はなく、子のほかには父を知る者はいない」（マタ一一・二七）からである。[224] 究極的には、キリストは彼の王国を父に引き渡し、神がすべてにおいてすべてとなるのである。[225]『スケンマタ』[226]は、この調停的な立場を言い表している二つの言葉を提供してくれる。

キリストは、彼がキリストであるという点で、［本質的な］知識を所有している。彼が造り主であるという点で、彼はあらゆる時代の理性を所有している［すなわち造られた秩序である］。彼は肉体を持たないという点で、彼は肉体を持たない存在の理性を所有している。

キリストは理性的な本性を持ち、自分の上に下ってきた鳩（マタ三・一六）によって表されるものを、自身の中に所有している。

シンケヴィチは、一つのテキストを引用している。そのテキストは、鳩の翼によって、このことが肉体と魂の熟考であることを説明している。(227) この肉体と魂を通して、心は高く挙げられ、聖なる三位一体の知識に安らぐようになる。エヴァグリオスは、キリストがわれらの造り主であり贖罪者であるという理解に基づいて、聖書の主

において熟考の対象となるものは、聖なる三位一体の熟考を除くと、心に反するものである」（『覚知の諸問題』IV.87）という表現と比較されたい。

(219)『覚知の諸問題』II.11.

(220)『覚知の諸問題』III.72.

(221)『覚知の諸問題』IV.8.

(222)『覚知の諸問題』IV.18, 21, V.48を参照。詳細はKonstantinovsky（2009）の第五章を参照。

(223)『覚知の諸問題』I.43, II.2, 21, III.11, 13, 81, IV.7, V.84.

(224)『覚知の諸問題』III.1-3.

(225) Konstantinovsky（2009）, p.164では、一コリ一五・二八を引用している *Scholion* 118（箴言一〇・三に対するコメントである）に言及している。

(226)『スケンマタ』1, 5を参照。英訳はSinkewicz（2003）, p.211を参照。ただしsubstantialをessential（本質的な）という言葉に置き換えた。

(227) Sinkewicz（2003）, p.285に注がある。

題を取り上げている。ただし、それらの言葉は彼自身の用語へと変えられている。

謎めいた言葉は、しばしば聖書を暗示する。普通は、それらは知的な解釈を意味している。大祭司の衣装は象徴的で、「知解可能な胸当て」（intelligible breastplate）であり、一例として神の奥義についての秘められた知識を意味する。[228] 知解可能な「パン種を入れないパン」（unleavened bread）は、純粋な美徳と真の教えから成る理性的な魂の状態を意味する。[229] 体の甦りはより高い性質へと至ることであり、魂の甦りは不受苦の状態へと戻ることであるが、νοῦς〔心〕の甦りは無知から真の知識へと移行することを意味している。[230] 神の国は存在について熟考することである。[231]「知解可能な神殿」（intelligible temple）は、今やそれ自体の中に「いろいろの働きをする神の知恵」（エフェ三・一〇）を持つ純粋なνοῦςのことである。神の神殿は聖なる〔三位一体の〕統一を見た者のことであり、神の祭壇は聖なる三位一体の熟考である。[232] キリストの受難は、私たち「古い人」の死であり、私たちに対する審きの無効でもあり、私たちを元の生へと戻らせる赦免なのである。キリストの死は、現世において彼に希望を抱いている者たちが、永遠の命へと回復される神秘的な効力である。[233] しかしながら、このような伝統的な記述は、最後にエジプトが悪を意味し、砂漠がπρακτικήを意味し、ユダの地が体の熟考を意味し、エルサレムが霊的なものを意味し、シオンが三位一体の表象であるというコンテキストに表れており、[234] これらの言葉は明らかにエヴァグリオス独自の意味を帯びるものとされている。

上記の章句は、『覚知の諸問題』からのやや任意の選択に基づいていることはやむを得ない。それでも、これらの章句は、この著作が示している特徴に対するわずかばかりの洞察を提供している。私たちは、五五三年の反オリゲネス主義の弾劾や、先入観に基づく形而上学的な枠組みによって、安易に傾く著作の読み取りを避けるべきであろう。[235] それよりも、いわゆる『メラニアへの手紙』（*Letter to Melania*）への言及によって、その全体の視点を認識することが正しいように思える。『メラニアへの手紙』は、一通の手紙が、離れている人たちを一つに集めるという古代によく見られる書き出しで始まる。そしてこの手紙は、神が創造を通してつなぎ合わせてくださる神と堕落した存在の間の「裂け目」（rift）の「型」（type）と考えられている。被造物を熟考する者は、手紙の読者が著者の意図を感じ取るように、造り主の愛の意図に気づく。御子と御霊は御父のしるしであり、理性的な被造物は、それによって御子と御霊によって知られている（創一・二六）。さらに目に見える、物質的な被造物は、知解可能で非物質的な被造物を示すものである。しかしこのような細かな分類は、すべてが心の中の秩序に高められると、もはや必要ではなくなるだろう。心が自由意思によって堕落してしまったとき、心は魂と呼ばれ、再び体の中に下降してしまう。しかしある時点で、以前の創造へと昇っていく。理性的存在が父なる神と一つになるということは、多くの小川が「知解可能で、無限で、不変の海」に流れ込むようなものである。罪が心と神との間に分裂をもたらす以前は、心は神と一つであった。心と神との間の隔たりである罪が消去されるとき、心は多ではなく一つとなるであろう。[236] 一貫してエヴァグリオスは、心が三位一体と結び合わされる前も後も、三

(228)『覚知の諸問題』IV.66.
(229)『覚知の諸問題』IV.28.
(230)『覚知の諸問題』V.19, 22, 25.
(231)『覚知の諸問題』V.35.
(232)『覚知の諸問題』V.84を参照。「心は聖なる三位一体の神殿である」（Sinkewicz（2003）, p.214）という『スケンマタ』34の記述と比較されたい。
(233)『覚知の諸問題』VI.40, 42.
(234)『覚知の諸問題』VI.49.
(235) Casiday（2006）, pp.25-35 や Konstantinovsky（2009）を参照。Casiday は『メラニアへの手紙』の英訳を提供してくれている。
(236) 統一（Unity: ἀποκατάστασις）への回帰に関しては Konstantinovsky（2009）の第六章を参照されたい。エヴァグ

位一体は永遠に三位一体に留まるという確信を持って、この考えを注釈している。ここには再び、神と一つになるための帰還の旅には、πρακτική と φυσική と θεολογική が統合される場所が存在する。神との統合へと至る旅路であるということである。第一のものは、体と魂の情欲を清め、第二のものは、物質的世界の創造における神の摂理的な意思を見出し（これが第二の創造である）、第三は、三位一体の「本質的な知識」に達成することである。『覚知の諸問題』は霊的な旅の上にアーチ状にまたがる諸側面の黙想へと誘っているように思われるのである。

『修道士たちへ』

短編の集成である『修道士たちへ』は、『覚知の諸問題』の図式全体を要約した形で示すことに焦点を当てたものである。それは、急いで通り過ぎることのないように、明らかに一行一行をゆっくり考えるように記されている。ドリスコルは、全体を見渡して、『修道士たちへ』の配列は、πρακτική と γνωστική についての熟練した説明となっていることを明らかにしている。その中心となる箇所は、三部構造という点では、『覚知者』とだいたいにおいて対応し、類似した移行的な役割を果たしている。

はっきりと示されていることは、πρακτική と γνωστική の架け橋が愛であるということである。

> 愛に直面すると、情欲は消え失せる。
> 知識に直面すると、愛が進み出す。[237]

ドリスコルは、愛という最高の美徳に至る道の中で、他の美徳がどれだけ重要かということについて注意を促している。[238] それによると、エヴァグリオスは、「πρακτική と知識の切り離すことができない関係」に基づいて「黙想し続けることによって」、「テキストの中心に」、「読者を導く」。このことは「美徳が愛に至り、愛が知識に至る、全体の鍵」となっている。この集成全体の冒頭部分は、同じ点を指摘している。

信仰。愛の始まり。
愛の終点。神の知識。(239)

知識は最初から生まれたり消えたりするように見えるが、最後の三〇章に至ると、「神の理性」（*physikē*）を探究する知恵がはっきりと表れ、すぐに三位一体の至高の知識に焦点が当てられている。(240)

世界を熟考することは、心を広げることである。
摂理と裁きの理性は、心を引き上げる。(241)

非物体的なものについての知識は心を引き上げ、

リオスの思想では、論理的にはすべての悪が破壊されることを通して普遍へと導かれる。

(237)『修道士たちへ』67.
(238) Driscoll (2003), p.151.
(239)『修道士たちへ』3.
(240)『修道士たちへ』110.
(241)『修道士たちへ』135.

聖なる三位一体の前に心を差し出す[242]。

私たちは、すでにθεολογικήに到達しているが、エヴァグリオスの控えめな態度は注目すべきである。彼の著作の他の箇所でも、神の面前では沈黙のみが存在することは明らかである。このエヴァグリオスの思想の側面に戻って考察してみよう。

4　似像なしの祈り

現存して東方の霊性に影響を与えた他の著作が、『祈禱論』である。エヴァグリオスは祈りを「心と神の交わり」と定義し、必要条件が「四つの主要な美徳」であることを明らかにする。すなわち、思慮、自制、勇気、正義である[243]。また「祈りは怒りから穏やかで自由になること」の副産物であり、さらに悲しみと落胆（ἀκηδία）に対する防御であるとも述べている[244]。換言すると、πρακτικήが本質的な出発点である。「祈りの状態は感情によって左右されない習慣であり、それは、至高の愛によって、知恵によって愛された霊的な心を知解可能な高みへと昇らせるのである[245]」。「祈りは神に向かっての心の上昇である」がゆえに、「平常の祈りは、心の最上の思惟のかたちである[246]」。さらに「『霊と真理をもって』（ヨハ四・二三―二四）祈る人は、もはや被造物に基づくのではなく、神ご自身のために造り主である神をほめたたえるのである[247]」。「もしあなたが神学者であるならば、あなたは真実に祈るだろう。もしあなたが真実に祈るなら、あなたは神学者になるだろう[248]」。祈りは、πρακτικήとφυσικήを前提としながら、θεολογικήという霊的な上昇の究極の段階と深く関わっている。

しかしこの純粋な祈りは、あなたが「あなた自身の中に神的な像を造り上げず、どんな形をも心に抱かせることを許さず、霊的なものに霊的に接近する」ときにのみ実現する。「神性には量もないし、形もないのである[249]」。したがって、悪魔が心の中に「何らかの奇妙な空想」を抱かせることによって攻撃を仕掛けてくるのは、特に祈りにおいてである。この奇妙な空想に「簡単に屈服させられてしまう」のは、「心の表象（mental representations）と関連付くことが習慣となるからである[250]」。祈りは「心の表象を脇に置くこと」である。それゆえ、「祈りの時の間、どのような形や色を受け取ろうと一切試みてはならないのである[251]」。

このようなエヴァグリオスの思想の側面は、これまで多くの議論を喚起してきた。「神の似像」は四世紀のエジプトでの主要な問題だったことは明らかである。〔アレクサンドリアの〕テオフィロスは激しく偶像礼拝を非難し、（おそらく）三九九年の復活節の書簡において、神が無形の存在であるという見解を広めた。歴史家たちによると、このことが修道士たちの間に暴動を引き起こすことになった。私たちの研究では、これらの「神人同形説論者たち」（Anthropomorphites）が、異教からの改宗したばかりで、素朴な理解を持っていたと考えられている。しかしながら、この問題にはしばらくの間続いていた議論を反映した深い神学的な課題が存在していた可能性がある。この神学的な課題とは、対立についての様相をすべて異にしていたとはいえ、神の似像に創造された人

(242) 『修道士たちへ』136.
(243) 『祈禱論』3, 1.
(244) 『祈禱論』14, 16.
(245) 『祈禱論』52.
(246) 『祈禱論』34a, 35.
(247) 『祈禱論』59.
(248) 『祈禱論』60.
(249) 『祈禱論』66-7.
(250) 『祈禱論』68.
(251) 『祈禱論』70, 114.

間について、さらには受肉と聖餐についての聖書と伝統から生じたものであった。テオフィロスの〔偶像礼拝を非難した〕動機について、ソクラテスは懐疑的に見ているにもかかわらず、テオフィロスがこのような議論に回答を与えた事実は、怒り心頭の修道士たちの前で彼が「あなたがたに会って、私は神の顔を見たのだ」と答えたという逸話に表されている。あるコプト語の史料が、確かにそのような解釈を支持する。テオフィロスがエジプトからいわゆるオリゲネス主義の修道士たちを追い出したのは、この方向転換の後である。このことは、祈りの際にはすべての像を心の中から取り去り清めることについてのエヴァグリオスの教えと、その教えがオリゲネス主義者の創造論や終末論の考えにあるいは根を持っていることが、理由の一つであったのではないかと思われる。とりわけ、それは、テオフィロスは、長身の兄弟（the Tall Brothers）の一人であったアンモニオスやパラディオス、さらにはルフィヌスやメレティオスなど、すべてオリゲネス主義者のネットワークに属する人々と密接なつながりをもっていたからである[252]。

しかしながら、λογικοί（理性的存在）と神との間の類縁性を仮定したオリゲネス神学以上に、神と神によって創造された知的な存在との間の区別を主張した反アレイオス神学は、エヴァグリオスにとっては重要な要素であったように思われる。彼は、カッパドキア教父たちから、神は造られた心によっては定義されたり認識されたりすることはできないということを学んでいた。「神の子や聖霊について告白する際に、数字や被造物を導入しようとする者は、物質的で制限された本性を気づかぬまま導入することになる[253]」。ニカイアの正統信仰は心の表象や像を取り去ることを要求している。しかしさらに重要なことは、像によらない祈りの概念が、エヴァグリオスの思想全体と深く統合されていることであり、この点はコルンバ・スチュワートによって実証されている[254]。像によらない祈りは、誘惑の源としての心の表象を彼が疑っていること、さらには霊的な自己欺瞞に対して抵抗する彼の決意と合致している。エヴァグリオスの特徴は「感覚的な現象を神の経験と誤って捉えることに対する警戒」である。しかし、スチュワートはまた、「霊的な祈り」においては *ἀναισθησία*（*anaisthēsia*）が *συναίσθησις* （*sunaisthēsis*）を認めているという事実を調べ上げている。というのは、エヴァグリオスはしばしば聖書的なイメージを引き合いに出して、とりわけ神的な光に言及するイメージから、「神のおられる場所」、すなわち「聖なる隠された御父をそこで見るための部屋」としての機能をそれに認めている[255]。実際に聖書の釈義や黙想は、大部分の説明が示唆する以上にエヴァグリオスの思想にとっては重要なことである。聖書的な用語と哲学的な用語を織り交ぜることが特徴的であり、ドリスコルは、エヴァグリオスにあっては、「哲学的な言葉はキリスト教の内容を汚すのではなく、それをより深く考えることを可能にする」と指摘している[256]。『スケンマタ』では、人は、祈りにあたって自分自身が「サファイアか天国の色に似ている」（出二四・九―一一を参照）と考える。これは、心に「祈りにあたって、聖なる三位一体が去来する」状態である。というのは「心は聖なる三位一体の神殿である」からであり、「祈りが三位一体の特有の光の影響下で生じる心の状態」だからである[257]。像を抱かない祈りは、おそらく認識する者と認識される者がとらえがたいほどに一つになる、超越的な神秘的な合一である「本

（252）この考えに対するより詳細な議論は Clark（1992）を参照。彼は Guillaumont や他の研究者たちの著作に基づいて著作をしている。
（253）*Epistala Fidei*（バシレイオスの『書簡集』8）2（8）を参照。
（254）Stewart（2001）を参照。このことが、どのように心が作用するのかというエヴァグリオスの理解に関連しているのかというスチュワートの議論に注目されたい。Konstantinovsky（2009）, pp.33ff も参照。「知識の構築材料」である像は啓発的であるか、あるいは悪魔的であるかというエヴァグリオスの認識論について。それでも「最終的には心は宇宙の形と色から完全に解放されるようになる」（p.81）。
（255）Harmless and Fitzgerald（2001）と比較されたい。
（256）Luchman and Kulzer（1999）の中に収められている Driscoll を参照。
（257）『スケンマタ』2, 4, 34, 27 を参照。さらなる詳細は Konstantinovsky（2009）の第四章参照。

質的な知識」の前触れなのである。

像〔を心に抱くこと〕に抵抗する主張と並んで、修道士たちに対して仲間たちのことを〔三位一体の〕一者（the One）の像であることを受け入れるように求めていることを加えることができるかもしれない。エヴァグリオスは一貫して異なる見方をバランスよく保っていた。そのために、七つの祝福が、『祈禱論』の最後の章ではなくて、クライマックスを提供している。最初の四つが純粋な祈りの像のない特質について強調している。二つの例を挙げてみよう。

祈りの間に、形の刻印から完全な自由を獲得した心は祝福されよ。(258)

祈りの間に、感覚から完全に切り離された心は祝福されよ。(259)

しかしながら、他の例では、異なる見方をしている。

すべての人を神に次ぐ神であるとみなす修道士は祝福されよ。(260)

オリゲネスにとってと同じく、エヴァグリオスにとっても、霊的生活は心の旅路であった。ディデュモスにとってと同じくエヴァグリオスにとっても、霊的な旅路の逸話は聖書において見出すことができることなのである。カッパドキア教父たちにとってと同じく、エヴァグリオスにとっても、三位一体の無限の他者性は、神学者の心にその場所を占める。砂漠の禁欲主義者にとってと同じく、エヴァグリオスにとっても、体からの欲求あるいは魂からの欲求いずれであれ、魂の内なる誘惑との日々の闘いに耐えることとは、真の愛と真の祈りを成長させる舞台なのである。

さらなる読書のために

英訳

Casiday, A. M., 2006. *Evagrius Ponticus*, The Early Christian Fathers, London and New York: Routledge.

Driscoll, Jeremy, OSB, 2003. *Evagrius Ponticus: Ad Monachos*, Translation and Commentary, ACW 59, New York: Newman Press.

Sinkewicz, Robert E., 2003. *Evagrius of Pontus. The Greek Ascetic Corpus*, Oxford Early Christian Studies, Oxford: Oxford University Press.

研究書

Konstantinovsky, Julia, 2009. *Evagrius Ponticus: The Making of a Gnostic*, Farnham: Ashgate.

Stewart, Columba, 2001. 'Imageless Prayer and the Theological Vision of Evagrius Ponticus', *JECS* 9, pp.173-204.

Ⅵ 「マカリオス」の説教

「マカリオス」の資料は、四世紀の禁欲主義運動がエジプトから他の地域へと流れ込む橋渡しを提供するかもしれない。これらのテキストは、大部分の写本の伝統では、エヴァグリオスの師の一人であったエジプトのマカ

---

(258)『祈禱論』117.

(259)『祈禱論』120.

(260)『祈禱論』123を参照。『プラクティコス』89でより早く言及されている。

リオス（私たちはすでにパラディオスと『師父の言葉』の中で出会っている）に帰すことができ、東方の修道院制度とプロテスタントの敬虔主義に広汎かつ重大な影響を与えた。しかしながら二〇世紀の研究は、これらの資料の起源がシリアあるいは小アジアとの国境付近の可能性がより高いと考え、繰り返し非難された禁欲主義的な異端であるマッシリウス派（Messalianism）とどこか近接しているという以前になされた推量を確証するものであった。その結果、両者とも魂に聖霊を受ける必要条件としての ἀπάθεια〔情欲のなさ〕に関心を示したにもかかわらず、「マカリオス」の精神の霊性とエヴァグリオスが心に焦点を当てる点が対比される傾向にある。[261] その対比は、両者とも神秘的な光を共有し、『霊的説教』（*Spiritual Homilies*）が見るということのより深い方法を指し示している事実にもかかわらず、「マカリオス」が神を見ることについて肯定的であるのに対し、エヴァグリオスが像なしの祈りを強調することにある。[262] しかしながらゴリッツィンとプレステッドの著作は、[263] これらの研究動向に反対した。つまり、シリアとの関連を認める一方で、彼らは「マカリオス」の著作の中には、異なる影響が織り交ぜられており、エヴァグリオスとの並行関係にある部分が引用されていることを証明した。それゆえ、二つのものが結び合わされて、東方教会の修道的な霊性が形作られたということは、それほど驚くにはあたらない。そうなるとこれらの説教は、禁欲主義の二つの世界をつなぐ架け橋を提供することになるであろう。

1　批判的問題

これらの史料を取り巻いている批判的問題は複雑である。写本伝承の研究はいくつかの異なる集成が存在することを明らかにしてきた。[264] 最もよく知られているギリシア語の集成は、『ミーニュ教父叢書』（*Migne*）として出版され、[265] 英訳でも利用可能になり、[266] これは集成Ⅱ（Collection II）と呼ばれている。ここには伝統的な五〇の「霊的説教」が収められており、いくつかは弟子たちからの問いと彼らの師たちの答えを含んでいる。集成Ⅰ（Collection I）には、[267] 六四の *logoi*〔もろもろの言葉〕があり、類似した種類の「説教」といくつかの手紙から構成されている。これらの*logoi*の最初のものは、いわゆる『大書簡』（*Great Letter*）と呼ばれており、ニュッサのグレゴリオスの『キリスト者の教えについて』（*De Instituto Christiano*）と明白な文体上の関連があり、どちらが先に書かれたのかという議論がかなりなされてきたが、最近の共通認識では「マカリオス」の方が先に書かれたと考えられている。(268) 集成Ⅲ（Collection III）は、(269) 四三の説教が含まれ、それらのうち二一は別なところには並行するものがない。集成Ⅳ（Collection IV）は二六の説教を含むが、これらは一番大きな部分の集成Ⅰにすべて含まれている。ギリシア語写本に加えて、シリア語版、アラビア語版、グルジア語版、ラテン語版、スラブ語版も存在する。

デェーリスの著作はマッシリウス派との関係を証明した。一九二〇年のヴィルコールの論文は、すでにこの史料の起源の問題を考えるべき課題ととらえていた。これらの史料のいくつかの特徴は、マッシリウス主義が異端

---

(261) Louth（1981）, p.116.

(262) Konstantinovsky（2009）, p.104.

(263) Galitzin（2002）を参照。Luckman and Kulzer（1999）に収められている'Temple and Throne of the Divine Glory: „Pseudo-Macarius" and Purity of Heart, together with some remarks on the limitations and usefulness of scholarship'も参照。Plested（2004）も参照。

(264) Dörries（1941）.

(265) 批判的な版については、Dörries, Klostermann and Kroeger（1964）を参照。

(266) Maloney（1992）を参照。引用のほとんどは英訳からのものである。Mason（1921）と比較されたい。

(267) この史料と他の集成との関連についてはBerthold（1973）を参照。

(268) Jaeger（1954）は「マカリオス」がグレゴリオスのものに依存していたと議論している。この主張はStaats（1968, 1984）に覆された。

(269) Klostermann and Berthold（1961）, Desprez（1980）を参照。

として繰り返し非難されたことへの考えられる理由を反映している。デェーリスは、[270]偽マカリオスの資料が時に、メソポタミアのシメオンに帰されていることを発見した。シメオンはアンティオキアで三八〇年代あるいは三九〇年代に、アンティオキアのフラウィアノスによってマッシリウス派として非難された人々のリストに掲載されている。ある学者たちは、これらのテキストが単純にマッシリウス派のものであると考えているが、他の学者たちは、テキストは、より正統の立場に向かうように、「改編する傾向」を示していると主張してきた。このことは、これらのテキストの起源の問題とともに、マッシリウス派の性質と歴史についての問題も提起する。

マッシリウス派が、自分たちの名前を、シリア語の「祈る人たち」から取ったことは広く認められている。彼らは、三七〇年代にシリアのエフライム[271]とエピファニオスによって最初に言及されている。[272]さらにヒエロニュムスは「シリア中に広がっており、母国語では *Messalianos*、ギリシア語では *Euchites* という言葉で誤って呼ばれている人々のことである」と述べている。[273]マッシリウス派に対する告発は以下の考えを含んでいる。(1)悪、罪、「悪魔」は個々人の中に生まれたときから宿っており、洗礼によっても取り去ることができない。(2)絶えず祈ることによってのみ、宿っている悪魔を追い出すことができる。(3)体と魂が *apatheia*〔情欲のないこと〕の状態に達した後、聖霊の臨在が、人格に入り込んだもの感じられ、その人はそのとき天的な花婿との霊的交わりを経験する。(4)それからは、断食や他の訓練の必要はもはやなくなる。(5)聖なる三位一体は、肉体の目とともに、完成された目によって見られる。さらに、彼らは霊に憑かれて、幻や空想を預言と名付けていると非難されている。彼らはサクラメントと教会の礼拝と権威の有効性を拒絶していたと伝えられている。しかし、このような告発が自分たちに当てはまるということもまた否定したと言われる。

C・スチュワート[274]によってなされた重要な貢献の一つは、マッシリウス派の資料、及び論争の諸段階とマッシリウス派への非難を分類したことにあり、さらにまた「マカリオス」の資料の中の並行箇所を詳述している。これらの非難の背後にある首尾一貫した異端運動を追跡することは難しいとスチュワートは述べている。「マカリオス」資料からマッシリウス派を再構成する試みは、さらにもっと難しい。スチュワートのその他の貢献は、シリア語の諸伝承の中で背景となるものを明らかにするこれらギリシア語テキストの独自の側面、つまり文書化以前の想定された事柄を追跡したことにあった。つまり、彼はこれらのテキストを通して、ギリシアの修道院の霊的生活に対するシリアの修道院の貢献をともに認めた。また彼はマッシリウス派を「コンスタンティノポリスを中心とする帝国の教会よりも、シリアのキリスト教にはるかに特有な、禁欲主義的な実践と写像主義的な言語(imagistic language)をヘレニズム世界へともたらした」と評価している。それゆえ〔マッシリウス派が〕誤解されることになったとしている。

すでに暗示されてはいたが、後の著作では「マカリオス」の資料と異なる影響があったことが強調されており、シリアに関わること、ヘレニズムにおける哲学、オリゲネス神学、エジプトの修道院運動、アレクサンドリアのキリスト論との「豊かな統合」がなされており、[275] 著者が誰であるかはっきりしないが、エヴァグリオスと共有するものがあり、カッパドキアの教父たちとの関係があったことを真剣に受け止めている。

---

(270) Dörries (1941, 1978).
(271) 『異端反駁』(*Against the Heresies*) 22.4 においてである。本書第五章のエフライムの記述と比較されたい。
(272) 『アンコラートス』(*Ancoratus*) 13 と『パナリオン』80 を参照。本書第五章のエピファニオスの記述と比較されたい。
(273) 『ペラギウス派反駁対話』(*Dialogue against the Pelagians*)。
(274) Stewart (1991).
(275) Stewart は Plested (2004) のものを *JEH*, 59 (2008), p.528 の中でまとめ上げている。

2 禁欲主義的な教え

罪と闘い

「マカリオス」は、人間の生の中に罪が行き渡っており、神のみがそれに効果的に対処することができるとはっきりと確信していた。罪は魂に「混ぜ合わされ」、「私たちの魂と体の各部分に」内在している。「神が悪の突風を沈め、その向きを変えてくださらない限り、魂を罪から分離することは不可能である」。この「激しく吹き渡る風である罪」によって人は「揺さぶられ、振り回される」のである。「聖霊による神的な風」が到来し、「神的な光の中に生きている魂に息を吹きかけられ刷新する」ときにのみ解放がもたらされる。[276]スチュワートは、偽マカリオスの説教において、罪は「実体」(substance)ではないと気づいてはいるが、罪は「すべての力と感覚を伴って働く悪しき現実」であり、「魂の家に押し入る盗人」なのである。罪と恵みは「心における二つの存在(presences)もしくは競技者(players)」(πρόσωπα)なのである。グノーシス主義やマニ教のような意味での二元論ではないが、使用される言語は、「二元論への方向へ舵を切っている」。「彼は、ふつうは聖霊の力を与える効果のために取っておいた言語を悪の諸霊の働きに適用さえすることができる」[277]。

サタンは「アダムの罪によって汚れてしまった全人類を扇動し、そそのかす」。人間は「ふるいの中の小麦」のように、「この世のせわしない考えによって変転を被り」、「この世の心配事や欲望、そしてさまざまな物質的な関心事への没頭によってゆさぶられている」[278]。止むことのない闘いがあるが、それは内なる闘いである。魂は「傲慢、ずうずうしさ、不信仰、憎悪、ねたみ、欺き、偽善」やその他のあらゆる罪に対する「内なる思い」の中の「戦い」に参加する。[279]敵は隠された情欲であり、目に見えない呪縛である。事実、物質的な事柄に巻き込まれたり、情欲に魅了されてしまった人は、闘いがあることを認識すらできない。「敵すなわち目に見えない束縛である隠された情欲や、見えざる闘争、内なる抗争を発見する」者は、撤退の道をすでに歩み始めた人間である。[280]「神を探求し始める」ことは「人間の本性の古い習慣と慣習との闘いに入ること」であり、「思想に対して思想を、心に対して心を、魂に対して魂を、霊に対して霊を対置することである」。このようにする理由は、「隠されていて捉えがたい悪の力が、心の内に根付いていることが明らかにされる」からである。[281]

しかしこのことを発見する人間は、霊による天的な武具、すなわち使徒の記述によれば、「正義の胸当て、救いの兜、信仰の盾、霊の剣」（エフェ六・一四）を受け取るのである。[282] 善きことは「主があなたの魂と体の近くにいることであり、あなたの闘いを近くで見ることである。そして主が秘密のうちにあなたに天的な思いを与え、内的にあなたに憩いを与え始めてくださる」ことである。規律と恵みは、教師のような主から来る。[283] 人が「深く豊かな恵みのうちにある」ときでさえ、「悪の残存物がいまだ彼のうちに残されている」。なぜなら「悪は私たちの心に内在し、邪悪で卑猥な考えを起こさせようとし、私たちに純粋な祈りをさせることを許さない」からである。しかし「人が絶えず神に希望を置くとすれば、悪はある程度まで消失し、力を失う」のである。[284]

「マカリオス」は、洗礼後の罪の現実から考えるならば、洗礼それ自体は必要な変革をもたらさないことは自

(276) 集成 II.ii.4 を参照。Maloney（1992）からの引用である。
(277) Steward（1991）, pp.75-6.
(278) 集成 II.v.1-6.
(279) 集成 II.iii.4.
(280) 集成 II.xxi.4-5.
(281) 集成 II.xxxii.9-10.
(282) 集成 II.xxi.5.
(283) 集成 II.xxxii.9-10.
(284) 集成 II.xvi 4, 6.

明だと見ている。[285] 罪は、絶えず注意して祈らない限り、常に門口に立っている。マッシリウス派と「マカリオス」の教えのこの側面に対してなされた非難に関しては、ある種のつながりがあることは確かである。しかし罪との進行中の闘いは、本章においてすでに考察してきた他の禁欲主義的著作によって十分に論証されたように、これらの説教に特有というわけではないことは確かである。

恵み、完全、聖霊

この戦いはただ神の恵みと力によってのみ終結に至らせることができる。誰も自分自身を救うことはできない。[286]「上から再び生まれて、心も精神も別な世界へと移された者のみが〔戦いから〕逃れ」、「私たちの本国は天にあります」（フィリ三・二〇）と言われた。「真のキリスト者とその他の人間との間の違いは、キリスト者の心と知性は常に天の思いに集中しているということである」。「彼らが、聖霊に参与しているがゆえに、真理と力において、上より神から生まれた神の子であり」、「多くの労苦と不安を通して」、「さらにふるいにかけられる状態から自由にされた平静、平穏、平和の状態に達する」のである。恵み、再生、新たな創造という言語が用いられている。「彼らは内なる人の中に、別の霊を持つようになる」。それにもかかわらず、この戦いが成功のうちに終わることはほとんどない。というのは、これは完全な自己否定を必要とするからである。[287]

「マカリオス」は聖霊の神学者であり、変革あるいは変容の神学者である。マカリオスは、コリントの信徒への手紙二、五章一七節を引用して、「キリストと結ばれる人はだれでも、新しく創造された者」なのである。「なぜなら私たちの主であるイエス・キリストはこのために来られたのであり、人間の本性を変化、変革、刷新し、変容を通してのキリストの苦難によってこのような魂へと再創造されるのである」。キリストは「人間の本性を神的なご自身の霊と交わらせるために」来られたのであり、さらには「新たな心、新たな魂、新たな目、新たな霊的な舌、要するに新たな人間」を信じる者たちに力を与えるために、「彼の霊である新しいぶどう酒を注ぐために」来られた[288]。霊は「キリスト者の心に輝く主ご自身」であり、霊を持つ者は「すべての戒めを正しく実行し、責めを負うことなく、純粋に強いられることなく、かつある種の平安から、すべての美徳を実践する[289]」。この状態に達するために、聴従者は自分自身を戒めに従うように促さねばならず、「天的な御霊の恵み」の賜物である恩寵を神に求めなければならない[290]。ここでは、神人協働説すなわち神的な恵みと人間の意志が協働するという思想を実践的には、認めている。

キリストにおける完全を追い求めることは、マカリオスの教えの中心である。「聖霊と人間の魂との『混合』」、「主と『一つの霊』になること」「『神的本性』へと変えられること」、さらには「神との完全なる交わりを表現する他の方法」への言及がしばしば見られる。神は魂に内住するために来られるゆえに、戒めに従うことは「自然で容易なこと」になる。「『成熟した』キリスト者は禁欲的な戦いを通して成長させられ、霊の賜物によって『完成』へと導かれている」。それゆえ、「成長と進歩が強調される[291]」。多くの記述が、「成熟した人間になり、キリストの満ちあふれる豊かさになるまで成長するのです」と語るエフェソの信徒への手紙四章一三節（コロ一・二八と比較されたい）、もしくは幼子が乳から固い食物へと成熟していく成長の様子に言及するヘブライ人への手紙

(285) 集成 II.xv.14.
(286) 集成 II.xxi.4.
(287) 集成 II.v.1-6.
(288) 集成 II.xliv.1.
(289) 集成 II.xviii.1-2.
(290) 集成 II.xix.7.
(291) 最後のいくつかの引用は Stewart (1991), pp.78-82 からのものである。

（五・一二―一四）を発展させている。絶え間ない戦いと、楽園に戻り神の像に回復されるという目標に到達する約束の間には、深い揺れ動きがある。「罪が根絶やしにされ」、「最初の被造物である純粋なアダム」が受容される。しかしながら再生は、さらにこれ以上のことである。「聖霊と霊的な再生の力によって」、人は「最初のアダムの基準に到達するのみならず、自分が保持した以上の状態に到達する。なぜなら、人は神化されるからである」[292]。

マッシリウス派に対する批判との明白な関係がここにも存在する。しかしながら、カッパドキアの教父たちの思想との特徴的な類似点も見られる。バシレイオスは、聖化の過程と聖霊の働きとを結び付け、またニュッサのグレゴリオスの禁欲的な教えは、努力と戦いによるだけでなく、聖霊と神の恵みを受容することによって、成熟と完成に向けての絶え間ない成長を指し示している[293]。グレゴリオスの『キリスト者の教えについて』と、マカリオスの禁欲主義的な教えの集約である『大書簡』とは、外見上は深い類似性を示している[294]。言うまでもなく、「神化」という概念は、アタナシオスからカッパドキアの教父たち、そしてシリアのエフライムに至るまで、四世紀の神学に共通するものなのである。

聖書の要素

前述の説明は暗黙のうちに「マカリオス」の霊性の聖書的な根拠に注意を向けさせるものである[295]。このテキストは、聖書の引用と引喩で満ちており、時にすぐれたコラージュが創り出される。

私たちはまだ真実のパンの中に浸されたわけではなく（一コリ五・八）、邪悪のパン種の中になおいるのである……。「私たちは聖なる神にかたどって造られた新しい人をまだ身に着けたわけではない」（エフェ四・二四）。というのは、私たちは、「情欲に迷わされ、滅びに向かっている古い人」（エフェ四・二二）を脱ぎ捨てていないからである。私たちはまだ「天に属するその人の似姿になって」（一コリ一五・四九）おらず、まだ「ご自分の栄光ある体と同じ形に変え」（フィリ三・二一）られてはいないのである。私たちは「罪が私たちの死ぬべき体を支配している」（ロマ六・一二）ので、まだ「霊と真理をもって神を」（ヨハ四・二四）褒め称えているのではない。私たちは「愚かな考えに従って歩んで」（エフェ四・一七）、いまだ「この世に倣って」（ロマ一二・二）いるがゆえに、「心を新たにして自分を変えて」いただいていないのである。私たちはまだ「キリストとともに苦しむ」（ロマ八・一七）ことを経験していないがゆえに、まだ「キリストとともに栄光を受けて」いないのである……(296)。

このように続いていき、それだけというわけではないが、主にパウロ書簡が引用されるのである。

もう一つの特徴は、聖書の物語と模範となる人々への言及である。誘惑に直面したときの忍耐は、ヨシュア、

---

(292) 集成 II.xxvi.2.

(293) 詳細は本書第四章を参照。

(294) 「マカリオス」の大書簡が先に書かれたという共通認識にもかかわらず、グレゴリオスの禁欲主義的な教えと〔マカリオスとの〕類似性を議論した Jaeger（1954）の議論は、今なお価値のあるものである。

(295) マカリオスがジョン・ウェスレーと同じ多くのテキストを用いていることは驚きである。ウェスレーは、新約聖書を読む際に、ギリシア教父の史料（特に「マカリオス」）から強い影響を受けていた。ウェスレーの日記によると、一七三六年七月三〇日にマカリオスを読み、讃美歌を歌ったことが記録されている。後に、彼はキリスト教著作集（*Christian Library*）の第一巻において、マカリオスの説教を抜粋したものを出版している。詳細は Young（2002）を参照。

(296) 集成 II.xxv.3-5.

ダビデ、モーセ、アブラハム、ノアといった聖書の英雄たちに言及することによって生き生きと描き出される。「私たちはこれらの例を聖書から提供することによって、神の恵みの力が人の中にあり、信仰深い魂に与えられる聖霊の賜物は、多くの議論とともに、多くの忍耐、辛抱、試み、試練とともに到来することを示してきたのである」[297]。雨が降ることを初めは控えさせ、その後降らせるようにしたエリヤ、杖を蛇にしたり戻したりしたモーセ、ゴリアトに勝利したダビデ、神がエリコの街の城壁を崩す命令を下すまで町を包囲し続けたヨシュア、これらの者たちやさらに他の者たちは、霊的な旅に適用されるために、真の実在の「形姿と影」と理解されている。例えばエリコの街の城壁のように、「あなたの心を妨害する」悪の壁は、神の力によって崩れ去るであろう[298]。割礼は心の割礼となり、肉の洗礼は聖霊と火による洗礼となり、古い契約の下での犠牲はキリストの犠牲を意味することで、伝統的な「型」(types)は律法を内在化する[299]。他方、霊的な律法は石の板よりもむしろ「心の中の肉の板」に書かれる。過越祭と出エジプトはすべて、エジプト人(すなわち悪魔である)に対する人間の隷属とキリストによって成し遂げられた解放についてのものである。彼は魂をエジプトから導き出し、暗闇から引き出した。神は忍耐強く

その魂が信仰を保ったままでいるかどうか、神を愛するかどうか、試しているのである。というのは、神は「命に通じる」(マタ七・一四)道を備えてくださるからである。それはたとえ、苦悩に満ち、狭い逃れの道をであっても、そこから、魂が、神の子のための真の栄光に満ちた真の国に最終的に達するように、試練と、きわめて厳しい試みを受けるのである[300]。

「マカリオス」が用いる多くのイメージとメタファーは、聖書の用法からの発展であり、光と火、水と油、風と木、種と実、パンとぶどう酒、鏡と衣服、真珠と財宝のようなものが用いられる。彼は聖書的なたとえを用い、

独創的なものも作り出す。保護を受けていない金持ちの女性の例を取り上げてみよう。[301] 彼女は権力のある夫を探し、そして多くの戦いの後、「強固な壁」を見出した。これと同じように、魂は自分の花婿を探すのである。[302] 彼がこのようなたとえを用いるのはこのときばかりではなく、魂の天的な花婿の考えは繰り返し言及されている。[303] 聖書に基づいた「マカリオス」の教えはどこにおいても明瞭であるが、それは、予型論の伝統を拾い上げながら、寓喩であるとの批判にさらされつつ、神と一つになる霊的な旅路を歩む者の心にとって、何が真実であるかを識別するために読まれる聖書箇所である。

このように一貫して聖書に依拠することと、暗示的かつ想像力を喚起する方法は、シリアのエフライムの詩的な著作においても見られることであるが、ニュッサのグレゴリオスの『モーセの生涯』(*Life of Moses*)、『雅歌講話』(*Commentary on the Song of Songs*) とも比較することができる。魂の花婿というモチーフは、テオドレトスによるシリアの禁欲主義者についての解説である『宗教の歴史』(*Historia Religiosa*) の中でも見られる。「マカリオス」は広範囲に及ぶ聖書解釈の例を提供したのである。

---

(297) 集成 II.ix.2-7.
(298) 集成 II.l.1-3.
(299) 集成 II.xlvii.1ff.
(300) 集成 II.xlvii.13.
(301) 集成 II.xlv.5.
(302) 集成 II.xlv.5.
(303) 例えば、集成 II.iv6-7, x.1, 4, xv.2, xxv.8, xxvii.1, xxviii.5 など。

「マカリオス」の教えの中にある聖書的な要素の説明は、隅々まで行き渡った内面性にまで、私たちの注意を喚起した。経験、確証、感覚、交わりに焦点が当てられ[304]、このことは特に祈りに見出される。

内面性と祈り

祈りの時には跪き、ただちに神の力によって心が満たされる。彼の魂は、ちょうど花婿が花嫁と結ばれるように、主に向かって高く挙げられる……。彼が一日中、仕事をしていたとしても、たった一時間だけでも祈りに費やすことは起こるのである。内的な人は祈りの中に引き込まれ、大いなる甘美を伴った別の世界の無限の深みに飛び込むのである……。時には火が外に広がり、猛烈な炎が燃え上がることもある。別の時には穏やかにゆっくりと燃えているときもある……。常に火は燃えて、光を放っているが、特に均衡状態を保っているときは、神の愛にあたかも没入しているかのように、火は明るく燃えているのである[305]。

けれども「マカリオス」は、この厳しさが永続的なものではないことを認めている。「恵みがよりいっそう明るく燃え上がり、慰めと刷新がより完全に燃え上がる時がある。それから別な時には、恵みが静まり、雲に覆われる」。このようになる一つの理由は、人が恵みの頂点、最も高い完全性のレベルに留まるとすれば、彼は説教や著作は言うに及ばず、他のどんなことに対してであれ、まったく興味を抱かなくなり、「部屋の隅に座り、高みに陶酔している」だけのはずである。彼は「未だ完全なキリスト者を見たことがない」と断言するだろう。しかしどんなに「恵みに安らぎ」、「神秘、啓示、大きな慰めの恵みを経験しているとしても」、「罪は彼のうちに留まっている」のである。自分が完全であると主張する人は、経験の欠落によって欺かれている。

それでも彼は、魂の五つの合理的な感覚である「霊的な感覚」が存在すると主張する[306]。「目の中には肉体的な目よりも深い目があり、肉体的な耳よりも深い耳があることをすべての者が認識すべきである」。友や愛する者を肉体的な感覚において認識するのと同じように、「真の友であり、最も好ましく大いに望ましい花婿」は霊的に照らされ、存在によって見られ認識される。「心を伴って、望ましく、言葉で言い表せない美しさを見る人は、神の情熱的な愛を注入された人であり、御霊によってすべての美徳へと方向づけられている」。[307]

「霊の喜びを魂の内に感じ」ない限り、「神の光の衣を……身にまとわない」限り、「魂のうちに天的な花婿との交わりで満たされることを確かに知り、御霊の喜びを内的に知らない」限り、「恵みによる天的な慰めと、主の栄光が彼に現れて、天的な恵みに満ちた慰めと魂を神が満たしてくださることを受け容れない」限り、すべての考えられうる禁欲的な努力も、人を「塩気のない塩」にしてしまうにすぎない。[308] 私たちが生の賜物を受け取らなければ、聖書を読んでも何の益にもならないのである。この見方は、サクラメントについては、何も言及されていないところを読み取る際にも当てはまる。洗礼、ユーカリスト、その他のすべてのものは、内的な変革を起こさないなら、まったく意味をなさないものになってしまう。「マカリオス」は「火と聖霊による洗礼」について、「キリストの体と血の対型（antitype）」として教会に与えられた「パンとぶどう酒」について語り、さらには「主の体を霊的に」食し、聖霊を受けることによって、「目に見えるパンを受けた」人々について語る。[309] 目に見えるものは型（type）であり、隠されたものの影であるゆえに、ユーカリストの「神秘」を外的に行うことは

(304) Stewart（1991）は応答の範囲を示すために用いられた特徴的なギリシア語の語彙を探究している。
(305) 集成 II.viii.1,2.
(306) 集成 II.iv.7.
(307) 集成 II.xxviii.5.
(308) 集成 II.xlix.1.
(309) 集成 II.xxvii.17.

「恵みによって魂に働く［ものである］実例」を受け取ることである。言い換えると、これらのテキストは「人間の中に主が内住するというサクラメンタルな考え方が、制度的な教会のサクラメンタルな経綸と相似している」ということを示唆している。[310] 教会と魂は、型（type）と対型（antitype）である。[311] 人間の体は神の神殿であり、人間の心は聖霊の祭壇である。

再び、内面化をこのように強調することは、禁欲についてのマカリオスの教えとマッシリウス派に対する嫌疑が重なり合っていることを明らかにする。つまり、洗礼は罪や万人に内住している「悪魔」から逃れるには十分ではない。絶え間ない祈りが、悪魔を取り除く方法である。そして聖霊は天的な花婿と霊的な交わりに入ったときに、感じることができるものである。しかしここでも再び、シリア語の史料や、オリゲネスとカッパドキア教父たち、さらにはエヴァグリオスとの関連も多く見られる。内面化は、終末の待望に焦点が当てられるとき、一貫して教会論と並行している。

キリストと救済

「マカリオス」は常に理論的な関心よりも実践的な説教論的視点を持っていた。それゆえキリスト論も、禁欲的な教えから取り出されて姿を現したものではない。キリストは「真の祈り、本物の愛」を与え、マカリオスが言うには「その愛こそ、あなたの中ですべてが造り上げられる。すなわち、楽園、命の木、真珠、王冠、建築家、耕作者、苦行者、苦しむことのできる人、人間、神、ぶどう酒、生きた水、小羊、花婿、戦士、鎧と兜、キリスト、すべてにおけるすべて」である。[312] ここでも再び、『大書簡』において、キリストの名が列挙されているのを見出す。それらの名は、「人類のための救いの経綸によって」、「隠喩的に受け取られた」名前である。キリストは揺るがず、計り知れない強さのゆえに岩であり、永遠の命の入り口であるがゆえに扉であり、悪の根を切り倒すゆえに斧であり、真理の知識に重要な人々を導くゆえに道であり、人の心を奮い立たせるぶどう酒が造られるぶどうであり、理性的な人間の心を強くするパンである。このようなキリストを言い表わす聖書の「名」の列挙は、これらの説教をオリゲネス、アタナシオス、その他の著作家たちに結び付ける。(313)

さらに、贖罪者、救い主、王、預言者というような聖書の称号が繰り返し使用されている。(314) キリストは大祭司であり、神の小羊であり(315)、羊飼いである。

羊飼いは傷だらけの羊を癒し、狼から守ることができるゆえに、真の羊飼いであるキリストのみが、失われた傷だらけの羊、すなわち人間を、罪の傷と病から癒し、回心させることができるのである。(316)

真の医者として、キリストは魂のすべての病と疲弊から癒すことができる。(317) 彼は罪に束縛されている者を自由にする解放者でもある。(318)

---

(310) Steward（1991）, pp.219-20 では集成 I.7.18 と I.52 が引用されている。Golizin（2002）と比較されたい。
(311) 集成 II.xxxvii.8.
(312) 集成 II.xxi.4.
(313) Young（1987）.
(314) 集成 II.iv.20 を参照。王に関しては v.6, x.4, xv.30, 33, 37, xvii.1, xxiii.2, xxv.23, 25, xxvii.4, xxviii.3, xxxix.1, xlvii.17 などと、贖罪者に関しては xi.6, xxxi.2 と、救い主に関しては xxv.23 と比較されたい。
(315) 大祭司に関しては集成 II.i.6, 8, xxxii.5, xliv.4 を、小羊に関しては II.xi.10, xxviii.5, 6, xlvii.8, 11 を参照。
(316) 集成 II.xliv.3 を参照。xii.13 と比較されたい。
(317) 集成 II.xliv.3 を参照。xv.30, xx.4, xxv.23, xxx.9, xlvi.2, xlviii.4 と比較されたい。
(318) 例えば集成 II.xxv.23 を参照。

十字架はこの癒しのために、きわめて重要なことである。モーセは荒野で大蛇に嚙まれたときの解毒剤として、旗竿の先に青銅の蛇を掲げた〔民二一・九〕。「主の体の予型として、死んだ大蛇は生きた大蛇を征服したのである」。キリストはマリアから受けた体を十字架の上に挙げた。そのようにして、死んだ体は「人間の心の中に生きて忍び込む大蛇を」殺した。けれども、それ以上の事柄がある。というのは、「モーセが大蛇の似姿をかたどって、新しいものを作ったように、主はマリアから新しいものを創造したのである」。それは「新しい、罪なき体」である。「天の御霊は人間に触れ、人間を神的な存在へと導いた」。それゆえ「死んだ体は、生きている大蛇に打ち勝つ」のである。人間の本性に内住する罪に対する勝利が、禁欲主義者に内なる戦いを命じる説教の焦点となる。キリストが成し遂げてくださったのは、この勝利である[319]。十字架は栄光に向かうものであり、それに付随するものである[320]。

キリストは一つの例証でもある。すなわち、あざけりを耐え忍び、いばらの冠を被せられ、「唾をはきかけられること、悲運と十字架を耐えたのである。もし神がそのように地上を歩まれたのなら、あなたは彼に倣う者となるであろう」。説教を聴く者は、十字架にかけられた方とともに十字架にかけられるのであり、苦しまれた方とともに苦しむのである。「花嫁は〔キリストである〕花婿とともに苦しむのであり、そのようにしてキリストとのパートナーにして共同の相続者になるのである[321]」。

しかしながら、キリストの最も重要な称号は、変革あるいは変容が禁欲的な生活の究極的な目標であるがゆえに、「光」であり「像」である。あるとき「マカリオス」はキリストのことを、信仰者の内に自身の似姿を造り出そうと努力する、肖像画家であると表現している[322]。魂は、御国の宝の中に新しく造り出されるべきものであれば、キリストが自分自身に刻印される必要がある。聖人の体は、キリストの火によって照らされたランプの光のようである。

というのは、主の体が、主が山に登られ、神的な栄光のうちに変容を被り、神の栄光と無限の光へと変容したように、聖人の体もまた稲光のように栄光に輝くのである[323]。

聖人たちの変容は「キリストをまとうこと」「救いの衣服を装うこと」「言い表すことのできない光」によって起こるのである。ひとたびキリストを着たのなら、その装いは永遠に脱ぎ去ることができないものである。しかし聖人たちの体の甦りにおいて、信仰者や高貴な人たちが今身にまとっている光の栄光によって栄化されるであろう[324]。

それゆえに、「マカリオス」による聖書が語る変容の読み方の核心部分には、キリストが横たわっている。キリスト者は、キリストの友、兄弟、共同相続人、神的本性への参与者となり、キリストの栄光に一致させられる[325]。キリストの再創造の役割を例示する最も魅力的な記述は、集成Ⅱの説教 i として整理されているものの中に見

(319) 集成 II.xi.10.
(320) 集成 II.viii.6, xxxviii.5 などを参照。
(321) 集成 II.xii.4-5 を参照。xxvii.1-2 と比較されたい。
(322) 集成 II.xxx.4-5.
(323) 集成 II.xv.38.
(324) 集成 II.xx.1-3.
(325) 例えば xxv.4-5 では新約聖書のいくつかの箇所を引用している。他にも多くの例が見られ、xxvii.1, xlviii.2 などを参照。

られる。ここにはエゼキエルの見た、神の王座の戦車の幻が反映されている。すなわち、ユダヤ教の神秘的な思索の中で大きく取り上げられるために、ラビたちからは警戒をもって扱われる「神の戦車」(Merkabah)である。「マカリオス」は、預言者が「人間の言葉によってではあるが、人間の心の力を完全に上回る謎に満ちた仕方で描き出した」と述べることによって、記述を始めている。彼は、預言者が見たことは、恍惚状態であれ、霊と交わる状態であれ、真実で確かなものであったと主張している。しかしながら、彼は「世の初めから代々にわたって隠されていた、秘められた計画」(コロ一・二六)が、キリストの出現によって「この終わりの時代に、あなたがたのために現れて」(一ペト一・二〇)くださったと考えている。エゼキエルの幻が示すものは、「主を受け入れ、栄光の王座となるであろう人間の魂の神秘」である。「魂の上に登りまたがるキリストの光の、言葉では表せない栄光に満ちた美しさによって」、魂は「御霊の言葉では表せない栄光に満ちた美しさで覆われる」。「魂を突き動かし、導き、運び、支え、霊的な美徳で魂を飾り、装うのは、キリストなのである」。この戦車を押す動物は、意志、良心、心、愛の力を表している。乗り手、つまり真の御者は、魂によじ登る者、霊の手綱で導く。ここで見られるのは、魂の情欲を統御するプラトン的な理性概念の採用である。キリストが制御し、制御する方法を知っているのである。別なところで、「マカリオス」は、キリストを魂の操縦者として語っている。キリストが操縦席に座ると、魂全体が目となり、「すべての光、すべての顔、すべての目」、「すべての栄光、すべての霊」である完全に光となる。このことは肉体をまとっている間に起こることであり、復活を先取りする。ゴリッィンが示唆しているように[326]、「マカリオス」は、もはや天に登る必要がなくなったのであり、終末的な幻視のように、栄光の王座にいます神を見る必要はないと断言している。禁欲的な教えは、終末的な宇宙的な闘争を内面化することであり、魂が神の顕現する場となる。つまり、心の純粋な者が神を見るのである。

「マカリオス」のキリスト論には、キリストと本質において一つである神[327]と創造された魂の間に大きな溝が意識されている。神は制限なく、理解を超えた方である。神は天におられるが、ここにもおられる。神は変化を被ることはなく、万物を含み、永遠である。[328] しかしその神の謙卑をそれほどに驚くべきこととするのは、この超越なのである。「神の偉大さが理解を超えているように、神が小さくなられたことも理解を超えている」のであり、このことは自己否定のモデルである。「神は地から肉を取り、神の霊と結び付け、そのようにしてあなたも、地から天的な魂を受けることができるのである[329]」。マカリオスは魂自体を理解を超えたものと考えていた。「もし自分自身の魂とは何かを理解できないとすれば、どのようにして神とその心そのものが何かを吟味することができようか」。「神を探究し、理解を極めようと願えば願うほど、神から深く遠ざかることになり、何も理解することはできないのである。神の訪れは日ごとに起こるゆえに、その訪れは神秘的で理解することができない。ただ感謝と信仰を受け取ることができるだけなのである[330]」。

結論

「マカリオス」の資料は、経験に基づく霊性と心に基づく霊性を提供する。しかしこのことは誤解されるべきではない。心とは感情の座ではなく、「内的な自己」であり[331]、思いと考えが住まう場所である。さらに心とは、私たちがほとんど自分自身を理解することのできない内なる深みでもある。そこには、龍、獅子、獰猛な野獣が

---

(326) Golitzin（2002）を参照。Luckman and Kulzer（1999）に収められているものも参照。
(327)『大書簡』。
(328) 集成 II.xvi.5.
(329) 集成 II.xxxii.6-7.
(330) 集成 II.xii.11.
(331) さらなる詳細は Kallistos Ware による Maloney（1992）の序文を参照。

住み、荒れた道や崖があるが、神、天使、生命、光もまた存在する。[332] 恵みが心の中に入ると、恵みは体をも貫く。これは、おそらくエヴァグリオスとは最もはっきり相違する点である。体は克服されるものではなく、変容させられるものなのである。[333]

マカリオスの著作は、小アジアあるいはシリアのどちらに属するにせよ、伝統的に考えられてきた起源には関わりなく、エジプトの伝統を凌駕して、禁欲的な教えを代表するようになったのであり、そのようにして、シリアの有名な修道士たちについての説明とされるものへの架け橋を提供する。

さらなる読書のために

英訳

Maloney, G. A., SJ (trans.), 1992. *Pseudo-Macarius. The Fifty Spiritual Homilies and the Great Letter*, CWS, New York: Paulist Press.

Mason, A. J. (trans.), 1921. *Fifty Spiritual Homilies of St. Macarius the Egyptian*, London: SPCK.

研究書

Golitzin, A., 2002. 'A Testimony to Christianity as Transfiguration: The Macarian Homilies and Orthodox Spirituality' in S. T. Kimbrough, Jr (ed.), Orthodox and Wesleyan Spirituality, Crestwood, NY: St Vladimir's Seminary Press.

Golitzin, A., 'Temple and Throne of the divine Glory: "Pseudo-Macarius" and purity of Heart, together with some remarks on the limitations and usefulness of scholarship', in Harriet A. Luchman and Linda Kulzer (eds), 1999. *Purity of Heart in Early Ascetic and Monastic Literature*, Collegeville, MN: Liturgical Press.

Plested, Marcus, 2004. *The Macarian Legacy: The Place of Macarius-Symeon in the Eastern Christian Tradition*, Oxford Theological Monographs, Oxford: Oxford University Press.

Stewart Columba, 1991. '*Working the Earth of the Heart': The Messalian Controversy in History, Texts, and Language to AD 431*,

Oxford: Clarendon Press.

Ⅶ　テオドレトスの『宗教の歴史』

テオドレトスの『宗教の歴史』(334)（*Historia religiosa*）を扱うことで、私たちは確実にシリアへと移動する。シリアの禁欲主義は独自の特徴と歴史を持ち、ほぼ確実に独立したルーツを持っている。(335)文字通りすべての要求を受け入れキリストに従う過激な弟子としての姿は、洗礼後に広く求められた貞節の要求を含めて、原始のシリアのキリスト教の根本にある特質である。初期のキリスト教隠修士たちは、個々人が文明化した生活を捨てて、地の産物を料理しないまま食し、野獣が送るような自然の生活に戻って行った。この形態が発達すると、シリアの禁欲主義は極端な方向に向かい、古代と近代の批評家のどちらも、シリアとメソポタミアの聖人が禁欲的な修練にあたって互いに競い合った方法について非難がましく書き記した。前代未聞の不快さまで身体を意図的に隷属させて、祈り、讃美歌を歌い続けることが、非難の主な理由であったようである。禁欲主義者たちは洞穴や墓の暗闇に永続的に住み、激しい気候にさらされる山の上にも住んだ。簡素な食べ物や衣服で満足するどころではなく、彼らはかなり長い期間にわたって食べることをせず、足枷を身にまとって、地上に体を曲げたままで生活し、皮

（332）集成 II.xliii.7.

（333）Golitzin（2002）.

（334）テキストはCanivet and Leroy-Molinghen（1977, 1979）によって編集された。英訳はPrice（1985）を参照。

（335）さらなる詳細はVööbus（1958, 1960）を参照。Murray（1975）とBrock（1973）による的確な要約もある。本書第五章Ⅰ節、シリアのエフライムと比較されたい。

膚が擦りむけて血が流れるほどであった。その頂点は柱頭行者シメオン（Symeon Stylites）が、三〇年余り、六〇フィートの柱の上で生活したことであり、初期ビザンティン時代に「柱上の聖人」（pillar-saint）の伝統を生み出すことになった。テオドレトスが描く英雄には、どのように断食をするべきかを問われて賢明な返答をした師父ポイメンと同じ考えを持っている者はほとんどいないものの、他者に見せるための行いには反対する『師父の言葉』からは遠く離れているように思える。

私は、自分を満足させないように、食物にあたっても、少しだけ禁欲したものだ。……（というのは、）かつての偉大な師父たちは、これらのことをすべて試みた結果、彼らは毎日少しずつ食べ、特定の日にさらに少なく食べることが良いと気づいたのである。[336]

テオドレトスはシリア州とユーフラテス地域の修道士たちと親密な関係があった。[337] 私たちがたとえどのように評価したとしても、彼がシリアの禁欲主義を、尊敬と批判の念を併せ持って見ていたことは明らかである。批判は微妙なものである。ある孤住修道士について、テオドレトスは「世捨て人のように生きることによって、彼は自分自身の魂を省みているのである」と述べている。[338] また、彼は、ある禁欲隠修士から他の隠修士に浴びせられた次のような非難の言葉を報告している。すなわち、「神の律法が隣人を愛せよと命じる」ときに、自己愛の責めから逃れることができないという非難である。[339] 尊敬は明瞭である。修道士たちを描いたすべての生涯は、聖人に対して、祝福を求め、執り成しを願う誓願で終わっている。さらに修辞的な前書きは、これらの人々を劇場や試合の英雄たちにたとえ、見えない敵と戦うために神の武具すべてを身に着けた選手や剣闘士として彼らを描いている。しかしながら、テオドレトスは、個人としての彼らの霊的能力を称揚する「賛辞」を書き記すことは断じてない。というのは、彼らの偉業は霊的賜物によるものであり、聖霊の神秘的な働きによるものであり、

「哲学」（philosophy）すなわち体が情念（παθητός）に従属する際の ἀπάθεια（無情念）を証明し、霊的な本性と天に住まうことへの熱意によるものなのである。修道士たちは、体を持って生きている間も体によらない生を送っているために、天使のごとく生きている。テオドレトスの著作には、明らかに教化する意図があり、彼は後代のために記録を残すと述べている。しかし、その他の理由はなかったのだろうか。

テオドレトスは彼が記した『教会史』の中で、『宗教の歴史』について言及しているが、この著作の内容からの証拠と、他の著作とさまざまな方法で照らし合わせて考えると、『宗教の歴史』が書かれたのは四四〇年頃であると、かなり明瞭に成立年代を特定することができる。この時期には、テオドレトスはキュロスの司教を二〇年近く務めており、まったくの平穏というわけではなかったものの、アレクサンドリアとのキリスト論論争が少し落ち着いて、彼の任期が延長されていた間、彼は聖書注解を書くことに没頭していた。テオドレトスの著作活動は、きわめて広範囲に及んだ。彼は、弁証学から歴史、さらには釈義や異端反駁の論考まで、あらゆる教会の領域を徹底的に取り組んだように見える。彼は、聖人たちの行いを語ることによって、霊的な教化についての著作を増し加えることに貢献する以上の動機は持たなかったと考えることができる。実際、このことはキリスト論論争が止んでいる間に、彼が聖書注解に集中して取り組んだことと結び付いてさえいる。聖書が引用されるときはいつでも、モーセ、ダビデ、エリヤ、ペトロ、他の者たちが「模範」としてそれとなく語られ、英雄たちの花婿〔キリスト〕への献身は、私たちに、テオドレトスが雅歌注解を書いたことを思い起こさせる。クルーガーは、

(336)『師父の生涯』（*Vitae Patrum*）x.44 もしくは *Alphabeticon, Poemen* 31.
(337) さらなる詳細は本書第六章Ⅶ節を参照。
(338)『宗教の歴史』XX.2.
(339)『宗教の歴史』IV.4.

聖書が語る先例にいかに広く、はっきりと言及しているか、どのように予型論が「聖人を理解する様式」として用いられているかを示してきた。「もし聖人たちが、……聖書の英雄のようであるなら、それら聖人たちについて語るテキストは、聖書テキストのように、聖人たちの間に生じた神の業についての真の説明である」と主張した。[340]

しかしながら、政治的な動機の可能性も、繰り返し主張されてきた。聖シメオンの『生涯』(*Lives*)の研究の中で、ペータース[341]は、テオドレトスがシリアの修道士たちの間で、自身の評判を回復する目的のために、直接的な圧力を受けて著作をしたという見解を発展させた。テオドレトスはネストリオス派とのもめごとで汚名を着せられており、アンティオキアのヨハンネスと「再統合の処方」(Formulary of Reunion)をめぐって対立しており、禁欲主義者たちから冷たい視線を浴びていたのである。そこで彼は、キュリロスを支持するために集まっていたエジプトの修道士たちに対して、シリアの修道士たちを擁護するために、『宗教の歴史』を書いた。この見方は激しい批判にさらされた。リシャール[342]は、アンティオキアのヨハンネスとの関係は、ずっと以前から修復されていたこと、さらには『宗教の歴史』が書かれた時期に、ペータースが想定するような対立を示すような手がかりはないことを示した。これらの手紙のいくつかには、新たな対立が生じたときに、彼が修道士たちの支持を確保しようとしていた記述があることは事実である。しかし、カニヴェが議論しているように[343]、これらの手紙は、テオドレトスが教会の論争に修道士たちを巻き込んで、彼らの正統性を保証することを必要とするような個人的な立場には関心を持っていないことは確かである。申し分のない正統性が、『宗教の歴史』の中に描かれたあらゆる人物の指標となっていることは重要である。しかしテオドレトスの目的は、潜在的に自立した修道士の共同体を、司教の権威の下に置き、教義的な問題について司教との一致を保つということにあった。自己弁護は、彼の意図ではなかったと言える。

しかしながら、このような先行研究に拠りながら、ウルバンツィク[344]は、テオドレトスによるこれらの人物たちの描写は、教会的な目的のみならず、個人的な目的を持つことを主張する。私たちは、ヨアンネス・クリュソストモスとネストリオスがともにコンスタンティノポリスの司教から退位させられた、エジプトとシリアとの間の長きにわたる権力闘争に、テオドレトスが生涯の多くを巻き込まれたことを思い起こすべきである。また、修道士たちの独立についての司教の関心は、カルケドンの法令以上に、この時代には自明であることも思い起こすべきである。このような背景に対して、『宗教の歴史』は「三つの機能」によって、「政治的な論考」となっている。(i)それは、「シリアが、エジプトと同様に、敬虔において秀でた人物を生み出したことを論証することにより、教会の諸問題でシリアの卓越した地位を擁護する」。(ii)「それは、教会に従った人物を描いて、禁欲主義者がいかに振る舞うべきかの模範を提供している」。(iii)「それは、テオドレトスがその地域で享受する特別な権威を論証する」[345]。この著作に注意深くあたっていくと、テオドレトス自身がこの物語の中で、不屈の性格をもち、彼が順を追って紹介している二八人の人々のうち一七人の目撃者なのである。彼の母親も四回にわたって登場している。彼女の目の不調を癒したペトロスによって、上流社会の生活から回心して、結婚して一三年を経て、テオドレトスを授かった。その時、マケドニオスは、彼女に子どもを神にささげるように語る。彼女は聖人に会う

(340) Krueger (1997).
(341) Peeters (1943).
(342) Richard (1946).
(343) Canivet (1977), pp.77ff を参照。ここでの議論は Canivet の著作に多くを依存している。ここで用いている編集されたテキストは、Canivet and Leroy-Molinghen (1977, 1979) を参照。
(344) Urbainczyk (2002).
(345) Urbainczyk (2002), p.68.

ために、我が子を連れて行く。この物語は、聖人たちのところで彼に尊敬の念が払われたことを窺わせる。テオドレトスには、巧妙に聖書的な「予型」が与えられている。テオドレトスが彼の教区の周囲にいた生きた聖人たちの間に入り込んでいくと、彼らは皆「テオドレトスに対して特別な尊敬」を示すのである[346]。このような暗示的な個人的主題には、司教の権威の認識についての明示的なモチーフが織りなされている。司教たちは「栄誉を受け、さらにテオドレトスは他の司教たち以上に栄誉を受ける」[347]。

テオドレトスにはおそらく種々の目的があったのであり、禁欲主義運動を弁護することもまた重要な目的であったであろう。テオドレトスは教養の高い読者に宛てて明らかに執筆していた。カニヴェが言っているように、この時代の特に異教徒で、教養ある洗練された人々は、修道士たちのことを無知な田舎者で社会を攻撃する偽善者であると非難しているかなり多くの証拠がある。シリアの禁欲主義の実践に対して直接向けられた批判を確かめることもできる。これらの批判は、パレスチナやエジプトの英雄たちの実践と好意的とは言えない仕方で比較された。テオドレトスは、全体的に見ると、この弁証的な目的を明示することはせず、おそらくはオリジナルの著作への後の付加と思われる結びの部分においてのみ、これらの批判に答えているにすぎない[348]。しかし、彼の申し分のない模範の選択と隠者の姿を、キリスト者の生き方の原型として、新しい種類の英雄たちとして、新たな論争における擁護者（champions）として、新たなタイプの人間の受肉として提示していることは、それらがすべて、彼が中傷を加える人々に返答をしていることを示唆している。彼は称賛を避けて『宗教の歴史』を書くつもりであると述べている。しかし古代世界における歴史は、道徳的な模範を提供する意図があり、彼の〔禁欲主義者たちの〕「生涯」（lives）の蒐集は、「賢人たちの生涯」（Lives of the Sages）という広く行われていた伝統に従ったものである。真の哲学は、一連の伝記的な人物描写の手段によって示されるのである。テオドレトスが付けた『神を愛する者の歴史』（*Philotheos historia*）という表題は、おそらくガレノスの『知恵を愛する者の歴史』（*Philosophos historia*）から取られたものであろう。

このような背景は、これまで考察してきたテオドレトスの著作に比べていささか異なったテオドレトスの著作の形を説明する。テオドレトスは、格言や逸話というやや散漫な集成を提供するのでも、彼の旅についての叙述伝的な説明を提供するのでもなく、一連の「聖人たちの生涯」(Lives of the Saints)を提供する。この著作はおおよそ三〇の章に分けることができ(元来のものは二八であり、XXIIとXXIIIが一つであり、ある時点で分割された。XXIVとXXVも同じである)[349]、それに序文とおそらくその二三年後に書かれた「神的な愛」(*On Divine Love*)という結論部の文章が加えられた。一つの章に一人の人物が割り当てられていることがほとんどである。それぞれの人物は修道院(たいていの場合、テオドレトスは「戦いの学校」(wrestling-school)もしくは「聖歌隊」(choir)と言っている)の創設者であるか(その場合は同じ章にその弟子たちも登場している)、もしくは、隠修士の生活を提唱したすぐれた個人であり、何らかの方法で修道生活の理想の完璧な模範として提示されている。全体として、個々の人物の背景をほとんど知ることはできず、彼らの禁欲主義の様式や、彼らが関係する人たちや司教、その他の人たちに対して語った逸話や、彼らの奇跡や弟子たちに関することも、ほとんど知ることはできないのである。

テオドレトスは意図的に並べられた順序について、いくつかの示唆を与えている。だいたいにおいて、その順序は年代ごとと地理的な配列になっている。かくしてテオドレトスは、すでに亡くなった過去の主要な英雄たちを紹介する。ニシビスのヤコブから始め、今なお生きている者たちが続き、再びヤコブという名の人物から始め、この集成の中で最も長い章を割いているキュロスの司教区の聖人を紹介している。他の長い「生涯」、すなわち

---

(346) Urbainczyk (2002), p.141.
(347) Urbainczyk (2002), p.129.
(348) Urbainczyk (2002), p.62 の結びの部分である *On Divine Love* を参照。
(349) Devos (1979).

柱頭行者シメオンの「生涯」も、これらの後に並べられている聖人たちの中に出てくる。さらにシメオンの死に言及するパラグラフは、まず間違いなく挿入である。[350]さらに、最初期の説明の多くは、アンティオキアに関連する人たちに関わり、それらの人々の幾人かは、テオドレトスは、すでに若い頃に知っていた。それらは、アフラハト、ペトロス、ゼノ、マケドニオスである。一方、後半の章では、だいたいにおいてキュロスの周辺の修道士たちを取り上げている。男性がほとんどを占めているが、最後の三つの章は聖なる女性たちの記述である。いくつかの「生涯」は短い覚書であるが、多くの場合、それぞれの章は、主題の起源についての何らかの説明、禁欲主義の方法、多くの逸話の記述を提供している。それぞれの章は、著作全体からはあるいは独立した断片なのかもしれない。このことは特に「シメオンの生涯」に当てはまる。テオドレトスの記述と他の初期の生涯との関係は、複雑な批判的な問いとなる。[351]

このことから、私たちは史料の問題に至る。テオドレトスは、彼が語る特異な出来事の保証を提供しようと切望して、彼自身の目でいくつかの事実を見たことを確証し、彼が自分自身でまだ見ていないことは、証言者たちから聞いたことであると述べている。このことは書かれた史料を排除してしまうことになり、カニヴェはそれが事実であったと論じている。[352]テオドレトスは、ニシビスのヤコブというような初期の人物の周辺で生まれた、広く知られた伝説を報告している。[353]彼は、しばしば彼の敬虔な母親やベロイアのアカキオスのような信頼できる証言者たちの名前を挙げて、その情報がどこから来たかを語っている。「シメオンの生涯」でさえも、彼は自分自身が見たことと聞いたことを区別しているのである。カニヴェはテオドレトスの言葉をそのまま受け止める傾向がある。しかし「シメオンの生涯」は他の章に比べると、「聖なる日の説教」(Saint's Day Sermon) もしくは巡礼者に対する奨励よりもはるかに勝っている。それは、賛辞のようなもので、文体は修辞的に傾き、旧約聖書の預言者たちとその英雄が比較されている。さらに、「柱頭行」への弁証の記述も見られ、四七四年に書かれたシリア語の生涯の弁証ときわめて類似している。シリア語の生涯がテオドレトスに依拠している可能性はないので、デラヘイが提案しているように、[354] 最も信憑性のある説明は、フェスチュジエールによってなされた説明、すなわち、両著作とも〔シメオンに〕付き添っていた修道士たちによって作成された「公式の」弁証的な伝説に依拠しているということである。[355] テオドレトス自身は聖人たちが生きている間にすでに存在していた他の逸話を語っている。テオドレトスの記述が、ある部分は史料そのものから、またある部分は彼の個人的な経験から寄せ集められたものであった可能性が高い。しかし明らかにテオドレトスの著作のこのような側面をめぐる批判的な問いは、なお錯綜したままである。

テオドレトスの『宗教の歴史』がなければ、私たちのシリアの修道院運動の知識はきわめて乏しいものであっただろう。カニヴェは七五人の禁欲主義者への言及を数え上げたが、このうち多くは他の資料では言及されていない。[356] しかし、テオドレトスは多くの箇所で特定のものだけを選んだことを告白し、またある人々は彼の「シリ

(350) このことは、この史料に関するすべての議論において認められている。写本の伝達についての批判的な説明は Leroy-Molinghen (1964) に見られる。後の人の手によって、新しい版が生み出された手がかりを見出すことができるのである。
(351) Doran (1992).
(352) Canivet (1977) の第V章。
(353) 本書第五章I節を参照。ヤコブはエフライムの司教であった。
(354) Delahaye (1923), p.ix.
(355) Festugière (1959), pp.346-87 を参照。さらなる詳細は、Doran (1992) における内容が重複しているいくつかの節を参照。
(356) Canivet (1977), p.83.

アの修道院運動の過去の歴史についての断片的な知識」についてコメントしてきた[357]。彼が記す粗野な禁欲主義運動の要素を「なじみのある」（domesticate）ものにしてきた意味合いもまた存在する[358]。極端な禁欲的実践が報告されるが、テオドレトスはそれらについて詳しく書くことを避け、自身も含めた教会の聖職者たちから認められ、過激なものを和らげようと試み、彼の特質である「天使的な生涯」を描写することに努めたのである。禁欲主義者たちのどのような面が天使的だったのだろうか。最も明らかなのは、彼らが貞節を守ったことである。というのは、不死なる存在には、種の保存は必要ないからである。それと同じく、過度の断食と極度の肉体的な堅忍を通して、普通の人間の必要と限界を驚くべき仕方で超越していたことも挙げられる。最も重要なことは彼らが絶えまなく礼拝していたことであり、天使としての働きは天国において踊り、造り主に栄光を帰すように歌うことである。詩編を讃美し、讃美歌を歌い、聖書を読むことを通して神的美を省察すること、これらは、修道士が世を捨て、心の妨げを排除するための基本的な活動であった。身体的な必要は、絶え間ない祈りと服従のために、否定されていた。異質なる要素として肉体を拒絶することを意味する意図的な身体の苦行という要素が存在することは確かである。二元論は、オリエントでは決して無縁なものではなかった。しかし肉体を鍛錬することは、肉体を聖霊の価値ある宮にする試みを意味するのである。テオドレトス自身は、彼の他の著作では結婚に対して共感を持っているように見える。教父の大多数のように、マニ教などの極端な二元論に決然と反対した。『宗教の歴史』にはっきりと現れる ἀπάθεια（情欲のないこと）の理想でさえも、彼はそれを神にのみ属するものと認め、被造物には達成不可能であるとしている。全体的に、この著作においても、テオドレトスは節度、寛大、柔和を好んでいる。それゆえに、彼の禁欲主義者の実際の報告と、彼の一般化の記述の間には、時に不一致が見られるのである。彼は、このような抑制の過程を、自分が選んだ、各領域の哲学的かつ英雄的な模範に従って、人物たちを描きながら、その人物たちを「ヘレニズム化」（Hellenizing）することによって達成した。かくしてテオドレトスは、新しい形の哲学者たちに σωφροσύνη、δικαιοσύνη、ἀνδρεία、σοφία（節制、正義、勇気、知恵）といった枢要なギリシア的美徳を帰したのである。この著作の結びの部分では、彼はキリスト者の美徳の最も高いものとして ἀγάπη（愛）を挙げているが、彼が描き出す人物像にこのことがほのめかされており、特に花婿に対する献身に言及するときがそうである。禁欲主義者についてテオドレトスに実際感銘を与えるのは、彼らが人間の本性の標準的な力に勝っているからである。つまり、彼らはキリストにあって造り上げられた新しい人間性を代表している。

エジプトの著作と比較すると、悪魔との内的で心理学的な戦いについての強調はそこにはほとんど見られないが、テオドレトスの描く英雄たちは、悪や異教信仰との戦い、さらには悪魔祓いによって打ち負かされる悪魔との戦い、そして福音伝道と奇跡的な治癒に着手する。それは、朽ちることのない冠を勝ち取る戦いなのである。なぜなら、彼らは神の預言者たちの模倣者であるがゆえに、キリストご自身の模倣者でもある。このことによって、彼らは神の面前で παρρησία（親しく語り合う自由）が与えられ、人間たちの間において権威が授けられた。というのは、天使によってなされるもう一つの役目が、民全体と個人を守ることだからである。したがって、禁欲主義者たちは、この世の事柄について、地上で力と権威を持つ天使であった。彼らの理想は人間との接触を避け、神と語り合うことではあったが（シメオンの柱は群衆を避けるため、ますます高くなった）、聖人たちは、教化する例証を単に提供する以上に、ローマ帝国末期の半キリスト教社会の中で、実際に積極的な役割を演じたことは明白である。[359] 彼らは、社会や政治の病だけでなく肉体の病の治療のために、さらには裁判の決定とあらゆる種類の助言を大衆から求められた。私たちはこれらの箇所から、柱上行者シメオンが、九時になると柱の上か

（357） Price（1985）, introduction, xviii.
（358） 以下に続く議論の大部分は Canivet（1997）の第X章からのものである。
（359） Brown（1971a）.

ら正義、慰め、霊的な援助をすべての来訪者たちに定期的に与え、その後、日没時の祈りに戻り、それが翌日の九時まで続いたことを読み取る。それだけではなく、テオドレトスが、愛する若い母親が目の不調で苦しんでいたときにガラテヤのペトロスに癒しを求めるべきであったこと、さらに彼の子どものいない両親が「大麦食い」(barley-eater) のマケドニオスに助けを求めるべきであったことを、いかに当然であると考えているかがわかるのである。さらに、聖人たちが異端的な皇帝に立ち向かい、帝国の不興に直面している市民のための「保護者」(*patroni*) としても振る舞っていたことを記す逸話を見出す。彼らの並外れた偉業から、彼らは聖なるものとして区別され、彼らの聖性は、地上と他の人たちは締め出された天上の法廷で、彼らに発言の自由を与えた。それゆえ、彼らの仲裁力は大いに価値あるものであり、ギリシア語を話さない地域は、名声を得て、彼らを新しい社会のエリートとした。社会的な階層がどのようなものであれ、傑出した禁欲主義者は、人間の限界を超え、天使の世界に属している。このことが、すでに一つの社会的な事実であった事柄についてのテオドレトスの正当化であった。つまり、それは「裸の粗野な放浪者たち、……すなわち自分たちの演技的な行為によってギリシア・ローマ世界を不安に陥れた人々の」とてつもない衝撃であった[360]。その結果は後期ローマ帝国の社会と文化に生じる力と影響に変化をもたらしたのである。

テオドレトスが記した修道士たちの「天使のような生活」は、すでに『修道士の歴史』において見られるモチーフを取り上げている。この著作の序の部分において、修道士たちは新たな預言者、神の真の僕、食べ物や着る物に心を奪われず、絶えず祈り、讃美歌を歌い、砂漠においてキリストの再臨を待ち続ける者として描かれている。シリアの禁欲主義は、独自の特徴とルーツがあると考えられるが、類似性が根本的なところに見られる。エジプトでもシリアでも同じように、隠修士たちは治癒のために必要とされており、古代世界の神託者のように託宣を求められた。あらゆる修道制の著作において、修道士たちは偽りの神々と悪の力を攻撃した[361]。彼らは自分たちが修道を行っている領域で、悪魔に会うために砂漠の中を行進し、山に登った。彼らは治癒と悪魔祓いをすることにより、悪魔と格闘し続けた。彼らは要塞と墓を占拠し、最後まで戦い続けた。このようにして、修道士たちは山をも動かすことができる信仰によってキリストに従ったのである。奇跡と不思議な業が広がっていき、野獣が飼いならされ、地上に天が先取りされているとは、驚きではないだろうか。彼らは異なる世界に属している。修道院運動の著作に関する限り、それこそが要点なのである。

さらなる読書のために

英訳

Doran, Robert, 1992. *The Lives of Simeon Stylites*, trans. with introd., Kalamazoo, MI: Cistercian Publications.

Price, R. M., 1985. *Theodoret of Cyrrhus. A History of the Monks of Syria*, trans., Kalamazoo, MI: Cistercian Publications.

研究書

Brock, S. P., 1973. 'Early Syrian Asceticism', *Numen* 20, pp. 1-19.

Brown, Peter, 1971a. 'The Rise and Function of the Holy Man in Late Antiquity', JRS 61, pp. 80-101.

Krueger, D., 1997. 'Typological Figuration in Theodoret of Cyrrhus's *Religious History* and the Art of Postbiblical narrative', JECS 5, pp.393-419.

Urbainczyk, Theresa, 1997. *Theodoret of Cyrrhus: The Bishop and the Holy Man*, Ann Arbor: The University of Michigan Press.

---

(360) Brown（1971b）.

(361) A.J.Festugière（1965）の第一巻第一章ではこのテーマを詳細に扱っている。

第四章　カッパドキアの教父たち

テオドシオスが東方の皇帝位に就くことで、アレイオス主義は、さまざまな形で政治的な陰りを見せ始める。三七九年までには、正統信仰の擁護者たちは、カッパドキア地方出身の三人の司教たちであるとみなされるようになる。カエサリアの偉大な司教であったバシレイオスがこの勝利の日までに没したことは事実であるが、彼の友人であるナジアンゾスのグレゴリオスと、彼の弟であるニュッサのグレゴリオスが、意識的にバシレイオスの働きを継承し、彼の影響を不朽のものにしていった。後になって考えると、三人は迫害時においてもニカイア正統信仰の立場にあったとみなせるが、同盟関係が移り変わっていく三六〇年代から三七〇年代にかけての彼らの立場が一致していたのかはそれほど明快ではない。しかし平和の時代が到来すると、彼らの著作は東方の三位一体論を永続的に定義することになる神学的な土台を提供するものとなったのである。

しかしながらこのような貢献は、彼らに対する興味と意義に尽きるものではない。彼らの著作の顕著な特徴の一つは、宗教的な言語やイメージが豊かなことであり、聖書や祈り、さらには教義の伝統を包括的に受け入れていることである。しかしこれらの伝統は固定化されたものではなく、三人それぞれが三位一体の教理を明確にするだけでなく、キリスト者の生活のさまざまの側面に対して、大きな貢献をしたのである。おそらく彼らの著作で最も魅力的なのは、当時の教会における二つの領域の緊張関係を提供してくれている史料である。第一のものは、信仰と文化との間の緊張と融和である。すなわち新しい公認宗教が、ギリシア・ローマ世界の教育のシステムの中に組み込まれていた異教文化と折り合うようになることである。第二のものは、修道院の理想が台頭し、影響力を持ってきたことによって引き起こされた緊張と融和であった。いずれの場合でも、カッパドキアの教父たちのような指導者たちは両極端に走ることはなかった。つまり教会が自分自身を世に売り渡してしまうのでも、砂漠に赴き世から離れてしまうのでもなく、平衡を保ったのである。この平衡は意図的に作られたものではまったくなかった。それは状況から生じたことであり、生来の首尾一貫しない態度から生じたものでもあり、三人の個々の特質がそのような結果にさせていったのである。

I　伝記

三人のカッパドキア教父たちの生涯は、かなり密接な関わりを持ち[1]、同じことは著作についても言える。しかしながら、三人をまとめて扱うことが正しいかどうかはこれまで議論されるようになり、読み取ることができる彼らの生涯や性格に関する説明は、その「行間を読む」ことによって訂正されるようになってきた。私たちが知っている多くのことは、彼ら自身の著作によるものがほとんどであるが、それぞれの著作はいくつかの制約を受けているようであり、彼らの過去を弁証的な理由のために修正しているように思われるのである[2]。

三人とも、キリスト者の家庭としては名家に生まれている。九人家族の中で、バシレイオス、〔ニュッサの〕グレゴリオス、ペトロスが司教になった。彼らの祖父は殉教者であり、彼らの母と姉も聖人とみなされている。彼らの友人であった〔ナジアンゾスの〕グレゴリオスは、ナジアンゾスの司教の息子であり、父は妻の信仰によって回心した者であった。つまり、三人とも信仰に献身した両親のもとで育ったのである。彼らは生まれながら持っている信仰について確信を持って語るが、その信仰のイメージ、表現、語彙、態度は、彼らにとって第二の本性であった。それでも、彼らそれぞれは信仰への強い召命を経験することになったのである。

彼らの経験は狭いものでも、セクト的なものでもなかった。彼らの家族はキリスト者の家庭であったが、カッパドキアの上流階級に属していた(3)。彼らはとても裕福で、十分な教育を息子たちに受けさせることができ、バシレイオスとニュッサのグレゴリオスの父は修辞学の教師であった。バシレイオスはカッパドキアの中心地であるカエサリアで学び、その後はコンスタンティノポリスへ(4)、そして最終的にアテネに行き、当時の一流の教育機関で勉学に励んだ。カエサリアで彼はすでにナジアンゾスのグレゴリオスと知り合いになっており、アテネでその友情が開花したのである。グレゴリオスの教育の経歴はバシレイオスにかなり似ているが、バシレイオスがコンスタンティノポリスにいた間、彼は兄弟であるカエサリオスとともに、オリゲネスとの関係で知られていたパレスチナのカエサリアとアレクサンドリアの両方を訪ねた。しかしながらグレゴリオスが魅せられたのは何と言ってもアテネであった。彼は二〇代のほとんどをその地で費やし、学問に没頭したのである。彼がバシレイオ

(1) 彼らの生涯に関する最も重要な史料は、カッパドキア教父たち自身のものであり、特にナジアンゾスのグレゴリオスの『講話』43にはバシレイオスについて書かれており、『自身についての詩』(*Carmen de vita sua*)もそうである。ニュッサのグレゴリオスの『マクリナの生涯』(*Vita Macrinae*)や書簡の集成も挙げられる。現代の伝記作家たちは、これらの史料の聖人伝的で弁証的な側面を無視しようと試みてきた。例えばRousseau(1994)を参照。

(2) バシレイオスに関してはRousseau(1994)を、ナジアンゾスのグレゴリオスに関してはMcGuckin(2001)を参照。

(3) 彼らの背景についてはMitchell(1993)の特に第二巻を参照。より社会的また家族的な背景を探ったVan Damによる三部作(2002, 2003a, 2003b)も参照。

(4) 何人かの研究者たちは(例えばMeredith(1995))は、バシレイオスがリバニオスとの関係があったことから、アンティオキアで学んだのではないかと推測している。しかしバシレイオスがリバニオスと知り合いになった時には、リバニオスはコンスタンティノポリスにいたのではないかと考えられる。

スに従って、不本意ながらカッパドキアに戻ったのは、三五七年頃であった。

この友情はバシレイオスよりもグレゴリオスの方に、より大きな意味があったように思われる。グレゴリオスは、バシレイオスが自分を裏切るように思えると、自尊心を深く傷つけられた。彼らの友愛と不和の物語は、グレゴリオスの揺れ動く生涯に織り込まれている。彼らの書簡のやりとりの中で、グレゴリオスはアテネにいる間に、二人が「哲学の人生」を共有することに同意していたことに言及している(5)。しかしバシレイオスにとっては、これは学生の理想主義にすぎなかったのかもしれない。カエサリアに戻ると、バシレイオスは注目を浴びて称賛され、すぐに雄弁家として成功を収めた。彼はおそらく名声と富を謳歌したのだろう。バシレイオスは他者に影響を与える存在であったが、彼自身はすでに禁欲主義的な生活に身を捧げていた姉妹であるマクリナの影響を受けていたと言われている(6)。しかしもっと重要な影響を受けたのは、セバステのエウスタティオスからであった(7)。バシレイオスは〔カエサリアに戻って〕間もなく、彼の今までの経歴を放棄し、洗礼を受け、砂漠の修道士や隠者たちを訪ねるためにエジプト、パレスチナ、シリア、メソポタミアへの長きにわたる旅に出かけたのである。彼は戻ると修道院を設立し、小アジアにおける修道院に大きな影響を及ぼし、ついには修道士司教(monk-bishop)としての役割の先駆者となり(8)、これが東方正教会の規範となった。

修道院の隠遁生活では、バシレイオスは彼の友人の助けを求めた。バシレイオスはグレゴリオスに手紙を書き、彼にポントスで仲間に加わってくれるように促した。グレゴリオスは、アレクサンドリアからの帰路に嵐に遭遇したときまでには、おそらくはアテネにおいて洗礼を受けていた。この時期にグレゴリオスが洗礼を受けたことは、彼が現世的な思いを断念していたことを示してはいるものの、彼はバシレイオスが実践していたような禁欲主義的な生活に身を置くことに躊躇を覚えていた。高齢になっていた両親は、彼の助けとサポートを必要としており、そのことが格好の言い訳となった。彼は短期間、バシレイオスのところを訪れたが、すぐに戻ったのである。グレゴリオスの手紙は、理想主義とバシレイオスの過度な熱狂主義について冗談めかした戯れの言葉の間に横たわる、相反する思いを示している。(9) グレゴリオスは数回にわたってポントスに戻ったが、長くは留まらなかった。彼とバシレイオスは、オリゲネスからの抜粋である『フィロカリア』を編集した。さらにバシレイオスはおそらく彼の友人たちと、修道院を組織するための初期の規則(Rules)に関して議論していた。(10) しかしグレゴリオスの修道院運動に対する立場は、曖昧なままであった。彼は他人から修道院運動を非難するように迫られたときには、修道院運動を軽んじるほどの哲学的な隠遁の理想を有していたものの、その後には、彼が現世的なことに束縛されればされるほど、ますます修道院的な考えに駆り立てられていった。しかし彼の隠遁についての

(5) ナジアンゾスのグレゴリオス『書簡集』1を参照。ただしRousseau(1994)の警告も参照されたい。

(6) ニュッサのグレゴリオス『マクリナの生涯』を参照。Silvas(2008)はマクリナと関連するすべてのテキストを翻訳している。グレゴリオスが述べているよりも、バシレイオスがマクリナおよび彼の家族と曖昧な関係であったことを提案しているRousseau(1994)も参照されたい。マクリナが聖なる女性の「型」(*type*)であったことに関しては、Smith(2004), pp.57fを参照。彼女の家庭内での役割については、Rousseau(2005), pp.165fを参照。

(7) エウスタティオスの重要性はLoofs(1878)以来、認められてきた。Rousseau(1994)は、バシレイオスと彼の兄弟であるグレゴリオスが、三七〇年代の関係の決裂後に、どのようにしてバシレイオスの過去に由来することの影響を書き記したのかを示している。

(8) Sterk(2004).

(9) バシレイオス『書簡集』14およびグレゴリオス『書簡集』4, 5, 6を参照。Ruether(1969), Bernardi(1995), McGuckin(2001)も参照。

(10) 『書簡集』2において、バシレイオスはグレゴリオスに対して修道的理想の基本を示している。バシレイオスの禁欲主義的な著作に関しては、本書二九九―三〇六頁を参照。従来の意見は『フィロカリア』がこの段階で編集されたという意見であったが、これは推測にすぎない。これとは別の意見は、Junod(1972)を参照。

考え方はおそらくバシレイオスとは異なるものであった。一方でバシレイオスは、あたかも修道院が彼の能力にはあまりにも小さい一つの段階にすぎないことを意識しているかのように、無節操に教会政治の問題に関わるようになっていったと思われる。グレゴリオスは、自分の友人が自分たちの理想から明らかにかけ離れていくことを、ますます敏感に感じ取っていたのである。

グレゴリオスがそれまでも妨げられてきた志を最初に挫いたのは、彼の按手であった。グレゴリオスに影響力を持っていた父親は、彼が聖職になること、及び彼の司教区の運営の手助けを強いた。グレゴリオスはポントスに逃げたが、すぐに他に選択肢はなく、新しい職務を受け入れる以外にないことを悟った(11)。すでにバシレイオスは修道院の壁の外で活動していて、司教たちの陣営に入ってきた。グレゴリオスは三六〇年のコンスタンティノポリスの教会会議において、セバステのエウスタティオスとアンキュラのバシレイオスと行動をともにした。三六〇年に、カエサリアの司教とグレゴリオスの父である二人のディアニオスは、コンスタンティウスの教会一致の最後の試みであったコンスタンティノポリス信条に署名をした。両者はそれぞれが、バシレイオスとグレゴリオスの影響の下、コンスタンティウスの失策を以前に批判していた。そのときカエサリアの新しい司教であったエウセビオスは、神学的には初心者であったため、バシレイオスに自分の補佐役を務めるように説得した。そこで彼もまた司祭に任命された。しばらくすると、バシレイオスはエウセビオスとの関係が微妙なものになったので、自身の修道院に戻った。しかし彼の友であるグレゴリオスは〔バシレイオスとエウセビオスの〕二人の間の和解をもたらすために尽力し、バシレイオスは元の任務に戻った。彼はウァレンスの下で、アレイオスが優勢を誇る最後の時期の教会を擁護するために必要とされたのである(12)。

バシレイオスの弟である〔ニュッサの〕グレゴリオスの若い頃の経歴についてはほとんど知られていない(13)。彼の教育はバシレイオスによっていることは、グレゴリオス自身が認めているが(14)、バシレイオスがその時代の教育の中心地に遊学したような経験をすることはできなかった。しかし彼がどこで教育を受けていようとも、彼は、彼の兄〔バシレイオス〕やその友〔ナジアンゾスのグレゴリオス〕よりも、その当時称賛された修辞的な技量において勝るとも劣らないことは明白であった。また哲学に依拠している点では、彼の兄と友人よりももっと明白である。[15] 彼は聖職になる運命にあったような人であり、早くから読師に任命されていた。彼がポントスにおいてバシレイオスと禁欲主義の生活を送っていた時期がある可能性もあるが、[16] ナジアンゾスのグレゴリオスからの手紙には、彼が突然、教会の務めを放り投げてしまったことが明らかにされている。[17] 彼は父親と同じように雄弁家（rhetor）となり、彼が禁欲生活に入る前の「現世」の時期に、結婚していた可能性もある。[18] しかしながら、

（11）ナジアンゾスのグレゴリオス『講話』1,2.
（12）ソゾメノス『教会史』vi.15 およびナジアンゾスのグレゴリオス『講話』43を参照。バシレイオスのウァレンスとの次なる衝突は歴史家にとっても問題となるような奇妙なエピソードである。
（13）体系的な伝記ではないが、部分的なものは Silvas（2007）によってなされている。
（14）ニュッサのグレゴリオス『書簡集』13は（もし真正ならば）リバニオスに宛てられている。リバニオスもまたバシレイオスのことを *Hexameron* と *De Opificio Hominis* の中で教師であったと言っている。
（15）Rist は、Fedwick（1981）, pp.137-220 の 'Basil's „Neoplatonism": its Background and Nature' において、バシレイオスとその友ナジアンゾスのグレゴリオスはその当時の哲学的なことには興味を示さず、むしろ敵意さえ抱いていたと論じている。しかしながら、バシレイオスの弟である〔ニュッサの〕グレゴリオスがプロティノスにある興味を抱いていたことが示唆される。なぜならバシレイオスの『聖霊論』（*De Spiritu Sancto*）とグレゴリオスの『処女について』（*De Virginitate*）はほぼ同じ時期に書かれたが、〔プロティノスの〕『エンネアデス』（*Enneads*）に対する明確な言及が見られる。『聖霊論』5.1, 6.9と『処女について』1.6, 6.9を参照。Peroli（1997）も参照。
（16）バシレイオス『書簡集』223.
（17）ナジアンゾスのグレゴリオス『書簡集』11.
（18）ニュッサのグレゴリオス『処女について』3を参照。ナジアンゾスのグレゴリオス『書簡集』95によると、彼

彼の結婚生活も修辞学の経歴も長くは続かなかった。彼の妻は子どもを出産したときに亡くなったのかもしれない[19]。深い悲しみ、もしくは幻滅によって、あるいは〔ナジアンゾスの〕グレゴリオスの手紙の効果、彼の家族の影響によって（何と言ってもマクリナは、畏敬すべき姉であったと思われるし、グレゴリオスは自分の抑圧された罪に誘発された夢に敏感であった[20]）、彼はまもなく現世的なことを追求するのを止めた。

三七〇年にエウセビオスは死んだ。バシレイオスが彼の明らかな後継者と思われた。しかしながら、政治の内実は野心であり、対抗勢力や熱狂的な圧力活動である。バシレイオスは、教会がそのような抑圧から逃れることはできず、彼が司教に選出されるということは、決して確実なものではないことに気づいた。彼は自ら戦いの場へと赴こうとはしなかった。不幸にも、彼は友〔ナジアンゾスのグレゴリオス〕の感受性を誤解してしまい、グレゴリオスにすぐに来てもらうために自分が病であることを装ったために、友の支持をほとんど失ってしまった。幻滅したグレゴリオスにとって、バシレイオスの行動は自己本位の野心以外の何ものにも見えなかった。それにもかかわらず、グレゴリオスの父はバシレイオスがカッパドキアの首都司教に選出されたことの価値を理解しており、二人の不仲を繕ってくれた。バシレイオスは、力になる支持を受けたことで、〔グレゴリオスの父である〕ナジアンゾスの老年の司教に恩義を感じていた[21]。

しかしながら、不和は彼の司教選出によっては終わらなかった。政治は敵を作るものである。バシレイオスの能力をうらやむ者がいたし、自尊心を傷つけられた者もいた。このような困難に加えて、表向きは行政上の理由であったが、ウァレンスがカッパドキアの統治を二つに分割した。教会の管区は、慣習的に帝国の管区に従っていたため、バシレイオスへの反対勢力が、新首都ティアナに形成され、その地の司教であったアンティモスは、第二のカッパドキアの首都司教に自分がなると躊躇なく宣言した。バシレイオスはこの権力闘争に強引に介入し、彼が信頼を置いている人たちを新たな司教区に任命することによって、自身の立場を固めようとした。ナジアンゾスのグレゴリオスは戦略上、要所であるサシマの司教に任じられたが、その教区の実際の住人たちは、関税官たち（customs inspectors）と宿屋の経営者たち（innkeepers）だけであった。彼は侮辱されたように感じ、バシレイオスの野心の中にある単なる駒にすぎないと感じた。四世紀は、強いて司教とされた者たちが多くいた世紀であるが、特にグレゴリオスはそうだったのである。[22] しばらくすると、別の新しい司教がニュッサという地方都市に現れた。すなわち、バシレイオスの弟のグレゴリオスであった。

バシレイオスは、支持者の選択にあたって、すべてうまくいったわけではなかった。彼の友〔ナジアンゾスのグレゴリオス〕はサシマでの職に就いてくれなかったし、彼の弟〔ニュッサのグレゴリオス〕は教会の種々の問題に対して機転が利かず、役に立たないことがわかり、[23] 結局は「アレイオス派」の陰謀に屈してしまい、教会の資金を横領したために退位させられてしまったのである。両者とも、バシレイオスが早すぎる死を迎えた後は尊敬の念をもって追憶し、自分たちも影響力のある立場に就いた。しかしバシレイオスの司教座の政治的手法によって、バシレイオスと二人のグレゴリオスの関係には、激しい緊張が生まれた。一方で、バシレイオスはグレゴリオスらの弱さに忍耐を強いられた。他方では、彼の友は二人が抱いていた理想に対するバシレイオスの裏切り

の妻はテオセベイアと呼ばれていたようであるが、彼が司教だったときに献身的に家事を執り行った妹の名前であった可能性が高い。Silvas（2007）を見よ。

（19） Silvas（2007）.

（20） グレゴリオスの夢に関する記述は *In 40 martyris* の説教の中に収められている。Cherniss（1930）, Silvas（2007）を参照。

（21） ナジアンゾスのグレゴリオス『書簡集』40-6.

（22） ナジアンゾスのグレゴリオス『書簡集』47-9,『自身についての詩』（*Carmen de vita sua*）を参照。これらの複雑な過程の詳細研究に関しては McGuckin（2001）を参照。

（23） バシレイオス『書簡集』58-60, 100 を参照。Daniélou（1965）も参照。

に憤慨したし、彼の弟は兄に対して劣等感を持っていたと言われている。バシレイオス自身もかなりの不安感にさいなまれたように思われ、彼が司教位にある間に、友情の多くが危機にさらされてしまった。[24]

にもかかわらず、司教としてのバシレイオスの業績は偉大なものであった。[25] 純粋に実践的な面として、彼は慈善団体、病院、学校を設立した。彼は修道院を組織し、司教区を運営するための手腕を発揮した。彼は礼拝形式を改革し、説教と釈義には定評があった。彼は弛緩した時代に道徳的な強いモラルによるリーダーシップを発揮し、原始教会の簡素な生活に戻る考えを基本に据えた。「アレイオス派」の皇帝が統治する困難な時期には、皇帝の権力があえて直接触れることのなかったニカイアの正統信仰の砦とみなされるようになった。彼が個人的にウァレンスと対決したことは伝説となっている。指導的なニカイアの神学者たちとの間で交わされた数多くの書簡は、彼が理解する真理のために、疲れを知らない彼のエネルギーを費やした証言とみなされてきた。彼が、大バシレイオスとして知られるようになったのも、理由のないことではない。バシレイオスの個人的な献身をより微妙かつ複雑に再構成することで、その判断の時代錯誤的な性格を表すことになるかもしれない。[26] しかし、彼はすでに、司教になる前に、アノモイオス派（Anomoian）のエウノミオスに挑戦し続けていた。エウノミオスの聖霊に関する論文は「ニカイアの単純な教えに対する、注意深く限定されたみせかけ」を提供した。[27]

バシレイオスは、ニカイア正統派の勝利が明らかになる直前、三七九年に死んだ。彼は四九歳にすぎなかったが、彼の健康は過度な禁欲主義によってむしばまれていたのである。ナジアンゾスのグレゴリオスにとっては、これは、多くの親しい人々との別れの最後となった。ナジアンゾスのグレゴリオスは、三七〇年代の初めに、母の死に引き続いて、兄弟姉妹や父の葬儀を執り行わなければならなかった。[28]［ナジアンゾスの］グレゴリオスは彼の父の後継者となることを拒み、わずかの間だけ、その司教区の任にあたったが、その後、彼がずっと望んでいたセレウキアの修道院へと隠遁した。彼がバシレイオスの死を知ったのは、彼自身がこの地で病床にあったときであった。

しかしグレゴリオスは長期にわたってセレウキアに留まることはできなかった。コンスタンティノポリスでは、信仰深いニカイアのキリスト者たちの小さな集団に代わって、代表団が到着した。首都〔コンスタンティノポリス〕はさまざまな信仰が入り乱れ、現皇帝の信仰に従っている者たちも多かった。結果的に、過去五〇年間にわたって、教会が「アレイオス派」の手中に収められていたのである。テオドシオスが皇帝位に就いたことで、ニカイア派の者たちの覇権を確立するときが到来し、ナジアンゾスのグレゴリオスのうちに、彼らの求める指導者を見出した。グレゴリオスは、叶わぬことではあったが、禁欲的な隠遁生活に身を捧げることを願った。彼は、教会やこの世界での高い地位への野心がなかったために、抵抗したものの、結局は義務への召命と思えることに身を委ねることになった[29]。おそらく彼はこれ以上抵抗できなかったのであろう。サシマでの屈辱以来、彼の才能に対する誉め言葉は香りを放っていたに違いない。

そして事実、グレゴリオスはめざましい成功を収めた。彼の見事な講話は、小さなアナスタシス〔復活〕礼拝堂の聴衆を惹き付けた。彼の『五つの神学講話』(*Five Theological Orations*)[30]は敵方の陣営を混乱に陥れた。彼はアレイオス派からの暴力や陰謀に苦しめられたが、ニカイア勢力は着実に増大していた。彼の名声は、策略に満ち

---

(24) この議論に関してはRousseau (1994) を参照。
(25)『講話』43のナジアンゾスのグレゴリオスによる賛辞は、彼の心の傷がまだ残っているものの、鮮やかな要約を提供してくれる。
(26) Rousseau (1994).
(27) Rousseau (1994), p.276.
(28)『講話』7, 8, 18.
(29)『講話』33および『自身についての詩』592ffを参照。
(30)『講話』27-31を参照。さらなる詳細は本書三一八―三二二頁を参照。

た冒険家の哲学者マクシムス（彼はグレゴリオスに取り入り、そして自身がひそかに大司教に就任した）を不幸にして支持したために、いささか減じられた。しかしグレゴリオスの判断についての疑いはすぐに消えうせた。テオドシオスが到着して、アレイオス派を斥け、グレゴリオスを大司教の素質を持つ者として大聖堂にて就任させたのである。

一方、彼の司教区に復帰したニュッサのグレゴリオスは、セバステにおける司教の後継者問題を解決し、プネウマトマコイ（Pneumatomachians）と戦っていた。姉であるマクリナの後を追うようにしてバシレイオスは死に、その出来事がニュッサのグレゴリオスに意識させ、彼は膨大な著作を執筆するようになった。バシレイオスの死の前に書かれ、おそらく兄の求めに応じて書かれたであろう著作の一つは『処女について』（*De Virginitate*）である。しかしその後、彼は弁証的な著作の中で、特に兄のことを弁護することを試みた。彼はエウノミオスとの論争に着手し、聖霊の〔神性を〕弁護することを追求した。グレゴリオスは闇雲にバシレイオスを追認したのではなく、修正を加え、発展をさせていった。[31] バシレイオスの修道士の規則（Rules）が『キリスト者の教えについて』（*De Instituto Christiano*）の土台にあり、[32]〔バシレイオスの〕『ヘクサエメロン』（*Hexaemeron*）が『人間創造論』（*De Opificio Hominis*）に影響を与えている。[33] 三八一年に、バシレイオスの影がコンスタンティノポリス公会議を覆った。つまり、彼の弟であり、擁護者、代表として、グレゴリオスが手腕を発揮し、彼の神学が公会議の審議に少なからぬ影響を及ぼしたのである。[34] かつては無能な行政家であり、機転のきかない交渉者という印象を与えた者が、突如、かなりの影響力を行使するようになったのである。

ニカイアの立場の勝利を確実にするためにテオドシオスによって召集されたこの会議には、二人のグレゴリオスが、正統主義の擁護者として参集した。しかし一人が宮廷からの保護と正統主義の世界からの尊敬を受けている間、他のもう一人は名も知られぬまま、身を引くことになった。この公会議は、ナジアンゾスのグレゴリオスがコンスタンティノポリスの司教に選出することをもって始められ、アンティオキアのメレティオスの死後には、彼が議長となった。しかし彼はすぐに、召集された司教たちとの間でなされた政治的な論争に嫌気がさして身を引いてしまい、彼が欠席している最中、遅れていたエジプトの代表が到着すると、彼の選出の合法性に疑いの目が向けられるようになった。ニカイアの法令（canons）によれば、司教は一つの司教区から別な司教区に移動してはならず、グレゴリオスはサシマの司教に任命されていたのである。グレゴリオスが恐れた一つのことは、自分の野心と身勝手さを非難されることであった。そこで彼は司教就任を辞退することによって、打開を図った。彼は辞職を願い、家に戻って、もう一度、禁欲主義の生活を送ろうとしたのである。そして筆を執って正統主義を弁護する戦いを続けようとした。公会議は結局のところ、グレゴリオスが聖霊の神性をはっきりと肯定したことに抵抗し、ずっと以前にバシレイオスに強要していたホモウシオン（homousion）を欠いたまま、曖昧な信仰

（31） Balas（1976）はこのことに関して興味深い議論を行っている。Mateo-Seco and Bastero（1988）に収められている Meredith のものと比較されたい。グレゴリオスの著作を年代順に考察した研究は Daniélou（1966a）を参照。

（32） しかしながら、本書二三三頁の注268を参照されたい。二四〇頁ではマカリオスに依存していることが示されている。グレゴリオスはシリアの諸伝承に関わりがあったと見られる。例えば、Spira and Klock（1981）に収められている Drobner を参照。

（33） 人間の起源の議論において、二つの著作はきわめて密接な関係にあるために、様々な写本の伝承において、それぞれが人間創造に関するいくつかの説教を彼に帰してきた。これらは、明らかに『ヘクサエメロン』についての九つの説教を補うことが意図されている。九つの説教の著者が誰であるのかは決着していない。*Sources chrétiennes* はこれらの説教をバシレイオスのものとして出版した（Smets and van Esbroek（1970））。グレゴリオスの Jaeger 版著作集は九つの説教をグレゴリオスの補遺に含めている。Lim（1990）を参照。

（34） Jaeger（1966）を参照。さらなる詳細は Daniélou（1966a）と May（1966）を参照。

の声明を作り出した[35]。ナジアンゾスでは、彼の父以来、後継者が任命されてこなかったために、彼は実際には、司教区の諸問題を処理せざるをえないと感じるようになった。最終的に後継者が就任すると、グレゴリオスは持病と心の傷の療養をするために引退をし、詩を作ることに慰めを見出し、『書簡集』、『講話』、『詞華集』の形式でキリスト教の著作に貢献する出版を監修している[36]。彼は三九〇年に死去した。

しかしながら、もう一人のグレゴリオスは、コンスタンティノポリスにてアンティオキアのメレティオスの葬儀説教を執り行う栄誉を得た。その後、彼は皇帝の娘と妻の葬儀説教も行った。さらに、慎ましく小さなニュッサの町の司教が、教会の諸問題を統率するための三人のうちの一人に任命され、それに続く数年間は、選挙の打ち合わせのために、また帝国の任務を遂行するために、東方世界を旅して回った。彼がエルサレムを訪問したのは、おそらくコンスタンティノポリスを訪問した後のことであった[37]。三八〇年代は著作活動に情熱を注いだ時期であったと思われる。彼は影響力を失い、バシレイオスの後継者との個人的な対立は、グレゴリオスの晩年を傷つけたが、彼が生み出した著作の質は、彼が「神秘的な」釈義上の著作を生み出すように転向したことによって傷つくことはなかった。私たちが彼について知っている最後の言及は、彼が三九四年のコンスタンティノポリスの会議に出席したことである。

三人のカッパドキア教父たちはすべて、膨大な著作を生み出し[38]、それらには貴重な書簡も含まれている[39]。このことは、彼らの生涯のきわめて正確で詳細な再構成が、いくつかの逸話から可能になることを意味している。ニュッサのグレゴリオスの筆によるものは、三〇通の書簡のみが知られているにすぎないが、他の二人の書簡はきわめて多数が存在している。バシレイオスの書簡は、いくつかは、彼自身が筆を執ったというよりは彼に宛てて書かれたようなものであるが、全部で三六五通にも及ぶ。いくつかの書簡は書かれた日付が定かではないが、彼の生涯全体にわたっている。〔書簡の通し番号の〕1-46 は初期の時期に由来するものであり、47-291 は彼が司教だった時期のものである。これらの手紙は、バシレイオス自身の生涯や関心事だけでなく、当時の教会についての豊富な情報を提供してくれる。私事と並んで、教義的な問題や行政的な問題も論じられている。これらの手紙は、初めは出版されることは意図されていなかったが、その時代に見受けられる優雅な文体で書かれている。ナジアンゾスのグレゴリオスは、書簡の書き方の助言を求めてきた、ある若い信奉者からの求めに応じて、自

（35）ナジアンゾスのグレゴリオスの著作が何世紀にもわたって信条の釈義として扱われてきたゆえに、コンスタンティノポリス信条が彼の立場を支持するように思われるという見解に関しては、Bernardi（1995）とNB McGuckin（2001）を見よ。

（36）McGuckin（2001）およびBørtnes and Hägg（2006）の中に収められているMcGuckin（2006）を参照。

（37）『書簡集』2を参照。Silvas（2007）, p.48は三七九年のアンティオキアの教会会議の後だったという提案に異議を唱えている。

（38）それぞれの完全版は『ミーニュ教父叢書』*PG*に収められている。しかしながら、*Sources chrétiennes*やBudéや他の者たちもバシレイオスとナジアンゾスのグレゴリオスの主要な著作の編集版を生み出した。利用できるものは、本書の参考文献のところにリストアップされている。Jaegerはニュッサのグレゴリオスの編集をはじめ、他の者が引き継いでいる。本書での引用は「Jaeger et al.（1960-）」とする（一般的に*GNO*と表記される）。英訳選集は*NPNF*に収められており、最近のものはDaley（2006）とMeredith（1999）によって提供された。いくつかの特定の著作については、本章で後に論じるが、そこで版や訳についても言及する。

（39）書簡集のテキストに関して。バシレイオスのものはCourtonne（1957, 1961, 1966）, Hauschild（1973, 1990, 1992）を参照。英訳はDeferrari（1926, 1928, 1930, 1934）を参照。*NPNF*とWay（1951, 1955）のものも参照。ナジアンゾスのグレゴリオスのものは、三つの版すべてがGallay（1964, 1967）,（1969）, Gallay and Jourjon（1974）によって出版された。英訳は*NPNF*を参照。ニュッサのグレゴリオスに関してはJaeger et al.（1960-）= *GNO* vol.VIIIを参照。英訳は一部*NPNF*にある。Silvas（2007）も参照。

分自身の手紙の集成を公刊した最初のギリシア語の著作家であった。[40] グレゴリオスは、手紙は短く、明白で、簡潔で、魅力的であるべきと提案し、バシレイオスの手紙を書簡の書き方のモデルとして引用している。[41] グレゴリオスの書簡のうち二四四通が現存しており、そのうちのいくつかは初期のものであり、友であるバシレイオスに宛てたものも数通あるが、多数の手紙は晩年に、文学的な著作として意識的に書いたものである。少数の手紙は教義的な問題を扱っており、アポリナリオスに反対する重要な記述が含まれているクレドニオスに宛てて書かれた手紙などがそうである（これらの手紙の最初のものは、カルケドン公会議において公式に採用された）。しかし大部分の手紙は個人的なものであり、自伝的である。しばしば弁証的であることもあり、彼の生涯の過程の中で明らかに互いに対立するような理想の緊張関係を最も明瞭に表している。

さらなる読書のために

英訳

Daley, Brian E., 2006. *Gregory of Nazianzus*, London and New York: Routledge.

Silvas, Anna M., 2007. *Gregory of Nyssa: The Letters. Introduction*, Translation and Commentary, Leiden: Brill.

Silvas, Anna M., 2008. *Macrina the Younger, Philosopher of God*, Turnhout: Brepols.

Way, Sister Agnes Glare, 1951, 1955. *Saint Basil. Letters*, 2 vols, FC, Washington, DC: Catholic University of America Press.

研究書

McGuckin, I., 2001. *Gregory of Nazianzus*, Crestwood, NY: St Vladimir's Seminary Press.

Meredith, A., 1995. *The Cappadocians*, London: Geoffrey Chapman.

Mitchell, Stephen, 1993. *Anatolia: Land, Men and Gods in Asia Minor*, 2 vols, Oxford: Clarendon Press.

Rousseau, Philip, 1994. *Basil of Caesarea*, Berkeley / Los Angeles / London: University of California Press.

Van Dam, Raymond, 2002. *Kingdom of Snow. Roman Rule and Greek Culture in Cappadocia*, Philadelphia: University of

Pennsylvania Press.
——, 2003a. *Families and Friends in Late Roman Cappadocia*, Philadelphia: University of Pennsylvania Press.
——, 2003b. *Becoming Christian: The Conversion of Roman Cappadocia*, Philadelphia: University of Pennsylvania Press.

Ⅱ　隠遁と関与

すでに、三人のカッパドキア教父たちの生涯をたどる中で、先に言及したような緊張と和解の諸領域の具体例を見てきた。修道院運動の理想によって生じた個人的な緊張関係は、ナジアンゾスのグレゴリオスの優柔不断さに最も明瞭な形で示されている。グレゴリオスは、おそらく繊細かつ内省的で、過度に熱狂するところもあり、自分自身に自信が持てず、簡単に軽んじられたり、簡単に意気消沈したりするところがあった。しかし、彼の諸問題は単に彼自身が作り出したものではなかった。それらは、同時代の緊張関係を映し出している。彼の生涯には、哲学と修辞学との対立、つまりソクラテスとソフィスト以来の古典的な伝統に内在している対立に個人的な終止符を打つ試みを見出すことができる。[42] そうであるなら、キリスト者たちの間での修道院運動の影響は、いくつかの理想の間にある対立を悪化させることでもあった。つまり、瞑想のために隠遁するか、共同体や指導力、成功への責務を果たすかどうかという対立である。この世紀には、キリスト教の指導者となる者たちは、まず、この世に積極的に関わる生活とこの世から身を引く生活との間の相対立する主張を天秤にかけねばならず、それ

（40）Quasten（1960）, p.247を参照。Bernardi（1995）の第 xi 章の Gregory as a letter-writter も参照。
（41）ナジアンゾスのグレゴリオス『書簡集』51-4.
（42）Ruether（1969）.

から、この時代の理想に従って、世からの隠遁によってのみ達成される個人の救いへの渇望に対して、教会への義務の求めを計る必要があった。グレゴリオスの理想は、哲学を追求し、この世の野心を避ける、余暇と教育を享受するエリートの「古典的な」モデルのキリスト教化された別形《バージョン》であった。対照的に、バシレイオスの家族は明らかに平等主義的なモデルを採用し、激しい肉体労働をし、奴隷を解放することと並んで、簡素な生活を支持した。このことはグレゴリオスにとってあまりにも厳しいことであった[43]。彼は意図的にこの中間を選んだということが言われるが[44]、グレゴリオスはおそらく満足のいくようにこの緊張関係を解決できなかったに違いない。一方では彼の経歴は義務から身を引いたことを示しているが、他方では彼が対立によって失望させられるとすぐに身を引いたことも暗に示している。手紙や講話によれば、彼は「活発で精力的な牧会者」として、「神学論争、教会政治、礼拝の指導、貧しい者の世話」に従事した者として描かれてきたが、それにもかかわらず「しばしば自身のことを、ふさわしい地位を捨てた世捨て人、そうせざるをえなかった病弱の瞑想者と描いている」[45]。それでも、彼のこの経験が聖職者を按手するためにはどれだけの質の高さと献身が必要なのかについての影響力のある議論を生み出した。このような議論は神に完全に服従するための有効な方法のみならず、よりいっそう困難な方法としての責任ある奉仕を示した[46]。しかしながら、彼がより重視していたのは、聖化の前段階を可能にする道としての実践的な美徳である。というのは、グレゴリオスにとって、θεωρία（観想）が目標だったからである。しかし「神化され、神化する」司祭は[47]、他の者たちを神のところに連れて行く責任があった。グレゴリオスの考えは、ヨアンネス・クリュソストモスのような人々に影響を与えた。これらの人々は、数十年に一人の禁欲主義者になろうと試みたのである。ただし彼らは、コンスタンティノポリスの総主教の座が、禁欲主義の衣服を身にまとうにはあまりにも不向きなところであることを結果として知ることになるのである。

　バシレイオスはこの道の開拓者の一人であったが、彼がいくつかの理想の明白な対立によって、霊的に深く悩んでいたようには思えない。司祭として、バシレイオスもナジアンゾスのグレゴリオスも、修道士たちの集団から起こった地元の司教に対する反発を処理しなければならなかった。小アジアにおける修道士たちと司教たちとの間に長く緊張関係が続いた事実は、ガングラにおける教会会議の記録から明らかである。残念ながら、この会議の正確な日付は不明であるが、会議の教令によれば、小アジアでは禁欲主義者たちは［セバステの］エウスタティオスの敬愛した実践は、[48] 批判の対象になってしまい、会議の教令によれば、小アジアでは禁欲主義者たちは「都市の環境の中での一種の反文化的共同体」であった。[49] しかしこのときまでには、エウスタティオス自身も司教となっていた。エウスタティオスは、バシレイオスのために、哲学者の理想を具体化した。哲学者は、自らの才能を共同体（この場合は教会である）への奉仕に用いたのである。すでにアタナシオスは、エジプトの修道士の集団から司教を選び叙階した。さらにカッパドキア教父たちは、このような統合を行うためのモデルと聖書的な典拠を提供するために尽力した。モーセは、バシレイオスの理想的「模範」であった。それらは、四〇年にわたる訓練、四〇年にわたる黙想、四〇年にわたる人間への配慮と共同体の指導である。[50] このように考えると、バシレイオスには、一貫した特徴を

(43) McGuckin (2001).
(44) Beeley (2008).
(45) Daley (2006).
(46) ナジアンゾスのグレゴリオス『講話』2.
(47) Russell (2004), p.219.
(48) Rousseau (1994) は、バシレイオスがエウスタティオスと不仲になった過去についてどのように「書き改めた」(re-wrote) かを示している。バシレイオスの禁欲主義がエウスタティオスの影響を受けていることは、Loofs (1878) 以来、認められてきた。
(49) Sterk (2004), p.30.
(50) Sterk (2004), p.62.

見出すことができる。それは彼が世を放棄し自ら教会の奉仕に献身した人間であったということである。

にもかかわらず、バシレイオスの理想と功績はおそらく完全には調和してはおらず、これまで考えられてきたよりも彼は不安定な存在であったと思われる。[51] 服従という規範が、共住修道制の発展に対する、彼の最も独創的な貢献であったかもしれない。[52] しかしバシレイオスは誰にも服従しなかった。彼は司教としては横暴で、彼の友人と兄弟たちの疑念に対しては鈍感であった。謙虚と自己否定が、彼の共同体内の兄弟たちには求められた。しかし、バシレイオスは彼の司教区に対しては野心的で、自らの権威を失うまいと腐心した。彼がその自尊心と傲慢さを非難されたことは、グレゴリオスが賛辞の中でバシレイオスの性格を弁護したことから明らかである。「彼らが誇りと呼ぶものは」とグレゴリオスは言っている。「それは、私が思うに、彼の性格の堅固さと不動性そして安定性である」。[53] それでもグレゴリオス自身は、自分がサシマの司教に叙階されたことを、バシレイオスの横暴な行為とみなすことを決して止めなかった。[54] バシレイオスのような人物が、自分自身の理論を実践に適用し損ねたことは、教会にとっては良かったに違いなかった。しかしながら、バシレイオスは彼の生涯と著作において、この時代の自覚的なイデオロギーに従って生きることの難しさを明らかに例証している。この時代には、責任が自分の避けることができない要求を作り出したのである。結果としてその要求が彼に与えられた性格と気質にうまく適合したように見える。

バシレイオスの弟であるニュッサのグレゴリオスは、おそらくこの緊張を統合することに最も良く成功した者であった。彼の最初期の著作である『処女について』[55] から、彼の結婚観を知ることができる。しかし、この事実と彼の当面の主題との間の明白な矛盾は、真実の問題は、結婚と独身によって正しく理解されたのではなく、むしろ魂に執着心がないこと（ἀπάθεια）が神との合一の鍵となる要素であるということを彼に悟らせたものである。これは、欲望の再教育を意味した。[56] ニュッサのグレゴリオスの政治戦略についてのある種の説明は、彼の「神秘主義的な」著作のかたわらで奇妙な読み方を生み出すかもしれない。しかしながら、聖書がこの緊張関係と共存するための形《モデル》を提供してくれた。二人のグレゴリオスにとって、モーセやパウロのような聖書の偉大な人物たちは、彼らの神秘的な神経験が人々に伝えられた仲保者に思われた。[57] 実際に、ニュッサの〔グレゴリオスの〕『モーセの生涯』は司祭のために書かれたのかもしれない。[58] それゆえ、彼らの理想は〔二つの間で〕バランスを取ることであり、長期的には、この理想の発展は、そこから進化が生じる個人的な緊張よりもはるかに重要なものであった。

さらなる読書のために

研究書

Coakley, Sarah（ed.）, 2003. *Re-Thinking Gregory of Nyssa*, Oxford: Blackwell.

（51） Rousseau（1994）.

（52） Amand de Mendietta（1949）.

（53）『講話』43.

（54）『自身についての詩』530ff および『書簡集』17, 50 を参照。

（55） テキストは Jaeger et al.（1960-） = VIII.1 を参照。英訳は Callahan（1967）を参照。

（56） Coakley（2003）に収められている Laird の 'Under Solomon's Tutelage: The Education of Desire in the Homilies on the Song of Songs' を参照。この中で、Hart による初期の論文への言及がある。

（57） ナジアンゾスのグレゴリオス『講話』2, ニュッサのグレゴリオス『詩編の表題』（*In Ps.*）7,『モーセの生涯』（*De Vita Moysis*）を参照。Spidlik（1971）も参照。

（58） Neine（1975）を参照。テキストは Jaeger et al.（1960-） = *GNO* VII.1 を参照。英訳は Ferguson and Malherbe（1978）を参照。

Ruether, Rosemary, 1969. *Gregory Nazianzen, Rhetor and Philosopher*, Oxford: Clarendon Press.
Sterk, Andrea, 2004. *Renouncing the World Yet Leading the Church: The Monk-Bishop in Late Antiquity*, Cambridge, MA: Harvard University Press.

Ⅲ　キリスト教と同時代の文化

異教文化とキリスト教の伝統を同じ計りにかけてみると、そこには同じような不安定さとともに、重要な平衡関係もまた見出される。この平衡関係は、カッパドキア教父たちの神学的な系譜がオリゲネスに遡るということを思い起こせば、それほど驚くにはあたらない。(59) オリゲネスの聖書テキストへの熱情は、ギリシア哲学の伝統との関わりによってバランスが保たれていたのである。それでも、三人の教父たちの心の中にこれら二つの伝統が、意識的にせよ無意識的にせよ、相互に影響を及ぼし合っていたことを探るのは興味深いことであり、その相互作用は、彼らの家族的な背景と教育の当然の結果であり、彼らの感じ方の中にあるある種の矛盾によって達成されたにすぎない。

バシレイオスは、洗礼を受けて世俗から離れた時に、異教文化をも放棄した。後に彼は「神によって愚かにされた知恵」によって青春時代が浪費されてしまったと書いている。(60) キリスト教の伝統に従って、彼は哲学者を非難している。同じような型にはまった反論が二人のグレゴリオスの著作にも見られる。哲学をかじることは異端に直結することであった。仕方なくプラトンを認めるようなことはあったが、それはプラトンがモーセに依拠していることが強調されたときのみのことであった。理論的には、ただ聖書のみが真理を示しているのである。(61) しかし実際には、三人のカッパドキア教父たちの現存している著作は、彼らが古代の文学と哲学の遺産をどれほど多く吸収していたかを示している。彼らが受けた教育の根は、彼らがそれを認めたくないとしても生き残っていたのである。修辞学と哲学は彼ら自身によって放棄されたかもしれないが、彼らの神学の仕え人となったのである。現代の研究は、彼らが知っていたかなり広汎な書物の範囲を明らかにした。少なくともその範囲とは、学校の教科書からのものもあれば、おそらく直接手にしたもの（first-hand）を用いることも多かったのだろう。どこからのものかわからないが、引用や言及も多数ある。[62] しかしこのこと以上に同時代の知的探求の精神と方法が、彼らの教会的な著作にも生きている。

自分がそこで教育を受けた文化を拒否する方向へのバシレイオスの移行は、とても緩慢で、決して完結を見

---

(59) カッパドキアは、バシレイオスの祖母と姉のマクリナを回心させた、オリゲネスの弟子であったグレゴリオス・タウマトゥルゴスによって福音を伝えられた。しかしながら、バシレイオスがオリゲネス主義に対して相反する感情を持っていたと考えているGribomont（1963）も参照されたい。Rousseau（1994）にこの議論がある。三人のうちの誰もが大部分においてオリゲネスを直接引用していないが、オリゲネスの影響は繰り返し指摘されてきた。

(60)『書簡集』223.

(61) 三人ともこのことに関するかなり強い主張をしており、特に異端論駁書においてはそうである。ナジアンゾスのグレゴリオスに関する議論はFleury（1930）を参照。ニュッサのグレゴリオスに関してはCherniss（1930）と、グレゴリオスのいくつかの記述が、異端反駁の伝統的な記述に由来すると主張したMeredith（1976）を参照。

(62) 例えば、ホメロス、ヘシオドス、テオグニス、ソロン、シモニデス、ピンダロス、悲劇作家、アリストファネス、カルリマコス、ヘロドトス、トゥキディデス、プルタルコス、デモステネス、リュシアス、イソクラテス、プラトン、アリストテレス、プロティノス、その他の多くの者たちの中に言及した箇所を見出すことができる。Amand de Mendietta（1945）, Fleury（1930）, Courtonne（1934）, Cherniss（1930）などを参照。

ないものであった。[63] バシレイオスは文化の探求をすでにやめたと主張するが、[64] 著作年代は不明な『若人に与う。異教文学を実り豊かに使用するために』(*An Address to Young Men on How They Might Derive Benefit from Greek Literature*)を書いている。[65] 彼は異教の著作における修練は、聖書釈義の困難のための有益な準備であることを認めている。キリスト教の価値との類似性のあるところでは、二つの伝統は並列されるべきである。なぜなら、魂の実りは真理であるが、「外なる知恵」(すなわち、非キリスト教的な知恵)は、真理を引き立てる。しかしバシレイオスの主な関心事は、異教文化の道徳的な内容である。詩人の言葉の喜びが、蜜とともに毒を食する人々のように、より悪しき影響を受け入れるように読者を導く場合には、魂は注意深く見守られねばならないと警告する。読者は適切で有用なものを受け取り、有害なものから身を守る必要があり、プルタルコスや他の者たちがプラトンの批判に対して著作を擁護するようになって以来それが当然と考えられるようになる。[66] それゆえバシレイオスは、ヘシオドス、ホメロス、プラトンそしてその他大勢の者たちから美徳と良き哲学の用例を集めている。彼は古典的な伝統が、唯一の教育の方法を提供したことを認め、それを少なくとも『福音の準備』(preaparatio evangelica)として受け入れることを勧めている。「驚くべきこと」は「バシレイオスが聖書のメッセージと〔ギリシア哲学などの〕古典の声を、明らかに容易に結び付けることができると考えていたことである」。[67]

バシレイオスは、『ヘクサエメロン』(*Hexaemeron*)において、[68] 創造者の讃美へと読者を導くための研究を示す。彼は宇宙の本性や起源に関する知的な諸問題に対するさまざまな哲学の諸伝統の解決を考察する。彼はこれらの諸問題の実行可能な解決方法として、創造についてのキリスト教教義の有用性を議論する。哲学者たちの方法と問いは彼の前提となる。さらに、哲学者たちの用例、具体例、提案は彼の資料の大部分を提供している。彼の主要な関心事は道徳的かつ霊的なことであるが、なお彼は読者たちに、単に倫理的なことだけでなく、宇宙論や物理にまで及ぶ、完全なキリスト教的哲学を提示している。しかし、他のどこよりもここの点で、緊張と矛盾が明らかになる。バシレイオスは会衆に説教をしようとしている。彼は教会の公的な代表であり、伝統的な態度を映し出す。[69]それゆえに彼は、答えられない問いに空しく没頭し、人間理性の傲慢な論証にすぎない解決を生み出す哲学者や科学者に対する軽蔑の念を表明する。哲学者や科学者の相対立する見解は、彼らの愚かさを示している。彼らの精巧に作り上げた体系は、知る価値のある唯一の真理から彼らを逸らしている。キリスト者は聖書によっては提供されていないどのような情報も必要はなく、宇宙、地球の形、天の数などについての「物好きな」好奇心を避けるべきである。聖書だけで十分なのである。しかし、バシレイオスが哲学者たちを軽蔑しても、彼は自身の天文学についての知識を示している。正統的な伝統に結ばれた司教バシレイオスには、ギリシアの探究の精神の伝統を吸収する現実的な感覚がある。この世から離れた修道士バシレイオスは自然の秩序を認める。バ

---

(63) Rousseau (1994).
(64) バシレイオス『書簡集』223 およびリバニオスとの書簡のやりとり（もし真正ならば。論争がある）を参照。
(65) バシレイオス『若人に与う。異教文学を実り豊かに使用するために』。テキストは Boulenger（1935）を参照。英訳は Deferrari（1926-）を参照。最近の英訳は Wilson（1975）にある。これがいつ書かれたのかということに関する議論は Moffatt（1972）を参照。
(66) プルタルコスの『モラリア』(*Moralia*) I に収められている「子供の教育について」(*On the Education of Children*) と「どのようにして若者は詩を学ぶべきか」(*How the Young Man should study Poetry*) を参照。
(67) Rousseau（1994）, p.59.
(68) バシレイオス『ヘクサエメロン』。テキストは Giet（1968）, Smets and van Esbroeck（1970）, Amand de Mendietta and Rouberg（1997）を参照。英訳は *NPNF* と Way（1963）を参照。Courtonne（1934）は本書とその史料に関する詳細な研究を行っている。
(69) さらなる詳細は Amand de Mendietta（1976）を参照。Rousseau（1994）は、彼が「古代文化を確信を持って拒否したのは、緩慢にすぎず、疑わしさが残る」と示唆している。

シレイオスは、聖書の教えと世俗の制度の選択された諸要因を驚くべき仕方で統合することを実際に成し遂げた。[70]

しかし、バシレイオス自身の見解は正確にはどのようなものだったのだろうか。彼は何年もの間に、自分自身の見解を修正した可能性が高い。古典への言及は、彼が司教職に就いていたときに書かれた書簡よりも、初期の時期に書かれた手紙にはるかに多く見られる。いずれにせよ、かなりはっきりとバシレイオスは自分のスタイルと聴衆へのアプローチ方法を確立することができ、禁欲的な著作では聖書のみから引用し、他のジャンルの著作ではより自由に引用や言及を行っている。[71]そうではあっても、彼が書いた文章の中には、驚くほど無意識的に諸文化が結合しているようなところがあり、このことは、彼の慰めの手紙の中で、聖書的なモチーフとヘレニズム的なモチーフの配列に特によく表れている。[72]

バシレイオスのどちらかというと不承不承の承認は、彼の友であるグレゴリオスの熱狂的なところとは対照的であった。グレゴリオスを何より奮起させたのは、ユリアヌスがキリスト者への教育を否定しようと試みたことであった。グレゴリオスは、すべての世俗的なこと、すなわち富、高貴、名声などを自分は放棄することを宣言する。しかし彼は、「言葉」（つまり、文学、文化、議論）を断念することはできない。すでに見てきたように、彼はユリアヌスの時代と重なる時期に、アテネで一〇年間にわたって学びを続けてきたのであり、カッパドキアに戻ったバシレイオスに従った時も、アテネを離れることを躊躇しながらアテネでの修辞学の教師の職を断わらざるをえなかったのかもしれない。実際、ナジアンゾスにおいて、彼が故郷に戻ったときから三六一年に叙階されるまでの間、彼が生徒や弟子に教えていたということに関しては、ユリアヌスの法律に抵触していた可能性もある。[73]

グレゴリオスの『ユリアヌスに対する演説』（*Orations against Julian*）[74]は、おそらく私的に読まれるものとして書かれたと思われ、ユリアヌスの死後に完成したものである。これは退屈な悪口をつなぎ合わせたものだが、グレゴリオスが、ギリシア語や数学、詩などが異教に属するという主張をどのように批判しているかを垣間見ることができるゆえに、興味深い。いかなる人種も宗教も、文化を排除する権利を持たない。なぜなら、文化は、多くの源泉に由来しているからである。ユリアヌスの布告とグレゴリオスのそれに対する激しい反応は、教会内にある当時の緊張関係を証言している。ユリアヌスはキリスト教徒たちの言葉をそのまま信じてきた。もし正統信仰以外の何ものも必要ないなら、もしこの世の知恵が、神の愚かさによって克服されているなら、もし文学と哲学が聖書と比べて不必要なものであるなら、キリスト教徒が修辞学の専門的な教師になることは、つじつまの合わないことになる。それゆえ、彼らはこの職業からは除外されるべきであった。この勅令によって、ユリアヌスは、学校を異教の宣伝の中心地に変えることを目論んだ。もし異教の対応が実際よりも強くまたより継続していたなら、一世代の中で、教会は教養を身に付けた指導者を奪われてしまったに違いない。グレゴリオスは、教会が神学者の教育と弁証的議論の発展のために、唯一利用可能な知的な道具を失うことは許されないと知っていたのである。グレゴリオスが最終的に彼の『講話』『書簡集』『詞華集』を出版したのは、キリスト教徒が無学ではないということを示すだけでなく、教会の指導者の訓練を高めるに用いられるべき大量のキリスト教の著作を提供しようとする意図があったと思われる。[75]

(70) Orphanos (1975), p.42.
(71) Gribomont (1975), Rousseau (1994).
(72) Gregg (1975), McGuckin (2001).
(73) McLynn が注意深く行間を読んでいるものを参照(Børtnes and Hägg (2006) に収められている)。
(74) ナジアンゾスのグレゴリオス『講話』4-5 を参照。編集は Bernardi (1983) が行っている。
(75) McGuckin (2001), p.118.

しかしグレゴリオスの怒りは、単に学問上のことに留まらなかった。彼の感情と個性もまた関わっていたのである。文学と哲学に対する型通りの論争にもかかわらず、グレゴリオスは、万人の中にあって、古典的遺産を放棄することができなかった。彼の書簡や詩の中に、彼の本当の感情、文学、哲学、修辞学への真実の献身を見ることができる。彼はこれらをキリスト教教義の補助であるとみなしていた。他のどんな教父たちよりも、彼においてて、ヘレニズム文化とキリスト教との一致が実現したと、フルーリは結論付けている。[76] グレゴリオスは、カエサリオス、アタナシオス、バシレイオスの賛辞の中で、[77] 自分たちが文化人であり、包括的な教育を享受してきた者たちであるという事実を特に強調している。グレゴリオスは、キリスト教が「外部の知恵」に多くを依拠していることを認める用意はあった。なぜなら彼にとって、古典文化は、古くからの宝のように大切な遺産であり、万人にとっての相続財産だったからである。事実、文化は人間の土台であり、野獣の生活とを区別するものであった。異教の哲学は、美しい議論と空しい虚栄心によって本質から逸らされる傾向があるという理由によってのみ、誤りに陥っているのである。しかしながら、キリスト教化された哲学は、人間のロゴスを神のロゴスに結び付け、実践的な美徳と熟考を生み出し、真理へと導くのである。[78]

それゆえ、ナジアンゾスのグレゴリオスは、著作の人として出発した。[79] 彼の『講話』[80] は、説教というよりは主題についての講話のような形であるが、キリスト教的な思想と感情を表明するために、独創的かつ知的に用いられた、同時代の修辞学のすぐれた例証である。彼の『書簡集』[81] は、見習うべき見本として集められた。『詞華集』においては、[82] 彼は意識的に過去の古典を模倣し、それに対応するキリスト教的な著作を生み出したいという願いに促されたのである。彼の『詞華集』の範囲は膨大である。一万九〇〇〇行が現存し、さらにヒエロニュムスは三万行を証言した。彼の詩のスタイルは、一方で、擬古主義とすぐれたホメロス的な形態や、また他方では新しい文体のものを伴って、長短短六歩格（dactylic hexameters）、哀歌調の対句（elegiac couplets）、哀愁的二行連句（epic dialect）、弱強三歩格（iambic trimeters）と広範囲に及んでいる。[83] 詩を作ることは、単に隠遁の活動ではなく、生涯にわたる関心事であった。それゆえ、多くの異なる動機が認められる。例えば、三八編の詩は、自分自身の言葉で、異端者たちに対抗する必要によって作られた。なぜなら、アレイオス派のように、アポリナリオスもすでに詩による宣伝に頼っていたからである。彼の個人的な詩の中には、明らかに弁証的な要素が含まれているのである。しかし彼がなぜ詩を書いたのかという自分自身の説明には、詩の韻律との格闘を抑制する必要があったことや、若者たちを善へと誘うために、何か楽しいことを提供したいという願い、異教徒たちが「我々」キ

（76） Fleury（1930）, p.99.

（77） 『講話』7, 21, 43.

（78） 『講話』25を参照。このことに関して、Coman（1976）も参照。

（79） 彼が文学と聖書的な用例の両方を用いたことは、Demoen（1996）を参照。

（80） グレゴリオスの『講話』のすべてのテキストは、*PG*, 35-6 に収められている。最近では、『講話』1-3 は Bernardi（1978）を、6-12 は Calvet-Sebasti（1995）を、20-3 は Mossay and Lafontaine（1980）を、24-6 は Mossay and Lafontaine（1981）を、27-31 は（『神学講話』として）Mason（1899）と Gallay and Jourjon（1978）を、32-7 は Moreschini（1985）を、38-41 は Moreschini（1990）を、42-3 は Bernardi（1992）を見よ。英語の選集は *NPNF* や McCauley et al.（1953）, Vinson（2003）, Daley（2006）にある。『神学講話』の英訳は Norris, Williams and Wickham（1991）のものがある。

（81） 『書簡集』51-3.

（82） グレゴリオスの『詞華集』のテキストは、いくつかは偽物であったり真正が疑わしいが、『ミーニュ教父叢書』の *PG*, 37-8 に収められている。いくつかの現代の校訂版もある。Werhahn（1953）, Jungck（1974）, palle（1985）, Meier（1989）, Moreschini and Sykes（1996）, Tuilier et al.（2004）, Simelidis（2006）がある。英訳の選集は McGuckin（1986, 89）, Meehan（1987）, White（1996）, Moreschini and Sykes（1996）, Gilbert（2001）を参照。

（83） Børtnes and Hägg（2006）に収められている McGuckin を参照。

リスト教徒ほども優れた文学を有していないことを論証する願いや、さらには自分自身の慰めであったことが挙げられている。[84] 行間を読むと、プラトンが詩を拒否したことと、神的な黙想へと導くπαιδεία（訓練）を純粋に提供する霊感を与える大量の詩の材料を、調和させようとしていたことがわかる。[85] 彼が書いた詩の節のほとんどが独創性とひらめきを欠いているとしばしば判定される。しかし、それらの詩は、時代に属している。つまり、それらの詩は、その時代の「古典主義」や、はるか昔の黄金時代へのもっぱらの興味や、数世紀にわたって形づくられてその後も続くであろう教育的な伝統を形作った態度を反映しているものである。[86]

ニュッサのグレゴリオスの大部分の著作は、異端反駁のためのもの、教義的なもの、釈義的なもの、禁欲主義的なものから成り立っている。つまり、見たところでは、彼はナジアンゾスのグレゴリオスほどには同時代の著作を使用することはなかった。それでも彼はかつては修辞学の経歴を歩み、修辞学の規範は、彼の著作、特に彼の説教に影響を与えた。彼の聖人と殉教者に対する賛辞と、コンスタンティノポリスでなされた三つの葬儀説教は、異教の演説の技法をキリスト教の用法に取り入れた顕著な例である。さらに彼の著書である『夭折した幼児たち』（*On Infants' Early Deaths*）は〔古代ギリシアの修辞学者であった〕イソクラテスの規範に合致する、手の込んだ修辞学的習作である。[87] しかしながら、グレゴリオスはエウノミオスのことを、言葉遊びを巧みに行う単なる修辞学者にすぎないと冷笑しているが、グレゴリオス自身も同じ欠点を有している。エウノミオスが、異教の哲学とアリストテレスの論理を利用しすぎているというグレゴリオスの嫌疑について言えば、事実は「少なからず彼〔グレゴリオス〕にも同じ要素が見受けられる」のである。[88] 彼は『範疇』（*Categories*）を用いて論敵を非難し、初期の教会における最も偉大な哲学的精神の持ち主の一人であるとされている。彼の『霊魂と復活に関する対話』[89]（*Dialogue on the Soul and the Resurrection*）は、彼の姉マクリナの死の前夜に彼女と交わした会話をそのまま記述した、キリスト教徒の『パイドン』（*Phaedo*）である。マクリナは、ソクラテスがプラトンの代弁者となったように、グレゴリオスの代弁者となっている。この著作も彼の他の著作もともに、グレゴリオスは、プラトンの対話篇を知っており、プラトンの論法を建設的に用いたことを示している。グレゴリオスはおそらく、アテネにおける同時代のプラトン主義の学派の伝統のみならず、新プラトン主義の諸著作、すなわちプロティノス、ポルピュリオス、イアンブリコスを知っていたと思われる。(90) 彼がどこでどのように哲学的な教育を受けたのかはまったくわからないが、確実に哲学の教育を受けていたのである。彼は古代の哲学的なアプローチの方法や姿勢をあまりに心底から受け入れたので、ある批評家は、彼が生まれながらの哲学者であり、不本意ながら彼の横暴な家族によって正統信仰の拘束服を着せられてしまったと示唆しているほどである。(91) このような評価は、グレゴリオスの性格

(84)『詞華集』II.1.39 を参照。英訳は White（1996）に収められている 'To his own verses' を参照。
(85) Børtnes and Hägg（2006）に収められている McGuckin を参照。
(86) この議論に関しては Sykes（1970）, McGuckin（1986/9, 2001）, Moreschini and Sykes（1997）, Børtnes and Hägg（2006）に収められている McGuckin を参照。
(87) Mann（1977）を参照。Daniélou（1966b）と比較せよ。テキストは Jaeger et al.（1960-）= *GNO* III.2 を参照。Ramelli（2007）も参照されたい。
(88) Meredith（1976）を参照。特定の神学的主題に関してグレゴリオスが哲学に依拠していることに関しては、Zachhuber（1999）, Turcescu（2005）などを参照。
(89) テキストは『ミーニュ教父叢書』の中の *PG* 46 に収められている。英訳は *NPNF* を参照。
(90) Daniélou（1967）を参照。もっと一般的なことに関しては、Harl（1971）に収められている Daniélou の論文（これはよりいっそう専門的な研究をしている有用な概説論文である）を参照。最近になって、グレゴリオスが当時の哲学的な知識をどれほど持っていたかについては、これまでより留保されてきた。例えば Fedwick の Rist 論文（1981）。しかし Heine（1995）は、グレゴリオスがイアンブリコスの解釈学的なアプローチ方法に従った証拠を示している。また Turcescu（2005）はグレゴリオスの哲学の知識に関する議論を概観している。
(91) Cherniss（1930）.

と思想の複雑さを正当に評価しているものではないが、異教哲学の伝統に彼が一般に認められている以上に依存していたことを明らかにする。

数世紀にわたって、教会は、一部は意識的に、また一部は無意識的に、同時代の状況に対して、教会自体とその使信を適合させていた。人々がキリスト教の伝統を彼ら自身の時代の文化の眼鏡を通して見ることは驚くにあたらない。しかし、それと同時に、常に教会は、他の宗教だけでなく、世界とその理想、目的、富、知恵から、自分たちを区別していたのである。この諸刃の剣である伝統は、カッパドキア教父たちの立ち位置に影響を与えた。教会は今や、政治的な面だけでなく、哲学と文化的な領域においても世界を支配しつつあった。カッパドキア教父たちの著作に表現されている両面価値的な態度は、キリスト教化された文化の出現を映し出したものである。この新しい文化は過去の異教の文化に依存していたが、それとは区別されるべきものである。新しい文化は、新しく得た富を受け入れながら、受け継いだものを手放さなければならなかった。それは、この世とこの世の知恵を断念しなければならなかった。しかし世に対して勝利するために、自分自身の言葉を語らなければならなかった。表面的には首尾一貫していなかったにもかかわらず、このような姿勢は、時代の必要を満たしたのである。

さらなる読書のために

英訳

Gilbert, Peter, 2001. *On God and Man: The Theological Poetry of St. Gregory of Nazianzus*, Crestwood, NY: St Vladimir's Seminary Press.

McGuckin, J. A., 1986/9. *St Gregory Nazianzen: Selected Poems*, Oxford: SLC Press.

Meehan, D., 1987. *St Gregory Of Nazianzus. Three Poems*, FC, Washington, DC: Catholic University of America Press.

Moreschini, C.（ed.）and D. A. Sykes（ET and Commentary）, 1997. *Gregory of Nazianzus: Poemata Arcana*, Oxford: Clarendon Press.

Roth, Catherine, 1993. *On the Soul and the Resurrection*, Crestwood, NY: St Vladimir's Seminary Press.
Silvas, Anna M., 2008. *Macrina the Younger, Philosopher of God*, Turnhout: Brepols.
Way, Sister Agnes Clare, 1963. *Saint Basil. Exegetic Homilies*, FC, Washington DC: Catholic University of America Press.
White, C., 1996. *Gregory of Nazianzus: Autobiographical Poems*, Cambridge Medieval Classics, Cambridge: Cambridge University Press.
Wilson, N. G., 1975. *Saint Basil on the Value of Greek Literature*, London: Duckworth

研究書

Cherniss, H. F., 1930. *The Platonism of Gregory of Nyssa*, New York: Burt Franklin.
Demoen, K., 1996. *Pagan and Biblical Exempla in Gregory Nazianzen: A Study in Rhetoric and Hermeneutics*, Corpus Christianorum, Turnhout: Brepols.
Gregg, Robert C., 1975. *Consolation Philosophy: Greek and Christian 'Paideia' in Basil and the Two Gregories*, Philadelphia: Philadelphia Patristic Foundation.

Ⅳ　バシレイオスと禁欲運動

バシレイオスが禁欲的な共同体の組織化と規則に関与したことは、最終的には東西の修道院運動の発展に多くの影響を及ぼす大量の著作の出発点となった。最近の研究によってますます明らかになったことは、バシレイオスはかつて考えられていたような刷新者ではないということであった[92]。小アジア周辺には、社会規範を極端に拒否するものから、都市における共同体、家庭内での禁欲運動、さらには「霊的な結婚」に至るまで、すで

（92）　これ以降に出てくる点に関して、Elm（1994）, Rousseau（1994）, Silvas（2005）を参照。

にさまざまな禁欲的な生活様式が存在していた。バシレイオスの著作の中に示されている発展した型の大部分は、バシレイオスの家族と長年にわたって関わりを持った〔セバステの〕エウスタティオスによって先取りされていたし、バシレイオスが進めていた共同体の形態は、彼の姉であるマクリナによって、徐々に形成されつつあったことは十分考えられる。マクリナの禁欲生活もまた、エウスタティオスによって始められた。にもかかわらず、バシレイオス自身が禁欲主義者たちの間で影響を持っていたことは明らかであり、彼が、『大規定』（*Great Asketikon*）[93]の発展のさまざまな段階、つまり複雑なテキスト編集の歴史から明らかな諸段階は、アンネシの家族修道院においてだけではなく、禁欲生活やそれにふさわしい規則、さらには教会と社会との関わりについての彼自身の考え方の中にも、発展を映し出している。

エルサレムにおける原始教会の簡素な在り方に戻ろうという願いが、バシレイオスの禁欲的な教えの味わいや調べを決定している。彼の理想が、魂と体についての同時代の前提に影響されていることは事実である。さらにまた、ヘレニズム哲学者たちの倫理的な教えが、彼の格言に影響をしてきたことも事実である。しかしながら、聖書が彼の表現手段を提供する。彼にとって、聖書は唯一の基準（rule）であった。彼自身の『規定』（*Rules*）は、霊的な完全さを求める者たちにとっての組織的な支援にすぎないのである。[94]

バシレイオスに帰された『キリスト者の訓育』（*Ascetica*）は、かなり多くの著作の集成が構成要素となっている。そのうちいくつかは、明らかにバシレイオスの真正の著作ではない。[95] この集成は東方教会で長きにわたって用いられてきた歴史があり、それゆえ多くのテキストの伝承と版が保存されてきた。必然的にこれらの文書の研究は、それまでになされた批判的な問いをはらむものとなってきた。それら批判的な問いの意図は、シルバの『規定』（*Asketikon*）の翻訳の序文から集めることができる。しかし真剣に資料研究をする学生ならば、グリボモン、リュードベリ、フェドウィックの主要な著作にあたることなくさらに進むことはできないだろう。[96]

バシレイオスの禁欲主義的な著作の最初のものは、『倫理』（*Moralia*）として知られている著作であったことは間違いない。この著作が、バシレイオスがポントスの修道院にいた三六〇年頃書かれたと主張しているのは、グリボモンだけではない。この著作の特徴から、彼が司教であった時代に属する牧会的な著作の可能性があると言われるが、完全に説得力のある証明はなされていない。(97) この著作は基本的に聖書引用の一覧から成っており、著者は単に関連項目と見出しを提供しているにすぎない。この集成は誰のために作られたのだろうか。その目的は何か。七〇—七九節は、御言葉の務めにあたる人々や、結婚している人々、両親たち、奴隷たち、兵士たち、政治家たちの正しい義務について関心を寄せているので、修道士たちにだけもっぱら宛てて書かれたということはない。グリボモンは、(98) バシレイオスの目に映った禁欲的な運動は、教会内の改革運動だったと主張している。バシレイオスはここで運動の福音的な基礎を据えようとしており、結婚や富を非難するよりも自制することを強調し、マッシリウス派のようなグループによって引き起こされた過激な主張の恐れに打ち勝とうとしている。バシレイオスは、禁欲的な宣伝が意見の不一致を引き起こすような状況下で、新約聖書の規範を探求していたのである。執筆当初の意図がどのようなものであれ、この著作はたしかに明らかに真正の著作であり、バシレイオスの禁欲主義的な教えの大部分のみならず、教会論の理論的な基礎であるように思われる。(99) 顕著なのは、全体に

(93) Rousseau (2005) の付録および Silvas (2005) を参照。
(94) バシレイオス『書簡集』22 と比較されたい。本節におけるバシレイオスの禁欲主義的なことに関する議論の多くは Amand de Mendietta (1949) に依存している。Rousseau (1994) も参照。
(95) テキストは *PG* 31 に収められている。英訳は Clarke (1925), Wagner (1950), Silvas (2005) を参照。
(96) Silvas (2005), Gribomont (1953), Rudberg (1953), Fedwick (1993-2004) を参照。
(97) Lèbe (1965), Rousseau (1994), p.228.
(98) Gribomont (1957).
(99) Amand de Mendietta (1949), Fedwick (1979), Rousseau (1994).

わたって聖書の内容が見られることである。バシレイオスの場合には、倫理的な教えから修道的教えを切り離すべきではないだろう。彼が主に関心を抱いていたのは、キリスト者の真剣な内的な生活である。修道士にならずとも、急進的な世捨て人になることができたのである。内的な強さを持つことは、適切な行動と目に見える行いをなすことである。[100]

もし『倫理』が最初の著作であると仮定するならば、二番目のものは『小規定』(*Small Asketikon*)として知られているものであろう。この著作は、ギリシア語版のオリジナルは現存していないが、ルフィヌス訳とシリア語版が良き証言者となってくれる。この著作は実践的な問いに対する答えから構成され、それらの問いは、いくぶんマッシリウス派の雰囲気を醸し出しており、答えは、意図的に自制を勧めるものとなっている。この段階において、バシレイオスはセバステのエウスタティオスからの影響を大いに受けていると思われる。このことから、ある人々が、禁欲的著作をバシレイオスよりもむしろエウスタティオスに帰したとソゾメノスが解説していることを理解することができる。バシレイオス自身の考えは、後の版が現れると、さらにいっそう十全に発展していく。

『小規定』は、バシレイオスが司教の務めにあたっていた間、おそらくいくつかの段階を経て『大規定』へと拡張されていったが、六世紀の編集者によってさらに拡大された。[101] この著作は『長い回答』(*Longer Responses*)と『短い回答』(*Shorter Responses*)から構成され、前者は五五の節にわたって修道院運動の基本原理を議論しており、後者は問いと答えの形式を取っており、日常生活の細部に至る(三一三もの)短い適用を提供している。この著作はやがて『会則』(*Rules*)として知られるようになるが、バシレイオスは自分の司教区の管轄のもとで、禁欲的な共同体を整えて改革しようとしたと思われ、あるいは少なくとも修道士たちの使用のために、自分の教えの要約を提供しようとしたと思われる。しかしそれらは、修道院における実践の規約という意味での修道規則を確立したわけではなかった。むしろ、それらは、彼の初期の頃の著作がそうであったように、新約聖書を土台にした禁欲的な生活方法を描くものである。[102] バシレイオスはグレゴリオスに修道院の生活に関する手紙を送って以来ずっと、修道院の「規定」(regulations)を発展させてきたのであり、これらの文書は、修道士たちが用いるためにバシレイオスの教えを総合させるプロセスの頂点のように思える。

深い聖書的な基礎を別として、バシレイオスの禁欲的な教えの最も斬新な側面は、共同体、つまりそこでだけ真のキリスト教的な徳が表明される社会の必要性を認識していたことである。シリアやパレスチナのさまざまな禁欲的な伝統を探求した結果、彼は、他者から孤立した中で、人格の浄化を個人主義的に求めることに関わる危険や奇怪さを認識していた。彼はおそらくパコミオス共同体の理想を取り入れていた。他方、ナジアンゾスのグレゴリオスは、自分のビジョンは孤住的生活と共住的生活を統合させることであると示唆している。彼は、余分なものをそぎ落として、その最良のものを求めつつ、すでに小アジアで流行していたさまざまな禁欲的な要素を一つに統合しようとしていたのである。(103) しかしこのことは、単に実践的な諸問題への一つの回答ではなかった。当時の救済論がもつ強い現実逃避の傾向は、新約聖書の倫理の本質を例外的に深く洞察することによって、バシレイオスの思想の中で抑制された。彼は孤独の中で、愛の律法を実践することは不可能であると考えた。隠遁者は、空腹の者に食べ物を与え、裸の者に対して服を着せることを怠っている。それゆえ神の戒めに従っていなかった、完全な服従は、キリストの徹底した要求なのである。謙虚、服従、愛というキリスト教の美徳は、社会の要求に仕える共同体というコンテキストの中でもたらされる。

このような思想は、『倫理』を書いているときに、おそらくポントスにおいて生まれたものである。しかし、

(100) Rousseau (1994).
(101) Silvas (2005) は有益な説明を提供してくれている。
(102) 英語における有益な要約は Murphy (1976) に見られる。
(103) ナジアンゾスのグレゴリオス『講話』43 を参照。Elm (1994), Crislip (2005) と比較されたい。

それは、バシレイオスがカエサリアで司祭だった時代に、三六九年の飢饉の経験によって明らかに強化された。この出来事がカエサリアの近郊に「バシレイアドス」[104]という「新しい町」を建設するきっかけとなったと思われる。やがてこの町は、貧しい人や困窮した人のための家を提供し、病人には治療を、皮膚病と修道院の人々には避難所を提供した。ヴァレンスが三七二年に訪れた後に、バシレイオスに基金を支援したことは興味深いことである。

バシレイオスの教えの最も重要な源泉は、原始キリスト教会の使徒言行録の説明である。彼の家族の背景、オリゲネスの著作、アントニオスやパコミオス、その他の著名な禁欲隠修士たちの例証、同時代の哲学の見解、キリスト教の伝統とエウスタティオスの禁欲運動のリーダーシップ、これらすべてが全体にわたって大きく貢献したことは疑いない。バシレイオスの禁欲主義はその時代の特徴的なしるしを帯びている。独身主義や現世的なことからの撤退、黙想と祈りを通しての神との合一の模索、生活に必要なもの以外のすべてのものの拒否、これらが必然的に彼の教えの基本的な特徴となった。しかし、もちろんいくつかの特徴的教えは疑いもなく、イエスの教えと最初の弟子たちの模範から発想を得た。すべての持ち物は共有され、病気や貧しい人々のために使われることになった。修道院は苦しんでいる人々の近くに建てられ、病院と学校を提供する。修道士は共同体の維持のための肉体労働と福祉の奉仕に従事することになった。このようにして、バシレイオスは彼の修道院の共同体において、初代教会の情熱を復活させ永続させようとしただけでなく、修道士たちを地域の教会と司教の統制のもとに置こうとしたのである。

事実、バシレイオスの組織は必然的に従属を生む傾向にあった。服従と謙虚さは、主イエス以外のいかなる権威をも受け入れない砂漠の個人主義的な禁隠修士たちには、顕著に欠けていた。バシレイオスにとって、共同体は愛を育むだけではなく、服従と謙虚さが培われる特別なコンテキストを提供するためにも必要であった。この理由により、修道士は上長への無条件の服従と同僚の修道士たちの裁定と批判を冷静に受け入れるように自分自身を訓練しなければならなかった。このためには、単に世事と野心を捨てるよりも、もっと大きな自己犠牲が求められた。しかし、このことは、制度化が避けられないことを意味した。バシレイオスが再創造しようとした原始教会の情熱は、日常の訓練によって、意図的な感情の破壊によって、さらにまた権威主義によって、弱められてしまった。訓練されていない禁欲隠修士がもたらす反文化的な脅威は、この過程の中で明らかに抑制されたのである。

それでもバシレイオスにとって、修道士は、完全な形でキリスト教を生きることを始めた者たちであった。理論的に言えば、バシレイオスは二重の道徳に耐えることはできなかった。すべてのキリスト者が福音のすべての指針にただ従うように招かれているからである。しかし実際には、彼は修道院がこの理想を育み、完成へと至ることができる諸条件を提供しているものと考えた。他者のための自己犠牲的な愛の精神は、彼が心に思い描いた修道院の諸条件の中でそれが最も効果的に実現したかどうかは別にしても、少なくともバシレイオスの教えの原動力であった。

さらなる読書のために

英訳

Callahan, V. Woods, 1967. *Gregory of Nyssa. Ascetical Works*, PC, Washington, DC: Catholic University of America Press.

---

(104) この呼び名はナジアンゾスのグレゴリオスの『講話』43 に記されている。この町の特徴とその由来についてはCrislip（2005）を参照。バシレイオスの飢饉救済と慈善活動に関しては、（もしかすると）二人のグレゴリオスが〔バシレイオスのこの活動のことを〕支持していた説教とともに、Holman（2001）を参照。バシレイオスが古代ローマ社会における恩恵賦与（evergetism）と、キリスト教の伝統の慈善活動を結び付けていたことに関してはFinn（2006）を参照。

Silvas, Anna M., 2005. *The Asketicon of St. Basil the Great*, Oxford: Oxford University Press.
Wagner, M. M., 1950. *Saint Basil. Ascetical Works*, FC, Washington, DC: Catholic University of America Press.
研究書
Crislip, Andrew T., 2005. *From Monastery to Hospital: Christian Monasticism and the Transformation of Health Care in Late Antiquity*, Ann Arbor: University of Michigan Press.
Elm, Susanna, 1994. *'Virgins of God': The Making of Asceticism in Late Antiquity*, Oxford: Clarendon Press.
Fedwick, Paul J., 1979. *The Church and the Charisma of Leadership in Basil of Caesarea*, Toronto: Pontifical Institute of Mediaeval Studies.
Finn, Richard, 2006. *Almsgiving in the Later Roman Empire: Christian Promotion and Practice (313-450)*, Oxford: Oxford University Press.
Holman Susan R., 2001. *The Hungry are Dying: Beggars and Bishops in Roman Cappadocia*, Oxford: Oxford University Press.

V　教理論争

三人のカッパドキア教父たちは全員、当時の教理論争に関与し、彼らが出版した著書の相当数は、これらの問題に直接関係するものであった。三六〇年代と三七〇年代の混乱を極めた状況下で、バシレイオスはアタナシオス及び西方との同盟を固める方向へ移行し、「新ニカイア派」（Neo-Nicene）の立場を固めた。この立場はその後、彼の友〔ナジアンゾスのグレゴリオス〕と弟〔ニュッサのグレゴリオス〕によって守られ、特に三八一年のコンスタンティノポリス公会議とその会議後はそうであった。これら三人を同一の立場として取り扱う傾向は、三人のそれぞれの思想の微妙な相違を考慮すると、次第に妥当性を疑われるようになってきたが[105]、やはり彼らの神学は、鍵となる論争によって類似した仕方で形成されたのである。

1　エウノミオス

三人すべてが、同じカッパドキア人のエウノミオスの神学によって挑戦を受けた(106)。エウノミオスはアエティオスの考えを引き継ぎ、父と子の本質の非類似性を主張していた（このアノモイオス派の立場は、時に「新アレイオス派」と呼ばれた）。バシレイオスは、三六〇年代初頭にエウノミオスの立場を非難することに取りかかった。おそらく最初は、三六〇年に、ともにホモイウシオス派のリーダーであったアンキュラのバシレイオスとセバステのエウスタティオスとともにコンスタンティノポリス教会会議に出たときであったが、実質的には直前に出版されたエウノミオスの『弁明』（*Apologia*）への反論を書いたときであった(107)。『エウノミオス反駁』（*Contra Eunomium*）の最初の三巻は真正であり、残りの二巻は後になって誤って付け加えられたものである(108)。第Ⅰ巻では、*ἀγεννησία*（*agennēsia* 生まれないこと）が神の本質的な特徴ではないことを議論している。他の二巻では、ホモウシオスという言葉はまれにしか出てこないが、事実上、御父と御子が（第Ⅱ巻）、御父と聖霊が（第Ⅲ巻）、本質において同等であることを議論している。バシレイオスの死後、ナジアンゾスのグレゴリオスが、コンスタン

---

(105)　例えばBeeley（2008）を参照。

(106)　残存している史料と伝記に関する研究はVaggione（1987, 2000）を参照。

(107)　この著作の批判的な説明は、Fedwick（1981）に収められているAnastosのpp.67-136を参照。バシレイオスの三位一体論に関しては、Hildebrand（2007）を参照。

(108)　『エウノミオス反駁』（*Contra Eunomium*）のテキストは*PG* 29のSesboüéのもの、de Durand and Doutreleau（1982, 1983）のものを参照。Ⅳ、Ⅴ巻に関してはHayes（1972）, Risch（1992）を参照。ディデュモスが寄与したのではないかという議論については、本書第三章Ⅳ節の注116を参照。

ティノポリスでの講話によってエウノミオスの立場と戦ったが、弟であるグレゴリオスも、バシレイオスに対するエウノミオスの返答に答えるために奮起した。三人全員が、かなり見下す姿勢で、エウノミオスを扱っている。彼はカッパドキアの社会の同じ「上流階級」の出ではなかったのである。

ニュッサのグレゴリオスはこの論敵に対して、少なくとも四つの著作を記した。これらの著作が書かれた順番は、写本の伝承過程で混乱してしまったが、今日では新たな校訂版によって復元されている[109]。グレゴリオスはいくつかの小さな著作において聖霊の神性も弁護しており、そのうちの一つはバシレイオスの書簡に見られ、グレゴリオスの著作が現存する混乱した状況を示すものとなっている。もう一つの著作である『アブラビオスに宛てて』（*Ad Ablabium*）もしくは『三神が存在するのではないこと』（*On not Three Gods*）は、おそらく彼の経歴の終盤に書かれ、東方における三位一体の「社会的」（social）理解の中心に位置付けられてきた[110]。

これらの論争的な著作の中には、標準的な論争上の戦略の多くが存在する。異端者は非聖書的で不敬虔であると非難されている。さらにまた神の存在を踏みにじるような詭弁と三段論法を用いていると非難する。エウノミオスとの論争は個人的な確執となり、反論したらまた反論される状態で、商売の駆け引きのような中傷とゆがめられた説明になっている。それでも無慈悲で攻撃的な論争と思われるもののただ中で、三位一体的な正統主義の土台が、最終的には構築されたのである[111]。

エウノミオスの立場の核心は、神は理解しうる存在である、つまり、神は、実際に単一なる一者であるゆえに、完全に理解可能なのであるという主張にある。エウノミオスによれば、神が一であることを可能にする存在〔Being〕（*οὐσία: ousia*）という観点からは、神は、切り離されたり分割されることはないし、「あるときは一つ、またあるときは別のものとなるのでもなく、神のあるべき存在から変わることもないし、一つの *οὐσία* が三つの *ὑπόστασις*（*hypostasis*）に分けられることもない。なぜなら神は常にかつ絶対的に一であり、一律に変化することなく神であり続ける」[112]。ニュッサのグレゴリオスは、エウノミオスの言葉を軽蔑を込めて引用するにもかかわらず、エウノミオスの神性の定義を明らかに共有している。(113) グレゴリオスの三位一体論の全体的な基礎は、神が部わから構成されたものではなく、質において同じであり、不変であり、分割されないということであり、これらすべての属性はエウノミオスも受け入れていたことであった。他の著作からも、グレゴリオスが表明された自分自身の立場をいくばくか認識していた可能性もある。

そうなると、これら二人の指導者の相違点は何であろうか。エウノミオスは、単一な一者としての神のこの定義が、至高の絶対的な一者から、起源を持つゆえに劣っているとともに派生した存在である第二、第三者が切り離されることによってのみ守られると結論付けた。Ἀγεννησία〔unbegottenness〕(生まれないこと)は、神の単一性と独自性を保証する、本質において神的な属性となる。他方、グレゴリオスは、切り離された存在の複数性や位階が不可能であることを論じるために、神についてのまったく同じ記述を用いている。唯一なる無限なる存在

(109) ここはJaeger et al.(1960-) = *GNO* I&IIの一覧に従っている。*NPNF*の英訳は初期の校訂版に基づいており、それゆえ順番も表題も違っている。第I巻と第II巻の最近の英訳に関しては、Mateo-Seco and Bastero (1988) およびKarfikova, Douglass and Zachhuber (2007) を参照。

(110) Coakley (2003) に収められているAyresのものを参照。それに対するMaspero (2007) も参照。グレゴリオスの三位一体論に関しては、Barnes (2001), Turcescu (2005), Cross (2006), Ludlow (2007) を参照。

(111) Pottier (1994), Mateo-Seco and Bestero (1988), Karfikova, Douglass and Zachhuber (2007) を参照。

(112) ニュッサのグレゴリオス『エウノミオスの告白に対する反論』(*Refutatio Confessionis Eunomii*) 33 (Jaeger et al. (1960-) *GNO* II, 325).

(113) Meredith (1975) は、この論争が当時の哲学学派内での論争を反映していたと主張し、エウノミオスがアリストテレス学派とはまったく違って、折衷主義的な正統的敵対者よりも主流のプラトン的な伝統により近かったと主張している。さらなる詳細はMateo-Seco and Bestero (1988) に収められているMeredithを参照。

は、他の存在よりも大きかったり、小さかったりすることはありえない。グレゴリオスによれば、「三つの主体」(three subjects) が存在する可能性はあるが、三者の無限性は互いに区別することはできない。「大きい」や「小さい」あるいは「前」や「後」を論じることは、神の分割されない単一性に、複合性を導入してしまうことになる。存在と非存在が存在しているのであって、存在の程度や優先順位が存在しているのではない。ある存在が他の存在よりもより多く、もしくはより少なく存在しているわけではないのである。

　グレゴリオスの議論は、彼以前のバシレイオスの議論のように、「存在の位階」の可能性を論駁するものである。絶対である神を被造世界から区別しようとするエウノミオスの願望そのものが、彼をして「位階」の立場に導いたのである。エウノミオスは、派生的なロゴスという聖書の言語を用い続けたいと欲したために、「無から生じる新しい神」[114]を導入せざるをえなかった。エウノミオスは神と被造物との間に区別を確立しようとした。グレゴリオスはすでにこれを基本的なこととして受け入れていたが、彼の考えていた神は三位一体の神であった。

　グレゴリオスにとって、御父と御子とは、異なる存在というよりは、一つの神的存在の内にある永遠の関係を表す。なぜなら、御子なしには、御父は存在も名も持たないからである。[115] グレゴリオスが「三神論」(tritheism) の嫌疑に答えなければならなかったのは、彼が、父と子と聖霊が明らかに属性的な意味で共有している οὐσία を定義しているからである。また、彼が好んで用いた類比は、特定の人、例えばペトロ、ヤコブ、ヨハネなどの個別の人間に共有されている οὐσία[116] である。さらに生誕について語るとき、グレゴリオスは、人間と動物との間にさえ、子の出産は父の実体を分割したり、減じることはできないと指摘している。[117] このような接近方法に対する明白な反対は、この方法が、共通の本性を定義するこのような方法に基づいた神学を唯一神論と呼ぶことを難しくすることによって、分割された個人を生み出してしまうということにあると思われる。実際、グレゴリオスの神的な実体についての定義は、この困難を解決するものである。もし神的な実体が基本的に分割されず、単一で、未分化であるならば、もし数が神的な単一性には適用できないなら、一と一と一を加えて三にすることはできない。また一つ一つが無限であるなら、それらは並列的には存在できないが、一個の中にのみ存在する。それゆえに、神の一性とは、定義上は保証される。もし神的実体が、原則として不可変であるなら、神格における相互の関係は、永遠であって、位階的ではない。多神教とユダヤ教を、同じように回避することができ、神と被造物の根本的な区別が守られる(118)。

その間に、三位一体の論争は、その他の興味深い別の神学的な諸問題における諸党派を巻き込み、その一つが、神学的な言語とその基礎の問題であった(119)。エウノミオスは、ロゴスについてのすべての記述が類比的なもので

---

(114) ニュッサのグレゴリオス『エウノミオス反駁』III.164（Jaeger et al.（1960-）=*GNO* II. 106）.

(115)『エウノミオスの告白に対する反論』6-7（Jaeger et al.（1960-）=*GNO* II.315）を参照。この段落において要約されている議論に関しては、『エウノミオスの告白に対する反論』の続きの部分を参照。

(116)『エウノミオス反駁』I.202（Jaeger et al.（1960-）=*GNO* I.85）,『アブラビオスに宛てて』117（Jaeger et al.（1960-）=*GNO* III.38）を参照。この類型の議論に関しては、Zachhuber（2000）, Coakley（2003）の中に収められている Ayres、Turcescu（2005）, Maspero（2007）を参照。創造と終末（*eschaton*）における人間の本性の統一ということが、一般的になされる理解以上に、グレゴリオスの思想の特徴であった。

(117)『エウノミオスの告白に対する反論』59ff（Jaeger et al.（1960-）=*GNO* II.336）.

(118)『教理講話』（*Catechetical Orat.*）3（Jaeger et al.（1960-）=*GNO* III.4）を参照。テキストと英訳は Srawley（1903, 1917）にある。他の英訳は *NPNF* にもある。

(119) このテーマは『エウノミオス反駁』II（Jaeger et al.（1960-）=*GNO* I.226-409）に目立って見られる。この議論に関しては、Schoedel and Wilken（1979）に収められている Young, Mateo-Seco and Bastero（1988）に収められている Stead, Zachhuber（2000）, Maspero（2007）, Karfikova, Douglass and Zachhuber（2007）に収められている注解と論文などを参照。

あると主張することを欲した。つまり、ロゴスは隠喩的に神の子であり、字義的にそうなのではなかった。グレゴリオスももちろん「岩」「扉」「道」「羊飼い」などの類比的な称号を受け入れたが、これらの称号とロゴスの本性を指示する機能を持つ他の名との間に区別を設けようとした。「御子」と「唯一生誕した神」は、より「字義的な」意味で受け取られなければならない。彼がこの区別をした原則は、キリストと神との関係を表す名が本質的であるのに対して、キリストと人性の関係に用いられたイメージが、隠喩的であるということである[120]。

それでもなお神を完全には理解できないということを主張したのはグレゴリオスであった。そうなると、彼はどのようにして神を定義し、神的な存在の本質を表現しようとしたのであろうか。グレゴリオスは、あらゆる名が不十分であり、人間が考案した表現であることを認めている。しかし、彼はさらに続けて、それらの名が神の先在と行為に基礎を置いているゆえに、恣意的なものではないと主張する。神は神的な自己を人間の理解力の限界の中に適応させなければならないが、神は欺瞞を行うお方であるはずがない。それゆえ、聖書の中で明らかにされている名は、神学的な構築の基礎を形作るための現実的に十分な土台を持っている。これらの名は批判的に吟味されなければならない。なぜなら創造者と被造物、無限と有限との間の隔たりがとても広大なために、適用しやすいと同じくらい、誤りやすいからである。それらの名は、数を増やさねばならない。なぜなら、いかなる名も、無限なる神の全体を表現したり定義したりすることはできないからである。そしてそれらの名前の地位（status）は、先に言及した絶対的に神に適用される名と相対的に言及する名との間の区別の原則に従って決定されねばならない。しかしながら、批判的に評価したとしても、聖書に由来する名によって示された属性の多様は、神の本性である超越的な単一性を損なうことなしには、積極的な神学的言語を提供することはできない。

つまるところ、「非類似的相違」（difference of unlikeness）が存在する。神の存在を定義し限定してしまうエウノミオスの傲慢な主張は、うまくいかないであろう。「神の無限性は名が与えることのできるすべての意義や理解を超えている[121]」。三位一体についての議論の詳細にもかかわらず、グレゴリオスは神秘の前に最終的には立つのであり、このことが、彼の教義神学と彼のいわゆる「神秘主義[122]」が結び付くところなのである。

2　プネウマトマコイたち

そうこうするうちに、聖霊の神性に関する問題に着手しなければならなくなる。[123]すでにバシレイオスが彼の『エウノミオス反駁』第Ⅲ巻の中でこのことを論じていたが、継続する批判によって、バシレイオスは〔セバステの〕エウスタティオスと対立し、『聖霊論[124]』(*De Spiritu Sancto*)の執筆に至る。この書は三七五年に書かれ、数年後にアンブロシウスが『聖霊論』(*De Spiritu Sancto*)を書いた時に用いられた。バシレイオス自身は聖霊に対してホモウシオスを適用することにためらいを感じており、その点をナジアンゾスのグレゴリオスは非難したが、結局のところこの書は二人のグレゴリオスの三位一体論の最終的な説明の基盤ともなった。バシレイオスが〔ホモウシオスに関して〕沈黙していることには、これまで議論がなされてきた。おそらく、ウァレンスが非ニカイア派を好む傾向に直面して、できるだけ多くの人を味方につけるための政治的な策略以外の何ものでもなかったのだろう。バシレイオスの死後、ニュッサのグレゴリオスはプネウマトマコイ〔聖霊被造説派〕たちに対する論争に巻き込まれていった。三八一年のコンスタンティノポリス公会議において、両者を和解させる試みがあった

---

(120)『エウノミオス反駁』III.127-42(Jaeger et al.(1960-)= *GNO* II.46ff).
(121)『エウノミオス反駁』III.110(Jaeger et al.(1960-)= *GNO* II.41).
(122)本書の三二三―三〇頁。グレゴリオスが用いた「名」とその釈義についての見解に関しては NB Canévet(1983)を参照。
(123)この論争の説明に関しては Haykin(1994)を参照。
(124)テキストに関しては、Pruche(1968), Sieben(1993)を参照。英訳は *NPNF* と Anderson(1980)にある。

が失敗に終わり、ナジアンゾスのグレゴリオスが好んだ表現よりも、ニカイア・コンスタンティノポリス信条の表現はより弱いものとなってしまった。

聖霊についての議論は、伝統と刷新の関係をめぐって深刻な問題を引き起こした。バシレイオスはだいたいにおいて聖書に基づいて議論しようと試みてきたが、論争を経て、聖書はこの問題について十分明瞭ではないということが明らかになった。ナジアンゾスのグレゴリオスは、聖霊の神性は教会の生の中でのみ明らかになるであろうことを認めていた。旧約聖書が御父を啓示し、新約聖書が御子を啓示する。それゆえ、受け取り側の受容能力に応じた照明の段階が存在した。弟子たちはまだ聖霊の神性の十全の啓示を受ける備えができていなかった(ヨハ一六・一二)[125]。

バシレイオスは、聖書の圧倒的な重要性を主張し続けたが、聖化の経験や教会の礼拝にも依拠した。このことを使徒的な伝承に根付かせる彼の方法は、おそらくケリュグマ〔宣教内容〕とドグマ〔教義〕との間に区別を設けることによってであった。信条に秘められている、公に宣教された教会の教えが、ケリュグマであった。ドグマは入信者のための秘義的かつ神秘的な伝統であった。このことが示唆する事柄は、かつて議論の主題となった。バシレイオスは、選ばれた者(エリート)のための上級の秘義というオリゲネス主義の思想、つまりナジアンゾスのグレゴリオスによって意図的に放棄された思想を採用したのだろうか[126]。バシレイオスがこの種の言葉を用いたことは否定できない。しかし選ばれた者(エリート)とは、洗礼を受けた者すべてのことであった。バシレイオスが語ろうとすることは、彼の議論を検討することによって証拠立てることができることだが、サクラメントと教会の慣習の神学的意味合いであった。それらは、洗礼志願者のためだけに教えられる教会の生の諸側面であった[127]。具体的に言えば、この時期に洗礼を受けた者たちはエリートだったのであり、信仰の「秘儀」(mysteries)は、公に伝達されるものから「秘められた訓練」(*disciplina arcani*)によって特別に留保されていた[128]。このことはバシレイオスが、私的な書簡の中で、聖霊の神性を認める備えをしていた際に、聖霊に関する公の説教を控えている理由を説明するかもしれない。そのような〔聖霊に関する〕教理がそこに基づく情報を提供したのが、礼拝式であった。そこで、ドグマという概念は、バシレイオスが聖霊の神的本性が頌栄や洗礼、聖化などによって示唆されているということを主張した時に、刷新という嫌疑を否定することを可能にしたのである。彼は異端者たちに対する伝統的な非難、つまり、異端者は知性主義や哲学を誇っており、独創性や威信を求めることに熱心で、聖なる書の権威と教会の伝統を受け入れ損ねたという非難をすり抜けることができた[129]。なぜなら、バシレイオスがドグマと呼んだものは、彼と同時代人たちが知る限りでは、ケリュグマのように起源については使徒に遡るものであったからである。聖書と伝統は、教義の明確化が成し遂げられたときにさえも、新奇な教義に対する防波堤であり続けた。

3　アポリナリオス

バシレイオスがエウノミオスによって提起された諸問題を熟慮し、ニカイアの立場に移行した時に、彼は明らかにアポリナリオスに相談を持ちかけている[130]。ナジアンゾスのグレゴリオスの三位一体論もまた、アポリナリ

---

(125) ナジアンゾスのグレゴリオス『神学講話』5（『講話』31), 24ff.
(126) Hanson (1968).
(127) Amand de Mendieta (1965a, 1965b) を参照。Pruche (1966) も参照。
(128) Day (2001) は、迫害の時代にキリスト者とサクラメントを守るだけでなく、教義の発展を説明するために諸戦略の一つとして秘義が出現し、「機密保持の原則」(*disciplina arcani*) の方法が減っていったとも注釈を加えている。「四世紀の受洗志願者が準備教育を始めるにあたって、ほとんど秘義が残されていなかった」(p.207)。
(129) Coman (1966).
(130) Prestige (1956).

オスに依拠しているように思われる。[131] カッパドキア教父たちがアポリナリオスのキリスト論の教えには問題があることに気づくまで、いくらかの時間がかかったと思われる。しかしながら、アレイオスによって提起された諸問題が、三位一体的な用語によって概ね解決されるようになると、論争の場面は変わっていった。神の超越性が、問題に満ちたこの世界と神との関わりを生み出し、ロゴスが仲保者としての役割を果たした。今や、ロゴスは、超越的な神的存在を分有した。キリスト論的な困難が生じてしまうのは必至であった。

カッパドキア教父たちのキリスト論は、その後数十年間の論争に発展したキリスト論的な立場との関係で、それを評価しようとすると、いささか理解しにくいことが明らかになってきた。[132] 二人のグレゴリオスは「混合」という言葉を好んで用いた。彼らはまた「二人の御子」の概念を拒否した。しかしコンスタンティノポリス公会議の後、両者ともに、アポリナリオスと対立するようになった。ナジアンゾスのグレゴリオスはクレドニオスに宛てて、この主題に関する二通の手紙を書いた。この手紙の中に、よく知られた「肉を取らなかったものは、癒されることがない」という格言が見られる。この格言は、肉を取られたキリストは人間的な魂を持たなかったという考えに対して向けられたものである。ニュッサのグレゴリオスも、『アポリナリオス反駁』(*Antirrheticus against Apollinarius*) の中で、アポリナリオスの『神の受肉に関する説明』(*Apodeixis*) と取り組んだ。[133]『アポリナリオス反駁』によって、アポリナリオスの著作の断片を私たちは知ることができる。この書は、グレゴリオスが、他の著作全体とともに、キリストが人間的な魂を持っていなかったという考えにどれほど深く疑義を抱いていたかを明らかにしている。良い羊飼いは羊をすべて自分の肩に担ぐのである。[134] キリストにおいて、人間の本性は再創造される。キリストにおける変革は「私たちそれぞれが参与するように呼びかけられている変革の始まりを示す」。[135] グレゴリオスにとって、情欲は、取り除かれる必要のある、魂の上にできた「いぼ」もしくは腫瘍のようなものであり、体だけでなく心の禁欲を通してキリストを模倣することが、痛みを伴う切除が行われる過程となると考えられた。[136]

さらなる読書のために

英訳

Anderson, David（trans.）, 1980. *St. Basil the Great: On the Holy Spirit*, Crestwood, NY: St Vladimir's Seminary Press.

Daley, Brian E., 2006. *Gregory of Nazianzus*, London and New York: Routledge.

Karfikova, L., Scot Douglass and Johannes Zachhuber（eds）, 2007. *Gregory of Nyssa: contra Eunomium II. An English version with Supporting Studies*（Proceedings of the 10th International Colloquium on Gregory of Nyssa, 2004）, Supplements to *VigChr*, Leiden: Brill.

Meredith, Anthony, 1999. *Gregory of Nyssa*, London and New York: Routledge.

Norris, F. W., with F. Williams and L Wickham, 1991. *Faith Gives Fullness to Reasoning: the Five Theological Orations of St. Gregory Nazianzen*, Supplement to *VigChr*, Leiden: Brill.

Vaggione, Richard P., 1987. *Eunomius*. The Extant Works, Oxford: Clarendon Press.

（131） Beeley（2008）は、グレゴリオスに対してアタナシオスよりもアポリナリオスの方の影響が強かったと考えている。

（132） このことに関しては本書第六章を参照。ナジアンゾスのグレゴリオスのキリスト論に関する正反対の評価と言及については Meredith（1999）, p.47 および Coakley（2003）に収められている Daley, pp.67ff を参照。

（133） 編集されたテキストは Jaeger et al.（1960-） = *GNO* III.1 にある。

（134） 『アポリナリオス反駁』16.

（135） Coakley（2003）に収められている Daley, p.71 を参照。

（136） 例えば、『霊魂と復活に関する対話』（*On the Soul and Resurrection;* Migne, *PG* 46; 英訳は Roth（1993））を参照。この議論に関しては Coakley（2003）に収められている Daley を参照。

研究書

Barnes, Michel Rene, 2001. *The Power of God: Δύναμις in Gregory of Nyssa's Trinitarian Theology*, Washington, DC: Catholic University of America Press.

Beeley, Christopher A., 2008. *Gregory of Nazianzus on the Trinity and the Knowledge of God*, Oxford: Oxford University Press.

Coakley, Sarah（ed.）, 2003. *Re-Thinking Gregory of Nyssa*, Oxford: Blackwell.

Fedwick, Paul J.,（ed.）, 1981. *Basil of Caesarea, Christian, Humanist, Ascetic: A Sixteen-Hundredth Anniversary Symposium*, 2 vols, Toronto: Pontifical Institute of Mediaeval Studies.

Maspero, Giulio, 2007. *Trinity and Man: Gregory of Nyssa's* Ad Ablabium, Supplements to *VigChr*, Leiden: Brill.

Meredith, A., 1995. *The Cappadocians*, London: Geoffrey Chapman.

Prestige, G. L., 1956. *St. Basil the Great and Apollinaris of Laodicea*（ed. Henry Chadwick）, London: SPCK.

Turcescu, Lucian, 2005. *Gregory of Nyssa and the Concept of Divine Persons*, Oxford: Oxford University Press and the American Academy of Religion.

Vaggione, Richard P., 2000. *Eunomius of Cyzicus and the Nicene Revolution*, Oxford: Oxford University Press.

Zachhuber, J., 2000. *Human Nature in Gregory of Nyssa: Philosophical Background and Theological Significance*, Supplements to *VigChr*, Leiden: Brill.

VI　神学者グレゴリオス

他のカッパドキア教父たちとは違って、ナジアンゾスのグレゴリオスは当時論争された諸問題を扱った著作を残しておらず、彼の哲学的な神学は他のカッパドキア教父の著作ほど洗練されたものではないとみなされてきた[137]。にもかかわらず、何世紀にもわたって、彼には「神学者」という栄誉が与えられてきた。彼の名声は、おそらく彼の伝達能力、表現の明晰性と平易さによっているのであろう。彼にとって、説教と神学は統合されていた。彼の『五つの神学講話』は[138]、都市の会衆のために、三位一体論の正統説として受け入れられつつあった教えの見事な要約であった。これらの記述は、グレゴリオスの業績の最高のものと考えられてきた。けれどもそのような見方は、彼の著作の過小評価かもしれない。彼の三位一体論的神学の適切な評価は、なお護教的でこの思想の全体を明らかにはしていない『五つの神学講話』を超えたところを見るように求めていると言われてきた[139]。

ナジアンゾスのグレゴリオスの神学では、三位一体が絶対的に中心を占める。バシレイオスは、自分の議論の全体的な傾向にもかかわらず、はっきりと聖霊の神性を主張するのにやや控えめであったが、グレゴリオスは躊躇することはなかった[140]。バシレイオスとニュッサのグレゴリオスは、ヒエラルキー的な三位一体理解の傾向に対して[141]、三つのヒュポスタシス〔位格〕の平等もしくは等位を強調していたが、ナジアンゾスのグレゴリオスは、御子と御霊の源として御父を強調することによって、「モナルキア」〔単一支配〕（monarchy）を守った。つまり、御子と御霊が単一の原因に遡及するゆえに、統一が保たれるのである。神が、豊かに生誕をなしえるのは、三位一体ゆえなのである[142]。グレゴリオスの著作は、統合を求める著作である。彼は異端の極端な考えの間の「中間

(137) Norris, Williams and Wickham（1991）に収められているNorrisによる序を参照。
(138) テキストはMason（1899）, Gallay and Jourjon（1978）を参照。英訳はNorris, Williams and Wickham（1991）に収められているWilliams and Wickhamのものを参照。
(139) Beeley（2008）.
(140) ナジアンゾスのグレゴリオス『書簡集』58および『講話』43.
(141) Zachhuber（2000）を参照。誇張された内容かもしれないがCoakley et al.（2003）なども参照。
(142) Beeley（2008）を参照。神（Godhead）からでなく、「原因」（cause）としての父からの議論の妥当性についてのこれまでの論議に関してはNorris, Williams and Wickham（1991）に収められているNorrisを参照。

値」を見つけ出し、同時に肯定的な意義を持つ神学を確認しようと意識したのである。[143]

　四世紀と五世紀における教理論争を研究すると、私たちはフラストレーションを感じるかもしれない。これらの論争は本当に重要なものだったのだろうか。人間の知を超えている問題に対して、論争の当事者たちは細事にこだわっていなかったのだろうか。論争に距離を置いてみると、比較的細部にわたる専門的な問題になぜこれほどの情熱が注がれ続けたのか、ふと訝しく思うかもしれない。これらの問題の宗教的な意義に気づいたときに初めて、情熱がかきたてられた理由を理解できるだろう。これまでに見てきたように、アタナシオスは、キリストにおける救済を彼が感じるところの切迫感によって突き動かされてきたのである。アレイオスの単純化は、ただその現実の深みを含みえなかったのである。グレゴリオスも彼の宗教的な意識の力によって突き動かされていた。彼にとって、論理的な議論の冷たい専門性は、神的なものに与る神秘的な感覚をそこなった。彼は、アレイオスが、あまりにも理性的であると感じた。十全な神学は、宇宙や禁欲的な黙想、さらには礼拝、そして聖書における、畏怖と神秘の経験を正しく評価しなければならなかった。グレゴリオスは、神が限られた人間の条件のうちに啓示することを選ばれたということを除いて、人間は神については何も知りえないということを知っていた。それゆえ、彼は、議論している問題の複雑さに明らかに気づき、尻込みしていた。彼は自分の会衆に対して本質的な事柄、特にキリストの十字架の確かな基礎を固守するように勧めた。[144]

　グレゴリオスの神学は、すでにニュッサのグレゴリオスの神学の議論の中で見てきたような、アポファティック（否定神学的）な、すなわち否定的な強調点を分かち持つ。神は無形で、生まれず、変わることなく、朽ちることなく、理解することができない。神が何であるか（*what*）を理解することはできず、ただ理解できるのは神が存在するということ（*that*）だけである。しかしグレゴリオスにとって、これが議論の終わりではない。なぜなら、神は私たちに出会うために来てくださり、私たちの信仰は空しくは終わらない。三位一体は神の本性（nature – θεολογία）の神秘と、神が愛を持って被造物（creation – οἰκονομία）に対して手を伸ばすことを表現している。後者は前者の「後の部分」(back-parts)として、それとなく示されていることである。つまり、超越的な神と神が経綸において啓示されたことの間に分離はないのである。(145)

それゆえ、三位一体は、グレゴリオスが献身した対象であり、彼の信仰と生活との根拠であった。三位一体についての知識は聖書と伝統に由来し、さらに教会における聖霊の継続的な啓示に由来する。修辞的技巧を好む傾向があったにもかかわらず、グレゴリオスは、範囲にわたる比喩的描写や象徴的表現、信仰と礼拝の表現を用いる卓越した能力を持っていた。これらの表現は、聖書に由来し、教会の生の中で発展してきたものである。彼は、旧約聖書の預言者を引用することによって、罪深く、合理主義的な手段を、悔い改めない共同体に対する切迫した訴えと緊急警告へと転換させた。(146) 彼にとっての神とは単なる哲学者の神でも教義学者の神でもなく、自分自身の時代の出来事の中で行動する、アブラハム、イサク、ヤコブの神である。キリスト教独自のメッセージは論理体系によって表明されるのではなく、感情を呼び起こすイメージによって表明される。彼のアプローチの全体は、聖書的なイメージと類型論的な象徴的表現で満ちており、キリストの十字架に中心を置いて、彼自身の時代のキリスト者のために活力を与える。

昨日、小羊が屠られ、扉のところに〔その血が〕塗られ、エジプトは初子を嘆き悲しんだが、破壊者は私たちを過ぎ越した……。今日、私たちはエジプトとファラオから去り、私たちの神である主に対する祝宴を妨

---

(143) Plagnieux (1951).
(144) 『神学講話』2, 3(『講話』28, 29)および『講話』45を参照。
(145) Norris, Williams and Wickham (1991) における Norris および Beeley (2008) を参照。
(146) 『講話』16.

げる者はいない……。昨日、私は彼とともに十字架で苦しみを受けた。今日、私は彼とともに栄光を受けた……。昨日、私は彼とともに葬られた。今日、私は彼とともに復活する……(147)

グレゴリオスの神学の鍵は、θέωσις（*theōsis*）の概念である。この言葉は、キリストを通して、さらにそれをもたらすキリストの模倣を通して、さらにはサクラメントを通して、禁欲的実践を通して、黙想を通しての「神化」を意味する。純化と謙遜、そして献身の過程を通して使命に近づく真の神学者だけが、三位一体の神について語る資格を与えられている(148)。

グレゴリオスは、東方におけるキリスト教の救済についての思想のほとんどすべての側面にほぼ忠実である(149)。彼は同時代の者たちに対して訴えかける、描写的で修辞的な言葉で信仰を表現することができた。そのため彼は、神についてのキリスト教徒の理解と神と世界との関係についての理解の深さと複雑さと神秘を賦与することができた。彼は専門的な議論の精密さにふける人々よりも優れており、際立って優れた（*par excellence*）神学者として崇敬されるようになった。

さらなる読書のために

英訳

Daley, Brian E., 2006. *Gregory of Nazianzus*, London and New York: Routledge.

Norris, F. W., with F. Williams and L. Wickham, 1991. *Faith Gives Fullness to Reasoning: The five Theological Orations of St. Gregory Nazianzen*, Supplement to VigChr, Leiden: Brill.

Vinson, Martha, 2003. *Gregory Nazianzen. Select Orations, FC*, Washington DC: Catholic University of America Press.

研究書

Beeley, C. A., 2008. *Gregory of Nazianzus on the Trinity and the Knowledge of God*, Oxford: Oxford University Press.

Børtnes, J. and Tomas Hägg（eds）, 2006. *Gregory of Nazianzus: Images and Reflections*, Copenhagen: Museum Tusculanum.
McGuckin, I., 2001. *Gregory of Nazianzus*, Crestwood, NY: St Vladimir's Seminary Press.
Winslow, D. F., 1979. *The Dynamics of Salvation: A Study in Gregory of Nazianzus*, Cambridge, MA: Philadelphia Patristics Foundation.

Ⅶ　ニュッサのグレゴリオスと新プラトン神秘主義

二〇世紀には、ニュッサのグレゴリオスは表舞台に姿を現し、彼の著作は初期のキリスト教研究の歴史的な興味を超えて、神学と霊性の鉱脈となった。フォン・バルタザール、トーランス、ジージウラスは、フェミニスト神学や急進的な正統派の間にあって、それらを受け継ぐものとなった。今では、ニュッサのグレゴリオスの著作の読み方には多様性が存在する。[150]しかしながら、古代末期の研究者たちにとって、彼の思想の最も興味深い側面は、聖書釈義が彼の根本的に新プラトン主義的な特色を修正するその方法にある。

現代における研究は、ダニエルーによって始められ、グレゴリオスの哲学的能力を確証し、彼の神学思想にとって神秘主義の根本的な重要性を再発見しているように思える。[151]グレゴリオスは、単なる思想の選択的な編集

（147）『講話』1.
（148）『講話』27.
（149）グレゴリオスの救済論に関してはWinslow（1979）を参照。
（150）この議論に関してはLudlow（2007）を参照。
（151）Daniélou（1954）を参照。Balthasar（1942）, Musurillo（1961）, Harl（1971）, Harrison（1992）と比較されたい。

者ではなく、アレゴリカルに解釈された聖書の象徴によって神秘的な経験を表現するキリスト教的な新プラトン主義者であるということが、定説になった。しかし、さらなる研究は、この定説に疑問を投げかけてきた。というのは結局のところ、そのような評価の有効性は、当該の哲学者もしくは神秘主義者の定義に依存しているからである。そこでG・C・スティッドは、グレゴリオスは哲学的な問題に取り組むという意味での哲学者ではなく、神学者として、自分の神学的な洞察を体系化するために、哲学から選択的に援用するという意味で哲学者であるにすぎないと主張した。[152] 加えて、神の無限性の考えについてのミューレンベルクによるグレゴリオス思想の研究は、『モーセの生涯』(*Life of Moses*)といういわゆる神秘主義的な著作の再評価を引き起こした。彼の研究には、当時の神学論争が〔教理の〕形成に影響を与え、神秘についての象徴的な言語が確かに用いられたが、それは何らかの「神秘的な経験」からではなく、実際の問題を取り扱う必要から生じるものであることを示唆されている。[153] グレゴリオスは実際にそのような経験を証言しているわけではないが、いかにして後期の主題が、彼の著作に反映しているかを理解することは容易である。どちらかと言えば、聖書がグレゴリオスの考えの土台であった。哲学は聖書を明確化し、体系化するために用いられ、倫理への教訓的な集中は、その主な関心事が神への魂の前進にある、いわゆる神秘的な著作の中核に置かれている。[154]

にもかかわらず、プロティノスの影響は確実に認められてきた。グレゴリオスの時代の哲学は、「前提のない理性的思惟」ではなく、生活様式であった。[155] 加えて、古代文化の持つ傾向は、過去を崇拝することにあった。ヘレニズム世界の哲学諸学派は、過去の偉大な思想家たちの知恵の解釈者であった。諸学派では、これは、伝統とスコラ主義に結ばれるようになる傾向にあった。グレゴリオスは、プロティノスのうちに、プラトン哲学の伝統の主流と結び付いた、単なる注解者ではない先達の姿を見出した。むしろ、プラトンの対話篇におけるいくつかの鍵となる箇所の中に、彼は真の哲学の土台となるもの、つまり自分自身の考えと一致する見解を見出した。「哲学化するためのプロティノスの主な動機は、自分自身の直観と経験を合理化することであるということは、『エネアデス』を研究する者誰もが抱く見解であるに違いない。プロティノスは、プラトンがプロティノスをして、この考えを最もよく成し遂げたることを可能にするゆえに、プラトン主義者である」[156]。

ほとんど同じことは、グレゴリオスについても当てはまる。もっともグレゴリオスにとっては、プロティノス自身が、聖書と教会の伝統と並んで、グレゴリオスの表現と理解の源となった。彼は、自分がプロティノスに依存していることを認めないが、グレゴリオスは主要なプラトンの対話篇と『エネアデス』を含めたいくつかの著作の両方を直接知っていたに違いない。彼の著作は、広い文化的雰囲気の反映以外の何ものでもない。これに加え、グレゴリオスがもう一人のプラトン主義者イアンブリコスの解釈学的な方法を採用していると考えられる[157]。しかしながら、彼はただ独創性のある模倣者でもなかったし、引用の収集者でもなかった。プラトンとプロティノスの思想世界、彼らのイメージと語彙は、重要なところではキリスト教の諸伝統によって修正されているけれども、グレゴリオスの理解の表現となるように、キリスト教の諸伝統と聖書、礼拝のイメージ、および語彙と思想世界と溶け合っている。それゆえ、ここには、表面的で人工的な電撃結婚があるのではなくて、むしろ、グレ

---

(152) Dörris, Altenburger and Schramm（1976）に収められている議論、特に Stead のものを参照。それだけでなく Daniélou のものも参照。

(153) Mühlenberg（1966）, Heine（1975）, Heine（1995）, Ludlow（2000）を参照。しかし Macleod（1970, 1971）, Harrison（1992）と比較されたい。

(154) Ludlow（2000）, Remelli（2007）.

(155) Dörris, Altenburger and Schramm（1976）に収められている Verghese および Mateo-Seco and Bastero（1988）に収められている Gregorios and Meredith のものなどを参照。

(156) Rist（1967）, p.185.

(157) Heine（1995）.

ゴリオスの物事に対する感覚は、聖書と哲学の微妙な混合によって表現されている。プラトンの『国家』VIIに見られる洞窟の比喩とベツレヘムの岩屋の統合は、この事例にあたる。ダニエルーが指摘しているように[158]、この結び付きは、人間が自分自身の上昇の道を探索する義務を負うということよりも、神が照明をもたらすために洞窟の影に降られることを示しているのである。キリスト教の福音が、本質的にプラトン的なモチーフを変化させている。

それゆえ、重要な点において、グレゴリオスはプラトン哲学の伝統的な前提条件と袂を分かつ。例えば、彼は完全なるものは不動であるということや、究極的なものには哲学的な上昇によって到達しうるという前提を放棄する。すべてのものは完全なものから変化し、より完全でないものに向かうはずであると考えられてきた。それゆえ、オリゲネスも含めて、プラトン哲学の伝統の多くは、最高存在が変化することのない完全さを失うことによって、堕落と復帰を思い描いた。しかしグレゴリオスは、絶え間ない進歩によって、完全さを理解した。美徳にはいかなる限界もない。つまり、そうであれば、完全さは把握されることも所有されることもできない。競争は永遠に続く。上昇は、決して終わることがない。神の幻視を手に入れるためには、神の道に従うことが必要である。魂が満たされた状態になり、それゆえ神の探求から引き離されてしまう危険はない。というのは、到達したすべての頂点は、さらに上の高みを示すからである。神への参与は、より大きな欲望を生み出すだけだからである。これは神を見るという欲望によって満足することのない真実の意味での神の幻視である[159]。

絶え間ない進歩（ἐπέκτασις: *epektasis*）の概念は、グレゴリオスの最も根本的な神学洞察力に基づいている。無からの創造（もう一つの非プラトン的考え）の必然的な結果は、絶え間ない変化と進歩を可能にする。他方、神性は全体的には把握されえないということを保証する神の理解不可能性は、神についての真の知は、理解できないことに本質がある理解を意味する[160]。神の理解不可能性は神の無限性に根拠があり、この無限という考えを肯定的に用いることは、重要である。ギリシアの哲学的な伝統では、無限は長く曖昧さや無形なることを意味してきた。

善と美の思想が対称、割合、数学のカテゴリーに基づく文化にとって、無限は不快なものであった。善性は有限を意味した。プラトンの形相は、有限なる存在であった。しかしすでにプロティノスにとっては、一者は、無形で「存在を超えた」形相を超えていた。[161] アレクサンドリアのフィロンやクレメンスの否定神学は、神の無限性という思想を漠然と持ち続けていた。今や、神の無限性の積極的な主張が、神の善性と力と愛は限りがないと主張することを切望して、キリスト教著作家の中に現れる。それに加え、グレゴリオスの場合、神に向かっての永遠の進歩も、同じように無限である。魂は、「光り輝く暗闇」に入るが、[162] その中で魂は、無限にして理解可能性を超えている神については何も知り得ないが、信仰によって愛の合一の中で、神の臨在を感じる。この経験は円環的なものであったり、何度も何度も失ったり見出したりするようなものではなく、より深いところにある豊かさの絶え間ない発見、つまり終わりのない「なる」というプロセスなのである。神は近づきがたい存在であるが、にもかかわらず、親しく近くにいまし、論証的理性が失敗する際に、信仰によって把握された神の現臨なのである。[163]

プラトン哲学と聖書の伝統が合体した一つの概念は、人間の魂を神の像として理解するうちにある。プロティ

(158) Daniélou (1964).
(159) Ferguson (1973, 1976) を参照。Daniélou (1954) と Musurillo (1961) の序と比較されたい。
(160) Mühlenberg (1966) を参照。しかしそれに対する Brightman (1973), Harrison (1992), Geljon (2005) の批判も参照。
(161) Rist (1967).
(162) Laird (2004) はニュッサのグレゴリオスの研究において、グレゴリオスの著作において光と輝きの現在を強調して、暗闇の強調を批評している。
(163) Laird (2004) を参照。von Balthasar (1942) もこのことを先取りして論じている。

ノスとグレゴリオスにとって、肉的な願望が清くされることから上昇が始まり、魂がその内部へと向かい、自分自身の清さの中に神の知を見出すのである。グレゴリオスはこのプロセスを描写するために、プロティノスの言語とイメージを用いた。微妙な違いが、これまで強調されてきた。[164]グレゴリオスは被造物の善性を強調し、次第に人間の本性の構成要素としての体の重要性を強調するようになる。[165]しかし、プロティノスにとっても、万物の究極的な源は、超越的な一者である。宇宙の美と調和が、その神性を啓示し、魂を知解可能なものの黙想へと導く。プロティノスは、物質を悪と同一視するにもかかわらず、グノーシス主義に反対し、何人かのキリスト者と同じように、悪を非存在として定義した。つまり二元論は究極的な解決ではなかったのである。加えて、両者は純化の過程の道徳的な内容と、気をそらすような感覚的な認識を取り除くことを強調する。さらに何人かの研究者たちは、プロティノスの神秘主義が真に「有神論的」であることを強調している。魂は自己の同一性を失うほどには、一者へと吸収されることはない。[166]グレゴリオスにとって神がそのようであるように、一者は究極的なままで留まり、もしプロティノスが神秘主義者であると描かれるなら、グレゴリオスもまたそうなのである。[167]

しかしグレゴリオスの哲学には、際立ったキリスト教的色彩が存在する。聖書的な象徴がプラトンの比喩的描写を支配し、埋め尽くしている。[168]『詩編注解』[169]、『コヘレトの言葉注解』[170]、『山上の説教』(*Beatitudes*)[171]、『モーセの生涯』[172]、『雅歌講話』[173]は、上昇のための梯子を記述するための手段となっている。さらに、この〔上昇する〕過程は、「死と復活」という洗礼の象徴および聖餐の霊的な養いによって表現されることで、本質的にサクラメンタルなものである。とりわけ、それは、キリスト論的なものである。キリストにおいて人類全体が上昇するのであるから、個人は神に向かって進歩し、神との接触を経験することができるだけである。キリストの中にいることによって、人間は復活させられ、(体と魂の)二つからなるものが、統一されるのである。

おそらく最も重要なことは、一者もしくは神を理解するにあたってのいくつかの違いである。グレゴリオスもプロティノスもともに、極端に否定神学的な考え方を持っている。存在を超えた存在については何も知り得ない。しかし、グレゴリオスの神は、グレゴリオスの魂をこれまで探し続けてくれたのに対して、プロティノスの魂は

(164) 例えば、Daniélou (1954), Bebis (1967) などを参照。
(165) Mateo-Seco and Bastero (1988) における Mosshammer を参照。体と、魂を動かしている力との親密な関係は、はっきりと『人間創造論』(*De Opificio Hominis*) において言われている。グレゴリオスの思想における感情/情欲の問題を考えることは価値のあることである。それらはただ単に切り離されるべきものなのだろうか (姉のマクリナとの対話である『霊魂と復活に関する対話』(*De Anima et Resurrectione*) の中では、そのことは容易であるように論じられている)。それとも、エヴァグリオスが提案した方法のように (本書二一一—四頁と比較されたい)、それらは抑制され、愛 (*agapē*) へと変換させるべきものなのだろうか。Warren Smith (2004) と Warren Smith (2004) の批評をしている Meredith のもの (*JTS* NS 57, pp.308-9) を参照。
(166) プロティノスの解釈の議論に関しては、Armstrong (1967), Rist (1967) を参照。
(167) さらなる詳細は Fontaine and Kannengiesser (1972) における Canévet を参照。von Stritzky (1973) は (Mühlenberg の著作を引き継いだのであるが)、神秘主義的な解釈は神と人間との間の区別をなくしてしまうために危険な解釈であるとしている。その理由は、神と人との間には常に区別があり、神秘的な合一のようなものはないからである。
(168) NB Canévet (1983) を参照。
(169) Jaeger et al. (1960-) = *GNO* V を参照。英訳は Heine (1995) を参照。
(170) Jaeger et al. (1960-) = *GNO* V を参照。英訳は Hall (1993) を参照。
(171) Jaeger et al. (1960-) = *GNO* VII.2 を参照。英訳は Graef (1954) を参照。
(172) Jaeger et al. (1960-) = *GNO* XII.1 を参照。英訳は Ferguson and Malherbe (1978) を参照。
(173) Jaeger et al. (1960-) = *GNO* VI を参照。英訳は McCambley (1987) を参照。

神を探究するはずであるという、単純化された適則にはいくらかの真実は存在する。さらに、プロティノスの考える魂は、宇宙全体のように、自発的な働きの過程、すなわち旺盛な生命があふれ出ることによって、究極的には、一者に由来する。しかし、グレゴリオスの魂は、神の意志と愛の意識的な行為として、無から神によって造られる。グレゴリオスにとって、自己だけで存在できる三位一体とすべての被造物との間には固定された溝があり、それは、神の像にかたどって人間を造り、受肉を通して失われた似像を再創造する恵みによってのみ橋渡しができるのである。[174] グレゴリオスの教義神学と哲学は、究極的には不可分なものである。両者ともキリストにおけるキリスト教の救いの福音の理解と経験の表明である。

さらなる読書のために

英訳

Ferguson, E. and A. Malherbe, 1978. *The Life of Moses*, Classics of Western Spirituality, New York: Paulist Press.

Graef, Hilda, 1954. *The Lord's Prayer. The Beatitudes*, Ancient Christian Writers, New York: Newman Press.

Heine, R., 1995. *Gregory of Nyssa's Treatise on the 'Inscriptions on the Psalms'*, Oxford: Clarendon Press.

McCambley, Casimir, 1987. *St. Gregory of Nyssa: Commentary on the Song of Songs*, Brookline, MA: Hellenic College Press.

Meredith, Anthony, 1999. *Gregory of Nyssa*, London and New York: Routledge.

Musurillo, H.（ed. and trans.）, 1961. *From Glory to Glory: Texts from Gregory of Nyssa's Mystical Writings*, New York: Scribner.

研究書

Balthasar, H. Urs von, 1942. *Présence et pensée: Essai sur la philosophie religieuse de Grégoire de Nysse*, Paris: editions Beauchesne（ET of 1988 edition, 1995, *Presence and Thought*, by Mark Sebanc, San Francisco: Ignatius Press）.

Coakley, Sarah（ed.）, 2003. *Re-Thinking Gregory of Nyssa*, Oxford: Blackwell.

Harrison, V., 1992. *Grace and Human Freedom according to Gregory of Nyssa*, Lewiston, NY: Edwin Mellen.

Heine, R., 1975. *Pefection in the Virtuous Life: A study of the relationship between edification and polemical theology in Gregory of Nyssa's* De Vita Moysis, Cambridge, MA: Philadelphia Patristic Foundation.
Laird, Martin, 2004. *Gregory of Nyssa and the Grasp of Faith: Union, Knowledge, and Divine Presence*, Oxford: Oxford University Press.
Ludlow, Morwenna, 2007. *Gregory of Nyssa, Ancient and [Post]Modern*, Oxford: Oxford University Press.

Ⅷ　教会の説教者たちと教師たち

カッパドキア教父たちは教会の教養のある指導者だった。彼らは、発展するキリスト教弁証学と神学の伝統に深く関与し、キリスト教共同体の道徳的、典礼的、神秘的な生に身を浸していた。バシレイオスはカエサリアの司教座教会の典礼を改革したと言われており[175]、彼の『聖霊論』は、いくつかの刷新を支持している。彼がこの分野で貢献したことは疑いのないところである。数多くの重要な儀礼に関して正教会によって採用されている『バシレイオス典礼』（*Liturgy of St. Basil*）は、バシレイオス自身に遡るものである。もっとも彼の貢献は、彼がまったく新しい儀礼を作り出したというより、むしろ古い典礼を修正し、拡大していったことにあった可能性が高い[176]。

(174)　NB Harrison（1992）.
(175)　ナジアンゾスのグレゴリオス『講話』43.
(176)　Bobrinskoy（1969）はこの典礼をバシレイオスの『聖霊論』と『書簡集』と比較している。それによって、バシレイオスが古い版を拡大させていくのは、バシレイオスの神学と一致することを示している。より古い典礼様式に関しては、Doressea and Lanne（1960）と、同じ巻の中に収められている Capelle を参照。

これら三人の教父たちのかなりの分量の著作は、講話あるいは説教の形式をとり、彼らが牧会者、教師、指導者としての役割を全うしようとしていたことがわかる。[177]『書簡集』や『詩』を別にすると、ナジアンゾスのグレゴリオスに由来するすべての著作は、四五の『講話』の集成であり、明らかにそれらは彼の最良の説教の集成である。すでに知られているように、それらは当時の修辞学的な実践のスタイルとかたちに従っており、釈義的な説教ではない。しかしながら、それらの多くが特定の行事の際に語られたものであり、特別に緊急を要する問題に対処している。叙階を避けるための彼の試みは、聖職者の責務についての古典的な解説となるような一つの説明を生み出した。[178]ひどい暴風雨が彼の父の教区民たちの農作物を台無しにした。そこでグレゴリオスは、神の裁きの前で、悔い改めを求める緊急の呼びかけを行った。[179]偉大なる人々についての多くの賛辞や伝統的なすぐれた追悼の辞のうちの多くは、関連する「聖人の日」に行われたか、あるいは葬儀の弔辞としてなされたものである。クリスマスやイースターにおける礼拝の説教は、修辞的かつ聖書的な予型論をまとったキリスト教の福音の本質がよく表現されている。彼は自分の過ちにもかかわらず、教区民たちに牧会的な配慮をする必要があると知っていた。彼はいかにして臨機応変に対処すべきかを知っていたのである。彼は明らかに教会暦の礼拝の様式に影響されていた。

バシレイオスが行事のたびに行った説教の多くは残存しており、[180]あるものは祝祭日になされ、別のものは断食のようなキリスト者の義務に関すること、怒り、貪欲、酩酊、嫉妬のような悪徳に関すること、謙虚さのような美徳に関する説教も残っている。いくつかは悪の問題と神の摂理の問題を扱っており、それは旱魃と飢饉の時期に引き起こされた問題を扱ったものもある。当時の修辞的な方法は、彼の表現手段であったが、明らかに、彼の牧会的、道徳的関心が、単に聞き手に喜びを与える願望よりも重要であった。

ニュッサのグレゴリオスも多様な説教と講話を残しており、[181]祝祭日の説教、道徳的、教義的な説教、聖人たちを称える説教、コンスタンティノポリスでなされた三つの葬儀説教すなわち、一つは皇帝の娘の葬儀説教、一つが皇帝の妻のものである。それらの説教は彼が説教者として名声を博していたことの明白な証拠である。実際、彼の語り方は、他のカッパドキア教父たちよりも、より感動を引き起こすとともに、より慎重に修辞を用いていると一般には考えられている。

バシレイオスと彼の弟も釈義的な説教を行っている。聖書を順番に追っていく、一連の説教も特徴的である。『ヘクサエメロン』（*Hexameron*）として知られる創世記の創造物語のバシレイオスの注解は九つの説教からなり、また詩編に関して一三の真正な説教が存在する。グレゴリオスのコヘレトの言葉に関する八つの説教、雅歌についての一五の説教、山上の説教に関する八つの説教は、彼の最も重要な「神秘主義的な」著作に内に含まれている[182]。

バシレイオスは、形の上で整った注解書を書かなかったが、彼の釈義の方法は、説教や他の著作に明らかに示されている。彼は寓喩《アレゴリー》へと回帰することはほとんどなく、テキストから道徳的なことをしばしば引用し、彼の厳しい禁欲的な要求を支持する聖書箇所を頻繁に用いている。対照的に彼の弟は、オリゲネスに従って、たとえば、

（177） Bernardi（1970）.

（178）『講話』2.

（179）『講話』16.

（180） バシレイオス『説教集』（*Homiliae diversae*）。テキストは*PG* 31にある。最近の校訂版のいくつかの説教については、Courtonne（1935）, Rudberg（1962）, Marti（1989）を参照。『釈義説教』（*Exegetic Homilies*）の英訳はWay（1963）にある。

（181） テキストはJaeger et al.（1960-）=*GNO* IXにある。いくつかの英訳はSpira and Klock（1981）にある。

（182） テキストはJaeger et al.（1960-）=*GNO* V, VI, VII.2にある。英訳はHall（1993）, Drobner and Viciano（2000）, Graef（1954）を参照。

雅歌の寓喩的な釈義では、「霊的な」解釈に傾いている。しかしながら、グレゴリオスはバシレイオスの著作の誤った理解を正すために『六日の業についての弁証論的注釈』（*Explicatio apologetica in Hexaemeron*）を書くことを強いられているように感じ、また人間の創造についての論考『人間創造論』（*De Opificio Hominis*）を完成するために同じように感じた。[183] これらの著作において、彼がバシレイオスの例に従い、寓喩的な解釈を避けたことは注目すべきである。『人間創造論』は、グレゴリオスの人間論、特に神の似像に創造されたこととそれが示唆することについての重要な主張が見られる。グレゴリオスは、当時の広まっていた人間性についての二元論的な分析と人間が神の創造の冠であり完成であるという主張との間で、やや分裂している。しかし、人間が世界を享受していることこそ神の創造の目的であるという考えが総じて支配的である。[184] マクリナとの対話である『霊魂と復活に関する対話』は、回復され変革された肉体と魂である、創造された人格全体の概念にまで進んで論じている。[185]

『モーセの生涯』[186]は、グレゴリオスの神学についての優れた表明というだけでなく、おそらく彼の釈義の方法を知る最良の例であろう。この著作は二つの部わから成り、第一の部分が出エジプト記と民数記で描かれたモーセの歴史的生涯をまとめたものであり、第二の部分では浄化、隠遁、暗闇、恍惚を通して、神に向かって魂を上昇させていく象徴として第一部を用いている。この第二部において寓喩的な方法が最高に達している。しかし、グレゴリオスは複数の意味を避けて、テキストの ἀκολουθία（順序）あるいは σκοπός（意味または目的）を探究する。後者が、寓喩を統制している。[187]

グレゴリオスの禁欲主義的な著作もまた重要である。[188] すでに言及した通り、『処女について』は彼の最も早い時期の著作であり、ニュッサの司教になる前に書かれたものである。すでに禁欲主義が霊的な上昇の方法と理解されている。完全な形の『キリスト者の教えについて』（*De Instituto Christiano*）が再発見され、グレゴリオスの禁欲主義的な思想が最もよく表されているものであると考えられてきた。[189] 他の重要な著作としては、『完全について』（*De Perfectione*）や、未来の禁欲主義者によって模倣の理想を提供する、自分の姉の伝記である『マクリナの生涯』がある。[190]

グレゴリオスは三人の中でも最も多作の作家であった。すでに言及した多くの著作以外に、『大教理講話』（*Oratio Catechetica Magna*）には注目せねばならない。[191] これは、キリスト教の神学の包括的な説明を書く重要な試みである。キリスト教の教師たちが、改宗者の教理問答を行うにあたり、教師たちを助ける目的で書かれたものである。この書は、三位一体論、キリストにおける贖罪の物語、キリストが人間になられたことによって堕落を逆転し悪魔を欺き、さらに最後にはこの贖罪の益を受ける手段、教会のサクラメントと信仰を取り扱っている。

（183） Migne, *PG* 44 を参照。英訳は *NPNF* にある。

（184） グレゴリオスの人間論的な考えの発展に関しては、Mateo-Seco and Bastero（1988）に収められている Mosshammer を参照。Zachhuber（2000）の議論も参照。ナジアンゾスのグレゴリオスの人間論に関しては、Ellverson（1981）を参照。

（185） Migne, *PG* 46 を参照。英訳は *NPNF* と Roth（1993）を参照。一例としては Moutsoulas（2005）に収められている Limberis を参照。

（186） テキストは Jaeger et al.（1960-）= *GNO* VII.1 を参照。英訳は Ferguson and Malherbe（1978）を参照。

（187） Dünzl（1990）, Heine（1995）を参照。

（188） テキストは Jaeger et al.（1960-）= *GNO* VIII.1 を参照。英訳は Callahan（1967）を参照。

（189） Jaeger（1954）を参照。「マカリオス」がグレゴリオスに依拠していたという見解は、批判的な問いだけでなく、グレゴリオスの禁欲主義的な教えとマッシリウス派の教えとの関係をも含む重要な学術論争を引き起こした。この議論に関しては、本書の第三章の二三二、二四〇頁を参照。

（190） このことに関する若干の議論は Spira（1984）を参照。

（191） 編集されたテキストは Jaeger et al.（1960-）= *GNO* III.4 を参照。より初期の編集と訳は Srawley（1903, 1917）によってなされている。

カッパドキア教父たちの重要性は、教理史だけに限定されるものではない。緊張関係にありつつ、霊的な豊かさ、活気、教義上の争いにある四世紀の教会の生を理解するために、私たちが立ち帰るべきは、彼らの著作である。

さらなる読書のために

英訳

Srawley, J.R., 1917. *The Catechetical Oration of Gregory of Nyssa*, London: SPCK.

注　他の有用な翻訳と研究に関しては、前に挙げたリストを参照されたい。

第五章　時代の特質——四世紀後半の対照的な人々

序文

カッパドキア教父たちを学んだ際に、わたしたちは、当時の教会生活における彼らの意義は、教義の発展への貢献をはるかに凌ぐものであったことをすでに見てきた。教義を学ぶ学生たちが容易に陥る過ちは、日々続く教会生活や歴史から、自分たちの研究を切り離してしまい、結果として神学的な議論のコンテキストの理解をゆがめてしまうことである。この章の目的は視野をさらに広げることにある。

ここに出てくる教父たちは、教父学の中に挙げられている、選択された著作家たちではあるが、誰一人として、型通りの教義史の中では、多くの場所を占めている者たちではない。エフライムは、シリアの伝統が東方ギリシアの伝統と密接に結び付いていたことや、正教会の讃美歌構成の発展に重要な影響を与えたことを示してくれた。キュリロスは、エルサレムにおける礼拝の実践の発展に貢献し、帰還する巡礼者を通して世界中の礼拝の生に影響を及ぼした。エピファニオスの百科事典は続く数世紀にわたって広く読まれ、ヨアンネス・クリュソストモスは公刊された説教が広範に写本として写されて流布することによって、おそらくすべての教父たちの中で最も影響力のある教父となった。ビザンティン教会の大衆の心と献身の形成は、偉大な哲学的な神学者よりもこれらの人物たちだったのである。もっとも一方で、オリゲネス論争の影響は、神学的な探究に疑いの目を向けることになり、保守主義を強め、伝統を注意深く保存することを促したのである。

そうなると、ここに登場する者たちは誰も、ニカイアやカルケドンの物語に重要な位置を占めないことになる。そうではあるが、彼らすべてはこの形成期において、教会生活の面で重要な貢献をしたのである。アレイオス論争は、結果としてカッパドキアの三教父の神学と類似性を持つようになったエフライムの神学に深く影響を与えた。しかしエフライムの神学は、詩に表現されているように、まったく異なった特徴を持つ神学である。キュリロスの経歴は、アレイオス論争によって生み出された困難が、実際に四世紀中葉の保守的な司教たちに、どれほど大きな影響を与えていたかその程度についての興味深い注釈を提供してくれる。エピファニオスは、中心となる問題と重要でない問題とを区別できず、あるいはまた根本的な神学問題を熟考することができない熱狂主義的で、スローガンだけを叫ぶような者を代表している。政治的な現実に妥協することができなかった、厳格な禁欲主義者であるクリュソストモスは、この時期に高度に政治的な板挟みに遭い、厳格な道徳的な価値を維持する戦いに失敗して、教会に潔白さを失わせるように強いる社会的な圧力の増大を強調する。対照的に、ネメシオスとシュネシオスは、静かな文学的な探求生活を人里離れたところで行い、哲学的生活の古典的な伝統を保つように努め、ますます不寛容になっていく時代に古代の人文主義的な理想を支持した。しかし彼らもまた教会に対する社会の圧迫を証言している。シュネシオスは、社会的な地位と共同体における立場のゆえに無理やり司教の座に就けられたが、彼が本当にキリスト者であるのかどうかという議論が激しく沸き起こった。ネメシオスに対しても同じ問いが投げかけられるかもしれない。

それゆえ、これら五人の生活、思想、著作が残したものは、私たちが取り扱う時代の理解にとって、きわめて重要である。

I　シリアのエフライム

1　この集成におけるエフライムの位置

ほとんどあるいはまったくギリシア語を知らず、シリア語で著作をしたシリアのエフライムが、ニカイアからカルケドンの間に著作活動を行った主要なギリシア教父たちの概観に含まれていることには、いささか驚きを感じるだろう。こうすることには、いくつかのうなずける理由がある。第一に、彼はギリシア世界で急に名声を得るようになった。エフライムが三七三年に死んだことはほぼ確かであり、エピファニオスは『パナリオン』(*Panarion*)の中ですでにそのことに言及している。[1] つまり、〔『パナリオン』が執筆された〕三七四―七年までには、その生涯のほとんどを東方で過ごしたラテン教父であるヒエロニュムスは、シリアのエフライムを三九二年に編集された書物の「著名な人物」(Illustrious Men)に含めていた。ヒエロニュムスは、彼がエデッサの執事であり、シリア語で多くの著作を行ったことを報告し、次のように続けている。

> 私は、誰かがシリア語からギリシア語に翻訳した聖霊に関する彼の著作を読んだが、翻訳のものであっても、高尚な知性の洞察力を認めることができた。

ソゾメノスは、エフライムが生きている間に、彼の著作の翻訳がすでに入手可能であり、また彼の雄弁がバシレイオスによって称賛されていたことを報告している。[2] パラディオスとテオドレトスも彼のことを記し、テオドレトスはエフライムを「恵みの清流によって日々シリア人に水を注ぐ霊の竪琴」であると呼んでいる。[3] 第二に、

(1)　51.22.7.
(2)　『教会史』III.16.
(3)　『書簡』145.

彼の著作活動における前任者であるペルシアに住んでいたアフラハトとは異なり、エフライムはローマ帝国のシリアとの国境地帯、アンティオキアの内陸地方のキリスト者を代表する。彼自身の司教にあたるニシビスのヤコブは、ニカイアに臨席していた。もっともエフライムがヤコブと同行したというのは、おそらく伝説であろう。後の世代になると、キュロスの司教としてテオドレトスは、主にシリア語圏の司教区を監督し、エフライムが注解を書いた福音調和書である『ディアテッサロン』(*Diatesseron*)を退けようとした。研究者たちは、エフライムのことを文化的かつ言語学的にギリシア教父の世界の最低の人物とかつてはみなしたが[4]、実際には彼はローマ帝国がキリスト教化した際に、帝国の多様性を一つにつなぎ合わせる有益な役割を果たしたことを思い起こさせる人物である。一方で、マルキオン主義者やマニ教徒の「部外者」の過ちに対して、さらに他方で失地挽回の可能性のあるアレイオス主義者のような「内部の者」の過ちに対して敵対することで、エフライムは、ローマ帝国の教会を辺境の地で擁護した[5]。

エフライムをここに含めるもう一つの理由は、彼の著作がアレイオス主義の拡散によって明らかに影響されていたという事実にある。彼の神学は、いくつかの点でアレイオス主義に挑戦しようとするゆえに、カッパドキア教父たちの神学との比較に耐えうるものである。それに加え、これから見るように、エフライムは、カッパドキア教父たちよりも、背教者ユリアヌスの治世によって、とりわけ皇帝がペルシア人に対する軍事行動に失敗したことによって大きな影響を受けていた[6]。興味深いことに彼の神学的な手法は、ギリシア的な手法とは対照的であるとしばしば言われる。大部分において彼は詩で自分の神学を表現し、イメージ、シンボル、字体という媒介を好み、研究者たちはこの点を、哲学的な用語によって信仰を表明するギリシアの合理主義の論証と繰り返し対照させて論じている。それゆえエフライムは、創造的な選択肢として現われ、ロマノスの詩に彼が与えた影響によって、ビザンティンの主流となったものを生み出す周辺にしばしば存在することを思い起こさせる[7]。

彼をここに加える最後の理由は、シリア学への関心と研究が飛躍的に伸びたことであり、それゆえに校訂されたテキスト、翻訳、補助史料、研究の入手可能性によって、〔シリア語の〕言語ができない者にとっても、かつてよりも史料に当たれるようになっている。(8) このような史料へのアクセスは、シリア語資料への注目が「ギリシア語のエフライム」の信頼を失墜させてきたという理由だけで、伝統的な聖人伝とエフライムの名前で伝えられてきたギリシア語の大量の著作（明らかにその量は、ヨアンネス・クリュソストモスの著作に次ぐものである）に異議を唱えることによって、さらに促されるはずである。(9) このギリシア語史料によると、エフライムは禁欲主義的な著作を書いた者である。このギリシア語の伝承からは独立しているシリア語の史料は、私たちが後に見るように、いささか異なった像を示している。

2 生涯

それでは、私たちは彼の生涯について何を知っているだろうか。彼は生涯のほとんどをメソポタミアのローマ帝国の属州の国境地帯の町、ニシビスで過ごした。その生涯の間、三度にわたるペルシアからの攻撃に遭い（三三八年、三四六年、三五〇年）、三六三年にはユリアヌスの悲惨な軍事行動の結果、ニシビスは、ペルシアに明け

(4) この議論に関しては Griffith (1986), pp.27-9 を参照。
(5) Griffith (2001), pp.395-427 と (1968), pp.22-52 を参照。
(6) 本書第四章の二九二―三頁を参照。Griffith (1987), pp.238-66 も参照。
(7) Petersen (1985), pp.171-87.
(8) 研究史の短い概観は Griffith (1997), pp.3-6 を参照。この節の注にある引用はシリア語がわからない読者でも利用可能な英語のものを載せている。重要な参考文献表については Biesen (2002) を参照。
(9) このことに関する一般的な説明は Matthews, Amar and McVey (1994), p.39 を参照。

渡された。彼の『ニシビスへの讃歌』(*Hymns of Nisibis*)と『ユリアヌス反論』[10](*Against Julian*)は、明らかに彼自身の生涯におけるこれらの出来事に関係している。ニシビスは、キリスト教徒の立ち退きが認められるという条件の下で、ペルシアに降伏した。その避難民の中にエフライムがいたと考えられ、すでに六〇に近い歳であったと思われる。彼がエデッサにまっすぐ向かったかどうかは議論の対象になっているが、彼は最後の一〇年をそこで過ごしたのは確かである。[11]パラディオスは、彼とエデッサとの結び付きについて知っているにすぎない。

彼自身の著作から知ることができるのは、エフライムの両親がキリスト者であったことであるが、後に書かれたシリア語の『生涯』では、父親は異教徒であったことが示唆されている。彼はおそらく三〇六年頃に生まれた。『ニシビスへの讃歌』から知ることができるのは、彼は三人の司教の下で助祭として、また注解を行う教師として仕えていたことであり、彼はその三人を慕っていた。その三人とは、ニカイア公会議にも出席し、帰還に際してエフライムを教師に任命したヤコブであり、バブ、ウォロゲセスであった。エフライムとの具体的な結び付きは、次のような碑文が刻まれた東方における最古の建造物、洗礼堂によって示されている。

この洗礼堂は司祭アケプシマスの熱意により、ウォロゲセスの治世における六七一年[三五九―六〇年]に建てられ、完成したものである。この碑文が彼らの記念となりますように。[12]

ニシビスにはラビの学校が存在した。エフライムの学校は、それと同等のキリスト教徒の学校と考えられるが、何らかの関係があったかどうかを決定することは難しい。[13]しかしシリアの釈義は、タルグムとミドラシュにおけるユダヤ教の伝統に精通していたことは明白である。[14]

キリスト教の使徒的な起源についての独自の伝説によって、すでに重要な中心地となっていたエデッサにおいては、エフライムは司教に仕え、多くの弟子たちに教え、後の伝承によれば、そこに有名な学校を設立したか、あるいはもうすでにそこに存在していた学校を引き継いだと考えられる。[15] シリア語の『生涯』によれば、彼はその地で九つの異端を見出したとされる。彼自身の著作によれば、マルキオン主義者らがキリスト教徒と呼ばれ、正統的なキリスト教徒がエデッサの初期の司教の名「パルート」（Palut）にちなんで「パルシア人」（Palutians）と呼ばれていた事実に嫌悪が示されている。[16] 彼の多くの著作は、このエデッサ時代に書かれたものであり、それ以前のニシビスにいたときにどのくらいの著作をしたのかは定かではない。[17] パラディオスと同じ時代に、激しい飢饉の時に彼が介入して貯蔵している穀物を解放するように嘆願した話が見出される。〔嘆願に対する〕回答は、誰にも信頼して公平に分配することを依頼できないというものであった。しかし、エフライムが献身的に働いた結果、彼が神の人であると認められ、救援の手はずを整えるように任されることになった。このことは三七二年の初夏から始まったようであり、次の年の五月の大麦の収穫（このときは豊作であった）の時まで続いた。[18] この年にエフライムは死んだ。

（10） 利用可能な英訳は McVey（1989）にある。
（11） このことは Brock et al.（例えば McVey（1989）の序、Brock（1990）の序を参照）において仮定されていることである。しかし Matthews, Amar and McVey（1994）, Introduction, p.33 の議論と注も参照されたい。
（12） Brock（1990）, Introduction, p.11 に引用されている。
（13） Murray（2006）, p.18.
（14） このことは Brock の著書の多くの箇所で議論されている。Van Rompay（1996）, pp.612-41 も参照。
（15） Griffith（1986）, p.25.
（16） Matthews, Amar and McVey（1994）, Introduction, p.35.
（17） Russell（2006）, pp.71-4 は、私たちには本当のところは何もわからないと注意を促している。
（18） Brock（1990）, Introduction, p.15.

いくつかのギリシア語の最初期の覚書から確認できるように、シリア語の伝承では、エフライムは主に教師として知られていた。女性の聖歌隊を設立して、彼女たちに彼の讃美歌を歌うことを教えていたことが示されているが、それに加えてセルグのヤコブ（五二一年）によるエフライムについての韻文の説教の中で[19]、次のように言われている。

彼は、以下に記されているように、行動することも教えることもできる真理の教師であった。彼の弟子たちのために、彼は彼らが見倣うべき模範を描いた。

……彼は語るという労苦によって教えただけではなかった。
そうではなくて、彼は、完全な聖人の働きを自らの人格のうちに、顕したのである[20]。

ヤコブは、羊たちの安全のために自分の詩と讃美歌から羊飼いを作り上げ、外をうろつく異端者たちを追い散らすことによって、エフライムを神の家族の羊を守る牧羊犬に例えることで自分の詩を結んでいる[21]。テオドレトスによれば、エフライムは自分の正統的な詩歌のために異端者バルダイサンの子によって書かれた歌謡から受け継いだことを語り、彼の聴き手たちに大きな喜びと癒しの薬を与えたと言っている[22]。ヒエロニュムスは、エフライムの著作がいくつかの教会での聖書朗読の後に読まれたと言っている。つまり、エフライムは「説教をすることによって、教えることによって、著作をすることによって、異端と戦うことによって、司教たちを助け、助言することに全面的に従事した、キリストの独身の弟子として彼の生涯を送ったと思われる[23]」。エフライムを修道士とした伝承は、ほとんど確実にパラディオスに遡る誤りであり、彼の後継者たちの著作によって広がってしまった。共同体の中で独身生活を送った「契約の子ら」についての古いシリア語の伝承が存在した。エフライムは、孤独な修道をするか、共住修道生活をするかのいずれかであっても、人々を文明から砂漠へと追いやった四世紀の比較的新しい禁欲主義運動というよりは、むしろ「契約の子ら」に属すると考えられたのだろう。[24]

3　著作

当然のことながら、私たちが今エフライムを知ることができるのは、主に著作家としてである。彼の著作はオリジナルではシリア語版で、また多数の翻訳（ギリシア語、アルメニア語、ラテン語、アラビア語、コプト語、エチオピア語、スラブ語、グルジア語、シリア・パレスチナ語）で伝えられた。[25] どれが真正な著作であるのかを識別することは、容易な作業ではない。ほとんどすべての翻訳された著作は、アルメニア語の集成を除いて、偽作であるギリシア語の史料に遡ることができる。アルメニア語の集成は、シリア語版にももはや残存しない多くのものが存在するため、編纂されて利用可能になれば、大きな価値のあるものになろう。しかしながら、シリア語とアルメニア語で残存している大部分の翻訳の真正性については、多くの不確実性が存在する。一般に真正なものと認められているシリア語の資料の中核は、エフライムについての最近の研究の基礎となっている。増大する関心は、主にドン・エドムンド・ベックの編集した著作により、校訂されたテキストが今では入手可能となっている

(19)　Amar (1995).
(20)　英訳は Brock (1990), Introduction, p.22 を参照。別の表現に関して、Amar (1995), pp.29, 159 と比較されたい。
(21)　Brock (1990), Introduction, p.24-5.
(22)　テオドレトス『教会史』IV.26.
(23)　Matthews, Amar and McVey (1994), Introduction, p.24.
(24)　Brock (1990), Introduction, pp.25-33 を参照。Brock (1985), pp.107-17 と比較されたい。
(25)　Matthews, Amar and McVey (1994), Introduction, p.39.

という事実によって部分的には説明されるはずである。それは、一九五五年から一九七九年にかけてなされ、かなり多くの資料の集成をドイツ語の翻訳とともに、CSCO（*Corpus Scriptorum Christianorum Orientalum*）で読むことができる。英語版も徐々に読めるようになってきている。[26]

エフライムの讃美歌は彼の著作のかなりの割合を占める。四〇〇もの讃美歌が残存しており、他のものは失われてしまったことがわかっている。讃美歌（〔節に区分された歌である〕マドラーシェー（madrashe））は六世紀の詩歌の写本の中で伝えられ、その表題は、集成の中の小さなまとまりを指すにすぎない。つまり、貞節に関する五二の讃美歌のまとまりは、[27]この主題についての三つの讃美歌で始まり、油についての四つの讃美歌が続いていく。四二―五〇番目のものはヨナについて黙想し、他のまとまりは聖書解釈を語り、他の短い詩歌のまとまりの間に散らばっている、その他の個々の讃美歌は、異なった多様な主題を取り扱っている。ニシビスに関する詩歌のうち前半部分だけが、ニシビスの町を扱っている。この配列は少なくとも五世紀後半にまで遡るようであるが、『楽園についての讃美歌』のような、より小さな集成のものだけが、エフライム自身に遡ると思われる。[28]このことは、移行期における編集作業が元来は全く関連のない著作を一つに結び付けた可能性があるゆえに、讃美歌を彼の人生の異なる時期に分類することを難しくしている。エフライムは韻文の説教（メームレー（memre））も書き、その大部分は彼に帰されているが、真正である可能性は少ない。

聖書注解と異端反駁の著作を含めて、多数の散文体の著作も現存している。特に興味深いのは『ディアテッサロンの注解』（*Commentary On the Diatesseron*）である。そのシリア語原本が一九五七年に発見された。[29]『創世記と出エジプト記注解』も現存しており、アルメニア語の使徒言行録やパウロ書簡の注解もあり、おそらく預言者についても注解を残しただろう。[30]彼の聖書釈義へのアプローチの仕方は、アンティオキア学派と比較されてきたが、[31]この依存関係にはいかなる歴史的証拠もない。[32]彼はテキストの言葉に留意することや、たとえられていることから逸脱せずにたとえの要点を受け入れること、（サタンがキリストを誘惑したときのように）文脈を無視して事柄を理解しないということ、さらには聖書を解釈するために聖書を用いること、聖書の全体を考慮すること、という原則を適用した。[33] エフライムは「聖書の広大な範囲を自由に飛び回ることのできる鳥の自由を持つ」ものとして、さらには「彼自身の仕事を実行するにあたり、自分が気に入る聖書テキストを選んだ」者として描かれている。[34] 首尾一貫して彼は聖書の豊かさを泉にたとえて表現し、誰もそのすべての意味を想像すべきではないと考えた。なぜなら聖書はダイヤモンドのように多様な側面を持っており、読者はそれぞれの必要にふさわしい深い意味を受け取り、宝をいただくからである。[35]

のどが渇いた者は飲むことができるので喜ぶ。しかし、泉を干上がらせることができないからといって、うろたえることはない。その井戸は渇きを克服することができるが、あなたの渇きが泉を支配することはできない。泉の水が尽きることなくあなたの渇きが満たされたとすれば、あなたが渇くときにはいつでも、あな

(26) 参考文献に示されている一覧を参照されたい。
(27) 英訳は McVey (1989) にある。
(28) Brock (1990), Introduction, p.35.
(29) 詳細は McCarthy (1993) を参照。
(30) Murray (2006) は預言者の史料を偽作 (*Dubia*) に分類した。
(31) Van Rompay (1996) を参照。Griffith (1997) の注解書に関する議論も参照。
(32) Yousif (1990).
(33) 例えば『ディアテッサロンの注解』IV.8, VI.1, XII.15, XIII.19, XV.14, XVIII.15 を参照。
(34) McCarthy (1993), Introduction, p.17.
(35) 例えば『ディアテッサロンの注解』I.18, 19, VII.22, XXII.3 を参照。

たは再び飲むことができる。[36]

さらに、エフライムの讃美歌は二重の視点からのビジョンを示している。そのビジョンは、彼が「聖書の特徴と出来事の光に照らして現在の歴史[37]」を理解することを可能にし、聖書によって提供される「型」(types)に従って生きたあらゆる人間を理解することを可能にする。

4　型(types)と表象(symbols)による思考

神学的な思考に対するエフライムのアプローチについての議論は、これまで主に讃美歌に関心を向けてきた。ロバート・マーレーの著書、『教会と神の国の象徴』(*Symbols of Church and Kingdom*)は一九七〇年代に出版され、エフライムの思想を初期のシリア語の伝承のコンテクストの中に位置付け、彼の象徴主義についての議論の端緒となった。およそ一〇年後に、セバスチャン・ブロックが、『光り輝く目——聖エフライムの霊的世界のビジョン』(*The Luminous Eye: The Spiritual World Vision of St Ephrem*)の中で、この見方をさらに展開した。それ以来、彼の詩的で統合的な方法論について再評価する数多くの試みがなされ、ギリシア的な考えとセム的な考えとの間に安易な対立を設けることに異議が唱えられた。[38] 以下の議論は、エフライムの論考とその神学的な根拠を探究することになろう。それから彼のアプローチとカッパドキア教父たちのアプローチとの間の類似点と相違点を短く考察する。

詩作を選択するという行為そのものが、論考の種類を著作家の使用に移し替える。メタファー、比喩的描写、二重の意味、逆説、その他の方法は、詩人が人間の言語の限界を超えたものを指し示そうとする際には、当然のものとなる。エフライムの神学の大部分が詩を媒介することによって主に表現されているということ自体が重要なのである。鍵となるテーマは、聖書から引き出されるイメージ、象徴、「型」の自由な発展から生じる。これらに対する明確な引喩が継続して行われ、しかし、異なるテキストからの素材が融合されて、再度作り直されかつ目に留まる形で作り出されている。ブロックは、[39] 繰り返し用いられているイメージをいくつかリストアップしている。

- 神性を表現するために火を用いること。
- 啓示や救済史におけるさまざまな時、受肉について語る方法として、衣服を着たり脱いだりすること。
- 受胎と出生の表現。例えば、マリアの胎がヨルダン川の胎と洗礼において結び付けられ、陰府の胎と復活が結び付けられているように展開されている。
- 目、光、鏡。人間の啓示に対する受容性やその限界性を説明するために用いられている。
- 医療的な比喩。さらに農耕、狩猟、航海、商業、旅に由来するイメージも同様に用いられている。

ブロックは、栄光の礼服（the robe of glory）、命の妙薬（the medicine of life）、花嫁の寝室（bridal chamber）といったエフライムが用いた主題を深く探り、これらの表現が救済の歴史、典礼、終末論のダイナミックな表現に何度も織り直されていった例を集めている。

（36）『ディアテッサロンの注解』I.19.
（37）Griffith（1987）.
（38）このことは den Biesen（2006）によって概観されている。他の貢献としては Bou Mansour（1988）, Phil Botha の一連の雑誌論文、Possekel（1999）が挙げられる。
（39）Brock（1985）.

救済史の概観を提供するために、型や象徴が織りなされている方法に最も直接的に接近しているのが、『楽園についての讃美歌』(*the Hymns on Paradise*)であろう。基本的にエフライムは、アダムが善悪の知識の木と命の木の両方から実を受けることを神が計画していたと考えていたが、アダムがひとたび一方に不従順であったため、神は本質的に憐れみから、他の木に対しても同じことが起こらないようにした。「この命を与える賜物〔命の木〕が……苦痛の種とならないように、善悪の知識の木からすでに得てしまった以上に悪をもたらさないように」そのようにしたのである。というのは、死が〔神と人との〕「痛みのきずな」を最終的に引き裂いてしまうからである。[40]『創世記注解』は「徹底したテキストの字義的な読み方」と言われてきた。それは、「彼の讃美歌を特徴づけているような予型的あるいは象徴的な読み方をほとんど行っていない」。[41]それでも『創世記注解』は讃美歌を解明する視点を与えてくれるものであり、この讃美歌によって、楽園物語の読み方は、楽園を「字義通りの場所」としてではなく、むしろ「原初状態と終末の状態の両方を代表するもの」として私たちが認識することを可能にする。[42]キリストにおける再統合(recapitulation)〔エフェ一・一〇〕が、人類に命の木から賜物を与えることを可能にするのである。

それゆえアダムは普遍的な「予型」になり、讃美歌はこのことを喜びをもって描き出す。特にこのことは讃美歌XIIとXIIIとXIVにあてはまる。最初の繰り返し部分は「罪人たちを憐れんでくださるあなたの恵みを讃えます」であり、二番目の繰り返し部分は「あなたの恵みにより、私を幸いの楽園に値するものにしてください」である。XIIでは、アダムの罪がウジヤ王とアブラハムの過ちによって解明されている。XIIIでは、バビロンの王と、ついでダビデの両者がアダムに似ていると言われ、さらにソロモン、ヨナ、ヨセフの例が挙げられている。XIVでは、エレミヤ、ダニエル、ノア、モーセ、ヤコブから学ぶべきである。これらの「予型」の特質は、私たち自身の罪を明らかにすることである。

神の愛のうちにあるよき者よ
　悪を行う私たちを戒めてください
それゆえ私たちは楽園を去らなければなりませんでした
　栄光の花嫁の寝室とともに……

しかしもっと早い時代に書かれた讃美歌は、歌い手が憧れ、キリストにおける神の約束である楽園の幻を歌ったものである。

舌は語ることができない
　楽園の最も深い部分の詳細を……
楽園の色鮮やかさは、喜びに満ちている
　最もすばらしいその匂い
最も望ましいその美しさ
　最も輝かしいその味（讃美歌Ⅳ）

楽園の美を映し出すのに十分な鏡はなく、楽園の美しさを十分に描いている絵もなく、「世界の宝すべてを集め

（40）『創世記注解』35（英訳はMatthews, Amar and McVey（1994）にある）.
（41）Matthews, Amar and McVey（1994）, p.60.
（42）Brock（1990）, Introduction, p.49.

たとしても」それを上回ることはできないとエフライムは言っている。

エフライムの讃美歌集は、油や真珠のような特定の象徴における意味と連結の深みを探求する。言語的、霊的、本性的、そしてサクラメント的意味が織りなされている。病者の塗油のために油が用いられることは、油注がれた方から受け取る癒しと結び付けられ、まさしく油注がれた方の名前がこの象徴に由来する。これはイエスの足に塗油をした罪人の赦しの物語と結び付けられており、さらにユダの盗み〔ヨハ一二・六〕を暴露するために、イエスの頭に香油を注いだマリアの物語とも結び付いていた。[43] 燭台の油は光を放つ。それゆえに、世の光と太陽との結び付きが、七つの枝を持つ燭台〔黙一・一二、二〇、二・一〕との関連は言うまでもなく、暗闇の追放を祝うものとして探索される。また油が水の上を走るゆえに、歌い手はキリストが水の上を歩いているところに向かい、世を照らすために、シモン〔・ペトロ〕を救い出す。油の燭台は失われた銀貨を探し出し〔ルカ一五・八〕、花婿を待ちわびている処女は、ともし火の油を必要としている〔マタ二五・一〕。油は剣の刃に塗られ、油注がれた方は精神を清める。さらに多くの例を挙げながら、エフライムは、どのようにして油が「象徴を入れる隠された宝庫の鍵」[44]となるかを示している。しかし彼はまだやめることはしなかった。というのは、次の讃美歌は、油と王位との関係を取り上げるからであり、次いで聖書の中で、オリーブの枝の芽生えからキリストの予型を探究する。讃美歌集の最後には、洗礼のようなまた新たなテーマが見出され、さらに多くの結び付きが容易にこれら新しい主題に対して集められている。真珠は最初はさほど重要ではない象徴のように思えるが、初期の伝承にすでに現れていた。[45] エフライムは、稲光が海の貝を打ったときに真珠が存在するようになったという考えを受け入れ、彼は、キリストの受胎によって、あらゆる類型を発展させることができた。五つの讃美歌のうちの一つの繰り返し部分は、イエス自身が神の国を真珠にたとえていたことを思い起こさせるものであり、エフライムは真珠とキリストとの神秘的な受胎の並行関係を考察した後で、次のように書いている。

あなたの美のうちに、御子の美が描かれている
御子は、苦しみを自分でまとわれる。釘が彼を刺し貫いた
あなたに槍が突き刺されたことにより、彼らは、あなたをも突き刺す
彼らは御子の手にしたように。しかし彼が苦しまれたから、彼は支配される。
――ちょうどあなたの美が、あなたの苦しみによって高められるように[46]

エフライムのこの手法は、それを自然と聖書の両方のサクラメンタルな理解と呼ぶことによって、まとめ上げることができるだろう。もろもろの言葉（words）は隠されている一つの言葉（a Word）をはっきりと語る。具体的な実在は、それらの言葉自体ではあるが、それらの言葉自体を超えるものを指し示している。もし鳥が翼をたたみ、十字架の広げられた象徴を否定するなら、空気が鳥を否定するとエフライムは指摘する。つまり、鳥の翼が十字架を告白しないならば、空気は鳥を運ばないであろう。[47] 聖餐のイメージも、鍵となる讃美歌に取り入れられ、[48] 常に創造的に他の讃美歌と織り交ぜられていることは、驚くにあたらない。

（43） *Virginity* 4（英訳は McVey（1989）にある）.
（44） *Virginity* 5（英訳は McVey（1989）にある）.
（45） *Acts of Judas Thomas* の中にある *Hymn of the Pearl* と比較せよ。
（46） *On Faith* 82（シリア語版と英訳が Brock and Kiraz（2006）にある）.
（47） Brock（1985）, p.43 に言及されている *On Faith* 18.6 を参照。
（48） *On Faith* 10, 14（シリア語版と英訳が Brock and Kiraz（2006）, pp.200-1 にある）.

5　言語と神学

このことのすべてを強化するのは、言語の性格についての特定の概念である。[49] エフライムにとって、人間の言葉と概念は自ずと限定されている。造り主と被造物との間には大きな亀裂がある。このことをわきまえないと、神の本性を不適切に「詮索する」ことになってしまう。

探究することができる者は誰でも
　探究する対象の器になる
全能者を入れることのできる知識は
　全能者よりも偉大である
なぜなら、知識は、全能者全体を測ることができることを証明するからである。
御父と御子を探究する者は
　それゆえ御父と御子よりも偉大となる！
次のようには思わないし、また何か呪われるべきとも思わない。
　御父と御子が、探究されるべきとは。
塵と灰が巻き起こる間に！[50]

エフライムにおいて、この否定神学（apophaticism）と神が啓示した者たちに対する愛の応答との間に、さらには沈黙と語ることとの間に、謙虚さと大胆さとの間に、一貫した弁証的法的な関係があり、[51] 要となることは、神が深い割れ目の向こうにまで御手を伸ばしてくださることにあった。

ブロックはエフライムの著作における、神の自己啓示の三つの様態を明らかにしている。それは、以下の事柄を通して起こる。(i)自然と聖書の両方に存在する型と象徴、(ii)神が聖書の中で神ご自身について使うことを許した名前やメタファー、(iii)とりわけ受肉である。私たちが、エフライムの論考を究明するためには、最初の二つが、肉における受肉といくぶん並行するように、言葉の上でのある種の受肉を示唆している。なぜなら、このことが、エフライムの神学を正当化するからである。私たちが神について語ることができるのは、神が人間のところにまでへりくだり、肉体を取ってくださったからに他ならない。エフライムは、オウムが別なオウムに自分が話しかけていると想像できるように、オウムに言葉を教えようとして鏡の後ろに隠れる人についての面白い例証を隠喩として提供している。神はこれと同じことをしているのであり、高き所から降り、私たちと同じ性質を取られた。神は自身をメタファーで装われる。聖書は神が私たちの言葉に耳を傾けておられることを教えるために神の耳について語り、私たちのことを見ておられることを示すために神の目について語る。神は、私たちが神の生の様態を身にまとうことができるように、神としてのご自身が、私たちの言語を身にまとってくださった。[52]

しかしそれでも、私たちは限られた言語ではこの実在をつかむことができないゆえに、私たちの説明は遠まわしになり、さらに言葉が過ぎるものになってしまう。エフライムは聖書が言っていることを完全に把握することができると言っている者たちに対して異議を唱えている。

---

(49)「……アレイオス主義に対する挑戦は……まさしく彼らがそれによって問いを提起した慣用表現への反対によって受けとめられる。エフライムにとって、マドラーシェー(*madrāšē*)だけが……神についての問題を語る最も適切な人間の言語であると考えていた」(Griffith(1986),p.45)。

(50) Brock(1985),p.13 に言及されている *On Faith* 9.16 を参照。

(51) さらなる詳細は Biesen(2006)によって考察されている。Bou Mansour(1988)とも比較されたい。

(52) Brock(1985),pp.43-5 に言及されている *On Faith* 31 を参照。

もし聖書の言葉にたった一つの意味しか存在しないとしたら、たまたま取り組んだ最初の注解者がその意味を発見するであろう。他の者たちは探求する労苦も見出す喜びも経験しないであろう。……個々の人がそれぞれの能力に応じて理解し、示されたとおりに解釈する。(53)

〔神である〕あなたのたった一つの発言の中に、見出されるべきものの大きさを誰が把握することができようか。私たちは泉でのどを潤す渇いた人のように、私たちが受け取ったものよりもはるかに多くのものを、後ろに残してしまうのだから。(54)

有限な人間の言語が無限になる方法の一つは、逆説性と両極性の使用による。つまり、言い表せない真理は、相対するものの間の緊張関係の間に存在するのである。神に近づく力強い讃美歌の中で、(55)エフライムは自分の本性的な弱さによる沈黙と、神の実在のうちに讃美へと駆り立てられる愛との間で揺れ動いている。

あなたの教えは新しいぶどう酒。これを飲む者はだれでも酔い、自分の弱さを忘れ、恐れを捨てて語り始め、臆病と沈黙を克服できるのである。

しかし理性は、この可能性に疑問を激しくなげかける。ただ沈黙のみがふさわしい。なぜなら、知られることも理解されえることもないことを語ることは、無意味なはずだからである。二つの極との間の対話は、一九の詩歌の連を通して続けられ、そのクライマックスで福音書の物語に訴える。すなわち、〔洗礼者〕ヨハネは自分が無価値なるものであると呼ばわると、理性が言うと、愛は、イエスの足に接吻をし、香油を塗った罪深い女を思い起こす。
このような逆説性と両極性は特に受肉において強調される。不死なる本性／死すべき本性、偉大なること／小なること、高さ／低さなどの二律背反的なものが、明瞭に表現することができない何ものかを、驚きの感覚をもって明らかにするために、上手に利用されているのである。エフライムはよりいっそう力強くこのことを表現することができた。というのは、マルキオン主義やマニ教に対して、人間の肉体とキリストが肉を取られた現実を強く主張したからである。アダムとキリスト、エバとマリアとの両極性は、救済史を明らかにするために何度も繰り返して利用されているものである。

エバは処女であるときにさえ、恥ずかしさのゆえに葉で体を覆った。
しかし、主よ、汝の母は、処女であるときに、
栄光の衣を身にまとった
すべての人を覆う主に対して、
マリアは小さな衣服としての体を与えるのである[56]

何層にもわたる意味が、着物のイメージと鍵となる両極性によって示されている。当時のどんなギリシア教父た

(53)『ディアテッサロンの注解』7.22. Brock (1985), p.34-5 からの引用。
(54)『ディアテッサロンの注解』1.18. Brock (1985), p.35 からの引用。
(55) *Church* 9 を参照。英訳は den Biesen (2006), pp.335-40 にある。
(56)『降誕』(*Nativity*) 17.4. Brock (1985), p.69 からの引用。

ちにもまさり、エフライムはマリアの意義を深く考え、マリアの口に『降誕の讃美歌』(*Hymns on the Nativity*)[57]のいくつかをのぼらせたのである。

6 エフライム特有の表現における諸伝承の合流

しかしながら、エフライムよりも若い同時代のギリシア教父の一人、ニュッサのグレゴリオスは、間違いなくマリアについての予型論的な思想を発展させた。「マリアの清さと高潔さは、そこに神が入り、キリストが形作られる場所を開くゆえ」、「マリアのような処女の魂は、神に向かう入口を受容し、身体的にではなく霊的にキリストを生むのである」[58]。他の箇所でも、カッパドキア教父との並行関係を指摘することができる[59]。私たちはエウノミオスへの応答の中で、ニュッサのグレゴリオスは神が定義されうるという思想に抵抗し、その神学において、無限で把握できない創造主とすべての被造物との間の大きな溝や隔たりをどのように描き出しているか、さらにはすべての名は、神がご自身の神としての自己を私たち人間の次元に合わせせられたゆえに、恣意的なものではないとしても、どれほど不十分であるかということを主張したかを見てきた。神に固有な名と隠喩的な名との間の相違についてのニュッサのグレゴリオスの議論は、エフライム自身の方法との比較を十分行うことができる[60]。繰り返しになるが、私たちはすでにナジアンゾスのグレゴリオスの神学もまた否定神学を主張していたことを見てきた。私たちは、神がおられることを知ることができても、神が何であるかを知ることはできない。しかし、そのことが、議論の目的ではない。なぜなら、三位一体は、神の本性の神秘と被造物に対して愛に満ちた神が手を差し伸べる行為として表現されているからである。グレゴリオスのアプローチは、逆説と両極性のレトリックだけでなく、聖書のイメージ、予型論的な象徴に満ちている。彼にとっての真の神学者は、自分の能力の限界をわきまえている者である。ギリシアの哲学思想との違いを、過度に際立たせるべきではない。

それでもエフライムには、メソポタミアとユダヤとギリシアの諸伝承が融合することによって形作られた特有の表現がみられる。すでにギリシア・ローマのキリスト教世界との結び付きについては多くを語ってきた。エフライムの文学的な様式のいくつかは、「正統」と「異端」の両方の、キリスト教のシリア語文献にそれまで受容されたものを経由して、最終的には古代メソポタミアに由来したものである。これらの中で特筆すべきは、擬人化を採用している彼の想像上の対話であり、その一例が、『ニシビスへの讃歌』52にみられるサタンと死の対話である。(61) 彼がユダヤ教の諸伝承に依拠していたことは、すでに示唆してきたが、このことは、彼の著作への多くの注の中に認めることができる。それらは、彼の反ユダヤ主義の深さを示していてとりわけ興味深い。この点は、研究者の間で多くの議論を呼び起こしてきた事柄であった。例えば、シェパードソンは、(62) ユダヤ人は、かなりの程度、キリスト教内部の論争というコンテキストの中で、失敗と警告の象徴として描かれていると示唆している。そうであってもエフライムは、他の教父たちと同じ伝統に立っている。他の教父たちは、キリスト教がユダヤ教を凌駕したと主張しただけでなく、ユダヤ人が神の使者である、神の子キリストさえ拒絶したことを示すために、旧約聖書とともに受難の事実に訴えている。多くの学者たちが、シリアのキリスト教は強いユダヤ教の環境の中で競い合ったと想定している。それゆえ、エフライムの非ユダヤ的なところと、ユダヤ的な伝統を明

(57) これらの讃美歌の英訳は McVey (1989) にある。
(58) Harrison (1996).
(59) Brock (1985), pp.119-23 や Russell (1994) や den Biesen (2006), pp.293-307 で論じられている。
(60) Brock (1985), p.121 と比較されたい。
(61) Brock (1985), p.7 を参照。異なる文学的な伝統の合成に関することは、二〇〇七年にオックスフォードでなされた第一五回の国際教父学会の Brock の講演（講演題は「シリアにおける聖書に関連した劇的な詩」）で示された。
(62) Shepardson (2001), pp.502-7.

瞭に用いているところの緊張関係が、そのことを反映している。いずれにせよこのことは、本書におけるエフライムの位置付けを正当化する、出現しつつあったキリスト教の正統の興味深い独特な表現なのである。

さらなる読書のために

英訳

Brock, Sebastian, 1990. *Saint Ephrem: Hymns on Paradise*, Crestwood, NY: St Vladimir's Seminary Press.

McVey, Kathleen, 1989. *Ephrem the Syrian: Hymns, Classics of Western spirituality*, New York: Paulist Press.

研究書

Brock, Sebastian, 1985. *The Luminous Eye: The Spiritual World Vision of St Ephrem*, Rome: CIIS; republished Cistercian Publications 1992.

den Biesen, Kees, 2006. *Simple and Bold: Ephrem's Art of Symbolic Thought*, Piskataway, NJ: Gorgias Press.

Griffith, Sidney H., 1997. *'Faith Adoring the Mystery': Reading the Bible with St. Ephraem the Syrian*, Milwaukee: Marquette University Press.

Murray, Robert, 2006. *Symbols of Church and Kingdom*, 1975; rev. edn, London: T. & T.Clark.

II　エルサレムのキュリロス

エルサレムのキュリロスに帰される教理講話（the catechetical lectures）は確かによく知られているものであり、学生たちにもよく知られている。[63] しばらく前には、四世紀の典礼の発展の研究のためにこれらの講話が提供する情報に主たる関心は向けられていた。[64] しかしキュリロスはキリスト教の聖地として、また巡礼の中心地としてのエルサレムの重要性を増すことに貢献したことでも重要なのである。[65] またキュリロスの経歴が、この時期の教会政治に光を当てることでも重要なのである。

キュリロスの経歴の諸事実は、教理講話から受ける印象とは興味深い対照を示している。講話は、歴史家が明らかにしたように、世界がアレイオス主義によって提起された諸問題をめぐる混乱の最中にあった四世紀中頃に行われたが、教理講話の受講者たちはほとんど明瞭なガイダンスを与えられていない。教理講話の受講者は、対立している司教たちについて注意を促され、聖書に基づく伝統的な信仰に従って、中庸の道を保つように助言されている。[66] ホモウシオスに関する言及はないが、三五〇年代にはアタナシオスさえも、この言葉を賢明にも避けていたと思われる。[67] キュリロスの生涯について私たちが手にしている乏しい情報からでも、この時代の司教は教会政治の移り変わりから逃れることができなかったことがわかる。一つないしは二つの理由で、キュリロスは三度にわたって追放され復帰した。

キュリロスの生涯の再構成の基礎となる主要な典拠は、歴史家であるソクラテス、ソゾメノス、ルフィヌス、

（63） 有益な序を含む選集は Yarnold（2000）のものを参照。Cross（1951）には『プロカテケーシス〔教理講話のための序文〕』（*Procatechesis*）と『洗礼志願者の秘義講話』（*Mystagogical Catecheses*, 第一九―二三巻がそうである）のテキストと翻訳が序とともに含まれている。テキスト全文は *PG* 33 にあるが、Reischl and Rupp（1848, 1860, 1967 の再版）による校訂本の方が好ましいだろう。『洗礼志願者の秘義講話』の校訂されたテキストは Piédagnel（1966）を参照。完全な英訳は *NPNF* と *FC*（McCauley and Stephenson（1969, 1970））にある。

（64） Riley（1974）, Baldovin（1989）, Bradshaw（2002）を参照。

（65） Doval（2001）, Drijvers（2004）を参照。Hunt（1982）, Walker（1990）と比較されたい。Stemberger（2000）も参照。

（66） 『教理講話』xv.7, Yarnold（2000）, p.59, Doval（2001）, p.24 を参照。

（67） Gregg（1985）, Doval（2001）.

テオドレトスと、エピファニオスとヒエロニュムスによるいくつかの注釈である。彼らが示している証拠は、[68]特にキュリロスの教理的な立場の問題に対して、完全に一致しているわけではない。ヒエロニュムスは、[69]いかにしてキュリロスが出来事全体をアレイオス的な政治の不快な一要素へと変えて、司教職を獲得したかを説明している。彼が、悪意を抱く個人的な理由はあったが、この問題をキュリロスが単に適切な教会の秩序に従っていただけの事柄と見ることは可能である。[70]ルフィヌスは、[71]キュリロスが忠誠においては、変化していたことを示唆している。もしキュリロスが「アレイオス派の」アカキオスによって叙階させられていたとしたら、キュリロスはすぐに彼と対立していたであろう。後にキュリロスはホモウシオス派との接点を持った。最終的にキュリロスは三八一年のニカイア・コンスタンティノポリス公会議に関与するようになった。教皇宛の公会議の書簡は、アレイオス派に対する数多くの対立に言及して、尊敬をもってキュリロスについて語っている。[72]しかし彼が正統的な地位に加わるために、それまでの意見を放棄したことを示す他の証拠がある。[73]キュリロスの立場がどのようなものであろうとも、これらすべてのことは、この時期に関する説明をする際にレッテルを貼ることだけで、主要人物に白黒つけるというその後の傾向をはっきりと示している。どちらの党派が「正統」を代表しているかがまったく明らかではない時代に、四世紀中頃のニカイアへの反対は、「アレイオス主義への対立を示す」ことにはならず、[74]三八〇年以前には、皇帝たちは主としてニカイア派以外の立場を好んでいた。十中八九、キュリロスは、教義的には特定の党派に加担することなく、同時代の教会政治の逆流に巻き込まれていったと思われる。[75]実際に、たいていの研究者の結論は、彼の教理講話が伝統的な信仰に依拠していることを示しているということであり、そのことが彼の本質的な正統性を証明するために使われてきた一つの事実である。[76]生涯のさまざまな段階で、キュリロスの立場を決定したのは、教理的な問題ではなく、個人的な対立関係や教会の秩序の諸問題であった。[77]事実、司教であり神学者としてのキュリロスと司教であり政治家としてのキュリロスには区別を設けるべきであると提言されてきた。

キュリロスとアカキオスとの論争の原因は、明らかに教義をめぐってではなかった。カエサリアの司教であったアカキオスは、三五〇年にキュリロスを叙階した教会法上の上司であった。正統的な歴史家たちによって、アカキオスは主導的なアレイオス主義として描かれ、後のキュリロスとの対立は、このことが原因とされた。しかし彼とキュリロスが論争した問題は、教会財産の問題であった。エルサレム教会は、特に皇室から多くの豊かな献金と献品を受け取ってきた。エルサレム教会はまた巡礼者たちや禁欲主義者たちの休息所でもあった。三五〇

(68) 例えば、キュリロスが逃亡している間に、キュリロスの後継者となった人物の名前すら一様ではない。

(69) ヒエロニュムス『年代記』(*Chronicle*) 348を参照。これは*GCS* Eusebius VII, *Die Chronik des Hieronymus* (no.47 of whole series), 1956, 237.2-14に収められている。

(70) Doval (2001), Drijvers (2004).

(71) ルフィヌス『教会史』i.23.

(72) テオドレトス『教会史』v.9は、公会議の手紙を引用している。

(73) ソクラテス『教会史』vii.7を参照。これはソゾメノス『教会史』v.3に従っているものである。

(74) Gregg (1985) を参照。Greggはキュリロスが語ることは初期のアレイオス派の利益に対する抵抗であり、特に*prokopē*(進歩することや養子になることを通して神の子が神的な地位を得るということ)を用いることに反対を表明した、と考えている。

(75) van Nuffelen (2007) は、「ニカイア派」がキュリロスの日和見主義に疑いを抱き、エルサレムの真の司教として彼を認めることを拒否した(もし史料が信頼できるとすれば、彼の選出は、明らかに異論のないものであったが)と結論付けている。

(76) キュリロスのアレイオス主義の議論に関しては、Berten (1968), Stephenson (1972), Gregg (1985), Yarnold (2000), Drijvers (2004) の特に付録Iを参照。

(77) Lebon (1924), Drijvers (2004) の特に付録Iを参照。

年代の半ばに、飢餓が起こり、特に「聖人たち」の間に困窮をもたらした。ソゾメノスの伝えるところによると、キュリロスは飢えている人々に食料を与えるために、教会財産を売り払った。[78] その後に、彼が教会に献品したはずの着物をある女優が着ていることに誰かが気づき、不祥事が起こった。二年にわたり、自分の行為の弁明のためのアカキオスからの召喚をキュリロスは拒んでいたが、三五七年に彼が欠席したままで最終的には退位させられた。二年後に、彼の事件は再びセレウキアにおいて、アカキオスと対立する状況の中で蒸し返された。キュリロスの復職は、短命であった。コンスタンティウスは、一、二の理由で、[79] アカキオスの主張を支持し、キュリロスを追放した。厳しい敵意の背景には、エルサレムが、主要なキリスト教の聖地となり、巡礼の中心地となるにつれて、エルサレムの司教座の高まりつつある影響力によって、カエサリアに及んだ脅威が存在した。[80] この問題はこの世紀の終わりまで続き、そして四五一年のカルケドン公会議により、エルサレムは主教管轄区 (patriarchate) となった。一方で、キュリロスは、自分の甥であるゲラシオスがカエサリアの司教区を継承し、エルサレムの振興のために尽力したことを保証した。

その後、他の多くの者たちと同様に、キュリロスは皇帝たちの気まぐれに振り回されてしまった。彼は背教者ユリアヌスの治世下で復帰することができたが、三六七年にウァレンスがコンスタンティウスの政策に回帰したとき、キュリロスはウァレンスの在位の残りの一一年間、追放されている状態であった。このような状況での追放は、特に彼が新ニカイア派と関わりを持つようになってから、彼を反アレイオス主義の英雄に変えた。ウァレンスが死んだ後、彼は三八一年の公会議で頂点を迎えることになった運動に加わった。その六年後、彼は死んだ。

これらの困難な時期を暗示するものは、『教理講話』(*Catechetical Orations*) の中にはほとんど見られない。確かに、それらの講話がキュリロスが司教だった時の最初のレント〔受難節〕の期間になされ、今描き出した出来事の大部分はなお未来に起こることであった可能性は高い。しかしながら、アタナシオスをめぐる論争と彼の三四六年における復帰は、東方教会がアレイオスによって引き起こされた嵐を忘れることができていないことを意味した。キュリロスが洗礼志願者に向けて講話を行ったのも、そのような不安定な雰囲気の中であった。それでも彼は冷静にふるまい、現行の論争では不偏不党の立場をとった。彼の講話の聴き手たちには異端に対する警告がなされたが、実際に名前を挙げられたのは、アレイオス派ではなく、グノーシス主義者やマニ教徒であった。[81]聴き手たちは誤った教えに対して警告を与えられた。それら誤った教えには、マルケロスや、[82]初期の無名のアレイオス派のような、同時代の識別可能な教理も含まれている。[83]しかしキュリロスは、御父からの御子が生誕を語るように強いる信仰を説明する段階に達した時に、彼はこの問題が天使たちをも超えた高みにある問題については無知を告白するようにと聴き手たちに勧めている。一般のキリスト教徒たちは、党派の論争を無視するようにと言われ、おそらくキュリロス自身もそのようにしていたと思われる。アレクサンドリアの自分たちの主張を繰り返す暴徒たちは、おそらくこれまで私たちが想定してきたほどには、この時代の教会の生にありふれたも

---

(78) ソゾメノス『教会史』iv.25.

(79) エピファニオスによれば（『異端反駁』73.27）、キュリロスはアカキオスからの疑義がかけられている間、カエサリアの新しい司教に叙階されていたようである。このことがアカキオスの敵意を買ったことは疑いのないことである。コンスタンティウスは直ちにアカキオスと彼のグループを支持し、テオドレトスによれば（『教会史』ii.23）、アカキオスは皇帝に、キュリロスが皇帝自身から寄進された「聖なるローブ」を売ってしまったと知らせたようである。この時期の論争において、真実と誹謗中傷を分類することは容易なことではない。

(80) ソゾメノス『教会史』iv.25.

(81) キュリロス『教理講話』vi.12ff を参照。他の異端のことも時に言及されている。例えばマルキオンやサベリオスが xvi.4 で言及されている。

(82) 『教理講話』xv.27.

(83) 『教理講話』xi.13 を参照。さらなる詳細は Gregg（1985）も参照。

のではなかった。

キュリロスは、おおかた当時の論争の影響を受けずに、キリスト教信仰についての直截な表明を生み出している。新旧の契約は分割されてはならない。造り主なる神は一人であるが、三位一体でもある。三位一体は三人の神でも、三つの相異なる神性の位でもなく、サベリオス的な一者への合体でもない。このことは、マケドニオス派の論争の中でその後なお案出されることになる立場を先取りする、聖霊についての講義の中で明確に述べられている。[84] それと同じく、キュリロスは、受肉の状態についての簡潔に要約する文章の中で、レオの『教書』(*Tome*)のアプローチを先取りしている。「キリストは二重であった……。人として、彼は食べ……、神として、彼は五つのパンで五〇〇〇人の人を養った。人として、彼は本当に死に……、神として彼の体に命を生起させた[85]」。これらの先取りは、キュリロスの神学の卓越性や深さによるものではない。キュリロスは伝統的な信仰を語り、彼の語ることの根本は、聖書に依拠している。

これまでキュリロスの立場が、単純化され、非論争的であったことを見てきたが、それゆえに、これらの講話の中に、聖職者たちの専門的な複雑さとは関わりのない「大衆的な」(popular)キリスト教を識別することは可能だろうか。残念ながら、この問いに答えることは難しい。この講話は、懐疑論者、異教徒、ユダヤ人、異端に対決するために、知的な武器を回心者に装備させ[86]、特に名前が付けられていないようとなかろうと、キリスト教と類似した他の教えからの区別によって、キリスト教徒になるということが何を意味するかを定義づける必要を考えている。さらに、この時代に洗礼を受けようとする者は、事実上「半専門的な者」(semi-professional)であり、しばしば修道の誓約をする間際の者であった。もしエリートの信仰ではなく、名目的にキリスト教的大衆の形成途上の信仰を探りあてようとしても、ほとんど何も見出すことはできないであろう。キュリロスの聴衆は、身を捧げた人々であった。

しかし、私たちが見出す、キュリロスによって推奨されている一つの事柄は、この時代の禁欲主義的な著作の中にみられるものよりも、より実践的であまり純化されていないキリスト教の生活様式である。キュリロスは聖パウロの貞節と結婚に関する教えに従い、二度目の結婚さえも認めている。[87] 体の欲求は厭われるものではないはずである。実際に、放縦や贅沢は避けられるべきであるが、肉を食べることは禁じられてはおらず、富も忌まわしいものではない。そのようなことを主張することは異端に属する。神は万物の源であり、そのようなお方として礼拝されるべきである。神からの賜物は良きものであるはずである。[88]「天と地の造り主」という信仰箇条(clause)について、キュリロスは、自分がそこで引用しているヨブ記や詩編の両方に特徴的な驚きや崇敬の感覚を呼び起こすことで、被造物の驚異について雄弁になっている。[89] 修道制が高まったこの時代にしばしば帰せられる極端な他界性は、グノーシス主義に対して被造物の善性を支持するためにかつて採用された聖書的な伝統の継続的な使用によって和らげられた。

私たちが手にしている講話は、レントの期間中に洗礼準備に志願者を歓迎するとともに、志願者たちの責任をも示す、プロカテケーシス(教理講話のための序文)を含んでいる。テーマごとに並べられた信仰に関する五つの講話があり、志願者たちが暗記しなければならない信条の復唱に導かれる。信条の定式を説明する一三の講話

(84)『教理講話』xvi.
(85)『教理講話』iv.9(Telfer の訳に従っている).
(86) Drijvers はキュリロスの『教理講話』の中で「私たちは後期のローマ時代のパレスチナにおいて社会的な多様性と宗教的な多元性の世界を垣間見ることができる」(Drijvers(2004), p.125)と言っている。
(87)『教理講話』iv.22-29.
(88)『教理講話』viii.6-8.
(89)『教理講話』ix.

が配列されている。エルサレム信条自体は引用されていないが、この講話を基にして再構成することが可能である。[90]一八の洗礼前の講話がレントの期間にどれほど正確に適合したものであったかについては、議論の余地があるテーマである。この時代のレントの期間は発展を遂げていたと思われるからである。[91]イースター〔復活節〕の後の数日間には、新しく受洗した人々だけが出席を認められたサクラメントについての解説のためのさらなる集会が続いた。そして最終のイースター前の講話の最後の言葉は、来たるべき講話を予告している。大部分の写本は、この役割を果たす五つの『秘義講話』を含んでいる。

しかしながら、『洗礼志願者の秘義講話』の著作年代と著者をめぐっては、これまでかなりの論争が行われてきた。エルサレム司教として、キュリロスの後継者となったヨアンネスが著者であるという推論が強力な根拠を挙げて論じられた。[92]このヨアンネスという人物は、オリゲネス論争において鍵となる人物として後で論じられるであろう。この見解を支持する四つの根拠がある。

第一に、写本の証拠がある。いくつかの写本には『秘義講話』がまったく含まれておらず、そのことは、それらの『秘義講話』が、イースター前の行事には元来含まれていなかった可能性があることを示している。ある写本では、『秘義講話』は、実際にヨアンネスに帰されており、他の三つの写本では、キュリロスとヨアンネスがそれらの集成全体の著者であるとされている。[93]他方、五つの写本は、『秘義講話』を、残りの部分と連続するものとして扱い、全体がキュリロスに帰されている。F・L・クロスは、[94]キュリロスが毎年同じテキストを用い、彼の後継者であるヨアンネスがそれを継承したと提唱することによって、この点を説明している。そのような仮説は一般的には正しいとも考えられるが、特定のレント期間に行われたものとして速記者によって明らかに書き記された洗礼前の一連の講話の特別なテキストという観点からは、成り立たない。[95]実際には、これらの講話が、かなりはっきりと三五一年に書かれたものであると考えることができる。[96]他方、『洗礼志願者の秘義講話』が書かれた年代を、三八三年かそれよりも後であるとするには、いくつかの理由が挙げられる。おそらく文体からしてそれらは、講話のノートのようなものと思われる。

第二に、文献的な証拠である。『洗礼志願者の秘義講話』は、六世紀の後半まで言及されていないのに対して、五世紀の文献の中に、洗礼前の手順への言及がある。キュリロスの『秘義講話』に特別に言及されることもあったが、その後もフォティオスのような人々は、『秘義講話』には触れていない。

第三に、内的な証拠がある。イースター前の最後の講義に出てくる、次回の講義についての記述が、イースター後の手順に実際に見られるものと正確には一致していない。さらに、二つの講義の間には、いくつかの首尾一

(90) このエルサレム信条の再構成されたものとコンスタンティノポリス信条(三八一年)がほとんど並行関係にあることは、キュリロスが公会議において信条を生み出し、参集した司教たちによって広く受け入れられたという説を生んだ。この説は Kelly (1950), pp.311ff によって否定されたが、Drijvers (2004), p.46 の注 69 と 70 を参照されたい。
(91) Doval (2001), Drijvers (2004) を参照。一般的な典礼の発展については、Bradshaw (2002) を参照。
(92) Swaans (1942) による重要な論文の中でそのすべての根拠が集められている。Doval (2001) はこの見解に対して反対する詳細な議論を行っている。
(93) Piédagnel (1970) を参照。『洗礼志願者の秘義講話』の *SC* 編の序文に、彼が著者問題に関して議論している箇所も参照されたい。
(94) Cross (1951), p.xxxix.
(95) 一つのことを言えば、キュリロスは最後のいくつかの講話の中で、時間が足りなくなるのではないかと心配をしていた。これは毎年起こったことだろうか。『教理講話』14 で、彼は「昨日語った説教」について言及している。詳しいことを調べれば、この講義がなされた日付が正確にわかるであろう。Telfer (1955), pp.37ff を参照。
(96) Doval (1997), Drijvers (2004).

貫していないところがある。ローマの信徒への手紙六章の洗礼の象徴的表現は初期の志願者のための秘義的な教えとして扱われることによって、第二の講義である『洗礼志願者の秘義講話』の主題を形づくっている。しかし、『プロカテケーシス』では、キュリロスは、洗礼志願者が秘義的な教えをすでに知っていることを期待している。このことに加え、二つの手順の特徴は、いささか異なっている。『秘義講話』の様態は、全体的に簡素になっており、最初のものの直接的な主張や詳細な記述を欠いている。

最後に、典礼に関する議論がいくつかある。『洗礼志願者の秘義講話』の中に描かれている実践は、レントの講義によって推定される日付よりもむしろ、四世紀後半のものであると思われる。

このような議論はますます重要になると思われたので、たいていの研究者はヨアンネスが著者であることを認めるか、あるいは確実なことは言えないという見解を表明してきた。しかしながら二つの論文と一つの著作が、これらの講話は洗礼前の手順よりもはるかに後の時期を扱っているとしても、これらの講話をキュリロスに帰することを擁護するようになった。ビューケルズは[97]、最終的な教理講話は、キュリロスがまだ司教であった頃の三八三年から三八六年の間のいずれかの年に書かれたに違いないと主張した。もっとも彼の挙げた証拠は、必ずしもこの結論を示すものではないが。ヤーノルドはキュリロスが著者であることを仮定し、『洗礼志願者の秘義講話』の特徴とキュリロスが著者であることに対する疑いは、教理講話が慣れ親しんでいたものを基礎にして作られた、キュリロスの講義概要のノートであったと考えるなら、説明することができると提言した。

機密保持の原則（*disciplina arcani*）ゆえに、これらの講義ノートは出版されることを意図したものではなく、著者の名前が記されることもなかった……。ヨアンネスに著者が帰されたことは、キュリロスの死後のエルサレムにおいて、この写本が発見されたという事実に基づく推測でしかなかった。この写本はおそらくキュリロスによる著作であり、ヨアンネスの所有となったものであり、ヨアンネス自身が説教する際にも用いら

れたと思われる。(98)

ヤーノルドはヨアンネスの著者性に反対する議論を行い、文体、神学、霊性が一貫していることから、『秘義講話』はレント前の一連の史料よりも三〇年ほど前の時代の特徴を帯びていると考えた。その後に続くドーヴァル(99)が扱った議論のすべては、少なくとも、キュリロスに帰されない理由は何もないということを確立した。

『洗礼志願者の秘義講話』がいつ書かれたのかということは、歴史家の典礼研究にとっては最も重要である。なぜなら、講話は手にすることができる最も内容豊かで、最初期の史料だからである。これまで生じた問題は、『エゲリア巡礼記』(100)(*Peregrinatio Etheriae*)に見られる証拠と講話が提供する証拠をどのように関連付けるかということである。『エゲリア巡礼記』は、一人の女性の聖地巡礼のラテン語の説明であり、その中に、エルサレム教会の実践が詳細に描かれている。両方のテキストとも、三八〇年代に書かれたと考えられるが、いくつかの重要な点では、両者には不一致があるように見える。これまでおそらく困難さが過度に強調されてきたのであろう。「巡礼者」は結局のところ、(101)完全に正確にあらゆる情報を常に得ているわけではない。いずれにしても、多

(97) Beukers (1961).

(98) Yarnold (1978), pp.144f を参照。彼の初期の著作 (1972, 1973, 1975) では、『プロカテケーシス』がアンブロシウスに依存している可能性 (これはキュリロスの著者性をより補強すると思われる) を実証している。

(99) Doval (2001).

(100) 『エゲリア巡礼記』のテキストは *CCL* 175 (1967), 37-90 にある。英訳は G.E.Gingras (1970) による *Egeria: Diary of a Pilgrimage*, ACW 38, New York: Newman Press にある。この史料と『教理講話』をめぐる問題に関しては Yarnold (1978, 2000), Stephenson (1954a), Doval (2001), Drijvers (2004) を参照。

(101) Yarnold (1978).

くの研究者は、『エゲリア巡礼記』の方が二〇年以上も前に書かれたと考えている。加えて、明らかに典礼の発展がこの特定の半世紀の間にエルサレムの地で進んでいた。実際のところ、研究者たちはいくつかの意義深い革新を、他の誰でもなくキュリロスに帰すのである。というのは、キュリロスは、エウセビオスについて説得力ある仕方で論じられてきた以上に、聖なる場所についてのより深い見解を持っていたからである。[102]『教理講話』には、世紀末のエルサレムに特徴的な、手の込んだ聖週間の祝祭の痕跡が見当たらないが、『エゲリア巡礼記』では熱狂的に描かれている。しかもすでに地域の史跡への関心は、『教理講話』の中には明白にみられ、キュリロスと聴衆たちは、聖地でのキリスト教礼拝のために、コンスタンティヌスによって提供された美しい新築の建物に集合していたのである。すでにエルサレムは、巡礼者の目的地であり、信者たちを惹き付けていた。記念のサイクルが発展する諸条件もすでに存在していた。キュリロスの在位の終わり頃には、その記念の形が確立されていた。同じような状況が、聖務日課の問題にも明らかである。完全なサイクルがエゲリアによって記述されているが、このような観察は、およそ四〇年前には教理講話受講者に対しては伝えられてはいない。キュリロスがエルサレムの「世俗の（つまり修道院附属ではない）」教会に対して修道院の儀礼を紹介することと聖週間の祝祭の形の両方に責任を負っていた可能性はきわめて高いと考えられる。[103]エルサレム教会の実践は、帰還する巡礼者たちによって各地の教会にはっきりと推奨されたことは明らかであり、それゆえキュリロスは世界各地の教会にかなりの影響を及ぼした。

　しかしキュリロスは聖餐の祝いに刷新をもたらしたのであろうか。当時の他の史料と比較すると、『洗礼志願者の秘義講話』に記述されている祭儀の独自性は、この時代の他の証拠と比べてみると明瞭である。[104]ここには、叙階と改宗の際になされる聖霊を求める祈り（エピクレーシス）や、典礼服を用いること、ともし火を運ぶこと、さらには象徴的に手を洗う儀式や、聖餐後に主の祈りを唱える最初の証拠が見られる。[105]このような特徴はこの世紀の終わり頃にはどこの教会でも見られるようになり、おそらく帰還した巡礼者たちによって広められ、エルサレムで次第に紹介されるようになった可能性が最も高い。その際、エルサレムの儀式は、豪華に建立されたバシリカで用いられるためにふさわしく洗練されたものとなった。それは、キュリロスが司教であった時代に主として起こったに違いないプロセスであった。このような経過をへて、「機密保持の原則」(*disciplina arcani*)に服するとみなされたものの中に拡大があったに違いない。このことが『教理講話』の主要な部分と五つの『秘義講話』の間に一貫性がないということを説明する可能性である。[106]

これらの著作がいつ書かれたのか、またキュリロスがどのくらい関わったのかということはさておき、『洗礼志願者の秘義講話』は、典礼行為の単なる記述ではない。礼拝行為の意味の解説は、魅力ある神学全体に統合されている。著者は、それによって信仰者がキリストに変容される手段としてサクラメントを提示している。洗礼はキリストとともに死んで甦るものとして理解されている。「キリストはまことに十字架で苦しまれ、まことに葬られ、真実に甦った。……それは、私たちがキリストの苦しみの模倣に参与することで、真実に救いを得るためにであった」。塗油は、聖霊による清めによって、私たちが「キリスト」にすでになったことを意味する。聖霊を呼び求める祈りによってキリストの体と血となる聖餐の食物に与ることによって、キリスト者は、キリス

(102) Walker (1990).
(103) 刷新者としてのキュリロスの重要性は、特にDix (1945), p.329, pp.348-51によって強調されている。
(104) このことに関する議論、特に聖ヤコブの典礼との比較はDix (1945), pp.187ffを参照。典礼に関する問いはSwanns (1942), Kretschmar (1956), Yarnold (2000), Doval (2001), Drijvers (2004), Day (2007) によっても議論されている。
(105) Dix (1945), p.350.
(106) Day (2001) とは相違しているが、本書三一四―五頁を参照。

トと同じ体、同じ血に変えられる。つまり、「私たちは『キリストを運ぶ者』(Christ-bearers)となる。なぜなら、キリストの体と血は、私たちの成員と混交するからである」。このことは、いかにして私たちが「神の本性にあずからせていただく」(二ペト一・四)かということを示している。[107] 救いの思想は、秘儀としてのサクラメントにおいて、またそれを通して伝えられる、私たちが「キリスト化」(Christification)と呼ぶところのものの一つである。

『教理講話』を別にして、キュリロスの筆になるもの、あるいは彼の講話から現存しているものはほとんどない。興味深い一つのものは、コンスタンティウスへの手紙である。[108] この手紙の真正性は、手紙の最後の祝福のところにホモウシオスの言葉が出てくるという理由から問題にされ続けてきた。しかしながら最後の章句が本文への後代の付加であるという写本の証拠が存在し、さらにまたこの手紙がキュリロスの文体と適合し、三五一年の状況をよく反映していることから、基本的に信頼に値するものとして受け入れられている。この手紙の目的は、エルサレムの町の全住民によって目撃された、ゴルゴタ上の空に、光の十字架が出現したことを描くことにあった。[109] キュリロスはこのことを、コンスタンティウスの神への敬虔が帝国の勝利を確実なものにした証拠であるとみなした。彼はコンスタンティヌスの十字架の決定的な幻については何も言及していないが、〔コンスタンティヌスとコンスタンティウスの〕両者の現象が幻日(*parhelia*)であると示唆しているところに明白な並行関係がある。しかしキュリロスはコンスタンティヌスの治世の時に、十字架そのものの木が発見されたことに言及している。キュリロスは特に、聖なる跡地や遺跡とともに、十字架の祭儀を促進させた。コンスタンティヌスがエルサレムの町を復興させている時に、キュリロスがエルサレムで育ったと考えても不思議ではない。すでに述べたように、エルサレムの特別な立場は彼の講話の中で無視されていない。キュリロスについての伝説は、[110] この特別な立場から生じる。ユダヤ人が神殿の再建を許可されたのは、キュリロスが、ユリアヌスの治世下の三六二年から三六三年にかけて司教の座にあった時であった。ユダヤ人たちの神殿再建が失敗するとの預言がキュリロスによってなされたと言われ、その預言はその後直ちに地震によって現実のものとなった。この物語の要点は、エルサレムにおいては新しい契約の大祭司は、ヨハネによる福音書一一章五一節の古い大祭司に帰されていた預言の力を受け継いでいることにあるように思われる。なぜなら、預言と思われたものは、講話からのほとんど正確な引用であり、噂が、この物語の唯一の根拠と思われる。しかもこのコンテキストでは、神殿の出来事との関連性は何もない。しかしながらこの講話は一〇年ほどにわたってなされ、このような預言を求める傾向にある者たちにとっては、不適切な文脈によっても妨げられることはほとんどない。キュリロスに関する私たちの持っている多くの情報と同様に、この物語の存在そのものが、当時の時代の雰囲気を示している。キュリロスは明らかにそのことに言及していないという事実にもかかわらず、キュリロスに対する神殿再建の脅威はかなりのものであった

(107) Dix はキュリロスの講話における「参与する」(partaking) の証拠を控えめに扱っている。このことは確かに『秘義講話』5では犠牲はきわだっているが、『秘義講話』4においてはそうではない。詳細は Camelot (1970) を参照されたい。
(108) 批判的なテキストは Bihain (1973), pp.264-96 を参照。英訳は Telfer (1955) にある。
(109) この話はソゾメノスの『教会史』iv.5 にも現れる。ソゾメノスはキュリロスの叙階に関連させてこの話を紹介しているが、この手紙がいつ書かれたのかということにまったく触れていない。
(110) ソクラテス『教会史』iii.20, ルフィヌス『教会史』i.57.
(111) 『教理講話』xv.15 において、反キリストが到来する前に何が起こるのかということを示唆するために、ダニエル書とマタイによる福音書からの預言が用いられている。
(112) ユダヤ人たちが神殿を再建することを命じられたとき、しるしと奇跡が起こったことを記録することを記すキュリロスの手紙は、Harvard でシリア語写本が発見され、Brock によって一九七七年に出版された。これはオリジナルではないようである。Drijvers (2004) の第五章と付録Ⅲ (Brock の英訳がある) を参照されたい。

に違いない。聖墳墓教会が神殿に取って代わり、神殿の跡地は、キリスト教によってユダヤ教が凌駕されたことを証明するために、廃墟として残されたのである。[113]

他の唯一、残存している著作は、『池のそばに横たわる中風患者について』(*On the Paralytic*)の説教である。[114]『教理講話』の教えとは対照的に、この説教は、アレクサンドリアの神秘的なアレゴリーの伝統にはっきりと立っている。この事実は、著者の真正性に疑いを投げかけるものである。他方で、その疑いを支持するようなものも何もない。エジプトとパレスチナのキリスト教の間には密接な関係が存在した。オリゲネス自身がパレスチナのカエサリアに最終的には定住したのである。キュリロスは自分が「オリゲネス主義者」であったことを示唆することを望まなかったが、ステファンソンは、[115]『教理講話』の中のいくつかの記述が説教の証拠とまったく矛盾のないものであり、教理講話で通常は説明されているより字義的な意味だけでなく、より高度な知識(γνῶσις)へ導く「観想的な解釈」(ἐξήγησις θεωρητική)を聖書に施すことができるという見方をキュリロスが受け入れたことを説得的に示した。実際のところ、この説教はキュリロスの思想のある側面を考える際に、重要な鍵を与えてくれる。洗礼を求めている者たちへの照明賦与を取り巻く秘義自体が、アレクサンドリアの伝統の秘儀的な傾向と一致しているのである。

オリゲネスを弁護する論争に巻き込まれたのは、キュリロスの後継者であり、教会人とエジプトおよびパレスチナの修道士たちとの間に密接な関わりが、この対立の出来事において、完全に明らかになる。この対立を引き起こしたのが、エピファニオスであった。

さらなる読書のために

英訳

McCauley, Leo P. and Anthony A. Stephenson, 1969, 1970. *The Works of Cyril of Jerusalem*, FC 61, 64, Washington, DC:

Catholic University of America Press.
Yarnold, E., SJ, 2000. *Cyril of Jerusalem*, Introduction and ET of selections, London & New York: Routledge.

研究書

Day, J., 2007, *The Baptismal Liturgy of Jerusalem: Fourth- and Fifth-Century Evidence from Palestine, Syria and Egypt*, London: Ashgate.
Doval, Alexis James, 2001. *Cyril of Jerusalem, Mystagogue: The Authorship of the Mystagogic Catecheses*, Patristic Monograph Series 17, Washington, DC: Catholic University of America Press.
Drijvers, J. W., 2004. *Cyril of Jerusalem: Bishop and City*, Supplements to VigChr, Leiden: Brill.

Ⅲ　サラミスのエピファニオス

エピファニオスの著作は、新約聖書の本文批評家と初代教会の歴史家に必要な史料の採石場を提供してきたゆえに、最も良く知られている。オリゲネス論争における彼の役割を検証することを別にして、学術的研究は主にエピファニオスが用いた資料を追跡することや、彼が描き出す多くの重要な異端の運動についての彼が用いた資料の信頼性を評価することに関心を払ってきた。エピファニオス自身に興味を払う者はほとんどいなかったのである。このことはさほど驚くべきことではないとしても、当時の教会内の雰囲気をよく描き出す彼の生涯と著作

(113) Drijvers（2004）, p.135.
(114) テキストは *PG* 33 および Reischl and Rupp（1848, 1960）にある。
(115) Stephenson（1954b, 1957）.

の特徴が存在する。

エピファニオスが独創的な思想家であったとか、魅力的な性格であったと主張している者はほとんどいないだろう。それでもいろいろな点で、興味をそそるのは、彼の不寛容な保守主義である。彼が注意深い議論よりもむしろ信条を掲げることを重視しているように見えるという事実そのものが次のことを示している。すなわち、三位一体の正統主義が、偉大なカッパドキア教父たちの著作のような、難解な哲学的な推論や注意深く持続的な著作の説明によってではなく、あらゆる他の選択肢に対する政治的な力と横柄な偏見に支えられた教会生活における一貫した議論の余地のない確証によって教会を従わせたということである。五つの言語を習得したと称賛された学者であり、聖なる公同の教会の唯一で真なる信仰の擁護者として、エピファニオスはエウセビオスに匹敵する者であるが、いくつかの相違点も指摘できる。エウセビオスが真理を求めたのに対して、エピファニオスは異端の誤りを探し出し、κακοπιστία（悪い信仰）は ἀπιστία（信仰の欠如）よりももっと悪いものだと信じていたのである[116]。

1 『アンコラートス』

エピファニオスにとって、キリスト教は、逸脱した解釈に対して、いかなる譲歩もすることなく、あらゆる逆説的な個別の事柄においても維持できる教理体系を形成したことは明白である。彼は、探究がなされるべきではないいくつかの事柄が存在すると考えていた[117]。聖書はすべてにおいて真理を語っている。異端は神の聖なる公同の教会の教父たちの伝統に従って、聖霊を受けていないゆえに、誤りなのである[118]。「聖書を探してみよ……そうすれば聖霊自体が……真理から逸れて自分自身の魂を失うことのないように、神の御子の言葉についての知識をあなたに示すであろう[119]」。というのは、このことが非正統的な思索に対する罰則だからである。「異端とその創設者たちは地獄への門なのである[120]」。

これらの発言は『アンコラートス』（*Ancoratus*）の中で見られるものである。もちろんエピファニオスの最も重要な著作は、『パナリオン』（*Panarion*）あるいは『異端』（*Haereses*）である。[121] しかしエピファニオスは、異端の諸派の主要な百科全書に戻る前、三七三年に注意深く作り上げられた短い論考をすでに書き上げていた。この論考は、特に同時代の問題に関して、彼自身の立場にかなりの光を当てるものである。[122] この著作は、錨にしっかりとつながれた人、『アンコラートス』（Ἀγκυρατός）と呼ばれている。なぜなら、彼はこの著作の中で、パンフィリアのシデから手紙を寄せて、真の信仰について彼に尋ねている数人のキリスト者たちに返答しており、特にその中で、異端の嵐の中に放り込まれる人間を襲う危険を関心をもって描き出したパラディオスなる人物に返答しているからである。この著書において、異端の主張への激しい否定とともに、信仰箇条や聖書への言及や聖書の引用による議論というよりはむしろ、エピファニオスがどのようにして真の信仰を確立したのかを見ることができる。彼のギリシア語はまっすぐで直截的なものである。実際に彼の著作は、きわめて人気があった。その理由の一部は、当時はやった技巧的な文体というよりは、「気品あるコイネーギリシア語」で書かれていたことによ

(116) エピファニオス『アンコラートス』9.
(117) 『アンコラートス』18.
(118) 『アンコラートス』63.
(119) 『アンコラートス』19.
(120) 『アンコラートス』9.
(121) 『アンコラートス』および『パナリオン』の編集されたテキストは、Holl（1915）, Holl and Dummer（1980, 1985）を参照。英訳は Williams（1987, 1994）, Amidon（1990）を参照。
(122) 詳細は Kösters（2003）を参照。

った。[123] またある人は、彼の著作には親しみやすい教会用語が単純に再利用されているゆえに人気を博したのではないかと考えている。御父は二人の御子を持っているという考えのように古典的な過ちを否定する際に、最新の正統的な弁証に依拠したり、箴言八章二二節のような厄介な従属説的なテキストを扱うにあたって最新の正統的な釈義にただ依拠しているだけではない。さらに彼は、三回繰り返される「聖なる」（*Sanctus*）という聖書箇所［イザ六・三など］や創造にあたって「我々にかたどり、我々に似せて、人を造ろう」という神が複数形で語りかけるような、古典的な三位一体の証明に訴えているのでもない。事実は、彼が教会の形式によって思想の型が作られているので、信条の定式に従って具体的に著作をしているということである。彼は著作の最後のところで二つの信条を引用している。そのうちの一つの信条は、およそ七、八年後にコンスタンティノポリスで採択された信条との顕著な類似性を示していたために、かなりの論争を引き起こした信条であった。[124] しかし彼の用語法の構造と内容は、古典的な信仰告白の定式のよく知られた様式を反映している。特に「聖なる御言ご自身は……真実に人となり、真実に神であり、本性は変わることなく、神性も変化させることなく、肉において生まれ、受肉した御言であり、御言は人となった……」のように分詞節を積み上げる場合にそうである。[125] 私たちは、信仰告白や説教における当時の教会の言葉遣いや定式に直接触れることができるように思われる。何度も繰り返して、彼の考えや注意深い説明の代わりに、聖書や聖書外の主語になるキャッチフレーズが織り交ぜられ、数頁にわたって続いている。キリストは「独り子であり、完全で、造られず、不変で、変わることなく、知られず、見ることができず、私たちの間に人となられ、……私たちのために豊かであったが貧しくなられ、……一人の主、王、キリスト、神の子、天における父の右に座し……」などという表現がそうである。[126] 聖書と伝統はエピファニオスに道具を提供したが、本質的に彼の三位一体論はアタナシオスに直接に由来すると考えられる。[127]

しかしエピファニオスにとっては、真理とは誤りを避けることによってのみ、正しく維持される。『アンコラートス』には、数多くの主題からはそれた反異端的な文章が含まれている。またすでに見たように、オリゲネスと彼の追従者たちへの厳しい批判があり、その時代の諸々の出来事において、エピファニオスにさほど栄誉ある立場を与えることにならなかった特別な偏見を明らかにしている。繰り返しになるが、『アンコラートス』ですでに、彼は八〇の異端のリストを示しており、彼の後期の著作の形を提供する異端の分派の体系のおおよそをここで見ることができることは興味深いことである。モーセの後、受肉に至るまでに一一の異端が挙げられ、受肉後に六〇以上の異端が挙げられている。モーセの律法の前には、五つの異端とギリシアの四つの分派が挙げられている。「分母」が全部で八〇になるように異端が数えられている。このような考え方は、分派の名前を列挙することによって作られた、エピファニオスの体系の最初の外観である。

2 『パナリオン』

『異端反駁』(*Against the Heresies*)は、『アンコラートス』におけるこのような予備的概略から発展したということは、紛れもない事実である。この時期にエピファニオスは、コエレ・シリア(Coele-Syria)のカルキスとベロイアの修道院長であったアカキオスとパウロスと接触し、彼の最初の著作に列挙された八〇の異端を明らかにす

(123) Holl(1915), Introduction, p.vii を参照。昔の研究者たちはエピファニオスの言葉を退廃したものと評価した。写本の伝統はこのテキストをアッティカ化する傾向がある。Holl(1910)を参照。

(124) Kelly(1950), 特に pp.318ff を参照。Palachkovsky(1966), Kösters(2003)も参照。ニカイア信条は元来このテキストに従っていて、コンスタンティノポリス信条がそれを後代の写本筆写者もしくは校訂者の著作によって入れ代えた可能性がある。

(125) 『アンコラートス』19.

(126) 『アンコラートス』81.

(127) さらなる議論は Kösters(2003)と Dechow(1988)を参照。

るように求められた。エピファニオスは、二人からの手紙が届いたときに、まさにそのことをなしている最中であると返答をした。彼の返答から、だいたいこの著作の完成年代を三七七年頃とすることが可能である。かくして彼の最も大きな著作は、誤った教義について記述し、反論することに多くを費やしている。彼は異端の毒に対して解毒剤を提供せんと欲したのであり、それをパナリオンすなわち「薬箱」と名付けた。すなわちそれが『パナリオン』である。

しかしながら、医学的なイメージはこの浩瀚な書物全体で維持されているものではない。エピファニオスは明らかに目録や系図に魅了されている。すなわち、ローマ皇帝のリスト、異端のリストとともに、『アンコラートス』の中に出てくるセム、ハム、ヤフェト（創一〇章）から生じたすべての民族のリストである。περὶ πίστεως（信仰について）というタイトルが付けられた『パナリオン』の結論部分のところで、さらに多くのリストが挙げられている。このような興味は、『パナリオン』の最初のパラグラフにはっきりと認められる。そこでエピファニオスがなそうとしていることは、異端の系譜を明らかにすることである。彼は生物学的な分類法の類比法を用いている。彼は属と種を跡付けようとしているのである。世界というコンテキストの中で、異端の台頭と増殖を組織化するために、彼はある種の家系図を考案しているのである。このような見方は時にこの著作の中で見失われることもあるが、一つの異端のグループから他の異端が派生したという記述が見られることは注目に値する。バシレイデスとサトルニルスはその教えをメナンドロスから受け継ぎ、メナンドロスは、誤ってつけられた名前γνῶσις（グノーシス）が由来するシモン・マグスに従ったのである。この家系図は、第一編の第一巻に最もはっきりと影響を与えている（エピファニオス自身が三つの βιβλία（書）[128] に配列された中で、七つの τόμοι（巻）に分割している）。エピファニオスは異端をキリスト教の逸脱すなわち αἵρεσις（「選択」や「オプション」を意味する）に限定していない。「党派」のようなものが人類の一致を本質的に破壊するものであり、それぞれの由来は歴史の起源にまで遡ることができる。[129]

それゆえエピファニオスの著作の第一巻は、横道にそれたり、部分的には世界史の反復的な概観に頁を割いている。そのほとんどは、聖書の概要に組み入れられたギリシアの歴史の断片を伴ったものであり、名前や世代のリストや家族の列挙によって終わっているが、だいたいは聖書に由来するものである。エピファニオスは、ここかしこでこれらすべての意義についての省察を提供している。初めには、いかなる異端も存在してはいなかった。真の信仰が存在した。アダムは偶像崇拝者でもなかったし、割礼を受けていたわけでもなかったが、初めから存在し、後に再び示されることになった聖なる公同の教会の神への信仰をある意味で保っていたのである。アダムの罪によって、真の信仰に対立するものが現れた。それはすなわち、姦淫、反逆、偶像崇拝である。敬虔と不敬虔、信仰と不信仰が共存し、アベル、エノク、メトシェラ、ノアといった聖書に出てくる偉大な人物は、キリスト者の似姿でもある前者を代表している。[130] 特にアブラハムはキリスト者の原型として提示され、父の家から出

(128)『アカキオスとパウロスへの手紙』(*Letter to Acacius and Paul*) 3.

(129) エピファニオスの異端理解について、若干の議論がある。Pétau(一六二二年に『パナリオン』を校訂し、そのテキストは*PG* 41-2の中に再録されている)はエピファニオスが通常の神学的な意味でαἵρεσις〔異端〕という言葉を用いていないと注釈し、またFraenkel(1963)は、エピファニオスが用いた「用語の中立性」に注意を促している。その際彼は「異端の誤りを非難するための専門用語としてそれらの言葉を用いたエイレナイオスとテルトゥリアヌスの後継者」の著作の中ではそれを特徴的な用語として記述している。しかし実際のところ、この言葉は異なる哲学学派に対する古典的な呼称であった。それに加え、Lipsius(1985)がもし正しいのなら、エピファニオスの史料にはキリスト教以前の党派(ドシテオス派、サドカイ派、ファリサイ派、ヘロデ派)も含まれていた。エピファニオスの異端理解は完全に一貫したものではない。さらなる詳細はMoutsoulas(1966)とYoung(1982)を参照。

(130)『パナリオン』i.5(*PG* 41.181-4)=2.4-7(*GCS*(Holl(1915))、174.21-175.13).

発をした人物として最初の弟子たちをあらかじめ示している[131]。このテキストの中で数回にわたって、エピファニオスはそのときまでは異端も、意見の多様性も、姦淫や偶像崇拝のきっかけになるようなものもなかったこと、つまり、真の礼拝と聖なる公同の教会の信仰に反するものが未だなかったことを強調している。彼はおそらく異端の起源を、バベルの塔の出来事の後に、人類がばらばらにされたことに置いているようである。しかし、いささか一貫性を欠くものの、エピファニオスはこの初期の歴史に、彼の最初の四つの異端を割り当てている。すなわちアダムとノアの間の時期に見られる野蛮な行為、ノアとバベルの塔の間の時期に見られるスキタイ人の迷信。その後、魔術と占星術の発展に伴って、ヘレニズムが生じ、アブラハムの割礼によってユダヤ教が生じた。続く物語は、これら四つの大きな区分をさらに小さな諸派に細分化することに関心を示している。ヘレニズムは、ストア派、プラトン派、ピタゴラス派、エピクロス派の四つに分割されている。ユダヤ教は七つのキリスト教以前の異端を生み出したとされている。そして、さらに自身の四つの分派を形成している。サマリア教団はユダヤ教から分離され、さらに自身の四つの分派を形成している。こうしてキリストの到来以前に、エピファニオスがすでに『アンコラートス』でその概略を示唆したように、全部で二〇の異端が存在していた。

異端という言葉の適用とアブラハムの役割の評価における一貫性の欠如は、この図式の技巧性を警告している。『アンコラートス』にみられる要約、さらにより重要なアカキオスとパウロスに宛てた紹介の手紙と比較すると、もっとはっきりした確証が得られる[132]。『パナリオン』と個々の要約されているリストの中に見られるように、異端の順番が異なる差異を示すリストのうちで、最も重要なのは、サマリア教団の位置である。要約の部分で、サマリア教団は、五つの「異端の母」として扱われているが、『アンコラートス』では「律法以前」に不注意にも位置付けられている。しかし『パナリオン』では、サマリア教団の分裂は、ヘレニズムの諸派の記述の後に置かれている[133]。他の異なった異端のリストの場合には、エピファニオスは自分の資料の順番に忠実に従っているという事実によるゆえに[134]、彼が提示している歴史の具体的な経過が彼の順番に影響を与えたと言うことも可能でである。しかし実際の理由は、エピファニオスの枠組みが二つの個別の聖書テキストの釈義に支配されていたからである。

彼は、『パナリオン』の第一巻の中で彼の主張を方向付けるテキストをパウロから以下のように引用している。「キリストにおいて、未開人、スキタイ人、ギリシア人、ユダヤ人もなく、新しく創造されるのである」。これは実際のところ、ガラテヤの信徒への手紙三章二八節と六章一五節とコロサイの信徒への手紙三章一一節が混合した記憶に基づく引用である。しかしこのテキストは、エピファニオスに人類の四つの大分割という考えを与えた。この四分割から、その後のすべての異端が生じたのである。彼がユダヤ教とヘレニズムにおけるさらなる分裂を数え上げることができるというだけで、彼の分析の技巧性を単純に増すのである。

全体的な構図を決定するテキストは、最終的には結論部分となる論考『信仰』(*On Faith*)の中で私たちに暴露される。エピファニオスは雅歌(六・八)から引用している。「王妃が六〇人、側女が八〇人、若い娘の数は知

(131)『パナリオン』i.8(*PG* 41.189)=4.1.2(*GCS*(Holl(1915)), 179.13-15).

(132)『概要』(*Anacephalaiosis*)はこの序となる手紙の順序に従っているが、部分的にはそれをゆがめてもいる。『概要』が、エピファニオス自身の著作の可能性が少ないので、これはどう見ても不適切である。

(133) エピファニオスの根本的な考えを図式化しようとしているFrankelの勇敢な試みでも、エピファニオスの扱いの首尾一貫性の欠如を隠すことを許容して良いはずはない。Frankel(1963, pp.181f)は、エピファニオスがサマリア主義を混合主義だとみなしていたと議論し、それゆえサマリア主義とその一派をヘレニズムとユダヤ教との間に位置付けたと考えている。このことは、人類の区分としての第二義的な意味しかないかもしれないが、しかし彼がなお「異端の母」の一つとサマリア主義をみなしていることを示している。

(134) Lipsius(1865)を参照。同じ順番は偽テルトゥリアヌスとフィラストリオスに見られる。おそらくすべてがヒッポリュトスから得たものであろう。

れないが、私の鳩、清らかなおとめは一人」。もちろん、一羽の鳩とは聖なる公同の教会である。そして側女とは異端である。私たちは、今やエピファニオスが何とかして異端の数を八〇にしようとしていた理由を理解することができる。その際、彼は、読者に対して、異なる名前やその後の分派が計算を狂わせるという事実を心配しないように伝えている。正確な数に達するために、七五の分派と五つの「異端の母」が数えられている。それから、エピファニオスは、明らかに楽しみながら、六〇人の王妃と数知れない若い娘の説明に入る。というのは、このことが、王に愛されている者のリストと世代の数をもっと作り出すための正当化だからである。女王たちはキリスト以前の各世代の信仰者たちであり、たとえばエノク、メトシェラ、レメク、ノアが第一巻に記され、そこから六〇の世代が現れ、アダムからノアまでの一〇世代、ノアからアブラハムまでが一〇世代、次いでマタイによる福音書の系図が続き、アブラハムからダビデまでが一四世代、ダビデから捕囚までが一四世代、そして捕囚からキリストまでが一四世代である。全部で六二世代になるが、聖書には七〇が七二となっているところもあるので、問題はない。さらに数え上げられていない若い娘たちは、数知れない哲学者や偽教師たちである。エピファニオスはタレスからエピクロスまでの四四人のギリシアの哲学者たちを挙げ、バラモン教徒を含んで、インドには七二人の哲学者がいると考えられると報告し、東方の博士たちや秘儀的な宗教についても言及している。雅歌のテキストの支配的な力がなかったら、エピファニオスは異端のカタログにさらに多くの宗教や哲学の分派を含めていたことは確実である。実際に、アカキオスとパウロス宛ての手紙の中で、彼が、ペリパトス派に言及していることは、ヘレニズムの四つの異端のみを挙げる際にいささか戸惑ったことを暗示している。英語の「異端」(heresy)という言葉が由来するαἵρεσιςという言葉は、異なる哲学の分派を表す古典的な呼び名だったのであり、実際にヘレニズムは、多くの哲学の学派を生み出した。しかし、エピファニオスは八〇という数を作り出さねばならなかったが、彼がそのようにするために採用した唯一の方便というわけではない。いくつかの特徴的なグループがまとめられているのである。いくつかの異端は、わずかな言及(例えばメルキゼデク派

(Melchizedekians)[135]から創作されたり、エピファニオスの生涯の小さな出来事からも創作されたりしたように見える（例えば、彼がマリアの永遠の処女性を弁護するために創作をした反マリア派（Antidikomarianitae）というグループがそうである）。未来の異端が生じることを予期することは、彼の頭には決して思いもつかなかったことのように見える。そのことは、彼の主導的な予言の成就を示す試みを結局は過少評価することになろう。

エピファニオスの著作では、単に予言を理論的に適用することによって方向づけられているわけではない。特に後半の巻において、彼の標的の選択は、明らかに狂信的な憎しみに駆り立てられている。彼には真実についての大きな歪曲も小さな歪曲も区別することができなかった。分派と異端は、彼にとってはすべて同じであった。ホモイウシオス派はマニ教以上に、救いから遠い存在であった。ノウァティアヌス派はグノーシス派以上にキリスト教的ではなかった。すべての異端は、すでに消滅したものであっても、さらなる誤りを生み出す可能性があり、モンタノス派、ノウァティアヌス派、マルキオン派やその他の彼が記した多くの分派は、実際にはなお存在していた。それゆえエピファニオスの著作は単なる歴史的な概観ではなかった。彼は、初期の時代を描くために、より古い史料に頼った。ドシテオス派（Dositheus）からノエトス派（Noetus）まで、彼はヒッポリュトスの『全異端反駁概要』（*Syntagma*）にきわめて忠実に従っていたように見える（事実、『パナリオン』は、現状に合うように改訂が施され議論し直された、ヒッポリュトスによる新版として説明されてきた[136]）。彼は広範囲にエイレナイオスや失われてしまった異端的な著作からも引用し、数多くの興味深い史料のギリシア語のテキストを保存している。それゆえ、彼の史料の誤りと批判的なセンスの欠如にもかかわらず、現代の学者にとっての彼の価値は大きいので

（135） Horton（1976）, pp.90ff.
（136） Lipsius（1865）およびさらなる詳細は Nautin（1949）を参照。

ある。[137] しかし彼にとって、この概説は単なる学術的なものではなく、彼の生涯を映し出す一つの事実であった。エジプトでは若い修道士として、彼はグノーシス主義の罠にかけられそうになり、またオリゲネスの追従者に対しての嫌悪感を生涯にわたって持ち続けた。実際にこれまで主張されてきたように、[138] エピファニオスはオリゲネスのことをすべての異端の典型と模範であるとみなし、オリゲネス以前の人々の頂点であり以後の人々の感化の源であるとみなした。結局のところ、偉大なギリシア教父〔オリゲネス〕に反対する彼の狂信的な熱意は、教会に数えきれないほどの混乱と悲劇をもたらすことになった。

3　若き時代

エピファニオスは三一五年頃に生まれた。彼はパレスチナで育ち、母国語はシリア語であった。彼は学校でギリシア語を習得したが、この時期の偉大なキリスト教著作家の大部分とは異なり、古典的な教育（パイデイア）を熟知していたとは言えないようである。ソゾメノスによれば、彼はエジプトの修道士たちによって教育を施され、若い時代にエジプトである期間を過ごし、そこでコプト語を習得したことは確実である。実際にヒエロニュムスは彼のことを πεντάγλωττος つまり五つの舌と呼んでいるが、[139] 彼のラテン語の知識はかなり乏しいものであり、彼の著作の中で言及しているわずかなヘブライ語の単語が、彼が五つの言語を話したという主張のおそらく唯一の根拠であろう。彼は熱狂的な禁欲主義者であり、エジプトから戻って来た後、彼の生まれ故郷である、ガザ近郊のエレウテオポリスの近くに、自身の修道院を建て、「修道院付き司祭」（convent-priest）に任命された。彼は、キプロスにおけるコンスタンティア／サラミスの司祭に選出された三六七年以降も、パレスチナとの親密な関係を維持した。パレスチナのもう一人の修道士であったヒラリオンが影響力のある主要な人物であったと考えられ、彼が司祭に選出された背後にこの人物がいたのかもしれない。三六年後に死を迎えるまで、彼はずっとこの地位に就いていた。[140]

エピファニオスが前述の著作を書いたのは、彼が司教の務めに就いた最初の一〇年の間であった。『パナリオン』の一つの興味深い特徴は、三六〇年代と三七〇年代における当時の対立していた党派を彼がどのように評価していたのかを明らかにしているところにある。彼が詳述する七二番目の異端はマルケロスの異端であり、七三番目は半アレイオス主義もしくはホモイウシオス派の異端である。明らかにエピファニオスはホモウシオスを少なくとも受け入れていた前者〔マルケロス〕に対しては同情的であり、彼のアポリナリオスに対する態度は三七〇年代を通じて曖昧なままであった。またエピファニオスは、ニカイアの信仰定式に対して極端に熱心な擁護者であった。ただし、彼は、ニカイアの信仰を再確立した三八一年のコンスタンティノポリス公会議には参加していなかった。考えられる理由は、彼特有の事情であろう。つまり、三六〇年代にアンティオキアにおける反アレイオス主義の二人の司教、パウリヌスとメレティオスに対する一連の誤解が生じたが、それが反アレイオス主義者の陣営の中での混乱と分裂を起こす要因であった[141]。エピファニオスはアタナシオスやローマとともにパウリヌスを支持したが、カエサリアのバシレイオスと東方の多数は、三八一年の公会議の主導者の一人でもあったメレティオスを支持したのである。

---

(137) しかしながら、エピファニオスの正確性をBenko（1967）は弁護してきた。
(138) Dechow（1988）はこの関心を、エピファニオスの異端についての概説全体、とりわけ特別に長い、オリゲネスに対する、『パナリオン』の六四章の中心に据えている。しかしKösters（2003）はこのことを相対的化する必要があると提案している。
(139) ヒエロニュムス『ルフィヌス反駁』3.6.
(140) さらなる詳細はDechow（1988）を参照。
(141) ある時期にはアンティオキアには四人の司教がいた。エピファニオスとパウリヌスとヴィタリス（アポリナリオス主義者）の複雑な関係についてはDechow（1988）が詳細に論じている。

4　他の著作

三九〇年代の初めに、エピファニオスはさらに二つの著作を書き、単なる釈義を超えて、この時には聖書の諸問題に関心を寄せていた。両方とも大部分が翻訳で残されており、『尺度と重さ』（*On Weights and Measures*）はシリア語とアルメニア語で、[142]『一二の宝石』（*On the Twelve Gems*）は多くの断片で残存しており、そのうち最も完全なもののはグルジア語のものである。『尺度と重さ』は、[143]聖書の百科事典に近い内容を表すには、たいへん不十分なタイトルである。彼がこの書の中ほどで何度か扱っている問題が、聖書で用いられている尺度と分量の単位に正確に当たるものは何かという問いである。エピファニオスは聖書のテキストの中に見られる、除算記号、アスタリスク、句読点の記号といった従来の記号の説明から始めている。次いで彼はさまざまなギリシア語の利用可能な翻訳を紹介し、七十人訳聖書の七二人の翻訳者の話をある程度の長さにわたって語り、アクィラ版（Aquila）とシンマクス版（Symmachus）の年代を定め、さらには反オリゲネス主義だったにもかかわらず、『ヘクサプラ』についても記述している。そこまでで彼はこの書の四分の一を費やし、重さと尺度のリストを始めるが、しばしば脱線して多くの紙面を割き、そのうちのいくつかは驚くほどの分量である。枡（*modius*）が二二エクスタイ（*xestai*）〔単位〕に相当するため、彼は創造の二二の業、およびアダムからヤコブまでが二二世代、さらにはヘブライ語の二二のアルファベット、旧約聖書の二二書を挙げるための理由を見出している。別な事例では、彼は四という数字を黙想している。箱舟（Ark）の中には四つの書（創世記から民数記まで）があり、エデンからは四つの川が流れ出し、世界には四つの方角があり、四つの季節があり、夜には四つの時期があり、四つの顔を持つ四つの霊的な生き物（エゼ一・五）があり、四つの福音書であるマタイ、マルコ、ルカ、ヨハネを表す人間、獅子、若い雄牛、鷲〔黙四・七〕がある。この書物の最後の四分の一は、重さと尺度から、地理的な問題に戻り、聖書の地名をリストアップし、コメントしている。エピファニオスはパレスチナで生まれ育ったため、このことには興味を持ったのかもしれない。しかし彼は主として個人的な知識に依存したのではなく、エウセビオスの『地名表』(*Onomasticon*)のような以前からある百科事典に依存したのである。

『一二の宝石』(*De Gemmis*)[144]は、表向きにはアロンの胸当ての一二の石(出二八章)を扱う念入りな釈義的な習作である。しかし実際は、宝石についての、異教徒の疑似科学的かつ神秘的な解釈に対する激しいキリスト教徒の反発を提供する意図があったと思われる。第一に、その当時の著作に寄りながら、それがどこで発見され、どんな薬効を持つかの説明を加えて、各宝石について記述している。次いで彼は、各宝石と一二族長の一つの固有の名の結び付きを象徴的かつアレゴリカルに説明することにとりかかっている。このテクニックによって、彼は、多くの釈義的かつ神学的な根拠を超え出て、無秩序な仕方で本筋からそれるようになっている。

この保守的なニカイア主義者の散漫な著作は、キリスト教世界で幅広く読まれた。これらの著作が人気があったことは、彼の著作には、多くの東方のバージョンが見られることからもわかる。彼の博識の評判から、中世の動物寓話集の基本的な史料である『フィシオロゴス』(*Physiologus*)〔博物学者の意。中世において聖書と並んで広く読まれた〕のような奇妙な著作が、彼に帰されたほどであった。しかしながら、本書に言及された著作以外では、彼に真正性が帰されるものが残されていない。他の著作の中に散見される少数の真正な手紙があるが、彼に帰されている説教や釈義の断片に関してはほとんどが偽作と考えられている。断片が、イコン破壊論者たちが、後の論争で訴えたイコンに反対する著作の内に存在する。これらの断片の真正性は、ホルによって弁護された。[145]ホ

(142) Stone and Ervine (2000).
(143) Dean (1935) によって編集され、英訳が出された。
(144) 断片のテキストと翻訳は Blake and de Vis (1934) にある。
(145) Holl (1928).

ルは、これらの断片が主題ごとに三つの別個の著作を代表していると主張した。エピファニオスがこの主題に関してはっきりした見解を持っていたことは、エルサレムでのキュリロスの後継者であるヨアンネスに宛てて書かれた手紙から明らかである。この手紙は、ヒエロニュムスのラテン語の翻訳の中に現存している。[146] パレスチナを旅行したときに、エピファニオスは村の教会に祈るために入り、そこにキリストもしくは聖人の一人が刺しゅうされたカーテンを見出した。彼はそれをばらばらに引き裂き、貧しい人のために埋葬用の服（winding sheet）として使うように、管理人に対して忠告した。[147]

5　オリゲネス論争

この事件は、オリゲネス論争が勃発した三九四年に、パレスチナへの運命的な旅の間に起こった。エピファニオスの扇動で、ルフィヌスとヒエロニュムスの修道院は、オリゲネスを拒否するように求められた。前者は拒絶し、後者は追従したが、二人の西方出身者の間の友情が回復されることはなかった。三九三年当時、エピファニオスは大きな祭りを祝うためにエルサレムを訪れており、そこで彼はヨアンネスによって説教者として招かれ、オリゲネスを公然と批判したのである。同じく公に、ヨアンネスはエピファニオスのところに主任執事を送り、これらの問題について議論することを止めるように言い、その日から数日後に、無邪気な「神人同形論」（Anthropomorphites）に反対して再び説教を行った。エピファニオスは同意して、両者の間違った神学は非難されるべきことを暗示した。しかし紛争の種はすでに蒔かれており、すぐにルフィヌスとヨアンネスはヒエロニュムスとエピファニオスに対して一致して敵に回った。エピファニオスはヨアンネスの管轄を侵害して、ベツレヘムのヒエロニュムスの修道院のために一人の司祭を叙階することによって、対立を煽った。ヨアンネス宛の手紙は、関係修復を図ろうとしたものだったが、オリゲネスへの攻撃は、この状況に火をつけただけであった。[148]
憎しみは長い間に芽生えてきたものであった。エピファニオスは、かなり早い時期から、オリゲネスの教えをアレイオス主義や他の多くの誤りの原因であるとはっきりとみなしていた。『アンコラートス』および『パナリオン』では、論争が発生するかなり前から、彼はオリゲネス主義の異端に対する非難を記述していた。オリゲネスによれば、唯一生誕した御子は御父を見ることもできないし、聖霊が御子を見ることもできないし、天使も聖霊を見ることができないし、人間も天使を見ることができないし、と言われた。つまり、御子は、御父のウーシアに由来するものではない。御子はすべて他なる存在（つまり被造された存在）であり、恵みによって子と呼ばれる。オリゲネスは天使としての魂の先在を説き、魂の受肉を罪に対する罰として語った。オリゲネスによれば、アダムは神の似像を失い、神がアダムとエバのために作った「皮の衣」（創三章）は、彼らの肉体であると語った。オリゲネスは死者の復活を否定した。オリゲネスは楽園を寓喩的に解釈し、聖書全体を謎、たとえとして扱い、人間には理解することが困難であると主張した。多かれ少なかれ、同じ理由を含んでいる非難が、ほぼ二〇年後にヨアンネスの手紙に出てくるが、強調点が少し変化し、三九〇年代の諸問題に焦点が当てられるようになった。すなわち、神の似像の喪失、悪魔の救い、「人間が原初には肉体を持たない状態であった」ことに示唆されている「再生の軽視」であった[149]。

(146) ヒエロニュムス『書簡』51（ヨアンネスに対するエピファニオスの手紙をヒエロニュムスが訳したものである）.
(147) この要約は主としてヒエロニュムスの偏った説明に基づいている。さらなる詳細は Kelly（1975）と Clark（1992）を参照。
(148) さらなる詳細は Dechow（1988）を参照。
(149) さらなる議論は Clark（1992）, pp.86-104 を参照。

この論争物語は、繰り返し語り継がれ、別なところにも詳細を見出すことができる。[150] 聖地でライバル関係にあったラテン修道院の長であった、ルフィヌスとヒエロニュムスとの間の有名な論争は、すぐさま著作の応酬合戦となった。ヒエロニュムスはかつてはオリゲネスの称賛者であったが、彼だけが立場を変えたドラマの唯一の役者ではなかった。三九九年に、かつてヨアンネスが支持を求めたことのあるアレクサンドリアの司教テオフィロスも変節し、エジプトのオリゲネス主義者の修道士たちを迫害し始めた。[151] エピファニオスは自分の立場を貫いたが、この論争では、性格や個人的なつながり、そしてご都合主義が、信念よりも大きな役割を果たしたように見える。エジプトでの迫害の結果、迫害を受けた修道士のうち四人、いわゆる長身の修道士たちは、エウアグリオスと関係があり、パレスチナに逃亡し、その後、支持を得るためにコンスタンティノポリスへ旅を続け、さらに論争を広めた。彼らがコンスタンティノポリスに到着したことは、ヨアンネス・クリュソストモスの失脚を画策する機会を与え、八〇代になってもなお反オリゲネス主義の情熱を燃やしていたエピファニオスは、コンスタンティノポリスでの会議の召集に従った。しかしながら、彼はやがてテオフィロスによって道具のように扱われていることを悟り、急いで帰路につき、航海の途中に死んだ。すでに四〇三年になっていた。彼が始めた論争はすでに一〇年にも及んでいた。この論争の悲劇的な結果がすぐに生じるようになった。

さらなる読書のために

英訳

Amidon, Philip R., 1990. *The Panarion of St. Epiphanius. Selected Passages*, New York and Oxford: Oxford University Press.

Williams, Frank, 1987, 1994. *The Panarion of Epiphanius of Salamis*, 2 vols, Leiden: Brill.

研究書

Clark, E., 1992. *The Origenist Controversy*, Princeton: Princeton University Press.

Dechow, Ion F., 1988. *Dogma and mysticism in early Christianity: Epiphanius of Salamis and the legacy of Origen*, Leuven: Peeters.

Ⅳ　ヨアンネス・クリュソストモス

1　オリゲネス論争

オリゲネス論争の最も苦い結末は、ヨアンネス・クリュソストモスの悲劇的な死であった。三世紀の偉大な神学者［オリゲネス］によってほとんど影響を受けることのなかった人物が、この運動の最も重要な犠牲者となってしまったのは皮肉なことである。実際には、政治的な要因や他の個人的な動機が、最終的にははるかに重要であったことは明白である。しかしながら、当時の神学的な戦いによって、きっかけが与えられたのである。

クリュソストモスの失脚に関連する出来事を理解するために最も重要な資料は、彼の弁護のためにパラディオスによって書かれた『対話』（*Dialogue*）である[152]。この資料の価値は、この資料が、明らかにこの出来事に深く関

(150)　オリゲネス論争に関しては、Kelly（1975）や Clark（1992）などとともに、標準的な教会史を参照。

(151)　テオフィロスに関しては Russell（2007）を参照。

(152)　『ヒストリア・ラウシアカ』（本書一五八頁を参照）の著者であるヘレノポリスのパラディオスが、『対話』の著者であると一般的に受け入れられているが、絶対的な確証があるわけではない。唯一の〔断片ではない〕完全な写本のタイトルに「コンスタンティノポリスの司教であった祝福されたヨアンネス・クリュソストモスの生涯と対話にして、ローマの助祭テオドレトスとヘレノポリスの司教パラディオスとの歴史的対話」とあるだけである。このことは、『対話』自体の主人公であるパラディオスが、この物語を語った名もなき司教であることを示すものである。実際のところ、このことを同定するのは不可能である。この中で示されていることがパラディオ

わった人物に由来しているところにある。この資料は、党派色が強く、ヨアンネスの敵と考えられる人々すべてに対して敵意を持つ者かもしれない。しかし、同時にこの文書が答える批判は、クリュソストモスが引き起こした敵意とその理由を示している。ソクラテスの証拠はそれほど直接的なものではないが、より公正なものである。[153]ついでながら、ソクラテスとソゾメノスの両者が、彼らの歴史叙述の中で、これらの出来事にかなりの頁を費やしたことを理解しておくことは有益であろう。当時において、これは重要な出来事であったことは明らかである。

これらの出来事に関して提供されているすべての詳細をここに記すのは不可能である。中心となる動きは、以下のようであった。オリゲネス主義者であるとの非難を浴び、テオフィロスによってパレスチナを追われた長身の兄弟たち（the Tall Brothers）は、コンスタンティノポリスに到着し、クリュソストモスに訴えた。クリュソストモスは彼らを交わりには受け入れなかったが、彼らの禁欲的な清廉さへの慈愛と尊敬から、彼らの迫害についてアレクサンドリアと情報を交換している間に、彼らを歓待するようになった。しかしテオフィロスは交渉を断り、彼らの追放を要求した。ほどなく彼らは皇帝に訴えた。皇帝はこの事件でテオフィロスの行動に対する嫌疑に答えるように、テオフィロスを召喚することとなった。かくしてテオフィロスは首都にやってきたのである。

テオフィロスはどうにかして事態を打開しなければならないと悟った。彼はクリュソストモスから出された調停的な表面上の申し出を拒絶し、自分自身の弁護よりもクリュソストモスに攻撃を仕掛けた。彼はあからさまに大司教に逆らっているようにふるまった。彼はカルケドン近郊の樫の木があった場所に司教たちを集め、教会会議を行って、嫌疑を晴らすためにクリュソストモスを召喚した。クリュソストモスは、敵対することのない会議で、公正な聴取が行われることを求めたが、テオフィロスはこのときまでにすでに宮廷の支持を得ていたので、クリュソストモスの罷免が決定的となった（四〇三年）。ほとんどの記述が、入念に準備された陰謀を実行するために巨額の賄賂や横柄さをもってやって来た悪魔の使いとしてのテオフィロスの極端な邪悪さを強調している。

敵対者の名誉を傷つける傾向を認めたとしても、そのような嫌疑をすべて退けることは難しい。つまりテオフィロスがクリュソストモスに対して行なった政治的な手練手管を過小評価すべきではない[154]。

クリュソストモスは、ある災害が原因で皇后が神の怒りを恐れるようになった時に、すぐに呼び戻された。テオフィロスはあわてて出発した。しかし、皇后エウドクシアからの支持は短い期間で終わった。クリュソストモスは、洗礼者ヨハネを模範としていたために、二、三か月後に彼女の像が建立され、壮麗な除幕式が行われた時に、皇后への批判を抑えることができなかった[155]。帝国からの敵意の結果はすぐにテオフィロスの使いによってもたらされ、虐殺、暴動、放火の騒ぎの中で、ヨアンネスと彼の追従者たちは（四〇四年の）イースターの時に街から追い出されてしまった。クリュソストモスはアルメニアで追放された数年間を過ごしたが、彼が手紙を通して継続して影響力を及ぼしていたことが宮廷の怒りを買った。彼は、四〇七年にさらに遠い地方へと移動する最中に死んだ。

スの活動と合わないだけでなく、パラディオスのことが三人称で言い表されているからである。このタイトルについての最も蓋然性の高い説明は、この司教が架空の人物であるということであり、この称号が『対話』の著者の伝承を保存しているということである。『ヒストリア・ラウシアカ』と文体を比べてみても、このことが確認される。クリュソストモスの生涯に関する史料としての価値は、著者問題に依存するものではない。校訂されたテキストはColeman-Norton（1928）, Malingrey and Leclerq（1988）を参照。翻訳はMoore（1921）を参照。

（153）他の証拠については、とりわけ出版されていない『殉教者の生涯』（*Life of Martyrius*）と、Ommerslaeghe（1977）によって明らかにされたフォティオスの樫の木会議の記録の要約を参照。Ommerslaeghe（1979）も参照。

（154）この政治問題に関する詳細な議論はHolum（1982）, Liebeschuetz（1990）, Kelly（1995）を参照されたい。

（155）クリュソストモスと皇后エウドクシアとの関係については、Holum（1982）とLiebeschuetz（1990）を参照。

クリュソストモスに対する本当の嫌疑は何だったのだろうか。これらの嫌疑には根拠があったのだろうか。クリュソストモスのことを告発した二人の主要人物は、彼の支持者によれば、殺人と姦淫の罪によって彼が追放した助祭であった。クリュソストモスへの批判の大部分は、以下のような事柄をあげつらったが、公平に見ればとるに足らないようなものであった。すなわち、彼らはクリュソストモスが聖職者たちをひどく扱い、教会財産を誤用し、尊重されることを期待した人々に対して不幸にもほとんど中傷的で皮肉が込められた言葉を使い、懇切丁寧に接待する伝統の実践を拒絶したと主張したのである。私たちは、クリュソストモスは、自分の禁欲主義的な理想から、聖職者の堕落に対していささか横柄で自己中心的な批判者となり、彼に期待された贅沢な娯楽の提供から身を引いたと推測することができる。彼が貧しい人たちに関して関心を持っていたことや、彼の個人的な習性は、彼に不信感を持っている人々によって容易に誤って伝えられた。彼の厳しい基準がかなりの不評を買っていたのである。クリュソストモスは機転のよさや外交的手腕に恵まれていなかったのは明白である。この印象はクリュソストモスへの批判的な噂に対するパラディオスの扱いによって確認できる。パラディオスは、クリュソストモスが自分だけで食事をして接待をしなかったことを弁護し、一六人の小アジアの司教たちの一方的罷免を否定し、彼の横柄な自己主張を少し和らげようとしている。クリュソストモスは、都市の修道士たちを含めて多くの人々と不和になったように思える。[157] その結果、テオフィロスの策略もそれほど困難ではなかったのである。

しかしながら、すべての策謀の背景には、コンスタンティノポリスという急成長した司教座の勃興する権力に対するテオフィロスの懐疑があったと考えられる。教会の権力争いは、すでに三八一年に、アレクサンドリアが、ナジアンゾスのグレゴリオスの叙階に異議を唱えた時から始まっていた。この論争はキュリロスとネストリオスとの間のキリスト論論争において継続していた。しかしここでは単に首都の教会を弱めるために利用された論争の古典的な事例をただ見るにすぎない。テオフィロスはそれまでクリュソストモスの叙階に反対をしていた。そして今や、テオフィロスは復讐を果たした。そのようにする彼の権力は、クリュソストモス自身の個人的な性格によってだけでなく、教会法についての当時の不確定性によっても、ほぼ確実に強められていた。これらの出来事の最中とその後において、それ以前の公会議の教会法に訴えることの妥当性が疑われた。そのように考えられた理由は、しばしば問題となっている公会議がアレイオス的な傾向を持っていたからである。このことに加え、コンスタンティノポリスの司教座の地位が、おそらく不確かなものであったからである。三八一年に栄誉の点では優越性は与えられたが、どうやら、それは法的なものではなかったようである。テオフィロスは、あたかもコンスタンティノポリス司教が首都司教の地位を持っておらず、樫の木教会会議で自分の司教が議長を務めたヘラクレイアの管轄権の下にいるかのごとく物事を進めたように見える。[158] またテオフィロスは数年前（四〇一年）にクリュソストモスによって退位させられた小アジアの司教たちの恨みもうまく利用した。テオフィロスの介入は、容易に権力争いと専制政治へと変わった。もっとも、クリュソストモスが小アジアにおいて何らかの教会法上の管轄権を有していたかどうかは別にして、彼に対する訴えがなされてきたという事実が、宮廷の支持を明らかに得ていた彼の行動を正当化したと思われる。[159]

---

(156) Kelly（1995）は付録のところでこれらの嫌疑をリストアップしている。
(157) Liebeschuetz（1990）の第二〇章の議論に注意されたい。
(158) この点はD.L.Powellの未刊行の論文「ヨアンネス・クリュソストモスと樫の木教会会議」（John Chrysostom and the Synod of the Oak, read at the Oxford Patristic Conference, September 1975）によって説得力ある議論がなされた。私は彼がこの論文のコピーを提供してくれたことを感謝している。ヘラクレイアの司教であったパウロスが明らかに議長だったということに関しては Kelly（1995）, p.218 を参照。
(159) Liebeschuetz（1990）の第二〇章。

実際に、最終的な責任は、クリュソストモスの司教職に対する宮廷と宮廷の首尾一貫しない態度にあった。もしもクリュソストモスが高い地位にある人々の感情を攻撃していなかったなら、テオフィロスは力を振るうことはできなかったであろう。一方の側に加担しないようにしたクリュソストモスの試みにもかかわらず、彼の活動は、世紀の変わり目の揺れ動く政治について解明を与える注釈を提供する。(160)〔東ローマ帝国の大臣であった〕エウトロピウスの失脚の後に、彼はアウレリアヌスと〔ゴート族の王である〕ガイナスとの闘争に巻き込まれ、王位の背後で実権を握っている人たちを含めて多くの敵を作ってしまった。クリュソストモスは、ガイナスと彼の部隊が首都にアレイオス主義の礼拝所を持つことを拒否したために、ゴート族との危機を悪化させてしまったが、後にはガイナスが交渉相手とすることのできる人物は彼のみであった。〔皇后〕エウドクシアが初期の頃には、クリュソストモスの慈善活動や反アレイオス主義の活動に協力をしたことがわかっている。そうではあったが、彼の恐れを知らずに公然と批判するところは、意図的に聖書の人物を思い起こさせるものになっている。つまり、彼は明らかにエウドクシアのことをイゼベル〔王上一六・三一〕とヘロディアになぞらえたのである。アルカディウスは弱体であったゆえに、批判を受け入れることも、他の力のある教会人の対抗的な影響力にあらがうこともできなかった。そこで、クリュソストモスは、殉教者となり、アルカディウスの息子であるテオドシオス二世によって、殉教者としての栄誉を与えられた。その際に、テオドシオス二世は、ぎょうぎょうしく首都にクリュソストモスの遺物を持ち帰ったのである。

2 クリュソストモスとキリスト教の道徳

好ましからぬ逸話全体によって、教会の指導者たちの行いが、神学的な信念と同じくらい、この時代には大きな問題であったことを想い起すことができる。ここでは、非難は、人々の行動や対処、教会財産の用い方に集中した。小アジアからの訴えは、教会の地位を得るために聖職者たちが賄賂を与えたり受け取ったりしていたことへの非難に関わっていた。教会人に期待されていた基準は、教会が莫大な財産を獲得し、教会での地位が、権力、影響力、富、人事権を伴う魅力的な公的な仕事となった時代に、現実の課題を提示した。[161] 教会はジレンマに陥っていた。いったん教会のメンバーが「選ばれた者」となるや否や、ごく少数の救われた人々だけが、きわめて高い行為の規範を伴うとともに、現状に反対する伝統を担った。今や教会は、神の下で帝国の繁栄を担っている体制の一部となってしまっていた。ソクラテスは、ノウァティアヌス派の古い厳格主義者たちの分派が生き残っていただけでなく、彼の世代をも魅了していたという事実を証言している。修道院運動は、世俗的な世界の中で教会が新たな役割を担うようになるにつれて、深刻な基準の低下を人々が目の当たりにするようになる事実への強力な証拠なのである。クリュソストモスの説教者としての経歴は、この状況についてさらなる説明を加える。彼の生涯は、禁欲隠修士の小部屋と教会の位階制度のすべてのレベルのみならず、この世におけるキリスト者の生活の純粋性をめざす戦いでもあった。悲しいけれど認めねばならないことは、彼は報酬を得るために、自分の行動を後退させてしまった。

一人の若者として、クリュソストモスは修道生活を喜んで行っていた。[162] 彼は俗世界で地位を得るために教育

（160） Liebeschuetz（1990）, Cameron and Long（1993）を参照。コンスタンティノポリスに親（pro-）もしくは反（anti-）ゴート族のグループがいたという古い考えはもはや受け入れられていない。本書四五四—七頁のシュネシオスのゴート族からの影響に関わることを参照されたい。

（161） エルサレムのキュリロスと教会に献げられた衣に対する非難と比較されたい。本書で前述されている三六四頁を参照。

（162） Brändle（2004）はクリュソストモスの伝記の有益で導入的な概要を示している。しかしさらなる詳細は Kelly（1995）を参照されたい。

を受けてきた。彼自身はこのことを公に語ったことはないが、彼は有名な詭弁家であったリバニオスの最も雄弁な生徒であり、ソゾメノスによれば、[163] もしクリュソストモスがキリスト者たちに奪われなかったなら、彼がリバニオスの後継者に定められていただろうと言われている。このような痕跡は、彼が、教科書に出てくる標準的なメタファーをすべて用いながら、[164] レトリックを強力に用いているところにみられる。さらに、とりわけ一貫して批判した演劇をまねる能力にも見られると考えられる。彼は「ギリシア的」(異教)文化との関係において、強く相反する位置を占め、彼の著作は、リバニオスに対する批判を暗に示している。[165] 一八歳のとき、彼は現世的な理想に不満を持ち、洗礼を受け、後にタルソスの司教となったディオドロスとともにおそらく学び、二〇代の前半にメレティオスによって率いられたアンティオキアの正統派のグループにおいて教師となった。これらの人格形成期は、三八一年のコンスタンティノポリス公会議よりも前の時期であり、アレイオス派が優勢であり、アンティオキアにおける正統派が分裂した時期であった。彼はやもめであった母の願いに応える形で、家庭内での禁欲的な生活を実験的に行っていたようであるが、後に、おそらく母の死後であろうが、山の洞穴にこもってしまった。そこで彼は肉体への過度の苦行から、恒久的に自分の健康を損ねてしまった。彼は三七八年に身を引いたが、彼の最初期の著作は、[166] 砂漠から復帰した以降で三八六年に司祭に任ぜられたとき以前に書かれたものである。一二年後に、彼は「誘拐」され、首都の司教に就任させられた。多くの本の著者として、彼は三九二年に書かれたヒエロニュムスの『著名人列伝』にも載せられたが、それはコンスタンティノポリスの司教となってからわずか六年後のことであった。彼の説教で残されているのは、一二年間にわたってアンティオキアでなされたものと、五年半にわたってコンスタンティノポリスでなされたものである。

洞穴から退いたことは、彼が理想からも退いてしまったことを意味するのではなかった。もっとも彼の禁欲主義者たちとの関係は明らかに不安定なものになってしまった。クリュソストモスの弁証的な著作と禁欲主義的な著作との間の関係はこれまでも認められてきた。彼は特に異教徒の批判によって認識されるようになったキリスト者の道徳的な生活に関心を持っていた。彼はおよそ二〇年間アンティオキアにいたリバニオスとユリアヌスの両者に対する反論をすることを欲した。[167] 彼は特に都市の中に「霊的結婚」の状態で住んでいる人たちの理想的生活に異議を申し立て、修道士たちが山に留まることを期待した。[168] コンスタンティノポリスにおける修道士たちや禁欲主義者たちとクリュソストモスとの関係は特に緊張状態に置かれていたように思われる。[169] 彼らが、クリュソストモスの司教としての権威から独立していたことは、明らかに重要な鍵となる要素であった。しかし、修道士たちは天使のような生活を送り、キリスト者の完全な模範を提供していた。

クリュソストモスが司教としての牧会的な務めに当たらなければならなくなったときに、彼が禁欲主義の基準を少し和らげたという指摘をする研究者たちが何人かいるが、確かにそれはその通りで、彼の初期の著作『処女

(163) ソゾメノス『教会史』viii.2を参照。ソゾメノスの報告が正しいものであるかは争われてきたが、クリュソストモスが初期の著作（*A Comparison between a King and a Monk and Against the Opponents of the Monastic Life*）でリバニオスをそれとなく非難していたと考えている Hunter（1988, 1989）の議論も参照。Hunter はとりわけ前者の真正性を弁護し、リバニオスの引用と後者の手紙の類似性をも弁護している。
(164) Ameringer（1921）.
(165) Hunter（1988）, Leyerle（2001）.
(166) これらの著作の中には以下の注171と173において挙げられている修道院運動と処女性についてが述べられている。弁証的な著作は Schatkin and Harkins（1985）と Schatkin et al.（1990）を参照。『童貞者たち』（*Subintroductae*）に関する二つの著作は Dumortier（1955）, Leyerle（2001）を参照。
(167) Wilken（1983）, Hunter（1988）.
(168) Leyerle（2001）.
(169) Liebeschuetz（1990）, Cameron and Long（1993）.

について』(*De virginitate*)における結婚についての否定的な記述と、大部分が結婚している会衆に対してのより肯定的な説教との間には、確かに趣に相違がある。しかしこの変化は、基準を和らげたというよりは、キリスト者の完全の要求を深く認識した結果である。彼の同時代人たちと同様に、クリュソストモスは、隔離と他界性という哲学的な理想によって、キリスト者の完全を理解することから始めていた。しかしその後、バシレイオスのように、彼は神のようになるということは、他者に対する愛と寛容を意味すると悟ったのである。[170] クリュソストモスは、自分の見解を拡大していったにもかかわらず、自分の基本的な立場を変えたわけではない。愛するということは、関与することを意味した。しかしそれは同時に、性、富の所有、この世での成功と結び付いた自己中心的な情欲から解放されることでもあった。キリスト者の完全は、都市生活の戦いや誘惑から身を引こうが引くまいが、すべての信仰者の目標となるべきであった。

クリュソストモスがまだ若く、禁欲的な理想に情熱を注いでいた頃に書かれた修道制に関する著作と同じ時期には、[171] 彼は二重の基準(double standard)を認めることを拒否していた。修道士であろうが、俗世界の人であろうが、結婚しているか、していないかの差があるだけで、違いはまったくなかった。[172] 処女性に関する著作の中で、[173] 貞節を理想化することが結婚全体を非難するものではなかったことは明らかである。そのようなことは神のよき創造の業を否定することになり、異端が取っている方法であった。処女性がより偉大な到達点であるのは、結婚がよいものだったからである。[174] 彼は常に、ある意味では修道士の方が、生活がより楽であることを認めていた。修道士は、俗世界で生きている者よりも、要求されることの少ない場にいるからである。修道士は心を妨げるもの、誘惑、他者からの要求に苦しめられることは少ない。修道士は容易に平和と哲学を見出すことができた。[175] 祭司の責任に対する高い評価を示す明快な対話であり、確かに彼の最もよく知られた書物である『聖職者について』(*De Sacerdote*)の中で、[176] クリュソストモスは彼の友であるバシレイオスをだまし、意図的に叙階される誘惑から逃れたと告白している(この事件の歴史的な信憑性は別問題であるが)。[177] 彼は孤立感を深め、純粋さと聖さを

(170) Meyer（1933）を参照。Leroux（1961, 1975）と比較されたい。Murphy（1972）も参照。

(171) これらの著作には、⑴彼が修道院の生活から離れた頃のテオドロスへの手紙。確かではないがおそらくモプスエスティアのテオドロス宛のものである（Carter（1962）を参照）。テキストはDumortier（1966）を参照。英訳は*NPNF*にある。⑵修道制の反対者たちに対する訴えである『修道生活の敵反駁』（*Adversus oppugnatores vitae monasticae*）。英訳はHunter（1988）を参照。⑶悔い改めに関する二つの著作、『悔悛』（*De compunctione*）。英訳はChristo（1998）を参照。テキストは*PG* 47にある。王と修道士を比較するレトリックは、プラトンの『国家』ixに見られる専制君主と哲学者を対照的に描いているプラトンのモデルから来ており、しばしばこれは〔クリュソストモスのものではない〕偽作であるとみなされる（Aldama（1965）, n. 327とCarter（1970）, p.20）を参照。しかしながらHunter（1988）や前述の注163とも比較されたい。

(172) 『修道生活の敵反駁』（*Adversus oppugnatores vitae monasticae*）, *PG* 47.372.

(173) 『処女について』（テキストはMusurillo and Grillet（1966）。英訳はShore（1983）を参照）に加えて、クリュソストモスは二回目の結婚などに反対して、やもめに関する小さな著作を書いている。テキストはGrillet and Ettlinger（1968）を参照。

(174) 『処女について』viii-x.

(175) 『修道生活の敵反駁』、*PG* 47.373-4.

(176) テキストはMalingrey（1980）を参照。英訳は*NPNF*のシリーズIのvol.IXとNeville（1964）にある。

(177) クリュソストモスがだました彼の友であるバシレイオスは、ソクラテスの記述から（『教会史』vi.3）、カエサリアのバシレイオスのことであるとされている。しかしこれはほとんどありえそうもないことである。バシレイオスはクリュソストモスの著作に言及していることはまったくなく、手紙の中でさえもそうであり、『聖職者について』の中での親しげな対話から考えるとこれは驚くべきことである。おそらくバシレイオスというのは文学的に作られた架空の人物であり、あるいは少なくとも架空の名であろう。Sterk（2004）はクリュソストモスがナジアンゾスのグレゴリオス（バシレイオスは彼の友であった）の『講話』2から影響を受けたのだろうと考え求めるために、砂漠に身を引いた。叙階された直後に書かれたと思われる、聖職者に関するこの著作は、能動的な生活と瞑想的な生活を対比している。クリュソストモスは要求に十二分に答えることができるほどの偉大なる人々にとっては少なくとも、どちらがより優れているかは自明なのである。彼のその後の生涯において、彼が常に直面していた問題は、この世のすべてのキリスト者の標準としてのピューリタン的な理想を生き説教することであった。単純さ、純粋さ、聖さ、現世的な物や関心に依存しないことは、むしろ貧しい者たちと天の国に関わることであり、リュソストモスが繰り返し奨めていた主題である。彼が示していた模範は、修道士と禁欲主義者たちであった。もし彼が信徒からそのような行いを期待していたとしたら、よりいっそう聖職者にそれを求めることをしていただろう。彼の厳しい要求は、禁欲主義もしくは独身の司祭のために家事を行う聖別された処女たちの実践に対する激しい非難の中にとりわけ明らかになっている。[178] スキャンダルの現実は言うまでもないが、その可能性にすぎないものが、彼を不安に陥れるに十分であった。彼は放縦さと世俗的なことに関して痛烈に批判しただけでなく、聖職者の過失に関しても不寛容であったと言うことができる。クリュソストモスは都市で仕えながらも砂漠に身を引くような修道士司教（monk-bishop）の一例なのである。[179]

クリュソストモスの道徳的な教えの香りは、短い著作である『虚栄と児童教育』（*On Vainglory and the Education of Children*）を読むことによって嗅ぐことができる。一八世紀および一九世紀には、この小さな著作は表面的で内容の乏しいものであると退けられた（この著作は『ミーニュ教父叢書』（*Migne's Patrologia*）には入れられていない）。しかしS・ハイデイカーの著作によってこの著作の回復がなされ、今やこの著作は真正かつ啓蒙的な文書であるとみなされている。[180] この著作の統一性については議論のあるところだが、実際にこの二つの主題が結びつけられていることがとても意義深いことである。[181] クリュソストモスは κενοδοξία（高慢さ）が教会にさえ入り込んでいるという事実を嘆くことによってこの著書を書き始め、その後、人は他者から誉れを求めることによって自分自身を欺くという哲学的な証明を加えており、若者に真の価値を教え込む課題に向かう。きわめて興味深いことに、彼は両親たちが自分の子どもたちに修道制を奨めるような、いかなる助言も退けている。(182) むしろ彼が望んでいるのは、この世の諸条件の中で、高い道徳意識を確立することである。彼の要求は厳しいものである。劇場や娯楽に行くことも禁じられ、寓話よりも聖書の物語を聞くことが求められ、若い女性との接触も禁じられている。(183) しかし同時に、彼は快活さを求めること、美しさに感動すること、年下の兄弟や奴隷でさえも尊敬をもって真の関係を築くことを認めている。金と銀は人生に不必要なものとしてとがめてもよいのだが、クリュソストモスの理想はそれらを完全に否定するところからは隔たっている。

ている。

(178) 二つの牧会的な手紙である『童貞者たちを引き入れる人々への反駁』(*Adversus eos qui apud se habent virgins subintroductae*) を参照。テキストは Dumortier (1955) にある。Clark (1977) と Leyerle (2001) も参照。

(179) Sterk (2004), 第六章。

(180) 『虚栄と児童教育』。Haidacher の序とドイツ語の翻訳 (1907) に続いて F.Schulte (1914) と B.K.Exarchos (1954) による批判的な版が出された。最近の最も信頼できる著作は Malingrey (1972) による校訂本である。英訳は Laistner (1951) にある。

(181) 不意に話題が変わることや文体の違いが強調されることもあるが、この著作が混合されたものであるとするほどのものではない。

(182) しかしながら彼は初期の著作においては、道徳教育のために男の子を修道院に送るように説いている。『修道生活の敵反駁』、*PG* 47.319-86 を参照。クリュソストモスの教育観についての詳細な研究は、Danassis (1971) を参照。クリュソストモスの著作における教育学的な広がりについては、Maxwell (2006) を参照。

(183) 奈落、堕落、死のメタファーとしての劇場や遊戯の寓意的な役割についての議論は、Retzlaff (2003), pp.195f を参照。

実際、クリュソストモスの禁欲に対する厳しさや過度の熱意が報告されているにもかかわらず、さらには豪華さや浪費、贅沢に食べたり飲んだりすること、遊戯や劇場、着物や化粧で飾り立てることへの非難が繰り返しなされているにもかかわらず、彼は人生におけるよき賜物に対する感動を示している。クリュソストモスが非難したのは、富それ自体ではなく、強欲と横柄であった。ぶどう酒や富は、蔑ろにされるべきではない。なぜなら、それらは神から与えられたものだからである。「ぶどう酒は、私たちが酔っ払うために神から与えられたものではなく、しらふのまま、楽しむために与えられたものであり、痛みを被るためにではない[184]」。「神があなたを富ませたのに、なぜあなたは貧しくなろうとするのか。神は困窮している人を助けるようにとあなたを富ませたのである」。クリュソストモスは、そのように語る重要な動機は「他者に寛大であることによって、あなたは自分の罪から解放される」ことにあると付け加えている[185]。妻もまた、祝福の賜物である。なぜなら彼女は「彼が一日の務めから家に帰ってきたとき、夫を穏やかな気持ちにさせることが」できるからである[186]。よきものを蔑ろにすることは、マニ教の異端に陥ることであった。

3　神の善性

実際のところ、神の善性と恵み深さ、憐れみとφιλανθρωπία（人間に対する愛）はクリュソストモスの説教の一貫したテーマであった。彼は、貧しい人たちに施しを行い、罪人に優しさと愛の神の慈愛を示しながら、機知をもってファリサイ派的な者たちを強く非難し、裕福で無神経な人々を非難したゆえに、大衆からあがめられた。彼の厳しい基準と悔悛した者を寛大に受容することの間にある緊張関係は、すでにソクラテスが記述していた。ヨアンネスの生涯に関する説明では一貫して、ソクラテスは、クリュソストモスが教会の中の悪の根を根絶しようとする過度な厳しさを持つことを強調し続けた。最後にソクラテスは、次のようにコメントしている。

彼は説教の中で、自制について少し緩やかな考え方を教えているように見えるときにも、自制と人生の高潔さを守る実践にこれほどまでに熱心であったのか、私には最も不可解なことである。なぜなら……彼は「あなたは一〇〇〇回悔い改めたかもしれないが、なお取り組みなさい」と言うことをためらわなかったからである。この教えのために、多くの者たちが、彼の友人さえも、彼を離れていった。[187]

それでもなお、説教の中でクリュソストモスを燃えたたせたのは他にまさってこのことであった。最も頻繁に出てくる彼の主題は、英語の「慈善」(charity) とおおよそ同じ二重の意味を持つ ἐλεημοσύνη (*eleēmosynē*) という言葉に訴えることである。[188] ほとんどの場合、彼の訴えは具体的な施しを呼びかけるものであった。極端に貧しい人と極端に富んでいる人がいる社会にあって、クリュソストモスは聴衆たちに、気前よく施すこと、苦しみを和らげること、貧しい人々の間にキリストを認めることを促していた。「富んでいる人とは、多くを所有している人ではなく、多くを与える人のことである」[189]。新鮮な空気、太陽、水のように、富は共通に所有されるべきであ

(184) 『像について』 *De statuis* i.4, *PG* 49.22.
(185) 『像について』 ii.8, *PG* 49.43 を参照。クリュソストモスの富と貧しさに関しては Roth (1999) を参照。
(186) 『ヨハネによる福音書の説教』(*Hom. In Jn.*) lxi.3, *PG* 59.340 を参照。結婚と家族の生活に関する翻訳は、Roth and Anderson (1997) を参照。
(187) ソクラテス『教会史』 vi.21.
(188) Brändle (1977), Plassmann (1961), Vandenberghe (1961) の第Ⅶ章を参照。より一般的な慈善については、Quère-Jaulmes (1966), Constantelos (1968), Young (1977), Leyerle (1994) を参照。翻訳は Roth (1999) を参照。
(189) 『像について』 ii.5, *PG* 49.40.

る。[190] しかしこれは社会主義的なプログラムでも、[191] 地上よりもむしろ天に富を積むためのよき行いへの招きでもない。なぜなら ἐλεημοσύνη は慈善の寄付以上のことを意味しているからである。あるところで、彼は ἐλεημοσύνη という言葉を、裁きの際に私たちに代わって執り成してくれる鳩として描いている。私たちは、その鳩の翼の下に入れられて、罰から救い出されるのである。鳩こそ人間を救うものである。というのは、もし神が私たちを憐れんでくださらなければ（ἠλέησεν ἡμᾶς: *eleēsen hēmas*）、すべてのものは失われてしまったであろう。私たちはまだ敵であったときに、鳩が私たちを和解させてくれた。鳩は無数のよきものをもたらした。鳩は神の子に、己を虚しくして奴隷となるように促した。「愛する者よ、私たちを救ってくれる鳩を得ようと努めさせてください」、クリュソストモスは続けて言う。「鳩を愛させてください、お金以上に鳩を尊ばせてください……」。神は、犠牲以上に鳩を重んじる。ἐλεημοσύνη 以上にキリスト者を特徴づけるものはない。しかしながら、ἐλεημοσύνη は最初から私たちに備わっていたわけではない。なぜなら神がすでに私たちに慈愛を示してくださっていたからである。[192]

　この神話的な擬人化は、詭弁家特有の手法であるが、クリュソストモスの時代には自分の訴えを効果的に行う方法であった。手法以上に重要なことは、訴えていることの本質である。人間愛に満ちた著作は、神ご自身の「人間愛」に基づいている。というのは、φιλανθρωπία は字義的には「人間への愛」を意味するからである。クリュソストモスに関する古典的な研究はいつも、彼の考えがどのくらいペラギウス主義に近かったのかを探求する。しかしそれは明らかに不適切な問いである。神の恵みと人間の自由という逆説は、彼の死後四年後まで、論争の的とはならなかった。クリュソストモスは、救いの達成には、神の恵みも人間の努力も一つが欠けていれば、不十分であることをよく知っていた。それゆえ、彼はしばしば両者の結び付きを強調した。すべては、意志にかかっており、上からの恵みによってなされる。[193] 美徳はすべてが神から来るのでも、すべてが私たち自身から来るのでもない。御霊の恵みが私たちを導くのである。[194] ペラギウスと同様、アウグスティヌスもクリュソストモスに自分を支持する記述を見出した。[195] クリュソストモスは、かなりの道徳的な努力をなすように聴衆にはっきりと求めた。しかしながら、すべてのキリスト者の行為の動機が神の愛にあるという事実に気づいていた者はほとんどいなかった。彼は確かに、折に触れて功績についての教えを説教しているが、神によって無償で与えられる救いを讃えており、信仰を通して恵みによって義とされるというパウロの教義にまったく無関心というわけではなかった。[196] 例として、ローマの信徒への手紙一章一七節について、クリュソストモスは「あなた自身の義ではなく、神の義によってなされる。……というのはあなたが骨を折って労苦をすることによって達成するのではなく、上からの賜物として受けることによってなされ、ただ一つのこと、すなわち『信じること』によってなされるからである」と指摘している。[197] さらに、少なくとも最後の審判に至るまで、絶えざる悔い改めの機会が備えられているということが、神の愛が受肉において示されていることからわかる。悔い改めは常に人間の過失を癒すことができ、真の悔い改めは、謙遜、祈り、涙をもって、罪の認識と告白に関わるだけではなく、大きな ἐλεημοσύνη〔慈善〕、怒り、悪、あらゆる罪の放棄、さまよい出ていたところからの回心、穏やかな心ですべてを耐え忍ぶことに関わる。[198] ソクラテスの戸惑いに対する答えは、クリュソストモスが安価な赦しを説教したの

---

(190)『像について』ii.7, *PG* 49.43.
(191) しかしながら Greeley (1982) を参照。
(192)『ヘブライ人への手紙の説教』xxxii.3, *PG* 63.223.
(193)『ヘブライ人への手紙の説教』xiii.5, *PG* 63.110.
(194)『ヘブライ人への手紙の説教』xxxiv.2, *PG* 63.234.
(195) Baur (1907), pp.6f および Thonnard (1967) を参照。
(196) 反対の意見は von Campenhausen (1963), p.144 を参照。Coman (1968), Gorday (1983) と比較されたい。
(197)『ローマの信徒への手紙の説教』ii.6, *PG* 60.409.
(198)『ヘブライ人への手紙の説教』ix.4, *PG* 63.80f.

ではなく、キリスト者の真の聖さでもって応答するようにと人々に呼びかける、厳しい要求をするが恵みに満ちている神を語ったところにある。

説教者であり、牧会者であり、教師であったクリュソストモスは、人々が、通常は抽象的な概念よりも具体的な描写に応答することをよくわきまえていた。神は父、裁き主、あるいは王として描写される。神の怒りは災害として現れ、人々が悔い改めたときに神の愛が現れる。恐れと敬意といくぶん従属的な愛が混じり合っていることは、神に近づくときに伴う態度である。しかし、キリストのうちに存在するという素晴らしい出来事は、神の御前において、人々に παρρησία（語ることの自由）を与えることである[199]。この自由、つまり信頼できる友であるという確信に近いものをもって神の御前に立つという可能性は、クリュソストモスがしばしば語ったテーマであった。それゆえ多くの点で、クリュソストモスが語った神はかなり擬人化されたものである。受肉した御子について用いられた言葉はさらにいっそう人間的に理解されるものである。御子は私たちの兄であり仲間であり、私たちの指導者であり擁護者であり、導き手であり祭司である。救いは個人的な関係におけるたとえとして表現される。実際に、もしクリュソストモスが救いについて説教した方法を論理的あるいは字義的に分析しようとするなら、二つのアプローチの間には根本的な不一致を見出さざるをえない。一方においてクリュソストモスは、悪に対処し、悪魔に勝利するにあたっての神の愛の働きを強調したが、他方において犠牲を捧げることによって、憤る御父をなだめる私たちの大祭司の恵みを強調するのである。クリュソストモスはこれらの描写を神学的な体系として統合しようと努めてはいない。両者とも十字架の意義を示すための描写的方法なのである。当時の異端との戦いによって生じた問題を会衆たちが解決する手助けが必要になった時にだけ、クリュソストモスは、神の本性に関するより専門的な言葉遣いを用いるのである。その場合にも、彼は、驚くほど難解な言葉を避けている[200]。エウノミオスの追従者たちに対してなされた彼の最初の説教は、その典型的な例である。司教フラウィアノスの不在に関して殊更言及した後、彼はコリントの信徒への手紙一の第一三章における愛の讃歌に言及している。愛はキリスト者の生活の本質的な特質であり、知識を上回るものである。聖書は至るところでこのことを示し、神は人間が理解することができるよりもはるかに偉大であることを主張している。「私は神がどこにでもおられ、完全に遍在しておられるが、それがどのように起こるのかは私にはわからない。私が知っているのは、神には始めがなく、起源も終わりもないということであるが、それがどのようになされるのかは、私にはわからない」。神の裁きは計り知れず、その方法も認識できない。私たちはその一部だけを知ることができるのである。聖書が示唆し言及していることはたくさんあるが、それは観念的な議論からかけ離れたものであり、クリュソストモスは、私たちの最も深い想像力を超えた神を称えることによって、驚きと礼拝の感覚を創り出す。ニュッサのグレゴリオスの神秘的な高揚と形而上学的な主張は、クリュソストモスが語る事柄の大部分の背後に存在するように見えるが、クリュソストモスは、それを都市に住んでいる多様な会衆のために、単純ではあるが深い信仰へと変化させている。異端者たちの冒瀆的な傲慢さは、この一連の説教に見られるような、彼の謙虚さの奨励や祈りへの再三の勧めとは対照的である。

---

(199) van Unnik (1963) と比較されたい。

(200) アノモイオス派 (Anomoeans) に反対する説教は多くあり、それらの写本の分類は混乱している。詳細は Malingrey (1970, 1973) によってなされた研究と校訂本と翻訳の序文を参照。Malingrey (1970, 1994) や Harkins (1984)、Montfaucon による編集版の通し番号では、1-10 が三八六―七年にかけてアンティオキアでなされた説教であり、11-12 がコンスタンティノポリスにおいてなされたものとなっている。Malingrey (1970) は 1-10 の中にある五つのものに批判的な編集を加えたものを提供してくれている。

4 クリュソストモスのキリスト論

神学においても、キリスト論においても、[201] クリュソストモスのアプローチは基本的には実践的なものである。ニカイアのホモウシオスを受け入れたので、イエス・キリストについての全く異なった理解を示しているように見える聖書テキストに注釈を付けざるをえないのである。クリュソストモスはイエス・キリストの称号をしばしば区別している。すなわち、κατ' ἀνθρωπότητα（人間的次元）と κατα θεότητα（神的次元）での機能と属性の区別である。これは、まだ論争の主題とはなっていないものの、しばしばアンティオキア学派の立場であると特徴づけられる。[202] クリュソストモスがアンティオキア学派の手法を採ったということは、彼の神学的な教師がアンティオキア学派の父とみなされているディオドロスであった事実を考慮すると、驚くにはあたらない。[203] しかしクリュソストモスにとって、この手法は単に理論的に便利だっただけでなく、きわめて実践的な効果を持っている。なぜなら、この手法によって、先導者にして、苦しみを受けた者、誘惑を克服した者、同じ志を持つ者を栄光へと導く者である人としてのイエスについての完全に現実的な釈義をクリュソストモスは行うことができたからである。しかしこのことが彼を逆説へと導くことも少なくなかった。いったいキリストは審判者として座すと同時に、執り成し手の祭司として立つことがどのようにしてできるのであろうか。クリュソストモスは最初に私たちのためのキリストの永遠の仲保を語り、次いで同じ説教の中で、彼の祭司としての務めは永遠的なものではなく、受肉の機能にすぎないと述べている。キリストはただの一度だけ犠牲を払う必要があったのであり、その後は将来にわたって王座に就いたのである。彼の祭司としての務めは人性（ἀνθρωπότης）に属するものである。もっともクリュソストモスがキリストの人性について語るときには、そこで意味されているのは、神性を持つ（θεότητα ἔχουσα）人性である。つまり、人性と神性という位格は、切り離すべきではないのである。[204] クリュソストモスはすでに、いささか無頓着にではあるが、実践的、釈義的次元で、この後に続く論争の中心となる神学的困難を伴う諸問題と格闘していたのである。彼はまた、専門的な用語とも苦闘している。フィリピの信徒への手紙二章五一一節に関して、彼は次のようにコメントしている。

彼がそれまでにあった状態に留まったままで、彼はそうではない状態を取ってくださった……私たちはその本性を混同したり分割しないようにしよう。唯一の神がおられ、神の御子である唯一のキリストがおられる。私が唯一と言うとき、私は σύγχυσις（混合）のことを言っているのではなく、ἕνωσις（結合）を意味しているのである。一つの本性が他の本性へと変わることはないが、結合しているのである。[205]

クリュソストモスは「どのようにして？」という問いに対して思い切って答えることを拒否した。[206] それは言葉

（201）Lawrenz（1996）はクリュソストモスのキリスト論の基本となる研究を提供してくれる。

（202）Lawrenz（1996）, p.28 では、Grillmeier がクリュソストモスのキリスト論はアンティオキア学派であるよりもアレクサンドリア学派であると主張していたと注釈している。アタナシオスが同じ釈義上の問題に直面したときに、これらのことが人として（*qua* man）また神として（*qua* God）なされたと区別していることを思い起こすべきである。Lawrenz は、アタナシオスのようにクリュソストモスもキリストの人性を彼の肉（*sarx*）として語る傾向があるという事実を示している。おそらく分析するにあたり、型にはまったラベルを張り付けることは有益ではないだろう。

（203）本書第六章Ⅱ節以下を参照。

（204）『ヘブライ人への手紙の説教』xiii.3, *PG* 63.106.

（205）『フィリピの信徒への手紙の説教』vii.2, 3, *PG* 62.231f.

（206）『ヨハネによる福音書の説教』xxvi.1, *PG* 59.154.

では言い表すことができない、定義され得ない結合だったのである。[207] 彼にとって明らかなことは、神性は人性の次元へと適合することによって啓示されるゆえに、受肉が συγκατάβασις（降下、謙り）を含むということであった。

5　サクラメントの教義

クリュソストモスは、教理の領域では、貢献したというよりもむしろそれを普及させた。しかしながら典礼においては、その構成や刷新が伝統的に彼に帰されてきた。彼の正確な貢献を確かめることは難しく、彼の名前のついた典礼は、明らかにもっと後代に由来する。それにもかかわらず、彼の著作全体は、当時の礼拝や典礼を明らかにする多くの詳細な資料を提供する。さらに洗礼と聖餐に関する彼の教えは、四世紀後期の実践と神学の重要な証拠を提供してくれる。[208]

この関連で、『洗礼指導』のハーキンズの英訳は特に重要である。[209] この文書によって、部分的には重なり合った多様な集成に由来するカテケーシスの説教が、誰もが読める形で初めて一つにされた。モンフォコンによって集められたクリュソストモスの著作の集成（『ミーニュ教父叢書』に再録された）は、洗礼志願者に対してなされた二つの説教のみを含むが、他の説教は、一九〇九年にロシアで、パパドプロスとケラメウスによって発見され、出版された。さらにアトス山のスタヴロニキタ修道院で発見された多くの説教は、一九五七年にヴェンガーによって Source Chrétiennes シリーズの中で出版された。[210]

これらの説教の顕著な特徴は、受洗した者が、神と悪魔の現実の抗争の中で、一方の側から他方の側へと移されているという鮮やかな感覚である。受洗者たちは今やキリストの兵士となり、信仰は聖霊を通して神との間になされる契約となる。新しく志願者に加えられた者は、敵からの待ち伏せと攻撃に備えなくてはならない。油断することなく、完全に古い生き方を捨てなければならない。クリュソストモスは、現世的なものとその現れに対しては警告を受けていた。クリュソストモスを絶えずぞっとさせた現世的なものの特別な現れとは、贅沢、大食、高価な装飾品、化粧、劇場、演劇、宣誓、迷信であった。キリスト者の生活における道徳的な要求は、正確な教理的な言葉の必要よりも、はるかに重要であった。これらの説教はクリュソストモスの第一義的な関心事や、彼の説教の技法、聖書の文体、予型やイメージ、たとえ話にクリュソストモスが熟達していたことを示す良き例証を提供する。

しかしここで私たちの目的にとってさらに重要なことは、現在入手可能なクリュソストモスの文書は、エルサレムのキュリロスの『洗礼志願者の秘義講話』とともに、典礼の証拠を提供するということであり[211]、しかも書かれた日付により信頼性があるということである。なぜならそれらの史料が、クリュソストモスがアンティオキアにいた時期、すなわちほぼ間違いなく三八八—九〇年に由来することはきわめて明白なことだからである。この時代に実践された実際の儀礼に関するかなり詳細な証拠を含んでいるかどうかという点は別にしても、これらの説教は、サクラメントに対するクリュソストモスの態度の特徴として別な文書でもすでに指摘されてきた明瞭な現実主義を確証させる。洗礼は単に罪を洗い流すだけものではなく、融解して作り直すことである[212]。このよ

---

(207)『ヨハネによる福音書の説教』xi.2, *PG* 59.89.

(208) 典礼の包括的な研究を紹介したものは、Bradshaw（2002）を参照。

(209) Harkins（1963）を参照。Riley（1974）も参照。

(210) Wenger（1957）.

(211) Riley（1974）は〔クリュソストモスとエルサレムのキュリロスの〕両者の著作から洗礼式の証拠に関する研究を提供している。

(212) *Instruction* IX.21-2: モンフォコンの『ミーニュ教父叢書』（*Montfaucon-Migne*）1 = Papadopoulos-Kerameus 1（Harkins（1963）, p.138）。

うにクリュソストモスは、ここに生じる真の再創造（十字架、死、復活）は、象徴以上のものであると強調する。聖餐の物素は、ただ単なる、キリストの体と血を象徴する聖別されたパンとぶどう酒ではない。というのは「悪魔は、人が値高いキリストの血に口と舌がひたされて主の食卓から戻ってくるのを見たらすぐに消え去る」からである。[213] 聖餐のパンと血は実際に祭壇の上で屠られたキリストの体と血であり、畏れ多い聖なる犠牲であることを、クリュソストモスはしばしば強調した。あるところで彼は、[214] 一度限り死なれた唯一のキリストがおられるが、聖餐が無数に繰り返し祝われているという逆説を説明している。このことがある問題を提起したという事実そのものが、物素の中にキリストが現臨し、そこで捧げられているものは真の犠牲であるというクリュソストモスに広くみられる前提を示している。しかしながら、十字架と聖餐との関係についての明確な問題に直面すると、クリュソストモスは、聖餐で捧げられている犠牲が異なる犠牲ではなく、ましてや十字架の元来の犠牲の繰り返しではなく、同じものであると断言している。実際に、彼は「私たちは犠牲の記念を祝っている」という説明に訴えねばならない。アナムネーシス〔想起〕（*anamnēsis*）という言葉が、英語でそれにあたる言葉よりも強い意味合いがあり、現実的なものを描写する概念を伴っている。しかしながら、この説明は、クリュソストモスが他のところで用いている説得力のある言葉に比べると抑制されているように感じてしまう。クリュソストモスの言葉は、献身の躍動とキリスト者の生活の原動力を感じたときに、生きたものとなる。正確な神学的な定義は、彼の生き生きとした描写や力に満ちた奨励に比べると、どうしても見劣りするものになってしまうのである。

6 クリュソストモスの説教とその聴衆

クリュソストモスの説教を読むと、他の教父たちの文献のどれにも増して、半キリスト教的な（semi-Christian）民衆に触れていると感じる。[215] これらの半キリスト教的な民衆たちは、徹底して人間的で活発であり、印象的なイメージと例話にすぐに応答し、巧妙な語り方をしっかりと見抜くこともできるが、初期ビザンティンのさほど洗練されていない娯楽によって興奮をなお覚える人々であった。女性や奴隷も含めて、あらゆる階層からの人々がクリュソストモスの会衆にいたということがわかる。彼らは気まぐれな会衆であり、指導者がいないために容易に道に迷い、暴動や放火を起こすこともあったが、英雄を崇敬し礼拝もしていた。この時代の社会や文化の諸条件を研究する歴史家たちは、最も豊富な情報を提供してくれるクリュソストモスの史料に、第一に立ち帰る。彼の説教には楽しい逸話や説教に夢中になっている間に、すりに遭わないように！　などという余談が満ちている。これらの説教は、ユダヤ人、異教徒、他のさまざまな異なるキリスト者のグループが競合していたアンティオキアのような多元社会を反映している[216]。

クリュソストモスの生涯におけるいくつかの出来事に特別に関係する、多くの折に触れてなされた説教も現存している。叙階後の最初の説教と、彼の最初の追放の前後になされた説教は、個人的な関心事が語られている。他の説教は、公の出来事に関連している。例えばエウトロピウスが失脚したときにコンスタンティノポリスでなされた二つの説教がある。しかし最もよく知られた一連の説教は、他のどんな説教よりもアンティオキアの民衆とクリュソストモスとの関係を写実的に描き出す、二一の説教から構成される『像について』(*De statuis*) であ

(213) *Instruction* III.12: Stavronikita 3 = Papadopoulos-Kerameus 4 (Harkins (1963), p.60).
(214) 『ヘブライ人への手紙の説教』xvii.3, *PG* 63.131.
(215) クリュソストモスの聴衆の構成に関する大掛かりな研究が Allen と Mayer によってなされた。例えば、Allen (1997), Mayer (1997) を参照。他の研究も Mayer and Allen (2000) の中にリストアップされている。Hartney (2004) と Maxwell (2006) も参照。
(216) アンティオキアでの数年に関しては、Wilken (1983), Maxwell (2006) を参照。アンティオキアに関する研究は多くあり、Festugière (1959), Liebeschuetz (1972), Wallace-Hadrill (1982) を参照。

る[217]。この若い司祭の評判を確立したのはこの説教によってであった。この逸話は教会史家たちによってだけでなく、リバニオスによっても語られている。三八七年に、追加の税金を支払うようにとの知らせを聞いて、アンティオキアの市民は暴動を起こし、他の損額を加えるとともに、皇帝の像を打ち壊した。正気を取り戻した際には、彼らは皇室を侮辱したことへの報復を恐れて、教会に逃げ込んできた。司教フラウィアノスは皇帝に対する骨の折れる弁明にとりかかったが、彼らが知らせを待っている間に、クリュソストモスは毎日のように説教壇から人々を慰め、熱弁をふるい、彼らに悔い改めて、行いを正し、神に信頼するようにと促した。彼らが皇室の政治家たちが罰金を要求してきたことに対して不満を抱いたことを、クリュソストモスは厳しく非難した。最終的に、彼はフラウィアノスが皇帝と謁見して成功を収めた感動的な記述をしている。クリュソストモスはこの状況にうまく対応し、その時の問題を処理したのである。そのような説教から、彼の説教者として、また牧会者としての能力を高く評価することができる。

クリュソストモスの現存している著作は主に説教であり、その説教は特定の状況において語られたものであったり、祝祭の礼拝において語られたものであったり、聖人や殉教者を称賛するために語られたものであったり、劇場に反対したり、慈善を勧めたりするような目的で語られたものであった。しかし現存しているこれらの説教の大部分のものは、創世記、詩編、イザヤ書のある部分、マタイによる福音書とヨハネによる福音書、使徒言行録とすべてのパウロ書簡（クリュソストモスはここにヘブライ人への手紙をも含めた）の釈義的な説教である。説教の形式をとった、これらの一連の注解がどのようにして生み出され、出版されたのかは、正確にはわからない。主題への言及が比較的乏しいことから、バウアーは[218]、説教がなされた際に速記者によって伝えられた他の説教とは異なり、釈義的な説教は、説教の形式をとったある種の字義的な注解として、クリュソストモス自身によって書かれ出版されたと考えるようになった。しかしこの結論は、満足のゆくものではない。なぜなら、即興の余談話もあるし、主題に関する言及もある資料を含んでいるからである。さらにまた、説教者がその箇所で自分の話を展開する際に、構造の欠落を示す箇所があることから、この結論とは合致しない。(219) 創世記の説教では、最初の八巻に関しては二つの版があるように思われる。二つのテキストの存在は、一つが速記者に帰されるものであり、もう一つはより公式の書かれたテキストであるとすることで説明できる。一方のテキストには、ある種の粗さが見られることと、ランプに火をつける聖具の管理人のような余談が記されていることなどは、他にはない一方の版の特徴である。おそらくこの事例は、聖書の一書についてのクリュソストモスの説教と釈義的な説教の大部分が留めている書き方の形式との間の関係を解明する何らかの手がかりを提供する。

個々の説教は、釈義的な説教や勧告的な説教に分類される傾向がある。後者はクリュソストモスの好む道徳的な主題を強調し、書くという行為におけるよりも通常の説教を土台としていることは明らかである。実際、現代の読者にとっては、クリュソストモスの説教の最も気がかりな点は、混沌とした形にある。例えば、結論部の奨めがしばしば長く、釈義とほとんど結び付いていない。時には長い無関係な逸脱の中で、数個の主題にわたることもある。彼の主題は何度も何度も繰り返されるのである。例えば彼は、マタイによる福音書の九〇の説教のうち、慈善を行うことは四〇回、貧困に関しては一三回、貪欲は三〇回以上、不当に獲得された富を使うことにつ

(217) テキストと翻訳は Migne, *PG* 49 と *NPNF* vol.9 を参照。出来事の詳細な再構築と説教の順番については、Paverd (1991) を参照。これらの説教はレントの期間になされた。この集成にはいくつかの説教が加えられている。
(218) Baur (1929/1959) の著作は長い間、標準的な文献とみなされてきたが、今では別のものに取って代わられた。
(219) Goodall (1979), pp.72ff では、この点を指摘するために二つの実例を検討し、クリュソストモスがこれらの記述を出版を意図して改訂しなかったが、速記者たちによって記録をされたままになっていると主張している。

いては二〇回も語ったと数え上げることができる。[220] 彼が当時、これらの問題に対する批判を受けたと思われる。なぜなら、彼は、会衆がこれらの教えを学んだ兆候が見られなかったゆえに、[221] 日々慈善を行い隣人を愛するようにと毎日のように説くことを主張しているからである。また、彼は一つの説教の中にたくさんのテーマを語ることを正当化して、医者のように、すべての患者に同じ薬が有効であるとは考えられないと述べている。[222] このようなコメントによって、私たちは、これらの釈義的な集成をクリュソストモスの通常の説教の仕事から切り離された純粋な文学的創作とみなすことはできない。

この時代のアンティオキアとコンスタンティノポリスで用いられた聖書テキストと釈義方法の研究に関しては、これらの説教に比肩できるものはない。[223] アンティオキアの釈義の伝統を受け継ぐ他の著作のように、[224] クリュソストモスは空想的なアレゴリカルな方法を退け、聖書テキストをできる限り単純に扱っている。彼の主たる目的は、句読点がどこに来るかを示し、難しい語句を説明し、文脈や別な箇所の用法を示すことによって意味を明らかにすることで、会衆のためにテキストの意味を示しかつ説明することにある。彼は旧約聖書の多くが世俗的なことや不道徳な問題に言及していることをそのまま受け入れ、それを象徴ではなく歴史として、覆われた形の霊的な指針としてではなく、字義通りの戒めとして（ただし中間時の戒めではあるが）受け止めた。実際のところ彼はもしアレゴリーが意図されているならその解釈を提供することが、普遍的な聖書の律法であるとみなしている。それは、アレゴリーへと傾く人々の制御できない情熱から、体系や原則なしにあらゆる箇所を理解することを防ぐためなのである。しかし、彼はメタファーや象徴の存在を認識し、聖書を神がへりくだるという至高の行為、つまりその中に神の教育方法を読み取るためのテキストと理解していたのである。[225] 旧約聖書の中に新約聖書の預言を読み取ることは、寓喩化することではなく、神の声を認識することなのである。詩編は、キリストの神性を論証することができたのである。なぜなら、メシアへの言及が、成就が明らかになるまでは、覆われた形で、テキストに埋め込まれているからである。

クリュソストモスの見方は、人間の野蛮さや著者たちの知的な貧しさにもかかわらず（実際パウロはテント職人にすぎなかったのである！）、奇跡的に人間に与えられた神の託宣として聖書テキストを理解する四世紀の教会人の見方なのである[226]。さらに注目すべきは、クリュソストモスが、パウロ書簡を、牧会的な諸問題を扱うためのパウロの努力が反映されている「時宜にかなった」著作として、敏感に評価していたことである。クリュソストモスが、所与の状況下でパウロの目的と意図が何であったかを示すために、著者の心を解釈し、特別な困難を理解しようと努めていること、さらにはパウロの持っていた異なる状況へと適応する力を強調していることは特筆に値する[227]。パウロの目的に注目することは、対立する解釈を決定する基準を提供することにもなる。というのは、使徒の思想と一致するものが、単に個々の言葉への注目よりも優先するからである。要するに、クリュソストモスはパウロの議論の筋道をたどろうとしたのである。もちろん、彼自身の時代の問題が介在してくる。キ

(220) Baur（1929/59）, p.217.
(221)『マタイによる福音書の説教』lxxxviii.3, *PG* 58.779.
(222)『ヨハネによる福音書の説教』xxiii.1, *PG* 59.137f.
(223) クリュソストモスの新約聖書の釈義的な説教の翻訳は *The Library of the Fathers*, Oxford 1840ff にある。テキストは *PG* 57, 59, 60, 61, 62, 63 もしくは F.Field, *Ioannis Chrysostomi interpretation omnium epistularum Paulinarum*, Oxford 1845-62 にある。
(224) クリュソストモスの釈義については、Chase（1887）, Garrett（1992）, Mitchell（2000）, Amirav（2003）を参照。アンティオキアにおける釈義については、Young（1989, 1997a, 1997b）を参照。
(225) Garrett（1992）.
(226)『ヘブライ人への手紙の説教』i.2, *PG* 63.15f.
(227) Mitchell（2000）.

リスト論的な聖書テキストが現れるところでは、クリュソストモスの教会の会衆を脅かす危険な異端が、すぐに彼の釈義の課題となる。しかしパウロは両刃の剣のような鋭い刃を持つ、霊の言葉を書き記したゆえに、ニカイア後の神学を教示するとされているのである。[228] その時代には、クリュソストモスは何らかの別な方法で教理に接近したことはなかった。クリュソストモスは、キリスト者の生活や弟子としての生き方に関する聖書テキストにぶつかると、深い情熱ときわめてすぐれた洞察をもって、福音書の言葉の挑戦や神の恵みへのパウロの信仰の深さを語っている。

クリュソストモス研究は、彼が雄弁家にして聖人、そして殉教者として例外的な名声を主に得ていたことで、かなり批判的な諸問題によって複雑なものとなっている。第一に、多くの偽作がクリュソストモスに帰せられており、彼の著作の写本集成の中に収められている。その際に、彼の名が、カテナ（Catenae）と詞華集（florilegia）に収められている数多くの断片に付されている。真正な著作を識別する課題は、決して終わってはいない。豊富な写本の伝承は、それ自体が「豊富さの困惑」（*embarras de richesses*）となっている（バウアーはおよそ二〇〇〇の写本があるとし、さらに最近の研究は、全部で三〇〇〇から四〇〇〇の範囲になると考えている）。加えて、クリュソストモスの著作には、古代の翻訳が数多くあり、それらが著者の真正性の問題をさらに提起することになる。その結果、彼の著作の完全な校訂されたテキストは、いまだに入手できないのである。[229]

この概観にあたっても、他に比べて重要な真正な著作の多くに言及してきたが、包括的な著作のリストのためには、*Calvis Patrum Graecorum* を参照すべきである。いくつかの著作は日付を正確に特定することができるが、他のものは特定することは難しい。[230] 彼の説教を彼の生涯のどの時期に分類するのかという基準を定めることすら、これまで異論が出されてきた。書かれた著作の多くが、早い時期に書かれたように思われ、特に修道院運動や貞節や聖職に関するものはそうである。説教は彼が司祭や司教の務めに当たっていた年に及んでいる。使徒言行録、コロサイの信徒への手紙、テサロニケの信徒への手紙、ヘブライ人への手紙の説教は、一般にはコンスタンティノポリスで司教にあったときのものであると言われてきた。追放された後に、クリュソストモスの著作活動は再び変化し、彼が影響力を持ち続けたのは主に書簡を通してであった。およそ二三六の手紙が現存しており、一〇〇人以上の異なる人物に対して関心を示している。書簡を通して、クリュソストモスは宣教の務めを支

(228) 『フィリピの信徒への手紙の説教』vi.1, *PG* 62.218.

(229) たとえ史料の量が限られているテキストであっても、校訂されたテキストを生み出すことの難しさはGoodall (1979) を読めば実例を知ることができる。クリュソストモス研究は絶えず新しくなり、その多くは写本の一覧表を作成し、その真正性を決定し、校訂されたテキストを作り、批判的な問題を分類することに関するものである。特に(i) Aubineau and Carter (1968, 1970) が挙げられる。この主要な一覧表は、英国、西ヨーロッパ、アメリカの写本が含まれている。(ii) Aldama (1965) は、当時は偽作とみなされたクリュソストモスの集成 (*PG* 47-64) すべての一覧表である。これは今ではGeerardの*Clavis Patrum Graecorum*に取って代わられている。(iii)テサロニケにある教父学研究所のクリュソストモスの共同作業によって、クリュソストモスの相当数の参考文献が示され、クリュソストモスの図書館が設立され、マイクロフィルムによるクリュソストモスの史料が提供された。(iv)クリュソストモスの最も容易に利用しやすい著作は『ミーニュ教父叢書』*PG* 47-64と*NPNF*シリーズのI.9-14であるが、最近の編集や翻訳も徐々に増えてきた。Dumortier (1955, 1966, 1981), Wenger (1957), Goggin (1957, 1960), Malingrey (1961, 1964, 1968, 1970, 1972, 1980, 1994), Halton (1963), Harkins (1963, 1979, 1984), Musurillo and Grillet (1966), Grillet and Ettlinger (1968), Piédagnel (1982), Dumortier and Lifooghe (1983), Shore (1983), Schatkin and Harkins (1985), Hill (1986, 1990, 1992, 1998), Hunter (1988), Sorlin and Neyrand (1988), Brottier (1989), Hagedorn (1990), Piédagnel and Doutreleau (1990), Schatkin et al. (1990) Brändle et al. (1995), Roth and Anderson (1997), Christo (1998), Roth (1999), Mayer and Allen (2000) を参照。

(230) Mayer (2005) は、四〇〇年にも及ぶ研究が達成した多様な結論を解説し、用いられた基準とその有効性を検討し、改善された方法論がどのように確立されるかを提言している。

え、彼自身の主張をローマ教皇イノケンティウスに訴えようと試みた。それゆえ彼の書簡は非常に興味深い内容となっているのである。

彼は、最大限の親愛の情を込めて、富める執事であったオリンピアスに手紙を書き送った。(231) オリンピアスは、コンスタンティノポリスでクリュソストモスの慈善活動をともに行ってきたが、「長身の兄弟たち」の事件が起こると、パラディオスはクリュソストモス自身の行動とともに、この執事の行動を弁護しなければならなかった。これらの書簡で、クリュソストモスは、それまでに十分訓練を積んできた修辞的な手法を、もちろん用いている。しかし同時に、彼特有の手法が浸透しており、彼の飾らない禁欲的な態度が、彼の人間としての繊細さを表している。彼は自身の身体的な苦しみを劇的に表現することを厭わない。暗黙のうちに、彼は、自分に ἀπάθεια（何事にも動じない感情）が欠けていることを告白している。しかし印象深い事柄は、彼がいかに厳しい現実に直面していようとも、関心は彼の個人的な困難なことではなく、オリンピアスへ向けられていることである。彼は、彼女の「心の喪失」（ἀθυμία）を、かなり深刻な問題と見ている。苦しみは、もし適切に向き合うなら、「大きな賜物」となる可能性がある。彼自身が、嘔吐のような拒絶反応、病、身体的な困難の経験があったために、彼の言葉はよりいっそう重みをもつ。手紙に見られる思想は、ストア主義とキリスト者の主題が混ぜ合わせられているため、注目に値するものである。ストア主義者のように、クリュソストモスは身体的な苦しみを単に外的なものであるとみなし、オリンピアスに対して嵐の中にある岩あるいは堅固な要塞のようになることを勧めている。しかしながら、聖書における人物、特にヨブやパウロが彼の模範であるが、主要な励ましは、キリストご自身がその苦しみに耐えてくださった罵詈雑言と拒絶にある。推奨されている態度は、ストア主義の ἀπάθεια を超えて、人類に対する神の φιλανθρωπία〔人類愛〕と愛と守りを覚えつつ、苦難のただ中で神に栄光を帰して讃美することである。

クリュソストモスのほとんどの伝記は聖人伝になることが避けられず、彼の著作を読めば読むほど、彼の説教の質を称賛することになろう。彼の説教の組み立ての型式と方法が私たちには訴えるものではないとしても、彼の時代には、それらが最も効果的な情報伝達の手段であった。彼の偉大な釈義的な説教の集成が、ギリシア語圏の教会で丁寧に保存され、継続的に読まれてきたことは少しも驚くにあたらない。彼が柔軟にまた独創性をもって才知に長けた弁論を用いたことは、他に例の見られないことである。彼は生粋のアテネ人と呼ばれてきたほどである。(232) さらにまた彼の時代に向けて語られたメッセージの中で彼ほど注目に値するキリスト教的なメッセージを発した者はいない。彼は堕落した公的なキリスト教社会を福音の標準的な説教によって正そうとしたのであり、彼が最もよく語ったテーマは、富と所有の社会的な問題にまつわって生じてきた主題であった。彼は過去の言葉とはるか昔の主題として読まれた自分の著作を語る他はなかった。しかし、彼の生き生きとした描写は、彼の聖書への愛と理解並びに誤りやすい人間の心に対する愛と理解とともに、彼の著作に永続的な質と妥当性を与えている。キリスト教は単に論争されてきた教義のまとまりではなく、生きる方法であり、クリュソストモスは決してそのことを忘れなかったのである。

さらなる読書のために

英訳

Christo, G. G., 1998. *St. John Chrysostom. On Repentance and Almsgiving*, *FC* 96, Washington, DC: Catholic University of America Press.

---

(231) テキストはMalingrey（1968）を参照。苦しみのテーマに関する研究は、これらの手紙だけによってなされているのではないが、Nowak（1972）がある。

(232) Goodall（1979）はWilamowitz-Moellendorfを引用している。クリュソストモスの文体と言語に関しては、Ameringer（1921）, Fabricius（1962）を参照。

Goggin, Sister T. A., 1957, 1960. *Saint John Chrysostom. Commentary on Saint John the Apostle and Evangelist, FC* 33 and 41, New York: Fathers of the Church

Halton, Thomas, 1963. *In Praise of St. Paul by John Chrysostom*, Washington, DC: Catholic University of America Press.

Harkins, P. W., 1963. *John Chrysostom. Baptismal Instructions*, ET, ACW 31, Westminster, MD: Newman Press.

__, 1979. *Saint John Chrysostom. Discourses against Judaizing Christians, FC* 68, Washington, DC: Catholic University of America Press.

__, 1984. *Saint John Chrysostom. On the Incomprehensible Nature of God, FC* 72, Washington, DC: Catholic University of America Press.

Hill, R. C., 1986, 1990, 1992. *St John Chrysostom. Homilies on Genesis* 1-17, 18-45, 46-67, FC 74, 82, 87, Washington, DC: Catholic University of America Press.

__, 1998. *St. John Chrysostom. Commentary on the Psalms*, vol. 1, Brookline, MA. Holy Cross Orthodox Press.

Hunter, David G., 1988. *A Comparison between a King and a Monk/Against the Opponents of the Monastic Life. Two treatises by John Chrysostom*, Lewiston, NY: Edwin Mellen.

Laistner, M. C. W., 1951. ET of *On Vainglory and the education of children in Christianitv and Pagan Culture*, Ithaca, NY: Cornell University Press.

Mayer, Wendy and Pauline Allen, 2000. *John Chrysostom*, London and New York: Routledge.

Mayer, Wendy and Bronwen Neil, 2006. *John Chrysostom. The Cult of the Saints: select homilies and letters*, Crestwood, NY: St Vladimir's Seminary Press.

Moore, Herbert, 1921. *The Dialogue of Palladius concerning the life of Chrysostom*, London: SPCK.

Neville, G., 1964. *St. John Chrysostom. Six books on Priesthood*, London: SPCK; revised T. A. Moxon, Crestwood, NY: St Vladimir's Seminary Press.

Roth, Catharine P., 1999. *St. John Chrysostom. On Wealth and Poverty*, Crestwood, NY: St Vladimir's Seminary Press.

__ and David Anderson, 1997. *St. John Chrysostom. On Marriage and family Life*, Crestwood, NY: St Vladimir's Seminary Press.

Schatkin, Margaret A. and P. W. Harkins, 1985. *St. John Chrysostom. Apologist*, including ET of the *Discourse on the Blessed Babylas and against the Greeks*, and the *Demonstration against the pagans that Christ is God, FC* 73, Washington, DC: Catholic University of America Press.

Shore, Sally Rieger, 1983. *John Chrysostom On Virginity. Against Remarraige*, Lewiston, NY: Edwin Mellen.

研究書

Brändle, Rudolf, 2004. *John Chrysostom, Bishop, Reformer, Martyr*, ET Strathfield, NSW: St. Paul's.

Kelly, J. N. D., 1995. *Goldenmouth: The Story Of John Chrysostom, Ascetic, Preacher, Bishop*, London: Duckworth.

Leyerle, Blake, 2001. *Theatrical Shows and Ascetic Lives: John Chrysostom's Attack on Spiritual Marriage*, Berkeley/Los Angeles/London: University of California Press.

Liebeschuetz, J. H. W. G., 1990. *Barbarians and Bishops in the Reign of Arcadius*, Oxford: Oxford University Press.

Maxwell, Jaclyn L., 2006. *Christianization and Communication in Late Antiquity*, Cambridge: Cambridge University Press.

Mitchell, Margaret M., 2000. *The Heavenly Trumpet: John Chrysostom and the Art of Pauline Interpretation*, Hermeneutische Untersuchungen zur Theologie 40, Tübingen: Mohr Siebeck.

Sterk, Andrea, 2004. *Renouncing the World Yet Leading the Church*, Cambridge, MA: Harvard University Press.

Wilken, Robert L., 1983. *John Chrysostom and the Jews: Rhetoric and Reality in the Late Fourth Century*, Berkeley: University of California Press.

V　エメサのネメシオス

ネメシオスもまた倫理と神の摂理について関心を示したが、クリュソストモスとはまったく異なる人物であった。ネメシオスに関する情報は、彼の著書である『人間の本性』[233]（*On Human Nature*）から得られるものを除いては何もないが、この著書の特質によって、彼のアプローチ方法と人格がいかに異なるものであるかが十分に示されている。

1　ネメシオスの特徴

『人間の本性』は、人間の基本的な構成、目的、能力、可能性という大いなる問いを探究する学者による客観的な著作であり、この探究は当時の型通りの学問的な手法によってなされ、おそらく史料のすべてはその時代の標準的な教科書から取り入れられたものである。実際にネメシオスが成し遂げたことに対する共通の評価は、彼の著作は、彼の受け取った古代の科学的な知識の全く独創性のない要約にすぎないというものである。ネメシオス自身にとっては、もちろん、このような評価は、彼の時代においては古いものが尊重され、刷新が忌み嫌われていたため、称賛と捉えられたかもしれない。ここから見れば、彼自身の理解と目的によって、この議論に与えられた全体的な視野は、彼の方法がどれほど型通りのものであっても、それ自体が資料から受け取った知識を彼が思慮深く扱っていることを顕著に示すものである。時折、他の史料に依存しているために矛盾するような箇所が見られるが、それは全体として驚くほど少ない。彼の議論はしばしば問いが複雑であったことを思い起こす有益な注意事項となり、彼は、一つの議論を独断的に終えるようなことは決してない。時には自身の思想の両極的な考えを統合することに困難を感じているが、最も偉大な思想家さえ、完全に首尾一貫しているわけではない。

この著作の特徴は、ネメシオスの用いた資料の問題が、学者たちの議論の主要な問題となってきたことを意味してきた。というのは、ネメシオスは、彼自身の思想に対してではなく（なぜなら、すべてが他の著作からの盗用であった）、むしろヘレニズム時代の学問に対するより優れた貢献をした人々の思想を保存していたことにより関心を持たれてきたのである。ネメシオスがガレノスに大いに依拠しているのは明白である。ネメシオスはいつも完全に同意しているわけではないが、ガレノスの見解をしばしば明瞭に論じている。さらに憶測の域を出ないのは、ネメシオスの思想の多くが、一度も言及されてはいないポセイドニオスに最終的に依拠しているかどうかということである。イェーガーの研究に基づいて、ネメシオスの著作においてポセイドニオスの考えが重要な役割を果たしているということが広く受け入れられた。[234] しかし、それは、古典学者のすべてが、紀元前一世紀には多くのプラトン主義の思想を採り入れていたストア主義者ポセイドニオスは、ヘレニズム哲学全般、とりわけ中期プラトン主義の発展に独創的に貢献した人物であると認めていた時代のことであった。その後、私たちが知っているポセイドニオスに関する知識がきわめて限られたものであることが、広く認識されるようになったが、[235] このことは、ネメシオスの資料の問題を再考させるに違いない。ネメシオスの用いた資料の大部分はおそらく跡付けることはできないであろう。というのは、ネメシオスがプラトンやアリストテレスといった古典的な著者の見解を持ち出すときは、彼はたいてい、個人的に知っているテキストからというよりはむしろ、教科書や注解のようなものから引用しているように思われるからである。[236] ポセイドニオスに帰されている考えは、おそらくネメシオスの時代の学校で教示された哲学が受け継いできた知識の一部であり、そのようなものは、イア

(233) テキストは『ミーニュ教父叢書』(Migne), *PG* 40, Morani (1987) にあり、英訳は Telfer (1955) のものがある。
(234) Jaeger (1914) を参照。英語の読者は Jaeger の著作の影響がどれほどであったかということを、Telfer (1955) の序と注のところで読むことができる。
(235) このことは主にポセイドニオスの断片を同定した L. Edelstein の綿密な校訂作業に基づいている。Edelstein and Kidd (1972) を参照。さらなる議論は Dillon (1977), pp.106ff を参照。
(236) Streck (2005) はネメシオスがアリストテレスの『ニコマコス倫理学』(*Nicomachaen Ethics*) を知っていたようであると考えているが。

ンブリコスのような新プラトン主義者の最新の思想では、常識となっていたものであろう（例えば、宇宙のすべての部分の統一と共鳴）。宇宙が存在の上昇的な秩序を持っていること並びに人間が物質世界と霊的世界をつなぐ結び目を提供すること、これら二つの思想の統合が、ネメシオスのうちにのみ見られることがもし真実であるならば、[237]数世紀も前にポセイドニオスとネメシオスの著作にのみ起源を持つ二つの思想の結合が、それを保存してきたと仮定することは、危険である。彼がガレノスを用いたことと、いくつかの箇所で彼がオリゲネスの創世記注解（ほとんどが失われたが）に依拠していることは確実なことである。ただしここでもまた結論は、より具体的な証拠というよりも、熟練した推論によって、かなり確実に導き出せるにすぎない。[238]

この著作によってもたらされた他の悩ましい問題もある。これを書いた無名の著者は、正確にはいったい誰だったのだろうか。いつ書かれたのだろうか。この著書が最初に引用されたのが七世紀であり、八世紀にダマスコのヨアンネスによってこの著書が広範囲にわたって用いられたが、写本自体を別にしていかなる情報もないのである。七世紀の引用とともに、いくつかの写本は、この著作をエメサのネメシオスに帰しているが、それ以外の写本は、その著作の一部もしくはすべてをニュッサのグレゴリオスに帰している。しかし、ダマスコのヨアンネスは著者については何も示していない。最も自然な仮説は、エメサのネメシオスという無名の名前が、著者を示しているということであろう。しかし彼はいったいどんな人物だったのか。彼はいつ生きたのか。おそらく「エメサの」という言葉は、彼がその名のシリアの都市の司教であったことを意味している。ナジアンゾスのグレゴリオスは、三八三年から三八九年にかけて、カッパドキア地方の知事であったネメシオスなる人物を知っていた。[239]彼はキリスト者ではなかった。しかし一方ではこの著作の大部分は、明示的にキリスト教的ではない。グレゴリオスは彼の知人にもっとキリスト教の学びを真剣にするように促していたことから、キリスト教への改宗は考えられないというわけではない。前任の知事は洗礼を受けた直後に司教になることができた。[240]このような憶測を確認することはできないが、少なくとも就任の日付からすると、史料自体から示されることとも適合している。アポリナリオスとエウノミオスの見解が、二人があたかも同時代人であるかのように議論されており、この著作は、オリゲネスに対しては、やや慎重なアプローチを示している。オリゲネスの名前は三度しか出てきていない。最初の事例ではオリゲネスの見解は批判され、三度目の事例では、その時代に明らかに広く流布していたように、オリゲネスについていささか軽蔑的な物語を用いて説明がなされている。二度目の事例には、他の説明とともに、注釈なしで記憶に基づくオリゲネスの説明についてのきわめて短い文章が示されている（イェーガーはこれを、キリスト者のオリゲネスではなく、同名の新プラトン主義の哲学者に帰することが妥当であると考えた）。換言すれば、オリゲネスの名前が挙げられるときには、それが尊敬に値する権威への訴えとしてではない。しかしながら、オリゲネスの『創世記注解』におそらく依存していたと思われる多くの箇所があり、ネメシオスの思想は多くの場合、穏健なオリゲネス主義の線に従っているように思われる。[241] そこで、結論として強いオリゲネス主義への共感を示すことは、向こう見ずなことであったと言えるだろう。しかし、公式の非難決議はその時点ではまだなされていなかったのである。それゆえ、この著作が書かれた日付は、おおよそ三九五年から四〇〇年と考えるのが最も妥当であろう。

彼の著作から、これ以上の著者についての情報を探り当てることができるだろうか。この著作の中には解剖学と生理学のかなりの量の情報があることから、著者は医学を研究していて、ガレノスの著作を知っており、他の

---

(237) Reinhardt（1953）によって示されたように。
(238) Skard（1936, 1937, 1938, 1939, 1942）による重要な著書を参照。
(239) ナジアンゾスのグレゴリオス『書簡集』198-201と『詞華集』II.ii.7を参照。
(240) この考えはTillemontによって提案されているものである。この議論に関しては、Telfer（1955）, p.209を参照。
(241) 文献表に挙げられたSkardの論文の第一のものを参照。

医学的な著書も直接に知りえたことが、強く窺われる。このことは、彼が職業的な医者であったことを必ずしも意味していない。ナジアンゾスのグレゴリオスの兄弟であったカエサリオスは、いつも並んで引き合いに出される人物である。彼は一般教養の一部として医療科学を研究し、彼の基礎的な知識は皇室に医療的なアドヴァイスを与えたほどである。しかしグレゴリオスは、彼が専門的な開業医ではなく、〔医師の倫理・任務などを定めた誓いである〕ヒポクラテスの誓い（the Hippocratic oath）を自分は宣誓していないとはっきりと述べている。(242) もしネメシオスがグレゴリオスと手紙のやりとりをしていたとはっきり認められるならば、彼は医者よりもむしろ教育を受けた弁護士であった。

それゆえ、私たちが自信を持って言うことができるすべては、ネメシオスがこのような著作を書くことのできた人物であったということである。この著作はどのようなものだったのであろうか。その目的は何だったのであろうか。その内容は何であったのだろうか。

2　著作の目的

ネメシオスは彼の主題の全体的な要約から書き始めている。彼は人間の本性の問題を提示している。そこには人格は魂と肉体から構成されているという一般的な共通認識が存在する。問題となるのは魂の本性が何であり、それが肉体とどのように関わるのかということに関する大きく異なった見解である。したがって、第一に彼が注目するのはこれらの問題である。最初の要約的な章では、ネメシオスは、以下のような権威ある人々に言及している。すなわち、プロティノス、アポリナリオス、アリストテレス、プラトン、モーセ、パウロである。議論は、他の人々の哲学的な結論の論評から、人格の「二重の本性」（つまり人格が理性的でない動物と霊的存在の両者と結び付いていること、人格が善にも悪にもなりうること）を示すことへ移行し、倫理的な奨めをもってこの章が結ばれている。それゆえ、序章はネメシオスの手法と目的のいくぶんかを明らかにしているものであり、彼の主題の全体的な視点を提供している。究極的には、彼の関心は道徳的な問いに関するものであり、彼は全体として文化的で教養のある者たちに宛てて書いている。彼の方法は当時の哲学的な論考や方法と同じであり、権威ある典拠を挙げて、相異なる結論を認めて、最も妥当な立場を主張する。しかし彼の目的は、標準的な異教徒の議論を超えて、キリスト教的な視点へと至ることである。それゆえ、この著作は弁証的な著作としばしば考えられてきた。しかし、この著作は、従来型の弁証的著作では決してない。なぜなら、この著作は、特定のキリスト教的な主題をもっぱら扱うのとは違っているからである。どちらかと言えば、この著作はキリスト者と異教の知識人との間で進められていた哲学的な議論に貢献するものであり、ネメシオスはなお、魂の起源と本性、人間の自由意思の範囲、ふさわしい倫理思想などについて、さまざまな答えの可能性を自由に探究している。彼が成功しているのは、いくつかのキリスト教的な立場を、広く流布していた古典古代についての科学的知識と統合する人間についての合理的な説明を生み出していることであり、結果としてそれ自体が弁証的な力を持つ筋の通った魅力的な哲学の立場を生み出したことである。

ネメシオスが書いた二番目に長い章では、彼の著作の性質と目的についてのこれらの結論が証明されている。この箇所で彼は魂についての議論に戻り、再びさまざまな哲学的アプローチの論評を開始している。魂が物質的であるということを主張するために、デモクリトス、エピクロス、ストア派に言及される。しかし魂の物質的な本質に関するさまざまな異なる見解がこれまで主張されてきた。これらの主張が挙げられ、議論が他の可能性にまで移ると、以下の人物たちの名前が加えられ、彼らの見解が考察されている。クリティアス、ヒッポン、ヘラクレイトス、ピタゴラス、ディカエアルコス、マニ教徒たち、プロティノスの師であったアンモニオス、ピタゴラス派のヌメニウス、クセノクラテス、クレアンテス、クリュシッポス、プラトンの『パイドン』の登場人物、

---

(242) ナジアンゾスのグレゴリオス『講話』vii.10.

ガレノス、アリストテレス、エウノミオス、アポリナリオスであり、これらのうちの数名は二度以上議論されている。これらの名前を認識できる人は誰でも、哲学の年代に沿った歴史を提供するという考えがないことに気づくであろう。むしろ出てくる順番は主題に沿っている。魂に関する異なる見解が論評され、ソクラテス以前の時代から同時代のキリスト教思想家まで、実に一〇〇〇年におよぶ範囲の史料が並べられる（彼らがすべて異端者であるのは偶然であろうか）。すべての者たちが丁寧に議論されて扱われているが、結局のところ結論は「魂は体ではなく、調和しているのでもなく、気質でもなく、他の性質でもない」ということであり、むしろ体から切り離されて存続する「肉体を伴わない存在」であるというものである。最後のいくつかの文章で、プラトンや他の哲学者たちの証明は、訓練された哲学者以外には難しくわかりにくいが、キリスト者にとって、聖書の教えはきわめて十分であるという説明をネメシオスは加えている。しかし、聖書を受け入れない者にとっては、彼の結論を受け入れない十分な理由が存在する。換言すれば、彼は人間の本性について、彼の時代の異教徒たちと理に適う意見の一致に達しようとしているのである。(243)

この長い著作を詳細にわたって検討することは不可能である。魂と体との結合について論じる第三章の内容は、別の観点から後で議論するが、読者たちは自分自身で興味の惹かれる内容の詳細（古代では、人間の体がどのように作用すると考えられていたか、四つの元素〔火、水、空気、土〕からどう構成されていたか、消化系と呼吸系のこと、感覚に関すること、知覚が知識と考えにどのように関連しているか、脳は部分ごとにどのように作用するか、など）を研究することができる。(244) ここではこの著作で展開されている二、三の特別な強調点を解説をしておけば十分であろう。

3 人間存在は統一である

ネメシオスが示した人間の本性についての最も特徴的なことは、彼の描く全体像が二元論からはかけ離れているということである。人間は魂と肉体から構成されると分析することができ、魂と肉体は、死の際にはっきりと分離される。しかし、生きている人間は、肉体と魂が密接に統合している心身相関（psychosomatic）の全体である。「生きている被造物は魂と肉体から構成される。肉体はそれ自体で生きた被造物とはならず、魂だけでもならず、魂と肉体が一緒になってそうなるのである」[245]。魂は筋肉を動かす力（ἐνέργεια）である。「神経と筋肉の操作によって起こるどのような動きであっても、それは魂の介入があってのことであり、意志の行為の結果なされるものである」[246]。魂は呼吸においても ἐνέργεια を供給している。あえぐことやすすり泣くことは大きな深い悲しみの瞬間に伴うものであり、人間の生には必要不可欠なものなので、魂は睡眠の間も呼吸を保っているのである。なぜなら身体的なものと「心的」（psychic）なものは密接に織り交ざっているのである。τὸ ψυχικὸν συνεπλάκη τῷ φυσικῷ.[247]

この密接な統合がどのように達成されるのかということは、物質世界においてはこれと同じような混合や統合の例が他に見られないことから、ネメシオスもまったく理解できていない。魂はそれ自体では独立した存在であり（実際にネメシオスは魂の先在の考えを持っていたオリゲネス主義の見解に近い[248]）、肉体を伴わないものである。体

（243） Young（1983）の議論を参照。
（244） Telfer（1955）は容易に利用することができる翻訳と注解を提供してくれている。
（245） *PG* 40.733; Telfer（1955）, p.393 を参照。翻訳に関しては、私は全部ではないが Telfer の版にかなり依存している。
（246） *PG* 40.708; Telfer（1955）, p.372.
（247） *PG* 40.709; Telfer（1955）, pp.375f.
（248） *PG* 40.573-6; Telfer（1955）, pp.282-5.

を伴わないことによって、魂は肉体との結び付きによる変化を被ることはない。しかし、魂は、肉体のあらゆる場所に自らが現在できるようにしてきた。魂は、自らの存在の同一性を保つが、それ自体を変化させることなく、内在するものが何であれ適合させる。[249] 魂は、肉体に宿るのではなく、肉体に対する習性によって結び付けられる。τὰ ψυχικά と τὰ φυσικά が密接に織り成されていることは創造主の摂理によることである。[250] キリスト教の肉体の復活の教義はネメシオスが採用した人間学的な立場の自然な帰結となる。もっともネメシオスはこれをほとんど利用しておらず、[251] 肉体と魂との間の統一の主張と魂の独立性の受容との間で揺れ動く傾向をいくぶんか持っている。

しかしながら、人格の統一的な存在についての彼の見方は、倫理と摂理についての彼の見解と密接に関連している。彼の著書の最初の部分では、これまでに見てきたように、ネメシオスは人間を身体的な領域と霊的な領域との結合として扱っている。つまり、人間はそれゆえに理性的な部分と非理性的な部分の境界に立つのであり、現世的な喜びに従うこともできるし、理性の指示に従うこともできる。[252] そこでもしネメシオスがこれらの二つの世界の間に大きな分断を想定していたなら、彼は、肉体のうちに閉じ込められた霊的な存在として人間を強く二元論的に見る見方に導かれていたことだろう。この見方は、肉体からの逃避によって魂の純化を求めるものであり、多かれ少なかれ当時の禁欲的な熱狂主義によって前提されていた見解である。しかしながらネメシオスは、他の被造物はすべて人間のために造られたのであり、それゆえ人間は動物の冠であり主人としての本質を持つことを喜んでいた。[253] つまり彼は「この世の」道徳があることを認識していた。生きている被造物は「情欲」（この言葉はいかなる場合も曖昧な言葉である）を避けることができない。[254] 人間は、良い情欲と悪い情欲をともに排除しようと試みるよりもむしろ、両者を区別する必要がある。[255] 美徳に基づく行為は、感情を適度に抑制しながら（κατὰ πάθος）なされるからである。それゆえ倫理的な目標は、情欲に関して、アリストテレス的な「中庸」でなければならない。[256] 値高い人間は深い悲しみに直面しても情欲を抑えること（μετριοπαθής）ができ、感情に圧倒さ

れることなく、感情を支配することができる者である。(257)

それでもネメシオスも高い理想を示した。耐えがたい状況に直面したときに、「観想的な者は、現在の事柄から自分自身を切り離し、神に忠実であると考えることによって、まったく心を動かされることがない（ἀπαθής）(258)」。その場合、神はとりわけ可変的存在として描写される。(259) 彼は彼の基本的な立場を表したのだろうか。初めは、首尾一貫性のなさがあるように見える。彼は観想的な生活と活動的な生活との間に、古代的区別を設けている。ネメシオス自身も複数の糸を密接に絡み合わせて描くことに失敗している。(260) 人間にとって二種類の「善」があることを認めている。その一つは、魂と肉体の両方に適用されるものであり、別の言い方をすれば、肉体を

(249) *PG* 40.596-7, 600; Telfer（1955）, pp.295-9.
(250) *PG* 40.708; Telfer（1955）, p.373.
(251) 序の章のところで言っているだけである。*PG* 40.521-4; Telfer（1955）, pp.244, 246 を参照。本書の以下の四四三—五頁の議論を参照。
(252) *PG* 40.512; Telfer（1955）, p.236.
(253) *PG* 40.525ff., 532ff.; Telfer（1955）, pp.248ff., 254ff.
(254) *PG* 40.673; Telfer（1955）, p.348.
(255) *PG* 40.676f; Telfer（1955）, p.351.
(256) *PG* 40.729; Telfer（1955）, p.390.
(257) *PG* 40.688; Telfer（1955）, p.359.
(258) *PG* 40.688; Telfer（1955）, p.359 を参照。*PG* 40.776f.; Telfer（1955）, p.419 と比較されたい。
(259) *PG* 40.805; Telfer（1955）, p.443.
(260) *PG* 40.685; Telfer（1955）, p.358.

利用するように働く魂に適用されるものであり、美徳がこの良い例である。もう一つのものは、肉体に関わることなく魂のふさわしい機能に関するものである。つまり、神性（εὐσέβεια）もしくは哲学的な熟考（ἡ τῶν ὄντων θεωρία）がこれに代わる古典的な表現である。[261]これら二つの倫理的な基準は、私たちが知っているような人間における肉体と魂が統合しているという深い認識と、魂は独立した実体であるという主張の間で、振り子のように揺れ動いている。しかし、さまざまな注釈の背後には、より一貫性のある構図を彼が持っていたということ、さらには彼の「より純粋な」理想は二元論の立場を示さなかったという手がかりが存在する。彼は魂が理性と非理性の両方の機能を有しているとの見解をとった。それゆえ情欲は非理性的な魂の動きである。[262]肉体に喜びがあるのとちょうど同じように魂にも喜びがあるゆえに、精神的な領域でさえ感情を超えたものとしてみなされることはない。[263]観想的な生活は活動的な生活よりも純粋なものであるかもしれないが、観想は静的な状態で起こるが、それ自体活動の一形態である（同様に、神は不動であるが、動者でもある）。[264]ネメシオスは、完全には明快でなくとも勇気をはっきりと持って、情欲を抑圧したり否定するよりもむしろ情欲を昇化させるという思想に共感する傾きがあるように見える。彼は、魂の本性と機能の問題以上に、「情欲」と「喜び」の問題を、単純化することを拒否したのである。このようにすることによって、彼はプラトンとアリストテレスに由来する重要な議論に従っていたのである。この重要な議論は、新プラトン主義の教えの傾向とキリスト教の禁欲主義運動によって、隠される危険があったのである。

　このネメシオスの立場の解釈は、彼の自由意思の議論からよくわかるものである。人間は物質としての宇宙を作り上げているさまざまな元素から構成されているゆえに、可変的である。つまり、人間には理性が付与され、行動の目的について熟慮することができるという理由で、自由意思を持っているのである。選択の力を働かせ、理性を用いることによって、自由意思は情欲を抑えて方向づけることができ、神への観想を通して、不変（ἄτρεπτος）のままでいることもできる。[265]人間の悪の部分は物理的な本性を受け継いだ結果ではなく、単に習慣の結果、悪いものを選んだ結果である。[266] 人間の最も高貴な目的は、人間が正しい選択をした際に、とりわけ魂にとって最も純粋な喜び、つまり観想の活動を選択した際に成就される。プラトンの知的な理想は、創造についてのキリスト教的な見方と結び付けられ、人間の苦境に対しては、造り主にはいかなる非も帰せられることはない。人間の栄光は、そこにおいて肉体的なものと霊的なものとが創造主の目的に応じて一つの μικρὸς κόσμος（小宇宙）であるということであり、そこでは物質的なものと霊的なものが造り主の目的に従って一つに結び合わされている。[267] このようにして、人間はすべての被造物の統合の典型を示している。物質的なものと霊的なもの、有形のものと無形のものとの間には根本的な二元論はなく、人間の中で一つに結び付いているために、被造物のヒエラルキーの秩序の中で、人間が重要な鎖のつなぎ目となっているのである。ネメシオスは「私たちはそれゆえ次のように考える」と言う。

全宇宙が一人の神によって造られたという最良の証拠[268]……、神が理解可能で知覚可能な秩序を造り、一つに被造物に〔物質的なものと霊的なものが〕結び合わされることによって、宇宙全体が支離滅裂になってしま

(261) *PG* 40.513; Telfer (1955), p.236.
(262) *PG* 40.676; Telfer (1955), p.379.
(263) *PG* 40.677-80; Telfer (1955), pp.352ff.
(264) *PG* 40.685; Telfer (1955), p.357.
(265) *PG* 40.776f.; Telfer (1955), pp.418f.
(266) *PG* 40.779f.; Telfer (1955), pp.420f.
(267) *PG* 40.533; Telfer (1955), p.254を参照。*PG* 40.713-17とTelferの解説、pp.379-82と比較されたい。
(268) *PG* 40.508; Telfer (1955), p.229.

うのではなく、一つの明快な統合となることを求めている。このために、人間は、理解可能で知覚可能な本性を統合する生きた被造物として造られたのである。[269]

このようにネメシオスの著作では、彼の関心事であった被造物の統合のために、二つの伝統的なテーマの統合が見られる。物理的なものと霊的なものとの結合としての人間であり、また、被造物の秩序を成り立たせるための存在である。このことがある原史料から来ていることはあり得そうなことであるが、残存している哲学的な著作の中では明らかにネメシオスに独特なものである。[270]

4 倫理的、神学的な含意

ネメシオスは、著作の最後で、人間の本性という中心的なテーマから離れている。倫理の考察によって、彼は自ずと自由意思、運命、摂理の議論へと向かう。運命論は、すべての倫理的な動機を取り去ってしまうものである。しかし人間の自由は状況によって制限されている。そして神が統合した被造物のすべてに対する神の摂理が、道徳的にも科学的にもネメシオスの分析を満足させる唯一の教義なのである。人間の本性に関する彼の統一的な見解が、彼の観想的な理想によっては完全に弱められることがないのと同じように、神が被造物の可変性を超越していることを彼が折に触れて認めていることは、神の摂理が最小の事象を見過ごすという彼の主張からそれるものではない。というのは、創造主としての神は、神ご自身の被造物に対する親密な知識や愛の思いやりによって汚されることはないからである。[271] 被造物が輝かしく設計されているとともに、まったくの善性をもっているということは、人間と人間の本性、目的の理解の基礎となっている。彼はここに至るまでの議論のすべてにわたってこの文脈の中にあったので、彼が摂理の新しいテーマに方向転換しているのは不自然なことではない。彼の議論が不完全なままで終わってしまったことは残念でならない。おそらく、ネメシオスはこの務めを完了させる前に死んだのである。

倫理と摂理は、古代哲学においては古くから論じられたテーマであった。同様に、魂の本性と物質としての宇宙の構成についても同様であった。そうすると、ネメシオスの著作にキリスト教的な特徴を与えているものは何であろうか。

もちろんネメシオスは、キリスト教の見解と一致する創造、摂理、自由意思などに関する考えを取り入れているが、興味深いことに、彼はしばしば特別にキリスト教的な要素を強調しないでいる。例えば、彼は、二度ほど言及しているにすぎないのだが、無からの創造（*creatio ex nihilo*）を考えている。しかし、彼は、この論争的な主題を特に議論しているわけではない。ネメシオスは論争点を対立させて論じたり弁証したりするよりも、異教哲学との一致点を求めている。大部分において、ネメシオスの全体的な議論のキリスト教的動機を示すものは、付随的な手がかりなのである。何気なくヘブライ的な考えに言及したり（おそらくその史料はオリゲネスから引用したものだろう）、聖書やモーセやパウロや適切な史料から言及したりするのである。三箇所のみがキリスト教的色彩を帯びており、そのうちの一つはおそらくネメシオスの著作の中で最も不適切な箇所ではないかと思われる。彼は人間を他の被造物から区別する特徴的で独自なしるしを示そうとして、人間には他の被造物にはない二つの選択特権があるということを述べることから始める。それは第一に、人間は、悔い改めによって赦しを得ることができることであり、第二に、人間の朽ちる体が朽ちないものとされることである。[272]換言すると、彼はいずれ

(269) *PG* 40.512f; Telfer (1955), pp.235f.
(270) Reinhardt (1953).
(271) *PG* 40.805; Telfer (1955), p.443.
(272) *PG* 40.521ff; Telfer (1955), pp.244ff.

も深く探求してはいないものの、自身の独自性を示すために、罪の赦しと体の甦りについての信条の箇条に立ち帰っている。このことと並んで、笑いが人間の特徴であり、芸術や科学を学び実践する能力もまた人類の独自の特徴であるという異教が繰り返す主張を用いている。この箇所は、ネメシオスの著作の中でも最も整合性がない箇所の一つであり、キリスト教的なモチーフが筋違いなところに持ち出され、不適切に述べられているように思われる。しかしながら注目すべき点は、人間の本性を、ともに類似点のある非理性的な動物や霊的で天使のような存在から区別していることである。それゆえ、人間の位置についてのネメシオスの全体的な説明の中で、この記述は一定の関連性と重要性を持っている。

序文の初めの方で、ネメシオスは堕罪についての説明を行っているが、そこでは重要かつ際立ってキリスト教的な主題が、彼の議論にうまく適合している。二つの世界を結び付ける存在である人間は、朽ちるものでも朽ちないものでもなく創造された。人間の運命は、体の情欲に身を任せるのか、それともまず魂の善性を優先するかという選択を実際に行うかどうかにかかっていた。アダムは完全に達するまでは、自分の可能性については無知のままであった。それゆえに彼は善悪の知識の木から取って食べることを禁止されたのである。彼は不従順であったので、肉体の欲求の奴隷となり、より高い生への機会を失ってしまった。[273] ネメシオスの説明はそのようなものである。しかしながら、ネメシオスの著作の大部分において、彼はあたかも堕落が起こらなかったかのように記述し、あたかも人間の可能性が同じままであったかのように書くのである。それゆえ、（少し時代錯誤であるが）彼がペラギウス主義として非難されたのは驚くべきことではない。東方の多くの教父たちのように、人間の自由意思と道徳的な可能性のテーマは、ネメシオスにとってはきわめて重要であったために、アウグスティヌスが認識した明確な方法で堕罪の深刻さを把握することができなかったのである。[274]

それでは、彼はキリストにおける贖罪についての説明をしていないのだろうか。この点では、暗示する箇所があるし、さらに突き詰めれば疑いのない箇所があり、ネメシオスはキリストが堕罪を逆転し、人間が原初の力を回復したと語ったと思われる。しかしこれらの特徴的なキリスト教のテーマはネメシオス研究の中心ではなく、彼が受肉を扱っている一節が[275]、彼の著作の最も意外な特質を示している。というのは、多くのキリスト者がキリスト論の問題を魂と肉体の類比（アナロジー）によって解決しようとしているのに対し、ネメシオスはこの議論を事実上ひっくり返し、魂と肉体の問題を受肉した言（Incarnate Word）の類比に訴えることによって明らかにしようとしたからである。

すでに指摘してきたように、ネメシオスは人間の本性における魂と肉体の神秘的な合一を説明するのに、適切な類比を見つけ出すのに途方に暮れているところがある。物質的な類比は、混合、つまり二つの実体が第三の実体に変化することか、もしくは真実の合一とはならない並列のどちらかを示唆することになってしまう。どちらも魂と肉体の合一に関して、ネメシオスを満足させることはないだろう。魂は肉体と結び付くことによって変化させられることはないし、魂であることを止めることもない。合一は混合なしでなければならない（καί ἥνωται τοίνυν καὶ ἀσυγχύτως ἥνωται τῷ σώματι ἡ ψυχή）。被造物全体にわたる感情（συμπάθεια）の共通性があるゆえに、真の合一が存在する。この真の合一は、一つの事柄なのである。魂は、肉体を持たない実体として、実際にはそうすることはないが、あたかも独立した存在であることを止めるかのように、肉体のどの部分にでも宿ることができる。

---

(273) *PG* 40.513ff; Telfer（1955）, pp.238ff.

(274) Streck（2005）はネメシオスとニュッサのグレゴリオスの自由意志を論じ、両者とも楽観的な人間論を考え、なぜ反ペラギウス主義が東方で大きくならなかったのかということを説明している。人間の自由意志は神の意志と結び付けることができる。神の助けによって、堕落も回避する可能性があるのである。

(275) これ以下の議論については、第三章の 'On the Union of Soul and Body', *passim*（*PG* 40.592-609; Telfer（1955）, pp.293-304）を参照。

魂は、それ自体がまったく変化することなく（τρεπομένη ではなく、τρέπουσα である）、肉体に重要な変化をもたらすのである。魂は肉体によって限定されることなく、つまり、魂はある意味で宇宙精神の一部であり、場所によって（ἐν τόπῳ）ではなく、「そこに現在するという習慣的な関係」（ἐν σχέσει）によって肉体に関係するのであり（この点についてネメシオスはとても驚くべき類比を紹介している）、「神が私たちのうちにおられるとさえ言うことができる」のである。魂は習慣（habit）によって、あるいは傾向（τῇ πρός τι ῥοπῇ – inclination）によって、あるいは性質（τῇ διαθέσει – disposition）によって、肉体と結び付けられる。魂は「場所づけられる」ことができず、私たちが魂は「そこにある」と言うときには、魂の働きがそこにあるということを意味する。このような関係を神の現臨と並置することは、特に人間の魂がその一部をなす超越的な魂を想定するのであれば、おそらく驚くべきことではない。むしろ驚くべきは、ネメシオスが、自ら強く信じていた魂と肉体との合一については何の定義も与えていないということである。

ところで、ネメシオスがこの議論の中で用いていた多くの用語は、その後のキリスト論論争の中で際立つものとなる言語にきわめて近い。実際に、ネメシオスは、類似した議論に注意を促すような、キリスト論的なテーマを、きわめて迅速に取り上げている。神的な言と人間との合一は、同じような方法で記述することができる。「なぜなら言は混乱することも制限されることもなく（ἑνωθεὶς ἔμεινεν ἀσύγχυτος καὶ ἀπερίληπτος）、合一のうちにあり続けたからである」。しかしながら類似点を紹介した後に、ネメシオスは区別を引き出そうともしている。すなわち、言は、言自身の神格を人性とともに共有することができるが、人間の弱さを共有することはできないのに対して、魂は肉体とともに苦しむことができる。実際に、彼が用いてきた言葉は、魂と肉体との合一よりも、受肉に対してより正しく適用されると彼は考えている。魂が肉体と関わりを持つことによっていかなる変化も被らないという彼の以前からの主張に従って、彼が、どこに区別があるのかを正確に明示することは困難なことであった。さらに、彼は続けて、魂と肉体との合一を説明しようとするポルピュリオスからの記述を引用する。しかし、ネメシオスはその記述を、神と人が合一するというキリスト教の教義が不合理でも信じがたいものでもないことを示すために特に用いているのである。ネメシオスが好むと好まないにかかわらず、彼の類比は疑いもなく受肉の独自性を失わせるものである。魂が肉体を持たないゆえに、魂と肉体との合一は、より優れた存在である霊的な存在の混同や毀損なしではありえないはずである。合一は、魂自体が損なわれたり変化を被ったりすることなく、肉体全体に広がるからこそ起こるのである。受肉も人間における神の現臨も、根本的に異なる用語では描かれえないのである。

続く章では、ネメシオスがキリスト論の議論にわずかな貢献をしたことを思い起こすことが重要であろう。彼が、不変なる神の言が（肉体＋魂）全体としての人間と合一したという「アンティオキア学派」の考えを持っていたことはきわめて明らかである。しかしこのことがネメシオスを「二人の御子」という二元論的な教義へと向かわせることはなかった。ネメシオスは魂と肉体との合一について十分な説明を加えることができないでいるが、魂と肉体との合一は、両者がきわめて密接に結び付いているゆえに、一つの生きた被造物である人間を生み出すことができるのである。たとえもしネメシオスあるいは他のアンティオキア学派の人間が、キリストにおける言と人性との合一について十分満足のいく説明をすることができないとしても、このことは彼らが一個人の中に真の合一以上のものを描き出したことを必ずしも意味しなかった。ネメシオスが「ある特定の注目された人間の意見」に対して向けられた強い口調に示されているように、単に神の恵み（εὐδοκία）による合一ではなく、本性（φύσις）による合一だからである。ネメシオスはここで、モプスエスティアのテオドロスによって表明された極端な見解にそれとなく言及していたのかもしれない。実際に、この節において、ネメシオスは同時代の論争によって、一時的に脇道に逸らされるという印象を与える。というのは、彼は、キリスト論の議論に逸れたところから、人性についての独自のキリスト教的な結論を導き出すのに明らかに失敗しているからである。

ネメシオスは自分の問題を抱えていたのである。彼の結論のいくつかは、彼の用いた史料からつなぎ合わされたものであり、不自然な矛盾をもったまま結び付けられたのである。しかし少なくとも彼は比較的広い文脈と視野をもって、これらの問題の複雑さに取り組もうとしたのである。彼は教義的な体系を作ることを拒んだ。彼は非難するのではなく議論をしたのである。教義的なキリスト教がギリシア・ローマ世界の知的な遺産の中に埋没することがなかったのは、ネメシオスのような人がいたからである。ネメシオスは教会の中に異教の哲学のすべてを持ち込み、その時代の禁欲主義の流れに対抗して、人間性と楽観主義に固執する人性の理解を形作ったのである。

さらなる読書のために

英訳

Telfer, W., 1955. *Cyril of Jerusalem and Nemesius of Emesa*, Library of Christian Classics, vol. IV, London: SCM Press.

研究書

Young, Frances, 1983. 'Adam, the soul and immortality: a study of the interacticn of "science" and the Bible in some anthropological treatises of the Fourth Century', *VigChr* 37, pp.110-40.

VI　キュレネのシュネシオス

一般的な教会史の中でキュレネのシュネシオスに割かれている分量を考えると、彼はあまり重要人物ではなかったように見えるだろう。しかしながら彼が生きていた特定の時代を代表する者として、彼の重要性は、より大きなものである[276]。シュネシオスは古典学者、ビザンティン学者、古代末期を研究する歴史家たちの関心を惹き付けたが、その理由は彼の生涯を学び始めるとすぐに明らかになる。

シュネシオスは、地域共同体に属する十分な教育を施され、傑出した、上流階級の一員であり、最後には司教となった人物である。[277] もし彼の著作にキリスト教信仰の欠如と「異教的な」姿勢がなかったとしたら、このことはさほど驚くにはあたらない。シュネシオス研究が始まった頃には、多くのシュネシオス礼賛の著作が、この教育を受けたギリシア人について書かれ、彼が改宗した時期の問題に、多くの頁が費やされた。[278] しかしながら、彼の個人的な著作の中には、彼の信仰の危機や変化の記述はまったく見られない。彼は同時代のヒッポのアウグスティヌスの霊的な動揺を経験しなかった。ある研究者たちは、彼が静かに教会に入り込み、司教としての栄誉を付与されるまでは、積極的に関与しなかったのではないかと考えている。しかしその時にさえ、彼の思想や彼の属する集団には、はっきりとした断絶は見られないのである。彼は自分の生活様式が変わることに不平を述べており、彼の書いた手紙の中には、教会的な特徴を示すものがある。しかしキリスト教が彼の価値観や信念を根本的に変えるものではなかったことは確かなようである。ブレグマンは、[279] 彼が本質的に新プラトン主義者のままであったと主張してきたが、他の研究者たちは彼が初めからずっとキリスト者であったと結論付けてきた。[280] 考古学がキュレネにおける彼の家を見つけ、その家は彼の父と同じ名のキリスト者が所有していたことを明らか

---

(276) von Campenhausen (1963) はこのことを認識しており、彼のギリシア教父研究の中にシュネシオスを含めている。アルカディウスの治世とヨアンネス・クリュソストモスの司教在位期間中のコンスタンティノポリスの政治を理解するのに、彼は重要人物である。Liebeschuetz (1990) と Cameron and Long (1993) を参照。

(277) シュネシオスの地域における活動に関しては、Roques (1987) を参照。

(278) 例えば、Volkmann (1869), Crawford (1901), Grützmacher (1913) を参照。

(279) Bregman (1982).

(280) Liebeschuetz (1990), Cameron and Long (1993) を参照。Schmitt (2001) の議論と比較されたい。

にした。[281]

私たちがシュネシオスについて知っていることのほとんどは、彼の残存している著作から知られることである。これらにはたくさんの小論が含まれており、そのうちのいくつかは讃美歌であり、また手紙の集成である。[282]彼の出生、死、生涯の出来事の日付を知るのは、特定の証拠を欠いているために、困難である。彼の手紙はすべて四一三年までに書かれており、彼にとっての英雄であったヒュパティアが四一五年にキリスト者によって悲劇的に殺されたことを、彼は聞かずに済んだようである。[283]それゆえ、彼の生涯の終わりがそのあたりであることは確かそうであり、また四一一年にテオフィロスが彼を司教に叙階したのは明らかであるから、彼は長くは司教に留まってはいなかったこともはっきりとしている。彼がこれらの時代にいったい何歳であったのかということは重要な論争点である。彼の出生は早ければ三六〇年頃、遅くとも三七五年頃と考えられてきた。[284]

彼の経歴の中で最も確かなのは彼がコンスタンティノポリスを訪れたときのことであり、それは彼の晩年の三九九年から四〇二年の三年間続いた。しかしこの日付は首尾よく反論されて、二年早くに修正されてきた。[285]彼はペンタポリスの同胞の市民たちによって、皇帝の前に出る代表者として選出された。このリビアの地域は財政的な破たん状況にあり、シュネシオスは結果的にはいくらかの減税措置を受けることができた。同胞の市民たちが、このようにして自分たちの代表として働くシュネシオスを支持するようになったことは重要である。なぜなら、彼をプトレマイスの司教に選出した理由を明らかにするからである。彼が同胞を助けたのは、霊的な父としてというよりもむしろ保護者（*patronus*）としてであった。とりわけ彼は、アンドロニクスという冷酷な属州長官から人々を守るためにそのようにしたのである。このアンドロニクスは、シュネシオスによって破門されたが、それは破門の最初の記録と伝えられている。[286]彼が司教になるにあたって恐れたことの一つは、その地域の紛争の仲裁に多大な労を担わなければならないということであり、誤りを改善したり、個人的な昇進を求めている人々と手紙のやりとりをしなければならないことであった。彼はすでにこれに類する多くの事柄を行ってきたが、

(281) Cameron and Long（1993）, p.16 を見よ。そこで Liebeschuetz（1985）によって示されたことを議論している。彼がコンスタンティノポリスから戻り、洗礼を受けることを示唆しているシュネシオスの手紙の再解釈に関しても、p.33 のところを参照されたい。

(282) シュネシオスの著作のテキストは *PG* 66 にある。校訂版と翻訳は以下を含む。⑴小論考 Terzaghi（1944）, Lamoureux and Aujoulat（2008）, 英訳 Fitzgerald（1930）、⑵讃美歌 Terzaghi（1939）, Lacombrade（1978）, 英訳は Fitzgerald（1930）を参照。編集された手紙は Hercher（1873）にある（*PG* 66 とは番号の割り振り方が少し異なっている）。Garzya and Roques（2000a, 2000b）も参照。英訳は Fitzgerald（1926）を参照（番号の割り振りは Hercher に従っている）。

(283) ソクラテス『教会史』vii.15.

(284) シュネシオスは二つの手紙（116 と 123）の中で、自分自身のことを年寄りであると言っている。しかし手紙 72 では、彼は副司教よりも自分の方が若いと言っており、讃美歌 8（確かではないがおそらく四〇五年よりも後に作られた）では、彼は青年期のことに言及している。彼が『禿頭礼賛』（*Encomium on Baldness*）を書いたとき、彼の頭は確かに禿げていた。しかしそのことは彼が叙階される前のことであるに違いなく、彼はかなり早い時期に頭髪を失ったことが示されている。この論争は最終的に結着できないが、Roques（1989）は［シュネシオスの出生が］三七一年であると考えている。Roques は彼の司教としての叙階は四一二年の一月一日であるとしているが、確かな証拠はほとんどない。Barnes（1986b）を参照されたい。

(285) Crawford（1901）は二年早いとしたが、二年遅い日付は Seeck（1894）によって確立されており、後には広く受け入れられていた。Lacombrade（1951a）を参照。しかし現在の考えは Barnes（1986a）, Liebeschuetz（1986, 1990）, Cameron and Long（1993）を参照。

(286) この出来事に関しては、書簡 57（これは大衆に向けて宛てられたものであり、誤って書簡集の中に置かれてしまった）と 72, 79, 89 を参照。

彼の哲学に相反しない範囲においてであった[287]。彼は生涯のほとんどを、明らかにその土地の地主や市民の指導者として過ごしてきた。彼が追求したことは「ジェントルマン的」であり、文学に没頭し（彼の著作は、特にプラトン、プルタルコス、ホメロスといった古典の著者たちの引用の寄せ集めである）[288]、狩猟にも没頭した（彼は〔狩猟のための〕武器、犬、馬に通じていた）[289]。彼は愛国心の強い古代ギリシア人であった。帝国および彼自身の州の軍事的また経済的な問題の解決は、その地域の収穫物の略奪以外に何ら個人的な動機を持たない職業的な傭兵よりも、私有財産を守ることに専心する市民軍にかかっていたのである。このような考え方への彼の支持は、生涯にわたって数度の試練にさらされた。それは、蛮族が地方に拡大し、シュネシオスが地域の防衛を組織するにあたり個人的な指導を担うことになった時であった[290]。彼の理想は哲学であり、観想と芸術を培うために公の生活から身を引くことであった。しかし都市への忠誠という古典的なギリシア精神にふさわしくあるために、彼は何度も自らの義務感を満たすために応答した[291]。彼の司教としての叙階は、公僕としての生涯の頂点にすぎなかった。

これとは別にして、シュネシオスはアレクサンドリアに高等教育を受けるために赴き、テオンの優れた娘であるヒュパティアとともに学んだことが知られている。彼はアテネも訪問したが、アレクサンドリアの方が古代の学びの中心地として抜きん出ているという考え方をはっきりと持っていた[292]。彼が結婚したのはコンスタンティノポリスから戻って来てからであり、結婚式は後に彼を司教に叙階する総主教であったテオフィロスの司式によって挙げられた[293]。シュネシオスがアレクサンドリアと緊密な関係にあったことは、さらに彼の書簡によっても示される。

シュネシオスの書簡は、およそ三九五年から彼の生涯の終わりまでの範囲に及んでいる。標準的な版では、〔手紙の〕順番は書かれた年代順ではない。実際多くの事例では、年代順に再構成できるかどうかは疑わしい。多くの手紙は当時の修辞学上の慣習に従って公になるという目論見で書かれているにもかかわらず、生き生きとした個人的な手紙であり、そこから個人的な情報だけでなく、当時の生活や社会の生きた印象を得ることもできる。シュネシオスはおよそ四〇人とやりとりをしており、そのうちの何人かは一通か二通の手紙しか残存していない。最もたくさんやりとりをしているのは彼の兄弟のエウオピウスであり、アレクサンドリアでの二人の同級生であるハルキュリアンとオリンピアス、よく知られていた修辞学者のピュライメネースとトロイラスであり、両者ともシュネシオスがコンスタンティノポリスで会ったことのある人物である。(294) これらの手紙で、彼は

---

(287) 書簡 105 と 57 を参照。

(288) Terzaghi（1939, 1944）の注はこのことに関して示唆に富んでいる。多くの詳細は Fitzgerald（1926, 1930）の注の中にも見られる。Crawford（1901）は付録 D のところにシュネシオスが引用したものを並べた表を作ってくれた。

(289) 書簡 154（*PG* では 153）によると、シュネシオスは狩りについての著作『狩猟』（*Cynegetica*）を書いた。書簡 105 では、彼は子どものときから一緒であった犬と馬への愛着を失ったことを嘆いている。書簡 40 では、彼は馬の性質を説明するとともに、友に馬を送っている。彼が馬と矢と他の軍備を必要としていたことは書簡 132 と 133（*PG* では 131 と 132）で言及されている。狩猟のアナロジーは彼の著作でしばしばなされている。

(290) 書簡 107 を参照。*De regno* 14 では市民軍の創設を奨めている。シュネシオスの主要な軍事への言及は、書簡 89, 104, 108, 113, 132, 133 などに見られる。

(291) Fitzgerald の序文（1930）はおそらくシュネシオスの古典的な愛国心の理想を過度にロマンチックに描写しているが、彼の記述にそのような要素があるのは確かである。社会的な責任感が減少している時代にあって、シュネシオスはいくぶん時代錯誤的である。これと異なる意見に関しては Bayless（1977）を参照。

(292) 書簡 136（*PG* では 135）。

(293) 書簡 105 を参照。彼の妻は彼の叙階への障害だった可能性があり、シュネシオスは教会での昇進のために完全に法的な結婚から離れることを拒んだ。

(294) ソクラテス『教会史』vii.12, 37 を参照。さらなる詳細は Roques（1989）, Cameron and Long（1993）を参照。

かなりの物語る能力、ユーモア、深い知識を明らかにしている。最も議論されてきた手紙、書簡4は[295]、アレクサンドリアからキュレネまで海岸沿いに行われた悲惨な航海の優れた記述である。すべてがうまくいかず、船が陸から離れて嵐に巻き込まれたときの最も優れた記述が夕暮れの時の記述であり、船長と半分の船員が舵とロープを捨ててひれ伏し、聖なる巻物を読むのである。彼らはユダヤ人であり、安息日が始まったのである！ この手紙はどこか学者ぶったユーモアをもって書かれており、話が終わった後に若干脱線して誇張された味わいがあり、たくさんの文学的な引用や言及がある。アレクサンドリアの国際的な船乗りのグループについての生き生きとした描写とは別に、当時流布していた迷信が多く取り入れられている[296]。

私的な手紙の逸品の間に散見されるのが、数通のテオフィロス宛の手紙である。その手紙は、困難な教会の問題に対してテオフィロスの判断を仰ぐとともに、シュネシオスが予想される叙階について考える際のシュネシオスの精神状態も明らかにするものである。しかしおそらく最も興味深いのはヒュパティアに対する七通の手紙である。ソクラテスによると[297]、ヒュパティアはプロティノスのプラトン主義を引き継ぎ、遠くから多くの生徒たちを惹き付けていた、その時代の最も傑出した哲学者であった。彼女は、高名な数学者の娘でもあり、男性優位の社会にずっといても中傷をされたことなどまったくなかったようである。シュネシオスの手紙には、ヒュパティアが自分の生徒たちから引き出した哲学的な友情や献身の関係がどれほどのものであったかを示している。そして、すべてが自分に対立するようになり、三人の息子たちも死んでしまった悲しい時代にあってもまた、シュネシオスが慰めを得るために回帰したのは、異教徒のヒュパティアであった[298]。シュネシオスは、若い頃には、著作を発表する前に彼女の判断を仰いだようである[299]。

シュネシオスの著作は、彼が幅広い文学的な能力やさまざまな関心を持っていたことを示している。コンスタンティノポリスを訪れたときから書き始められている『王による支配』（*De regno*）には、彼の同胞の市民たちに代わって、アルカディウスに対してなされた演説が記されているが、『摂理について』（*De providentia*）にはオシリスとテュフォスの神話が寓意的に語り直されており、それはコンスタンティノポリスの宮廷での当時の政治的また道徳的な状況への暗示的な注釈を提供している。[300] 彼がペンタポリスに戻った後、[301] 彼は（i）ユーモラスなソフィスト的な演説『禿頭礼賛』（これは意図的に頭髪を讃美するディオ・クリュソストモスの著作に対抗する形をとっている）、（ii）より重要な著作である『夢』（*Dreams*）（ここにある讃美歌は彼の哲学的、神学的な立場に関する洞察の大部分を与えるかもしれない）、（iii）『ディオン』（*Dion*）（彼の生き方や哲学理想とソフィスト的理想との間の関係についての魅力的なコメントがある）を書いていった。ペンタポリスにおける政治状況を語った二つの演説と、[302] 説教の断片のいくつかには、パオニウスに「アストロラビウム」（astrolabe）〔天体観測器〕を添えて送ったという興味深い史

（295）この手紙が書かれた正確な日付は論争されている。Roques（1977）を参照。
（296）Pack（1949）.
（297）ソクラテス『教会史』vii.15.
（298）書簡 10, 16, 81.
（299）書簡 154（*PG* では 153）.
（300）これらの著作の詳細な議論は Cameron and Long（1993）を参照。テュフォスが誰だったかについては論争があることに注意されたい（Liebeschuetz（1990）を参照）。それは、史料によってコンスタンティノポリスで起こった歴史的な出来事の再構成に影響を与えるが、シュネシオスが主要な証人である。
（301）Lacombrade（1951a）は『禿頭礼賛』（*Encomium on Baldness*）が書かれたのはコンスタンティノポリスへの旅の前であるとしている。このすぐれた伝記は、シュネシオスの生涯と彼の著作の年代のうまい再構成を示しているが、この年代設定のほとんどは試案とみなされねばならない。Lacombrade（1961）は讃美歌の日付を改訂している。
（302）『構成』（*Constitutio*）と『状態』（*Catastasis*）。

料を除いて、彼の残存している著作のリストが完全に網羅されている。古代末期の他の人物と同様に、彼は自分自身をギリシア人（Hellene）とみなし、哲学と修辞学への関心を、神秘的探求のみならず実践的、政治的、文学的探求と結び付けた。[303] シュネシオスは敵に対して投げつける長距離の飛び道具を組み立てさえした。[304]

上述の調査結果から、シュネシオスの生涯と著作が、前の章で提起された、いくつかのテーマとの関連で、対照と洞察を提供している可能性が高いことは明らかである。(i)エウセビオスのように、彼は皇帝に宛てて語った。二人をどのように比較することができるだろうか。(ii)ナジアンゾスのグレゴリオスのように、彼は修辞学と哲学との間の緊張関係を感じてはいたが、平衡を保っていた。彼は緩やかだが積極的な人間中心（humanism）の立場にどのようにして達したのだろうか。(iii)彼は明らかにキリスト教とヘレニズム文化との間に本質的な対立を認めることなく、二つの間に留まっている。なぜ彼はカッパドキア教父たちと同じ葛藤を感じなかったのだろうか。これらのテーマはさらに追求する価値があるものである。

(i)称賛演説の伝統は、その状況下では理解できるとしても盲目的な称賛のようにしか思えないコンスタンティヌスに対するエウセビオスの態度に一定の影響を与えた。これとは対照的に、シュネシオスの演説はアルカディウスの宮廷の状況に対してあからさまに批判的であり、学者たちも彼が皇帝の面前で語った実際の言葉ではないと信じているほどであったが、この見解はラコンブラードによって異議が唱えられた。しかし、後にこの見解は再び主張されるようになったが、現在では類似した政治的な思いを共有するアウレリウスや他の皇帝と個人的に共有された演説であるとみなされている。[305] シュネシオスの演説は、エウセビオス以上に、長い伝統としきたりを取り入れている。しかしシュネシオスは理想の王を描き出すためにそれらを用いたのであり、アルカディウスの現在の在り方と政策に対する批判が込められていた。彼がディオ・クリュソストモスの『王権に関する演説』（*Orations on Kingship*）[306] に大いに依拠していたのは明らかであるが、ただそれをまねていたのではない。彼が行っていることは、特にゴート人が高い地位について権力と影響力を持っていることについて疑念を呈することによって、宮廷における政策論争に入ることであった。[307] しかし彼はこのことをするために、自分自身の情欲をまず克服した哲人皇帝（六―一二章）、自分の群れを個別的に、公然と、直接的に世話をして指導する羊飼い皇帝（五―六章）、特に神の民をその善意と摂理的に世話をするようにと神に召されている、地上での神の像として君臨する父である皇帝（四―五章）を見習うようにと、若い皇帝に勧める表面上の形をとっている。シュネシオスはこの理想から、アルカディウスは自分だけに与えられた贅沢を絶ち、嘆願者には心を開き、外国人を追放し、市民軍を国家防衛のために主導するべきであると結論付けている。この結論は、初期のビザンティン世界の状況ではいささか非現実的で時代錯誤的なものであった。それでもシュネシオスは明らかに、エウセビオスのように追従的に媚びへつらう態度をとるのとは違って、少なくとも個人的には率直な批判家であった。この違いは、部分的には、彼がホメロスやプラトンという古典的な理想に真に崇敬の念を持っていたことに帰せられる。彼は政治的というよりは文学的な人物だったのである。

(ii)過去の理想によって、現代社会を再び活性化したいという願いは、彼が哲学と修辞学との間にいかなる分離も許さないという事実を説明する。[308] 書簡 154 によると、シュネシオスは、恩寵と様式の調和を公言し、文学を

(303) Bregman (1982).
(304) 書簡 133 (*PG* では 132).
(305) Lacombrade (1951b), Barnes (1986a), Liebeschuetz (1990), Cameron and Long (1993).
(306) Dio Chrysostom, *Orat.* I-IV と LXII を参照。
(307) Bregman (1982) は「標準的な」日付と政治的状況に従っている。しかしこのことに異議を唱え、コンスタンティノポリスにおけるシュネシオスの日付を修正し、史料を見直している見解もある。Barnes (1986a), Liebeschuetz (1990), Cameron and Long (1993) を参照。
(308) Bregman (1982).

楽しんでいたために、哲学に対して不誠実であるという個人的な非難に直面して、『ディオン』を執筆した。シュネシオスは、演説や生活の美しさや調和に喜びを感じることを拒否した同時代の哲学者に攻撃を加えることによって反駁している。「私は私が一人の人間であることを知っており、あらゆる喜びに直面しても動じることのない神（a god）でも、肉体の喜びに満足する獣でもないのである」。どれほどの愛着が、文学のために費やす生活以上に情欲から解き放つだろうか。彼の攻撃に含まれていたのは、とりわけ禁欲主義において極端な「外国の哲学者たち」であった。彼らは、公の生活に参与せずに、自分を自然状態から解放することを急ぐあまり非社交的になるのである。反対の意見があるにもかかわらず(309)、これをキリスト教の修道士たちの行き過ぎた禁欲に対する批判とみなすことは当然可能である。シュネシオスはこの著作で、当時のすべての極端な禁欲主義とは対照的に、古代ギリシア的な「中庸」を打ち立てているからである。チャールズ・キングスリーの歴史小説『ヒュパティア』（*Hypatia*, 一八五三年）の中で、シュネシオスは、「彼が心からの笑い声を聞いたことのある唯一のキリスト者である」と適切にも記述されている。

もし彼が哲学を信奉しながら、流行の極端な理想に同意することを拒否するならば、ソフィストの生活様式にも、ほとんど同じことが当てはまる。報酬によって肥えて裕福となったか、あるいは内容のない優雅な演説を書く弁護士や修辞学者は、同じように批判された。シュネシオスは、自らの手紙で、友人に対して野心的な経歴から脱して、哲学に身を献げるようにと求めている。このことは愛国心の欠如や、公務からの完全な撤退を意味するものでもない。なぜなら哲学は修辞学の冠であるべきであり、他のいかなる学も哲学と同じようには事柄を統治することができないからである。シュネシオスは、彼の時代に哲学者が国家を支配するためにいかなる余地も与えられていない状況を残念に思っていた。すでに言及したように、彼は哲人皇帝を理想としていたのである(310)。ディオ・クリュソストモスは、トラヤヌスとともに、自分の模範となるものを提供している。なぜなら、一哲学者としてさえ、その模範たるべき人は、自分の雄弁術、言語の優美さ、政治的な影響を保っていたからである。

自称の哲学者であるシュネシオスは、詭弁的な課題も楽しんだし（『禿頭礼賛』はこの古典的な典型である）、公の生活の中にも身を置いた。彼は時代錯誤的にも、哲学者は社会に貢献していると信じていたのである。彼は司教としての務めに直面したときに、余暇がなくなってしまったことをひどく後悔したが、彼は自分自身のことを哲学者司祭とみなすことを好んだ[311]。

(iii)シュネシオスの神学は特に魅力のあるものである。『賛歌』（*Hymns*）と『夢』は別にして、神学的あるいは哲学的な問題についての直接的な議論はほとんどみられない。しかし、彼が意図せずに言及している箇所が、私たちに重要な手がかりを与えてくれる。『禿頭礼賛』さえも神学的なコメントを含んでいる。禿頭は神に関連し、神に捧げられた神殿なのである。それを通して、私たちは知恵を持つ。頭髪は、理性の欠如であり野蛮な傾向であり、神に反抗するすべてである。つまり、不完全な物質の無用の長物である[312]。政治的な著作には、人間がよい行いをしているときには神の摂理的な好意を受けるという広く知られた信念を伴った、ローマ帝国の古い一神教的理想主義が見られる。この広く知られた有神論は、少なくとも著作の形態上では、特別にキリスト教的な信念を示唆するものもなく、異教の神話の多くが用いられているにすぎず、キリスト教の有神論と区別できるようなものをほとんど持っていない。『ディオン』は、シュネシオスが情欲からの自由と神の省察という理想を、異教とキリスト教の哲学者と共有していたことを示している。『夢』の中では、彼が占い（divination）と予

(309) Fitzgerald (1930), I, p.227.
(310) 『王による支配』（*De regno*）を参照。書簡 101, 103 と比較されたい。『贈り物』（*Ad Paeonium de dono astrolabii*）も参照。
(311) 書簡 57, 62.
(312) 『禿頭礼賛』20.

言（prediction）の可能性に魅了されていたことが示されている。理論的には、それらは、一つの器官である全宇宙の共鳴という新プラトン主義の教義に基づいたものである。彼は、もし想像力が哲学的な識別力によって調節されるとするなら、魂にとって神へと上昇していく方法として夢が重要であると主張している。しかし『賛歌』では、彼が一生涯にわたって傾倒した新プラトン神秘主義と、彼が支持したキリスト教との間に、ほとんど違いを見ていなかったことが示されている。キリスト教の比喩的描写もしくは異教のそれを用いようと、異教の礼拝言語もしくはキリスト教のそれを用いようと、あるいは両者の混合されたものを用いようと、彼の信仰心はほとんど同じである。文体や内容や雰囲気が突然転換するというようなことはないのである。ゼウスへの異教の賛歌にあるように、神を「神々よりも高き、雷の主」と呼ぼうと、「子の源、父の形態」あるいは「神、永遠なる神の栄光に満ちた子」と呼ぼうと、同じ基本的な霊性がそこにはある。(313) ブレグマンは、(314) シュネシオスの場合には、異教からキリスト教への何らかの回心は存在していないと主張した。むしろ、ローマ帝国のヘレニズム的伝統への忠誠心を共有していたキリスト者たちと協調することで、真の神性を示すには不十分ではあるとしても、彼は異教のシンボルや祭儀的実践を教会のシンボルや祭儀的実践と置き換えることで満足していたのである。すでに指摘したように、他の学者たちは、シュネシオスを、その文学的な表現方法を古典的な先例に倣ったにすぎないキリスト者以外の何者でもないと考えている。(315)

もし吟味すれば、シュネシオスは「彼が哲学的なキリスト教と呼ぶものを彼が取捨選択した寄せ集め」と非難されたであろう。(316) 哲学的もしくはキリスト教的なフレーズを用いていてもいなくても、『賛歌』の中に収められているすべての讃美歌は同じ時期に書かれていると思われるので、彼の思想には何らかの明確な変化やましてや発展があったとは思えない。(317) シュネシオスは、「排他性」という広くみられるキリスト教的性向を獲得していたようには見ない。教父たちの大部分は、古典的な教育を受けていたにもかかわらず、キリスト教は異質で、独自なものであり、混合主義的な妥協はできないという伝統を維持する必要があると感じていた。実践上でないとしても、理論上、異教信仰には対立しなければならず、共存関係になってはならない。シュネシオスは、司教として正統信仰や適切な道徳の規準からの逸脱に反対する教会の慣習に従った。神に仕える祭司として、彼は自らの職務を健全に尊重した。[318] しかしこのことは愛国心とも合致していた。初期の哲学的な著作である『摂理について』の中でさえ、彼は「アレイオス主義の」ゴート族について、彼らは「私たちの宗教」に革新をもたらすと述べており、自分を公式の正統信仰に属する者とみなしていることは明らかである。ローマ帝国は、常にその成功と安定を神々もしくは神に負う「神的制度」であり続けてきたのであり、その意味でも、逸脱と反社会的な行動は、ともに政治的に耐えがたいものであった。神学的に、シュネシオス自身は率直な反対意見の可能性も求めたが、不和対立は容認することができなかった。

シュネシオスは、教会の責務を負うようになる前には、自分がどこに立っているかを明示した。

私はと言うと、私は魂が肉体よりもずっと新しい起源を持っているということに決して納得していない。私

(313) 賛歌 3,5,6 にはこれらの例が示されている。
(314) Bregman (1982) を参照。Marrou (1936) と比較されたい。
(315) Liebeschuetz (1990), p.141.
(316) Charles Kingsley, 1853. *Hypatia*, London:J.W. Parker & Son, p.116.
(317) シュネシオスの『賛歌』の日付は彼のいわゆる回心の手がかりになるとみなされている。しかしながら、Lacombrade (1961) は、すべての讃美歌がおおよそ同じ時期に書かれたと主張した。1951a の版の第一四章で、彼はそれらの日付を四〇五—九年であると位置付け、より明白なキリスト教言語に移行したと推定し、神学者というよりは共観者の言語であると提案している。1961, pp.402-4 では、彼はより早い時期に位置付けている。
(318) 書簡 5 および『状態』(*Catastasis*)。

> は世界とその部分が朽ちなければならないということを決して認めないだろう。共通の信仰の対象である復活は、神聖で神秘的な寓喩以外の何ものでもない。……哲学的な心は、真理の識別者であるにもかかわらず、偽りを取り入れることを認めるのである。……その偽りとは庶民には有益であるかもしれず、真の存在の輝きをしっかりと見つめるのに十分強くない人に対しては真理が有害であるかもしれない……。私は聖なる職務を、内では哲学を遂行し、外では伝説を広めるという条件のもとで引き受けることができるのである[319]。

シュネシオスにとって、真の区別はキリスト教と異教信仰との間にあったのではなく、哲学と通俗的な神話との間にあったのである。彼の哲学への回心はおそらく彼の人生において最も重要な転換点であった[320]。シュネシオスが真のキリスト者であったかどうかを述べることは、おそらくシュネシオス自身についてあるいは彼が生きた時代についてよりも、その人のキリスト教理解についてより多くを語ることになろう。

さらなる読書のために

英訳

Fitzgerald, A., 1926. *Letters of Synesius*, Oxford and New York: Oxford University Press.

Fitzgerald, A., 1930. *Essays and Hymns of Synesius*, 2 vols, ET, Oxford and New York: Oxford University Press.

研究書

Cameron, Alan and Jacqueline Long with Lee Sherry, 1993. *Barbarians and Politics at the Court of Arcadius*, Berkeley: University of California Press.

Bregman, Jay, 1982. *Synesius of Cyrene: Philosopher–Bishop*, Berkeley/Los Angeles/London: University of California Press.

Liebeschuetz, I. H. W. G., 1990. *Barbarians and Bishops in the reign of Arcadius*, Oxford: Oxford University Press.

(319) 書簡 105.
(320) Bregman (1974, 1982).

第六章　キリスト論論争に関する著作

I　序文——エウスタティオス

キリスト論の諸問題は、アレイオス論争及びニカイア神学を正統説として採用した直接の結果生じた。「アレイオス派」の立場に対処するさまざまな方法が、異なるキリスト論のアプローチを生み出し、その結果として対立が生じた。キリスト論の二つの型の間にある緊張関係が、その後の教会史に継続的な痕跡を残すことになった。というのは、カルケドン信条を受け入れない諸教会（名称は実際のところ適切とは言えないけれども、「単性論」と「ネストリオス派」の両方の教会）が今日まで中東に残っている。他方、西方では、カルケドンは、さらなる説明を常に求める問題についての古典的な定義以上の解決を提供することはなかった。

ニカイアの定式は神学的な風景全体を変えた。不変にして不受苦、永遠にして派生しない、神の超越的な存在は、すべての党派によって疑う余地のない前提であった。アレイオス以前は、存在のヒエラルキーを想定していた。この存在のヒエラルキーによって、超越的で起源を持たない神が、存在の階梯で仲保するロゴスによって、被造物と結ばれていると考えられた。プラトン的な用語で言えば、一と多（One-Many）あるいは不定の対（Indefinite Dyad）が、多と究極的一者との間のつながりを提供したのである。[1]「アレイオス」論争の結果として、

（1）本書の四五—七頁を参照。

このヒエラルキーは破壊され、明確な区別が創造者と神の創造の行為からその存在が与えられる万物の間に確立された。あるいは、別言すれば、自存的な存在と偶然的な存在との間を根本的に隔てる側はどちらなのかという問いが出されたのである。何らかの方法で、プラトン的なヒエラルキーの枠組みは断念されなければならなかった。新たな問いが、議論の土台を変えたのである。

アレイオスはロゴスの存在は派生的で、偶然で、それゆえに変わりやすいと主張した。彼は弱さや誤りやすさをイエス・キリスト、すなわちロゴスに帰する聖書テキストに拠りながら、自分の主張を展開した。彼が考察する際の基本的な前提条件は、ロゴスがイエスの人間としてのすべての経験の主体であるということであった。アレイオス派に敵対する人々はどのようにして、弱さや誤る可能性、特に受難や死を受肉したロゴスに帰する聖書テキストを説明したのだろうか。ニカイアの定式は、ロゴスの存在は派生によって生じるものではなく、あらゆる点で自存する神と同じ超越的な性質を持つと主張した。そのような主張の支持者たちは、創造と受肉におけるロゴスの仲保者としての働きを扱うにあたり、極端な困難さに必然的に直面しなければならなくなる。ロゴスはもはやどちら側にも属することもできず、創造者と被造物との間の接点を提供することもできない。不変であり不受苦であるなら、どのようにロゴスは「生成」と変化と破壊の世界に関与することができたのだろうか。キリスト論の問題が、次の主要問題となるのは必然であった。[2]

私たちはすでにアタナシオスが示した答えを考察してきた。ロゴス自身は、その本質的存在においては、弱さ、苦難、死を経験しなかった。これらの人間の限界に服するのは、彼が身にまとった肉であった。アタナシオスが「キリストを分割している」かのように見えるかもしれないが[3]、しかし実際にはロゴスは、人間の制約と経験を自分のものとして受け取ることによって、受肉の主体であり続けた。つまり、「彼は私たちの状態を模倣した」のである。[4] アポリナリオスの異端は、ある意味では、アタナシオスの立場を論理的に極端にしたものと考えられる。さらにキュリロスの著作に見られる十分に展開されたアレクサンドリアのキリスト論は、アタナシオスの立場の成熟した帰結である。このようなキリスト論の伝統においては、ロゴスは二つの状態で存在しているとみなされた。すなわち先在の永遠なる超越的状態と、ロゴス自身が肉体を持つ者として経験する意志的に受け入れた受肉の状態である。その場合も、ロゴスは本性では、発展や付加、変化を行うことができない。ロゴスは本質的に主体のまま留まる。つまり、肉は「非人格的な人性」であり、イエス・キリストの人間性のリアリティは、単なる表皮にすぎないという危険に絶えずさらされている。つまり、ハンソンが言うように、結果としては、「宇宙服キリスト論」となるのである。(5)

この問題に対する別のアプローチが四世紀に生じ、アンティオキアとその周辺に関わる神学的な伝統を生み出した。この伝統は初期のアンティオキアの流れ、たとえばサモサタのパウロスのキリスト論にルーツがある可能性がある。しかしこの伝統が「アレイオス主義」によって提起されたキリスト論的な問題への応答として展開されたという見解にはいくつかの根拠が存在する。アレイオスに答える別な方法は、超越的なロゴスが実際には、受肉した方の経験の主体ではありえないことを受け入れ、ロゴスが引き受けた「人」に弱さや誤りやすさや受難を帰すことであった。アレクサンドリア学派とアンティオキア学派という、これら二つの種類の異なる考えは、古典的に「ロゴス・肉（サルクス）キリスト論」(*Word-Flesh Christology*) と「ロゴス・人（アンソローポス）キリスト論」(*Word-Man Christology*) として定式化されて表現されてきたが、これらの用語はますます批判の対象となってきている。両者は区別した用語を一貫して用いたというよりも、重なり合う用語を用いてきたからである。

（2） このことに関する英語の重要なテキストを集めたものは、Norris（1980）を参照。
（3） 実際にテオドレトスはアタナシオスのことを「二性」に関心がある系譜に含めている。本書六四〇―一頁を参照。
（4） 本書一三一頁を参照。
（5） Hanson（1988）, p.448.

それゆえ、「イエス・キリストの受肉の経験の主体は誰であったか」という問いに対する異なる答えとして相違を理解することがおそらくは望ましいだろう。[6] アレクサンドリアの人々にとって、主体は言（Word）のままであった。この言は、超越しながら、人間の本性の諸条件に自らを適合させた。アンティオキア学派にとって、ニカイアの結果は、本質的な神性を冒瀆的に軽く扱うことなしに、言は、受肉の経験の直接的な主体とはみなされえないということであった。つまり、自ずと、このことは受肉した御言としてのキリストの統一性を保つことが難しい二元論的なキリスト論を生み出した。どちらのキリスト論的な伝統も、難しさがないというわけにはいかず、二〇世紀の間、研究者の議論は、変化する神学的な好みを反映しがちであった。[7]

キリスト論の問題へのアプローチの形が、ニカイア後の新しい神学的な必要から明確に現れたという事実は、アンティオキアのエウスタティオスの事例によって示されている。エウスタティオスの罷免についてのさまざまな曖昧な記述は、ある程度歴史家たちに憶測を与えたが、史料が一貫して証言することは、彼がニカイア後の時期に、「アレイオス主義」に対して暴力的に敵対し、妥協することができなかったということである。[8] 彼の著作の多くの断片は残存してきた。なぜなら、キュロスのテオドレトスは、続く一世紀以上も後期のキリスト論論争において、両陣営によって受け入れられた反アレイオス闘争の英雄としてのエウスタティオスに支持を求めることができたからである。エウスタティオスはカエサリアのエウセビオスと争っており、もう一人の妥協を嫌う反アレイオス主義者、アタナシオスと同じ運命を辿ったのである。彼がニカイアの熱烈な擁護者であったことが、サベリオス主義として広く解釈されてしまったことは驚くにあたらない。ニカイアの立場への対立的な対処によって、アンティオキアは司教〔エウスタティオス〕を失い、アレクサンドリアも数年後には〔アタナシオスを失って〕同じようになってしまった。

伝統的には、エウスタティオスの誤りは当時のキリスト論よりもむしろ三位一体論の誤りであるとみなされてきた。しかしながら前世紀において、エウスタティオスは、モプスエスティアのテオドロスのような後期のアンティオキア学派の人々と初期の異端であったサモサタのパウロスの結び付きを提供する一貫したシリアの伝統に立っているという考えが急速に広がった。(9) 彼の三位一体論の考えは、いわゆるサベリオス主義の傾向があり、ロゴスの存在は「人格」としてよりもむしろ神的な「エネルギー」として扱われた。その結果、彼のキリスト論は養子論に近いほど過度に二元的なものとなる。しかしながら、断片を注意深く編集し、調査をしてみると、このような判断は部分的に当てはまるにすぎないことが示されるようになった。(10) エウスタティオスの三位一体論の考えは、正統派の同時代人（例えばアタナシオス）と完全に一致しているように思われる。確かに彼のキリスト論の定式のいくつかは、後期のアンティオキア学派の定式を予期させるものであるが、二元論的な記述が、断片の大部分を占めている。なぜなら、大部分は、「両性論」（Dyophysite）の集成（詞華集）の中に保存されている

（6） この区別をより明瞭かつはっきりと示しているのは Sullivan（1956）である。彼のアプローチ方法は今日、広く受け入れられている。

（7） Bethune-Baker（1908）から、Sellers（1940）と Anastos（1962）に至るまで、キリストの真の人性を真剣に受け止めて、疑わしいアンティオキア学派の伝統を擁護する傾向があった。Wickham（1983）と McGuckin（1994）は、〔アレクサンドリアの〕キュリロスのみが本当の意味で受肉を理解していたとの考えを主張して、このような態度を代表した。McLeod（1999, 2005, 2009）と Pásztori-Kupán（2006）はアンティオキア学派のアプローチ方法を弁護した最近の者たちである。他方、Fairbairn（2003）はキュリロス的な考えを好んだ。

（8） さらなる詳細は Sellers（1928）を参照。

（9） Loofs（1914, 1924）を参照。Sellers（1928）はこの考えをこの流れで発展させた。Sellers（1940）も参照されたい。

（10） Spanneut（1948, 1954）を参照。断片も含め、エウスタティオスの残存している著作の新しい版が CCG, Declerck（2002）の中にある。

からである。加えて、それらは主として、彼の反アレイオス主義の著作から引用されており、他の箇所では、彼はしばしば救い主の統一性を主張している。エウスタティオスを「アンティオキア学派」に転向させたのは、アレイオス論争であった。

「なぜ彼らはキリストが魂なしの肉体をとったことを示すことを重要視するのか」とエウスタティオスは問うている。[11] この問いは、この議論の初期段階においては鋭い問いであった。後のディデュモスのように、[12] エウスタティオスはキリストの中に人間的魂が存在していることは、神的ロゴスに被造物としての弱さと可変性を帰すことの困難を避けることができると考えた。ロゴスは不受苦で遍在のまま留まったと彼は主張したが、ロゴスがとった人間、つまりロゴス自身が建てた神殿は、生まれ、十字架で苦しみ、復活し、栄光を受けたのである。アタナシオスはある意味で、アレイオスに反対するために「二性を分割したが」、エウスタティオスはアタナシオスのアプローチの潜在的な仮現論的傾向を避けるために、ロゴスよりもむしろ人間を、キリストの人格的な主体として取り扱う立場に近づくようになった。「外観（appearance）や仮定（supposition）においてではなく、まさに実体において、神は、完全に人間を取ることによって、人間の全体を身にまとってくださったのである」。[13] キリストの人間性の統合を主張することは、アレイオス主義の挑戦に立ち向かう一つの方法であった。

エウスタティオスの唯一完全に残存している著作は「口寄せの女」（the Witch of Endor〔サム上二八・三―二五〕）の説教であり、これは、とりわけ、オリゲネスの寓喩的な釈義に向けられたものである。つまりアンティオキア学派に特徴的なもう一つ別な立場を先取りしているのである。[14] エウスタティオスが進めている議論は、寓喩的な方法をストレートに攻撃するというよりも、むしろずっと複雑なものである。[15] しかしながら、寓喩への攻撃は、ディオドロス、テオドロス、クリュソストモス、テオドレトスの特徴であり、その主要な特徴が、「アンティオキア学派」とされている。それゆえ、彼らの釈義とキリスト論的な立場との間にはつながりがある可能性が高い。釈義とキリスト論において、彼らは「具体的な現実」（pragmata）と物語の順序（akolouqia）に関心を払ったのであり、オリゲネスによって実践された寓喩は、信仰の基準（Rule of Faith）の中に込められている初めから終わりまでの神の目的の包括的な物語を破壊してしまったと主張していた(16)。

アタナシオスとエウスタティオスはニカイアの古典的な擁護者であった。アンティオキアとアレクサンドリアの司教として、彼らがアレイオス主義に断固たる反対のために退位させられた栄誉を共有していたのである。ほとんど偶然的にではあるが、彼らはアレイオス主義に対する挑戦として、二つの異なるキリスト論的な方法を詳細に描き出し、それぞれが続く時代における特有なキリスト論的な伝統へと発展したのである。それぞれのキリスト論の極端な形態は、おそらく反対の立場に立つ人々による誇張された誤解によって、非難された。キュリロスとネストリオスといった人々によって、二つの伝統の戦いの火ぶたが切って落とされた。ニカイア後のしばらくの世代では、二つの方法はラオディキアのアポリナリオスとタルソスのディオドロスによって代表されることになった。

さらなる読書のために

英訳

Froehlich, K., 1984. *Biblical Interpretation in the Early Church*, Sources of Early Christian Thought, Philadelphia: Fortress Press.

（11）断片 15（Spanneut 編）.
（12）本書一九八頁を参照。
（13）断片 41（Spanneut 編）.
（14）Young（1997b）. Schäublin（1974）や教父の釈義に関する標準的な研究書を参照されたい。
（15）Greer and Mitchell（2007）, Young（1989）や Young（1997a）におけるかつての議論を見よ。
（16）Young（1997b）を参照。このことに関する否定的な見解は、O'Keefe（2000）を参照。

Greer, Rowan A. and Margaret M. Mitchell, 2007. *The 'Belly-Myther' of Endor. Interpretations oil Kingdoms 28 in the Early Church*, Atlanta, CA: SBL.
Norris, Richard A., Jr, 1980. *The Christological Controversy*, Sources of Early Christian Thought, Philadelphia: Fortress Press.
Price, Richard and Michael Gaddis, 2005. *The Acts of the Council of Chalcedon: vols. I-III*, Liverpool: Liverpool University Press.
Stevenson, K., 1966. *Creeds, Councils and Controversies*, London and New York: SPCK.

研究書

Grillmeier, A., 1965/75. *Christ in Christian Tradition*, ET, London and Oxford: Mowbrays.
Sellers, R. V., 1928. *Eustathius of Antioch*, Cambridge and New York: Cambridge University Press.
__, 1940. *Two Antioch Christologies*, London: SPCK.
__, 1953. *The Council of Chalcedon*, London: SPCK.
Young, Frances M., 1997a. *Biblical Exegesis and the Formation of Christian Culture*, Cambridge: Cambridge University Press.
__, 1997b. 'The Fourth Century Reaction against Allegory', SP 30, pp.120-5.

II　アポリナリオスとディオドロス

1　アポリナリオスとアレクサンドリアの伝統

キリスト論の二つのタイプを地理的な場所に従って同定しようとすると間違ってしまうことがある。後の時代には、シリアにおけるキリスト教は「ネストリオス派」（Nestorian）と「キリスト単性論」（Monophysite）のグループに分かれ、アンティオキアには、アレクサンドリアと同じように「キリスト単性論」の司教たちが存在していた。アンティオキアと東方の司教たちがキリストの「二性」（two natures）のキリスト論に固く立っているように思われるネストリオス論争の間でさえ、〔アレクサンドリアの〕キュリロスは、都市部や、〔エデッサの〕ラブラのようなシリア語を話す修道士や司教たちの間に支持者を得ていた。実際、シリアは論争の第一ラウンドの場所となった。アポリナリオスと関係の深かった町であるラオディキアは、アンティオキアの町から程遠からぬシリアの港町だったからである。アンティオキアはヒエロニュムスがアポリナリオスから三七三年に講義を受けた町である。アポリナリオスがヴィタリスを叙階する準備を行い、このことがアポリナリオス派の分裂を引き起こすことになったのも、アンティオキアであった。

アポリナリオスは、元来アレクサンドリアとの関わりが深い。なぜなら、アポリナリオスの父親は、教師としてラオディキアの町に住み着いたが、もともとアレクサンドリアの出身である。アポリナリオスがアタナシオスと友好があったということは、すべての史料が示していることである。アタナシオスとの関わりは、アタナシオスが追放されていた時期の一つから、アレクサンドリアに帰還した三四六年に始まったと思われる。アタナシオスを自分たちの共同体に受け入れなかったラオディキアの司教は、アポリナリオスも同様に受け入れなかった。それ以来、アポリナリオスはラオディキアにおけるニカイア派のグループのリーダーになったと思われ、結局、彼らの司教に叙階された。アタナシオスとの友情は続き、二人の間にはかなりの文通があり、アタナシオスが『エピクテトスへの手紙』(*Epistle to Epictetus*)の草稿についてのコメントを求める際に、神学的な要点をアポリナリオスに相談していたようである。[17] アタナシオスに関する限りは、アポリナリオスはニカイア正統派の確固たる支持者であり、アタナシオスの生涯を通じて、アポリナリオスの名声は続いていた。

アポリナリオスの神学的な立場と典型的なアレクサンドリアのキリスト論となった神学の間には密接なつな

(17) Raven (1923), p.105 は、Lietzmann (1904), pp.253f (以下、L 253f というように略す) から、断片 159-61 を引用している。

がりがあるゆえに、アポリナリオスとアレクサンドリアとを結び付けることは自然である。彼の考えが非難を受けた後、多くのアポリナリオスの著作が、他人の名前で流布された。その中でも最も重要なものの一つが、アタナシオスの名前であった。アレクサンドリアのキュリロスは、彼の権威ある前任者（すなわちアタナシオス）に由来すると考えて、いくつかのキリスト論のスローガンをそのような著作から引用した。顕著な例は皇帝ヨウィアヌスに宛てた信仰告白である。[18] アポリナリオスの追従者の一人であるポレモンは、文体や内容によって受ける印象から、この著書の表題が詐称されたものであることを確信し、この手紙が彼の師匠（アポリナリオス）からのものであると主張していた。この信仰告白はいくぶんか信条の形式をとっており（この表題はニカイア信条の解説であることを示している）、神と同じ方が先在かつ受肉し、神の子がすべての時代に先立って生み出され（begotten）、時が満ちると私たちの救いのためにマリアから肉をとって生まれた（born）方であると言われている。この二重のγέννησις（同一のギリシア語が、身ごもることと生み出すことを表している）とニカイア信条における主題の一致は、ともにキュリロスの典型的な理解となった。それは「同じ一人の方がκατὰ πνεῦμα（霊によっては）神の子であり、κατὰ σάρκα（肉によっては）人の子である」というような表現であり、「一人の御子が二性ではなく一つの本性を持つ」ということであった。しかし最も酷評を受けたのは、μιά φύσις τοῦ θεοῦ Λόγου σεσαρκωμένη（唯一の肉をまとった神の言の本性）という表現であり、これはキュリロス陣営の一つのスローガンとなった。それゆえ、アンティオキアの者たちがキュリロスの立場をアポリナリオス的であると誤ってとってしまったことは驚くにはあたらないし、アンティオキアの者たちもおそらくキュリロスが用いた（アポリナリオスが実際は書いていた）史料の由来に気づかなかったのである。後に、キュリロスのキリスト論がアポリナリオスのキリスト論からどのように変わっていったかということは、考察に値するであろう。両者ともが、アタナシオスの教えを保持していると主張しているのである。[19]

アポリナリオスが実際に何を教えたのかということを再構築することは、リーツマンによる諸断片の注意深い校訂版によって進展しているものの、とても複雑な作業である。すでに述べた通り、アポリナリオス主義者たちは、偽名によって多くの著作を失うことなく保ってきた。そこで当然のことながら、どの著書が確実にアポリナリオス自身に帰せられるものであるかについては、いささかの疑念が残る。アタナシオスの名で伝わっている二つの偽アタナシオスの著作、『キリストは一人であること』(*Quod unus sit Christus*)と『言の受肉』(*De Incarnatione Dei Verbi*)は、リーツマンによれば、アポリナリオスの弟子たちによるものであるとされる。これに加えて、アポリナリオスの断片は相当数あると思われ、そのほとんどが、ニュッサのグレゴリオスによるアポリナリオスの『神の受肉に関する説明』(*Apodeixis*)の組織的な論駁のような反アポリナリオスの著作の中に保存されている。時に彼のものとされている断片が、彼の教えの特質の引用あるいは注釈なのかどうかを決定することは困難であり、とりわけ矛盾した記述が別な箇所に見られるときはそうである。このこととは別に、私たちは、報告に依存しているのであり、彼の仲間も論敵も、彼の教えを誤って伝えたかもしれないという可能性を考えると、数多くの未確定の解釈の問題があることは驚くに当たらない。アポリナリオスが、受肉をロゴスがイエス・キリストにおいて人間的魂の場所をとった出来事と考えていたことは、過度な矛盾の恐れを持たずに言えるのである。しかし、この理論の帰結は、つまりそれがいかにして、なぜ実現したのかということ、さらにはこのことが彼の神学の中心的な特質なのかどうかということ、これらすべての問題は、もっと大きな難問を引き起こすであろう。

2　解釈の問題

第一の問題は、アポリナリオスの教えが生じた状況に関わる。彼がアレイオス主義に反対したことはよく知ら

(18)　アポリナリオス『皇帝ヨウィアヌスに宛てた手紙』(*Letter to Jovian*)(L 250ff)。
(19)　アポリナリオス『司祭ディオニュシオスに宛てた手紙』(*Letter to Bishops of Diocaesarea* 1)(L 255)。

れているにもかかわらず、両者ともロゴスがキリストにおける人間の魂に取って代わったと仮定する、基本的なキリスト論の類似性が存在していた。アポリナリオスは彼の敵対者たちからこの考えを得たのだろうか。『信仰告白詳解』（*Kata meros pistis.*〔英語名は〕*The faith in detail*）という小論は三位一体論の問題に大きく関わっているが、受肉を論じるいくつかのパラグラフが存在する。この箇所でアポリナリオスは、進歩、苦しみ、栄光の達成など（明らかにここではアレイオス主義のことが視野に入っている）があたかも神に属するように、人間に属する事柄を神性に帰する人々に反対しただけでなく、神と肉体の合一を強調することによって、人間的な事柄を神から分離してしまう者たちをも批判している。[20] アポリナリオスは「もし誰かが神の子を、神から生じたのではなく、神性が満ちているだけだと言えば、その人はロゴスを否定しているのであり……神の知識を破壊してしまっている」と記述している。[21] 彼は、神が神のままで地上に住まい、すべてを満たし、同時に「肉体と混じり合った（συγκεκράμενος）」という意味が含まれているロゴスの σάρκωσις（受肉）という考えを概説している。[22] 彼はこの時にはアレイオス主義には言及することはない。[23] 彼が心に留めていたことは、いわゆるアンティオキアのキリスト論であると思われ、『キリストにおける肉体と神性の統一』（*De Unione*）の中で、彼は再び、「人間全体」（whole man）について語ることによって、神格を否定することに対して、警告している。[24] ディオニュシオスへの第一の手紙の中で、彼がサモサタのパウロスの同時代の追従者たちについての関心を表明し、[25] 彼がディオドロスに反論する論文を書いたことに注目するときには、彼の思想の中の一要因は、エウスタティオスに見出され、ディオドロスによって、アポリナリオス自身の世代に広まったキリスト論の思想に対する根本的な反対であったという疑念が生じる。

　このような見解は、彼がアレイオス派の敵対者たちから彼の主要な考えを盗用したという極端な考えよりも、はるかに説得力に富んでいる。さらに可能性が高いのは、彼とアレイオス主義者たちが、広く行き渡っていた仮定を共有していたということであり、アポリナリオスも状況はかなり違ってはいたが、その仮定をはっきりと明示したということである。しかし、アンティオキア学派に対して彼が敵対したという影響が、誇張されすぎてきたかもしれない。論争の両陣営が、アポリナリオスの非難の時まで、直接的な対立には至っていなかったと考えるいくつかの理由もある。にもかかわらず、私たちはディオドロスのキリスト論がどの点で発展し、問題に満ちたものとなったのかについては、なお議論すべきである。他のいくつかの背景が、アポリナリオスの思想に影響を与えた可能性があるのであろうか。

ミューレンベルクの興味深い研究によれば、アポリナリオスの思想は、まったく異なった背景に対抗して生まれた[26]。ミューレンベルクは、『神の受肉に関する説明』をまず取り上げて、アポリナリオスの第一の関心事は、θεὸς ἔνσαρκος（肉をとった人）であるキリストと ἄνθρωπος ἔνθεος（霊感を受けた人）もしくは哲学的な伝統では神についての知を仲保する神的人とを対比することであったと主張する。この哲学的な伝統から、アポリナリオスは、神が νοῦς（魂）であり、救いは神についての知であることを受け入れた。キリスト教の伝統からすると、彼は神についての知が受肉を通して与えられたことを受け入れていた。かくして彼はアタナシオスの救済論の「啓示」（revelation）としての側面をさらに展開したのである。神的な魂が肉体を取ったという事実の強調は、キリス

（20）『信仰告白詳解』3（L 168）.
（21）『信仰告白詳解』6（L 169）.
（22）『信仰告白詳解』11（L 171）.
（23）『信仰告白詳解』30（L 178）.
（24）『キリストにおける肉体と神性の統一』4（L 178）.
（25）『ディオニュシオスへの手紙』（*Letter to Dionysius*）（L 186）.
（26）Mühlenberg（1969）を参照。Kannengiesser（1971）と Hübner（1972）による論評も参照。

ト教が提供すべきは真理、つまり神についての直接的で真正な知識であるという彼の理解から生じたのである。必然的に彼はアンティオキア型のキリスト論が、ユダヤ人と異教徒に対するキリスト教の背信であると反発することになった。彼にとって、イエスは神と絶対的に同一視されなければならなかった。人間的魂を導入することによってこの同一視を薄めることは、キリスト教が主張する独自の真理を損なうことであった。アポリナリオスの全体的な立場についての他の説明についての付随する批判を詳細に検討すると、このようなアポリナリオス神学の解釈は、完全には説得力あるものとは言えないことが明らかになってくる。しかしながら、このような動機が、アポリナリオスの思想に何らかの役割を果たした可能性があることを示唆するに足りる手がかりは断片中に存在する。しかし、もう一つの示唆は、より刺激的なもののように思える。[27]すなわち、それはアポリナリオスがマルケロスに反論していたというものである。『信仰告白詳解』で彼が批判しているすべての思想は、後にアンティオキアの者たちがしたように、サモサタのパウロスに追従していると非難したアンキュラのマルケロスに帰されているように見える。さらにまた、アポリナリオスのキリスト論の前提は、エウセビオスによるマルケロス批判を先取りしているように見える。アポリナリオスの見解を明らかにするように元来促したものについてのすべての説明のうち、この見方が最良であるように思える。

一般的に言うと、アレイオス論争とそれに対する応答が、アポリナリオスの基本的な思想を生じさせる主要なコンテキストであった。[28]多くの点で、彼の考えはアタナシオス神学の原則や前提から、自然に発展したものである。アタナシオスは神のみが救済できると主張してきた。このことはアポリナリオスが頻繁に繰り返していることである。[29]アタナシオスは、真の神の子である唯一の方が人間に対して神を啓示したもうたという議論をしていて、アポリナリオスはこの見方を共有していた。「御父の被造物である私たちに語りかけるまさにその方が、あらゆる時の創造者である神である」[30]。アタナシオスの主張では、救済はロゴスが ἄτρεπτος（不変的）であることに依拠している。同じように、アポリナリオスも、人間の謬性と受苦性が克服されて救いが達成されるのは、ロゴスがἄτρεπτοςでἀπαθής（不受苦）であることのみによると主張している。アタナシオスはキリストが人間的魂あるいは心を持っていたかどうかというその問いには答えていなかったように思える。しかしながら、この問いは、アポリナリオスの時代にアレイオスの見解に含まれるキリスト論の意味合いが次第に認識されるようになると、徐々に明らかになった。アポリナリオスは、すべての魂がαὐτοκράτωρ〔自己運動する、自己統治的な意志〕であると考え、そのような二つの実体は一つの人格のうちには存在しえないと結論づけるに至った。[31] アポリナリオスはまた、人間的魂はτρέπτος（*treptos*）〔可変〕であり、変わりやすく、誤りやすく、罪を犯さざるをえないと考えており、彼はἄτρεπτος〔不変〕とτρέπτος〔可変〕の混合は認識不可能であると考えた。両者は互いに対立し合うことを余儀なくされているのである。[32]

これらの仮定のもとで考えると、彼がアタナシオスの教えが、キリストの人間的魂もしくは心の否定を示唆していると解釈したことは、なんら驚くべきことではない。救済は、神の変わらざる力の受肉に依拠している。「人類は魂や人間全体を御子がとり給うことによってではなく、肉を取ることによって救われる。……ἄτρεπτος νοῦς（不変的な魂）が求められる。それによって、理解力の弱さによって過ちに陥ることはないであろう」[33]。興味

（27）Spoerl（1994）.
（28）Spoerl（1993）.
（29）例えば『信仰と受肉』4（L 195）を参照。
（30）断片 38（L 213）.
（31）断片 150（L 247）.
（32）断片 151（L 248）.
（33）断片 76（L222）.

深いことに、アポリナリオスが単にアタナシオスの教えを受け入れていただけでなく、『アンティオキアの人々に宛てた文書』（*Tomus ad Antiochenos*）とアタナシオスの後期のキリスト論の記述の両方を受け入れ認めていたことを、この証拠は示している。これは、両者ともに、これらの著作がアポリナリオスではなく他の者に向けて書かれたという見解を確証させ、アタナシオス自身がこれらの著作に見られるキリスト論の言語を、キリストにおける人間的魂や心の存在を肯定するものと解釈しなかったという可能性を高める事実である。[34] アポリナリオスも、救い主は、人間的な心をとらなかったと主張するのと同じ意味合いで、[35] *σῶμα ἄψυχον*（魂がない肉体）もしくは *ἀναίσθητον*（感覚がない）もしくは *ἀνόητον*（心がない）と言うことができたのである。なぜなら、彼は、肉体の知性や活力を提供するものとしてロゴスについて考えたからである。

二番目の解釈の問題は、アポリナリオスの人間論に関わることである。ルフィヌスは、アポリナリオスがキリストのことを「肉体のみをとり、魂はまったくとらなかった」と教えることから始めたが、論争の過程で、彼は考えを移行させて、「キリストは魂を持っていたが、それは理性的な働きをするのではなく、活力を与えるだけのものであり、理性的な魂の場所を神の言が占めたと言った」としている。[36] この時代のプラトン主義哲学が、理性的な魂の場所と非理性的な部分を一般的に認めていたことは、〔本書の〕ネメシオスの節のところで再び取り上げる。しかしネメシオスは、魂と心は二つの違うものであり、人間は肉体と魂と心の三つの要素で構成されているという見解の提唱者としてプロティノスとアポリナリオスに言及している。テオドレトスのような他の者たちは、[37] アポリナリオスに反論する方法として、「三分法論者」（trichotomist）を論駁することにとりかかった。それゆえアポリナリオスの人間論が、当時のよく知られていた魂と肉の二元論に従わなかったという論拠はきわめて強力なものであろう。

さらにこの問題を複雑にしているのは、断片によって互いに矛盾していることである。ある断片で二分法論者（dichotomist）としての魂と肉、あるいは精神と肉という立場をとっているが、他の断片ではより論争的な三分法論者としての立場をとっている。特定の人間論がアポリナリオスの中心的な考えではなかったというのが、この問題の実際のところのようである。彼は基本的に人間を νοῦς ἔνσαρκος（肉体を取った心）もしくは πνεῦμα と σάρξ（霊と肉）から構成されるものとして考えており[38]、彼の種々の術語はパウロの言葉に由来しているのである。パウロ自身は、ほとんどグノーシス主義的立場に近い二元論者のように見えるが、三分法論者の用語でも語ることができる。アポリナリオスはそのような使徒の言葉を採用している。人間は νοῦς ἔνσαρκος であり、ロゴスもまた νοῦς ἔνσαρκος なのである。このことはキリストと人間に類似性があったことを意味している。「このゆえに、キリストは人である。なぜならパウロによれば、人は νοῦς ἐν σαρκί（肉における心）であるからである」。「パウロは最後の人（アダム）のことを、生命を与える霊と言ったのである」。「キリストは霊としての神を所有しているということ、すなわち、魂と体とともに心を所有しているゆえに、理にかなって『天からの人』と呼ばれる」。「もし人間が三分法として構成され、主が人であるならば、主は霊と魂と肉体からなる三であるが、彼は『天的な人であり生きた霊』なのである[39]」。正確な人間論的な用語は、アポリナリオスの主要な関心事ではなかった。彼の主要な関心は、θεός ἔνσαρκος（神の受肉）についての自身の見解とより広く受け入れられている ἄνθρωπος ἔνθεος（霊感を受けた人）という思想を対比させることにあった。ユダヤ人や異教徒さえも後者を受け入れること

（34）本書一三九頁を参照。
（35）『ディオカエサリアの司教たちに宛てた手紙』（*Letter to Bishops of Diocaesarea 2*）（L 256）。
（36）ルフィヌス『教会史』ii.20を参照。ソクラテス『教会史』ii.46と比較されたい。
（37）『乞食あるいは多くの姿をしている者』（*Eranistes*）の第二巻の最初の議論を参照。
（38）例えば、断片 69（L 220）や *Tomus Synodalis*（L 263）を参照。
（39）断片 72, 29, 25, 89（L221, 211, 210, 227）からの引用である。特に断片 69 以下（L 220 以下）を参照されたい。

ができたが、それは不十分であった。なぜなら、それは、（他の人間にも当てはまるような）知恵によって照明を受けた人間の魂を示唆するものだったからである。そこで、キリストの到来は *ἐπιδημία θεοῦ*（神が地に宿る）ということではなく、人として生まれることなのである。[40]

そこで第三の問題に移行しよう。パウロは「天の人」を語り、アポリナリオスは、これまでに見てきたように、自分の用語を用いている。アポリナリオスを批判する古代の人々は、彼がロゴスの肉は初めから先在すると教えていたと描いているが、この見解を論駁するために、多くの努力がなされた。しかしながら、現代のアポリナリオス研究、とりわけレイブンとプレステージの研究は[41]、この点において、アポリナリオスは誤解されてきたと主張した。つまり、これは、アポリナリオスのもっと極端な立場の追従者の幾人かがとった見解であり、アポリナリオス自身の見解ではなかったというのである。ニュッサのグレゴリオスも彼が書き記したことを誤解したのである。

このようにして、アポリナリオスが処女からの出生を深刻に受け止め、神の御子がマリアから肉体を受けたことについてしばしば語っていたことは事実である。彼は同じく、肉体の天的な起源をも否定している[42]。彼は『神の受肉に関する説明』の中で、地の人と対比をさせて、「天からの人」という表現を多用していたのは明らかである。さらに彼は生命を与える霊としての先在の人であるキリストについて語っているように思われる[43]。彼は、ある意味では常に「肉体を取った」神について考えていた可能性を示唆する個所が存在する。つまり、彼は「神はすべての時に先立って ἔνσαρκος（肉となり）」、後に女性から生まれた」と言ったと報告されている[44]。彼が主張した一つのことは、三位一体は四ではなく三であるということであり、栄化された人（glorified Man）を取ることによって三位一体は四に拡張されたという見解を敵対者の主張であるように示唆したのである。そうするとおそらく、神が不変であるという彼の見解は、ロゴスと肉体との永遠の合一という仮定に導かれるだろう。しかしながら、『ディオニュシオスへの第一の手紙』（*First Letter to Dionysius*）からの記述によると、アポリナリオスが真に関心を抱いていたことは〔三位の〕統一に関することであり、そこから導かれる帰結を綿密に検証しようとするつもりがなかったことが示唆されている。

私たちは主を二つの *prosōpa*（位格）に分割しようとする人々の誤った非難を恐れない。もし彼らが私たちのことを、福音と使徒の一致を維持するために、肉体が天から来ると私たちが言っていると偽ることで、彼らが私たちを冒瀆しているなら、なおさらのことである。なぜなら聖なる書物は、天からの一人のお方を人の子として記述しているからである［ヨハ三・一三を彼は示唆している］。また、私たちが神の子が女から生まれたと言うときにも、言が天からではなく地上からであると主張しているかのように非難されることはない。私たちは両方のこと、つまり〔キリストの〕全体が神を通しての天からのものであり、全体が肉を通しての女からのものであると言うことができるのである。私たちは唯一の *prosōpon* の分割を知らないし、さらに天的なものから地的なものを、地的なものから天的なものを切り離しはしない[45]。

(40) 断片 51（L 216）と 70（L 220）を参照。
(41) Raven（1923）と Prestige（1940）を参照。
(42)『信仰と受肉』3（L 194）.
(43) 断片 32（L 211）.
(44) 断片 50（L 216）.
(45)『ディオニュシオスへの第一の手紙』7（L 259）.

3　キリストの統一

問題点や意味するものがどのようなものであれ、キリストの統一がアポリナリオスの主要な関心事であり、彼の目から見てこのことに最優先の重要性を与えるものは、キリストの統一が持つ救済論的な意味である。救いが、罪と死から人間を解放するために、神は ἄτρεπτος（不可変）であり続けるというアタナシオスの認識を、アポリナリオスがただ取り入れたということではない。彼は、仲保の問題を省察したのである。仲保者は、間に立つ。アレイオス以前の見方では、ロゴスは、存在の鎖の紐帯となることによって、中間に位置すると考えられた。しかしアポリナリオスにとって、ロゴスは神と人との間の中間であるという意味での仲保者である。馬とロバとの中間は騾馬であり、白と黒の間は灰色、冬と夏の間は春である。神と人との中間（mean）がキリストなのである。彼は完全な人でも完全な神でもなく、神と人との混合（mixture）である。キリストは肉をとった霊によっては神であり、神によってとられた肉としては人なのである[46]。このように、キリストは人と神を結び付ける仲保者であり、それは一つの本性における完全な神と人とが神的に混合された新しい創造であり[47]、人間に θεοποίησις（神化）と救済をもたらす。アポリナリオスは、μίξις（混合）もしくは σύγκρασις（結合）によって統一について説明することを積極的に行っている。なぜなら、彼にとって統一は、ちょうど人が肉と霊から構成されているのとまさに同じように、有機的もしくは生物的な統一だからである[48]。処女降誕は生物的には特殊なものを生み出すゆえに、重要である。そこには活力を充塡された男性の精子はなく、代わりに聖霊が降ったのである。それゆえに、アポリナリオスにとって「一つの本性」は、（キュリロスのように）ロゴスが新しい存在の条件を身にまとったということを意味しなかったが、キリストが神と人とを結合する無比なる存在であるということを意味したのであった。このことは「永遠に肉を取るということ（enfleshment）」が、彼の思想傾向から完全に隔たった考えではないという理由である。同様に、肉が神の（一つの実体の）ホモウシオスになったという考えを見出したとしても、それはおかしなことではない。「肉は恵みによって神性に追加されるものではなく、神性のσυνουσιωμένη（本質（ウーシア）における統一）であり、神性に対してはσύμφυτος（生まれつきの、生来の）ものである」、「彼の肉は、神格とのσυνουσιωμένηであるので、私たちに生命を与えるのである」[49]（この本質の統一は、他のどのようなことよりも、ディオドロスの感情を害したものである。彼のアポリナリオスを論駁する著作は『知恵の論駁』（*Contra Synousiastes*）と呼ばれる）。この統一の概念は、アポリナリオスの人間論の混乱を説明する助けになるかもしれない。なぜならこの唯一無比なる個人において、ロゴスは単なる心ではなく、生命を与える原理（πνεῦμα ζωοποιοῦν）だからである。アポリナリオスが二分法もしくは三分法の言葉を用いたりすることは、彼が道徳的な問題を考えているのか（それゆえロゴスをνοῦςつまり心として扱った）、もしくは彼が人間に神の生と不死性が付与されることに注意を向けているかによるのである。霊と心と魂をはっきりと区別することとは別に、彼の唯一の関心は、この無比なる仲保者の有機的な統一を確立することにあった。彼が仮定したこの「混合的な統一」（compound unity）は、アポリナリオスがある意味で二性（テオドレトスが詞華集（florilegia）の中で示したように）を認識したことを意味しており、このことは彼にとって、後のエウテュケス主義者たち（Eutychans）とは異なり、肉が神的なものに変わるのではなく、[50]無比なる第三のもの（*tertium quid*〔二つの対立物は似ているが、どちらとも異なる第三のもの〕）を形作るために神性と結合されたことを意味した。

（46）断片113（L 234）と断片19（L 209）を参照。
（47）断片113（L 234）と断片19（L 209）を参照。
（48）断片11（L 207），『キリストにおける肉体と神性の統一』5（L 187），『信仰と受肉』7（L 199）を参照。Ried-matten（1948, 1956, 1957）も参照。
（49）断片36（L 212），断片116（L 235）.
（50）断片121（L 237）.

アポリナリオスの見解が聖書から導き出されているように見えるいくつかの点がすでに明らかになった。しかし、レイブンとミューレンベルクはそれぞれ、アポリナリオスのキリスト論がキリスト教神学のヘレニズム的な伝統の頂点にあるとみなした。この種の一般化は慎重に取り扱われるべきである。もしレイブンが神学の「単性論的な」（Monophysite）形をヘレニズム的と考え、アンティオキア型のキリスト論である「二性」のキリスト論を、シリア起源のより実在主義的で聖書的な伝統を表しているとみなしたとしても、ウィグラム[51]はその評価を反転させ、「キリスト両性論」（Dyophysite）の立場をギリシア的主知主義に属するものとみなし、「単性論」を単純なシリアの禁欲主義者に帰したのである。アポリナリオスの教えがかなり洗練されたものであることや、アポリナリオス自身が徹底的にギリシアの教育を受けていたかなりの知識人であることは疑い得ない。彼と彼の父は聖職者となったが、教師のままでいたことを忘れるわけにはいかず、彼の生涯についてわずかに知られているのは、彼が古典を愛したことである。最初の事件として知られていることは、アポリナリオス親子が共同体から除外され、ディオニュシオスに敬意を表す讃美歌を歌う集いに懺悔をするために送られたことである。この事件は彼らが哲学者エピファニオスの講義に出席し、彼に好意的だったために起こったことである。およそ三〇年後（三六〇年）に、ユリアヌスが、キリスト教徒が学校で異教文学を教えることを禁止したとき、アポリナリオス親子は、学校で用いるために、ホメロスの叙事詩、エウリピデスの悲劇、メナンドロスなどによる喜劇、ピンダロス風の歌やプラトンの対話篇の形式で、聖書を書き直したものを出版したのである。これらすべては失われてしまった。ある研究者は、アポリナリオスが現存している六歩格（Hexameter）の中に残存する詩編のパラグラフの作者であると論じたが、その信憑性は最近の批判的な研究によって、かなり疑わしいものになった[52]。

いろいろと考え合わせると、アポリナリオスはユリアヌスに対して、さらにアレイオス主義に対して、信仰を注目すべき仕方で擁護した人物であることがわかってくる。彼はポルピュリオスを論駁する三〇の著作も書き、聖書の多数の注解を書いた。彼は力量のある、尊敬された学者であった。彼に相談を持ちかけたのはアタナシオスだけではなかった。若者であったバシレイオスもホモウシオスの意味について尋ねるために、彼に手紙を書き送った。もっともその手紙の信憑性は、後のバシレイオスの当惑した否定のために疑われたが、プレステージとリードマッテンによって首尾よく擁護された[53]。必然的にアポリナリオスのキリスト論に最も多くの注目が集まったが、『信仰告白詳解』やバシレイオスの書簡の中に見られるように、彼の三位一体論の見解は、大いに興味をひく。アポリナリオスは、ホモウシオスと礼拝がその方に捧げられるべき唯一の聖なる神である全体としての三位一体を支持することに成功するが、同時に、サベリオス主義に対する防御として、いくつかの伝統的な従属主義を同時に保っていた。御子は「本性上、御父の神性」(τὴν πατρικὴν θεότητα φυσικῶς)を有するゆえに神である[54]。「三位一体が唯一の神であると言うことができるが、それは、三の結合によって一なる方を知るのではなく、御父が初めであり起源であること(ἀρχικῶς τε καὶ γεννητικῶς)を知ることである。これが、御子が御父の似像であり生み出されたもの(εἰκὼν καὶ γέννημα)ということである」。御子は御父の兄弟ではない[55]。この考えはカッパドキア教父たちの立場からさほど遠いものではない。

　そうなると、どのようにしてラオディキアにあって忠実なニカイア派の尊敬すべき指導者が、異端として非難されることになったのだろうか。このことはアポリナリオスの経歴が提起する歴史的な謎である。彼は反対にあうことなく、三〇年間にわたって、危険な教えを教え続けたと思われる。彼は、いささか曖昧な言い方ではある

(51) Wigram (1923).
(52) テキストは Ludwich (1912) を参照。Golega (1960) も参照。
(53) Prestige (1956), Riedmatten (1956, 1957).
(54) 『信仰告白詳解』27 (L 176).
(55) 『信仰告白詳解』18-19 (L 173).

が、ニカイア・コンスタンティノポリス会議（三八一年）によって、最終的に排除された。このことが起こる前の三七〇年代後半に、彼はローマ教皇から、また地元のアンティオキアの会議で非難されていた。すでに述べたとおり、三六〇年代の前半に彼が非難されたことは『アンティオキアの人々に宛てた文書』の中で示唆されていること、さらに、アタナシオスが『エピクテトスへの手紙』の中で彼を批判したと考えることは、きわめて蓋然性が低い。三七〇年代にヒエロニュムスはアンティオキアでの彼の講義に出席しており、彼はそのときまだ広範囲の教会から尊敬を受けていた。けれどもそれと同時に、エピファニオスは、アンティオキアで教えられている危険な見解を見つけ出し、この段階ではその教えをヴィタリスと結び付けていた。それから数年後、エピファニオスは『異端反駁』（*Adversus haereses*）の中で、アポリナリオスを強く論駁した。しかしながら、ほとんどの人が、アンティオキアにおけるアレイオス主義の勢いと、反アレイオスの陣営内での悲劇的な分裂（エウスタティオス派がローマを支持したのに対し、メレティオス派は東方教会の司教から支持を得ていた）に困惑している状況だった（ヒエロニュムスがアンティオキアにいたとき、彼はどちらのグループと連絡をとるべきか、最も困惑していたのである）。バシレイオスがアポリナリオスとこの頃の彼の活動に懸念を表明したが、彼はアポリナリオスの教義的な立場よりも、シリアの首都にもう一つ別の分派ができることを心配していたのである。バシレイオスがアポリナリオスを非難した後でさえ、アポリナリオスは、その生涯と学識ゆえに、批判者たちからも尊敬を受け、明らかに彼はニカイア派が大勝利を得るまでほとんど、多くのニカイア派からの支持に恵まれていた。エピファニオスの批判とは別に、三八一年になって初めて、彼の教えに対する活発な批判が、二人のカッパドキアのグレゴリオスによって書かれた。すなわち、ナジアンゾスのグレゴリオスは、クレドニオスに宛てた彼の手紙の中で、またニュッサのグレゴリオスは、『アポリナリオス反駁』（*Antirrheticus*）の中で、アポリナリオスの『神の受肉に関する説明』の逐語的な批判をしている。[56]

4　タルソスのディオドロス

アポリナリオスのもう一人の批判者であるタルソスのディオドロスは、より身近な存在であり、アポリナリオスの製粉所にいくらかの製粉用の穀物を最終的には提供したとたとえることができるほど、直接関係している人物である。彼らは同時代人であったに違いなく、アポリナリオスは、やや年長者であっただろう。というのも、アポリナリオスが拒絶されたちょうどその頃に、ディオドロスがタルソスの司教になったからである。アポリナリオスはすでにその時点で六〇代であったと思われる。彼らは、キリスト論でははっきりと区別されるが、他の点では多くの類似点を持つ。両者とも古典の教育をよく受けており、ディオドロスは明らかに若い頃にアテネで学んでいた。アポリナリオスのように、彼は異教徒を論駁するために学んだことを用いたのである。両者は明らかにポルピュリオスに反論する大著を書き、ディオドロスは天文学、摂理、第一となる諸原理、諸元素などについての多くの哲学的な主題について書いたと言われている。両者はともにユリアヌスに対する闘争に関与した。もしアポリナリオスが自分の膨大な著作によってユリアヌスの企てをくじこうとしていたなら、資料は、ユリアヌスがアンティオキアに留まって、異教の祭儀を再確立しようと計画し始めたとき、ディオドロスが英雄的な行為を行ったと記している。ユリアヌス自身は自分としてはディオドロスが身内の大きなとげであることがわかったと告白している。

---

(56)　Daley (2002), pp.469fで議論されているのは、両グレゴリオスとも、アポリナリオスのキリストの説明が彼らの救済論と根本的に異なっている点に反対をしている、ということである。アポリナリオスは、人間の堕落した本性とは異なる力に依拠しているキリストの救済の力の重要な特徴を理解していた。二人のグレゴリオスは「神の言による、神の美徳と生との交わりによって、全ての人間が彼と人格的に統一された完全で正しい人間存在へとはじめから変革されることと救済の神秘を理解していたのである」。

ナザレ派のにせ祭司のディオドロスは、明らかに粗野な信念を持つ才気煥発な詭弁家である。というのは、彼はアテネに船で向かい、公共の利益を損ねるに至り、性急に哲学と文学を修め、天の神々に対して自分の言論を修辞的手段で武装したからである。

ユリアヌスは、ディオドロスの哀れなほどの衰弱状態が、（彼の禁欲主義を示す）哲学的な習慣のしるしではなく、神々からの罰のしるしであったと主張し続けたのである。[57] そのような報告を、ディオドロスがエメサのエウセビオスのより劣った模倣者であり、「文学には精通していなかった」ことを示唆するヒエロニュムスのいくぶん侮蔑的な意見[58]とを調停させることは難しい。

それゆえディオドロスは、アポリナリオスと同様、世俗的な学問に精通していたようであり、異教信仰に直面していたと思われる。両者とも異端と対決し、アレイオス主義とサベリオス主義が両者の共通の敵であった。実際、ディオドロスの三位一体の教えは、従属主義に向かう傾向を示し、アポリナリオスのそれと注目すべき類似性を持っていたように思われる。[59] 両者はキリスト教共同体の音楽的な生にも独自の貢献をした。アポリナリオスの聖歌は祝祭の時に人気が高く、男性が仕事中のとき、また女性が機織りをしている際に歌われたが、ディオドロスは聖歌隊を二つのグループに分けての詩編を歌っての交唱を実践した。[60] 両者とも聖書に没頭し、両者とも説明の無駄を省き、思索的な寓喩を避けるという特徴のある聖書注解を生み出した。[61]

しかしながら、特定の地域で、より大きな名声を得たのはディオドロスであった。ディオドロスは生涯のほとんどをアンティオキア近くの修道院で過ごし、そこで彼は次の世代の二人の傑出した人物に深く影響を与えた。ヨアンネス・クリュソストモスとモプスエスティアのテオドロスである。ディオドロスがなしたと思われる最も重要なことは聖書的な釈義の土台を据えたことであり、それによって、後者〔テオドロス〕は「注解者」（The

Interpreter）として知られるようになる偉大な聖書注解の著作へと発展させることができ、前者〔クリュソストモス〕は釈義的な説教によって偉大な名声を得ることができたのである。

ディオドロスの注解のいくつかの断片は抜粋集（Catenae）の中に保存されてきたが、著作として集められ、編集され、出版されるというようなことは、実質的にはなされてこなかった。入手できる史料の真正性についての議論が続いており、ディオドロスに帰されるものとテオドレトスに帰されるものとの間にはかなりの混乱が見られる。しかしながら、ディオドロスのアプローチの仕方の全体的な筋道はかなり明確であるように思える。なぜなら、彼は聖書テキストの「歴史的な」次元を第一義的に主張し[62]、過度の寓喩的解釈を拒絶したからである。彼の主要な関心事は聖書の実際の言葉と文章を解明することであり、語源をたどり、聖書テキストを比べることにより言葉の「聖書的な」意味を識別しようとし、思想の文脈とその配列の意味を見て、その意味を明らかにす

(57) ユリアヌス『書簡』55（ファクンドゥスによって保存されたフォティノスに対する手紙の断片）,『著作集』III, LCL（1923）.
(58) ヒエロニュムス『著名人列伝』119.
(59) Abramowski（1931）.
(60) アポリナリオスについてはソゾメノス『教会史』vi.25を、ディオドロスについてはテオドレトス『教会史』ii.19.
(61) アポリナリオスの釈義的な著作に関しては、ヒエロニュムス『著名人列伝』104. 釈義の断片はStaab（1933/84）と、Mühlenberg（1975）の中にある。ディオドロスの釈義についてはSchweizer（1941）, Schäublin（1974）, Young（1997a）, O'Keefe（2000）, Hill（2005）を参照。
(62) アンティオキア学派と現代の「歴史〔批評〕」の理解の違いについては、Young（1997a, 1997b）やO'Keefe（2000）などを参照。

るために、パラフレーズを施すことにあった。彼を非難した者は、彼の著作が想像力に欠け、退屈であるとみなした。しかしながら、彼は旧約聖書が預言の意味を持っており、旧約聖書における行為や出来事が、それ自体を超えて、キリストにおける成就を指し示す「予型」であるかもしれないという伝統的な見解を捨てたわけではなかった。彼が拒否したのは、想像力をかき立てるような寓喩的な象徴に従って、字義的な細部のすべてを巧妙にして人為的に解釈することであった。彼が強調したことは、聖書テキストが事実として言及していることを真剣に受け取ることの重要性であった。全体として、ディオドロスはこの時代の多くの釈義の常識的な実践をはるかに超えていたわけではなく、彼の方法と注解は、アンティオキアの伝統とは結び付かない同時代人たち、すなわち、カエサリアのエウセビオス、エメサのエウセビオス、エピファニオス、バシレイオス、時にはニュッサのグレゴリオス（オリゲネス主義的なアプローチに近かったが）という人々にも跡付けられるものであった。特にディオドロスの後継者であったテオドロスは、自身の思想のいくつかを極端にまで推し進めた。しかしディオドロス自身は、聖書全体の中でキリスト論に言及している箇所についての過剰な伝統的な前提を問いに付すことなく、主に説明の技術を改善することに集中していたように思える。このような一般的な評価は、彼の『詩編注解』の中に確認される。[63] この『詩編注解』は、中心的なアンティオキアの釈義家たちを教えた著名な聖書教師に関する証拠への重要な付加である。この書物では、寓喩に関する彼自身のコメントや、聖書テキストの解釈の進め方を読み取ることができる。

5　ディオドロスのキリスト論

アポリナリオスの著作が断片的に残存しているにすぎないことから、彼のキリスト論を再構成することが難しいのであれば、ディオドロスの場合はさらにどれほど難しいことであろうか。彼の膨大な著作のうち、残されたものはきわめて少なく、残存する教義の断片も、ほとんどが論敵に由来した史料によるために、その信頼性についての疑いが提起されてきた。ラテン語断片およびわずかなギリシア語断片は、後のキリスト論論争の著作に見られるが、残存するほとんどすべての断片は、彼と敵対的であったシリアの「単性論者」の著作家によって、彼らの母国語であるシリア語で保存されている。これらすべての資料は結局のところ、ネストリオス論争の時代に、アンティオキアの神学の敵対者たちによって引用された語句の集成〔詞華集〕に由来するものである。後の「単性論者たち」は、〔アレクサンドリアの〕キュリロスの今では失われてしまった著作『ディオドロスとテオドロス反駁』(*Contra Diodorum et Theodorum*)を用い、キュリロスは彼の論敵の著作を自身ではよく参照しなかったようだが、彼の著作を以前から準備されていた詞華集に基づかせた。これまでに指摘されてきたように、これらはディオドロスの名前を汚すために不当に資料を改竄したアポリナリオス主義者たちに由来した。[64] この最終的な主張の根拠は、ほとんど推測の域を出ず、大方の最近の議論は、使われている用語がアンティオキア学派の後の定式に合致するように書き直されてはいまだおらず、つまり、断片に描かれたディオドロスのキリスト論は独自なものので、改竄されたとは考えられないという理由だけで、諸断片の真正性を当然とみなしてきたのである。[65] それでも疑いは残る。明らかに選択された断片は、より論争の的になるような言葉を文脈から切り離してみれば、彼の神学的な立場の基本的な形と動機の完全な見取り図を、獲得することは不可能であるように思える。さらに、抜粋の大部分が、彼の『知恵の論駁』(*Against the Synousiasts*)から引用されている。そのために、それらは、アポ

---

(63) テキストは Oliver (1980) を参照。英訳は Hill (2005) にある。Froehlich (1984) と Young (1997a) と O'Keefe (2000) の議論と比較されたい。
(64) Richard (1946/77).
(65) Grillmeier (1965), p.270 (2nd ed., 1975, p.360), n.34 を参照。真正性の問題をめぐっての膨大な議論は Sullivan (1956) にある。

リナリオスに対する強い抵抗を反映している可能性があり、必ずしもディオドロス自身の神学についてのバランスの取れた見解を示しているとは思えない。残存している断片を入手する方法は、アポリナリオスの場合よりは、さらに複雑であるが、論集の中で集められ公刊され、シリア語断片は、フランス語あるいはドイツ語の翻訳とともに提供されてきた。[66]

証拠の欠如によってもたらされる困難は、ディオドロスがアンティオキア学派を代表する重要人物であったということを仮定することによって、これまでは解決されていた。彼の釈義と同様、彼の教義は弟子のテオドロスと関連しているが、おそらくテオドロスほど過激ではなかっただろう。というのは、彼のもう一人の有名な弟子であるヨアンネス・クリュソストモスは、明らかに正統の主流に近かったからである。それゆえ、アンティオキアの神学者が後のキリスト論論争においてはっきりと擁護したロゴス・人〔アンソローポス〕(Word-Man) キリスト論や「二性」(two natures) キリスト論の発展にディオドロスが重要な役割を果たしたという事実に疑問を投げかける者は誰もいない。キュリロスは、ある断片の中で、マケドニア派の異端を放棄したことによって、ディオドロスは、ダビデの末裔である聖処女から生まれた人は、御父の言から生まれた御子とは異なると言ったり書いたりすることによって、病に倒れるまでは正統派と交流していたことに不満を述べている。[67] 彼の立場をこのように要約することはよくあることとみなされた。彼がどの程度「ネストリオス以前のネストリオス主義者」と言いうるかという問題は、繰り返し論じられたものの、彼のキリスト論的な思想が一般的にアンティオキア学派に傾いていたことは、議論の余地のないものと考えられた。彼は、サモサタのパウロスの追従者としてのアポリナリオスによって論及された人々の中で最も重要な人物であったに違いないと思われる。サモサタのパウロスは、キリストを分割して、「二つの御子」について教えた。[68] 彼が実際にはロゴス・肉〔サルクス〕(Word-Flesh) キリスト論から出発したというグリルマイヤーの提言は、それゆえにいくぶん強い反論を触発した新提案であった。[69] グリルマイヤーの議論によれば、ディオドロスの用語は、大部分がロゴス・肉〔サルクス〕型である。アタナシオスと同様、彼はイエスが年齢と知恵において成長していくことを肉体に帰すのではなく、さらにまたロゴスに帰するのでもなく、この成長を人間の進歩としてではなく、神による肉体への知恵の漸次的な賦与として理解している。イエスの人間的な魂は、彼のキリスト論形成において積極的な役割を果たすことは決してないし、そのことがアポリナリオスとの論争の中核となることもない。アポリナリオスとの論争では、彼は主として、アポリナリオスがロゴスと肉体とを一つの独自の実体として融合させる神学的な危険に関心を向けている。彼はロゴス・肉〔サルクス〕型から、自分の考え方を少しずつ移行させた。このロゴス・肉〔サルクス〕型は、グリルマイヤーが示唆しているように、キリスト論の歴史において、一つの鍵となるような結び付ける人物と言えるエメサのエウセビオスから得たものである。アポリナリオス主義が彼に考えを修正するように促したときでさえ、魂は、彼のキリスト論の考えにおいて積極的な要素、つまり「神学的な要因」となることはなかったのである。

ディオドロスが、ロゴスは「人」というよりも肉体を取ったと語っていることは認められねばならない。キュリロスでさえ、ディオドロスが「魂なしの肉体」について人を誤解させるような仕方で語ることによって、自身がネストリオス主義の嫌疑をかけられることから免れようとしていると非難している[70]。テオドロスの定式「肉

(66) Brière (1946) は大英博物館の Codex 12156 より諸断片を出版した。Abramowski (1949) は別なところからギリシア語、ラテン語、シリア語の断片を含めて出版した。
(67) Abramowski (1949), p.62 に引用されている Schwartz, *ACO* I.i.6, 151f を参照。
(68) Grillmeier (1965, これはドイツ語オリジナル (1951) からの英訳である) および改訂第二版 (1975) を参照。
(69) Sullivan (1956), Greer (1966).
(70) Pusey (1872a) III, p.494 に収められているアレクサンドリアのキュリロスの断片を参照。Abramowski (1949) は、全体を引用していない。

をとった人」（the Man assumed）はディオドロスの断片には見られず、ディオドロスが彼の生徒〔つまりテオドロス〕の思想のすべての源であると仮定することに対して警戒するのは当然であろう。しかし、私たちが手にしている諸断片は、グリルマイヤーの批判者によれば、グリルマイヤーが首尾よく曖昧にしてしまったキリスト論的な二元論を主張している。ロゴス・肉〔サルクス〕（Word-Flesh）ないしはロゴス・人〔アンソローポス〕（Word-Man）という型に過度に集中することは、先入観に基づく枠組みを史料に読み込む結果を招き、解釈をゆがめることになってしまうだろう。この用語は最終的なものとみなされるべきではない。キリスト論論争における両陣営の代表者たちは、「肉〔サルクス〕」と「人〔アンソローポス〕」という言葉を互換的に用いていたのであり、これは聖書の用法であると主張していた。同様に、一つのキリスト論において「人間的魂」という言葉を用いるか用いないかも、基本的なキリスト論の原則に対する誤りなき作業指針でもない。例えば、アレクサンドリアのディデュモスはこの魂を肯定したが、アンティオキア的な二元論を発展させるようなことはしなかった。[71] 魂があろうとなかろうと、ディオドロスのキリスト論をアンティオキア的にするのは、ロゴスを受肉の経験の直接の主体とすることに対する彼の拒否なのである。「ダビデの末裔であるお方」「マリアから生まれたお方」こそ、苦しみを受け死んで復活した方であり、それはロゴスではない。[72] ロゴスは、一つは時間に先立つ神から、もう一つは処女からの、二つの γεννήσεις（「生じること」（begetting）と「出生」（birth）を意味する）に服するのではない。むしろロゴスは、マリアの胎に自ら神殿を建てたのである。ロゴスは、肉体と混交しなかった。すべての時代に先立って御父から生誕したお方は、変化することも受苦することもなかった。彼は肉に変化したのではなく、十字架上で苦しんだのでもなく、食べたのでも飲んだのでもなく、疲れを覚えたのでもなく、肉体を持たないまま、損なわれることのないままに留まり、父の類似性から決して外れることはなかった。[73] ディオドロスによれば、「御父の類似性」は「僕《しもべ》の類似性」から区別されねばならなかった。パウロは神・言（God-Word）がマリアの子となったことを語ったのではなく、マリアから生まれた人が私たちの救済のために遣わされたと語ったのである。マリアから生まれた方は、まことの人であり、天地創造の前に存在することができたはずがない。もしそうなら、彼は人ではない。もしアブラハムの子孫であれば、どのように彼はアブラハム以前に存在することができただろうか。もし彼がダビデの子ならば、彼はあらゆる時代の前にいったいどのように存在しえたであろうか(74)。このような疑問が出されながら、単性論の抜粋集がディオドロスの発言を冒瀆者レオの発言と並べることができた（ローマ教皇の『教書』（*Tome*）がカルケドンで規準とされたことを意味している）のは驚くべきことではない(75)。ディオドロスは、強い二元論的な基礎を伴って、「神人両性」のキリスト論を教えた(76)。ダビデの子は、ただ καταχρηστικῶς（厳密にではなく）神の御子と同一視することができるだけである。ごく自然に、ディオドロスの反対者たちは彼が「二人の御子」について説教していたと非難している。そして彼の返答は、この指摘を避けたものであった。彼は、ダビデの二人の御子とは言っていないと主張した。なぜなら、神・言がダビデの子になったと言ったのではないからである。さらに、彼は、神の二人の子とも語っていない。なぜなら、彼は、二人の子が神の本質（*ousia*）に由来すると言ったのではなく、神・ロゴスがダビデの末裔に宿ったと言ったからである(77)。ディオドロスは、彼の批判者を悩ましたことが、神の御子とダビデの子を同一視することを拒否することにあっ

(71) 本書一九八—二〇〇頁を参照。
(72) 例えば、断片 15, 17, 19 を参照（Brière と Abramowski を参照。以下、それぞれを B. と Ab. と略す）。
(73) これらの記述は断片 22, 28, 19, 20（B. と Ab.）および 35（Ab. だけにある）に見られる。
(74) これらの記述は断片 14, 12, 4（B. と Ab.）に見られる。断片 44（Ab. だけにある）と比較されたい。
(75) 断片 46-9（Ab. だけにある）.
(76) 断片 27（B. と Ab.）.
(77) 断片 42（Ab. だけにある）を参照。断片 30（B. と Ab.）と比較されたい。

ていた。
たことを理解し損ねていたのである。この同一視の拒否は、ゆるやかに並置されている二人の異なる子を示唆し

そこで、残存している断片をもとにすると、グリルマイヤーの批判は疑いもなく、より説得力のある主張を示しているように思われる。特にディオドロスがキリストの統一を主張しているように見える一つの重要な断片は、実際にはアポリナリオスの教えを要約する試みであると認められる場合にそのように言える。もしディオドロスがキリスト論的なパラダイムとして肉体と魂のアナロジーを受け入れ、神と同じ存在であり、飼い葉桶と十字架、そして天における主体の統一を肯定していたと思われるなら、そのような解釈を支持し続けることはできない。それは、ディオドロスが肉体と魂のアナロジーを厳しい批判にさらし、「同じ方が時代に先立って神から生まれ、最後の時にはダビデから生まれると告白し、……同じ方が、不受苦であるとともに受苦であると告白する、……」と明白に述べている別な断片に照らすとそのように言えるのである。両方の記述とも、(78) ディオドロスはアポリナリオス主義者たちの誤りを明らかにするために、アポリナリオス主義の立場を述べようとしているのである。彼は神的主体と人間的主体との間に、どうして何らかの一致をもたらすことができるかを理解することができなかった。

乏しい証拠しかないので、新しい理論や活発な議論を生み出すようなこともなく、しかも証拠が明らかに偏っており、一つの論争に関する一つの著作からだけもっぱら引用される場合には、まったく異なった部分が強調されるような再構築の可能性が、増大する。もちろん、グリルマイヤーは、ディオドロスが「区別」あるいは「分割」のキリスト論を発展させたことを認めている。しかしグリルマイヤーは、このキリスト論がロゴス・肉（サルクス）型の枠組みの上に構築されたという事実を強調している。彼の批判者が完全に理解したとは思えないことは、グリルマイヤーの論点がディオドロスの思想の最終形態よりもむしろその背景と発展に関するものであるという事実である。グリルマイヤーが議論していることは、ディオドロスが長いアンティオキア学派の伝統を引

き継いだロゴス・人〔アンソローポス〕型からは出発しなかったということである。ディオドロスはサモサタのパウロスを否定した。つまり、エウスタティオスからの直接の影響は、ディオドロスがエウスタティオス派ではなくメレティオス派であったということ、さらには魂を重要な問題とはみなしていなかったという事実から見れば、可能性は低い。そこでグリルマイヤーは、ヒエロニュムスが言及するエメサのエウセビオスとの関連を重視し、それに基づいてロゴス・肉〔サルクス〕の起源からの発展を仮定する。もしグリルマイヤーが正しいとすれば、アポリナリオスが、意識的にディオドロスに反対することで、自分の思想を発展させたという可能性を減じることになる。アポリナリオスが非難される以後の三八〇年代までは、両者は直接教義的な対立を起こしていなかったことを示す証拠は確かに存在する。かくして、彼らの立場は相互の応答によってますます固められていったが、この応答は、両者の相異なるキリスト論を生み出したわけではなかった。

それでは、なぜディオドロスはキリスト論的な二元論を発展させたのだろうか。グリルマイヤーは、ユリアヌスとの論争が原因にあったことを示唆している。ユリアヌスはディオドロスがキリストの神性を捏造したと信じており、別なところでイエス・キリストをロゴスから区別する者たちを、問題を回避していると非難している。グリルマイヤーは「ディオドロスは異教徒の皇帝の攻撃によって、キリスト論的な言い回しのための二つの課題を解決することを余儀なくされたのだろうか」と問うている。確かにディオドロスの神学の出発点は、ロゴスの位格における「神が神であること」(the Godness of God)を保つ必要のように思われる。人を神と同一視することは冒瀆以外の何ものでもなく、キリスト者は、哲学者から嘲笑されるままであったことは確かである。神・言(God-Word)は、単純に変化や苦しみを受けることができなかった。なぜなら、神・ロゴスは、肉体を持たず、

---

(78) 二つの断片は断片2, 26(B.とAb.)に関するものである。このことをめぐる議論は、Richard(1945)を参照。特にGreer(1966)も参照されたい。これらの両方の断片はAbramowski(1931)によって誤解釈されてしまった。

無限であり、あらゆる点で御父の神性を分有していたからである。そこで、ディオドロスは、神・ロゴスを肉体と合成させることによって、ロゴスを損傷させることになるのではないかと危惧を表明している。[79] しかしながら、ディオドロスは、自分の神学が生成途上にあったに違いない時期にまだ決して終息してはいなかった「アレイオス主義」との論争から、ロゴスの不変の神性への関心を受け継いだのではなかったか。彼の議論のプロセスが、エウスタティオスの議論のプロセスの形にそのまま拠っていたことは十分ありうることであった。たとえ、諸問題をはっきりと解決するための方法として人間的な魂の概念を採用していなくても、そのように言える。明瞭な用語が使われていなくても、示唆的に、彼はダビデの子孫でありマリアから生まれた人間を、ロゴスに帰すことのできない受肉の経験の主体としたのである。まったく同じとは言えなくとも、彼はこれと並行する道筋をとった。それゆえに、アレイオス論争は、十分にこのことを説明する。

この点については、さらなる確証を得ることができる。疑いもなく、多くの点で、ディオドロスはテオドロスおよび後期のアンティオキア学派の「二性」キリスト論を先取りしていた。これは、キリストの神性と人性の統一を、本性によってではなく恵みによって一つなる存在として扱うことを含んでいる。ディオドロスが認めていたのは、本性によって一なる神の御子がいて、生まれながらにダビデの子孫でマリアから生まれた人間が、恵みによって神に由来したということである。つまり、御子は恵みによって、唯一の御子、唯一の栄光、唯一の不死と唯一の礼拝を分有していた。ディオドロスは、彼の後継者〔テオドロス〕と同様、ダビデの子孫から生まれた人を預言者と異なるところがない存在とみなしているという非難から、自己弁護を行わなければならなかった。ディオドロスの説明によれば、預言者は、適度な量の特別な恵みを享受したにすぎなかったのに対して、御子は永続的かつ完全に、神・ロゴスの栄光と知恵に満たされていたのである。[80] しかしながらディオドロスが後のアンティオキア学派をきわめて明白に先取りしているような点においてさえ、彼の考えはアレイオスに対する初期の反対者たちに関連しているように見受けられる。アタナシオスのように、彼は、弱さや可変性などを肉体に帰しており、奇跡、卓越した力、人知を超えた知恵などを、神・言に帰している。そして神格の成し遂げた業の中で、誘惑の克服を高く評価していたように見える。[81] 換言すると、後期のアンティオキア学派が、人間（the Man）の道徳的勝利を主張したのに対して、ディオドロスは本性上不変であった唯一の方が、誘惑に直面して不変のまま留まりえたという古い見解に従っていたように思われる。同様に、彼は救い主の進歩を、人間の成熟の前進というよりも、むしろロゴスの漸次的な啓示として扱っている。[82] 彼の思想はなおもアタナシオスによって展開された反アレイオスの議論に沿って形作られており、そのためアポリナリオスの教えについて、ディオドロスを怒らせたことは、キリストにおける人間の魂や心を否定したことではなく、ロゴスの完全なる神性を曖昧にしてしまうほどに、肉体とロゴスが一つの実体に混合されてしまうことであった。実際のところ、この二人の敵対者たちはそれぞれ、アレイオスに対するアタナシオスの返答についての相異なる側面を展開させていたと感じられる。

それゆえ、ディオドロスが既成のロゴス・人〔アンソローポス〕型のキリスト論からは出発しなかったというグリルマイヤーの議論を受け入れるには、論ずべき多くの事柄がある。残存している断片（その多くはアポリナリオスを論駁する著作に由来する）が示しているのは、彼の神学のルーツがどのようなものであろうとも、用語はともかくとして、多くの点で後期のアンティオキア学派の思想を示す線に沿って発展したということであり、アポリナリオスとの論争の中で何度も、キリスト論論争で後に用いられるようになる議論が先取りされていた。

---

(79) 断片 19, 20（B. と Ab.）および 31（Ab. だけにある）を参照。
(80) これらの記述は断片 30（B. と Ab. にある。27 とも比較されたい）, 31, 34（Ab. だけにある）, 38（Ab. だけにある）から引用されたものである。Fairbairn（2003）の議論も参照されたい。
(81) 断片 46-9（Ab. だけにある）.
(82) 断片 36（Ab. だけにある）.

ディオドロスとアポリナリオスは、教義の領域にさえ、多くの共通点を持っていた。彼らはアレイオス主義への反対の立場を共有し、類似した三位一体論の見解を有し、聖書に訴え、ニカイア正統主義に忠誠をもって行動した。彼らはかなりの程度の重なり合ったキリスト論的な言語を用いさえした(83)。しかし両者はアンティオキアでは、異なった反アレイオスのグループと結び付き、それぞれキリスト論の問いに対してはまったく異なる方法で接近した。そこで、アポリナリオスがカトリック教会の支持を失いつつあったときに、ディオドロスが頭角を現すということが起こった。つまり、彼は、三七八年にタルソスの司教に選出され、三年後のコンスタンティノポリス公会議に出席し、ニュッサのグレゴリオス並びに一、二名の者とともに、正統信仰の提唱者として公式に指名されたのである。ディオドロスとアポリナリオスはともに、三九〇年代前半まで生きた。しかし、もしディオドロスが、アポリナリオスとは異なって教会の平和な時代に死んでいたとしたら、彼の教えは半世紀以内のうちに論争の的になっていた可能性が高く、結局は非難されていただろう。そして不思議にも皮肉なことに、二人の対抗者は同じ運命をたどることになり、両者は信仰の擁護者として生きたのではあるが、両者の著作の大部分は失われて不明のままである。

さらなる読書のために

英訳

Hill, R. C., 2005. *Diodore of Tarsus. Commentary on Psalms 1-51*, Atlanta, GA: SBL.

研究書

Prestige, G. L., 1956. *St Basil the Great and Apollinarius of Laodicea*, London: SPCK.

Raven, C. E., 1923. *Apollinarianism*, Cambridge and New York: Cambridge University Press.

Greer, R. A., 1966. 'The Antiochene Christology of Diodore of Tarsus', JTS NS 17, pp.327-41.

Grillmeier, A., 1965/75. *Christ in Christian Tradition*, ET, London and Oxford: Mowbrays.
Sporl, K. M., 1993. '*Apollinarius and the Response to Early Arian Christology*', *SP* xxvi, pp.421-7.
—, 1994. 'Apollinarian Christology and the anti-Marcellan tradition', JTS (NS) 45, pp.545-68.
Young, Frances M., 1997a. *Biblical Exegesis and the Formation of Christian Culture*, Cambridge: Cambridge University Press.
—, 1997b. 'The Fourth Century Reaction against Allegory', *SP* 30, pp.120-5.

Ⅲ　モプスエスティアのテオドロス

今や私が「新しい歌を主に向かって歌え。主は驚くべき御業を成し遂げられた」〔詩九八・一〕と言う時がやって来た。事実、新しい歌は新しい事柄を必要とするのであり、それは神が人類のために私たちの主イエス・キリストの経綸を通して確立してくださった新しい契約を私たちが扱えるということであり、その時、イエス・キリストはすべての古いものを廃棄して、その場所に新しいものを示してくださったのである。キリストのうちにある人は誰でも新しい被造物である。古いものは過ぎ去り、万物は新しくされている……〔二コリ五・一七〕。キリストは新しいものにふさわしい新しい契約を与えた。そしてこの契約のゆえに、私たちは古い人を脱ぎ捨て、造られた方の似像に従った新しい人を身に着ける神秘の知識を得るのであり、ユダヤ人でもギリシア人でも、奴隷でも自由人でもなく、キリストがすべてにおいてすべてなのである。このことは次なる世界において実際に起こることである。……なぜなら未来の賜物の真理に関する信仰は私たち

（83）　Abramowski（1931）は彼らが似たような傾向があったことをコメントしているが、彼女はおそらく断片2と26を誤解釈してしまったことによって、過剰な推測をしてしまった。

のうちに留まっているのであり……、これらの畏怖の念を抱かせる神秘は、象徴のようなものとして、これらの神秘を通して、私たちが未来の希望に徐々に近づいていくことができるように、私たちに告げられたのである……。(84)

これらはテオドロスが、教理講話の中で、有望なキリスト者たちを歓迎した言葉である。真にパウロ的な形式で、さらには実際にパウロの言葉を使って、彼は福音の新しさとキリストにあって不朽であることの約束に自分の生涯を合致させるように奨励する言葉を彼らに突き付けた。新約聖書思想の終末論的な次元を何とはっきりと捉えていることであろうか。この理解は、下界から天の霊的な実体の世界への逃避に関しての当時のプラトン的強調を、完全に取り除いてしまわないまでも、かなりの程度修正するものである。テオドロスは地上と天上、時間と永遠という言語を時に保っているが、神の創造の目的の中で、キリストにおいて先取りされ最後の完成を待つ連続した段階をも指し示している。

テオドロスに特徴的なものと認識されているこれらの教義は、この理解と密接に関連がある。原初から終末に至るまでの神の目的を橋渡しするような物語について彼が考えたことは、聖書の *pragmata*（具体的な現実）に関する強調をさらに増し加えることであった。つまり、旧約聖書の各文書は、自分たちの状況を自らに語り聞かせることであり、他方新約聖書は、神の新しい救いの行為を宣べ伝え、未来の神の目的の完成を指し示すものである。寓喩的な方法は、ただこのようなパースペクティブを壊し、旧約聖書の至るところにキリストを見出してしまうことによって福音の新しさを損なってしまうという理由からだけでも、避けられるべきである。終末論的なパースペクティブとはっきりと関連があるのは、テオドロスのいわゆる二つの時代（two ages）の教義である。彼は堕罪によって肉体に閉じ込められた、元来は霊的な存在として人間を理解する時代の傾向を批判し、アダムにおける人（man-in-Adam）とキリストにおける人（man-in-Christ）、さらに創造と新しい創造、二つの καταστάσεις

（状態）を探究したのである。そのような考えは、繰り返しになるが、キリストの真正かつ完全な人間性を彼が際立って強調する基盤なのである。実際にキリストはアダムに約束されているものを成就するお方としての神の「似像」である。[85]「肉体を取った人間」は、テオドロスのキリスト論の形成においては決定的に重要な位置を占めている。なぜなら、テオドロスにとって救済は、この新しい創造の初穂であるキリストに依拠しているからである。

これらの特徴的な教義を考慮すると、いくつかの現代の研究が、テオドロスを、現代の神学と釈義の先駆けと絶賛する傾向を示していることは、それほど驚くにはあたらない。[86] しかしこの評価はまったく見当はずれである。テオドロスは、なお時代の子であった。その時代の論争や前提が、必然的に彼の考えに影響を与えていた。現代の思想と一致するような特徴が安易に誇張され、彼にとって本当に重要であろうと思われる要素がうまく取り繕われたり無視されたりしているのである。テオドロスの再評価は当然なされるべきであるが、彼が異端であったかどうかという狭く限定された議論は、彼の貢献についてのより興味深い側面を見損なう危険がある。[87] オリゲネスのように、彼は神学の歴史において特に興味深い場所を占めており、傑出した重要さと影響力を持って

（84） テオドロス『教理講話』（*Catechetical Homilies*）i（Mingana（1932））, テキストはpp.118fで、英訳はpp.19fを参照。
（85） さらなる詳細はMcLeod（1999, 2002, 2005, 2009）を参照。
（86） 例えばPatterson（1926）を参照。
（87） テオドロスがネストリオス以前のネストリオス主義者であったかどうかの一九世紀半ばからの議論については、Kalantzis（2004）, Clayton（2007, テオドロスによって継承されたアンティオキア学派の伝統のことを記した第二章）, McLeod（2009）の概要が有益である。

いる。オリゲネスと同様、彼は生きている時代からずっと論争の的となってきたが、六世紀にユスティニアヌス一世の布告によって異端宣告されてしまう。最高の寓喩主義者〔オリゲネス〕と寓喩を批判する者〔テオドロス〕は、両者ともビザンティン政治の犠牲者となったのであり、再評価に値するものであった。この再評価は現代の学者によって、史料の蒐集と批判的検討、失われた著作の再発見とその翻訳、そして解釈によって、促進されてきた。

それでは私たちはこの注目すべき人物から何を知ることができるだろうか。ソクラテスとソゾメノスからテオドロスの生涯のことに関して唯一、知ることができる興味深いことは、早くからヨアンネス・クリュソストモスと関わりがあったことである(88)。彼らはリバニオスの門下生であり、両者とも禁欲的な生活を求めて世俗の成功を求めることを捨て、ディオドロスの下で聖書の研究に集中した。結婚や法律家の仕事に惹かれたテオドロスが修道院を捨てたときに、クリュソストモスは二通の感銘深い手紙を書き送った。この手紙によって、テオドロスの翻意に成功することになる(89)。テオドロスはまだ二〇歳に満たなかったが、彼の研究熱心さや禁欲的な自己訓練の実践に伴う喜びゆえに、クリュソストモスの称賛と尊敬を勝ち取っていた。彼の生涯のそれ以上の詳細は霧で覆われているが、三七八年にディオドロスがタルソスの司教になるためにその地を離れるまで、彼はディオドロスの生徒としてその地に留まっていたようである。おそらく三八三年頃に、彼はアンティオキアで司祭に叙階され、三九二年にモプスエスティアの司教に叙階された。その地で彼は、アレイオスと他の異端に対して真理を明らかにしただけではなく、偶像崇拝者や異教の過ちから多くの人々を回心させた活動的な伝道者であったという名声を得ている。彼の擁護者たちは後になって「東方のすべての教会で」聖書の解説をしていたと語ったが(90)、おそらくこれは彼が大規模な旅行をしたというよりも、彼の聖書注解が広い影響力を持っていたことを指しているのだろう。テオドロスは四二八年に死んだ。

全体としては、テオドロスの生涯は平凡なものであった。彼が死んだとき、彼は大きな尊敬を受けており、特にアンティオキアの主教管轄区（Patriarchate）の影響下にある地域ではそうであった。しかし三年もたたないうちにネストリオス論争が生じた。テオドロスの名前はネストリオスと関連付けられ、テオドロスの教義も同じであった。アンティオキア学派は、ネストリオスの事例をめぐって妥協したときにさえ、テオドロス非難を支持することを断固として拒絶した。しかし、キュリロスがテオドロスとディオドロスをネストリオス主義の真の組織化をなした人物であると同定すると、「単性論者」にとって、彼の著作は常に疑いのまなざしで見られた。彼の最終的な異端宣告は、異論の多い著作や歴史書の中で見られる引用や誤った引用を別にして、彼の著作の大部分を失わせることを意味した。それでも一世紀の間、彼の著作は、特にシリアにおいて、「両性論者」（Dyophysites）の間に広く普及していた。カルケドン公会議を前にして、実際にキリスト論論争の初期段階で、「解釈者」（the Interpreter）テオドロスの崇敬された著作のシリア語の翻訳が作られた。テオドロスと彼の著作についての私たちの情報のかなりの部分は、このシリア語の資料に求めることができる。現代では、四つの論考が、シリア語版で知られている。『マケドニオス派との討論』（*Disputation with the Macedonians*, 一九一三年に出版された）[91]、『受肉について』（*De Incarnatione*, 出版されるまでは知られておらず、第一次世界大戦前のあまり広くは知られてい

(88) ソクラテス『教会史』vi.3, ソゾメノス『教会史』viii.2.
(89) クリュソストモスがテオドロスに宛てて書いた手紙は *PG* 47.277-316 にある。二番目の手紙は個人的なものであり、最初のものは論文のようであり、テオドロスの状況を必ずしも反映したものではない。Carter（1962）を参照されたい。
(90) 聖ファクンドゥスの『三章問題の弁護』（*Defence of the Three Chapters*）ii.2 によって言及されたアンティオキアのヨアンネスを参照。
(91) Nau（1913）.

ない悲劇の一つであった）、『教理講話』（*Catechetical Homilies*, 一九三二年に出版された[92]）、『ヨハネによる福音書注解』（*Commentary on John*, 一九四〇年に出版された[93]）の四つである。一三世紀と一四世紀のシリア語の著書目録は、当時手にすることのできた著作の量がどれくらいであったかを私たちに示してくれる。

テオドロスの著作の多くは聖書の注解であり、教義的な著作であったようである。シリア語の目録では、彼が聖書のほとんどすべての注解を書いたことが示されるが、最初の出版はシリア語の『ヨハネによる福音書注解』であり、結局のところ二つの釈義的な著作のみが完全に残存し、『一二預言者注解』（*Commentary On the Minor Prophets*[94]）の完全なギリシア語版テキストと、アンブロシウスに帰されたことで破壊を免れた『パウロの一〇の小書簡注解』（*Commentary On the Ten Minor Epistles of St. Paul*[95]）のラテン語版である。断片のみでは、さらに多くが残存しており、そのうちのいくつかは出版を待っている[96]。抜粋集からは、『創世記注解』（*Commentaries on Genesis*）、『詩編注解』、『ヨハネによる福音書注解』のかなり広範なギリシア語断片がこれまで蒐集されてきた[97]。実際のところ、最後に挙げた著書のギリシア語の断片は、より完全なシリア語版よりも、テオドロスの著作への好ましいガイドとなるとある人々は考えている[98]。

彼の教義的な著作で最も重要なものは、アポリナリオスとエウノミオスに対する論駁であり[99]、とりわけ『受肉について』（*De Incarnatione*）である。これらのうち、私たちが現在手にしているのは、さまざまな史料からの断片の集成のみである。すなわち、それに基づいてテオドロスが異端宣告を受けた資料を引用している『公会議録』（*Acta Conciliorum*）である。さらに〔六世紀のヘルミアネの〕ファクンドゥスによってラテン語で書かれた『三章問題の弁護』（*Defence of the Three Chapters*）と、ビザンティンのレオンティオスによって書かれた『ネストリオス派とエウテュケス派反駁』（*Against the Nestorians and the Eutychians*）である。これらの諸断片の真正性と正確さは、特にリシャールとデフレーゼによって[100]、正面から疑われてきた。彼らはこれらの敵意ある詞華集（断片の寄せ集め）の編集者に対して意図的な偽造の嫌疑をかけた。ギリシア語の断片と種々のシリア語断片との矛盾は、ある時点での伝承の改竄の証拠を提供しているように思えたのである。F・A・サリバンによるギリシア語断片の統一性の精力的な擁護は、[101] この問題を再燃させた。サリバンは、シリア語の翻訳者の逐語的な正確さに絶対的な信を置くことは、誤っていると主張した。ギリシア語テキストの重大な修正や改ざんは、証明されないままであった。しかしながら、どの意見も確証に満ちているわけではない。[102] 編集者が、コンテキストを意図的に隠蔽することを避けなかったという十分な証拠がある。その結果、テオドロスの見解を考えうる最も暗い光の中に押し

---

(92) Mingana (1932, 1933) を参照。Tonneau (1949) のものも参照されたい。

(93) Vosté (1940).

(94) テキストは『ミーニュ教父叢書』(Migne), *PG* 66 にある。英訳は Hill (2003) を参照。

(95) Swete (1880-2) を参照。ギリシア語の断片とともに、ラテン語が載せられている。

(96) 例を挙げると、シリア語の『詩編注解』(*Commentary on the Psalm*) の残存しているものが van Rompay (1982) によって出版された。『コヘレトの言葉注解』(*Commentary on Ecclesiastes*) が二〇世紀の初頭に発見されたが、まだ出版には至っていない。

(97) Devreesse (1939, 1948) を参照。いくつかの史料は『ミーニュ教父叢書』*PG* 66 に収録されているが、批判的な検討と補足が必要である。Staab (1933/84) を参照されたい。さらに関連のある論文は Patrologies や McLeod (2009) の中でたどることができる。

(98) Devreesse (1948) によって集められたギリシア語の史料を翻訳した Kalantzis (2004) のものを参照。

(99) 『エウノミオス反駁』(*Contra Eunomium*) の断片は、Abramowski (1958) と Vaggione (1980) のものを参照。

(100) Richard (1943/77), Richard (1946/77), Devreesse (1948).

(101) Sullivan (1956).

(102) McKenzie (1958) を参照。Sullivan (1959) と比較されたい。

込めたのである。[103] このコンテキストの問題によって、シリア語の史料は必要不可欠なものとされている。『教理講話』のシリア語版は、唯一の完全な教義的著作を提供してくれる。この著作によって、疑われる言明は、全体のコンテキストとよりよいパースペクティブから理解できるようになる。しかしながら、継続する批判的な問題は、テオドロスの門下生が自分たちにとって、便利で信頼に値する残存するテキストの集成を持っていなかったことによって妨げられていることを意味する。『ミーニュ教父叢書』は残念ながら時代遅れとなって、テキストの批判的校訂の必要もある。カテナで最近発見されたシリア語の資料は、学術的な論文や東方の集成の中に散在している。それゆえ、テオドロス研究を始めるにあたり、二〇〇九年に出版された英訳の選集は、なおさら重要である。[104]

すでに述べたことであるが、東方教会はテオドロスに「解釈者」という称号を与えた。そして彼の特徴的な神学の大部分の基礎としてのみならず、彼の主要な関心事として聖書の解釈を認める十分な理由がある。それでは、テオドロスはどのように解釈したのだろうか。彼が用いた方法は何であったのだろうか。彼の著作の背後にはどのような前提を認めることができるだろうか。

1　聖書の解釈

テオドロスの注解は短いものであり、そのほとんどが主に聖書釈義の根本原理に限定されたものである。[105] 彼は、必要なところでは、用いることのできる技法の制約とヘブライ語の知識の欠如の中で、翻訳とテキストの問題を論じている。彼は言葉やフレーズの意味、とりわけ聖書の用法の独自性と特徴を議論している。彼は、どこで隠喩的な表現が用いられているかに留意している。なぜなら、それらの語句を字義通りに受け取るのは無意味であることを知っているからである。しばしば彼は自分の前のテキストに見られる議論の要点を明らかにするために、要約と敷衍を利用している。その結果、彼は何度も背景を埋めて説明を加えるために、歴史的かつ状況的な導入を書き記している。そのために、しばしば注解は退屈であることは認めなければならないが、古代の修辞学の基本的な哲学的原則に合致している。[106] 最近の著作は、彼の歴史批評的（historico-critical）な感覚を称賛するが、以前の学者たちは、寓喩的かつ神秘的な想像力に富む洞察と比べて、彼の注解の無味乾燥で平凡な特質について論評した。[107]

テオドロスが『寓喩と歴史』（*On Allegory and History*）という書物を書き、古代の証言者による一般的なコメントは、テオドロスが寓喩を避け、「歴史的な」解釈に集中していたと報告されている。[108] 実際、彼はユダヤ人のように旧約聖書を解釈しているとして非難された。教会は全体として、彼の態度には問題があると見ていた。それは、単に深く根付いた寓喩の影響という理由からではなく（アンティオキア学派の立場はそれに対する当然の反応である）、新約聖書自体にすぐに遡ることのできる旧約聖書のキリスト論的解釈の長い伝統ゆえなのである。テオドロスの初期の著作はきわめて驚くべきものであった。彼自身も『詩編注解』の中で、自分の技量を過信したことをほぼ認めている。[109] ほとんどの注解者にとって、受難について福音書が説明する際にイエスの口に上る詩編

(103) McKenzie (1953).
(104) McLeod (2009).
(105) ブルトマンの著作（死後の一九八四年に出版された）が包括的な研究書である。
(106) さらなる詳細は Young（1989, 1997a, 1997b）を参照。
(107) 例えば Pirot (1913).
(108) McLeod（2009）は『寓喩と歴史』（*On Allegory and History*）の断片を翻訳している。ディオドロスとテオドロスにおける歴史への集中は、ユリアヌスに反対する意図によって強められた可能性がある点についてはp.20を見よ。
(109) ファクンドゥス『三章問題の弁護』iii.6 に断片が引用されている。

二二編と六九編の言葉は、それらの預言としての特質を明らかにするに十分なものであった。そしてこの原則の拡張は、詩編の大部分が伝統的にメシアの直接の預言として解釈されてきたことを意味する。しかしながらテオドロスにとって、考えられる唯一の直接的な預言は、詩編一六編一〇節の「あなたは私の魂を陰府に渡すことなく、あなたの慈しみに生きる者に墓穴を見させず」のみであった。[110] 時折、詩編の詩人は、預言者的な霊感によってメシアという人格のうちに語った。その例が詩編二編と八編である。[111] しかし伝統的なメシア的詩編のほとんどは、かなり異なる解釈を施された。では、テオドロスは当時としてはかなり極端な結論へとどのようにして導かれたのだろうか。

テオドロスが著作をする際に準拠した基本的な原則のいくつかは、典型的なものであった。テキストは文脈から切り離されてはならなかった。恣意的な主題の変更も、あってはならなかった。そこで、当該の詩編の他の箇所が適合しない場合には、詩編の個々の章句をメシア的な預言と理解することは断じて認められなかった。これによって、多くの伝統的なキリスト論的テキストは除外された。七十人訳では、詩編二二編の登場人物は、自らの「いくつもの罪」(transgressions) に言及しており、だからこそその人物をキリストと同定することはできない。もう一つの原則は、旧約聖書の章句が、普通には預言者や著者の同時代の、特定の歴史的なコンテキストに結び付いているということであった。つまり、ダビデはアブサロムのことを嘆き、「私の神よ、私の神よ、なぜ私をお見捨てになるのか」(詩二二・二) と歌った。確かにキリストはダビデの嘆きを十字架上で引き受けたが、その第一義的な意味は、ダビデの生涯の元来の出来事を指すはずのものであった。不幸にも詩編の場合には、テオドロスはダビデがこれらの詩編全体の著者であるという伝統を捨てることはできなかった。これが事実であれば、彼が従った正しい方向は、彼を皮肉にも隘路へといざなってしまったと言える。ソロモンは明らかに詩編七二編の登場人物である。それゆえ、この詩編はソロモンの人格においてダビデによって預言者的に作られたに違いない。もしこの説明がこの事例でうまくいくとしたら、他の歴史的な困難を伴う詩編の事例でうまくいかない理由はなかった。いくつかの詩編は疑いもなく、マカバイ家の下での惨事に言及しており、ダビデの生存中に起こった出来事への言及はない。そうなると、再びダビデが預言をしたことになってしまう。テオドロスはそれぞれの詩編をすべて特定の状況に帰し、最も適切な文脈を掘り起こしたのである。こうなると、キリストの生涯と死の出来事には、ほとんどそぐわないことになってしまう。

たとえテオドロスの原則が、詩編の事例ではいくつかの逸脱を招いたとしても、小預言者に向かうと、それらの原則はより理解可能なものとなることがわかる。ここで彼は、それぞれの預言者が同時代の人々にメッセージを伝えているということを主張した。彼はその状況、捕囚前の人々に迫っている悲運、彼らに下される裁き、彼らに差し出された復興の希望を描き出した。テオドロスは、捕囚からの帰還とその諸問題というコンテキストの中に後期預言者たちをも正しく位置付けた。預言者の置かれた状況は、テオドロスにとっての最大の関心事であった。なぜなら、そこに預言者のメッセージを理解するための鍵が横たわっているからであった。もし預言者の言葉がキリストを指し示すように見えるなら、それは、キリストにおいて成就する、神の民への神の摂理的関与の影であり、かすかな光であったからであった。ゼカリアは神の子の幻を見ることができなかった。なぜなら神は、新約聖書までは、御父と御子として知られることはなかったからである。

テオドロスが自分の釈義の中にある変則的な部分を基本から理由付け、説明したことを明らかにするのは、この最後の議論である。テオドロスは預言とは霊感を受けた予知であるという当時の考えを拒否していたわけでは

(110) 遺作が示しているのは、テオドロスの引用が直接の状況を超えているということであり、完全な意味がキリストにおいて見出されるということである。Wiles (1970) のコメントを参照。

(111) McLeod (2009) は詩編八編の注解を翻訳し、テオドロスが四つの詩編のみをメシア的なものとしたと解説している。

なかった。彼は預言者ととりわけダビデが、イスラエルの歴史において数世紀後に起こった出来事を予知していたことを認めた。そうであれば、どうして彼が旧約の預言者たちがキリストを予知していたことを認めないはずがあろうか。基本的にそれはそのような考え方が、旧約聖書と新約聖書との相違をやわらげたからであった。つまり、それは、キリストにおける新しい啓示に対するキリスト教の主張を損なったのである。キリストの時の前には、何も明らかではなかった。示唆されているものは、単なる影であり、曖昧な予型にすぎなかった。テオドロスによる旧約聖書に対する伝統的なキリスト論的理解の徹底した批判を促したのは、新約聖書の独自性を保つ必要であった。それゆえに、同時代人の眼には恥ずべき結果を作り出したのである。彼は、雅歌がソロモンの愛の歌であり、キリストと教会との結婚とはまったく関係がないとさえ主張した。それでも彼は旧新両約の神が同じ神であること、新旧約聖書が同じ方向性を指していることは認識していた。そこで彼は、旧約聖書の状況と新約聖書の状況の間に真の一致（μίμησις）が認められる限りにおいてではあるが、古典的な「予型」のいくつかを認めていた。[112] かくして、エジプトでのイスラエルの民の奴隷生活の終わりを記念する、血の注ぎかけは、キリストの血による罪と死からの救済の預言的なイメージであった。そして歴史上のヨナは、歴史のイエスとμίμησιςによるキリストの拒斥と復活そして異邦人の回心を示すキリストの生涯の特別な出来事を予示した。テオドロスは、元来の出来事の事実性が損なわれず、新約聖書の新しさが損なわれない限りにおいて、そのような予示を認めることができた。このことは、サラとハガルの「寓喩」（ガラ四章）で、パウロが意味したことであった。[113] テオドロスの主張によれば、ἀλληγορούμενα を、寓喩的な解釈による寓話や空想を正当化する言葉として理解することは、使徒の言葉を不当に扱うことであった。「型」のうちに識別できるある種の一致を持ちながら、二種の異なる約束（もしくは契約）が存在する。

もし新約聖書が根本的に異なるものとみなされるとすれば、注解者はまったく異なる線に沿って新約聖書解釈にアプローチしたはずではないか。テオドロスの新約聖書注解には、異なったアプローチが明らかに見られる。

しかし、類似性もまた存在する。「具体的な事実」に対する同じ関心の向け方である。テオドロスはヨハネによる福音書の時系列を重要視し、さらにパウロ書簡の状況を示すためにかなりの労苦をしている。注解の方法としては同じであり、背後となる状況、テキストの問題に注目し、曖昧な点を詳細に説明し、論争や一連の物語を解明している。重要な相違は、テオドロスにとっての新約聖書が、旧約聖書とは異なり、真理を含み、キリスト教の教義の問題の中に真理もしくは真理全体を含むということである。換言すると、パウロとヨハネによる福音書の著者が、実際にテオドロスと彼の正統的信仰をもつ同時代人に神学を教えたということである。それゆえ、教義的な関心は彼の解釈の努力の中できわめて重要な役割を演じた。実際に彼は、注解者が、問題となるテキスト、とりわけ異端によって捻じ曲げられてしまったテキストに集中すべきであるということを原理として語った(114)。

このような前提の効果はかなりのものである。当時の論争的な課題に関する限り、真理を打ち立てるために関心を注ぎながら、テオドロスは、ヨハネ福音書のキリスト像の微妙な統一と不一致を示し損ねている。彼は、ロゴスについて語られていることを、「肉体を取った人」(Man assumed)について語られていることから区別する努力はしている。ただし、カランツィスによれば、これはギリシア語の断片の中で彼が用いている用語ではない。ギリシア語断片では、テオドロスの注解は、テオドロスの時代には最も危険なものと認識されていた二つの異端的な立場、すなわちアレイオス主義とアポリナリオス主義に主に向けられている。このような教義的な焦点の絞り方は、過度の字義的解釈に陥る傾向が、このことの象徴的な含み、つまり「霊的な福音」に彼の目を閉ざさせる事実とともに、この注解をパウロの小書簡の注解よりも不満足なものにしている。テオドロスは、パウロとの

(112) テオドロスはこの点を彼のヨナ書の注解(*PG* 66.317-28)の序のところで議論している。
(113) Swete (1880-2), I, pp.73ff を参照。英訳は Froehlich (1984) と McLeod (2009) にある。
(114) 『ヨハネによる福音書注解』、Vosté (1940), pp.4f(ラテン語版では p.2).

より大きな類似性と理解の深さを示している（実際、ヨハネのテキストのパウロ的な釈義と表現できるような『ヨハネによる福音書注解』の中のいくつかの箇所が存在する。特にヨハネによる福音書一七章の大祭司の祈りは、とりわけ顕著な例である）[115]。すでに見てきたように、彼の宗教的な認識は、パウロと同じように福音の新しさ、古い秩序の終わり、キリストにおける新しい人間の創造、聖霊の賜物、洗礼と聖餐によって受ける恵みにおいて来たるべき時代の前触れに焦点を当てた。しかし、教義的な関心が彼のパウロ書簡の注解に欠けているわけではない。新約聖書解釈の主要な目的は、正統的な教義の確立と異端を混乱させることにある[116]。この点が、現代の批判的な学者とテオドロスの方法を明確に区別する点である。テオドロスの歴史意識にもかかわらず、彼は教義の発展という認識はなかった。彼は、キリストによって旧約聖書を時代錯誤的に解釈することを見分けて、批判した。しかし新約聖書の著者が、彼の基本的な神学的前提を共有していないということは、彼にはまったく理解できないことであった。

にもかかわらず、神学と釈義との相互関係は、必ずしも単純なものではない。これまで語ってきたことにもかかわらず、テオドロスの思想の一つの重要な要素は、同時代のプラトン主義のいくつかの前提をあえて彼が顧慮していないところに存すると思われる。プラトン主義は、キリスト教の神学がこの時代にそこで動く基本的なコンテキストであった。そしてこのように進んで顧慮しないということは、少なくとも部分的には、彼の聖書の読み方によって引き起こされていたように思える。彼が聖書のイメージを好んで形而上学的な用語をどの程度捨てたかということは、ローワン・グリーアによっておそらく誇張されている[117]。しかし、私たちはすでにこのことが彼の終末論の事例では、起こっていることを見てきた。しかもこれは、影響を受けた彼の神学の唯一の領域ではないのである。テオドロスの人間論は、アポリナリオスとは言うまでもないことだが、ニュッサのグレゴリオスともまったく異なっている。R・A・ノリスがすでに示したように、その違いは、いくつかの聖書の洞察によって、彼の道徳性への最優先の関心によって、もしくは人間の合理性が選択の恣意性と自由のうちにあるという彼の認識の帰結から生じる救済の理解によって、想定される彼のアリストテレス主義にあるのではなく、プラトン主義的な前提が修正されているか、あるいはいくらか均衡を与えられているその程度にあるのである。[118]なぜなら、テオドロスの主要な関心は、知性よりも意志に、肉体と物質世界の観照的な超越性よりも、むしろ創造された秩序の中での実践的な道徳行為に魂が関与することに置かれていた。人間は、全体のかなめ石として、宇宙の中である機能を演じるために造られた。それゆえアダムの堕落は宇宙的な結果をもたらした。[119]新たな時代は、ともに存在している霊的な領域への移行よりも、人間の再創造にかかっているのである。人間の復活は宇宙の回復を意味し、被造物全体の調和の紐帯を確立した。[120]テオドロスの考えには、多くの緊張関係や首尾一貫性のなさが残っている。なぜなら、彼は、自分の新しい理解と並んで、当時流行していたプラトン的な常識を当然のことみなしていたからである。[121]かくして二つの状態は、死と不死、可変と不変、受苦と不受苦というようなプラトン的な用語で特徴づけられる。さらにテオドロスは、人間の現実の変わりやすい状態を意志の行使のためには摂理的で必要なものとみなすことと、死ぬべき本性が悲劇的な仕方で完全から堕落した結果であるというキリスト教的プラトン主義の伝統を受け入れることの間で揺れ動いている。それでもこの道徳的な関心がまさったたま

---

(115)『ヨハネによる福音書注解』、Vosté（1940）, p.314（ラテン語版では p.224）.

(116) この上述の点について、さらなる詳細は Wiles（1960, 1967）を参照。優れた要約が Wiles（1970）にある。Greer（1961）も参照されたい。

(117) Greer（1961）の第一章。

(118) Norris（1963）.

(119) この点をさらに展開させているのは、McLeod（1999, 2005, 2009）である。

(120) Swete（1880-2）, I, pp.128-31.

(121) Norris（1963）.

まであり、そのために、言うまでもなく、テオドロスのキリスト論に著しい影響を与えたのである。

2　キリスト論

聖書の釈義を別にして、キリスト論は明らかに、テオドロスの最も大きな関心事であった。彼は誤ったキリスト論とみなしたものに対する特別な著作を書き記しただけでなく、受肉の主題についての大きな著作を書いた。『受肉について』は一五巻から成り、最も明瞭な説明と聖書証言によって、主イエスが完全な形で神性を有していたように完全な形で人性をも有していたということを示したと伝えられている。(122) この著作は、位格が魂と肉体という二つの実体からなり、霊と感覚とは、相異なる実体というよりも、魂の生来の器官であると主張して、完全な人性とは何かをも議論している。第一四巻は、神性について扱っていると言われる。第一五巻では教父からの引用によって、この著作全体の典拠を確実なものとした。この著作へのアクセスはすべて、断片を通じてのみであるということは残念なことである。諸断片の大部分は、テオドロスの考えが異端的であるということを示すために引用されたものである。

テオドロスのキリスト論の一般的な特徴は、これまでもしばしば論じられてきた。彼が強調したことは、キリストの二つの異なる本性のことである。新アレイオス主義に直面して、テオドロスは御子が真の神よりの真の神であり、御父と本質を同じくすると主張した。アポリナリオス主義に直面しては、テオドロスは、「肉体を取った人間」が、死すべき肉体と理性的な魂からなる人性に属するすべてにおいて完全な、完結した人であると主張した。この二つの強調が論争の背景の中からどの程度生じたものかは、議論されている。現代人の興味を惹いてきたことは、イエスの真の人間としての現実的な経験をテオドロスがきわめて現実的に強調したことであった。ノリスのように多くの学者たちは、このことは、アポリナリオスに対する単なる応答からではなく、テオドロスの思想全体の深くに浸透していた側面であると主張することだろう。同様に、彼がロゴスの超越性を強調したことは、当時の論争に直面した予防措置ではなく、彼の宗教意識の本質的な要素であると論じることができる。もし神が神であるならば、神の神性は損なわれてはならない。テオドロスは、神と人間との間に本性的な近さがあると想像する者たちを、まったく愚かな者たちであるとみなしている。[123] 永遠なるものと偶然（contingent）なるものの間には、大きな割れ目がある。[124] 神が時間、空間、受難、限界、変化を超越したことは、単なる神学的な公理ではなく、テオドロスの神の他者性の理解の中心的な要素であった。この超越性そのものが、内在性を示唆した。なぜなら、制限のない存在は、至るところにあるはずだからである。ニカイアによって教えられたことで、テオドロスは、同じ普遍性を神的ロゴスに帰することを義務づけられた。ロゴスは一つの場所から別の場所へと移動することも、[125] κατὰ τὸ δοκεῖν[126] であることを除いて、肉体と「なる」こともできない。この場合、彼は、κατὰ τὸ δοκεῖν で、「仮現的に」というよりもむしろ「比喩的に」を意味した。なぜなら、彼はこう続けるからである。「見かけにおいては、彼は真の肉体を取らなかった（take）という意味ではなく、肉体とならなかった（become）という意味なのである」。テオドロスにとって、真意は「彼は私たちの間に宿った」もしくは「彼は肉体を取った」という表現の中に見出される。「肉体」は、テオドロスが人間の本性全体をはっきりと意味するために使われた用語である。[127] それゆえ、受肉は、人性の自律を損なうことができないのと同じように、本質的な神性のう

（122）ゲンナディウス『著名人列伝』12.
（123）Swete（1880-2), II, pp.291ff にある『受肉について』ii の断片を参照。
（124）『教理講話』iv, Mingana（1932）= WS v, p.152, 英訳は p.45.
（125）『教理講話』iv, Mingana（1932）= WS v, p.161, 英訳は p.52.
（126）『受肉について』ix.1, Swete（1880-2), II, p.300.
（127）『受肉について』ix.1, Swete（1880-2), II, p.300を参照。Vosté（1940), pp.33f（ラテン語版では p.23）にある『ヨ

ちに何らかの変化が起こることを意味することはできない。

テオドロスのキリスト論に対する一般的な批判は、キリストの神性もしくは人性を傷つけることを避けようとする関心から、彼が神性と人性の統一について十分に説明できなかったというものであった。彼自身は「二人の御子」（two Sons）という言葉に不快を感じ取ったが[128]、それにもかかわらず結果としては二つの主体を主張した[129]。以下の解説は、この二元的な理解をより良いパースペクティブの中に位置付ける手助けをするかもしれない。

(i)テオドロスの思想の基本的な枠組みの中で、神と人間は、救いが成し遂げられるために、それぞれがふさわしい行為を行うことが求められた。一方では、神の創造の恵みの行為は人間を再生し、新しい状態と時代をもたらすことを求められた。他方では、人間の意志は罪の座となってしまったために、人間はその意志を神に服従させる訓練を施すことによって、完全を達成しなければならない。人間が神の役割を果たすことができないのと同様に、神は人間の役割を果たしえない。両者はそれぞれにふさわしい行動をすることによって、協力し合うのである。テオドロスがペラギウス主義者と結び付いているといううわさにもかかわらず、実際のところ、彼の考えは同時代の西方の論争のどちらの側にも属していない[130]。

(ii)当時の人間論は、肉体と魂の二元論によって物事を考えていた。この二元論においては、統一の現実性は否定されないものの、統一の様態は謎のままであった。もしネメシオスが習慣、性質、傾向もしくは意向によって肉体の中に宿る魂について語ることができたなら、さらに人格の基本的な統一についての十分な説明であると理解できたなら[131]、テオドロスが、用語をキリストの統一を表明するに十分なほど類似しているとみなしたことは、驚くにあたらない。神・ロゴス（God-Word）は、「〔肉を〕引き受けた人」（Man assumed）を意志の習慣（habit of will – κατὰ σχέσιν τῆς γνώμης）[132]もしくは恩寵（favour – κατ᾽ εὐδοκίαν）によって、自身に結び付けた。その結果、二つの独自の本性は保たれたが、救い主のすべての行為の元となる主体（subject – πρόσωπον: *prosōpon*）は存在した。つまり、統一（union – ἕνωσις）ゆえの唯一の御子である。

(iii)テオドロスは、κατ᾽ εὐδοκίαν［恩寵による］統一という言葉によって、初めの印象よりも、はるかに多くのことを意味した。神はどこにでもおられ、無限であり、制限されることもないため、神が特別で特定の場所に現臨していることは、特別な恩寵（favour – εὐδοκία）の行為なのである。したがって、このように神は、特別な恵みの行為として、特別な仕方で使徒や選ばれた者たちの内に現臨する。しかし神が「肉体を取った人間」（Man assumed）に宿ることを選ばれたとき、神は、ὡς ἐν υἱῷ（御子の中におけるように）そのようにしたのであり、「肉体を取った存在」の全体を自身に結び付けたのである。[133] この「キリストの人性がロゴスである神を所有するという統一された関係」のことを、彼は「一つの主体（prosōpon）の中にすばらしい喜びが宿るもの」として語った。[134] これは、神の意志の意図的な行為によって生み出された、神の特別な現臨の独自の事例なのである。それが独自なのは、神が御子におけるのと同じように、ご自身の内に完全に働き給うたからである。[135]

ハネによる福音書注解』1.14も参照。
(128)『教理講話』viii, Mingana（1932）= WS v, p.207, 英訳はp.90.
(129) Sullivan（1956）の特にpp.219ffを参照。
(130) Norris（1963）.
(131) 前述の四四五―八頁を参照。
(132)『受肉について』vii.1, Swete（1880-2）, II, p.310.
(133)『受肉について』vii.1, Swete（1880-2）, II, pp.294ff.
(134) McLeod（2009）, p.34.
(135) Dewart（1975）やFairbairn（2003）, pp.46-50は、このことが「恵みの卓越した事例」であり、程度においてだけ本質的に異なったままであった、つまりキリストは「卓越した恵みの人」であったと主張している。

(iv) *prosōpon*〔主体〕の統一は、見かけの統一以上を意味した[136]。というのも、テオドロスが、自分の聖書釈義の中で、主体の統一について語るとき、*prosōpon* という言葉を用いているからである。さらに、すでに示されたように[137]、テオドロスは、キリスト論においても救済論においても、「参与」(participation)の概念に重きを置いた。彼の神学は洗礼のサクラメントに根ざしている。洗礼と御霊の賜物は、神的な不変性に参与すること、来たるべき時代の生への参与をもたらす。救い主とは、この方において、この参与が独自の仕方で、完全な形で、実現した方なのである。一方でこのことは、キリストの子となることによって、神の恵みのうちに他者への参与を可能にする。他方でキリストの場合、そのような *prosōpon* の統一が成し遂げられて、キリストが神・ロゴスの栄誉、礼拝、主であることを共有した。

(v) テオドロスは時に、完全な人間はロゴスが特別に宿る場所として神的なロゴスによって子とされたということを示す裏付けのない表現を用いるが、これは彼の意図することを実際に表すものではない。テオドロスにとって、イエスは「単なる人」ではない。ロゴスは、いかなる場合でも、「肉体を取った」(assumed) 人から分離されることはできない。その完全な統一は破壊されることはない。破壊されるなら、彼は実際に「単なる人」であったろう。もしテオドロスが二元性を強調するとすれば、それは彼にとって統一が自明だったからである。聖書テキストの分析において、テオドロスは、統一を当然のこととして理解している。他方、注意深く選ばれた偏りのない章句は、二性についての真理は明瞭であることを確証する。「ロゴスの人性の経綸」について語る際に、あるいは神のへりくだりを語る際に、テオドロスは絶えず二重の救いの行為の根本的な統一を断言しており、神の主導の先行性を主張している[138]。

3　キリスト教についての成熟した(rounded)見解

論争というコンテキストでは、敵に対して特定の点を誇張するという誘惑が容易に起こる。この理由から、テオドロスの『教理講話』（*Catechetical Lectures*）から私たちが現在知ることができるキリスト教の積極的な概要は、それがより成熟したものであると考えるならば、アポリナリオスの論駁書のような著作からの辛辣な引用よりも、テオドロスの神学のより真実に近い姿を提供する可能性が高い。『教理講話』は信条に関する一〇の説教から構成され[139]、さらに主の祈り、洗礼と聖餐の典礼について説明する六つの説教からなっている。反復的な傾向が見られ、特徴あるシリア語の慣用句の特徴によって誇張された特質があるものの、この一連の講話は、テオドロスが信じる核心についての注目に値する概要を含んでいる。驚きと神秘、畏れと感謝の感覚が、彼が言わなければならないことのほとんどを占めているのである。私たちはすでに、キリストにおける新しい創造やサクラメントの神秘を通してキリスト者が参与し始めている、来たるべき王国についての冒頭の宣教を見てきた。これらの神秘を共有するために、キリスト者は彼らに手渡された信仰を保たねばならない。そこでテオドロスは、洗礼の時になされる信条の告白によって彼の主張を始めている。折に触れて、彼はユダヤ人と多神教の信奉者たちに対し、また異端者や分離論者たちに対し、従来通りなされてきた警告を発しているが、注意深く解説された聖書箇所から信条の諸条項を明らかにすることによって、彼は教父たちが意味してきたことの積極的な概要に集中している。キリスト教神学のはっきりした独自性が、根気強く解明されている。もしキリスト論に関わるこの講話の

(136) テオドロスの *prosōpon* 理解（*hypostasis* とは区別されたものとしての）に関しては、McLeod（2009）、第六章を参照。
(137) Abramowski（1961）.
(138)『教理講話』viii の諸所やその他至るところで語っている。
(139) テオドロスの信条とニカイア信条に関する議論については、Gerber（2000）を参照。

中で、テオドロスが二性の間の区別を明らかにすべく努力しているとすれば、それは、神、救い、キリスト者の生活、サクラメントの教理に関するキリスト教の教えの説明という全体のコンテキストに位置付けられている。[140]それゆえ、これは単なる論争の理論ではなく、全体の中の一つの必要不可欠な部分であり、人類のために神がイニシアティブをとったという中心的な行為のより広いパースペクティブによってバランスが保たれているのである。このように教理の説明部分は、テオドロスの信仰の宣言に枠づけられている。このテオドロスの信仰の宣言は、パウロの終末論的なパースペクティブ、現臨している聖霊の賜物、サクラメントにおいて先取りされている未来の希望に対するテオドロスの応答によって、最も深い次元で形づくられている。

　未来の王国に入ることは、神の子とされることにかかっている。神の子とされることは、救いについてのテオドロスの思想における重要なテーマである。テオドロスにとって、ロゴスは正真正銘、神の子であった。「肉体を取った人間」は子であることに結び付けられた。そして「肉体を取った人間」は、すべての人類のために道を開いた。彼が自らとった肉体を復活させたとき、彼は私たちをも復活させ、天に彼とともに座すようにさせた。それゆえに、私たちは、彼にあって、栄化される。[141]テオドロスの神学的前提は、彼が θεοποίησις (divinization 神化)を是認しえないことを意味した。しかし、彼は、υἱοποίησις (filiation 子とされること)には喜びを抱いたのである。サクラメントに関する説教において、テオドロスは大いに劇的な言葉でこのテーマを展開することができた。言うまでもなく、彼が言及している典礼の詳細は礼拝学者にとって大きな価値があるものであるが、きわめて重要な影響力があるのは、典礼の行為についての彼の解釈である。洗礼と聖餐はともに、キリストにおいて起こったことが私たちにおいても起こるという信仰に基づいて、私たちの主であるキリストに関わって起こる出来事をサクラメンタルに遂行する。受難と復活は、信仰者がその行為に参与するために、再現される。物素は、手足を伸ばしたまま犠牲として祭壇に横たわるキリストを表す。しかし、聖霊を呼び求める祈りによって、キリストの体が復活によって不死とされたように、これらの要素が不死で、不可視で、腐敗せず、不受苦で、不変なるものに変容させられる。私たちが体と血に参与するとき、不死と腐敗しない本性へと変えられることを期待するのである。サクラメントを通して、私たちは私たちの主であるキリストと結び付けられ、私たちもキリストの体に変えられると信じるのである。キリストはこの変化を最初に受けた方であった。そして「私たちはこれらの象徴を通して、ちょうど言い表すことのできないしるしのように、それら実体そのものをあらかじめ所有すると信じる」[142]。生まれたての赤ん坊が弱いように、新しく洗礼を受けた者も不死性の力を潜在的に持っているにすぎないが、その所有は将来の希望の根拠となる。生まれたての赤ん坊にはふさわしい食べ物が必要であり、聖餐のサクラメント的な食物は、来たるべき世には象徴であることを実際に止めてしまうが、現在の私たちの状態にはふさわしい滋養なのである。

テオドロスはサクラメントをしばしば「神秘」(mysteries)として語ったが、彼がこのことによって意味していると思われるのは、「しるし」(signs)もしくは「象徴」(symbols)である。というのは、彼は神秘主義的な神学に実際には興味があったわけではなく、むしろ実践的なキリスト者の行動に関心があった。生まれたての赤ん坊として、キリスト者は完全になることを期待できないが、天に国籍を持つ市民にふさわしい仕方で生きるよう努めるべきである。「もし私たちがよき業を行い……真に悔い改めるならば……私たちは聖なるサクラメントを受けることによって、疑いもなく罪の赦しの賜物を得るであろう」から、人間の弱さによって信仰者がサクラメン

(140) McLeod (2002).
(141) Mingana (1934) = WS vii, pp.95f に収められているテオドロスの断片『祭司職について』(*On Priesthood*) を参照。Vosté (1940), p.315 (ラテン語版では p.225) に収められている『ヨハネによる福音書注解』と比較されたい。
(142) 『教理講話』xvi, Mingana (1933) = WS vi, p.256, 英訳は p.115 にある。『教理講話』xii-xvi の諸所と比較されたい。

トにあずかることを妨げられるべきではない[143]。主の祈りは、もし私たちが他者を赦すなら、私たちも赦されるという確信を持ちうるということを示している。実際にテオドロスの主の祈りの説明では、瞑想よりも行為への興味を強調している。「御心が天になるごとく、地にもなさせたまえ」というのは、天には神に敵対するものがいないために、私たちが天で送るであろう生活を模倣するように努力をしなければならないということを意味する。テオドロスが序で述べているように、真の祈りは言葉によって成り立っているのではなく、善き業、愛、義務への熱意によって成っているのである[144]。もし彼の禁欲的な生活に関する著作のいくつかが残存していたなら、それは興味深いものとなっていただろう。私たちは、テオドロスが、キリスト教的救済の理解を、生活の中での実践的な働きにどのように適用したかを、もっと明瞭に理解することができたであろう。私たちが手にしているわずかな情報は、彼の著作である『完全について』(*On Perfection*) に含まれる情報だけである。

彼は隠遁者たちに対して、孤独のうちに勤勉であるように教え、注意し、警告した。さらに彼は、預言者、福音書、パウロ書簡からの証言によって、自分の言葉を確証した。隠遁者たちの完全について、この本を注意深く読む者は誰でも、孤独について解釈者によって言われていること、並びに彼が、この世的なことに心を逸らされてしまう隠遁者をどれほど非難し叱っているかをより鮮明に理解することができるであろう[145]。

そのような表現は、テオドロスの禁欲主義に瞑想的な傾向があったことを示すものかもしれない。同様に彼は洗礼志願者たちに「この世との交際」を避けるようにと述べている。それでも実践的な意味合いを明らかにする段になると、聖書は、テオドロスにキリスト者の生活様式を形作り、倫理的な決定を彼の人間の合理性理解の中心的なものにするための最高の導き手となった。神の律法に従うことは、律法が創造し再創造する神の恵みに満ちた活動というコンテキストでは、基本的なこととなった。

このようにディオドロスの二人の生徒であった、テオドロスとクリュソストモスは共通見解を共有し、お互いに対する尊敬は生涯続いた。なぜならテオドロスは、クリュソストモスが流刑の地から書き送った手紙の宛先人の一人であったからである。クリュソストモスが、その生涯では苦難を受け続けながら、すぐに最も栄誉ある教会の聖人の一人となったのに対し、テオドロスは生きている間は栄誉と尊敬を受けたにもかかわらず、死後には異端として呪われたことは、奇妙な運命のねじれである。テオドレトスは聖職者テオドロスの死をもって『教会史』（*Ecclesiastical History*）のクライマックスとしたが、テオドレトスはテオドロスの運命をほとんど予見できなかったのである。

さらなる読書のために

英訳

Hill, R. C., 2003. *Commentary on the Twelve Prophets, FC*, Washington, DC= Catholic University of America Press.

—, 2006. *Theodore of Mopsuestia. Commentary on Psalms 1-81*, SBL, Leiden: Brill.

Kalantzis, George, 2004. *Theodore of Mopsuestia. Commentaly on the Gospel of John*, Strathfield, NSW: St Paul's Publications.

McLeod, Frederick G., 2009. *Theodore of Mopsuestia*, Abingdon and New York: Routledge.

Mingana, A., 1932, 1933. *Theodore, Catechetical Homilies*, Syriac text and ET, Commentary of Theodore of Mopsuestia on the Nicene Creed（= Hom. cat. i-x）and Commentary... on the Lord's Prayer and the Sacraments of Baptism and the Eucharist（= Hom. cat. xi-xvi）, Woodbrooke Studies v and vi, Cambridge: Heffer.

（143）『教理講話』xvi, Mingana（1933）＝ WS vi, p.259, 英訳は p.118 にある。

（144）『教理講話』xvi, Mingana（1933）＝ WS vi, p.126, 英訳は p.3 にある。

（145）Mingana（1934）＝ WS vii, pp.109f の中での引用。

研究書
Dewart, Joanne, 1971. *The Theology of Grace of Theodore of Mopsuestia*, Washington, DC: Catholic University of America Press.
Fairbairn, Donald, 2003. *Grace and Christology in the Early Church*, Oxford: Oxford University Press.
Greer, Rowan, 1961. *Theodore of Mopsuestia: Exegete and Theologian*, London: Faith Press.
Norris, R. A., 1963. *Manhood and Christ*, Oxford and New York: Clarendon Press.
Patterson, L., 1926. *Theodore of Mopsuestia and Modern Thought*, London: SPCK.
Sullivan, F. A., 1956. *The Christology of Theodore of Mopsuestia*, Rome: Analecta Gregoriana.
Wiles, M. F., 1960. *The Spiritual Gospel*, Cambridge: Cambridge University Press.
—, 1967. *The Divine Apostle*, Cambridge= Cambridge University Press.
—, 1970. 'Theodore of Mopsuestia as Representative of the Antioehene School', in *The Cambridge History of the Bible* I, Cambridge and New York: Cambridge University Press, pp. 489-510.

Ⅳ　論争書簡と冊子の戦争

テオドロスが死んだまさにその年に、ネストリオスはコンスタンティノポリスの司教に叙階された。二、三か月の内に、騒動が表面化し始めた。ネストリオス論争の物語はしばしば語り継がれてきた。その歴史、教会会議と反教会会議、妥協と崩壊の過程はいくつかの書物でも簡単に読むことができる[146]。ここではこの論争の特徴と焦眉の急となった諸問題を、キュリロスとネストリオスとの間に交わされた書簡や悪名高い一二のアナテマ［異端宣告文］（Twelve Anathemas）の歴史を概観することによって明らかにすることで十分である。

私たちが関心を寄せる史料は、公会議教令集（Conciliar Acts）の中に見出されるはずである。エフェソ公会議の時代以降に、異端の烙印を押されてしまった者たちの著作の大部分は消滅してしまったものの、集成が、公会議（oecumenical councils）で議論された諸課題に関連する史料から作成され、それらは公会議の議事録とともに保存された。それゆえ『公会議教令集』（*Acta Conciliorum Oecumenicorum*）[147]は、この時代以後の重要な文書史料となった。エフェソ公会議（四三一年）については、多くの異なる集成が存在する。あるものはギリシア語、あるものはラテン語であり、すべてではないとしても一部は重複する史料である。最も重要なものは『ヴァチカン集成』（*Collectio Vaticana*）であり、今ここで論じるべき問題の史料の大部分はこの中に見出される。[148]これらの史料から、私たちはこの教義的・政治的な戦いの主役たちの書簡を読むことができ、そのようにすることで、明示的な問題だけでなく、この抗争の中に存在する「隠された議題」（hidden agenda）の手がかりに気づくことができる。

（146）標準的な教会史や概説を除くと、Sellers（1953）, Grillmeier（1965/75）, McGuckin（1994）を参照されたい。

（147）Schwartz（1927-）= *ACO* を参照。（エフェソとカルケドン公会議の教令集の）フランス語訳は Festugière（1982, 1983）を参照。（カルケドン公会議の教令集の）英訳は Price and Gaddis（2005）を参照。

（148）『ヴァチカン集成』（*Collectio Vaticana*; *ACO* I.i.1-6）にはキュリロスの『東方人への弁明』（*Apology against the Orientals*）がある。この書は『アテネ集成』（*Collectio Atheniensis*; *ACO* I.i.7）を除くすべてのものが含まれている。ここで議論されている史料は、英訳と注が Bindley and Green（1955）にある。Wickham（1983）にはテキストと英訳がある。McGuckin（1994）にはキュリロスのネストリオスへの二番目と三番目の手紙の英訳がある。McGuckin（1994）と Russell（2000）にはキュリロスの『［エフェソにおいて公布された］一二箇条の説明』（*Explanation of the Twelve Chapters*）の英訳がある。Pásztori-Kupán（2006）にはテオドレトスの『［キュリロスによる］一二箇条の異端宣告の反駁』（*Refutation of the Twelve Anathemas*）の英訳がある。

1 書簡

キュリロスは、ネストリオスに手紙を書き送ることによって通信を始めた。彼の冒頭の挨拶は、丁寧な社交辞令の慣習的な形式をとっている。「最も敬虔で信心深い兄弟であるネストリオスへ、主にあって挨拶を送る」。そして〔ネストリオス〕個人に言及するときには「あなた」(you) よりも「敬虔なる方」(your Piety) を一貫して用いている。この敬意を表す表現形式は、より論争が痛烈になったときでさえも、書簡のやりとりの中で一貫して保たれている。

キュリロスは続けて手紙を書く事情を説明している。彼はネストリオスが狼狽しているという報告をコンスタンティノポリスから受けていた。そのことを調査すると、ネストリオスの苛立ちの原因が、彼、すなわちキュリロスが聖なる修道士たちに宛てて書いた手紙にあり、その手紙の写しが首都〔コンスタンティノポリス〕に伝わっていたのである。さらに、互いの活動を監視し合うために、総主教たちによって雇われたスパイやそれに対抗するスパイの活動があったことがほのめかされている。ネストリオスを悩ませた手紙もまた、『公会議教令集』の中に見出すことができる。キュリロスがこの手紙を書いたということは、キュリロスの叔父であるテオフィロスがクリュソストモスに対してとった戦略と類似した戦略を、ネストリオスに対しても用いる準備をしていた可能性を示唆する。修道士たちは長い間、アレクサンドリアの総主教たちによって政治的な目的を達成させるために用いられる襲撃部隊であった。その同盟はアタナシオスによって進められ、後継者たちによって強化されてきた。今やキュリロスが牧会的な手紙を流布させることによって修道士たちの支持を確かにしていた。しかし、この手紙は、キュリロス自身には表面的には合理性を欠いていたり議論を引き起こすものではないと思われたが、信仰者の感情を喚起させるために考えられた方法によって、多くの論争となるようなキリスト論の問題点を提起したのである。ニカイア信条は、キリストの神性を確立した。それゆえに処女は *Theotokos*、神の母であるはずなのである。*Theotokos* という称号は、いつも用いられるわけではないにしても、聖書や教父たち、偉大なアタナシオスやニカイアによって示唆されていたものである。肉となったのは、神の言ご自身である。そして肉となって、苦しまれ、死んで復活された神のロゴスを私たちは、唯一の主イエス・キリストと名付ける。彼は「私たちのような単なる人」ではない。彼は肉となっても神であった。聖処女から生まれた存在を神から生まれた存在から分けることによって、一人の主イエス・キリストを二つに分離してはならないのである。ロゴスは自身を無にし、彼の人性の経綸を成就した。それゆえに、彼が人となったときには、女から生まれたのである。インマヌエルは単に「神であることを身に帯びる人間」でもなければ、単なる神性の道具でもない。もしキリストが本性から真の御子でも神でもなく、私たちと同じように単なる人間、単なる神の道具にすぎないとすれば、私たちの救済はどのようにして神に由来するのだろうか。攻撃対象は、明らかにネストリオスのキリスト論であった。ネストリオスが狼狽したのは驚くにあたらない。

しかしながら、キュリロスはネストリオスへの手紙の中で、ネストリオスが自分の立場を熟慮してこなかったことに驚きを表明している。結局、騒動は、キュリロスが修道士たちに手紙を送る前にすでに起こっていたのである。すべての始まりは、ネストリオス自身の言葉からではなかったのだろうか。キュリロスは、いくつかの論考と説教に見られるゆがめられた前提を正すための努力をずっと行っていたのである。ある者たちは、キリストが神であるという告白にためらいを感じ、キリストが神の器具もしくは道具であり、「神を身に帯びた人」のような表現を代わりに用いることを提言するところにまですでに近づいていた。信仰が傷つけられ、そのような考えが言い広められていた時に、誰が黙っていることができようか。キュリロスは、もし自分が返答しなかったとすれば、キリストの裁きの御前においても、自分の沈黙の理由を答えねばならないだろうと述べた。加えて、ローマの司教であったケレスティヌスは、その地方の司教たちとともに懸念を表明し、これらの文書がネストリオス本人によるものなのかということを確認することを望んだ。彼らがローマから書簡を書き送った時には、明らかに彼らは感情を害していた（実際、キュリロスはここではこの点に言及してはいないが、ケレスティヌスにネストリオスの説教が危険であることを警告し、キュリロスは、ケレスティヌスに扇動されるようにして、ネストリオスに書簡を書いていたのである。ケレスティヌスの書簡は、キュリロスによって育成されたローマとアレクサンドリアの主軸についての明確な証拠を提供する)。そこで、キュリロスが続けて述べるように、あらゆるところで騒乱と騒動が起こった。ネストリオスは自己弁明をして、拡大したスキャンダルを止めさせた方がよかった。平和を求めたのであれば、ネストリオスは、処女を *Theotokos*〔神の母〕と呼んだ方がよかっただろう。というのは、他のすべての者は、キリストへの信仰のゆえに、苦しむ用意があったからである。

キュリロスの外交的な演説にもかかわらず、これは明らかなる宣戦布告であった。ネストリオスは冷静にそれに対応しようとした。ネストリオスは、キュリロスの代理人によってかけられた強い圧迫ゆえに、この手紙に回答したにすぎない。キュリロスはキュリロスの代理人の称賛に値する質の高さを主に詳しく書いている。このことは、キュリロスの手紙が兄弟愛によって書かれたものではなかったものの、キュリロスは忍耐強くそれに耐えていたことをほとんど偶然に示している。

キュリロスはまだ遠くへ到達していたわけではなかった。事件は続行し、数か月後に、キュリロスは再び筆を執った。これが有名な『ネストリオスへの第二の手紙』(*Second Letter to Nestorius*)であり、カルケドン公会議でレオ〔一世〕の『教書』(*Tome*)とともに正統の規準として採用されたものでもある。ここには特別なキリスト論の問題がより鮮明に取り扱われている。

キュリロスの最初のパラグラフは、舞台裏の動きのさらなる証拠である。キュリロスは「ある人々が、私〔キュリロス〕の性格が不利になるように、あなた〔ネストリオス〕の敬虔さについての噂を流していた」と伝えられてきたと述べている。キュリロスが言っているように、彼らが「あなたの耳を喜ばせようと」期待していたことは疑いもなく、このことは、公然となっている二人の司教間の敵意が、正義から逸脱した人々、野心家、あるいは素朴な悪意をもった人々に利用されるところまで機が熟してしまったことを示している。結局のところ、このようなことは、すでにオリゲネス論争でも起こっていたことであった。キュリロスは、ネストリオスの密告者たちが、コンスタンティノポリスに訴えたことが全く正当化できないという理由で、すべて犯罪者として非難されたと主張している。しかし、書簡のやりとりを礼儀正しく行うことがどんなに難しくなったとしても、キュリロスはネストリオスに「キリストにある兄弟」と宛てて書き、教会に責任ある牧者また教師として彼に訴えている。

多くの人々が攻撃された時には、彼が示しているように、攻撃をやめ、健全な教義を確立することが必要である。修道士たちへの手紙の中にある通り、キュリロスは彼の正統の基準をニカイア信条とした。適切な手続きの方法はニカイア信条を尊重し、ニカイア信条が教義の形を決定していくことを認めることである。彼は次いで、自分がニカイアの教父たちが意味したと考えることを述べている。ニカイアの教父たちは、受肉し、人として生き、苦しみ、復活し、天に挙げられたのは、唯一の生誕した御子であると語った。実際にそのことを多くの言葉を費やして述べていなくても、キュリロスはロゴスが受肉の経験の主体であったと主張しようとした。彼が続けて、これこそが、すべての者が、受肉の意味を認識するとともに、従わなければならない筋道であると記した。

> というのは、ロゴスの本性が変化して肉になったとか、ロゴスが完全な人間に（魂と肉体の一つになるという意味）変容させられたとか、私たちは言わない。むしろ、次のように言う。ロゴスが人となり、自身の本質を肉に統合させ、想像も及ばない仕方で理性的な魂を活性化させた。

このようにキュリロスは、神の不変性を保つというアンティオキア学派の関心の妥当性を認め、彼自身のキリスト論がロゴスをして変化にかかわらせているという示唆を拒否している。彼は、「肉体は理性的な魂によって生命を与えられた」という定式によってアポリナリオス主義を排除することで、キリストの完全な人性をも主張した。しかしながら、彼が受肉はどのように理解されるべきかについては語ることができていないことは明白である。手紙の中で何度か、彼は、「言葉で言い表せず、想像も及ばない」受肉の特徴に言及している。彼が繰り返し語っている一つのことは、たとえそれがどんなに難しいことであろうと、受肉したのがロゴスであり、ただ一人の主でありキリストであり御子である方がいるということである。彼は二性は互いに関与し合うことを認めているが、二つの合一は、本質に関わる（hypostatic）と言う。なぜなら、ロゴスが「自身の本質（*hypostasis*）において」自身を人間と合一させたからである。

この立場をさらに説明するために、キュリロスは論争の中ですでに生じていた多くの困難な点を取り扱っている。彼は、ロゴスが御父から *γέννησις*（生誕したもの）であり、女から *γέννησις κατὰ σάρκα*（肉に従って出生したもの）と言うこともまた可能であると主張する。このことは彼が修道士たちへの手紙の中で主張したことであり、それに続く言葉は彼が誤解を招いたことを示している（それは結局のところ、アポリナリオス的考えであった）[149]。彼はこのことが、神の本性は聖なる処女において存在し始めたということを意味するか、もしくは永遠のロゴスが何かを欠いていたとか第二の存在の始原を必要としていたことを意味するかのどちらかであるということを否定している。ロゴスは、私たちと私たちの救いのために自身を本質的に（hypostatically）人間に統合した時に、肉に従って生まれたと単純に言われるのだと、説明している。

しかし、キュリロスは防御を続けることを拒否している。聖なる処女から生まれたのは、ただの人ではなかった。自身の誕生を自分自身の肉の誕生としたのは、ロゴスご自身であった。ロゴスご自身が苦しみ、死なれた。しかし、ロゴスはご自分に固有の本性において苦しまれたのではなかった。なぜなら、神は肉体を持たないゆえに、不受苦だからである。しかし彼自身の体が苦しんだとき、不受苦性は苦しむ体の中に存在したために、彼は私たちのためにご自身で苦しまれたと言われている。換言すれば、キュリロスは肉体を持たないものが肉体的な状態、それゆえに受苦する状態を引き受けたということを言おうとしているのである。

そこで、キュリロスは続けて次のように言う。私たちは唯一のキリストと主なる方を認識し、ロゴスと並列した方を礼拝することも、そこに分割が入り込むことも許さない。もし私たちがこの本質的な統合（*hypostatic union*）を拒否するなら、私たちは結局「二人の御子」と言うことになってしまう。人格（*prosōpon*）の統合がただ十分であるというわけでもない。「なぜなら、聖書はロゴスが自身を人間に統合したと未だ宣言しているのではなく、肉となったと言っているからである」。したがって、聖なる処女を神の母（*Theotokos*）と呼ぶのに何の異論もない。

キュリロスは自分の立場を詳述するために、この手紙で重大な試みを行い、関係する諸問題のいくつかに注意を向けた。彼は、「私がキリストのうちに持っている愛から」手紙を書き送っていると語り、ネストリオスに「教会の平和が保たれ、神の祭司たちの間の一致と愛の絆が壊されないように保たれることを、私たちとともに考え、教えてくれるように」と懇願することによって結論としている。キュリロスが受肉の真理に対して深い恐れを持っていたということを理解するためには、私たちは彼の動機を十分に信頼すべきである。いずれにせよ彼は平和を達成するために極端な主張を避けた。おそらく彼はコンスタンティノポリスの司教をアレクサンドリアの支配に屈服させるという見通しを好ましく思っていたが、しばらくは指図や要求をすることは避けた。

しかしながらネストリオスはどのような人間にも、とりわけ教会の最大のライバルに対して屈服するようなタイプの人間ではなかった。ソクラテスの評価を信じるに足るものと考えれば、彼は機転の利かない、決然としてはいるが不寛容な人物であった[150]。この時点で、彼は、宮廷に気に入られているという利点を有していた。そこで、この時にネストリオスはキュリロスに対して少しも譲ることなく、力を込めて返答した。しかも、キュリロスの論点に直接返答したのである。ネストリオスはキュリロスの手紙の初めの部分の無礼な言葉をはっきりと無

（149） 前述の四七四頁を参照。
（150） ソクラテス『教会史』vii.29 を参照。以下の pp.291-3 も参照。

視し、すぐに神学的な論点を扱うことから始めている。彼はキュリロスのニカイア信条についての発言を引用し、聖なる教父たちが同質である神格（consubstantial Godhead）が受苦したということや、あるいは御父と永遠なるお方が γεννητής（生誕した／生まれた）とは言っていなかったことを指摘している。「唯一なる主イエス・キリスト、唯一生誕した御子」という言い回しの中に、教父たちは注意深く、唯一の主が分割されないように、それぞれの本性に属する名を並列したのである。しかし同時に、諸本性は、御子の単一性ゆえに混同される危険はないのである。パウロも同じことをフィリピの信徒への手紙二章五―六節以下で教えている（キュリロスによって修道士たちへの手紙の中で議論されている箇所であり、この論争の中で何度も現れる）。つまり、彼は、神的ロゴスが παθητός（苦しみを免れない存在）であったという意味合いを避けるために、受苦について語ろうとしたために、「キリスト」という名を用いたのである。その結果、受苦と不受苦の本性の単一の人格（*prosōpon*）を指し示すことになった。というのは、キリストは ἀπαθής（不受苦）であり παθητός（受苦可能）であると難なく言えるからである。なぜなら、キリストは、神格においては ἀπαθής であり、肉体においては παθητός だからである。

ネストリオスはこのことに関して、他にも多くのことを語りうることを示唆するが、簡潔に語るために、彼はキュリロスの次の論点に進んでいく。ネストリオスは本性の分割が完全に正統であり、教父たちは決して女からの第二の γέννησις（出生）については語らなかったと主張している。ネストリオスは、キュリロスの細かい説明に、首尾一貫していないところを見出した。キュリロスはロゴスが ἀπαθής（不受苦）であったので、第二の γέννησις（出生）を受け入れることができないことを強調することから始めた。それから何とかして、彼はロゴスが παθητός（受苦可能）であり新しく造られたという考えを導入した。

ネストリオスによれば、聖書は経綸、出生（γέννησις）、苦難（πάθος）を神にではなく人性に帰している。それゆえ、聖なる処女は神の母（*Theotokos*）ではなく、キリストの母（*Christotokos*）である。彼はその後、長い聖書からの典拠を引用している。肉体は神の神殿である。神はまさに神的な συνάφεια（統合や接続を表すために用いられる言葉の一つ）によって肉体を自分のものとした。このことは福音の伝承にも適合する考えである。出生と苦難と死をロゴスに帰すことは、異教の考え方に陥ることであり、アポリナリオスとアレイオスの異端に追従することである。

ネストリオスは、パウロが論争好きの者たちを非難していた箇所を引用し、争いを避けようというキュリロスの願いには共感するが、兄弟としての親愛や尊崇の表現は取りやめている。

しかしながら、論理的な論争は、不可能になってしまった。キュリロスの『ネストリオスへの第三の手紙』（*Third Letter to Nestorius*）はネストリオスの議論への個人的な返答ではなく（議論のいくつかは深刻になっていたが）、エジプトの司教たちの教会会議からの報告書を要求するものであった。「反ネストリオス」運動はますます勢いを得ていた。キュリロスがケレスティヌスに、ネストリオスに自説を撤回させることに成功しなかったことを知らせたとき、ローマ教皇はローマで教会会議を開いた（四三〇年八月）。『公会議教令集』の中に、ケレスティヌスから東方の当事者たち、すなわちコンスタンティノポリスの聖職者と信徒、キュリロス、アンティオキアのヨアンネス、そしてもちろんネストリオス自身に宛てた、この教会会議の決定を知らせるためのいくつかの手紙が見出される。その決定は最後通告であった。もしネストリオスがこの手紙を受け取ってから一〇日以内に、自説を撤回してローマとアレクサンドリアと同じ信仰を告白しないなら、彼は破門されるであろう。一一月に開催されたキュリロスの教会会議は、ローマの教会会議を承認し、第三の手紙を発送した。しかし、次の年に一般評議会への皇帝の出頭命令によって、最後通告は、ひとまず防がれた。しかしながら、その評議会の前には、もうどうにもならなかったのであり、評議会が開催された時までには、この論争はもはや単なるネストリオスの正統性の問題ではなくなっていた。東方教会は二つの敵対的な陣営に分かれてしまったのである。かくして第三の手紙は対立をより深める役割を果たした。

ネストリオス宛のキュリロスの第三の手紙は、もはや寛容さも説得力も持っていない。この手紙は無条件の服従を要求するものである。信仰が傷つけられている。ゆえに愛の法は破棄されねばならない。沈黙を保つことはもはやできない。エジプトの教会会議はローマの教会会議と歩調を合わせ、ネストリオスの有害で曲げられた教義を止めるかネストリオスを破門するかを働きかけようとしている。諸教会の騒乱と信者を憤慨させる出来事は、もはや寛大に扱うことはできない。ネストリオスはすでにケレスティヌス自身の手紙によって警告を受けていたのである。

この手紙は続けて、ネストリオスがニカイアの信仰を確認するだけでは不十分であると言う。なぜなら問題の全体は、ネストリオスが、ニカイアの信仰を誤って解釈してしまった事実にあるからである。ネストリオスがすべきことは、自分自身の誤った教義を呪い、西方と東方の教会内ですべての司教、教師、指導者たちよって教えられていることを教えることを約束することであった。このことは、ネストリオスがすでにケレスティヌスとキュリロス自身からすでに受け取っていた手紙の中に含まれていたが、誤解が生じないようにするため、この教えは、再度この手紙の中で語られている。

続く説明の内容を詳細に繰り返す必要はないだろう。なぜなら、ほとんど同じような明解な議論と定式が、第二の手紙と同様に展開されているからである。しかし加えて、以下に述べることはきわめて重要である。すなわち、キュリロスが聖餐に訴えている点である。私たちは「ありふれた肉」や「聖化された人の肉」ではなく、ロゴスご自身の肉を受けている。このロゴスご自身の肉は、神としてご自身が生命であるロゴスの肉であるという理由だけで、生命を与える。この新しい議論の道筋を別にしても、二つの手紙の間にある主要な違いは、多くの典型的なアンティオキアのキリスト論の定式をどれだけはっきりと退けているかにある。「内住」(Indwelling)は合一を説明するのに十分なものではない。つまり、ロゴスは、ロゴスが聖人たちに内住するのと同じように、恵みによって肉体に住まうことによって、体に「宿った」(inhabit)のではない。一人のキリストと御子と主がおられるのであり、威厳と権威の合一において神と結合した人が存在するのではない。結合（συνάφεια）は、本性もしくは本質的な合一よりも単なる並列を示唆するゆえに、合一を説明するのに十分ではない。ネストリオスがしているように二性の間で、聖書テキストを分割することは誤った釈義である。人間の言葉と神の言葉は一人の人によって語られたのである。ロゴスの称号と救いの行為を二つの相異なった本性に帰すことも同じく誤りである。そしてキュリロスは、さらに進んで、この論争の過程でよく知られるようになったいくつかの称号とテキストを論じている。このよりいっそう否定的なアプローチは、ネストリオスがこの手紙に付け加えられている一二の声明を呪うようにキュリロスが最終的に求めたことによって頂点に達している。

2　一二のアナテマ(151)

すべてのキュリロスの行為の中で、一二のアナテマの作成は、最も大きな不和の原因となった。というのは、一二のアナテマ自体が、論争の標的となり、アンティオキア学派全体に深い疑念を呼び起こしたからである。それらは、必要な正確さや予防措置なしに主張された粗野で敵対的な主張である。キュリロスは、あえて彼のより広範にわたる説明の中にそれらを含めようと試みていた。アンティオキアの人たちにとって、それらは単に挑戦的であったばかりでなく、冒瀆的で、かつ教義的に危険なものであった。論争が発展するにつれて、ネストリオスを弁護することよりも、彼らが一二のアナテマの撤回を保証することの方がより重要になった。アンティオキア学派の小冊子（tracts）は、これらのアナテマを攻撃した。対して、キュリロスは一連の弁解と逆襲によって、これらのアナテマを擁護した。ここに書簡戦争（pamphlet war）が勃発したのである。

アンティオキア学派は攻撃を仕掛けた。ネストリオスがアンティオキアの司教であったヨアンネスにキュリ

（151）このアナテマをめぐる議論は、たとえばWickham（1983）, McGuckin（1994）, Clayton（2007）などに見られる。

ロスの最新の手紙の内容を知らせたとき、ほとんど間髪を入れずに二つの批判的な著作が生み出され、そのうちの一つは「東方人」(Orientals)を代表するサモサタのアンドレアスによるものであり、もう一つはアンティオキアの最も偉大な学者であるキュロスのテオドレトスによるものである。これらの著作は、『東方人への弁明』(*Apology against the Orientals*)と『テオドレトスへの弁明』(*Apology against Theodoret*)というキュリロスの返書の中に見られる広範な引用によって残存している。キュリロスは、エフェソでの教会会議の間に、さらに『アナテマの説明』(*Explanation of Anathemas*)を書いた。キュリロスは、これらの著作が、二つの党派間の連携を打ち壊す最大の要因の一つとなるほどのものであることに気づいていた。何らかの方法で、彼らは、外の世界、特に宮廷に対して正当であることを認めてもらわねばならなかった。アンティオキア学派は自分たちがアポリナリオス主義であると確信し、この見解を躊躇なく発信していった。それらが、アポリリリオス的で冒瀆的な特質ゆえに、キュリロスもしくは教会内の実在の人物の著作であるとは信じがたいと考えたのは、テオドレトスだけではなかった。別の誰かが、ネストリオスの作とされてラテン語の翻訳で残存する一連の反アナテマの著作を生み出しさえしたと考えた。しかしこれは真正性も不明であるし、直接議論するには及ばないので、ここでの議論では取り扱わない。

『第一のアナテマ』(*The first anathema*)は、インマヌエルが真の神であることを否定し、聖なる処女に対する神の母(*Theotokos*)の称号を退ける者たちに対して向けられた。この求めを説明するにあたって、神から由来するロゴス(ὁ ἐκ Θεοῦ Λόγος)は、肉となったときに肉としての様態で生まれたと主張されている。

東方人は最初、説明的な〔信条の〕条項に固執し、処女からの誕生を否定しているかのような「肉としての様態で」生まれたということに誰が同意するだろうかと疑問を投げかけた。ロゴスの誕生は「肉として」だったのか、あるいは「神にふさわしい」(God-befitting – θεοπρεπής)ものだったのか。しかしアンティオキア学派の批判は主要な問題に集中した。どのように神は変化を認めるのだろうか。ロゴスが「肉となったこと」は、罪や呪いとなること以上に言葉通りの事柄ではありえない。つまり、それは、彼が肉において宿った（σκήνωσις）ことを意味する。テオドレトスはこの点に集中した。変化を神に帰することはできない。神はフィリピの信徒への手紙二章七節によれば、肉を「とった」（took）のである。テオドレトスは、神の母（*Theotokos*）の称号を受け入れる用意がある。ただし、注意深い説明を伴ってそうするのである。彼女が生んだものは、神的なもののすべてが肉として住まう神殿（ναός）であった。

次いで、キュリロスはどのように攻撃をかわしたのだろうか。東方人に対して、彼はヨハネによる福音書一章一四節が受肉の神秘についての言明であると主張することから始めた。また、ニカイア〔の信仰〕は、神に由来するロゴスが受肉し人となったと述べた。もちろんこの結合は、変化や混合（ἀτρέπτως や ἀσυγχύτως）なしに起こったに違いない。なぜなら、ロゴスが本性上、変化しない（ἀναλλοίωτος）からである。第二に、もしアンティオキア学派がロゴスの生誕が θεοπρεπής（God-befitting 神に相応したもの）であると主張すれば、彼らが処女〔マリア〕を神の母（*Theotokos*）と呼ばない理由はないと、彼は提案した。普通の人には、神に相応した生誕があるのだろうか。さらにロゴスが罪や呪いになったのと同じように肉体となったと主張することは、馬鹿げたことであった。ロゴスは罪がないので、その議論の当然の帰結として、彼は真に受肉したのではまったくないということになる。彼は変化や混合なしに、真に肉体となり、人となった。経綸の様態は言葉では言い表せない。キュリロスは自分の主張を支えるために、教父たちから引用を付け加えている。

ほとんど同じような回答を、キュリロスはテオドレトスにもしている。ロゴスが肉となったと言うときに、混合や変化について語るのではなく、理性的な魂をもった聖なる肉体との描くことも、表現することもできない合一について語っている。「神殿に宿る」（indwelling a temple）という言葉はこの合一を記述するのに十分ではない。なぜならこの言葉は聖人の中に神が現臨することを表すために用いられるからであり、彼は、コリントの信徒への手紙一、三章一六—一七節を引用している。

『アナテマの説明』の中で、キュリロスはニカイア信条に従って、ロゴスは御父と本質を同じくするだけでなく、受肉の経験に甘受しているという彼の主要な主張を繰り返している。ロゴスは神のまま留まり、変化を被ることなく受肉をした。受肉の様態は、私たちの考えや言葉をただ超えたものなのである。

『第二のアナテマ』(*The Second anathema*)は、御父なる神に由来するロゴスが実体的に肉体と合一したことを否定する者たちに宛てられている。今や、実体的な合一の概念は、まさにアンティオキア学派の問題となった。彼らは合一を肯定したかった。しかし、合一を「実体的」(hypostatic)と呼ぶことは、アポリナリオス主義を示唆し、本性の混同や混乱を示唆し、さらには「本性の合一」(natural union)すなわち神の恵みの意志によって自由に与えられたものというよりは事物の本性に内在するものつまり必然性によってもたらされたものを示唆するゆえに、彼らにとってはどれも誤った意味を有した。それはキュリロスにとって、「真の」(real)統合を語る唯一の方法であった。専門用語の使用方法の違いに本当の相違が表れたように思われる。[152] ある者たちが考えているように[153]、三位一体の「一つの本質(*ousia*)と三つの実体(*hypostasis*)」という定式の中で、*hypostasis* には特別な意味が込められていたため、キュリロスが意味していたことをテオドレトスが理解すべきだったと主張することはまったく公平さを欠いている。*hypostasis* は一つの個を区別するために用いられたのであり、イエス・キリストにおける一つの個を主張することは、もしアンティオキア学派のキリスト論的な観点からアプローチするとしたら、混乱や混同を示唆してしまうことになりかねない。キュリロスによって生み出された説明はおそらくテオドレトスに安心を与えなかったのであろう。その上、καθ᾽ ὑπόστασιν(実体的に)という定式がキュリロスによって考案され、キリスト論論争の中に斬新的な専門用語として導入された可能性はあるように思われる。[154] 数年後、ネストリオスが『ヘラクリデスの書』(*The Bazaar of Heraclides*)を書いたとき、彼がなおもこの専門用語に困惑させられていたことは注目すべきである。[155]

このアナテマについての議論は、キュリロスの『東方人への弁明』の中にはまったく現れていない。しかしながらテオドレトスは、アンティオキア学派の者たちが聖書に説得されて、〔ロゴスには〕真の合一があることに同意していると主張している。しかし彼らは実体という記述を、聖書や聖書を解釈した教父たちには異質なものであるとして拒否している。もしこの本質としての合一が肉体と神性の混合として記述されることが意図されるなら、アンティオキア学派は熱意を込めてこの用語に反対し、冒瀆であるとして非難するだろう。混合は混乱を示唆するものである。混乱はそれぞれの本性の固有の特徴を傷つけてしまう。「この神殿を壊してみよ。三日で建て直してみせる」〔ヨハ二・一九など〕というテキストによって、主イエスは二性を示唆されたのである。壊される神殿と復活する神である。Ἕνωσις（合一）はそれで十分である。この言葉は諸本性の区別と唯一のキリストを守る。

キュリロスは、καθ' ὑπόστασιν によって彼が意味することを述べることによって返答している。それは彼が以前にもしばしば述べていたように、混同以外の何らかの手段によって人間の本性に合一させられたロゴスの本性と実体そのものである。キュリロスが言うように、テオドレトスは、実際には同じことを語ろうとしているのである。『アナテマの説明』の中で、キュリロスは再び、（確実に、自身の本性を変化させることなく）受肉したのはロゴスであると主張し、唯一のキリストを独立した本性上（ἰδικῶς）の人と独立した本性上（ἰδικῶς）の神に分割

---

(152) McGuckin（1994）, pp.138ff は用語と両陣営の受け止め方の違いに関する長い説明を提供してくれている。説明の要点は Russell（2000）と Pásztori-Kupán（2006）の序の中にある。Clayton（2007）も参照。

(153) 例えば Sellers（1940）, p.10 や Pásztori-Kupán（2006）はキリスト論において *hypostasis* を用いたのは革新的だったと述べている。

(154) Richard（1945/77）を参照。Chadwick（1951）の解説も参照されたい。

(155) 本書の五六五―六、五六八頁を参照。

することは正しくないと主張した。さもないと、私たちは二人の御子という言葉で思惟することになり、受肉の思想全体を損ねてしまう。

『第三のアナテマ』（*The third anathema*）は、合一後に二性を分割し、本性上の統合（φύσει 生来の）による結合（σύνοδος）というよりも、むしろ威厳、権威、力における連結（συνάφεια）として合一を描いている。

ここでの問題は前述のアナテマにおける問題とほとんど同じであるが、その後も議論の的となった用語を導入している。カルケドン派ではない人々は、カルケドンの定式を否定した。その理由は、その定式が「二性から」（*out of* two natures）というよりもむしろ「二性において」（*in* two natures）について語ったからである。つまり、定式が、合一後の二つの別々な本性の継続的な現在を意味したからである。東方人たちは、キュリロス自身が修道士たちへの手紙の中で二性について語っていたと指摘をした。つまり、彼は二性を一つの本質と混同させ、それを「本性上の合一」と呼んだことを自ら忘れてしまったのだろうか。恩寵の行為を排除するような物理的な合一を、いったい誰が受け入れることができるだろうか。これはアポリナリオスの考えに違いない。返答の中で、キュリロスはよく知られた根拠を再び述べている。受肉の前と後には、同じ御子と主がおられ、二人の御子へのいかなる分割もない。彼はネストリオスからの章句を引用し、さらに進んでそれらに反論している。ネストリオスは一貫して本性を分割し、共通した礼拝と権威、尊厳の一致だけでそれらを統合する。彼は二性に関する主張を引用し、擁護し、二性は、合一後にも分割されないと主張している。彼は φύσει という言葉によって、混同ではなくて、κατ᾽ ἀλήθειαν（本当の、真の統合）を意味することを説明している。そして彼はアポリナリオスの教えを批判する。

テオドレトスは、συνάφεια〔連結〕と σύνοδος〔結合〕との間の微妙な違いを理解不可能とみなし、本性上の合一において示唆されている必然性に注意を払った。「本性的に」私たちは飲み、眠り、息をしている。つまり、それらは本性的な必然性であり、意志の行為ではない。もし合一が本性的であるならば、それは避けられないものであった。それは人間に対する自発的な神の愛の行為ではなくなってしまう。確かに意図と意志による合一は、本性的な合一よりも優れたものである。もし人間について、パウロが「外なる人」と「内なる人」について語ることができるなら〔二コリ四・一六〕、合一後に二性について語ることに問題があるだろうか。テオドレトスに対し、キュリロスは彼の意図を説明している。彼が否定したことは、二つの独立した本性が σχετικῶς（習慣によって）結び合わされたという見解や、単に威厳、権威において、あるいは「御子」という共通の称号を持つことによって結び合わされたという見解である。アナテマはそのような空しい言葉に反対し、「本性上の合一」すなわち習慣によるのではなく、真実の内にある一者、不可分の一者を肯定する。このことが混乱や必然性を意味すると考えることは、誤解することである。ロゴスは、意志に反して人となって苦しみを受けるように強いられるはずはない。なぜなら、ロゴスは、それ自身の本性において苦しみや必然性を被ることがないからである。単に「本性から」（by nature）と「必然によって」（by necessity）は同定されえない。本性上の合一が意味していることは、真の合一だけである。

キュリロスのこのアナテマについての『説明』は、単に二元論的なキリスト論への基本的な反対を繰り返しているにすぎない。

『第四のアナテマ』（*The fourth anathema*）は、聖書の各テキストにそれぞれふさわしい本性を割り当てることによって、聖書テキストを区別している人々を非難することによって論点を追求する。これはもちろんアンティオキア学派の間での重要な釈義の方向性であったが、キュリロスが少しの間顧みることがなかったのは、それが偉大なアタナシオスのアレイオスに対する論争の中での重要な要素であり続けてきたからであった。『アナテマの説明』の中で、「再統合の処方」（Formulary of Reunion）の際に、キュリロスは自重しなければならなかった。キュリロスはフィリピの信徒への手紙二章六―一一節によって、このアナテマを正当化している。神であろうと人であろうと、すべては同じ実体に帰されている。すべての聖書テキストは、一つの *prosōpon*（実体）に適用されるべきである。なぜなら、私たちはイエス・キリストが唯一の御子、すなわち受肉した神のロゴスであると信じているからである。聖書テキストを二つの実体（*prosōpa*）に帰する危険は、二人の御子を簡単に示唆してしまうところにある。「神」と「人間」との間の区別に同意しながら、彼は後者がロゴスの受肉した状態を指していると主張し、彼が重要な伝統を拒否したことには沈黙を守っている。

しかしながら、アンティオキア学派への返答の中で、キュリロスは区別の妥当性を認めざるをえなかった。テオドレトスは、キュリロスがアレイオスやエウノミオスとあるいは同様であるかもしれないと考え、アレイオス主義に対する正統派の論争の中で、長く数え上げられてきたテキスト、すなわちイエスの飢え、渇き、疲労、眠り、無知、恐れ、孤独に言及するテキストの問題をはっきりと提起した。もしこれらが神・ロゴスに適用されるとしたら、いかにして知恵が無知であると言いうるだろうかと彼は問うている。テオドレトスと東方人たちはともに、「混合」と「混乱」の件でキュリロスを再び非難している。キュリロスはその非難は当たらないとし、ある部分はイエス・キリストの「人性」について語られているのであり、また他の部分では「神性」について語られているとしても、すべてが受肉したロゴスという一つの人格に帰されていると主張している。

『第五のアナテマ』（*The fifth anathema*）は、キリストが肉となったロゴスではなく、神を持ち運んだ人（θεόφορος ἄνθρωπος）であると言う者たちに宛てられ、『第七のアナテマ』（*The seventh anathema*）は、イエスがロゴスによって力を与えられた人であったと言う者たちに宛てられている。ここでは、『第八のアナテマ』（*The eighth anathema*）と同様に、典型的なアンティオキア学派の語彙が非難のために選び出され、ロゴスによって肉体を取った独立した人とそれゆえにその人がともに礼拝され栄光を帰せられるといういかなる考え方も排除している。さらにまたアナテマが帰されるべきは、キリストが、あたかも聖霊がキリストご自身とは無関係に、キリストご自身のものではないかのように（『第九のアナテマ』）、聖霊によってご自分の力ある働きを遂行するために力を受けたという考え方であった。それゆえ、女から生まれた人が大祭司と使徒にされたという考えもまたアナテマを与えられるべきことであった（『第一〇のアナテマ』）。背後にある非難は、養子論（Adoptionism）の一つである。そうなると、アンティオキア学派の者たちは、どのようにしてそれらの用語を弁護したのだろうか。

東方人たちは自分たちの定式には、キリストが、預言者や使徒あるいは義人のように、一人の人として力を与えられたということが示唆されているという考えをはっきりと非難する。彼らは「力を賦与する」や聖霊の力によってしるしを行うというような用語が聖書に基づくものと主張し、キリストの独自性は、キリストが「一人の御子」として力を賦与された事実から成り立っていると説明している。〔御子を御父と〕ともに礼拝するということ（co-worship）は、私たちが唯一の御子に対して行う一つの礼拝を意味している。『第一〇のアナテマ』に関して、彼らは、神がヘブライ人への手紙の中では、多くのテキストの主語とはなりえないと主張する。いったい神はどのように祈りをささげ、多くの涙とともに祈願をすることができようか。神はどのように苦難を通して従順を学ぶことができようか。実際は、それらの問いは、キュリロスにとってはさほど困難なことにならなかったが、現実的な聖書釈義に基づいて、もっともな説明をつけた。この「〔肉体を〕取った人」は、聖人や預言者とどのように異なるのだろうか。このことは、ロゴスの受肉としてどのように表現されるのだろうか。

テオドレトスは同じ要点のいくつかを共有していた。私たちは、神であり人である一人のキリストに礼拝をささげるのである。しかし私たちはロゴスが肉体に変わったとか、人が神に変わったとか主張すべきではない。聖書はキリストが聖霊によって油注がれたことを語っている（彼は一連の聖書テキストを挙げている）。そして油注がれたのは、神性ではなく人性であるはずである。キュリロスは預言者、使徒、ガブリエルにさえにもアナテマを与えようとしているのだろうか。ヘブライ人への手紙は、肉体を取った本性の弱さを明らかにしている。不変的な本性は肉体には変化しなかったし、経験によって服従することを学んだのでもなかった。ロゴスは一被造物ではない。むしろダビデの子孫である方が大祭司と犠牲にされ、いけにえとしてご自身を献げた。しかし東方人と比較すると、テオドレトスはアンティオキア学派特有の表現を弁護しながら、人格の統一をより一層主張している。ダビデの子が自身を犠牲にしたとき、彼は「自分自身にロゴスを統合させ、分離できない結合によって」そうしたのである。θεόφορος ἄνθρωπος（神を持ち運ぶ人）という言葉には、彼が単に神の特定の恵みを持っていたということを示唆するものは何もない。むしろこの言葉は、彼が全体として御子の神格と完全に合一していたことを意味する。

キュリロスはこれらの説明に満足したのだろうか。まったくそうではない。彼の後の著作『アナテマの説明』では、彼が初めからずっと行ってきたように、アンティオキア学派の立場に対して同じ批判を投げかけることに何の困難も感じていない。議論は、何の変化も生み出さなかった。テオドレトスや東方人が何と言おうとも、神を持ち運んだ人は、キュリロスにとっては普通の聖人を意味した。私たちは聖霊の宮であるとキュリロスは返答した。「ロゴスが人になった」と「神が人のうちに宿った」と言うことは、同じではない。パウロは「キリストの内には、満ちあふれる神性が、余すところなく、見える形をとって（σχετικῶς（習慣によって）ではなく、σωματικῶς（肉体として））宿っており」（コロ二・九）と言った。聖人たちは聖霊によって力を得ている。これに対して、イエスは、異なっている。なぜなら、力と霊はイエスご自身のものだからである。同じ一人の方が神であって人でないなら、一つの礼拝を捧げるという主張は誤っている。ヘブライ人への手紙にあるように、もちろん議論となる聖書テキストにも受肉の状態が言及されているが、すべての経験と行為の主体はそれにもかかわらずロゴスであり、第二の主体（「［肉を］引き受けた人」）ではない。加えて、人間が進歩してロゴスとの合一に至るといういかなる考えも非難されるべきである。

残りの三つのアナテマは、いくつかのアレクサンドリア学派のキリスト論の言明を支持しない人々を非難する。『第六のアナテマ』（*The sixth anathema*）は、ほとんどこの議論をしていない。それは、ロゴスが神もしくはキリストの主であると言い、同じお方が神であり人であり、肉体を取ったロゴスであるということに合意しない者は誰であってもアナテマの対象とした。テオドレトスはほとんどキュリロスの言葉に異議を唱えなかった。テオドレトス曰く、「僕の形」とは、合一ゆえに神であるということに私たちは同意している。彼はこの点を誤って理解してしまったのだろうか。キュリロスの議論は、彼が実際に心に抱いていたことが、ロゴスが受肉の経験の直接的な主体であるということの確証であったという疑いを明確にする。もしアンティオキア学派は、何が問題であるかに気づいていたなら、このような言明をもちろん認めたであろう。しかし、現実には、それは、テオドレトスのキリスト論の立場に一致していたのである。[156]

『第一一のアナテマ』（*The eleventh anathema*）は、聖餐に関する問題を提起する。肉体がロゴス自身の肉体ではないゆえに活力が与えられると主張する者は、アナテマの対象とされる。言うまでもなく、アンティオキア学派は直ちにキュリロスをアポリナリオス主義であると非難した。キュリロスは肉体が私たちに属するものであることを言い損ねてしまった。私たちは、ロゴス自身の肉体について語ることについてはきわめて慎重にならなければならず、さもないと二性の混同をもたらしてしまう。テオドレトスは、キュリロスがアポリナリオスのように、肉体について語り続けていると指摘し、肉体に「知恵がある」とも言わなかったし、肉体を取ったものが完全な人であることにも同意もしていないと指摘している。肉体は、ロゴスと合一しているために、肉は命を与える。そのような言明によって示唆されている二性を免れることはできない。キュリロスはこれらの非難から自分自身を弁護しなければならなかった。キュリロスは、自分の言葉が、肉体は個別の人格に属するというネストリオスの主張を排除することを単に意図したにすぎないと説明している。もちろん「肉体」は「完全な人」を意味

(156) Clayton（2007）はテオドレトスが *communicatio idiomatum*〔属性の交流〕ではなく *communicatio nominum*〔名の交流〕を認めることができたと主張している。彼はテオドレトスのこの段階でのキリスト論の立場が、本質的にモプスエスティアのテオドロスの立場のままであることも主張している。

している。また、もちろん人は、処女から肉体を取った。そして、もちろん合一は混同なしになされ、ロゴスは不変のまま留まっている。

『最後のアナテマ』（*The final anathema*）は、すべてのアナテマのうちで最も挑発的なものであった。すなわち、神に由来するロゴスが、「肉体において苦しみを受け、肉体ごと十字架につけられ、肉体ごと死を味わった」ことを告白しない者たちは誰であれ呪われよと述べる。例外なく、苦しみと死は、ロゴスの属性であると断定した。書簡の中では、キュリロスはずっとより慎重であった。彼はこのアナテマを作る際には、ただ不注意だったのだろうか。しかしアナテマは真剣に考えられるべきであった。そうだとすると、彼はこの問題を強引に推し進めたのだろうか。もしそうしたなら、彼は成功したであろう。しかし彼自身は厳しい批判にさらされねばならなかった。神が苦しみうると言うことは、冒瀆的なことであった。もし御子が、ὁμοούσιος τῷ Πατρί（御父と本質が一つ）でありながら、παθητός（苦しみを受ける可能性がある）のであれば、御父も苦しみを受けうる存在になってしまう。キュリロスの言明の論理的な帰結は、天父受苦説（Patripassianmism）かアレイオス主義のどちらかであった。アンティオキア学派の者たちがエフェソの教会会議の対抗会合で、キュリロスとキュリロスのアナテマを非難するために、大いに憤慨したことは、驚くに当たらない。この最後のアナテマは他のアナテマの基本的な意図についてのあらゆる疑念を裏付けた。

キュリロスの攻撃の中で、テオドレトスは、ἀπαθής（不受苦）は παθῆ〔受苦〕以上のものであると宣言をした。つまり、παθητός〔苦しむことができる者〕だけが苦しむことができるのである。「僕の形」は苦しみ、「神の形」は「僕の形」とともに存在し、人間の救いのために苦しむことに同意し、合一によって苦しみを自分自身のものとする。キュリロスは、説明を強いられたとき、本性において ἀπαθής（不受苦）のままでありながら、肉体の苦しみを自分自身のものとするロゴスについても語った。この重大な点では、両陣営はこの逆説と取り組むにあたり、実際にはそれほど乖離してはいなかったように見える。それにもかかわらず、それぞれの陣営が相手に対して最も深刻な攻撃を与えたのが、この点に関してであった。なぜなら、本質的な違いが残ったままだったからである。アンティオキア学派はロゴスを直接、受肉、受難、死の主体とすることができなかったのに対して、キュリロスはまさにそのようにしようとした。両陣営はアレイオス派、エウノミオス派、アポリナリオス派との論争によって苦しめられていたのである。

このような感情の高ぶる中で、司教たちはエフェソに赴いた。[157] 意思疎通が破綻してしまったのは驚くに当たらない。両陣営とも、新たな深刻な異端の探索という観点から、この問題を見た。このときから二年後に「再統合の処方」へと至った事実が、四三一年に彼らが相互に破門し合ったことよりも注目に値する事実である。数年後、キュリロスとテオドレトスは新しいやりとりを始めており、テオドレトスはディオドロスとテオドロスをアレクサンドリア学派の批判から弁護していたのである(不幸なことに、これらの著作は断片の形でしか残っていないが、「ネストリオス主義の教父たち」であるアンティオキア学派の偉大な教師の最終的な非難にとりかかった)。両陣営は他方に対して疑念を持ったままであった。両陣営の間には真の相違がなかったのであり、[158] 両陣営の神学は実際にはかなり接近しており、穏やかに論点を話し合うこともできたはずであり、会議室の平和で静かな中で専門用語を分類することができたなら、すべての相違を調停できたはずだと主張する傾向がこれまで存在した。政治が神学に織り交ぜられてしまい、ネストリオスへの非難はすべて恐ろしい誤りであった。しかしながら、登場人物たちは真理のために戦っていると考えていたのであり、論争の主題について自分たちの見解に関心を持ち続けたことについては、キュリロスと彼の論敵たち両方に敬意を払うべきである。ネストリオスは、最後には真理が

---

(157) エフェソでの出来事についての詳細な説明は、McGuckin (1994) を参照。もっとも彼は史料を可能な限りキュリロスの行動に好意的な仕方で読み取っているが。

(158) 例えば Sellers (1940, 1953), prestige (1940) を参照。Anastos (1962) も参照されたい。

勝利するはずであると考え、キュリロスもまたそのように考えた。(159) もちろん、どのような人間の真剣な論争も、政治、社会、個人的な要因から切り離されて行われることはない。しかし、そのことは、これらの諸問題について語るべきすべてがこれらの諸要因に尽きるということを意味しない。もちろん、多くの論議が感情の高まりや偏見、他陣営の主張に耳を傾けなかったために続く。これらの要因は、特に自分たちの信仰が攻撃にさらされていると感じるときには、強く働く。しかし、確かに真の諸問題が存在した。どのようにして神は受肉の経験の主体になることができたのだろうか。もしキリストが、受肉した神と同一と認められるならば、どのようにしてキリストは真の人間たりうるのだろうか。アンティオキア学派はこの困難に対して真剣に注意を払い、直接の同一性を認めることを拒むことによって、信仰者に疑念を起こした。キュリロスは直接の同一性を主張し、いくつかの但し書きの反復がこの問題を十分に解決すると考えることで、困難を退けた。論争は、それぞれの立場の誇張を意味し、多くの二次的な問題や相互の誤解が、真の相違の横たわる点を曖昧にしてしまう傾向があった。しかし実際には真の相違が存在した。

そろそろこの論争に見通しをつける時である。この論争は、関与してきた三人の主要人物の生涯と著作にどれほどの影響を与えたのだろうか。キュリロスとテオドレトスは司教の職に長きにわたって任じられており、この問題に専心していたわけではない。しかしまず、二つのキリスト論的な伝統の対立の中で、悲劇的な役割によって不可避的に特徴づけられたネストリオスを振り返ってみよう。

さらなる読書のために

英訳

Bindley, T. H. and F. W. Green, 1955. *The Oecumenical Documents of the Faith*, London: Methuen.
Pásztori-Kupán, István, 2006. *Theodoret of Cyrus*, London and New York: Routledge.

Russell, N., 2000. *Cyril of Alexandria*, London and New York: Routledge.
Wickham, L. R., 1983. *Cyril of Alexandria: Select Letters*, ed. and ET, Oxford: Clarendon Press.

研究書

Clayton, Paul B. Jr, 2007. *The Christology of Theodoret of Cyrus: Antiochene Christology from the Council of Ephesus (431) to the Council of Chalcedon (451)*, Oxford: Oxford University Press.
McGuckin, I. A., 1994. *Cyril of Alexandria: The Christological Controversy: Its History, Theology and Texts*, Leiden: Brill / republished St Vladimir's Seminary Press.

V ネストリオス

私の切なる願いは、私を呪うことによってであっても、彼らが神を冒瀆することから免れることができればということであり、……［さらにそのようにして免れる人々が、聖にして全能、不死なる神を告白し、朽ちることのない神の像を朽ちやすい人間の像に変化させ、異教をキリスト教信仰と混同することもないこと……反対に、キリストは、真実においても本性においても神であり人であり、神としては本性において不死にして不受苦であり、人としては本性において死ぬべき存在であり受苦することができる（両本性とも神ではないし、両本性とも人間でもない）と告白されることである。私が心から願っている目標は、神が天におけるように地上でも祝福されることである］。しかしネストリオスに関しては、彼は呪われよ。人々が語ることができるようにと私が祈るとき、人々をして神について語らせることができる。というのは、私は神のた

（159） 本書五五三—四頁を参照。

めに働く者とともにあり、神に敵対する者、神を非難する見せかけの宗教によって神を冒瀆し、神であることをその神に止めさせる人々とともにあるのではない(160)。

あるすぐれたキリスト者がこれらの言葉を書いたと思われる。真理と信じることのために殉教者として死ぬ準備を整えた多くの人々が存在していたが、ネストリオスは、神の栄誉が傷つけられない限りは、自分が呪われて、忘れ去られてもなお生きる備えをしていたのである。ネストリオスを動機づけてきたことであった。それゆえ、彼は自分の神学の潔白を晴らすためにだけ生きていたのではなく、彼の神学が彼にとっても彼の追従者にとってもいかなる一時的な名誉挽回や承認をたとえもたらさないとしても、それを理解することを喜びとしていたことを私たちは知っている。真理が行き渡っている限り、彼は、新たな対立、偏見、誤解を引き起こすよりもむしろ、苦難を引き受け、自分自身を消し去るための備えをしていたのである。苦難の中で、異端ではなく聖人の名を受けた多くの者たちよりも大きな寛容の精神を示した。

ネストリオスは正統派だったのだろうか。ネストリオスは「ネストリオス主義者」だったのだろうか。これらの問いは二〇世紀に繰り返し論じられたが、実のところ、論じられた用語は、論争を実りなく面白味のないものとした。それぞれの研究者たちは、異なる「正統」の基準を前提とする傾向がある。つまり、私たちは、カルケドンあるいはそれに続くキリスト論論争によって判断するのだろうか。もしカルケドンを基準とするのなら、ネストリオス自身はカルケドンの主要な部分を受け入れることができたと断言するだろう。というのは、彼はレオ〔一世〕のフラウィアノスに宛てた『教書』を自分自身の神学を要約したものであると受け入れていたからである(161)。そうなると、ネストリオス主義によって、いったい何が意味されるのだろうか。もし私たちが、この異端についての伝統な素描、つまり二人の御子について教え、キリストを分割し、彼を単なる人として扱い、養子論とサモサタのパウロスの誤った見解を持ち込んだというような素描を意味するのであれば、ネストリオスは、自分に帰されたそのような見解を繰り返し否定していたことは明白である。もし「ネストリオス派の教会」の神学、つまり何世紀にもわたってペルシアや東方全体に西方と交流することなく「設立された」東方の教会の神学を意味するならば、カルケドンの光に照らして考えると、それらの教会が異端であったということは決して明白ではない。もっとも、境界線を越えて安住の地を見出した過激な「両性論者」（Dyophysites）をかつてかくまったことはあったかもしれないが。正統信仰と異端の定義が教会を考える上では決定的に重要と考え続ける人々が存在する。しかし神学的議論を行うことに興味を抱いてきた人にとっては、ネストリオス自身の時代の背景に対して、つまり時代の教会の状況と問題となっている神学的な問いに対して、ネストリオスを理解しようと試みることは、はるかに重要である。そのような状況下で、ネストリオスは、興味深い貢献をしたのだろうか。

1 史料

二〇世紀にネストリオスへの関心が高まったのは、ローフスが残存するネストリオスの断片の集成版を出版したときに[162]、彼の失われた弁証論である『ヘラクリデスの書』（*Book of Heraclides*）のシリア語写本が存在したというニュースが徐々に広まっていったという事実に原因があった。アルメニアの南かつカスピ海の西に、イラン（ペ

（160） Nau（1910）, p.323, Drivera and Hodgson（1925）, p.370を参照。Abramowski（1963）によると、括弧でくくられた部分は加筆を意味しているとされる。しかしながら、同じ態度が周辺の文章にも見出されるので、主要点は、そのような文献批評の仮説によっては影響されない。

（161） Nau（1910）, p.298, Drivera and Hodgson（1925）, p.340を参照。

（162） Loofs（1905）.

ルシア）までのびる山岳地帯がある。この地域で、一九世紀の終わりに、何人かのアメリカの宣教師たちが、ネストリオスの失われた著作を含む、ネストリオス派の主教が所有していた写本について聞きつけた。最終的に、その写本がヨーロッパに届けられ、出版と翻訳が少しずつなされるようになった[163]。しばらくの間、『ヘラクリデスの書』は出版されていなかったが、ベチューン・ベイカーが一九〇八年にネストリオスの汚名を晴らすために、ローフスの断片とともにそれを利用することができた[164]。その際に、英語の翻訳で長い部分を引用した。『ヘラクリデスの書』の注意深い文献学的な分析は、なお半世紀を待たねばならなかったが[165]、ネストリオスの立場の再考が開始された。『ヘラクリデスの書』は、断片の方がより公平な評価を得られるという考えに対して、もっと広い見方を提供した。しかしながら、公平な評価は、〔史料の成立の〕年代や文献批判の問題に当然払うべき考察を加えることに依拠している。というのは、後期の弁明におけるネストリオスの立場は、危機の間の彼の立場と必ずしも単純に同一視できないからである。記憶というものは、結局のところ、後知恵によって影響されるからである。また、後の挿入や合成も見られることから、『ヘラクリデスの書』は慎重に扱われなければならない。そうなると、私たちが手にしている史料はどのようなもので、どのように成立し、どのような特徴があるのだろうか。

ネストリオスはさまざまな問題について多くの著作を書いたと言われている。しかし彼の著作のすべてを燃やすようにとのテオドシオスの勅令により、実際のところ何も残存しなかった。ヨアンネス・クリュソストモスと同じように、ネストリオスは説教の名声の力でコンスタンティノポリスの司教となった。それゆえ、一時は彼の説教の多くが人口に膾炙していたことは疑いのないことであるが、残存した説教の大部分は、その内容がネストリオスの立場を傷つけるとみなされたゆえに残存したのであった。彼の説教の抜粋が、教会会議やキュリロスの論争的な著作の中で、彼を論駁するために引用されている。いくつかの完全な説教は、ラテン語の翻訳ではあるが、論争の際にコンスタンティノポリスに在住していたアフリカ人の著作家であるマリウス・メルカトルによって保存された史料『公会議教令集』に含められた。しかし*Theotokos*〔神の母〕に関する悪名高い説教のギリシア語断片は、このテキストの一部分を裏付ける。いくつかの断片は、ヨアンネス・クリュソストモスに帰された説教がネストリオスによって書かれたことを明らかにした。そのことによって、少なくとも、論争の余地のない、一つの完全なギリシア語の説教が私たちに与えられている。幾人かの現代の学者たちによって、他の多くの断片もネストリオスに帰されてきたが、その真正性についての広い合意は、これまでのところ得られてはない。(166) これらの説教の史料に加え、論争の最中に書かれた数多くの手紙がある。それらは、すでに検討したキュリロス宛の手紙だけでなく、ラテン語で書かれたローマのケレンティヌスに対する手紙もあり、その他、皇帝やアンティオキアのヨアンネス、接触のあった他の者たちへの手紙である。もちろん、これらすべての史料は敵対者の史料に由来するものであり、それゆえゆがめられているかもしれない。短い引用は文脈が抜け落ちているし、個々の抜粋は、疑いもなくネストリオスを断罪しようという願望によって決定されたものである。しかし手紙や説教のもっと完全な例証があれば、論争が行われている最中のネストリオスの立場についてかなり正確な姿を伝えるであろう。(167)

エフェソ教会会議の後、ネストリオスはアンティオキア近くの彼の修道院に戻るための許可を求め、短期間、

(163) シリア語のテキストはBedjan（1910）を参照。英訳はDrivera and Hodgson（1925）を参照。
(164) Bethune-Baker（1908）.
(165) Abramowski（1963）.
(166)『ヘラクリデスの書』の翻訳に付加されてNauによって出版された追加資料は、広く認められているものである。他の主張に関しては、教父学を参照せよ。
(167) このパラグラフに記述されている史料は、Loofs（1905）の中に集められているものである。

そのようにすることが認められた。しかしながら四三五年の帝国の勅令は、彼の著書の焚書を決めただけでなく、彼自身を上エジプトのオアシスに追放させるものであった。おそらく「再統合の処方」の後で、彼が近くにいることは、アンティオキアのヨアンネスにとっては困惑の種となった。ヨアンネスは、諸教会の平和のために、ネストリオスを実質的に犠牲にしてきたからであった。退避と追放の数年の間、ネストリオスは著作活動に戻った。彼が修道院にいる間、おそらく彼は彼の側から事件を伝える弁明書『悲劇』（*Tragedy*）を執筆した。そしてある時点で、彼はキュリロスを論駁するための対話篇である『神の受難』（*Theopaschites*）を書いた。両著作の断片はローフスの集成に収められることになる。しかし残存している著作で最も重要なのは、再発見された『ヘラクリデスの書』（時にこの書は *The Bazaar* とも呼ばれる）である。

この Bazaar という翻訳の言葉が示しているのは、シリア語のタイトルであったが、この言葉はおそらくギリシア語の πραγματεία（*pragmateia*）の翻訳であった。それゆえ、この翻訳の言葉は、それほど謎めいたものとは言えない「論考」（treatise）にすぎなかった。しかしなぜ「ヘラクリデス」としたのだろうか。著者は偽名を用いることによってこの本がすぐに焚書に処せられることを防ごうとしたように思われるが、本の中身には著書を同定できるものを隠そうとするいかなる試みも見当たらない。タイトルの頁の後を続けて読んだとしても、騙されることはなかっただろう。これは明らかにネストリオス自身によって書かれた弁明と説明の一書である。この書物はそれほど完全でもないし、内容も均一というわけではない。第一部は対話篇であり、ネストリオスがソフロニオスという人物と種々の異なるキリスト論的な提言について議論をし、仮現論と「混淆」を拒否し、最終的には二性が損なわれず、実体（*prosōpon*）の統合を確認できるキリスト論を提案している。しかしこの対話形式は最終的に放棄され、ネストリオス自身が自分で、彼を運命づけた出来事に説明を加えている。その際に、詳細にわたって手紙や史料を引用し、問題となっている神学的かつ専門用語上の要点について議論し、キュリロスと論争して、重大な正義の誤用をしていると彼を非難し、正しい探求によって自分は正統であり、自分に向けられた嫌疑に対しては無実であることがすでに示されたと主張し、偉大な教父であるグレゴリオス、アンブロシウス、アタナシオスが自分の教理を教えたのだと主張した。ネストリオスは、キュリロスがかなり敵対的で、この問題の全体が個人的な憎しみを表していることを、証明しようとした。実際に、彼とキュリロスは、かけ離れているわけではなく、彼らが相異なっているところでは、キュリロスが混乱しているか、あるいは誤っていたのである。文献批判から第一に言えることは、残されている著作が二つの異なる著作を編集したものであり、冒頭の対話篇は実際のところ、ネストリオスのものではないということである。(168) この見解はまだ広く受け入れられているわけではない。(169) しかし、文献的な主張はきわめて強力であり、見て取れる神学的な相違よりも有力である。(170)

アナストスが指摘しているように、この著作は読むに難儀する。

彼の文体がしばしば大げさで紛らわしいものであることを認めなければならない。彼の偉大な神学的な論文『ヘラクリデスの書』(*Bazaar of Heraclides*) に繰り返しが多いことは、読み手を難儀させ、疲れさせ、苦痛を与える。もし専門の修辞学者が、反復を取り除き、矛盾を排除し、ネストリオスが不幸にして控えてしまった必要な論理的な定義を加え、長さを二分の一か四分の三に縮めていたら、かなり有効であったろう。それにもかかわらず、冗長の沼地であっても、『ヘラクリデスの書』は注意深い考察に値する史料である。(171)

(168) Abramowski (1963).
(169) 例えば、Scipioni (1975) がそうである。Chesnut (1978) も参照。
(170) Turner (1975).
(171) Anastos (1962), p.123.

歴史家の視点からすると、このことは疑いもない事実であるが、私たちはこの著作の欠点にもかかわらず、ここに「教父の著作全体の中で受肉の神秘の最も微妙で、最も鋭い研究」があると考えることが正しいかどうかをなお考察しなければならない。散漫で混沌とした形式によって、この著作は、理解し評価するのが最も困難な著作となっている。それゆえに、この著作が、アンティオキア学派全体のこの主題の扱い方よりもさらに深みへと向かう、建設的な神学の著作であるという事実は、ただちに自明というわけではない。

2　論争におけるネストリオスの立場

多くの興味深い問題が、ネストリオスの残存する著作の中に提起されている。第一に、一貫性の問題がある。ネストリオスは自分の弁証の中で、論争に関して公正な記述をしているだろうか。あるいはコンスタンティノポリスの司教として、後に彼が許すようになるよりも大きな挑発を受けて行動したのだろうか。彼は自身の立場を修正し、数年間考えてそれを明確に改めたのだろうか。さらに重要な問いがある。ネストリオスの考察が、鋭い形而上学的な分析の所産だったのか、それとも彼は単に混乱して首尾一貫していなかっただけなのか。そして最後に、彼の個性の問題がある。ネストリオスは実際にどんな人物だったのか。どのようにして、追放されて身を隠していた修道士と、コンスタンティノポリスの強情な司教という人物像を調和させることができるだろうか。悲劇を引き起こした彼の性格は、クリュソストモスといささか似た事例だったのだろうか。明らかにこれらの問いは、ネストリオス自身の記述からだけでなく、彼が同時代人たち（その一人は教会史家のソクラテスであった）に与えていた印象と突き合わせて再検討する必要がある。

ソクラテスは[172]、ネストリオスの失脚は彼自身の論争的な性格にあったと説明している。ネストリオスが叙階された直後、彼は会衆の前でこのように言った。「私の皇子よ（my prince）、異端が払いのけられた地上を私に与えてください。そうすれば私はあなたに代償として天国を与えるでしょう。私が異端を滅ぼすのを支えてください。そうすれば私はあなたがペルシア人を打ち負かすのを手助けするでしょう」。その後、彼は首都と小アジアにおいて異端に対する容赦ない迫害を始め、アレイオス派の教会堂が煙に包まれた後に、彼は「火付け役」（Firebrand）という綽名を付けられてしまった。ソクラテスの評価は、彼自身の追放は自業自得であったというものであった。ある格言に「酔っ払いにぶどう酒は必要ないし、論争好きにも争いは必要ない」とある通りである。
ソクラテスに関する限りでは、ネストリオスに対してなされた教義的な非難は、実質を伴わないものであった。

ネストリオスが書いたものを丹念に読んでみて、私は彼がほとんど学識のない男であることがわかったし、彼に関して私が確信したことを率直に表明したい……私は彼がサモサタのパウロスあるいはフォティノスの追従者のどちらかであるとは認めることはできないし、彼がキリストの神性を否定したことも認められない。しかし彼は神の母（*Theotokos*）という言葉を、恐ろしい「お化け」（bugbear）であるかのように恐れているように見えた。事実は、彼がこの主題についてならした根拠のない警鐘は、単に彼の無知を暴露しただけであったということである。というのは、彼は生来流暢な話し手であったので、彼は教養のある人であるとみなされていたが、実際には不名誉なことに読み書きができなかったのである。

ソクラテスがこのような評価をした根拠は、ネストリオスが聖書や権威ある教父たちがどのようにマリアへの神の母（*Theotokos*）という称号を用いていたか、調べようとしていなかったという事実に基づいている。もし調べていたとしたら、オリゲネスや他の教父たちの著作にあたることができただろう、とソクラテスは述べている。しかし「安易な表現で膨らませるばかりで、彼は古代に注意を払わず、自分自身を最も偉大な者であると考えた

（172）ソクラテス『教会史』vii.29, 31-2.

のである」。

ネストリオスが行動を急ぐ傾向にあったことや自分の立場を過信していたことは、ほとんど疑いの余地がない。残存している手紙に彼がローマの司教に対して高圧的だったことや、数年前にローマで非難されていたペラギウスの西方の支持者たちに注意をほとんど払わなかったことなど、これらすべてのことは彼が自分をただ一人の異端の裁判官だと思い込み、同僚の司教たちの忠告や干渉を受け入れない傾向があったことを示している。彼は、論争においては、意志が固いとともに衝動的であり、強い主張をして誤解されがちであった。彼自身も、自分が神を二、三か月の幼児と呼ばないことについて言及したことがあることを認めている。[173] 素朴な信仰者たちは、自分たちがマリアを神の母と呼ぶことを拒否したことに対して、このようなコメントがなされたと受け止めた。もちろん論争全体がその周りをぐるぐる回っていたのは、この「お化け」(bugbear)であった。

マリアに対する称号の使用の問題がどのように衝突を引き起こしたかということについては、異なる説明が存在する。ソクラテスは、ネストリオスが長老のアナスタシオス(アンティオキアから来た側近の一人である)の支持を得て、神の母の路線に強く反対していたと記述している。[174] ネストリオスの神の母に対する強い言葉の説教は、この説明と整合性がとれている。しかしながら、ネストリオス自身は、自分が混乱を引き起こしたのではなく、コンスタンティノポリスの相互に敵対し合っているグループからの訴えによって、混乱に引き込まれたと主張する。アポリナリオス論争が、このやりとり全体の背後にあったのである。ある者がマリアに「神の母」(Mother of God)の称号を与え、他の者が「人の母」(Mother of Man)という称号を与え、それぞれが相手に対して、一方の側をマニ教徒やアポリナリオス主義者と呼び、他方の側をフォティヌス主義者やサモサタのパウロスの追従者と呼んで、異端の刻印を貼り付けたのである。ネストリオスはそれぞれのグループに問いを発し、第一のグループが人性を否定しているわけではないことや、他のグループも神性を否定しているわけではないことに、彼は気が付いた。そこで、彼は妥協する方向に進んだ。両方の称号は、一定の留保を持ちつつも受け入れ可能であるが、

「キリストの母」（*Christotokos*）の称号を用いることによって困難を避けた方がよいと考えたのである。各グループは和解して幸いのうちに去った、と彼は主張する。ただキュリロスのような部外者からの干渉は、この問題を長引かせてしまった。キュリロスの最初の説教の中にあるヒントは、マリアが神の母（*Theotokos*）と呼ばれるべきか、それとも人類の母（*Anthropotokos*）と呼ばれるべきかという問題に関して、ネストリオスがいる前で、一つの論争が少し前に起こっていたことを示唆する。[175]それゆえ、ネストリオスが語る話は、この論争の時代に由来する史料からある程度を確認することができる。しかしながら、彼が語ることは、彼の説教が神の母という称号を完全に排除しているように見える事実とは、すべて一致しているようには見えない。加えて、それが、その当時、誰もが彼の言わんとすることと理解していたことである。それゆえ、ネストリオスは、彼が後で何を言ったとしても、*Theotokos* という用語のはっきりした批判者であったに違いない。それでも、論争の最中にも、もしその用語が適切な予防策を伴うのなら、彼はそれを認める用意があったことを示すいくつかの手がかりがある。彼は、ローマの司教に対して、この用語が許容されるべきことを認めており、[176]またキュリロスに対しては、その用語に反対するつもりはないと告白し、「ただ処女を女神にしないように」と述べている。[177]ネストリオスを憂慮

(173) Nau (1910), pp.120f. / Drivera and Hodgson (1925), pp.136f を参照。ソクラテスはスキャンダルとしての同様の言及を報告している。
(174) Nau (1910), pp.91f. / Drivera and Hodgson (1925), pp.99f を参照。Loofs (1905), pp.185, 203 と、同じような説明であるヨアンネスへの手紙と『悲劇』の断片と比較されたい。
(175) Loofs (1905), pp.251f.
(176) Loofs (1905), p.167.
(177) Loofs (1905), p.353.

させたのは、専門用語それ自体というよりは、不注意な使用の神学的な意味合いに対してであった。不注意な用語の使用は、多くの受け入れがたい結果をもたらしたからである。細心の注意と巧妙さによって初めて、私たちは、神が生まれ、神が苦しみ、死んだということを語りうるのである。信仰に基づく無防備な言葉は、あらゆる種類の異端の罠に落ちてしまうであろう。ネストリオスは、明確な決意をもって、攻撃に取りかかったのである。

数年後に、ネストリオスは、『ヘラクリデスの書』を書いた時には、まだ自分が正しいと確信していた。彼は自分は変わっていないと主張している。[178] 彼は真理を擁護するため、神が他の者たちを立ち上がらせてくださったことを喜んでいる。[179] 彼が真理のためにはっきりと自分を消してしまうことは、真理のために彼が以前に行ったそっけない活動と一致している。どちらの場合でも、神は冒瀆されるべきでなく、ふさわしい栄光を帰されるべきことを確認しようとネストリオスは努めていた。彼が『ヘラクリデスの書』を書いた時、彼はキュリロスの軽率な言葉の中にあるアレイオス主義やアポリナリオス主義と自分が戦っているのだとなお考えていた。しかしながら、対立の時代には、彼は経験不足で、熱心過ぎて機転がきかず、大衆の心に鈍感で、政治的に適性がなかったように思われる。ある程度、彼はエフェソにおいて、自分自身に対する非難を招いてしまったのかもしれない。[180] ソクラテスは、ネストリオスの無能さのいくつかの事例を認めていたように思える。

しかし彼の教義は、どれほど一貫したものであり、理解可能なものだろうか。ソクラテスは明らかに、すべてが泡のようで、内容がないものとして退けてしまった。ソクラテスの評価を私たちは受け入れるべきだろうか。

3　ネストリオス自身の教義的な立場

アンティオキア神学に対してなされた止むことのない批判は、二性を区別する必要に支配されすぎて、キリストの位格的な統一についての説明に失敗している点にあった。大部分の二〇世紀の研究は、ネストリオスがキリストの位格的な統一にどれほど関心を注いでいたかを説明することに労苦していた。[181] そのために、いくつかの研究は[182]、ネストリオスの「位格的統合」（prosopic union）は、しばしば繰り返されたアンティオキア学派の主張、すなわち自分たちはアンティオキア神学の確固たる原則を捨てることなく、唯一の御子と唯一の礼拝を受け入れているという主張に、形而上学的に健全な基礎を提供する真剣な試みであったと示唆してきた。ネストリオスは三つの基本的な形而上学的な用語、すなわち *ousia*（本質）、*physis*（本性）、*prosōpon*（位格）を用いて著作をしたと言われている。ある物体の *ousia* とは、それ自体の存在の本質である。*physis* はその物体の質の全体であり、その物体に特質を与えるものである。物体の *prosōpon* は、その具体的な表れであり、外部への表示である。「お互いに異質である」もしくは相互に排他的である神的な *ousia* と人間の *ousia* は、同一化されたり統合されたりすることはできない。そこで統合は、その次元では起こり得ない。*physis* の統合は混乱以外の何も意味しない。それは、第三のもの（*tertium quid*）を生み出すアポリナリオス主義的な混淆もしくは他の本性による一本性の完全な吸収のどちらかである[183]。そこにおいて統合が生じる唯一可能な次元が、*prosōpon* の次元である。その具体的な

（178） Nau（1910）, p.88 / Drivera and Hodgson（1925）, p.95 を参照。Nau（1910）, p.330 / Drivera and Hodgson（1925）, p.378 を参照。
（179） Nau（1910）, p.327 / Drivera and Hodgson（1925）, pp.374f を参照。
（180） この説明に関しては McGuckin（1994）を参照。
（181） Bethune-Baker（1908）, Amann（1931）などが挙げられる。Turner（1975）の調査もある。
（182） Anastos（1962）を参照。Hodgson（1918/25）と比較されたい。
（183） Nau（1910）, pp.236f. / Drivera and Hodgson（1925）, pp.298f を参照。他の多くの箇所でもこの定義の問題を繰り返し論じており、たとえば Nau（1910）, pp.127-63 / Drivera and Hodgson（1925）, pp.143-85 がそうである。他の選択肢も対話の中である程度の長さで論じられており（特に Nau（1910）, pp.18f. / Drivera and Hodgson（1925）, pp.20f）、Hodgson と Anastos はこれがネストリオスの真正のものであるとしている。このことが、ネストリオス

表れは、二つに分割したり区別することができない、一人の御子、私たちの主イエス・キリストである。しかしながら、共通の *prosōpon* の背後にあるのは、二性と二つの本質（*ousiai*）、すなわち神性と人性である。そうなると *hypostasis*〔実体〕という用語は、何を意味するのだろうか。ネストリオスは、この語を *ousia* と同一視してきたように通常は見える。[184] 三位一体の文脈では、彼は三つの *hypostaseis* よりも三つの *prosōpa* について語ることを好んだ。さらにキリスト論においては、それぞれが自身の *hypostasis* を持つ各本性について語っている。しかし彼はこの用語が曖昧であることを認め、キュリロスの用いた語句「実体的統合」（*hypostatic union*）は、もしそれが *ousia* や *physis* の統合ではなく *prosōpon* の統合を意味するのであれば、受け入れ可能であるとさえ述べている[185]（結局のところ、*hypostasis* と *prosōpon* は三位一体の定式においては互換的な概念であった）。

「位格的統合」は、キリストの位格的な統合の形而上学的な説明を提供するためのネストリオスの試みとなっている。この説明は、「本性的」（natural）あるいは「実質的」（substantial）な統合の困難さを含んではいない。ネストリオスは、それによって「真の統合」を伝えることを意図していたのである。一人のキリストは「存在の二つの土台」を持っており、後にカルケドンが確証したように、彼は「二性のうちに」存在する。神がそのような存在となった御言と人とは、数で言えば二つではない。[186] キリストはキリストであることにおいて分割されないが、神であり人であることにおいては二つの存在である。[187] 換言すると、統合されていることと二であることは異なる形而上学的な地平に属しているのである。

ネストリオスは、論争の時点でさえ、このような入り組んだ統合についての説明に取り組み始めていたという主張は、いくぶんかの注目に値する。アンティオキア学派は全体として、聖書の称号と呼び方を、神のロゴス（God-Logos）と人（Man）を指す二つの種類に分ける傾向があるのに対し、ネストリオスは三つのカテゴリーを用いることを選択したことは、明白であるように思われる。ロゴスのようないくつかの用語は、その神的な本性を指し、他の用語は、その人間的な本性を示している。しかし称号の大多数は、一つの本性や他の本性だけを指すのではなく、主イエス・キリストという共通の *prosōpon*（位格）を指す。それゆえ、彼は神の母（*Theotokos*）や人類の母（*Anthropotokos*）をもっぱら用いることの困難さの解決として、キリストの母（*Christotokos*）を推奨したのである。神は、ご自身の本性のうちにあっては、生誕したのではない。三位一体の神はマリアの胎に入ったのではない。しかし神であり人でもあるキリストは、生誕した。キリストは単なる人ではなく、神と同一というわけでもなかった。キュリロスがそうしたように、その本性において神であり人となったロゴスについて語ることは、ネストリオスにとっては不可能であった。ロゴスは、統合の位格（*prosōpon*）にはなりえなかった。二性はロゴスという存在としての二つの状態ではなく、唯一のキリストの二つの「存在の土台」であった。もちろん、このことは、神と人間とを等しく強調する、典型的なアンティオキア学派の「つり合い」（symmetry）を示唆している。そして各本性に対する、典型的なアンティオキア学派の擁護は、厳格に保持されている。しかしテオドロスがそれぞれの本性を、ほとんど独立して働く個別の位格であるように、非常に具体的な用語で描く傾向があったのに対し、ネストリオスは、二つの区別された形而上学的な土台を持つ一人の具体的な個人として説明することを望んでいたのである。

が至るところで言おうとしていたことであると疑う余地はほとんどない。

（184）Drivera and Hodgson（1925）, p.156 n.2 を参照。Vine（1948）, pp.113ff と比較されたい。Abramowski（1963）, pp.213ff は、この語が論争になる前までキリスト論的なコンテキストでは用いられていないと注釈している。このことはキュリロスがこの語を導入したとの Richard の見解とも一致し、アンティオキア学派の本来の用語ではなかった。本書五四二頁を参照。

（185）Nau（1910）, pp.138f. / Drivera and Hodgson（1925）, pp.156f.

（186）Loofs（1905）, p.224.

（187）Loofs（1905）, p.280.

しかしながら、もしこれがネストリオスが考えていたことであるならば、彼は自分の正しさを明確に主張できていなかったことは確かである。彼はアンティオキア学派の専門用語を受け継ぎ、その学派の具体的な思惟方法そのものを捨て去ることできなかった。それゆえ彼は統合を説明するために *prosōpon*（位格）という用語を使うことはできないと考えた。つまり、彼は人間の *prosōpon* と神の *prosōpon* を語ることを避ける他はなかったのである。このように、それぞれの本性にはそれ自体の *prosōpon* があり、敵対者たちがネストリオスはそれぞれ独立して活動する二つの位格である「二重のキリスト」を教えていると非難するにあたって、完全に不公正とは言えない程度まで、二性を位格のままにとどめている。ネストリオス自身は二つの位格を「自足的な存在」（self-sustaining）として語っている。[188] しかし、二性が単に概念において区別されるという考えを彼が受け容れていたのかどうかは定かではない。このように彼は誤解を避けるために、自身の専門用語を取り扱うにあたって、自己完結的に厳密であったわけではない。このことは *ousia*（本質）と *physis*（本性）との間の疑わしい区別に関してもそうであった。彼はしばしばこの二つを同一視することがあり、それらが何を指すかについては、きわめて不明瞭であるように見える。[189] この形而上学的な専門用語によって、彼が実際には混乱をきわめていたかどうかを尋ねるとよいだろう。特に彼が *hypostasis*〔実体〕に困難を覚えていたことを思い起こせばなおさらである。ソクラテスは結局のところ、彼の論理的な能力をそれほどでもないとみなしたのである。[190]

そうなると、ネストリオスの「位格的統合」は何を意味したのだろうか。一つの *prosōpon*（位格）の背後にある二つの「存在の土台」が伴ったということなのだろうか。それともこのことは二つの *prosōpa* が第三のものに結合されたということなのだろうか。いずれの場合でも、ネストリオスは、敵対者たちと同じ混合についての難しさに直面した。あるいは *prosōpon* という言葉が、アナストスが提言するように、二つの異なる意味合いで用いられたのだろうか。ネストリオスは薄々とこれらの謎に気づいていたかもしれない。というのは、このような語り方が見出されるのは、ネストリオスの断片や他のアンティオキア学派の著作でもなく、まさしく『ヘラクリデスの書』の中においてだからである。ネストリオスは *prosōpa*（もろもろの位格）の相互関係という考えを導入している。彼は人性の *prosōpon* を用いる神性について語り、また神性の *prosōpon* を用いる人性についても語っている。[191] 言い換えると、二つの *prosōpa* は、第三の結合によって第三のものとなることはない。むしろ二つの完全な存在が、他の存在の本性を損ねることなく浸透しうるのは、*prosōpon* のレベルにおいてなのである。この考えに基づいて、ネストリオスは、属性の交流（*communicatio idiomatum*）を認めるようになったと主張することもできるだろう。もっとも、彼は、この伝統が不注意な人々によって誤用されるような誤った点には十分気づいていたけれども（属性の交流は、キリストにおける本性の統合によって、神にふさわしい属性が人間の本性に属すると断定し、人間にふさわしい属性が神に属するという教理を意味する）。

ネストリオスは、キリストの中に二性の統合の本質的な土台を探していたように思われる。このことが彼の目的だったという事実は、キリスト論と三位一体論的概念に並行関係を描き出そうとすることから最も明白に示されている。[192]「三位一体の中に、三つの *prosōpa*（位格）からなる一つの *ousia*（本質）があるように、一つの *ousia* か

(188) Nau（1910), p.265 / Drivera and Hodgson（1925), p.300.
(189) Turner（1975).
(190) McGuckin（1994）も同じように考えている。彼はネストリオスの不明瞭さと用語の異なる理解ゆえに両陣営が互いに聞き違えた経緯の説明を示している。
(191) 例として、Nau（1910), pp.140f. / Drivera and Hodgson（1925), p.159 などを、特に Nau（1910), p.183 / Drivera and Hodgson（1925), p.207 と Nau（1910), pp.212f. / Drivera and Hodgson（1925), p.240f を参照。人性の *prosōpon* を利用した神性と神性の *prosōpon* を利用した人性。このことに関する興味深い議論に関しては Chesnut（1978）を参照。
(192) Grillmeier（1965), pp.439ff.（2nd ed.,1975, pp.508ff）および Nau（1910), p.219 / Drivera and Hodgson（1925),

らなる三つの *prosōpa* もあるので、二つの *ousiai* からなる一つの *prosōpon* があり、一つの *prosōpon* の二つの *ousiai* もある」。「そうなると、肉を取る者（Assumer）と肉をとられる者（Assumed）は、それぞれが二つではなく一つの存在であることを、三位一体と同じ方法で告白することができる」。ネストリオスは真の統合を表現する方法を提供しようとしていた。しかし彼が成功したかどうかは別問題である。彼は、自分自身の定義の欠落の犠牲になったという考えに傾く人もいるだろう。しかし、問題の一端は、彼が適切な形而上学的な手段を持っていなかったことにあった。しかしこのことに加え、彼の思想には、アレイオス派とアポリナリオス派の論争の遺産が影を落としている。神性と人性、創造主と被造物の際立った区別は、どんな犠牲を払ってでも弁護されるべき原則であり、このこと自体が彼の試みを不可能なものにしてしまったのである。カルケドン自体もこの問題を解決するための試みを何一つ行わず、分離されることも混合もされることなく一のうちにある二と二にある一を単に確認することで満足していたのである。ネストリオスが確立しようと試みていたのは、まさにその告白であった。

それゆえ、ネストリオスは自分が受け継いだアンティオキア神学の諸問題に取り組んでいた。アレイオス主義とアポリナリオス主義に対抗して、アンティオキア神学は、誘惑と戦う人間イエスについての過度に具体的な構図をそれまでに造り出していた。他方ロゴスは、超越的で、自らが引き受けた人間という神殿には限定されないままであった。ネストリオスは、「神の中の神」あるいは「人間の中の人間」をねじまげることを拒否しつつ、唯一の主イエス・キリストを中心に戻そうと努めたのである。このように努力する中で、彼はかなり一貫していたと思われ、何年にもわたって彼が自分のキリスト論的な立場を変えたり、大きく修正したりしなかったことは、おそらく彼の言う通りであろう。彼は、アンティオキア学派の立場の欠陥と困難さを解決するための方途を具体的に探りながら、それらのすべての責任を負っていたのである。彼は、はっきりと挑発的な言葉を使うことによって、その方途を探求したと思われるが、論敵たちによって完全に誤解されてしまったことは疑いようもない。テオドレトスが、聖マリアが神の母であると言わず唯一生誕した御子を分割する者だけでなく、ネストリオスをも最終的に呪わねばならなかったとき、彼はネストリオスの名前を彼の実際の教えの完全に誤った戯画的な描き方と結び付けていたことを知っていたに違いない。攻撃にさらされた二〇年間にわたって、テオドレトスがネストリオスと彼の友人たちを見捨てることを良心に照らして拒絶したことは、まったく驚くにあたらない。テオドレトス自身もやや異なるアプローチの仕方で、ネストリオスと同じ仕事を遂行しようとしていた。すなわち、唯一の主イエス・キリスト、唯一の救い主を再発見することで、伝統的なアンティオキア学派の洞察を維持する方法を見つけ出すことであった。

ネストリオスは被害者だったのである。彼は極端に走ったキリスト論的な立場の一つの典型の象徴となった。そしてそのために苦難を被ったのである。彼は自分が受けた非難は不公平であったと正当に不満を述べることもできたであろう。キュリロスはネストリオスの失脚をたくらんできたし、キュリロスは教会会議の議長であった。キュリロスはネストリオスの告発者でもあり裁判官でもあった。キュリロスはローマ司教と皇帝を代弁していた。「キュリロスがすべてだったのである！」[193]。ネストリオスは意見を聴いてもらう機会が与えられなかった。彼の視点からすると、エフェソの教会会議の議事は、防ぎえないものであった[194]。そうなると、彼の友人たちも彼を見捨て、彼はエジプトに追放されてしまった。その地で彼は侵略してきた蛮族によって捕えられ、「後世の人々が、ローマ帝国に保護されるよりも蛮族に捕えられた方がましだったという悲劇的な物語を語り継がな

pp.247; 448（2nd ed., p.516）および Nau（1910）, p.183 / Drivera and Hodgson（1925）, p.207（旧版）を参照。
(193) Nau（1910）, p.117 / Drivera and Hodgson（1925）, p.132.
(194) McGuckin（1994）はしかしながらこの教会会議の手続きにかなり異なる光を当てており、キュリロスは教会法に従って行動したが、ネストリオスは支持を失う行動に出たと主張している。

うに」、逃亡してローマの総督に降伏した[195]。しかしながら総督は、ネストリオスの傷の痛みが絶えなかったにもかかわらず、場所を転々と移動させ続けた。しかしネストリオスは修道士であり、辛抱と忍耐が身についていた。レオ〔一世〕の『教書』がネストリオス自身が立脚することの弁明であることは明らかであったとしても、レオに対して訴えることを拒否する以上に、ネストリオスの関与の深さへの証言するものはない。彼は自分の汚された名と結び付くことによって、真理が傷つくことを望んでいなかった[196]。彼はカルケドンについて耳にするまで生きていたのだろうか。最近出版されたネストリオスのテキストの集成の中で、彼はエフェソの教会会議の後、二二年間生きていたと述べられており[197]、それは、彼がカルケドンの時も生きていたことを示唆している。しかし『ヘラクリデスの書』は、いかなる明確な証拠も示していない。ただし、彼がテオドシオスの死を見届け、真理が勝利するであろうという確信をもって、新しい公会議を待ち望んでいたことは示されている。しかし「私については」、と彼は結論づけている。

> 私は私の人生とこの世界で私にこれまで降りかかってきたすべてのことを、たった一日の苦しみのようにみなしている。ここ数年、何かが変わったわけではない。今や、私の死が近づき、私は毎日神に、私を去らせてくださるように祈っている、神の救いをすでに見たこの私を。砂漠よ、私とともに喜んでくれ。汝はわが友、わが養育者、わが家。そして汝は追放地、私の母である。私の死後、神の恵みによる復活の時まで私の体を保ってくださるように。アーメン。

さらなる読書のために

英訳

Driver, G. R and L Hodgson, 1925. *Nestorius. The Bazaar of Heraclides,* ET, Oxford and New York: Clarendon Press.

研究書

Anastos, Milton V., 1962. 'Nestorius was Orthodox', *Dumbarton Oaks Papers* 16, pp.119-40.

Bethune-Baker, J. F., 1908. *Nestorius and his Teaching*, Cambridge: Cambridge University Press.

Chesnut, Roberta C., 1978. 'The Two Prosopa in Nestorius' *Bazaar of Heraclides', JTS* NS 29, pp.392-409.

Hodgson, L., 1918. 'The Metaphysic of Nestorius', *JTS* 19, pp.46-55（republished as Appendix IV in Driver and Hodgson 1925）.

Loots, F., 1914. *Nestorius and His Place in the History of Christian Doctrine*, Cambridge and New York: Cambridge University Press.

McGuckin, I. A., 1994/2004. *Cyril of Alexandria: The Christological Controversy: Its History, Theology and Texts*, Leiden: Brill / republished Crestwood, NY: St Vladimir's Seminary Press.

Turner, H. E. W., 1975. 'Nestorius Reconsidered', *SP* 13, pp.306-21.

Ⅵ　アレクサンドリアのキュリロス

1　キュリロスの評判

キュリロスは古代においても現代においても対極的な評価を引き起こしてきた。彼は、常に、ある人々にとっ

（195）　Loofs（1905）, p.199.

（196）　Nau（1910）, p.330 / Drivera and Hodgson（1925）, p.378.

（197）　Abramowski and Goodman（1972）, vol. II, p.24.

ては偉大なる受肉の博士であった。彼の手紙はカルケドンにおいて規範となる地位を得て、後の思想家たちがその上に築く土台となった。カルケドン派も非カルケドン派も、キュリロスがこの問題に関する第一の権威とみなされるべきであるということでは合意していた。いくつかの現代の研究は、受肉の神学の本質的な諸要素を認識し、彼の使命を困難にした哲学的な環境の中でそれらの諸要素を擁護する方法を探求するために、キュリロスを一人の偉大な五世紀の思想家として称賛してきた。確かに、彼は少し性急なところがあったが、論争の初期の段階に彼の手によって書かれた手紙の抜粋は、ほとんど知られていない彼の性格の一面に光を投げかける。

私は平和を愛する。口論や論争以上に私が嫌うものはない。私はすべての人を愛しており、もし私がすべての財産を失っても一人の兄弟を助けることができるなら、私は喜んでそうするであろう。なぜなら私が最も価値を置いていることは和合することだからである……しかしローマ帝国のすべての教会に関わる、信仰の問題とあるスキャンダルの問題が存在する。……聖なる教義は私たちに託されているのである……私たちはどのようにしてこれらの悪を解決することができるだろうか……私は信仰が損なわれることがないのであれば、あらゆる非難、恥辱、痛みを平静に耐える準備ができている。私はネストリオスに対する愛に満ちており、私以上に彼を愛するものはいない。……もしキリストの戒めの通りに、私たちが私たちの敵を愛さなければならないのなら、私たちが、聖職に就いている友や兄弟である人々に対して特別な愛情をもって結ばれることは自然なことではないのだろうか。しかし信仰が攻撃されるなら、私たちは命を犠牲にすることも躊躇してはならない。そしてもし私たちに不都合をもたらすからといって真理を説教することを恐れるならば、いったいどのように私たちは集会の中で聖なる殉教者たちの戦いと勝利を讃美することができようか。(198)

ある者たちにとっては、キュリロスは何といってもキリスト教真理の擁護に関わった聖人であった。別の者たちにとっては、キュリロスは無遠慮な政治家、ヨアンネス・クリュソストモスの失墜を企てた彼の叔父であるテオフィロスの真の継承者、そして可能な手段を何でも用いることによってアレクサンドリア司教区で最大限の権力を獲得しようと企てた不快な人物であった(199)。政治と個性が演じる役割への現代の強調は、同時代の人々からの支持を得ている。ペルシウムのイシドロスは、敵意が判断を誤らせていると思われる、エフェソでのキュリロスの行為を叱責できるほど、キュリロスの親しい友人であった。「同情は、はっきりとは理解をもたらさない。しかし、敵対心もまったく理解をもたらさない。もしあなたが両方の不十分さに気づいているなら、暴力的な拒絶に流されるのではなく、あなたに対してなされた非難を公正な裁きへと申し立てなさい(200)」。続く彼の発言が、事柄を明らかにする。

> エフェソに召集された人々の多くが、あなたが正しい信仰を持ってイエス・キリストに関する事柄を探求するのではなく、個人的な憎しみを追求することを決意した人間であると皮肉を込めて語っている。「彼はテオフィロスの姉妹の息子だ」と彼らは言い、「彼の性格がそのまま移ってしまった。叔父が公然と霊感を受けた愛するヨアンネスに対して激しい怒りを費やしたように、危機に瀕している事態はかなり異なっている

(198) Schwartz の *ACO* I.i.1, 108f を引用している Kerrigan（1952）, p.7 からの抜粋を参照。Kerrigan はここで du Manoir（1944）の史料と評価にかなり忠実に従っている。最近では、Wickham（1983）, McGuckin（1994）を参照。Weinandy and Keating（2003）は古代と現代の批判に対してキュリロスを弁護してきた。

(199) 例を挙げると von Campenhausen（1963）の第一二章、Chadwick（1951）の議論、初代教会の主要な歴史家たちの多くに見られる評価である。

(200) Stevenson（1966）, p.300 に引用されている（翻訳を若干、修正した）。

ものの、甥もまた自分なりに始めようとしている」。

ソクラテスは[201]、確かにキュリロスのことを毛嫌いしており、ソクラテスが提供するキュリロスに関する情報の大部分は、彼の司教としての最初の数年間を読者の不審を買うように意図されて書かれている。実際にどちらかと言えば、ネストリオス論争におけるソクラテスの行動は、自制的であった。というのは、ソクラテスの目には、この事件の主たる責めはネストリオスの配慮のなさと無知に原因があると見えたからである。キュリロスがいとも簡単に敵を作ったことは明らかであり、カルケドンの議事録の中で、テオドレトスのものとして引用されているある手紙の中に[202]、キュリロスの死に心から安堵が表明され、キュリロスが死者を刺激して生き返らせることがないように、大きな重い石を彼の墓の上に置こうではないかという提案が見られるほどである！

それゆえ、キュリロスの性格は、彼の神学とともに批判にさらされてきた。しかしながら、キュリロスが、言の受肉についての本質的な真理と考えた事柄を彼が率直に擁護したという点で、たとえばアタナシオスとどこか違っているのかと正当に問いかけることができるだろう[203]。両陣営の極端な反応は、確かに誇張されている。しかし、キュリロスは人を惹き付けたり拒絶したりする強烈な個性の持ち主だったに違いない。もし私たちが彼のことを成功以外のことには興味のない策略的な政治家であると評価するなら、私たちは全体として彼自身の異議申し立てを疑いの目で見なければならなくなるだろう。疑いもなく、彼は妥協を困難と見るような強い原理原則に立つ個性の持ち主であった。歴史上の他の多くの人物たちと同様、彼は自分の立ち位置を真理と同一視し、真理の勝利を確実にするためにはどんなことでもする準備をしていた。彼が同情心から他の者たちに耳を貸すことがほとんどなかったのはこのためであり、彼自身の著作から、彼が誤解と不公平の罪に問われうるだろう。それでも、彼が再統合の処方の中で、東方人を最終的には受け入れるようになったことを私たちは認めなければならない。

そうなると、私たちはこの論争以前の彼の生涯と著作から何を知ることができるだろうか。最初の彼の司教区における一五年ほどの間から、彼の動機を探ることができるだろうか。

2　初期の数年間

キュリロスの生涯で最初に記録されている事実は、ヨアンネス・クリュソストモスを退位させた樫の木教会会議に、彼が自分の叔父であるテオフィロスを同伴させたことであった。[204] 加えて、偏見が続いたことである。その結果、残りの教会がヨアンネスの名を二連祭壇画（diptychs）（つまり、典礼の祈禱に含まれるべき名前を記載した名簿である）に回復した後も、キュリロスは、初めは先例にならうことを拒否したのである。彼は一度なされた決定に回帰するために何らかの理由をつけるような人間ではない。[205] テオフィロスの政治的な戦略をキュリロスが気づかなかったはずはない。ヨアンネスの罷免と、三〇年後のネストリオスの罷免の間には確かにある類似点がある。

キュリロスの初期の時代について、直接には何も知られていないが、おそらく彼は叔父から教育と出世の道を

---

(201) ソクラテス『教会史』vii.13ff.
(202) テオドレトス『書簡』180.
(203) McGuckin（1994）はキュリロスに非難を向け、時代の傾向とネストリオスも含む他者に対する態度を挙げている。Weinandy and Keating（2003）に収められている McGuckin と比較されたい。
(204) テオフィロスに関しては、Russell（2007）を参照。
(205) ヨアンネスの名を回復することにキュリロスが二年後に同意したことは、コンスタンティノポリスとの妥協の結果であったかもしれない。Burns（1991）などを参照。

与えられたと思われる。彼は、修道士たちとともに過ごし[206]、文法と修辞学の通常の課程をこなした可能性は高く、彼には哲学的な素養がないという通説にもかかわらず、いくらか哲学を学んだことも考えられる。著作からみて、キュリロスがたとえばカッパドキア教父たち以上に、ヘレニズム的な学問に夢中になっていたとは思われないが、標準的な課程（*cursus*）から益を受けていたように見える[207]。彼の著作である『ユリアヌス反駁』（*Against Julian*）は、古典についての独自の知識を示しており[208]、彼の考えは「特定の方法で考えるように教育されていた」ことが示されている[209]。その証拠は、エウノミオス派とアレイオス派の議論を打ち砕き、自身のキリスト論的な立場を基礎付けるために、アリストテレスとポルピュリオスの論理に由来する用語を展開させていることに見られる。彼のスタイルは、新鮮な言語形態は伴っているものの、どこかわざとらしい好古趣味的（antiquarianism）なところがあり、厳密な議論を広く流布しているイメージやメタファと結び付けているところがある[210]。彼がどのくらい幅広くキリスト教の著作を読んでいたかは定かではないが、多くの人は、アレクサンドリアの伝統に加えて、少なくともカッパドキア教父たちの伝統の反映を認めている。

四一二年に彼の叔父が死んだとき、キュリロスは反対なしに彼の後継者に選出されたのではないが、すぐに自分がアレクサンドリア市における後継者であると宣言した。彼の最初の行動はノウァティアヌス派を抑圧し、彼らの教会財産を没収したことである[211]。彼はすぐにオレステスという長官と対立するようになった。そこでソクラテスはキュリロスの主な誤りは世俗の問題に干渉しようとしたことであると述べている[212]。本当の問題は、ソクラテスもその後関わることになる恐ろしい出来事に対して、キュリロスの責任がどの程度あったかということである。アレクサンドリアは、地方特有の人種間の確執によって、騒動と暴動にさらされた国際都市であった[213]。「第三の人種」であるキリスト教徒の民衆は、なお影響力の上でも数の上でも強力であった異教徒とユダヤ人に挟まれた状況にあった。キュリロスは火に油を注ぐようなことをしてしまったのだろうか。それとも、人口が密集した都市住民が、人種や宗教によって分断されているときに、しばしば起こるように、一連の偶発的な出来事が対立を引き起こしたのだろうか。それは、判断の問題である。

最初の暴力は、キュリロスの有力な信奉者（キュリロスが説教したときに拍手喝采を浴びせていた指導者）が、属州長官がユダヤ人の安息日に演劇のための規則を発令しようとしていたときに、そのことを盗み聞きしようとして捕えられてしまった時に発生した。〔長官の〕オレステスは、すでにキュリロスが市当局のことに干渉してくることにいらだちを募らせており、ソクラテスによると(214)、彼のスパイと思われたこの人物を逮捕し、直ちに公然と拷問にかけた。キュリロスは、キリスト教徒たちに陰謀を企てたユダヤ人の指導者たちに不平を述べた。ユダヤ人の指導者たちは、夜に、ある教会が放火されたと叫び出し、教会を救うために現れたキリスト教徒たちを

---

(206) Wickham (1983).
(207) 彼がこのことを「無駄で無益な」こととして語り、「多くの努力がいるが何の益もない」と言っている事実は（『ユリアヌス反駁』5, Migne, *PG* 773D, 英訳は Russell (2000), p.203）、それ自体ではこのことを確証するものではない。たとえ彼が自分の意見の支持を得るためにプラトンを引用しても、さらにまた司教の時にそれを拒否することを表明したバシレイオスを引用していてもそうなのである。
(208) さらなる詳細は六一四—五頁を参照。
(209) Siddals (1987) による重要な研究を参照。Boulnois (1994) と比較されたい。
(210) Wickham (1983), Russell (2000), p.205 n.11.
(211) Wessel (2001) はこのことがソクラテスのキュリロスに対する敵意が理由であったと提案している。Wessel (2004) のキュリロスの初期の研究を参照。
(212) ソクラテス『教会史』vii.15.
(213) 古代末期におけるアレクサンドリアの町に関しては、Haas (1997) を参照。
(214) ソクラテス『教会史』vii.13.

虐殺したのである。キュリロスは即座にユダヤ人のシナゴーグにキリスト教徒の大きな一群を派遣し、全ユダヤ人を町から追放し、彼らの財産を略奪することを許したのである。

アレクサンドリアは反ユダヤ主義の暴動と無縁ではなかった。(215) それはたびたび以前にも起こっていたことであり、〔一世紀の〕クラウディウスの時代でもそうであり、キリスト教徒が影響力を持つ前からのことであった。このようなことが起こると、皇帝に対して報告と直訴がなされた。オレステスは特に街に被害が及んでしまったことにいらだちを募らせた。人口のかなりの部分を失うことによって、特に経済的な損失は明らかであったからである。民衆の感情は、もはや市民と教会当局との間の権力抗争に耐えられなくなっていたのであり、その要求に応え、キュリロスはオレステスに平和的な解決を提案したが、その提案は拒否されただけであった。

次に起こった出来事は、何の益ももたらさなかった。およそ五〇〇人の修道士たちがニトリアの砂漠から彼らの司教を守るためにやって来て、オレステスを馬車から引きずり出してしまった。(216) オレステスがコンスタンティノポリスの司教から洗礼を受けていたと主張して抵抗したにもかかわらず、修道士たちは彼を異教徒の代表者とみなしていたことは明らかである。彼らはオレステスに暴行を始め、ある者がオレステスの頭に石を投げつけた。今度は市民たちが救援に走り、長官を傷つけた修道士がひどい拷問にかけられて死んでしまった。キュリロスは再び皇帝に報告を送り、誰もがうんざりしながらも、この犠牲者をキリストのための殉教者であるとみなしたのである。

さらに悪いことが続いてしまった。当時の最も著名な異教徒は、ヒュパティアという女性であった。(217) 彼女は学問的なサークルの中で独自の地位を有していた、新プラトン主義の哲学者であった。オレステスは明らかに彼女に感銘を受けており、二人の間には親交があった。キリスト教徒の暴徒たちは、彼女こそがオレステスに反キュリロスの影響を与えている張本人であるとみなした。異教徒との関連が再度取沙汰されたのである。暴徒たちは彼女を待ち伏せし、教会に連れ込み、暴行を加え、シナロンと呼ばれる場所で彼女のずたずたにされた遺体に火をかけて燃やしてしまった。ソクラテスが述べているように、「虐殺、闘争などを大目に見ること以上に、キリスト教精神から隔たったものは何もない」。アレクサンドリアの教会の評判は失墜してしまった。この出来事は個人に対する残虐行為ゆえにおぞましいものであったが、アレクサンドリアは反異教の暴動と無縁ではなかったのである。異教信仰の抑圧は、それまでも帝国の勅令の対象であったが、市当局はしばしば不徹底だったり、あるいはまったくそのことを行わなかったため、狂信的な修道士たちが神殿に火を放ったりしたのである。二五年前にも、アレクサンドリアは、キュリロスの叔父テオフィロスの指示のもとで、ミツラエウムとセラペウムの破壊を目撃したばかりであった。

キュリロスがどの程度、これらの出来事に責任があったのかを決定することは難しい。しかし、彼が、二つの力ある宗教的なライバルに対してキリスト教徒たちを支持する人々に暗黙の支援以上のことをしていたことは明らかであり、時に深刻な誤った判断にまで至った。これらの出来事は彼が司教だった最初の四年の間に起きており、さらなるトラブルについての資料はなく、キュリロスの関与は、彼の経験不足に原因が帰されてきた(218)。それにもかかわらず、彼の著作活動がその後も続いていく非キリスト教徒との闘争を反映していることは興味深いことである。彼の著作である『ユリアヌス反駁』(219)は、おそらくこのときの数年のうちに書き始められ、テオド

---

(215) Bell (1941) を参照。Bell (1924) と比較されたい。
(216) ソクラテス『教会史』vii.14.
(217) ソクラテス『教会史』vii.15.
(218) Wickham (1983) が「一般大衆の力を支配しようとしながら、最初に失敗した、未経験の指導者」と言っている。このことは McGuckin (1994), pp.14-15 も追認している。
(219) さらなる詳細は本書六一四頁を参照。

レトスに称賛された。その出版は、四三〇年代になってさえ、ネストリオス論争がキュリロスの関心を独占していたわけではなかったことを示している。異教徒の信仰が、なお主要な問題だったのである。そしてロバート・ウィルケンの重要な研究では、ユダヤ人問題こそが「キュリロスの釈義への背景」として描かれてきた[220]。キュリロスは、旧約聖書はユダヤ人に属するのではなく、キリスト教徒に属するということを論証する必要があった。この問題は、彼の最初期の著作の成果であったと思われる旧約の注解においてとりわけ、主要な位置を占めている。

そうなると、まさに最初からキュリロスはキリスト教の大義のために戦っていたのであり、自分の決意を曲げるつもりは毛頭なかったのである。彼は一つの目的、すなわちキリスト教の真理を確立することを考えていたのである。もし真理の勝利が危機に瀕するのであれば、キュリロスは消極的な抵抗を試みるような人ではなく、仮に暴力的であったとしても、積極的な行動に出る人であった。さらに彼の司教区には、彼を後押しするような伝統があった。すなわち、ひるむことのなかったアタナシオスの大胆さ、テオフィロスの意志の強さ、司教と正統信仰の襲撃部隊であった修道士たちとの間の長く続いてきた同盟関係である。先例はキュリロスにとってきわめて重要であった。彼こそが神学における「教父の議論」、すなわち解釈の正しい伝統を確証する手段として、聖書と並んで教父たちの言葉に訴えることを発展させたのである。それゆえ、彼の先達たちと同様、キュリロスはすべての敵対者たち、異端者、異教徒、ユダヤ人たちに対する妥協のない立場をとることを恐れなかった。彼は、自分の背後にあった原則と先例のゆえに、自分が正しいと確信していた。ただ時折、彼の妥協しない態度が行き過ぎてしまったという思いに至ったこともあったようである。彼は行き過ぎを止めなかったとしても、少なくとも事は終了したのである。彼はアナテマに対して沈黙を守ることによりアンティオキアのヨアンネスと和解した。それは、分別が彼の名声を救った最初の出来事ではなかった。というのは、ソクラテスの報告によれば、彼は沈黙によって偽殉教者の記憶が徐々に抹消されるのを認めていたからである。最終的には、アレクサンドリアでの支配権が粉砕され、その神学的な遺産が壊されたという一線を踏み越えたのは、キュリロスではなく、彼のより重要性においては劣っていた後継者ディオスコロスであった。四四九年の「盗賊会議」と呼ばれた第二回エフェソ公会議は、第一回公会議から完全に外れた会議ではなかった。キュリロスは大衆の心を惹くために先例を利用し、過度に単純化された神学の定式を声高に叫ぶことを推奨しただけであった。それでも、ヨアンネスと東方人たちがいない中で始まったために、しばしば描かれるほどには高圧的なものではなかった可能性もあり(221)、皇帝はすぐに行き詰まってしまった責任を明らかに負っている。

そうなると、キュリロスの初期の数年間は、ネストリオスとの論争が起こった時、彼がどんな男だったのかといういくらかの洞察を与えてくれる。彼が論争前に書いた著作も、彼が取った立場を理解するためのヒントを提供してくれる。キュリロスの初期の著作の成立年代（すなわち、キリスト論論争が始まった四二八年以前に書かれた著作）は推測にすぎない(222)。ある時点で、キュリロスは、反アレイオスの論争的著作に取り組むようになったが、彼の著作の大部分は聖書の釈義であった。彼の神学的な能力が洗練されていったのは、そのような聖書釈義においてであった。釈義と論争的著作の両方において、彼はアレクサンドリアの伝統に足を踏み入れて行った(223)。彼

(220) Wilken (1971).
(221) McGuckin (1994).
(222) Liébaert (1951) を参照。しかし Jouassard (1945) の論説も参照。Liébaert は Jouassard の議論を認めていない。Jouassard の返答に関しては、*Revue Bénédictine* (1977) の中の論説を参照。
(223) Wessel (2004) は、キュリロスが自身のネストリオスに反対する動機を、アタナシオスがアレイオスに反対するものとたくみに同一視していると主張する。ネストリオスのキリストに対してなされた彼のレトリックは、アレイオスのロゴスと似ているところがある。

の反アレイオスの著作は、主としてアタナシオスの思想と議論を再記述したものであるが、三位一体の教義を重要な方法で明確化した[224]。彼の釈義は、すなわち明らかに先達たちの著作の要約である〔彼は、先達たちが誰であるかは言及していないが〕釈義は[225]、フィロンに遡り、クレメンスとオリゲネスを通して、ディデュモスに受け継がれた霊的な遺産を取り上げているが、彼のキリストにおける救いの全体的な見方に関してとりわけ強調が込められている。ネストリオス論争を理解するためには、キュリロスが自身のキリスト論においても同様に本質的な保守主義を支持していたことと、彼特有の姿勢は、彼が明らかにしようとしていた、伝統に直接訴えることであったことを認識しておくことは重要である。そうであるならば、危険な刷新であると一般的にみなされる独創性は、キュリロスの野心から無縁なものであった。このような背景によって、私たちは彼の行動のとてつもない力を正しく評価することができるようになる。彼の党派に関する限り、キュリロスは土台を敷き直したり、あるいはそれらの土台の上に何かを構築しようとしたのでもない。彼は煉瓦を塗り直すわずかな作業を行ったにすぎない。それでもキュリロスは後のビザンティンの学者たちのような、単なる文学的な口まねをする人間であったのではない[226]。過去への深い依存は、その時代の必要性についての才知に長けた判断と、伝統的な遺産を適切に再利用する能力を、結び合わせることにあったのである。

3　旧約聖書の釈義

キュリロスは、もしキリスト論論争がなかったとしたら、おそらく聖書の釈義家として記憶されてきたであろう[227]。彼の著作の大部分は、すべてが形式的には注解書ではないけれども、ある意味では釈義とみなされるであろう。キュリロスは、彼自身とパラディオスという人物との間の一連の対話、『霊と真理の礼拝』〔*On Worship in Spirit and Truth*〕[228]に示されているような対話に関心を抱いたように見える。冒頭の問いはこうである。マタイによる福音書〔五・一八〕の律法の一点一画も消え去ることはないという記述と、ヨハネによる福音書〔四・二一、二三」の御父をエルサレムではなく霊と真理をもって礼拝するという記述を、どのように調和させることができるだろうか[229]。それゆえ、この著作がモーセ五書の注解であるかのように扱われることもあるが、実際は律法に対する正しいキリスト者の態度の探究である。

キュリロスのアプローチ方法は、基本的には従来通りのものである。義は律法を通してではなく、キリストを通して来る。モーセは抑圧的な悪の力から人間を解放することができなかった。モーセの主がキリストだからである。新約聖書の記述は、モーセの契約が予型と影であり、キリスト者の義は律法学者やファリサイ派の義に勝っていなければならないということを示すための出発点をキュリロスに提供する。ユダヤ教の犠牲について預言者的に非難を加えたことは、新しい契約の下で捧げられる純粋な犠牲を指し示すものである（古来よりなされてきたキリスト教的な弁証の議論がここで再叙述されている）。律法は δι' ἡμᾶς（私たちのために）書かれ、その規定は二つのレベルで働く。すなわち、歴史のイスラエルの民に対する実践的なレベルだけではなく、教会の霊的な律法のための像と予型である。律法の規定のすべての様式（例えば、出二一章に見られる窃盗に対する賠償に関して）は、意味のある霊的な命令、特に善行と相互の愛の指示へと変換することができる。律法は、特に二重の意義が

---

(224) Boulnois（1994）を参照。Weinandy and Keating（2003）に収められている Boulnois and Daley と比較されたい。
(225) Kerrigan（1952）, pp.246ff を参照。Wilken（1971）, McKinion（2000）, Weinandy and Keating（2003）に収められている Wilken and Young と比較されたい。
(226) 方法論の違いは Liébaert（1951）, p.38 によって説明されている。
(227) McGuckin（1994）, Russell（2000）.
(228) キュリロス『霊と真理の礼拝』（*De adoratione in Spiritu et veritate*）、テキストは *PG* 68 にある。
(229) Wilken（1971）は、どのようにパラディオスが問いを開始させ、キュリロスが答えたかという説明を提供してくれている。

適切に認識されるなら、聖なるものとなる。実際、律法全体は神を愛し、隣人を愛することに要約される（マタ二二・四〇、ロマ一三章でのパウロ、一ヨハ四・二〇に基づく）。このことは十戒がキリスト教に継続的に関係していることを理解するためのモデルを提供する。

しかしながらこのことに加えて、キュリロスは律法の真の意味は堕落と贖罪の物語の観点から説明されるべきだということを認識していた。[230] その後に悔い改めてより善い生活に戻ることになる、追放と霊的飢餓の繰り返しは、聖書のさまざまな物語において見られる。アブラハムの移住と脱出は、回心をもたらす神の恵みのパラダイムとみなされる。それゆえに、これは、選択されたモーセ五書の記述についての伝統的な注解ではない。ここに示されているのは、モーセ五書との関係で導き出された「聖書的な神学」と呼べるようなものを提示することを目標とした主題に沿った論じ方なのである。この目標は人間の苦境とキリストによる解決を明らかにし、キリスト教徒のユダヤ教聖書の使用が神学全体にとって不可欠なものであることを示している。

ここに見られるほとんどすべては、キュリロス以前の著作においても見られる。キュリロスが、新しい形や新しい考えを導入したわけではない。けれども、彼の著作のインパクトは、恣意的とも思われる接近方法全体を見事に正当化していることにある。節ごとに寓喩を散りばめる代わりに、印象的な仕方で一貫性に集中し、キリスト教独自の主張を全体的に把握している点で特筆すべきである。寓喩も当然のことながらかなりの部分でその役割を果たしている。しかし寓喩は、旧約と新約が、相互に適合するように組織神学的な提示を行うことを通してそれぞれに一貫していることを示すような全体的な予型的状況に統合されている。キュリロスの時代には、ユダヤ人との戦いには、路上での投げ石や略奪よりも、寓喩がはるかに価値のある強力な弾薬となったに違いない。

モーセ五書に対するキュリロスの他の努力は、相互に参照し合いながらおそらく同時期に書かれたゆえに、かなり異なった特徴のあるものである。実際に、『グラフュラ』（*Glaphyra*）に見られるアプローチ方法は、注解により近いものである。[231] しかし繰り返しになるが、キュリロスは節ごとに注解を一貫して行う全体的な試みをしてはいない。ある箇所では、彼は詳細な釈義を行うためにテキストを引用しているが、このことは常に行われているわけではない。創世記のアダムの物語は、まったく引用されていない。この物語は全体としてキリストによる ἀνακεφαλαίωσις（recapitulation 再統合）に照らして扱われており、聖書テキストが引用される場合でも、そのほとんどがもっぱら新約聖書からなのである。このように、モーセ五書の順番を保ちつつ、テキストの詳細にはとらわれず、キュリロスはキリスト教の主要部分を得ることができるように、物語や主題を選択して提示している。このため、ほとんどの偉大な神学者たちと同様に、彼は、彼の特別な神学的な強調をさらに際立たせ、それらの表現に対する手段を提供しうる重要な箇所に集中することで、「正典の中の正典」（canon within the canon）という考え方を用いている。たいへん興味深いことに、創造物語はまったく注目が払われていない。宇宙論はバシレイオスや他の多くの者たちを夢中にさせたが、キュリロスはユリアヌスに反論する弁証的な著作を除くと、この問題にはまったく関心を払っていないのである。旧約聖書の釈義では、彼は旧約の意味を解く真の鍵を持つべきというキリスト教の主張に没頭している[232]。このように、序の部分では、モーセの著作中のすべての事柄は、謎に包まれたキリストの神秘を示すものであると述べている。全体にわたる彼の傾向は、古代の予型的な意味とともに物語や主題を選択し、旧約聖書の霊的な意味を引き出すことにある。このことが事実であれば、レビ記、民数記、申命記に対してはそれぞれ一巻分が割り当てられているのに対し、出エジプト記は三巻分、創世記は七巻分割り当てられているのは、驚くべきことではないだろう。

キュリロスのモーセ五書に関する著作は、それらの選択そのものが著作時期に彼が抱いていた主要な神学的な

(230) さらなる詳細は Weinandy and Keating（2003）に収められている Young を参照。
(231) キュリロス『グラフュラ』（*Glaphyra in Pentateuchum*）、テキストは *PG* 69 にある。
(232) この見方は Wilken（1971）によるものである。特に第四章を参照。

関心事を示しているゆえに、特別に興味深い。これらの著作が生み出された背景としてユダヤ人との抗争があると見る点で、ウィルケンが正しいことは疑いがないが、これらの著作は、人間、罪、贖罪、キリスト、キリスト教の実践の本質についてのキュリロスの基本的な考えに対する広範な洞察を提供する。ウィルケンがさらに言っているように、モーセに対するキリストの優越とアダム・キリストの予型論は、キュリロスのキリスト論にとってきわめて重要な救済論の主題として立ち現れる。[233] キリストが特別であることは、失ってしまった神の像を人間に対して回復させる方としての彼の役割にある。古い「再統合」のテーマは、キュリロスが過去と結び付いていることと未来への前提である。キュリロスの敵意が引き起こされたのは、ネストリオスがキュリロスの基本的なキリスト教の理解を脅かしたからである。

キュリロスの預言書に関する著作は、より伝統的な注解の形式をとっており、彼の釈義的な方法のより明瞭な全体像を提供している。完全な形で残存しているのは、彼の『小預言者注解』(*Commentary on the Minor Prophets*)とイザヤ書の注解である。また多くの断片はカテナの中に見つけることができる(真正性は、通常通りこの資料でも問題になる。『ミーニュ教父叢書』に収められているものは注意深く検証されねばならない)。彼の『小預言者注解』[234]は完全な形で残存しており、それゆえラディカルなアンティオキア学派であるモプスエスティアのテオドロスのものと比較することができることは、とりわけ興味深い。言うまでもなく、テオドロスとは異なり、キュリロスは手の込んだ寓喩的な方法によってテキストから丹念に調べて引き出された預言者的また霊的な意味に多くの注意を払った。より意外なのは、歴史的な背景をかなり多く説明していることであり、テキストが字義的に意味していることに注意を払っていることである。彼の著作の導入部の概要は、預言者の意図への関心とともに、「細かい部分は異なっているが、アンティオキア学派の著作との比較に耐えうる特色を持っている」[235]。テキストの歴史的な次元とイスラエルに対する元来のメッセージの現実性は、テオドロスによっては、その現実性には決して優先性が与えられていないにもかかわらず、キュリロスでは完全に認められている。ケリガンはキュリロスの釈義が選択的であり、ヒエロニュムスが特に彼に影響を与え、アレクサンドリアの伝統へのもっぱらの依存から彼を脱却させた人物であると論じている。[236] オリゲネス主義の行き過ぎが断念されたのは確かであり、ある部分においては、オリゲネス論争が当時の釈義的な実践を加減したことは疑いない。しかし他の要素も働いていたかもしれない。預言者の裁きの言葉は、ユダヤ人に対するキュリロスの攻撃に拍車をかけ、捕囚はユダヤ人に対する神の裁きを示唆している重要なものとなり、キュリロスにとって、預言者をイスラエルが拒絶したことは、彼らが宗教的に先をずっと見通せないしるしであった。預言者たちこそ、キリストによってもたらされるユダヤ教の変革を予告していたからである。預言書が関心を寄せていた二つの意味のレベルは、等しくキュリロスにとって重要であった。なぜなら、両者ともにキリスト教の優越性を指し示していたからである。

二つの意味レベルもまたきわめて重要である。なぜなら、それらは、根本において神学的な重要性を持つ形而上学的な基礎となるからである。この点で、キュリロスはアレクサンドリアの伝統とまことに近いことを明らかにしている。キュリロスの実在についての考えは、プラトン的な方法で、τὰ αἰσθητά（感覚によって知覚される実在）と τὰ νοητά（精神によって知覚される実在）との間に区別をつけた。彼は後者を真の現実（τὰ ἀληθινά）、す

(233) Wilken（1971）を参照。Wilken（1966）と Weinandy and Keating（2003）に収められている彼の論文と比較されたい。
(234) テキストは Pusey（1868）を参照。英訳は Hill（2007, 2008）にある。
(235) Kerrigan（1952）は比較するための表を作成している。Hill（2007）の序文と比較されたい。
(236) Russell（2000）は『イザヤ書注解』(*Commentary on Isaiah*) のいくつかの翻訳を提供し、そこにはヒエロニュムスに依存していた可能性がある序文が付されている。イザヤ書の注解のテキストは Migne, *PG* 70 にある。この著作について、Weinandy and Keating（2003）に収められている Wilken も参照されたい。

なわち観想（θεωρία）を通してのみ発見された霊的な領域（τὰ πνευματικά）とみなした。これらの二つの実在は並行して存在し、前者は比喩、徴、象徴によって後者を表す（彼が用いた言葉には、次のものも含まれている。τύποι, παραδείγματα, σκιαί, αἰνίγματα, εἰκόνες）[237]。このように感覚的な世界と知解可能な世界は区別されるものだが、相互に密接に関係している。神は超越的であるが（キュリロスは神人同形論（Anthropomorphites）とは何の関係も持たない）[238]、被造物の秩序の調和は神の知恵の象徴や徴であり[239]、人間は感覚的な世界に神の似像として受肉する目的で造られている。キュリロスのキリスト論が、このような形而上学的な理論に基づくということには真の意味があるのであり、受肉した言がアダムの演じ損なった役割を実現し、二つの区別された実在の領域の統合を保証するのである。キュリロスにとって、聖書のテキストは両方の世界に等しく属するものであった。つまり、字義通りの意味は感覚世界の事物を指し示し、霊的な意味は霊的な実在を指し示す。

　キュリロスの旧約聖書の取り扱い方に類似しているのが、彼のたとえ話の見方である。それは、『ルカによる福音書注解』（*Commentary on Luke*）に明らかである[240]。たとえ話は目に見えない事柄についてのイメージであり、知解可能だが霊的な世界に属する実在のイメージである。それらのイメージは神学的な真理を説明し、キリスト教徒の行いの諸側面を指し示す。たとえ話の明瞭な外面的な意味には、いかなる説明の必要もない。しかし説明の対象は、その内側にあって、秘匿されて見えない意味を探求しなければならない。特に初期の著作では、キュリロスは聖書の字義通りの意味を軽視している。彼はしばしばそれを超える何かがあることを強調している。しかし字義通りの意味を認めることは、別なところでも強調されているが、仮現説に傾くことを拒否するに等しい。感覚によって知解できる世界は錯覚ではなく、むしろ真理の媒介手段である。このことはキュリロスの霊性の核であり、聖餐の物素を通して伝えられる神の生命をサクラメンタルに理解することと一致する。このことこそ、彼が、アンティオキア学派のアプローチ方法の特徴とアレクサンドリア学派の伝統とを結び付けようとしていると提言することで、彼の釈義にレッテルを貼りつけるのがなぜ誤りなのかということを説明するものである。むしろ、彼はアレクサンドリア学派の歴史と人間存在の身体的また物質的な現実を肯定的にとらえる伝統を取り入れていた。

キュリロスの聖書的な関心は旧約聖書に限定されるものではなかったが、彼の新約聖書の釈義はいくぶん後期の時代から始まっているように思われる。他の注解書の大きな断片も残っているものの、完全に残存している二つの著作はルカによる福音書とヨハネによる福音書の注解である。ピュージー編による『ヨハネによる福音書注解』（*Comenntary on John*）の三巻本は最も重要な断片を加えているものであるが、カテナから取られた史料なので、いつものように注意深く扱う必要がある。『ヨハネによる福音書注解』は、そのキリスト論的議論が、ネストリオス論争の特徴的な問題を取り上げていないため（『ルカによる福音書注解』では取り上げられている）、ネストリオス論争以前に執筆されたに違いない。

4　教義論争と「より教理的な釈義」

しかしながら一方で、教理的な問題がキュリロスに影響を与え始めていた。『聖なる同一本質の三位一体に関

(237) キュリロスの釈義における専門用語は Kerrigan（1952）, pp.35ff, 112ff によって詳細に研究されており、形而上学的な前提に関しては pp.42ff, 126ff を参照。
(238) さらなる詳細は Wickham（1983）を参照。Wickham は、キュリロス自身がいくつかの著作の中で直接に主張していることと、彼の叔父であるテオフィロスの時代のオリゲネス論争における神人同形論（Anthropomorphites）とを区別している。
(239) du Manior（1944）の第二章。
(240) Kerrigan（1952）, pp.198, 394ff.

する宝庫』（*Thesaurus de sancta Trinitate*）[241] は『ヨハネによる福音書注解』よりも先に書かれたと思われる。この注解の特徴は、もし反アレイオス主義の著作をまず考慮するなら、より容易に理解される。[242] ジュアサードは、彼の復活祭書簡が、四二四年の回覧用の書簡以前の異端についてのいかなる憂慮も示していないため、これらの問いがキュリロスの注意を惹き始めたのは、四二〇年代中頃であったと主張した。[243] しかしブルノアは、[244] もっと早い時期の復活祭書簡にアレイオスの過ちに対する防御の開始を見つけ出している。さらにアレイオス主義の復活が起こりうるとしても、キュリロスは少なくとも『三位一体についての対話』（*Dialogues on the Trinity*）を書くにあたっては、これらの内部でのキリスト教の論争について耳にした異教徒の知識人たちのことを念頭に置いていた可能性がある。

リーベルトは、[245]『聖なる同一本質の三位一体に関する宝庫』のほとんどがアタナシオスの『アレイオス派反駁』（*Contra Arianos*, 特に第三巻）と失われた著作である『エウノミオス反駁』（*Contra Eunomium*, おそらくこれはディデュモスの著作であろう）に依存していることを示した。過去の史料に依存しているにもかかわらず、それはキュリロスが古い議論を体系化し再提示する能力を持っていたことを示す顕著な例である。ブルノアが指摘しているように、[246] キュリロスは常に、人間の理解を超越する三位一体の奥義についての明確な言明から始める。このことはエウノミオスへの応答で明らかにされる点である。私たちはこのような熟考された知識を、謎めいた幻を心の内に組み立てながら、微妙なイメージを通して獲得することができ、その結果信仰の一致を獲得する。そうなるとキュリロスのイメージは、難しい概念を象徴的な形で遠回しに伝えている説明なのである。[247]

『聖なる同一本質の三位一体に関する宝庫』は三五章から構成されており、それぞれに一つの命題（ロゴス）を提示している。その命題は、一連の掲げられた議論や聖書証言の積み重ねに基づいて擁護されている。例えば、第六番目の命題（ロゴス）は、「御父は、分割や流出をすることなく、自身の御子をもうけた」である。この命題に続いて、多くのエウノミオスの反対論が示され、それぞれが一連の反論によって回答されている。第三二番目の命題（ロゴス）は「御子は本性によって神であり、もしそうであるならば、造られたり創造されたものではない」。このことは、一七〇の聖書証言と議論に基づいて立証されている。アタナシオスの著作は、逐語的に転写されることはない。アレイオスの著作からの引用でさえ、パラフレーズされている。アタナシオスの思想は利用されてはいるが、それらは、より厳密な議論の形を提示するために、再構成されまったく新しい表現を与えられている。キュリロスは、実際には主題を分類し、一つの論考を提供した。この論考とは、論争の本質的な部分を明らかにし、一つ一つの要点を明確化し、彼以前の著作家たちの複雑な論争よりも教父たちの神学的な方法により容易にアクセスできるようにするものであった。このような形式の事柄は、『ヨハネによる福音書注解』にとっては重要である。というのは、この注解において、彼は同じように順序立てられた教理的な追記を、すっきりとしたリストに配列された諸点とともに取り扱っているからである。それは、さながら『聖なる同一本質の三位一体に関する宝庫』全体に採用されたものと類似した形態を持つ神学的な小論考である。

『聖なる同一本質の三位一体に関する宝庫』が依拠した資料についてはいくつかの議論があり、多くの学者たちはキュリロスがエピファニオスとカッパドキア教父たちの著作を利用したと断じている。リーベルトはキュリ

（241）キュリロス『聖なる同一本質の三位一体に関する宝庫』（*Thesaurus de sancta Trinitate*）、テキストは *PG* 75 にある。
（242）有益な概要については Russell（2000）, pp.21-30 を参照。
（243）Jouassard（1977）を参照。『復活祭書簡』（Festal Letters）に関しては、p.313 以下を参照。
（244）Weinandy and Keating（2003）に収められている Boulnois を参照。
（245）Liébaert（1951）の特に第一章と第二章を参照。
（246）Boulnois（1994）と Weinandy and Keating（2003）は『聖なる同一本質の三位一体に関する宝庫』と『ヨハネによる福音書注解』の序文を引用している。
（247）Boulnois（1994）, McKinion（2000）.

ロスの情報がもっぱらアレクサンドリア的であり、例えば、バシレイオスやニュッサのグレゴリオスによって書かれたエウノミオスの論駁書とは直接的な関わりはないと主張している。もしこの考えが正しいとすると、これは重要な結論となる。なぜなら、キュリロスの神学的な認識がアレクサンドリアの状況や遺産に拠っていること、さらには神学や釈義が、アンティオキアや他の場所でとっていた方向性とはほとんど接触を持たなかったということを示唆するからである。アンティオキア学派の者たちとは異なり、彼はキリスト論論争の勃発前には、アポリナリオス主義のようなアレイオス主義以後の発展についてはほとんど関心を示さなかった[248]。アレイオス主義は彼にとっては大きな教義学的な問題であり、ニカイアの信仰は、この問題に対する回答であった。このことは、キリスト論論争の勃発にあたり、キュリロスの立場を指し示す、もう一つの重要な点となるだろう。

『聖なる同一本質の三位一体に関する宝庫』ときわめて密接に関係しているのが、七つの『三位一体についての対話[249]』であるために、これらを見過ごすことはまったくできない。方法論的な形式で反アレイオスの議論に着手したために、キュリロスはより字義的な表現をこの問題に与えるようになる。この著作はより個人的な著作であり、整ったものではなく、自由なスタイルで書かれている。しかしリーベルトが注釈を加えているように[250]、この書は主題については同じ全体的な見取り図に従い、最初の著作とかなり似通っている。キュリロスはこの書を、『聖なる同一本質の三位一体に関する宝庫』と同じくネメシオスに対して献呈しており、序のところで彼自身とヘルミアスの論争を提示することによって問題を取り扱うことを提言している。彼自身とヘルミアスそれぞれが文章中ではAとBと表記されることによってテキスト中での配役が明らかになるようになっている。問いと答えは、細かな問題が論争の的になるときには、攻撃の組織化と効率化を容易にするだろう。そこで対話の中で、Bが異端的な主題を報告する役割を果たし、Aは『聖なる同一本質の三位一体に関する宝庫』と比べられるような議論によって返答する。キュリロスがこのような特別な叙述の形を好んでいたことは、すでに指摘したことである。彼が、これらの三位一体論に関する対話を特に有用な著作であるとみなしていたことは、後に彼がネストリオス論争によって提起された諸問題に関してヘルミアスとの追加的な対話を書いたという事実からわかる。こうするために、彼は『正統信仰』（*De recta fide*）の中で用いられた史料を再執筆したということが、広く認められてきた。その際、彼は、テキストにきわめて忠実に従ったので、ピュージーは両著作を頁が相対するように印刷するのに好都合であると考えた[251]。しかし『正統信仰』が先に書かれたということに関しては、それ以来疑問視され続けている[252]。

それゆえ、この七つの対話はアレイオスとの論争における中心的な問題を扱っている。すなわち御子が御父とともに永遠であり同じ本質であるということ。御子は κατὰ φύσιν（本性において）御父より生まれたこと。御子は、御父とまったく同じように、真の神であること。御子は κτίσμα や ποίημα（創造されたり造られたもの）ではないこと。栄光を含め、神にふさわしいすべてのものは、御父に属しているのと同じように、φυσικῶς（本性上）御子に属していること。そして聖霊の神性についての最後の対話を加える前に、キュリロスはどのように人間の属性が正しく御子に帰せられるかを議論するために第六の対話を使っている。その際に、人間の属性は、ロゴスが神と考えられるか、もしくは神であるゆえに、ロゴスの本性に属するのではなくて、人間の属性は τῇ μετὰ

(248) Liébaert（1951）, pp.154ff. Grillmeier（1965）, p.330 がこれに従っている。この点は『復活祭書簡』（*Paschal Letter*）viii の内容から少々誇張されているかもしれないが、キュリロスが単に当時の定式を採用しただけであり、アンティオキアにおけるアレイオス以後の発展には何も憂慮していないと考えてよい。

(249) テキストは de Durand（1976, 1977, 1978）にある。

(250) Liébaert（1951）の第三章。

(251) テキストは Pusey（1877）にある。

(252) de Durand（1964）の序を参照。

σαρκὸς οἰκονομίᾳ（肉を伴う経綸によって）ロゴスに帰されていると主張している。この対話はいくつかの理由によって特に興味深いものである。(i)この対話は、聖化がキュリロスの救済論の中核にあるという事実への注意喚起をしてくれる。ロゴスは聖化される必要はなかったが、聖霊の到来によるロゴスの人間性の聖化は、ロゴスのうちにある人性の聖化を意味した。これが、基本的にキュリロスの θεοποίησις（神化）の理解であった。(ii)ロゴスの κένωσις（字義的には「無になること」）もしくは ταπείνωσις（卑下）の強調は、すでにキュリロスの思想の構成要素とみられている。ロゴスは自身を人間の条件に制限したが、それが人間の属性をロゴスに適用する理由なのである。(iii)この時点で、キュリロスはロゴスが「彼自身の神殿」（ヨハ二・一九を用いて）を建てると語る準備をしている。もっとも、このような「彼自身の神殿」という表現は、アンティオキア学派の人々に由来するものであり、後になって彼は無慈悲に攻撃を加えた。このことは、論争の最中にキュリロスが行った矛盾した言動の唯一の事例というわけではない。彼は『聖なる同一本質の三位一体に関する宝庫』の中で「女から生まれた人あるいは礼服のような宮を身にまとった」という言葉を用いていたが、後になってそのような表現に対して激しく攻撃を加えた[253]。

このように、一般的に言えば、この『対話』の中に『聖なる同一本質の三位一体に関する宝庫』と同じ状況を見出すことができる。キュリロスはアタナシオスの言葉と神学を受け継いだが、それを明確化し、再提示した。彼は自分の立場の基本として、礼拝に焦点を当てた。洗礼定式が三位一体の信仰の正しさを証明し、祈りも三位一体的にならなければならなかった。つまり、御子と御霊において、私たちは父に近づくことができる[254]。キュリロスはアタナシオスよりも、より人間の罪深さに関心を抱く傾向がある[255]。彼は「肉」よりもむしろ「人間性」を語る傾向がある。彼は恐れや不安といった人間本性の「心理的な」弱さをもう少し強調する。この段階では、キリストにおける人間的な魂を肯定的に主張することが、アレイオス派の過ちを立証する際のいくつかの困難を解決しうることにはまだ気づいていなかったように思える[256]。アレクサンドリアの伝統で、このような主張は、オリゲネス主義者として悪名高いディデュモスの著作に見られるだけであり、キュリロスは彼の叔父〔テオフィロス〕の反オリゲネス主義を受け継いだ。同様に、彼はアポリナリオスを論駁する必要性にも気づいていなかった。

『ヨハネによる福音書注解』(257)には、私たちがこれまでキュリロスについて学んできたことのすべてが要約されており、キュリロスの神学と釈義の密接な関わりが示されている。(258)さらにそこからネストリオスに対抗する運動が始められた基本的な神学的立場が明らかにされている。この注解一二巻のうち、第七巻と第八巻を除いて、完全な状態で存在している。これらのうち、ピュージーはカテナといくつかのシリア語の史料から広範囲にわたる断片を集めてきたが、この資料の信頼性については疑いも表明されている。この著作の形式は節ごとの注解であり、キュリロスが二つの解釈の次元に興味を持っていることは、彼の釈義における重要な要素となっている。彼は、字義的な意味は正確で、自然な説明ができると仮定するが、ヨハネによる福音書と他の福音書との間の歴史的な食い違いについては、さほどの関心を示してはいない。しかしながら、彼がより関心を抱いているのは、象徴的と考えられる記述である。彼は福音書の霊的な意味に関心があったため、記号や説教の資料の中に見られるヨハネの象徴の深みを掘り下げることを可能にした。特にユダヤ教に対するキリスト教の優越や福音がユ

(253) Prestige (1940), p.156 にはこの点が展開されている。
(254) Weinandy and Keating (2003) に収められている Boulnois を参照。
(255) Burghardt (1957) は、キュリロスと彼の偉大な先駆者〔アタナシオス〕との間の相違点を数多く挙げている。
(256) Liébaert (1951), pp.117, 172ff, 179 を参照。Grillmeier (1965/75) もこれを追従している。
(257) テキストは Pusey (1872a) にある。英訳は Pusey (1874, 1885) に、選訳が Russell (2000) にある。
(258) Weinandy and Keating (2003) に収められている Boulnois を参照。

ダヤ人から異邦人へ伝播していくことなどの彼のお気に入りの主題の一つを指し示すところで、そのように言える[259]。それはまた、さほど説得力のない寓喩的な解釈を促進させる。

しかしキュリロスは、この注解の中で、δογματικώτερα ἐξήγησις（よりいっそう教義的な釈義）を自覚的に探究している。彼にとって、福音書記者は後に現れる異端を予知し、前もって防衛したのである。それゆえ、彼の主要な関心事は、異端的な解釈よりも、正統的解釈を提示することである。このことが、この注解書に主要な特徴を与えている。実際、この特徴がとても顕著であるため、各章の表題のところにある命題が注解のかなりの部分を占め、それぞれの章の教義的な議論の主要な意味を概説している。この教義的な目的は、キリスト論と反アレイオス主義の議論だけが関心事ではないものの、キリスト論的意味合いを伴った論争の的となっているテキストに集中するに至っている。第一巻の九では、他の教義的な補説に見られるのと同じ議論の形式によって、魂の先在の思想を長い文章で反論している。注解書では必然的に、ヨハネによる福音書のテキストが、探求している主題を示している。ヨハネによる福音書は、キリストという人に主たる関心を持っているゆえに、この主題が支配的になるのは驚くにあたらない。これが結局、この段階での、キュリロスの中心となる関心事であった。少なくとも、アレイオス主義論争が問題を提起するまではそうであった。

アタナシオスのアプローチの方法は、なおキュリロスのモデルでもある。アレイオス主義の議論を論駁するために、キュリロスは、ある事柄は人としての、あるいは一人のユダヤ人としてのイエスによって語られたと指摘している。そしてそのようなテキストからはロゴスの本性についての究極的な結論は導き出せないと主張する。イエスは真に超越的なロゴスであり、父と同じ本質を持つ者（homoousios）である。しかし彼の地上の生活での特徴は、フィリピの信徒への手紙二章五―一一節がその古典的な表現であるが、彼の自発的なταπείνωσις（卑下）の結果である。彼は彼がかつてあった状態に留まったが、しかし人間の限界に自分を従わせて、人となり給うた[260]。アタナシオスと同様、キュリロス自身も反アレイオス主義の議論の文脈の中で、神的属性と人的属性を区別している。しかし、キュリロスは、すでに受肉においてロゴスが人間の諸条件に従属したことを主張し、特徴的なアンティオキア学派の用語をはっきりと攻撃してはいないものの[261]、時折キリストを分割する傾向を批判していることは注目に値する。アタナシオスの場合と同じように、キュリロスの記述は時折、仮現論に近い響きを持っている。「彼〔イエス〕はひどく怯え、混乱を装っている（πλάττεται）」、「混乱した外見（σχῆμα）を経験し」、「彼は死に服しているように見える[262]」。キュリロスは単にイエスが、ὡς θεός（神として）また ὡς ἄνθρωπος（人として）等しく行動するとは語っていない。しかし彼は、ὡς ἄνθρωπος σχηματίζεται（彼〔イエス〕が人の形で存在している）という表現を用いており、このことは「イエスの人としての生涯全体は、見せかけであったということを容易に示唆するものである[263]」。それでもキュリロスの根底にある考えは、人性は、感覚世界に属する、キリストの様態、唯一のキリストの外的な現れと同じように真正なものであるということである[264]。キュリロスにとっての福音は、創造された秩序の諸条件にロゴスが自己限定したということがすべてである。しかしある注解者にとっては、キュリロスのキリストにおける人間的な要素は、不可欠で完結したものである。なぜなら、それは人類の救いのために必要不可欠なものだからである。さらにそのことを認めることが可能なのは、論争前の釈義的な

---

(259) このことのさらなる展開については、Wiles（1960）を見よ。特に pp.32ff を参照。
(260) 第二巻の五の冒頭には、特にこのことの説明が含まれている。キュリロスはサマリアの女〔ヨハネによる福音書四章〕の話の議論をしている。
(261) Liébaert（1951）.
(262) 『ヨハネによる福音書注解』11.33; 13.21; 6.38（Pusey II, p.280; II, p.363; I, p.487）.
(263) Wiles（1960）, p.138.
(264) Du Manior（1944）, pp.155ff.

著作においてである。[265]

キュリロスにとって、聖書釈義が彼の主要な神学的な活動であったことは明らかである。『ヨハネによる福音書注解』を書いた直後に小論文の発行や論争へと展開していったが、彼の釈義的な著作が止むことはなかった。『ミーニュ教父叢書』に収められているキュリロスの著作の全一〇巻のうち七巻が、釈義的な著作である。それでも、彼の聖書釈義の著作のかなり多くの部分は失われてしまった。実際に、他の残存している著作である『ルカによる福音書注解』は、大部分はオリジナルのものではなくて、シリア語訳を手にすることができるだけである。

『ルカによる福音書注解』は、新しい光の下でキュリロスを照らし出す。というのは、これは、形式上は注解ではまったくなく、一連の説教だからである。三つの完全な説教がギリシア語で残存している。しかしさらに多くのシリア語版が前世紀〔一九世紀〕に発見され、ペイン・スミスによって出版された。[266] それ以降、さらなる断片が発見され、CSCOシリーズの中に、全テキストの新版が出版されるようになった。[267] シリア語版は一五六の説教から構成されるとしばしば言われるが、そのうちのいくつかはとても短いため、明らかに完全なテキストからの抜粋に違いない。そうではあるが、それは、重要な発見であることが明らかにされてきた。

これらの説教の中でのキュリロスの興味は、第一に実践的なことである。彼は福音の主題に焦点を当て、倫理的な教えや勧めをかなり強調し、服従と謙虚さを通して、とりわけキリストに倣うことを奨めている。洗礼を通し、荒野での誘惑を通し、受難と死を通して、キリストは倣うべき「型」であり、従うべき例証なのである。キリスト者は、キリストのように人生を生き、キリストと結ばれるべきである。神の国は霊的な国であり、キリストの愛のためにすべてを捨てたときに見出される。そして私たちが見てきたように、たとえ話は、旧約聖書のように、それ自体を超えて霊的なリアリティ、神の恩寵、人間の服従を指し示す。[268] そうなると、会衆が必要としていることが、キュリロスの心の中では最も重要なものである。しかしながら時折、それらの必要は危険な解釈についての警告を含む。したがって、ネストリオス論争が、キリストの洗礼についてのキュリロスの注解の背後にあることははっきりとしている。神のロゴスは、確かに洗礼を受ける必要はなかったが、洗礼を受けたことは「ダビデの子孫」からの分離であったのではない。キリストの洗礼は「経綸」の一部、すなわち人間の救いのために人間の条件をキリストが受け入れたこととして正当化できる。

5　ネストリオス論争

聖書釈義がキュリロスの著作の大部分であったが、重要な数年の間、彼の政治活動と同じくらいに、キリスト論論争が彼の著作活動の中心となったことは疑い得ないことである。ネストリオスの教えに対する最初のキュリロスの警告は、四二九年に書かれた第一七『復活祭書簡』(*Paschal Letter*)に見られる。イースターの日付を知らせるキュリロスの手紙は[269]、四一四年から四四二年にかけてのものであり(全部で二九通)、彼の生涯における司教としての関心事のいくつかを提供している。それらの書簡は主に実用的な特徴を持つものであり、会衆に断食と祈りを奨め、祝祭を祝い、愛と慈善を行うように奨めている。しかしユダヤ人と異教徒、とりわけ自分

(265) 例として Meunier (1997) を参照。キュリロスの救済論については、Koen (1991) と Keating (2004) を参照。
(266) テキストは Payne Smith (1858) にある(英訳は一八五九年に出版)。ギリシア語の説教は *PG* 77 に収められている。
(267) テキストは Chabot (1912), Tonneau (1953, 1954) にある。
(268) キュリロスの思想の中で恩寵が重要だったこと、そしてそれがどのようにアンティオキア学派の理解と異なったかについては、Fairbairn (2003) を参照。
(269) テキストは Burns 他 (1991, 1993, 1998) を参照。

たちのキリスト教の信仰告白と他宗教の祝祭に加わることを混同してしまうようなキリスト者に対するキュリロスの論争的な情熱も明らかになる。これらの主題は、新約の影と型としての旧約聖書の霊的な意義を説明することと並んで、数年にわたって繰り返された内容である。しかしながら四二四年の手紙は、三位一体論と御子のἀγέννητος（生誕しない）本性の議論を紹介している。また四二九年の手紙は、ネストリオスの名前を挙げてもいないし、*Theotokos*〔神の母〕という用語さえ用いていないものの、受肉についての議論を開始し、マリアから生まれた赤子が永久不変に神の御子であり、マリアは「神の母」と呼ばれるべきだと主張している。キュリロスは復活節の書簡の中で、すでに数年前から受肉の議論をしていた（四二〇年の日付の八番目の手紙）。しかしここでは彼の攻撃対象は明白である。

キュリロスが次第に関心を示す二つ目は、『修道士への手紙』（*Letter to the Monks*）である。論争におけるキュリロスの努力は、初めは主に手紙に注がれていた。ローマ司教のケレスティヌスに宛てた手紙、ネストリオス自身に宛てた手紙、その他の影響力のある人物に宛てた手紙などである。より重要ないくつかに関してはすでに論議してきた。[270] これらの手紙が、長文の論文よりもより直接的に読者に語りかけているということが指摘されてきた。[271] ウィッカムによって編集され翻訳された選集は、キュリロスの書簡の編集された批判校訂版の潜在的な価値を明らかにしている。さまざまな新しい発見も、種々の出版物の中に散りばめられている。[272]『ミーニュ教父叢書』の中の集成は、偽作も多く含まれている。他方、最も重要な手紙が含まれている集成は、『公会議録』に関するシュヴァルツの著作によって取って代わられている。

キュリロスはかなり早くから論争的な著作にも着手した。[273] 五巻から成る『ネストリオスの冒瀆反駁』（*Adversus Nestorii blasphemias*）は四三〇年には出回っていた。[274] この中でキュリロスは、すでに悪名を馳せていたネストリオスの説教を批判にさらしている。その際、彼はいろいろな箇所から取り出してきて引用し、そのうちのいくつかは文脈をまるで無視したものになっている。同じ年に、彼は宮廷に三つの文書からなる『正統信仰』を提出し、一つは皇帝テオドシオスへ、もう一つは皇帝の妹たちであるアルカディアとマリナへ、他のもう一つは皇帝の妻のエウドキアと皇帝の姉のプルケリアへ宛てている。このときは帝国の好感をネストリオスからそらすには至らなかったものの、これらは宣伝文書として広く流布するようになった。エデッサの司教であるラブラはキュリロス支持へと転向し、東ローマ帝国のシリア語圏で、キュリロスの神学を広めるために、第一文書の翻訳に着手した。前述の通り、同じ著作が、『独り子の受肉に関する対話』（*Dialogus de incarnation Unigeniti*）という名前で知られている八番目の『ヘルミアスとの対話』（*Dialogue with Hermias*）としてキュリロス自身によって再度改作された。

しかしながら、キュリロスによる小冊子を書いて論陣を張る活動は、単に攻撃的なものばかりというわけではなかった。彼はまもなく自身の立場を弁護しなければならなかった。私たちはすでに、アナテマを守るための彼の三つの著作を概観してきた。彼はまたエフェソからの帰還にあたり、『皇帝への弁明』を書き、教会会議の際のいささか疑わしい振る舞いを正当化している。

「再統合の処方」についての話し合いがなされた後、キリスト論の著作が溢れる時代は終わりを迎えた。しかしキュリロスの関心は静まるところを知らなかった。彼は、後に自分のキリスト論的な立場を二つの著作にまと

---

(270) 本書五三〇―九頁を参照。
(271) Wickham（1983）, p.xii.
(272) 詳細については *Clavis Patrum Graecorum* のキュリロスの欄や、McEnerney（1987）の序を参照。翻訳された選集にはラテン語、シリア語、コプト語の手紙が含まれており、それぞれの手紙の批判的なテキストに対する文献表も提供されている。
(273) これらの著作の最も重要なものは Pusey（1875, 1877）に見られる。これらの著作の大部分が収められている最近の著作は Schwartz, *ACO* がある。De Durand（1964）のものも参照。
(274) 英訳の抜粋が Russell（2000）にある。

め、それらは広く行き渡り、特に東方の教会によって高く評価された。ギリシア語では断片しか残されていないが、『独り子の受肉に関する注解』（*Scholia de incarnation unigeniti*）はラテン語、シリア語、アルメニア語での翻訳が残存し、この書物が広く読まれたことがうかがえる内容である。『キリストは一人であること』[275]（*Quod unus sit Christus*）は、キュリロスのすべてのキリスト論の著作の中で、最も成熟したものとみなされている。以前にもしばしば見られたように、キュリロスは、自分の見解を最もよく表すために、ここでも対話形式を選んでいる。

この分野における彼の他の唯一の主要な著作は『ディオドロスとテオドロス反駁』（*Contra Diodorum et Theodorum*）であった[276]。この著作は、テオドロスを怒らせ、その時までに成し遂げられていた壊れやすい一致をほとんど決裂させてしまった。キュリロスの著作からの引用は、私たちにとってディオドロスとテオドロスのキリスト論的な断片の主要な資料である。というのは、キュリロスの著作は、最終的に彼らがそれをもとに非難された資料を提供したからである。さらにこの著作は、アンティオキアのセウェルスのような後の重要な論争家によって用いられたり引用されたりした。キュリロス自身はすぐれたアンティオキアの神学者たちの著作を読んだとは思われない。しかし、彼は、極端な反二元論者、おそらくはアポリナリオス主義者らによって提供されたアンティオキアの神学者たちの著作からの詞華集に基づいて自分の著作を書いた[277]。というのも、彼が攻撃対象にしたいくつかの記述の著者について混同していたという証拠があるからである。

以上がキュリロスのキリスト論的な著作であった。それでは、それらの著作は彼のキリスト論的な思想について、何を明らかにしているのだろうか。これらの著作を熟読すると、同じことの繰り返しの印象を何よりも受ける。ある表現と議論が絶えず繰り返されていくのである。神がともにおられるという「インマヌエル」の称号、ニカイア信条、フィリピの信徒への手紙二章に見られるパウロの受肉についての説明がそうである。マリアは「人間となり、肉をとられた神（θεὸν ἐνανθρωπήσαντα καὶ σαρκωθέντα）を生んだために、*Theotokos*〔神の母〕と呼ばれなくてはならない。「肉となる」（σάρκωσις）前にも後にも、一人の御子、私たちの主イエス・キリストがおられた。聖なる処女から、父なる神のロゴスそのものである一人の子が生じたのでも、それとは別のものが生じたのでもない。あらゆる時代（προαιώνιος）に先立つロゴスが、彼女から肉によって（*according to the flesh*）生まれたと言われている。肉は、私たち自身が自分の体を持つのと同じように、ロゴス自身（ἴδια）のものである。キュリロスは「完全な統合」（ἕνωσις ἀκριβής）を主張したのである。これらの言葉遣いは『スケンソスへの第一の手紙』（*First Letter to Succensus*）に由来するものであり[278]、その中でキュリロスは彼の手紙の宛先であるディオカエサリアの司教からの神学についての質問に答えている。しかし、それらの答えは他のキリスト論の著作のほとんどどこの箇所にも見られるものである。通常の批判を予想して、キュリロスは、この教義が言（the Word）の σύγχυσις（混乱）あるいは σύγκρασις（混同）を示唆しているのでも、肉体を神的な本性を変容させるのでもないということをこの手紙で語り続けている。彼が言おうとしていたことは、「考えられず、かつ言い表せない方法で、言が理性的な魂を吹き込まれた肉体と自ら統合した」（σῶμα ἐψυχωμένον ψυχῇ νοερᾷ）ということである。彼は自分自身に留まりながら、僕としての姿を耐え忍んだ。この手紙はキュリロスが繰り返している内容の端的な要約を提供する。

（275）英訳は McGuckin（1995）にある。
（276）断片が Pusey（1872a）, Vol.III にある。
（277）Richard（1946/ 77）.
（278）『スケンソスへの手紙』（*Letters to Succensus*）のテキストは Schwartz, *ACO* I.i.6, pp.151-62 にある。Wickham（1983）にもテキストと英訳がある。

6　キュリロス、アタナシオス、アポリナリオス

このような繰り返しにもかかわらず、キュリロスのキリスト論は何年にもわたって変化のないままではなかったことは明らかであるように見える。彼は論争の要求に応えて、ネストリオスの誇張された二元論に反対するために自身のキリスト論に新しい要素を導入した。リーベルトは、[279] キュリロスの基本的なキリスト論的な立場の正確な考え方を理解するためには、ネストリオス以前の著作の研究にあたる必要があるという考え方をとっている。基本的に、キュリロスの初期のキリスト論は神学的に保守的で、新しいものを取り入れることもなかった事実をすでに見てきた。彼は、彼の偉大な師であるアタナシオスの反アレイオス的な教義を明らかにすることに主たる関心を示した。このことは、キュリロスがネストリオスに反対するにあたり大いに役立つ数多くの永続的な原則を実際に彼に与えた。キュリロスは、もっと早い時期に書かれた第八『復活祭書簡』と同様、『ヨハネによる福音書注解』が示しているように、二元論的なキリスト論にとにかく反対したであろう。[280] これらの中で、彼は神の御子は、σάρκωσις（肉を取ること）の前と後で、唯一かつ同一であると主張していた。そしてアタナシオスの権威によって、二つのもの、すなわち神格と人格の σύνοδος（結合）を語った。彼は、「神・ロゴスは、自分自身の神殿に宿った。すなわち理性的な魂を持った、女から取られた体である」と、後にキリスト論的な統合を強調するために拒否することになった言語を用いて、このように述べたのである。それゆえに、キュリロスの初期のキリスト論は、ネストリオスへの攻撃を放つ発射台を彼に与えたことになる。重要な論文の中で、リーベルトは、[281] 彼のネストリオスに対する最初の二つの攻撃、すなわち第一七『復活祭書簡』と『修道士への手紙』が、ネストリオス自身が説教の中で提起した問題への特別な応答である二三の新しい主題を別にすれば、彼以前の立場、とりわけアタナシオスの立場に本質的に基づいたものであることを示した。きわめて興味深いことに、これらの新しい考えは、キリストにおける統合理解のモデルとしての肉体・魂のアナロジーへ訴えることを含んでいる。しかしながら、論争が進むにつれて、彼がかつて喜んで用いていたいくつかの言葉遣いに疑念を抱くように

なり、新しい要素や新しい語彙が彼の反ネストリオスの著作の中に取り入れられるようになった。キュリロスはどこからこのスローガンを得たのだろうか。彼は自ら新しい神学の方向性を打ち出す人ではまったくなく、全体的に伝統を受け継ぐ保守主義に基づいていた。彼の最も重要な活動の一つは、彼の伝統理解を支えるために教父からの引用を集めることであった。

キュリロスの革新の鍵は、まさしくこの保守主義にある。彼が採用し、自分のものとして打ち出した新しく具体的な反二元論の定式は、彼が重要な教父の史料と信じたものに由来する。論争の時期に、誰かが以下の書物に彼の注意を促したに違いない。すなわち、「ロゴスの肉体を取った本性」について語っているアタナシオスの著作、一つの礼拝を主張し、一人の神と一人の人間に対する二つの礼拝を批判している『信仰告白』(*Kata meros pistis*)という表題が付けられたグレゴリオス・タウマトゥルゴスの著作、さらには『統合について』(*De Unione*)を含む教皇ユリウス一世の二つの著作がある。それらの著作は、言と人との二つの存在、あるいは二つの実体(*hypostases*)ではなく、受肉した言の一つの実体(*hypostasis*)を主張した。加えて、コリントの司教であるディオニュシオスに明らかに関連した手紙である。[282] これらはキュリロスが訴えた権威ある著者たちの範囲内にあった

(279) Liébaert (1951), p.78.

(280) Chadwick (1951), pp.145-64は、キュリロスの初期の著作における二元論への反対を、既存のアレクサンドリアの伝統に帰している。

(281) Liébaert (1970).

(282) 本書の第一版には、この点に関して以下の文が含まれていた。「これらの著作は、キュリロスが訴えた権威ある著者たちのものであり、彼が反ネストリオスの著作を書くにあたり、基礎にした権威ある資料である」。McGuckin (1994), p.85 n.141は、この文を引用し、いくつかの根拠をもって修正している。キュリロスが依存していた教父たちの議論はかなりの広範囲にわたることは事実である。それにもかかわらず、これらの著作から引

ものである。キュリロスの著作とこれらの史料との間の正確で細部にわたる一致は、P・ガルティエによる重要な論文で明らかにされている。(283) 特に驚くことは、アナテマがこれらの著作に依拠していることである。そのように、キュリロスは過去の尊敬すべき人々の権威に訴えていると考えていた。しかしこれらの著作のすべては、アポリナリオスの仲間たちに由来していたのである。(284) それゆえ、キュリロスは、「肉となったロゴスの一つの本性かつ/あるいは実体 (*hypostasis*)」に関する主張を、キリストの人格の統合を主張したアポリナリオスの著作から受け継いだのであった。(285)

キュリロスが疑いもなくアポリナリオスに依存しているという史料的な証拠が明らかになると、彼の神学がどの程度、アポリナリオス的な傾向を持っているかという問いが、より興味をそそるものとなる。キュリロスの立場がアレクサンドリアのロゴス・肉〔サルクス〕の伝統に属し、彼は彼のキリスト論において、キリストの魂を「神学的な一要素」には決してしていないということは、広く受け入れられてきた。ある研究者たちは、キュリロスがキリストの人性を真に正しく評価することができず、彼のアポリナリオス主義の拒絶は表面的なものにすぎないと指摘してきた。それにもかかわらず、彼は、アポリナリオスの非難には敏感に反応して、一貫して σάρξ(肉)を魂と心を有する人間を意味すると説明した。そこで、ある研究者たちはキリストの完全な人性は彼の救済論の考えにおいて必要不可欠な要素であると主張してきたのである。(286)

グリルマイヤーは、(287) キュリロスがアポリナリオス主義の嫌疑に答えた『スケンソスへの第二の手紙』(*Second Letter to Succensus*)に大きく依拠しながら、キュリロスがアポリナリオスの定式を用いてはいるが、これらの言葉遣いに対して非アポリナリオス的解釈を施しているとはっきりと主張した。他の研究者たちは、キュリロスが論争状況への対処から生じる諸見解を満足のいく統合に至らせることができなかったと考えて、キュリロスのさまざまな主張の不一致を強調した。キュリロスの立場に対する有益な洞察は、R・A・ノリスによって提供された。(288) 彼は、評価と解釈があまりにもロゴス・肉〔サルクス〕モデル、あるいはロゴス・人〔アンソローポス〕モデルに限定されすぎてしまっており、どちらもキュリロスが言い表そうとしていた事柄を十分に説明していないという事実から生じたと主張した。五世紀の論争は、二性、つまりキリストにおける神格と人格の結合という観点からなされたものであり、これらがパラメーターであり、その中でキュリロスは物事を考えねばならなかった。しかしキュリロスは根本的にかなり異なる視点からこの問題にアプローチをした。彼のキリスト論的な考察の主たるモデルは、神の形でありながらも僕の形を取ったロゴスに関する「物語（ナラティブ）」である。彼は何度もフィリピの信徒への手紙二章とニカイア信条を参照した。なぜなら、受肉したのは、先在のロゴスであることを断言したかったからである。彼は、「統合した本性」の「肉の理論」よりも、ロゴスを神性と人性の両方の属性とした「述部の神学」を追い求めていた。彼が、探索できないアポリナリオスの定式を不器用な仕方で用いることで解決したこの問題は、同時代の用語法の中で彼自身のアプローチを示すことになった。「一つの本性」という定式は、彼の目的に対してより資することが明らかになるはずであった。しかし、止むをえないことで用されたいくつかの表現が四三〇年頃から彼の専門用語として用いられ、いくつかの理由から、アナテマを根本的にはアポリナリオス的と理解したテオドレトスや他のアンティオキア学派の人々による彼の立場の誤解をかなり増幅させたように見える。

(283) Galtier（1956）.
(284) これらのテキストはLietzmann（1904）に収められている。
(285) このような言い回しが最初に現れるのは、四三〇年に書かれた『ネストリオスに反対する五つの書簡』（*Five Tomes Against Nestorius*）においてである。前述の六〇一―二頁を参照。
(286) 例えば、Meunier（1997）を参照。Weinandy and Keating（2003）の書いたものも参照。
(287) Grillmeier（1965）, pp.400ff（2nd ed., 1975, pp.473ff）.
(288) Norris（1975）.

はあったが、これらの定式を彼が使用したことが、絶えず誤解を生んできた。彼は、説明が必要な時にはいつでも、「混淆」という観点からではなく、人間存在の諸条件に対するロゴスの自己限定という観点からそれらについて一貫して説明してきたけれども、誤解を免れることはできなかったのである。キュリロス自身も、この自己限定が体の抑制だけではなく心理的な抑制への屈服をも含んでいるということを、よくわかっていた。そのような理由から、彼のアポリナリオス主義の拒否がやかましく感じるほどに強く繰り返されたのである。つまり、キュリロスの思想の鍵は、彼の *kenōsis*〔空しくする、空にする〕の考え方にあり、ネストリオス以前の著作にもすでに出てきている主題であり、キュリロスもその後、何度も繰り返していることである。言は「人間の条件の限界に……従うことによって自分をへりくだらせた」とキュリロスは『キリストは一人であること』（*Quod unus sit Christus*）の中で述べている。[289] 言が「人となり肉をとった」とは、キュリロスが最もよく使った言葉遣いであり、彼の最も悪名高い標語 μία φύσις τοῦ θεοῦ Λογοῦ σεσαρκωμένη（もしくは σεσαρκωμένου）つまり肉となった神・ロゴスの一つの本性（「本性」や「ロゴス」と一致して肉となった）の意味を補った。ロゴスは人間存在を引き受けても、自分自身であることを止めなかった。それどころか、彼の人間存在は完全に真正なものである。キュリロスが認めることができなかったのは、ロゴスによって肉を取った潜在的に独立した人間存在、ἄνθρωπος θεόφορος であった。ロゴスはただ一つの主体でなければならず、彼の（非人間的な）人間性は独立した存在を持たず、単にロゴスが自らをそれに服させる存在の諸条件を述べる方途にすぎない。キュリロスにとって、ロゴスは唯一の *hypostasis*〔実体〕であり、そのことが「実体的な統合」（*hypostatic union*）という定式で彼が伝えたかったことである。このことは「一つの本性」という言葉によって彼が意味したことでもある。それは「二性から」という言葉を彼が用いることは彼の意味したことに近づいてはいるが、二つの独立した本性が混合された結果ではないのである。

この基本的な構図は、ἀπαθῶς ἔπαθεν（彼は苦しみ無しに苦しんだ）[290] というような逆説的な言い回しや、魂 - 体のアナロジーに訴えるような、[291]他のしばしば論ぜられた困難だけでなく、キュリロスの立場にときどき見つけ出すことのできる外見上の仮現論を説明する。ロゴスは自分の本性において、誘惑にさらされたり進歩することはできない。しかし人間として、神性にふさわしい完全さと知識をすでに持つゆえに、ロゴスは経験によって誘惑を受け知識を得るのである。[292]いったいこれは仮現論なのだろうか。キュリロスに関する限り、そのようには言えない。〔神性と人性の〕両方の状態が真実であったのである。キュリロスは、ロゴスは自身の本性において、不受苦で不死の存在であることを認めていた。しかし、どれほどの困難があっても、神の御子自身が苦しみを受け、十字架で死なれたという古代の伝統を保持することを決意していた。ここで魂－肉体のアナロジーは、いくぶんかの助けになる。なぜなら、当時多くの者たちが、魂を肉体との結び付きによって苦難にさらされてはいるが、肉体を持たないゆえに、本性においては不受苦なものとみなしていたからである。キュリロスは、ロゴスが、その本性においては不受苦でありながら、自分自身の肉体を通して同じように苦しむと主張した。しかしながら、基本的には、キュリロスは問題全体を人間の説明を超えたものであり、なお真実であるとみなしていた。逆説はこのような真実を述べるのに、最もよい方法である。アナロジーとイメージもまた人間の理解を超えたものを表現する唯一の方法であり、キュリロスは、人間存在における肉体と魂の不可分の結合は、他の採用されている多

---

(289) De Durand (1964), p.396.

(290) キュリロスとネストリオスにおける神的な苦しみについては、Hallmann (1997) を参照。

(291) キュリロスのキリスト論のさらなる議論は Chadwick (1951) の第Ⅲ節、Young (1971), pp.103-14 に見られる。他方で McGuckin (1994) はキュリロスの反対者に対して彼を弁護している。

(292) このような主張は特にキュリロスのヘブライ人への手紙の釈義（かなりの量の断片が残されている）によく現れる。Young (1969) を参照。

くの類型（光と目、言葉と声、考えと心、匂いと花[293]）と同様に、受肉の際に起こった事柄を表す類型以上のものではないことを、完全に理解していた。さらに、彼はロゴスによって取られた肉体が魂と心を持つ完全な人であることを主張しており、アナロジーの字義通りの適用を排除している。

彼は属するすべてのものを自分自身のものとする。彼自身の肉体に関しても、魂に関してもそのようにした。というのは、彼は、身体的にも精神的にも、あらゆる状況によっても、私たちと同じであることを示される必要があったからである。私たちは理性的な魂と体から成り立っている。受肉に際して、折に触れて、彼はふさわしい愛情を経験することを自分の肉体に許し、同じように魂にもふさわしい経験をすることを許した。かくして、あらゆる点に κένωσις〔空しくする、空にする〕の片鱗が見られるのである。[294]

そこで、キュリロスのキリスト論に起こったことは、彼が直面していると考えた「両性論的」（dyophysite）立場に対抗するために、「単性論的」（monophysite）定式を採用したことである。そしてさらに強調するようになったのは、彼のロゴスの人性の叙述には肉と同様、人間の魂と心が含まれているということである。アポリナリオス主義には、これら両方の動きの背景が存在する。その誤りは拒絶され、その貢献は認められなかった。しかしながら、キュリロスは重要な貢献をなした。すなわち、それは、受肉し、苦しみを受け、死んで、復活されたのは神の御子自身であったというキリスト教の伝統に基本的に訴えたことである。この広く支持される基本的な訴えは、彼が成功した秘訣である。本性（*physis*）や実体（*hypostasis*）という「身体的な」言葉への翻訳は、誤解される可能性のあるスローガンとなる定式を採用することを求める。[295] 予防措置が常に慎重に取られたわけではなかった。アナテマの場合にはとりわけそうであった。しかしこのスローガンは、キュリロスの考えを真に指し示すものではなかった。キュリロスは受肉したロゴスの体としての聖餐を受けていた多くの信仰者を代弁して語っていたのであり、このような仕方で、信仰者たちはロゴス自身の現臨によって聖化された新しい人性に参与することによって、復活を保証されているということを確信していた。[296] 受肉における霊的世界と物質的世界の統合は、キュリロスの形而上学的な前提の中核にあったものである。彼はアレクサンドリアの θεοποίησις の伝統、すなわち神ご自身の救済の主導性によって実現された神化に固執していた。そのため彼にとって、ロゴスを人間から切り離すという代価を払って、アレイオスとの戦いに勝利する理由がまったくなかった。ネストリオスに対する反対は、キュリロスがアタナシオスから引き継いだ遺産の自然な結果であった。ネストリオスがアプリオリな神学的な仮定に訴えたのに対し、キュリロス特有の議論は伝統、そして聖書や教父たちに訴えていることは、少しも驚くにはあたらない。キュリロスは、彼が伝統によって手渡されてきた救いの現実や真実と見てきたものを守るために、すべてを犠牲にする準備ができていたのである。この点で、彼はキリスト教の伝統が持つ根源的な本能を表明したのである。

それにもかかわらず、キュリロスは、たとえエフェソでの法令に従って進んだとしても、おそらく彼の助言者であるイシドロスの非難を受けてもおかしくはなかった。[297] しかし、彼自身はアンティオキアの司教区の影響下にある教会全体を切り離してしまった誤ちを認めるようになった。このことは、「再統合の処方」、つまり彼のも

(293) McKinion (2000).
(294) キュリロス『正統信仰』(*De recta fide ad Augustas*) 11.55.
(295) McGuckin (1994) は、キュリロスと彼の反対者たちが *ousia, physis, hypostasis, prosōpon* などという言葉に多様な理解があったことの有益な議論を提供している。Russell (2000), p.40 と比較されたい。
(296) Chadwick (1951), Gebremedhin (1977), Welch (1994).
(297) 詳細は McGuckin (1994) によって義論され、Russell (2000) が追従している。

っと過激な支持者に対してそれを正当化することがいささか困難になってしまった平和協定を生み出した協議に対する、彼の積極的かつ調停的な対応から明らかである。しかしながら差し当たり、キュリロスは論争を鎮静化させようと備えをしていたのであり、アンティオキアの司教座との緩やかな外交関係を育もうとしており、丁重に司教ヨアンネスに自分の著作『ユリアヌス反駁』を送っている。[298] これは、四三三年（再統合の年）から四四一年（ヨアンネスが死んだ年）の間のどこかで起こったに違いないことを示す一つの事実である。ヨアンネスの親しい友であり支持者でもあるキュロスのテオドレトスは、キリスト教の真理のために卓越した努力を捧げたキュリロスを称賛して実際に手紙を書いた。[299] キュリロスは、意図的にモプスエスティアのテオドロスの著作を結果として破棄するためにこの著作を書いたという意見もある。キュリロスは、テオドロスの異端的な見解に反対していたからである。しかしアンティオキアの人々による歓迎ぶりを考えると、そのような動機の痕跡は、見当たらない。

7　『ユリアヌス反駁』

背教者ユリアヌスは、痛烈な攻撃となる『ガリラヤ人反駁』（*Against the Galileans*）を著した。彼はその一派を内側から知っていたし、その弁証の仕方に精通し、その一派の聖書を引用できたので、より一層ダメージを与えることができた。キュリロスはキリスト教徒の皇帝テオドシオスに返答を書き、自分の著書を正しいものと論証した。多くの信仰者がユリアヌスの議論に揺れ動いていたため、ユリアヌスが著作をした八〇年か九〇年後に著作を書いたのである。異教はアレクサンドリアでは、まだ確かに活発であり、ユリアヌスの著作は異教を元気づけた。第一巻において、キュリロスは古典から幅広く引用をしており、聖書がギリシアの文学や哲学よりももっと古いもので、より十分な真理に満ちていることを示そうとしている。ユリアヌスを論駁する著作は、キュリロスが古典を学習していたことの主要な証拠とみなされてきた。別な著作では、徹底的に教会人として示されている。

この弁証的な著作がなければ、とりわけ洗練された修辞の様式が欠如していたために、伝統的なパイデイアにおける彼の教育は疑問にさらされたままのように思えた。[300] そこで、R・M・グラントは、[301] キュリロスの異教の著作の知識は、ユリアヌスを反駁する目的で、独自の研究から来たものであることを示したが、エウセビオスの『福音の準備』や他のキリスト教徒の先達たちの著作をしばしば参照することによっていた。

第二巻以降は、オリゲネスがケルソスに対して行ったように、キュリロスはユリアヌスの著作から引用して、それらの論駁を始める。これらの引用をもとにして(ある引用はかなり長きにわたって引用されている)、ユリアヌスの著作の第一巻を再構成することができる。[302] もっともキュリロスは、繰り返しを避け、類似した主題をひとまとめにするために、ユリアヌスの資料を再構成したと述べているので、これはある程度不確かなものである。さらに、キュリロスはキリストに対する悪口や、キリスト者の心を傷つけてしまうかもしれない他の問題を注意深く省いている。キュリロスの著作の一〇巻は残存しているが、それらは、ユリアヌスの三巻本のうちの第一巻のみをカバーしている。残りの巻の断片は、後にギリシア語とシリア語で見つかっている。

異教徒とキリスト者の両陣営に関する議論は、[303] ケルソスとオリゲネスとの間に交された以前のやりとりと基

(298) キュリロス『ユリアヌス反駁』、テキストは Burguière and Evieux(1985)にある。英語の選訳は Russell(2000)にある。
(299) テオドレトス『書簡』83.
(300) キュリロスの教育に関しては本書五七七―八頁を参照。
(301) Grant(1964).
(302) ユリアヌス『ガリラヤ人反駁』。再構成されたテキストと翻訳は Loeb Classical Library, Julian, Works III(1923-)の中に収められている。
(303) これらのことは Malley(1979)によって調査された。

本的には異なるところはない。ユリアヌスはプラトンをモーセよりも優れているとみなし、創造と堕落の創世記の説明を攻撃している。彼は自ら聖書を知っていたので、かなり効果的にそうすることができた。「深淵」「闇」「水」がすでに存在していたため、モーセは無からの創造（*creatio ex nihilo*）を教えなかった。肉体を持たないものを創造したというユダヤ人の神についての説明は存在しない。神はただ先在の物質を再び秩序付けた。蛇は実際のところ人間の支援者であった。なぜなら、善悪を区別する能力は人間の知恵を形作るからである。この物語は、人間の正しさと権力に嫉妬しているように見える神にとっては、不利益となる。いずれにしても、ギリシア人の神話（会話する蛇についてはどうだろうか）とさしたる変わりはない。ユリアヌスは、ついこの間パレスチナに定住した小さな民族にもっぱら関心を抱く神の偏愛に反対し、神の怒りや憤慨を神人同形論的なものとして聖書が説明することを攻撃する。哲学者たちは、万物の造り主であり宇宙の父である神について教えた。さらにすべての情欲と感情から自由である神々をまねるように人間に命じている。キリスト者は使徒たちの教えに忠実ではない。なぜなら、パウロ、マタイ、ルカ、マルコはイエスを神と呼んでいないからである。イエスを神と呼ぶことはヨハネによって導入されただけである。預言の成就という主張は作り話に基づいているものであり、その作り話ですらよくできたものではない。なぜなら、マタイとルカは、イエスの系図について一致していない。ユリアヌスは文化、学問、戦争、政治におけるヘレニズムの優越性についての古代の主張を繰り返している。いずれにせよ、もし聖書が十全であると言うのなら、なぜキリスト者はギリシアの学問をかじるのだろうか。

キュリロスの返答は偏狭な考えが陥るあらゆる過ちに満ちている。彼は聖書についての異教の批判の真意を理解することなく、ギリシア人の神話を攻撃する。彼は寓喩によって発見された霊的な意味に訴えることにより聖書を擁護し、旧約聖書は、ユリアヌスの議論とは反対に、教会や三位一体などのすべての教会の教義を実際に含んでいることを示している。ユダヤ人たちは自分たちの書物を誤解してしまった。しかし第一巻を別にすると、キュリロスの返答はもっぱら断片的であり、個々の点に集中してしまい、ユリアヌスが寄せ集めた全体的な事例に総合的もしくは統合的に答える試みをしてはいない。彼は再び、自身が過去の伝統に固執していることを示し、必要に応じて手直ししているものの、彼は古き時代の教父たちの弁証的な議論に依拠している。それゆえ、その欠陥にもかかわらず、彼の著作は異教との継続する戦いに貢献するものとして、歓迎され称賛されたのである。そして、アンティオキアとアレクサンドリアの司教区との間になおも存在していた亀裂を修繕するいくらかの働きもしたのである。

キュリロスの継続的な疑いを明らかにし、テオドレトスのような図太さを白日の下にさらしたのは、ディオドロスとテオドロスに対する攻撃であった。キュリロスの死が、安堵のうちに迎えられたのも驚くに当たらない。残念なことにキュリロスは、性急で譲歩しなかったが、彼の前任者〔テオフィロス〕よりも流されやすいところがあった。テオドレトスの立場は改善するどころか、むしろ悪化していた。続いて、キュリロスの最も傑出した敵対者の生涯と著作に移ろう。

さらなる読書のために

英訳

Hill, R. C., 2007, 2008. *St. Cyril of Alexandria. Commentary on the 12 Prophets*, 2 vols, FC, Washington, DC: Catholic University of America Press.

McEnerney, J. I., 1987. *St Cyril of Alexandria: Letters 1–50, FC*, Washington, DC: Catholic University of America Press.

—, 1987. *St Cyril of Alexandria: Letters 51–110, FC*, Washington, K: Catholic University of America Press.

McGuckin, I. A., 1995. *St. Cyril of Alexandria: On the unity of Christ*, Crestwood, NY: St Vladimir's Seminary Press.

Russell, N., 2000. *Cyril of Alexandria*, London and New York: Routledge.

Wickham, L. R., 1983. *Cyril of Alexandria: Select Letters*, ed. and ET, Oxford: Clarendon Press.

研究書

McGuckin, I. A., 1994. *Cyril of Alexandria: The Christological Controversy: Its History, Theology and Texts*, Leiden: Brill / republished Crestwood, NY: St Vladimir's Seminary Press.
McKinion, S. A., 2000. *Words, Imagery, and the Mystery of Christ: A Reconstruction of Cyril of Alexandria's Christology*, Leiden: Brill.
Norris, R. A., 1975. 'Christological Models in Cyril of Alexandria', *SP* 13, pp. 255-68.
Siddals, Ruth M., 1987. 'Logic and Christology in Cyril of Alexandria', *JTS* NS 38, pp.341-6.
Weinandy, Thomas G. and Daniel A. Keating, 2003. *The Theology of St Cyril of Alexandria: A Critical Appreciation*, London / New York: T. & T. Clark.
Welch, L. J., 1994. *Christology and Eucharist in the Early Thought of Cyril of Alexandria*, San Francisco: International Scholars Press.
Vessel, Susan, 2004. *Cyril of Alexandria and the Nestorian Controversy: The Making of a Saint and a Heretic*, Oxford: Oxford University Press.
Wilken, Robert L., 1971. *Judaism and the Early Christian Mind: A Study of Cyril of Alexandria's Exegesis and Theology*, New Haven: Yale University Press.

VII　キュロスのテオドレトス

私たちは本書においてすでに数回にわたってテオドレトスを扱ってきた。彼が三つの異なった場所で論じられていることが、五世紀の教会生活への彼の広汎に及ぶ関心と多大な貢献を示している。彼は、教養高い弁証家にして敬虔な聖人伝作者であるとともに、自覚的な「正統的」教会史家として知られていた。彼はすばらしい才能あるアンティオキア学派の神学者にして釈義家であり、カルケドンに到る論争に深く関与した。キュリロスのアナテマに対する攻撃は、すでに説明したし、ディオドロスとテオドロスを弁護したことにも言及してきた。今や、それぞれの糸を一つに結び合わせ、テオドレトスの生涯、性格、幅広い分野に及ぶ著作の成果についてのより鮮明な像を描く出す時である。

1　生涯

テオドレトスはかなり魅力的な人物であったことがわかっている。たくさんの彼の書簡が残されているため、私たちは、彼と彼の生涯についてはかなり詳細に知っている。パウロのように、攻撃にさらされたとき、彼は不本意ながらも自分の生涯と業績をまとめ上げ、自己正当化のために「自己宣伝をし」、自分の活動についての魅力的な情報を伝えている。(304) しかしこれらは、誇り高い自己肯定的な人間の突発的な表出ではなく、きわめて思慮深く良心的な教会の仕え人の突発的な表出なのである。良心的な教会の仕え人は、テオドレトスが行ったすべてのことを、危険な異端者と本気でみなした人々によって片付けられることを受け入れることができなかった。(305) その思いは過ぎ去った。彼は修道院に戻り、平静と平穏を取り戻し、赦しと感謝の精神をもって、真理の正しさを立証する希望に答えた。(306)

しかしこれは、終局の始まりである。テオドレトスの生誕年は、古代の大部分の人物の生誕年と同じように、きわめて不確かである。三九三年というのがせいぜい言いうるところである。しかしながら、彼は自分の生まれ

---

(304)　例えば、SC II と III に収められているテオドレトス『書簡集』81, 113, 116, 119を参照（本章の注325を参照）。*PG* 83 と *NPNF* にもある。

(305)　『書簡集』121, 122, 125.

(306)　『書簡集』133-5, 138-41.

た時代の状況を自ら著作に記している。結局のところ、その状況はかなり例外的であった。彼は何年も子どもに恵まれなかったアンティオキアの裕福な夫婦の子どもであった。彼のかなり派手な名士の母が、ガラテヤのペトロス（その地域の人の住んでいない墓で禁欲主義の生活を送っていた）によって深刻な目の不調を治してもらい、禁欲的な生活へと回心したという事実から考えると（このことはテオドレトス『宗教史』（*Historia Religiosa*）9から得られる情報である）、テオドレトスの両親はその地方の荒野にいた有名な聖人に、さらなる助けを求めた。数年のうちに彼らの望みは、大麦食らいのマケドニオス（今度はテオドレトス『宗教の歴史』13が情報源である）が、ハンナのように神に仕えるために子を神に捧げるのなら、彼女に子が与えられると約束するまでかきたてられたが、実現はしなかった。『書簡』81の中に書かれているように、彼は受胎前に神に奉献されて、適切な教育を授けられたのである。

それではその教育とはどんなものだったのか。テオドレトスが示す実際の情報から、彼の教育はもっぱら宗教的なものであったということがわかる。彼は週に一度、ペトロスのところへ赴き、マケドニオスや他の禁欲主義者によって教えられた。若くして講義をするようになった。彼は、タルソスのディオドロスやモプスエスティアのテオドロスを教師として語っている。もっとも前者については確実に、そして後者についてはおそらく、著作を通してのみ知っていたと思われる。テオドレトスが育てられたのは、彼らの神学的な伝統によってであったことは疑いない。

しかしテオドレトスは、世俗的な学問と文化の中心であった都市の裕福な両親のもとに生まれた子であった。そこでは異教徒の詭弁家リバニオスがクリュソストモスとテオドロスを教えていた。テオドレトスが古典的な教育（*paideia*）に従っていなかったとすれば、それは驚くべきことになろう。彼がその点については語っていないとしても、実際には古典の教育を受けていたことはかなり明白なことである。彼の手紙には、詭弁家のアエリオスとイソカシオスを含む文通者と、彼が伝統的な修辞的なたわいもないやりとりを交わし、彼らの言語のアテネ的な純粋性を褒めている。彼の手紙の中に、ホメロス、ソフォクレス、エウリピデス、アリストファネス、デモステネス、トゥキディデスが引用されており、μηδὲν ἄγαν（過度は禁物）やμέτρον ἄριστον（適量が最良）などピッタコスとクレオブルスの古代の格言を用いている[307]。彼が洗練された都市部の上流階級に共通する文学的な文化を共有していたのは疑いのないことであり、このことが彼の弁証的な著作の質の高さの一つの理由である[308]。それにもかかわらず、彼はシリア固有の文化にも深く親しんでいた。彼は方言をあやつり、シリアの農家や禁欲主義者の純朴な敬虔を共有していた。実際、カニヴェは、彼の母国語がシリア語であると以前から提言してきた。彼のギリシア語の素朴さは、ギリシア語が彼にとっては、後に獲得された文学的な言語であったことを示している[309]。彼は古代末期のローマ社会における文化の両極端の架け橋だったのであり、このことは、彼の独特の出生の環境によってもたらされた「二重の教育」の結果であったことは疑い得ない。

二〇代前半にテオドレトスは両親の遺産を相続したが、すぐさまそれを放棄し、貧しい人に施したことは、彼の背景を考えたときにまったく驚くに当たらない。彼が非難を受けた後、彼は、司教としての地位を自分を富ませるためには用いないという主義に忠実で、家、土地、金、墓も何も持っていないと書き記すことになった[310]。そこでテオドレトスは修道士になり、アンティオキアを離れてアパメア近郊の修道院に入ったことが明らかである。後に司教座を追放された時、彼はそこに戻ることを請い、アンティオキアからは七五マイル、彼の司教区

（307）『書簡』XLIII（*SC* I; このローマ数字は、この書簡がSakkelionによって発見され、一八八五年に出版された少し小さな集成に含まれている、ということを示している）。
（308）本書八一—四頁を参照。
（309）Canivet（1958）, p.25, n.3.
（310）『書簡』113を参照。81と比較されたい。

の町からは二〇マイルであることを説明している。[311]その修道院で七年にわたり暮らし、ユーフラテスからほど遠くないシリア語圏の人里離れた小さな町であるキュロスの司教に選出されたゆえに、そこを去った。彼は自分の司教職を神から託された任務であるといつもみなし、隠遁して禁欲主義的な生活を平和のうちに送ることを好むと、しばしば手紙の中で言っていた。彼は自分の立場を離れて自分のためには何も行わず、彼が責任を負う地域の共同体で能力と影響力、財政についても多大な貢献をした。教会の収入で、彼は公共施設、二つの橋を造り、水道橋の建設によって給水も保証した。このように彼は彼の任地での雇用を生み出し、小さな田舎町[312]の設備を改善させた。彼は明らかにその町の社会的、経済的な立場がいかにひどい状態であるかを認識していた。小作農民は税金に見合うだけの生産をあげて、なお生活を続けることができずに、土地を離れざるをえなくなった。そのため、税を減らしてより良い行政管理を行うように奨めている、首都の役人や影響力ある者たちに対して書き送られたかなり多くの手紙を見出すことができる。[313]テオドレトスが選出されたときは若者にすぎなかったが、彼は指導者としての手腕を急速に発揮し、三〇年余りの間に司教として仕え、持続して発展した共同体のために献身的に働き、攻撃にさらされた時にも、彼は非難の種が何一つなく、収賄や汚職の噂もなく、彼や聖職者たちが裁判に訴えられるようなことが何もなかったことに、誇りを持っている。このような潔白な面が注目されたことは、この時代の教会の状況に関する悲しいコメントである。

テオドレトスが誇りに思った他の業績は、彼の司教区内の八〇〇小教区において異端を完全に撲滅したことである。彼はマルキオンから一〇〇〇人とアレイオスとエウノミオスから村全体を救ったと主張していた。彼は異端者、異教徒、ユダヤ人と多くの戦いを行った。[314]しかし、彼の手紙には恨みや激しい不寛容の様子はまったく見られない。ここで、私たちは、誤りと偽りのうちに失われた魂への愛の内に自分の義務と信じるところを実行することで、正しいことと真なることを確かに知っている人間を見出すことができる。そのような人間にさらにする一層破壊的なのは、彼に対して教会会議が裁きを下すことであった。その時も彼は自分が正しいと確信しており、続けて起こる出来事は、彼の正しいことを立証した。

私たちは、すでにテオドレトスがより広範な教会闘争に巻き込まれたことを見てきた。彼がキュリロスとの論争に巻き込まれた時、彼は三〇代後半になっていたに違いなく、アンティオキアのヨアンネスの要求に応え、彼は『一二箇条の異端宣告の反駁』(*Refutation of the Twelve Anathemas*)を書いた。彼はエフェソ教会会議に出席し、ヨアンネスや他の東方人たちが到着する前に会議を開くというキュリロスの決定に反対した。両陣営が首都に召集されたときに、アンティオキア側の分派からの代表団を主導した。キュリロスに対して妥協しない姿勢とアナテマは、法廷でアンティオキア陣営が支持を失う原因となったかもしれない。[315]テオドレトスは決心を固めていたのである。

テオドレトスは、実際、決心がついていた。アンティオキアのヨアンネスは、二年後に「再統合の処方」を受け入れるように彼を説得することに困難を覚えていた。彼は頑固にネストリオスを非難することを拒否したのである。彼の知る限り、ネストリオスの見解は、敵対者が説明していることとは異なって、完全に正統的なものである。

---

(311) 『書簡』119.
(312) テオドレトス自身は(『書簡』138で)、これらの事業によってさびれて寂しい小さな町を改善させたと語っている。しかしながら、キュロスはユーフラテス地方のキュレースティカの主要都市であり、司教管轄区は四〇×四〇マイルの地域の中に八〇〇の教区を有していた。もちろんアンティオキアと比較すれば、小さく遠隔の地と感じられたのは疑いえないが。
(313) 特に『書簡』42-7を参照。この他にも至るところで同じような内容が見受けられる。
(314) 『書簡』113(教皇レオへの書簡である)。
(315) Sellers (1953), pp.14f を参照。この教会会議後にすぐに起こったキュリロスの猛烈な非難は *Acta* の中に収められている。

あった。テオドレトスはネストリオスの仲間で亡命者、エイレナイオス伯とも親しい友情を維持していた。私たちは、テオドレトスがエイレナイオスに宛てた最初期の手紙の一つを手にしている。この手紙は、なぜエイレナイオスがテオドレトスのところに訪ねて来なかったかを問い合わせるものである[316]。彼はエイレナイオスが間もなくやって来ると告げられており、その手紙には彼がどれほどエイレナイオスの到来を期待し、希望し、待ちわびているか、さらに彼がテオドレトスの失望がどれほどであったかを理解していないことが記されている。この手紙は四三四年にエイレナイオスの追放が決定される前に書かれたに違いない。後にエイレナイオスはテュロスの司教となり、さらにエイレナイオスとテオドレトスとの間に書簡のやりとりがなされたことがわかっている[317]。テオドレトスが、まもなく司教として敵対者の標的になるエイレナイオスを支持し、ネストリオスを非難することを長く拒否していた姿勢は、論争が再び四四〇年代後半に勃発した時に、彼には必然的に同じ教義的な欠点があったことを意味した。

しかしながら、一〇年ほどの間、争いは収まったままであった。テオドレトスはディオドロスとテオドロスへのキュリロスの攻撃に対して強く反応したものの、平和はキュリロスの死後まで、大きく壊されることはなかった。その時までに、アンティオキアはヨアンネスの甥であり、アンティオキア学派の老練の神学者であるテオドレトスに多くを学んだドムヌスを新しい司教に立てていた。キュリロスの死は、安堵をもって受容された[318]。アレクサンドリアの新司教はテオドレトスから、その穏健な姿勢を称賛し祈りを求める、きわめて親密で友好的な書簡を受け取った[319]。この手紙の著者〔テオドレトス〕は、〔キュリロスの後継者である〕ディオスコロスが本当にはどのような人物であるか、まったく知り得なかったのである。二人はまもなく新たな教義的な論争において主要な敵対者になるはずであった。テオドレトスのディオスコロス宛の次なる手紙は[320]、自分の神学的な立場について書いた文書であった。それは、テオドレトスの説教の大意について、ディオスコロスからドムヌスに宛てられて書き記された不平に応えて書かれたものであった。テオドトスは、テオドトスの下で六年間、テオドレトスの説教の間中称賛する人々に加わっていたヨアンネスの下で一三年間、さらにドムヌスの下で七年間、アンティオキアにおいて自分の説教の正統性を証言する無数の聴衆たちに訴えている。テオドレトスのキリスト論的な立場を擁護する概要を伴っているこの手紙は、テオドレトスの正統をめぐっての後の議論にとって、とても重要なものであり、『公会議録』(*Acta Conciliorum*)とともに保存されている手紙の一つに見出される。

テオドレトスは、アンティオキアで定期的に説教をしていたようである。すでに見たように、『摂理に関する一〇の談話』(*Ten Discourses on Providence*)は首都における彼の説教巡回の一つでなされた可能性が高い。ドムヌスの下で、彼のアンティオキア滞在は延長されたように思われる。テオドレトスの解任は明らかにアンティオキアを弱めるための運動の重要な一貫であった。それは、特に彼の神学的な評判もしくは悪評が、後に出版された『乞食あるいは多くの姿をしている者』(*Eranistes*)によって、さらに強められていたという理由からである。四四八年に間違いなく、テオドレトスが彼の司教区においてあまりにも多くの教会会議を招集して、教会の平和を乱してきたことを口実にして、皇帝の勅令は、彼に彼自身の主教区からの移動を禁じた。テオドレトスがこの禁止令の恣意的な性格に落胆し、いらだちを見せている多くの手紙が存在する。[321] 彼が司牧者に戻ることへの反対はなかった。彼は平和を愛し、彼の義務は自分の民に向けられた。彼は、繰り返される緊急の招聘の後を除いて

---

(316)『書簡』XIV.
(317)『書簡集』3,12,16を参照。16の英訳はPásztori-Kupán(2006)にある。
(318)『書簡』180を参照。この書簡をテオドレトスに帰すことができるかどうかは疑問であるが。
(319)『書簡』60.
(320)『書簡』83.
(321)『書簡集』79-82.

は、決してその地を去らなかった。しかしあらゆる種類の異端者が自由に活動することができたのに、なぜ彼が主要な都市から排除されてしまったのだろうか。彼は非難に値するようなことは何もしていなかったのである。彼は単に信仰を保とうとしただけである。彼は誹謗中傷の被害者であった。彼は自分の生涯と教義を正しいと論証することを続行した。アナトリオスやノムス（両者とも国家の高官であった）は彼のために影響力を行使することができなかったのだろうか。このような彼自身の個人的な困難さにもかかわらず、テオドレトスは他者に代わってすでにその時までに接近していた法廷の者たちに宛てて手紙を書いていた。

しかし皇帝テオドシオスは、ディオスコロスが先頭に立つことを許した。第二エフェソ教会会議は、四四九年に開かれた。教皇レオによって「盗賊会議」と命名され、テオドレトス（会議に出席することが許可されなかったので、自分自身を弁護することもできなかった）を含めたすべての「ネストリオス派」を非難しただけでなく、悪名高い一二のアナテマを含めて、前回のキュリロスのもとに開かれたエフェソ公会議のすべての決議に完全な承認を与えたのである。この時点で、テオドレトスの手紙で、切迫感と落胆は新しく頂点に達した。彼はローマの司教であったレオに手紙を書いて訴えた（『書簡』113）。その手紙によってテオドレトスの経歴について多くの情報を私たちは得ることができる。彼は再びアナトリオスに対して[322]、彼の言い分を述べるために西方に行く許可を帝国に求め、さもなければ、修道院に身を引くと手紙を書き送った。彼は自分の司教区で最後まで諸問題を片付けたが、彼が留まっていた地位にいることはできなかった。エメサの司教ウラニウスに説明したように[323]、美徳は、不正に対する勇気と反対を含んでおり、沈黙やあきらめは不適切なのである。それでも、修道院での生活が彼を平静にさせ、テオドシオスの死が新たな希望をもたらした。私たちが手にすることのできるほとんど最後の手紙は、テオドレトスが新しい公会議を開き、すべての誤りを正すように、アナトリオスへ要求している内容である。私たちが知っているように、それが、カルケドンで実際に起こったことである。テオドレトスはカルケドン公会議に出席し、彼の正統性が立証された。彼に求められたことはネストリオスを非難することであり、彼は最終的にそうすることに合意した。
その後のテオドレトスの生涯はあまりよくわかっていない。数年後には彼は死んだとかつては推測されていたが、四六六年まで彼は生きていた可能性もある[324]。

テオドレトスの『書簡』は[325]、ほとんど重複しない二つの集成によって残存し、合計で二三二の手紙を含んでいる。その他いくつかの書簡が、例えば『公会議録』の中などに保存されている。これらの書簡は、伝記的な見地からもかなり興味深いものであるが、それが重要であるいくつかの理由がある。初期ビザンティンの書簡の例として、彼の書簡以上に秀でたものはないのである[326]。これらは牧会的な書簡であり、慰めの手紙である。修辞的な慣例に従っているが、だからと言って不自然であることを意味しない。私たちも慣例に従った手紙の形式を有している。テオドレトスの手紙は魅力ある個性的な味を出している。祝祭の喜びを表現している復活節の挨拶の手紙が多くある。それらは祭りと献身への招きである。行政長官テオドトスに宛てて、司教〔テオドレトス〕はこう書いている（私がパラフレーズしている）。

> 子どもたちは骸骨（Bony, μορμώ 子どもたちに言うことをきかせるために子守たちが用いた当時のお化け）を怖がり、学生は家庭教師や先生を怖がり、人は裁判官や役人を怖がり、経験のなさがその恐怖を倍増させている。

（322）『書簡』119.
（323）『書簡』122.
（324）Honigmann（1953）.
（325）テキストはAzéma（1955, 1964, 1965）にある。英訳は *NPNF* を参照。
（326）Wagner（1948）.

それゆえに、あなたが人間であるということをわかるように、あなたも私たちの祭りに来て加わってください。[327]

これらの手紙を通して、五世紀の生活の様子が生き生きと伝わってくる。司教の生活がそうであるように、同僚から信仰や規律の諸問題について相談されたり、特に苦悩や死別の中にある人々への牧会的な配慮を行っている。キュロスの人たちからは常軌を逸していると思われたとしても、テオドレトスがより広い世界から孤立して生きたのではないことは明らかである。彼は、国家からの迫害に苦しんでいるペルシアのアルメニアの二人の司教に手紙を書き、同情心を示し、迫害に屈した者たちを共同体に復帰させる問題についての励ましと助言をしている。[328]さらに、アフリカの難民たち、特にヴァンダル族がカルタゴとリビアに押し寄せたときにすべてを失ったキリスト教徒の議員や司教に代わって多くの手紙を書いた。[329]すでに指摘したように、教義的な視点から特に興味をそそる数多くの手紙が存在する。そこで次に、テオドレトスの教義的な著作に目を向けよう。

2　彼の神学的な立場

テオドレトスはネストリオス主義者だったのだろうか。この問いは彼の生涯の間、さらにはそれ以後も繰り返し議論されてきた。彼はカルケドン公会議において嫌疑を晴らされたが、彼の反キュリロスの著作は、五五三年における三章論争（Three Chapters controversy）の後、彼の師であったモプスエスティアのテオドロスとともに非難されたのである。多くの現代の学者もこの問いを論じてきた。テオドレトスがネストリオス主義者として出発し、時代とともに、ある学者はカルケドンの時代に、また別の学者はもっと早くに変化の時期を想定しているが、その立場を変えたという一定の合意が得られている。[330]しかしながら、この問題をこの線に沿って探求することに価値があるかどうかは疑わしい。結局のところ、ネストリオス自身も『ヘラクリデスの書』の発見によって、多くの学者たちの判断によって嫌疑を晴らされたのである。興味深い問いは、論争の過程で、テオドレトスの基本的なキリスト論の立場が変化もしくは前進したのかということである。そしてこの問いに答えるためには、単に彼の定式に注目するよりも、彼の基本的な神学的関心事を観察することがより重要となるだろう。

しかしまず、史料である。私たちは、テオドレトスの手になるどのような教義的な著作を持っているだろうか。すでに言及してきた通り、多くの手紙はあるが、それらすべてはエフェソ教会会議（四三一年）からカルケドン公会議（四五一年）の間の時期に書かれたものである。教義的な興味を引く手紙の大部分は、新たな論争が自己の正しさを論証し同盟の形成を必要とした時期の後半に属するものである。さらにこの後半期に、後でより詳細に論じるきわめて重要な著作である『乞食あるいは多くの姿をしている者』も書かれる。エフェソ教会会議の時代からは、『公会議録』に収められた断片も手にしている。それらには、テオドレトスの『一二箇条の異端宣告の反駁』（キュリロスの弁護に埋め込まれたもの）[331]、テオドレトス自身の筆によって起草されたと思われるいくつかの説教、手紙、会議の声明が含まれている。その他にも彼が書いたさまざまな著作の断片や記述が私たちに伝わ

(327)『書簡』XXXVI.
(328)『書簡集』77-8.
(329)『書簡集』XXIII, 29-35, 52, 53.
(330) この見解の幅についてはMandac（1971）によって要約されている。Clayton（2007）はテオドレトスの見解は変わらなかったと議論し、モプスエスティアのテオドロスや他のアンティオキア学派の者たちと本質的に同じだったとし、二つの主体のモデルの限界を伴い、真の *communicatio idiomatum*〔属性の交流〕を有していなかったとしている。Pásztori-Kupán（2006）の主張によれば、テオドレトスの立場は後のキリスト論の基準によっては、評価できない。
(331) 前述の五三九頁以下を参照。

ってきている。しかしながら、さらに重要なのは、他の著作家たちの著作の中に残存していたもので、現代の学者たちの研究によってテオドレトスのものとして復元されたいくつかの著作である。一九世紀に、Ａ・アールハルト[332]は、キュリロスに帰される著作である『聖にして生命を与える三位一体』(*On the Holy and Vivifying Trinity*)と『主の受肉に関する注解』(*On the Incarnation of the Lord*)は、実際にはテオドレトスの教義的な見解を提示し、テオドレトスの名前で引用されているいくつかの断片や文章は、これらの著作が本当のところはキュリロスではなく、彼の敵対者によるものであることが明らかであることを示した。テオドレトス自身は自分の手紙の中でこれら二つの著作に言及している[333]。これらは明らかにテオドレトスの『一二箇条の異端宣告の反駁』の見地を共有しているものである。類似した歴史を伴う別の著作は、『正統信仰の説明』(*Expositio rectae fidei*)であり[334]、殉教者ユスティノスの著作の中に保存されていたが、これはもっと後の時代に属する著作である。まったく別々に、二人の学者たちが[335]、この著作をテオドレトスのものであると同定し、この復元が正しいということにはほとんど疑いの余地がない。一人の研究者Ｒ・Ｖ・セラーズはこの著作を、『乞食あるいは多くの姿をしている者』と同じ時期に書かれたとしているものの、もっと早い時期の成立年代を想定する議論は、反論しがたい[336]。実際に、『正統信仰の説明』が、キリスト論論争の勃発に先行している可能性は高い。もしそれが事実であるならば、テオドレトスの思想の移行と継続性を探るまたとないチャンスになるであろう[337]。

エフェソとカルケドンの間に、強調点の移行が起こったように思われるかもしれない。私たちはアナテマに関するテオドレトスとキュリロスの論争をすでに見てきた。そこでのテオドレトスの態度を、ディオスコロスに宛てた『書簡』83に見られる態度と比較すると興味深い。この中で彼の主張の多くは、はっきりとキュリロスの痕跡をとどめている。

一人の救い主イエス・キリスト、唯一生まれた神の御子、すべての時代に先立ち父より生誕し、受肉し、人となり……処女マリアから肉によって生まれ、それゆえに彼女は「神の母」（*Theotokos*）と呼ばれ……彼は永遠に神として存在し、処女マリアから人として生まれ……唯一の御子として存在し、人となった神・ロゴスである。

テオドレトスは誤解に対して自己弁護することに関心を寄せ、自分は「二人の御子」を説教しているのではないと主張し、聖書やアレキサンドロスやアタナシオス、バシレイオス、グレゴリオスなどの教父から、さらにはテオフィロスやキュリロスの著作にさえも依拠していることを認めて、自分の語っていることの正しさを主張した。彼はなおも、肉体と神との間にはいかなる混同があってはならないと主張している。「私たちははっきりと二つの区別された本性を教えており、神的な本性の不変性を宣言している」。しかし彼は、救い主の肉体が神・ロゴスの肉体となったゆえに、それが神へと変えられたという思想が不敬虔であるとして退けられる以上は、救い主の肉体を神と呼ぶ心積もりをしている。テオドレトスは、キュリロスと友好的なやりとりをしたと主張し（キ

(332) Lebon（1930）を参照。これらの著作のテキストは Ehrhard（1888）と *PG* 75（これはキュリロスに帰されている）において見られる。英語の選訳は、Pásztori-Kupán（2006）にある。Clayton（2007）の第四章の議論も参照されたい。
(333) 『書簡』133 と Schwartz, *ACO* 1.4, 85 を参照。
(334) テキストは Otto（1880）にある。
(335) Lebon（1930）, Sellers（1945）.
(336) Richard（1935/77）, Brok（1951）.
(337) キリスト論の変遷を探る目的を持ったテオドレトスの各著作の年代に関する詳細な議論は、Clayton（2007）を参照。

ユリロスとのやりとりは何も残っていないが）、キュリロスの背教者ユリアヌスへの反駁書を称賛した。テオドレトスはディオスコロスに、誤りを語っている者たちから離れ、教会の平和を考え、古くからの真の教義を捻じ曲げたり退けようとする者たちを正すように努めることを求めている。彼が主張しているのは、もし処女が神の母（*Theotokos*）でないと誰かが言ったり、イエス・キリストがただの人であり、あるいは唯一父から生まれて万物の最初のものとなったお方を二人の子にしてしまう者がいるとすれば、その者はすべてのキリスト者の満場一致で、キリスト教的希望から締め出されてしまう、ということである。これが彼の真に信じていることであると彼は言う。このことは、つじつま合わせではない。キュリロスからアナテマを突き付けられた時、これが〔キュリロスとは〕かなり異なる気質を持っていたテオドレトスの姿である。彼は協調的なところがあり、アレクサンドリア学派の基本的なスタンスは、伝統の本質的な側面を保つ試みであると認識していたように見える。彼は、いくつかの保証が含まれるのであれば、この伝統を自ら採用するのを嫌っていたわけではない。彼は、神として永遠に存在し、同時にマリアから生まれた唯一の救い主を告白している。このことは、彼の思考の重大な変化の結果なのだろうか。

テオドレトスのキリスト論の定式に起こった微妙な変化についての最も影響力のある研究の一つが、M・リシャールのものである。[338] 彼の主要点は、テオドレトスの前期の著作には、具体的な個人としてキリストを扱って、「人」あるいは「完全な人」（ὁ τέλειος ἄνθρωπος）と語るのをためらわないのに対して、後期の著作では、キリストの人性の抽象的な表現が用いられているということである（ἡ ἀνθρωπινή φύσις（人間の本性）、τὸ ἀναληφθέν（肉体を取った者）、ἡ ἀνθρωπότης（人間性）など）。この指摘に従うと、彼の救済論的な言葉の中に対応する変化が見出されるようになった。[339]『受肉について』（*De Incarnatione*）の中では、「自身の労苦によって」正当化され、神性の力によってではなく人間の φιλοσοφία（哲学）によって悪魔を支配するという、〔肉を〕引き受けた人（the man assumed）の写実的な言語を用いる備えができている。それに対し、後の著作では、彼は人間的な魂に肯定的な役割をほとんど与えておらず、肉をとった人性を道具として用いるロゴスの救いの行為を強調しているのである。再び『一二箇条の異端宣告の反駁』では、祭司でありいけにえとしての人性は、神への犠牲を提供した。後に、ヘブライ人への手紙の釈義の中で、犠牲の行為の主体は受肉した神・ロゴスであるゆえに、二性の二分法は軽視されるようになる。この論争に関与した神学者たちが、この記述がテオドレトスの立場の大きな変更を表していると確信してきた。この論争に関与した神学者たちには、相手側の発言に謙虚に耳を傾け、対抗者の論点を認める者はほとんどいなかった。しかし、テオドレトスには明らかにそのようにする人徳があったのである。キュリロスは、神・ロゴスと並んで人性を具体的な個人として扱うことには危険があり、そのような表現は受け入れがたい分裂と「二人の御子」の教義へと至るとテオドレトスを説得した。

しかし、テオドレトスの本質的な神学的な立場は修正されたのだろうか。目下のところではあるが、対立が過度に強調されてきたように見えると考える多くの理由が挙げられてきた。キリストの人性を表す具体的な言語は、前世紀のすべての伝統に共通のものであり、キュリロス自身も、自分の言語習慣において類似した変化を遂げてきたように思われる。[340] テオドレトス自身の立場としても、彼の「対称的な」(symmetrical) キリスト論は基本的には変わらずに留まっている。[341] 彼はなおも神性と人性の表現を均衡させ、両者に等しく重きを置き、「神性に対する人性の形而上学的な依存」を認識し損なっている。その上、後の著作では、彼はなおも苦しみをロゴスに帰すことの困難を感じており、そのために属性の交流 (*communicatio idiomatum*) を十分に認めることに失敗している。

---

(338) Richard (1936/77).

(339) Parvis (1975) を参照。彼はこの問いを pp.293-307 で探究している。

(340) Gesché (1962), pp.67ff を参照。de Durand (1964) の序も参照。

(341) McNamara (1955) を参照。さらなる詳細は Clayton (2007) を参照。

つまり、彼の神学は根本的に二元論のまま留まっている。他方で[342]、彼は常にキリストの統一に関心を持っていた。論争以前に書かれた著作でさえ、このことに関心があったことがうかがえる。統一を語る際に、彼は三位一体の統一（ἑνόω, συνάπτω, μετέχω, κοινωνέω と関連する名詞）を語るために用いているのとまったく同じ語彙を用いている。彼は、神にして人として存在する御子またはキリストについて語っている。人性への言及の大部分は、すでに抽象的で非人格的なものとなっている。さらに、ロゴスが、「それ自身の労苦によって」人性を正しいものとする存在であるゆえに、救いの行為の創始者であり主体であることを語る多くの文章が存在する。これら初期の著作において、彼の主要な強調点は、受肉についてのアレイオス的かつアポリナリオス的な誤った解釈に向けられていた。加えて、『一二箇条の異端宣告の反駁』の中の強い言語を生み出したアナテマは、アポリナリオス的なものであったというのが彼の確信であった。このような論争の状況の中、彼は本性の区別について労苦して勝ち取った真理を支持する決心をしていた。しかし、ここでさえも、私たちは、テオドレトスが第六のアナテマを否定しようとはしていなかったことに気づいていた。なぜなら、彼は、神であり人である一人の主イエス・キリストがおられる要点を受け入れていたからである[343]。

そこで、いくぶん別角度から見ると、テオドレトスのキリスト論の本質的な特徴は、根本的には修正されていないように見える。もし私たちが、彼のキリスト論、すなわち救済論の内的な動機に注目するなら[344]、このことはよりいっそう明白になる。テオドレトスの人格に対する理想は、罪と過誤を克服した完全な修道士の ἀπάθεια（情欲のないこと）と ἀτρεπτότης（変化しないこと）であった。これは〔テオドレトスの〕『宗教の歴史』（*Historia religiosa*）に描かれている理想であった。しかしながら、『乞食あるいは多くの姿をしている者』では、彼は神だけが真実に ἀπαθής であり ἄτρεπτος であると主張している。彼はこの点で一貫しているのだろうか[345]。彼の一貫性を救っているのは、彼のキリスト論なのである。キリストは神・人である真の仲保者であり、二性が統一され、神自身の特質を保ちながら、ἀπάθεια〔情欲のないこと〕を伴った人性を身にまとったのである。テオドレトスにとって、救済は神へと人間が変容すること（θεοποίησις）でも、人間と神との間の本性的な親近性の実現でもなく、むしろ神も人間も自身の完全性を犠牲にすることなく、参与によって神と人性が統一することであり、むしろ人性が神に形どられることによって、神の似像になることである。そのような救済論をテオドレトスは生涯にわたって抱き、それが彼のキリスト論の基本的な構造及び特徴として留まった。

私たちはさらにテオドレトスの立場を探るため、異なる時代に書かれた二つの教義的な著作にあたることにしよう。

3 『正統信仰の説明[346]』

『正統信仰の説明』は、キリスト教信仰の本質を詳述した整った小論である。テオドレトスはこれを一連の著作の頂点とみなしているように見える。ユダヤ人やギリシア人を反駁した後で、彼は今や健全な信仰論の説明にとりかかる。この著作は論争的であるよりもむしろ教育的あるいは弁証的な趣がある。前半部分は三位一体論についてて、すなわち父、子、聖霊として知られている唯一の神について論じている。彼ははっきりとした明瞭さ

(342) Mandac (1971).
(343) 前述五四八—九頁を参照。
(344) テオドレトスの救済論とキリスト論との関係については、Koch (1974) を参照。
(345) Fairbairn (2007) を参照。そこでは、テオドレトスのキリスト論の学問的な評価の概要が提供され (pp.105f)、テオドレトスがキリストの死への言及を別にして、概ねロゴスをキリストの人格的な主体とみなしていたと提案されているが、そこでは神の不受苦性についての彼の見解がこの文脈における主体を、人間イエスと見るように彼を導いている。
(346) テキストは Otto (1880) にある。

でousiaとhypostasisとの間の相違を説明する。また、ἀγέννητοςとγεννητόςとἐκπόρευτος（非生誕、生誕および発出）という言葉が、ousiaにおける違いではなく、τρόποι ὑπάρξεως（存在の様式）における違いであることを記述している。これは、教父文献に見出される正統的な三位一体の最も短く、最も明瞭な記述の一つである。テオドレトスはさらに続けて、創造者と被造物との間の大きな区別について語り、三つの神的な位格すべてがより高い範疇に属する証明を提示する（このようにしてアレイオス主義を論駁する）。三つの神的位格は単一の行為と力のうちに、つまり恵みの働きと創造の両方において統一されている。さらに続けて、人間の心は神的なものをつかみ損なっているので（このようにしてエウノミオスの見解を排除する）、私たちは部分的に、曇りガラスを通して知っているにすぎない。θεωρία（熟考）を通して人間は神に結ばれ、アナロジーによって神がどのような方であるか一瞥することができるかもしれないが、神はご自身においても神のοἰκονομία（神の摂理的計画と御手の業）においても、ἀκατάληπτος（理解不可能）で、ἄρρητος（言表できない）お方なのである。

続けてテオドレトスは、οἰκονομίαという言葉の説明に戻る。彼はこの言葉によって受肉を意味している。窮境にある人性がアダムの堕落の結果であることを見て、ロゴスは「天を去ることなく、私たちのところに来られた」。換言すると、彼の降下は物理的な行為ではなく、神の力の自発的な行為である。彼は自分自身のために「神殿」、すなわち完全なる人を作った。その神殿を身にまとう完全なる統一によって、私たちに代わって救済の行為を成就してくださった。彼は人として、潔白に生き、死によって負債を支払ってくださった。人間としては滅ぼされ、神としては破壊されてしまったものを取り戻し、完全に死に打ち勝ってくださった。神として、彼は復活させられた唯一の御子がおられる。しかしこの唯一の御子に関しては、神的属性や行為に神的な本性を、人間的属性には人間の本性を割り当てることによって、本性を分割することが必要である。統一の方法に関して、テオドレトスは無知を告白することを恐れない。事実、彼は無知を誇ってさえいる。というのは、彼は単に表現することができない事柄の存在を信じているからである。誰も完全で明確な説明を期待すべきでない。しかし彼はいくつかのアナロジーを論じようとしており、彼はそこから人間存在における肉体と魂の統一、つまり一人の人格における二性についての別の例証を探求する。そこではいくつかの条件がつけられている。例えば、魂は肉体の情欲に関係している。実際に、魂は肉体が苦しむ前に苦しみを受けている。しかし私たちは、キリストの神性の苦しみを考えることはできない。このアナロジーは部分的に適用できるにすぎないゆえに、彼は別のアナロジーを探求する。すなわち太陽における光の統合である。さまざまな困難と問題を扱った後、テオドレトスは、混乱、混同、そして変化を持ち込んだと非難しながら、二性への分割に反対する者たちと最終的に対決する。彼らは〔ロゴスが〕肉となった間も神のまま留まったことに同意するが、彼らが二性を受け入れることを拒否することは、ただ無意味にすぎない。テオドレトスは、統一後に肉体が神化されるという考えも否定する。二性の間の基本的な区別は保たれなければならない。しかし、最終的に、すべての議論と問いは ἀπορία（行き詰まり）に至る。テオドレトス曰く、私が「行き詰まり」に到達したとき、私たちの信仰が精神や言葉や理解を超えているというキリスト教の神秘に驚きの叫び声をあげる。唯一のふさわしい応答は、結局のところ、讃美のみである。

この著作は、ネストリオス論争が勃発する前の初期の頃に書かれたのだろうか。そうであった可能性はかなり高いと思われる。強調は、もっぱらキリスト論に置かれているわけではない。論争的な箇所は、アレイオスとアポリナリオス論争に照らして説明可能である。後に現れる議論との興味深い平行関係が見られるが、この著作は、後の論争の最も中心にある諸問題のいくつかの議論を欠いている。さらに、後にテオドレトスは統一を説明することを避けるために、この著作に比べて不可知論に頼る傾向が少なくなる。おそらくその理由は、彼がキュリロスも公明正大にふるまえることを知ったからであろう。しかしもしこれが初期の著作であるならば、きわめて重要なものになる。なぜなら、ここにテオドレトスのありのままの立場が、別の箇所では隠されている用語によってある程度まで、表明されているからである。このことは論争過程でテオドレトスの定式に何が起ころうとも、彼の立場は基本的には変わらなかったことを示している。私が言及する特徴は、(i)創造主と被造物との間の基本的な区別、(ii)ロゴスは、受肉にもかかわらず、ロゴスが本質に留まるという主張、(iii)受肉の経験は人性に帰されるとしても、ロゴスが受肉の行為の主体であるという前提、である。

テオドレトスは、救われるべきは人性の全体であるはずであるというテオドロスの関心をも共有し、人間の道徳的な失敗を真に逆転させることだけがこのことを成し遂げるというテオドロスの見解を受け入れている。[347]しかしテオドレトスの著作の強調点は、神が「神であること」(Godness)を保持する方向にはっきりとかつ一貫して置かれている。このことは『正統信仰の説明』について語ってきた事柄の中に現れている。またそれは、『一二箇条の異端宣告の反駁』における彼の議論の強調点によってのみならず、『乞食あるいは多くの姿をしている者』を構成している三つの対話に付けられたまさにその表題によっても補強されている。それらの表題とは、ἄτρεπτος(変化しない)、ἀσύγχυτος(混同しない)、ἀπαθής(受苦しない)である。テオドレトスは、アレイオス主義者やアポリナリオス主義者から受けついだしっかりとした土台を保つ決心をした。ロゴスは造られたものではない存在に属し、人間は創造の秩序の中に属する。両者の間にはいかなる媒介もない。造られたのではない*ousia*〔本質〕は、それ自体の外にあるものによって混合されることも、変化することも、影響を受けることもない。神の好意や意志による行為によってのみ、神はご自分の被造物に近づくことできる。アレクサンドリア学派は肉体となったロゴスについて、神化された肉体について、統一の後の一つの本性について語るが、このことはテオドレトスにとっては、彼の基本的な神学的本能すべてを傷つけた。このことは、彼の生涯にわたって真実であり続け、初めにキュリロス、続けてエウテュケスへの断固たる抵抗を説明する。彼は最後にはキュリロスの意図を誤解していたことに気づいたようである。しかしその時には、彼はアレクサンドリア学派が深刻に彼とアンティオキア学派の彼の仲間たちを誤解していると考えていた。テオドレトスの基本的な立場には、大きな修正はなかったように思われる。

4 『乞食あるいは多くの姿をしている者』[348]

『正統信仰の説明』と同様、この著作はテオドレトスの文体の明解さと簡潔さを見事に示している。この著作には、多くの教父たちの文献とは異なった斬新な変化が見られる。先に示した弁証的な著作のように（『ギリシア人の悪弊の治癒』（*The Cure of Pagan Maladies*））、テオドレトスが他の資料から従来通りの形式と素材を引き継ぎながら、単に独創性のない焼き直しではなく、伝統の制約の中で正真正銘のオリジナルな著作を生み出す優れた方法が示されている。

『乞食あるいは多くの姿をしている者』は「徴税人」（Collector）と「正統人」（Orthodoxus）との間の三つの対話から構成されている。登場人物はそれぞれの役割が示唆する名前が与えられている。例えば、プロローグで説明しているように、テオドレトスは、正統人の敵対者を、異端の史料からさまざまな考えを取り出し、伝統的でもないし、一貫してもいない教義を生み出す「徴税人」とみなしている。対話の形式は、問いと答え、提言、説明、反論、他の弁証的な手法が用いられて進められている。しかし、彼の説明によれば、それぞれの文章テキストに埋め込まれた名前を伴う物語の語りを採用するよりも、むしろ各文章の出だしで語る登場人物の名前を表記することによって、その対話形式を修正させている（換言すると、プラトンの対話篇とは異なり、テオドレトスの形式は現代の演劇の始まりの形式のように見える）。それぞれの対話は、正統人が主張してきた立場を支持する教父の引用の詞華集の作成をもって頂点に達する。これは、それぞれの箇所で最終的に、正統人が正しいことを「乞食

(347) アンティオキア学派の方法論における人間本性の神学的な役割とテオドレトスのここでの考えとの関連に関しては、Schor（2007）を参照。
(348) テキストと英訳は Ettlinger（1975, 2003）を参照。

あるいは多くの姿をしている者」（Eranistes）に受け入れるように強いる装置である。とりわけ「乞食あるいは多くの姿をしている者」の「単性論」的な立場が悪名高い異端よりもさらに極端であることを示すために、特に正統人がアポリナリオス主義からの引用集を締めくくった時にはそうである。その結果として、これらの詞華集は、アンティオキアのエウスタティオスなどの他のものと同様に、アポリナリオスの著作からのいくつかの重要な断片を保存してきた。

神学的な議論の方法として、詞華集を用いることは、キリスト論論争の間に発展してきたと思われる。教父の引用の一覧はキュリロスによって広く用いられ、テオドレトスも同じように対抗して行った。両陣営とも、聖書の権威と教父たちの伝統、とりわけニカイアで整えられた伝統に訴える必要を感じた。かくしてアタナシオス、カッパドキア教父たち、ヨアンネス・クリュソストモスのような偉大な教師たちの引用集を作ることは、すぐれた手法となった。第一の対話の最初のところで、「乞食あるいは多くの姿をしている者」や「正統人たち」は、係争中の問題が、使徒たち、預言者たち、聖人たちの足跡の辿り方であることには同意している。彼らは思索の練習にふけっているわけではない。詞華集はこの意図に正確に適合している。『乞食あるいは多くの姿をしている者』の中で、テオドレトスが初期の詞華集から引用している可能性が高い。レオ〔一世〕の『教書』やカルケドン公会議の議事録（Acta）の中には、数多くの集成が存在している。しかしながら、テオドレトスの独創性は、彼が依存した一次史料が彼自身の初期の著作、すなわち四三一年にキュリロスに反対して書かれた、失われた『五巻本』（*Pentalogus*）であったと主張するエットリンガーによって[349]、この場合には再度認識された。レオの『教書』からのいくつかの箇所は、カルケドン後の写本家によって後に付け加えられたものである。そしてカルケドンの詞華集はテオドレトスに依拠している。他の点では、テオドレトスは自分の痕跡を残したのである。すなわち、彼は使徒たちにさかのぼることができるニカイア以前の教父たちの著作に訴え、両者は敵対者たちに何ら重きを置いていなかったという理由から、意図的に自分自身にとっての偉大な権威であるディオドロスやテオドロスに訴えることを避けた。その結果、代わりに、アポリナリオスからは引用せずに、アレクサンドリアのテオフィロスやキュリロスからあえて引用することを選択した。彼らが異端であることを証明するために異端者がしばしば引用された。この箇所でだけ、示された事例を支持するために異端からの引用が用いられているのを見出す。テオドレトスは、決して単純に因習にしがみついていたわけではない。

『乞食あるいは多くの姿をしている者』の第四部は、ラテン語の『三段論法による証明』（*Demonstratio per syllogismos*）という標題で、独立して写本の中に出てくる。しかし、これが元来は三つの対話に付随し、主な議論の簡潔な再叙述を提供したことは明らかである。

第一の対話の中で、正統人はすべての先頭に立っているように見える。彼は「乞食あるいは多くの姿をしている者」に、不変性が三位一体の全体に属している神の特質であることを認めさせようとしており、次いでヨハネによる福音書が、変化を不変なる本性に加えることによって、「言が肉となった」といかにして語ることができるかを知ってもらおうと要求している。「乞食あるいは多くの姿をしている者」は、どのように語りうるかについてはわからないと告白しているが（「彼だけが知っている」（ヨハ一・一八など））、彼は福音の真理を否応なしに主張する備えをしている。「肉へのこの変化が何であるか、私にはわからない」と彼は言うが、「私は『言が肉となった』ということはすでに読んだ」と言っている。正統人は、隠されたことを探究すべきでないということを受け入れるが、完全に純粋なるものに対して無知をさらすべきではないとも主張する。肉体への変化は、「乞食あるいは多くの姿をしている者」が、「肉を取る」あるいは「肉のうちに宿る」ということが、「肉となる」こととは異なるといかに強く抗議しても、字義的には正しいものであるはずがない。正統人は、神の不変性が聖書的であり、聖書はいくつかの語句を象徴的に用いているにすぎないことを彼に同意させようとする。さらに正統

(349)　この段落における批判的な詳述に関しては、Ettlinger（1975）の序によるところが大きい。

人は、この箇所は、ヘブライ人への手紙一〇章五節やフィリピの信徒への手紙二章六節以下と同じ節の後半部分、ヨハネによる福音書一章一四節のような他の聖書箇所、すなわち「肉体となり」「肉を取り」、神殿のように「私たちの間に宿る」などの箇所に照らして解釈される可能性を次第に認めるようになる。「乞食あるいは多くの姿をしている者」は、この聖書箇所を古代の教会の教師たちがどのように理解していたのかを尋ねている。かくして初期の詞華集がこの対話に導入され、ヨハネによる福音書一章一四節の釈義を取り扱っている。受肉に関する主要な詞華集がすぐに続き、神・ロゴスがἄτρεπτος（不変）であること、また神・ロゴスは肉体に変化するのではなくて肉体を取ったということを受け入れるように強いられた「乞食あるいは多くの姿をしている者」との対話が終わる。この対話で、「乞食あるいは多くの姿をしている者」の性格描写が、彼の敵対者のそれと比べると弱いことは事実である。わずかな活発な返答を別にして、彼は人間の理解力の限界に逃避するような、どちらかと言えば頑固で、無思慮な原理主義者のように見える。彼は、字義通りに理解された聖書に訴え、意味することが何であれ、変化することなく肉となったと繰り返し主張するのである。他方、正統人は聖書と伝統に結び付くことの必要性に同意をしているが、明らかにそれらの意味を解明する必要があると信じている。

　第二の対話では、「乞食あるいは多くの姿をしている者」はより活発な参与者である。彼はより深く考えることを要求し、単性論派にとってはこの上なく神聖なままであるべき多くのキリスト論の定式を考察し擁護する存在として描かれている。主体は今やἀσύγχυτος（困惑しない）のであり、このことは、対話が二つの区別された本性が告白されるべきかどうかという問題全体にわたることを意味している。冒頭の議論で、討論者たちはアポリナリオスの見解を退け、キリストの人性の完全さに同意している。しかし次いで「乞食あるいは多くの姿をしている者」は、イエスを神もしくは人と呼ぶことが正しいかどうかについて尋ねている。正統人は受肉したロゴスについてきわめて伝統的な説明を加え、そこから「乞食あるいは多くの姿をしている者」はイエスが神と呼ばれるべきであると推論し、変化を被ることなく人となったことに彼らが同意してきたことを付け加えている。実際、ロゴスはそのままで留まったからこそ、人は彼を元来の存在、すなわち神と呼ぶことができるのである。正統人は、肉を取る存在と肉を取らされた存在の両方について語ることが必要であると返答する。というのは聖書には、ある時には人間を魂と呼んだり、別の時には体や肉と呼んだりしているが、それと同じように、キリストも神と人の二性として告白されなければならない。しかし「乞食あるいは多くの姿をしている者」によれば、神はよりよくキリストを適合させている。なぜなら、神は、キリストの本性の名だからである。人は単に οἰκονομία（「経綸」－受肉）の名にすぎない。正統人は、οἰκονομία が真実であったと反論し、それゆえに人という名は同様にふさわしい。「乞食あるいは多くの姿をしている者」は結局のところ二性という考えを受け入れるが、統一の前にのみ、二性が存在したと言う。つまり、統合後は一つの本性だけが存在した。その点について、正統人はいとも簡単に、二性が先在していたことを語ることの不適切さを論証することができる。人性は統一前には存在しておらず、ロゴスのみが存在していた。二性は統一後にそうなったのであり、それ以前に二つだったのではない。「乞食あるいは多くの姿をしている者」は「二性からではなく、二性を」と応答し、統一を言葉では言い表せず、理解することができないものとして語るように、説明を迫られた。正統人はそのことに同意はするが、統一後もそれぞれの本性は純粋なままで混ぜ合わされることなく、それぞれの特性を保っていると主張する。「乞食あるいは多くの姿をしている者」は聖書を典拠とすることに同意するが、それでも自分のスローガン（統一後の一つの本性）に固執する。彼は正統人がさまざまなテキストをすべて受肉したロゴスに帰することによって、さまざまなテキストに訴えることに対抗している。彼によれば、すべてのテキストは、ロゴスの肉体を取った本性に言及している。その点で、正統人は前の議論に再び戻っている。神に変化を帰したり、本性を混乱させることなしに、どのように受肉した神を語ることができるのだろうか。「乞食あるいは多くの姿をしている者」は、二性が二人の御子を意味していると答え、しばらくの間、議論の主導権を握っている。彼は正統人に、神と人の属性が唯一のキリストに等しく帰されていることを認めさせようとする。しかしながら正統人は、混乱や混合を神に帰することは冒瀆にあたるので、混合や分割は避けるべきであることを付け加えている。彼は攻撃に転じる。どのようにして「乞食あるいは多くの姿をしている者」は、アレイオスやアポリナリオスの挑戦に立ち向かうことができるのか。それに続く議論は、さまざまな異端に対抗するために必要なキリスト論についてのかなりの合意を生み出す。しかし、「乞食あるいは多くの姿をしている者」は二性が二人の御子を意味しないということにまだ満足していない。正統人は、例えば、混同なしの統一は物質世界では可能であり、イエスの人性はイエスの神性に呑み込まれなかったことなどを示しながら、さまざまな議論を引き出している。「乞食あるいは多くの姿をしている者」は最終的に、聖餐との類似を示すことによって、決着をつけようと試みている。この聖餐との類似に対して、正統人は一方では同意し、他方では意見を異にしている。というのは、彼が指摘しているように、身体的な形態は、同一であり続けるからである。「乞食あるいは多くの姿をしている者」が、正統人がどのような議論をしようとも彼が教会の教えに忠実であると批判するとき、身体は昇天後もそのまま留まり続け、混同されることなく二性が私たちの主イエス・キリストにおいて認められるということを確証するために、時宜にかなって第二の詞華集が紹介される。

正統人が著者の見解を代表していることを考慮すると、この対話において「乞食あるいは多くの姿をしている者」が、自分の立場を表明するまたとない機会を与えられていたと感じられる。テオドレトスは敵対者のスローガンや議論に耳を傾け、典型的な単性論の討論者のきわめて写実的で共感的な姿を作ることができたのである。彼はもはや彼の敵対者をアポリナリオス主義者として誤り伝えることはしない。彼は相当な共通の土台があることを認識している。彼は、全体的な効果はもちろん彼自身の正統的な立場の立証であったとしても、両陣営の立場を効果的に提示するために対話を用いる技術を持っている。その立場は、基本的に『正統信仰の説明』において概観された立場と根本では異なるところがないように見える。テオドレトスは、ネストリオスに対するキュリロスの挑発的な行為によって、より極端な主張へと傾斜していったかもしれないが、彼の基本的なキリスト論理解は論争の過程で変わることはなかった。

第三の対話は、おおよそ同じような印象を与える。この対話は問題の核心、すなわち受難について取り組んでいる。本質的に、議論の多くは、以前になされたものと類似してはいるが、討論はより貧弱になっている。再び、「乞食あるいは多くの姿をしている者」が議論の主導権を取ることを許されている。彼は正統人の議論の単なる引き立て役以上である。彼は貢献するための重要な事例を有し、その事例を怠慢によって見逃している。

正統人は、神・ロゴスが ἄτρεπτος であること、つまり変化を被ることなく受肉し、完全な人性をとったということを彼らが同意したと述べている。聖書と教会の教師たちは、統一後に彼が以前の状態のまま、すなわち混合されず、不受苦であり、変化を被らず、制限されずに留まったことに合意している。それゆえ、受難の問いが残されたままになっている。「乞食あるいは多くの姿をしている者」は「誰が苦しみを被ったのか」と問い始める。「私たちの主イエス・キリストである」と正統人は答える。「それなら、一人の人が私たちの救いをもたらしたのか。あなたが信じるキリストを定義してご覧なさい」。正統人が定義を下すと、「乞食あるいは多くの姿をしている者」は、「人となった生ける神の子」「神が苦しみを経験した」と述べる。もちろん、受難によって不受苦性を損なうような大胆な発言を、正統人は受け入れることはできない。議論が進むにつれ、両陣営は、制限を加えていく。「乞食あるいは多くの姿をしている者」はもちろん神の本性が不受苦であることを述べているが、彼は肉において（そのことがなぜ受肉したのかの理由である）苦しみを被ったと主張する。正統人は体が苦しみを受けたことを語るが、しかしこれは「単なる人」ではないと語る。なぜなら、分割できない統一に接合されたのは、神・ロゴスの体であるからである。両者ともに、不死の死と不受苦の苦しみという逆説に取り組み、一方の者は体に苦しみと死を帰することによって、他方の者は聖書に基づいてそのことを主張することでそのようにする。一方の者は他方の者を、ἀπαθής〔不受苦〕の本性が πάθος〔受苦〕に服することは、冒瀆であると訴える。他方の者は、何か別のものが唯一の主イエス・キリストの分割を示唆しているという嫌疑から反論する。彼らは、神は何ができるか、また何ができないかについて、興味深い議論をしており、正統人は苦しみが、罪と同じくらい神の本性にとっては異質であると主張している。善は悪を行うことができず、真実は誤りえない、同じようにすべてのことが、神に可能であるわけではないのである。彼らは救いについて議論し、正統人は罪がより大きな問題であることを強調し、「乞食あるいは多くの姿をしている者」は死を強調する傾向にある。それゆえ「乞食あるいは多くの姿をしている者」にとって、神の救いの行為は第一義的に重要なのであるが、正統人は最終的に、体の苦しみ、死、復活は身体に関することを、聖書から説得力ある議論を導き、これがキリストの復活が私たちのものであるという理由となっている。彼は、キリストの体はこの世の生のためにまさに与えられているという事実に注意を向けることによって、この点を力説している。そして最後の晩餐で、「これはあなたがたのために与えられる私の体である」と言った。彼が、「乞食あるいは多くの姿をしている者」によって、主イエス・キリストが苦しみを受けたことを論証するために証拠として引用された多くの聖書箇所を受け入れたとしても、聖書は決して苦しみと神ご自身を結び付けないと彼は主張する。正統人はおそらく、「乞食あるいは多くの姿をしている者」が「彼らは栄光の主を十字架につけた」〔一コリ二・八〕という箇所を引用したとき、彼は、これに関して裏をかかれたことをおそらく認めるべきであった。しかし例によって、属性の交流に基づいて、いずれかの本性の名が唯一のキリストに適用されうることを受け入れることによって、彼は切り抜けている。基本的にこの議論は、神としては不死で、不受苦で、不変などの性質を持ち、人としては死すべき存在であり、苦難を被るなどの存在である唯一のキリストについて語ろうとしている事実を思い巡らしている。これに対して、「乞食あるいは多くの姿をしている者」は、ロゴスに受肉の経験の主体としての役割をあてがう強力な主張をなそうと欲している。本性において、彼は不受苦であるが、受肉することによって、彼は苦しみと死を経験することができる状態を引き受けた。「乞食あるいは多くの姿をしている者」がキュリロスのスローガンである ἀπαθῶς ἔπαθεν（彼は苦しみなくして苦しむ）を持ち出したとき、正統人は彼に軽蔑の笑みを浮かべる。それにもかかわらず、彼らは時折、それほど遠くに隔たっているようには思われない。両者ともにニカイア信条が、御父と同質（*homoousios*）であるお方が苦しみを受け、十字架にかけられたお方であると語っていることを受け入れ、それぞれが、ニカイア信条が直截的な真理ではなくて、いくつかの限定が加えられねばならないことを認める用意があったのである。

再び、結論部分の詞華集が、「乞食あるいは多くの姿をしている者」に対する明らかな勝利を正統人に与えているが、この議論は不公平なかたちでこれまで提示されてきたわけではない。もしテオドレトスの敵対者がテオドレトスの著作を開かれた心で読むことができたなら、和解に至りえたことは間違いない。ある意味で、もし「単性論者」がいくつかの好みのスローガンの定義からの省略に反対しさえしなければ、その和解はカルケドンで達成された。そのスローガンの弱さを、テオドシオスは、効果的にそこで論証した。アンティオキア学派がネストリオスを認めなくなったように、彼らも結局は、エウテュケスを認めなかった。おそらく「乞食あるいは多くの姿をしている者」の目的は、それほど極端ではないアレクサンドリア学派の人々を説得しようと試みることであった。それによって、アレクサンドリア学派の人々は、エウテュケスを見捨て、中庸なるアレクサンドリア学派とどれほどの共通の土台を持っているかを認識するはずであった。

いずれにしても、テオドレトスがなおも、彼の初期の著作で示した神学的な原則に立っていたことは明らかである。すなわち、創造者と被造物の区別が、キリストにおける二性の認識というその意味合いとともに、保持されている。しかし受肉の経験が、本質存在におけるロゴスにではなくて肉をとった本性に正しく帰されていても、ロゴスが受肉の行為の主体であるという認識は保持されている。変化したのは、彼の思想というよりも彼の態度と強調点であり、ある程度までは彼が用いた用語、すなわち二〇年にわたる論争によって彼が採用するようになったキリスト論的な定式なのである。

5　聖書釈義

テオドレトスは、教義においてはアンティオキア学派に属していた。彼はまた、聖書釈義においても、アンティオキア学派に属していた。その他のことを別にしても、テオドレトスはきわめて多くの聖書研究を書いた。ある著作は取り扱う聖句に関して問答形式で書かれ、また他方の著作はもっと直接的な注解となっている。これらの著作の範囲は、モーセ五書、ヨシュア記、士師記、ルツ記、列王記、歴代誌、詩編、雅歌、ダニエル書、エゼキエル書、イザヤ書、エレミヤ書、およびパウロの一四の書簡に及んでいる。[350]『正統派に宛てた問答』（*Quaestiones*）は、旧約聖書の創世記から歴代誌までの範囲に及び、カルケドン後の晩年に書かれ、預言者と使徒に関する注解はすべて四三三―八年の間に編纂されたと思われる。これらは集中的な研究書でも説教でもない。それらは信仰の養いとなる性格を持ち口伝によって伝えられた痕跡があり、『摂理に関する一〇の談話』[351]のように、元来はアンティオキアにおける講義として作成された可能性があることを示唆する特徴を備えている。この釈義的な著作のすべては現存しており（キュリロスに反対する著作だけが禁書とされた）、これらにあたることによって、私たちはアンティオキア学派の方法と釈義的な業績を最もよく知ることができるのである。[352]

実際に、このことだけが、かつてはただ一つの重要なこととみなされていた。テオドレトスは、その注解書がテオドロスの著作を再生産して、その結果、テオドロスの著作として知られているものの隙間を埋めるに至ったと考えられていた。[353]もし彼の注解が他に何の価値もないとするならば、彼は解釈者の著作を保存して記憶にとどめるに一役買ったにすぎなかった。それゆえに、さらに興味深いのは、テオドレトスの独自性をはっきりと確立したゴドフレー・アシュビーとポール・パービィスの著作である。[354]彼の師であるテオドロスがキュリロスからの非難を受けたとき、彼はすぐに忠実に弁護することにとりかかったものの、テオドレトス自身は、自分の先達たちの釈義的な著作に対して批判的な判断を下している。この先達たちの中に、テオドロスも明確に数えられている。これらの注解を比べてみると、そこには、テオドロスの全体にわたる影響が目立つものの、テオドレトスがかなりの程度テオドロスから距離を置いていることが明らかになる。

釈義の仕組みでは（文章の分割、言葉の定義、背景の説明、思考のつながりを辿ること、歴史的な状況の解明など）、テオドレトスはテオドロスの方法にかなり緊密に従っている。しかしながら、逐語的に並行する言葉はほとんど用いられておらず、テオドロスの著作に耽溺してはいるものの、テオドレトスは自分の注解を書くときには、実際にはテオドロスの注解を参照してはいないことは明らかである。テオドレトスはしばしば、まったく異なった問いを発することで、特定の聖書箇所にいささか異なったアプローチを試みている。彼が、テオドロスにははっきりと同意できない多くの聖書箇所も存在する。テオドレトスは、パウロがコロサイを訪問し、書簡を書く際にはコロサイ教会の人たちのことを知っていたという事実を、何度も記している。テオドロスはそれとは反対のことを主張している。両者の間の論争は、テオドロスの注解では何度も喧しくなされている。言い換えると、このことはテオドレトスが独創性のない模写をしたわけでは全くなく、テオドロスの著作を複製しただけであるとい

(350) テオドレトスの聖書的著作のテキストは *PG* 80-2 に見られる。『正統派に宛てた問答』（*Questions on the Octateuch*）（テキストと英訳）のより新しい版は、Petruccione and Hill（2007）を参照。イザヤ書注解は Möhle（1932），Guinot（1980, 1982, 1984）を参照。詩編、雅歌、パウロ書簡の注解の英訳は、Hill（2000, 2001, 2001a, 2001b）を参照。

(351) 本書八三―四頁を参照。テオドレトスの注解の書かれた日付と形式に関しては、Parvis（1975）に従っている。

(352) テオドレトスの釈義に関しては、Ashby（1972），Parvis（1975），Guinot（1995）を参照。

(353) Swete（1880-2）は、テオドロスの著作の隙間は、テオドレトスに言及することによって埋められると見ている。

(354) Ashby（1972），Parvis（1975）を参照。続く段落の内容は、これらの著作に依存しているところが大きい。

う主張は[355]、検討の結果正しくないことがわかるのである。

もしテオドロスとテオドレトスの注解が、方法においては類似しているとするなら、両者は味わいの点では相違があることによって特徴づけられている。このことの背後にあるのは、単なる様式の違いではない（テオドロスは反復的に扱いにくいギリシア語を書く傾向にあったが、テオドレトスの言葉は明瞭で簡潔である）。それにパースペクティブの根本的な移行が見られる。テオドロスにとっては、私たちが見てきたように、古い秩序と新しい秩序との間に根本的な区別があり、さらに二つの契約の間にある不連続を好む強い終末論的な外観がある。テオドロスをきわめて強く特徴づけている、このパースペクティブによって、テオドレトスは、多くの旧約聖書テキストのキリスト論的な特質を否定するに至る。その結果、旧約聖書における神の三位一体の本性を示す箇所を理解することを拒否し、新しい時代の直接の預言を最小限に抑えている。誇張された表現がいくつかの主張を古い秩序にとっては不適切なものとしているところでは、わずかな予型が厳格に定義された安全装置と規則を伴って許可され、わずかな預言が認められているにすぎない。この徹底的な二つの時代の区分法を放棄したことにより、テオドレトスは旧約聖書のよりキリスト教的な視点を発展させることができた。詩編注解の序文のところで、彼はこう言っている。

私はさまざまな注解を調べ上げたが、そのうちのいくつかは寓喩に陥り、その他のものも預言それ自体を過去の歴史に当てはめただけのものであった。それゆえ、それらの解釈は、キリスト教徒よりもユダヤ人に当てはまった。私は、そのような両極端を避けることが義務であると感じてきた。古代史と関わるすべては認められなければならない。しかし、私たちの救い主であるキリスト、異邦人の教会、福音の拡大、使徒たちの説教に関わる預言は、その固有の意味を曲げるべきでなく、あたかもユダヤ人によって成就されてしまったかのように他の事柄に適用されるべきではない。

テオドレトスが念頭に置いているのは、テオドロスに違いない。

テオドレトスは、もともとの著作の歴史的な内容を犠牲にすることなく、旧約聖書にキリスト教の配剤が予告され、予測されていたと理解しようとしている。それゆえ、テオドロスとは異なり、テオドレトスは旧約聖書と新約聖書のテキストを関連させることができ、互いに解釈し合うために用いている。テオドレトスは、テオドロスよりずっと強く、聖書全体の統一性を認識している。旧約聖書は三位一体についての言及を含んでおり、実際にキリストの二性を指し示しているのである。というのは、テオドレトスは多くの θεωρία（霊的な意味）を認めている。一つの聖書テキストはもはや一つの σκοπός（主題、意図）を持つに留まらない。一つのテキストは、歴史的な意味と預言の役割の両方を持つのであり、メシア的な成就を指し示している。このことは、『詩編注解』に大きな相違をもたらす。七十人訳聖書の表題 εἰς τὸ τέλος（終わり／成就に向かって）は、テオドレトスに対して、聖書テキストの中に埋め込まれたある種の鍵を提供した。その鍵は、それが結び付けられている詩編がメシアを指し示す役割を果たした（実際にこの曖昧なヘブライ語の言葉はＲＳＶでは「聖歌隊の指揮者に対して」（To the Choirmaster）と訳されている）。詩編のあるものはダビデの生涯のコンテキストに属し、またある詩編はイスラエルの歴史の大いなる救いの出来事を指し示したりするが、多くの詩編は特別にキリストを指し示すものとされている。さらに多くの詩編は二重、あるいは三重の意味を持つとみなされていた。同様に預言者は、その預言者自身の時代に属して同時代人たちに語りつつ、未来を予告し、それらは多くの場合、キリストの到来の予告であった。テオドレトスは、ミカ書四章一―三節がバビロンからエルサレムへの帰還を意味しているというようなテオドロスに明らかに由来する考えをはっきりと拒絶し、その成就は異邦人が教会へと集められたときに見られると

(355) Greer (1973), p.296.

主張した。テオドロスは雅歌がソロモンの愛の歌にすぎないとしたが、テオドレトスは憤然として「雅歌を中傷する者やこの書の霊的意味を信じない者」を非難している。雅歌は結婚を描いているが、それはキリストと教会の結婚なのである。このようにテオドレトスは明らかに釈義の多くをオリゲネスに依っている。テオドレトスが、ほぼ間違いなく彼の最初の注解と思われるものに、このような独自の方向を採ることができたことは、特に興味深い[356]。意識的に寓喩を拒否し、他のアンティオキア学派の者たちのように、歴史的な解釈の原理を主張することによって、テオドレトスはなお教会の霊的な釈義の伝統を大いに重視することができたのである。もちろん、旧約聖書のどの箇所も霊的意味（*theōria*）を生み出すわけではない。しかし、いくつかの基本的な聖書のテーマが、それらのキリスト教的な成就との関連で解釈されることになる。三重の祈り、霊への言及、神の独一性の主張、そのような聖書箇所は旧約聖書の神がキリスト教徒の三位一体の神であることを示すものである。神によって造られたが罪のうちに失われてしまった人間は、キリストにおける救いと成就のうちに見出される。キリスト教の救いは旧約聖書の偉大な救いの出来事によって前もって示されている。多くのイメージが、キリスト教の洗礼と聖餐によって成就されている。テオドレトスは、歴史的な解釈の優位をなお保ちながら、その多くが礼拝の中で大切にされてきた伝統的な予型やメシア預言に立ち帰っている。

新約聖書に至ると、〔旧約聖書との〕対比はそれほど顕著ではなくなる。θεωρία の余地は少なくなる。テオドレトスのコメントは、主に説明的な注釈に限定される。しかしそれでも対比は存在している。テオドロスの終末的な希望は少なくなり、信仰者の現況や道徳的な生活、教会のサクラメント的な生活が強調される。テオドレトスのより慎重なキリスト論的な言葉と、御言を救いの行為の先導者とする傾向は、鍵となるパウロ書簡の釈義に異なった傾向を加えている。テオドレトスはテオドロスと比べると簡明にして、神学的にはそれほど重みはなく、実際、「逆説的であるが、テオドレトスはおそらく内容的にはテオドロスに近く、霊的にはヨアンネス（・クリュソストモス）に近い[357]」。実践的な諸問題が、曖昧な終末論的な緊張を覆い隠してしまう。クリュソストモスのように、テオドレトスは自分自身を、五世紀の世界における実践的な生活様式と信仰を見出さねばならない「主流の」教会と同定していた。動機においては固く正統であった者が、かくも激しい嵐の生涯を辿ったということは、意外なことである。

6 他の著作

テオドレトスの最後の業績の一つは、異端の百科事典、『異端史略』(*Compendium Haereticorum Fabularum*)もしくは『異端神話縮図』(*Epitome of Heretical Myths*)を編集したことである。[358] テオドレトスは教会史に関わる文献の分野で力量を示さなければならなかった。意外なことに、彼はエピファニオスの著作を用いたようには思えないことである。彼は自分が参照した著作に言及しているが、それらは、ユスティノス、エイレナイオス、クレメンス、オリゲネス、エウセビオス、ディオドロス、その他の者たちであり、エピファニオスは含まれていない。エピファニオスとは対照的に、テオドレトスは〔異端の〕系図の整理よりも、論理的な整理を試みた。彼の第一巻は別の創造者を作り出し、キリストの仮現論的な見方を保持している者たちを扱っている。ここでは、シモン・マグスからマニ教までのすべてのグノーシス主義の運動を扱う。第二巻はこれとは反対のタイプが扱われている。つまり、唯一の神を認めるが、キリストを単なる人として扱う者たちである。テオドレトスは、エビオン、テオドトス、サモサタのパウロス、サベリオス派、マルケロスをここに含めた。第三巻は、二つの両

(356) テオドレトスの型と像の受容はシリアの伝統の知識に関連しているのだろうか。本書第五章のI節、エフライムに関するところと比較されたい。
(357) Parvis (1975), p.204.
(358) 選訳は Pásztori-Kupán (2006) にある。

極端の間にあるさまざまな他の異端を取り上げている。すなわち、モンタノス派、ノウァティアヌス派、一四日派（Quartodecimans〔復活節よりもニサンの月の一四日に行われた最後の晩餐を強調する一派〕）や他のグループなどで、多くの点で正統派にきわめて近い者たちを扱っている。ニカイア後の分派集団を意味した新しい異端は、第四巻で扱われている。アレイオス、エウノミオス、アポリナリオス、その他の者たちが、ドナートゥス派やメレティオス派とともに紹介されている。この巻では、エウテュケスに関する項目もあり、さらに驚くことに、ネストリオスについての項目もある。これが後からの挿入ではないかという考えは、おそらく退けられなければならないだろう。テオドレトスはカルケドン後にこれを書いていたのであり、もしネストリオスがいないのでかえって目につくとすれば、報復を恐れたのかもしれない。第五巻はほとんどテオドレトスの『諸原理について』（*De principiis*）であり、ἀρχή（*archē* 第一原理）から始まり、神、創造、天使、悪魔、人、摂理、救い主の οἰκονομία〔経綸〕、キリスト論的な問題、洗礼、裁き、終末、さまざまな倫理的な問題といった正統説の説明を行っている。

テオドレトスは、自身の自己弁護的な手紙の中で、初期の著作の少しずつ異なる三つのリストを挙げており[359]、これらがおよそ二〇年前、一八年前、一五年か一二年前に書かれたものであることを示している。彼の目的は、自分が常に正統であったことを示すためであったが、これらの言及は、有益なものである。なぜなら、著作の多くが、残存する著作と同定でき、各著作の成立年代をおおよそ知ることができるからである[360]。これらのリストの小さな合成は、彼の著作の能力の範囲を示している。彼は異端の論駁を行ってきた。アレイオス、エウノミオス、アポリナリオス、マルキオンなどである。それに加え、ユダヤ人、異教徒、ペルシアのマギ〔占星術などに長けていた〕、さらには摂理、神学、受肉について、神話、聖人の生涯、預言書たちや使徒パウロに関する注解も書いた。私たちは、彼が『教会史』や異端の百科事典や旧約聖書の歴史書の『正統派に宛てた問答』を書いたことも知っている。彼が書簡や種々の論争的著作を書いたことは言うまでもない。それは、見事にも広範囲にわたっている。彼がすべて模倣品の山を生み出していたならば、驚くことはないだろう。

以前の歴史家や弁証家、釈義家の以前の著作の単なる模倣者であり抜粋者、これがかつてのテオドレトスの業績の標準的な評価であった。最近の研究で興味深いのは、何度も繰り返しテオドレトスの著作を読んでみると、彼が着手したそれぞれの務めに、彼のオリジナルな貢献が見られることが示されていることである。彼は単に独創性のないままに模写したのではなく独自の研究に着手したのであり、自身の目的のために史料を採用し、受け継いでいたものを修正し、読者に訴える力を増すための形と明晰さをすべてに与えたのである。

もちろん、テオドレトスは独創的であろうとする野心があったわけではない。彼が望んでいたことのすべては、聖書とそれを解釈する教父たちの伝統を保持することであった。しかし彼は、単なる反復だけがその役割を果たすわけではないということ、新しい問題や状況が生じる時、探求や再度の語り直し、改革のためには、ふさわしい場所が存在するということに気づいていたように見える。教会の正統的な教えを広めようとしているそれぞれの世代は、伝統を同化し、それ自身の状況において伝統を適応させる務めに直面していた。テオドレトスは彼の友人たちに対して誠実であったが、キリスト教の伝統の完全性と統一性を保持するために、極端なアンティオキア学派の神学と釈義からは身を引いた。『教会史』の中のいささか好戦的な正統性や教義論争における彼の不幸な役回りは、修道士、牧者としての彼の根本的なキリスト教的個性を曇らせるようなものではない。彼は五世紀の潮流を代表し、異なる文化的な諸次元の橋渡し役として、さらには異教とキリスト教社会の橋渡し役として活動し、驚くほど広範囲に及ぶ関心と能力を持つ文字通りの教会人であることを証明したのである。

---

(359) 書簡 82, 113, 116.

(360) これらの日付がどの程度正しいのか、またテオドレトスの著作の相対的な日付の正確さをめぐっては、かなり多くの議論がある。Richard (1935/77), Canivet (1958) を参照。教父学や百科事典、例えば、*Dictionnaire de Théologie Catholique* に収められている Bardy のテオドレトスに関する論文や Chesnut (1981) も参照されたい。

さらなる読書のために

英訳

Ettlinger, G. H., 2003. *Theodoret: Eranistes*, FC, Washington, DC: Catholic University of America Press.

Hill, R. C., 2000, 2001. *Theodoret of Cyrus. Commentary on the Psalms*, 2 vols: Psalms 1-82, Psalms 73-150, FC, Washington, DC: Catholic University of America Press.

__, 2001a. Theodoret of Cyrus. *Commentary On the Song of Songs*, Brisbane: Centre for Early Christian Studies.

__, 2001b. Theodoret of Cyrus. *Commentary on the Letters of St Paul*, 2 vols, Brookline, NY: Holy Cross Orthodox Press.

Pásztori-Kupán, István, 2006. *Theodoret of Cyrus*, London and New York: Routledge.

Petruccione, John F. and R. C. Hill, 2007. *Theodoret of Cyrus. The Questions on the Octateuch*, Greek text and ET, Washington, DC: Catholic University of America Press.

研究書

Ashby, G. W., 1972. *Theodoret of Cyrrhus as Exegete of the Old Testament*, Grahamstown: Rhodes University.

Brok, M. F. A., 1951. 'The Date of Theodoret's *Expositio Rectae Fidei*', *JTS* NS 2, pp. 178-83.

Clayton, Paul B. Jr, 2007. *The Christology of Theodoret of Cyrus: Antiochene Christology from the Council of Ephesus (431) to the Council of Chalcedon (451)*, Oxford: Oxford University Press.

Greer, Rowan A., 1973. *The Captain of Our Salvation*, Tübingen: Mohr Siebeck.

訳者あとがき

本書は、Frances M. Young with Andrew Teal, *From Nicaea to Chalcedon: A Guide to the Literature and Its Background*, Second Edition（SCM Press, 2010）の翻訳である。初版は、一九八三年にSCM Pressから出版されている。第二版は、Andrew Tealの助力によって、新しい文献が加えられ、最新の研究成果を取り入れて二〇一〇年に改定されたものである。

著者フランシス・ヤングは、イギリスを代表する教父学の研究者であり、専門領域の多数の論文、著書を執筆している。彼女は、ロンドン大学のBedford Collegeで古典を学び、その後ケンブリッジ大学で神学の学位を得た後、さらに研究を続け、古代教父研究において博士号を取得している。その後、Clare HallのResearch Fellowを務めた後、長くバーミンガム大学教授として教鞭をとった。一九八六年から二〇〇五年までは、バーミンガム大学のthe Edward Cadbury Chairをつとめた。学科長、学部長、大学副学長という行政的な要職に加え、一九九八年には、神学研究の功績からOBEを授与され、二〇〇四年には、イギリス学士院の会員に選ばれている。現在は、バーミンガム大学名誉教授である。国際教父学会でも常に指導的な立場にある。くわえて、イギリスのメソジスト教会の牧師であり、高度な学問的な業績は、著者の信仰と敬虔に裏打ちされている。日本では、リベラルな立場と敬虔は相容れないという思いこみがあるが、イギリスには、両者が統合した神学者が存在する。実際に、彼女は、ジョン・ヒックが編集した、*The Myth of God Incarnate*（1977）に論文を寄稿して、イングランドにおけるリベラルな神学的な立場を示したが、学問的な誠実さと信仰に生きる敬虔な姿勢は、一貫して変わることがない。彼女の学問分野は広く、歴史批評的方法に裏打ちされて、新約学から古代教父研究に及ぶ。

特に、古代教父研究においては、各教父の信仰や信仰告白の固有性、つまりconfessionalな側面とともに、その背後に広がる歴史世界というコンテキストを正しく理解することで、信仰の内実をより正確に把握できるという立場をとっている。歴史的なコンテキストとは、信仰の世界を相対化し、歴史学の因果関係にすべての教会の事象を還元するものではなくて、むしろ歴史のただ中で神の啓示に生きた教父たちの思想の独自性を際立たせるものである。本書における教父思想の分析には、そのような視点が随所に示されている。

加えて、彼女は、重度の障害を負って生まれたご長男の養育にも向き合い、その経験から、神学と障害の関係を論じ、信仰の弁証を行っている。このように、多方面で活躍しながら、古代教会の信仰と世界の多様な様態を客観的に分析しつつ、正統信仰がどのように形成されていくかに洞察力のあるまなざしを向けている。

さて、著者フランシス・ヤングの主要な著作を挙げておこう。

・*The Use of Sacrificial Ideas in Greek Christian Writers from the New Testament to John Chrysostom*, Patristic Monograph Series 5（Cambridge: The Philadelphia Patristic Foundation, 1979）.
・*From Nicaea to Chalcedon. A Guide to the Literature and its Background*（SCM press, 1983, 2nd edition 2010）.
・*The Theology of the Pastoral Epistles*（Cambridge University Press,1989）.
・*The Art of Performance: Towards a Theology of Holy Scripture*（London: DLT,1990）.
・*Face to Face*（Bloomsbury: T & T Clark, 1990）.
・*The Making of the Creeds*（London: SCM Press, 1991）.〔『ニカイア信条・使徒信条入門』（木寺廉太訳、教文館、二〇〇九年）〕
・*Virtuoso Theology: The Bible and Interpretation*（Cleveland Pilgrim,1993）.
・*Biblical Exegesis and the Formation of Christian Culture*（Cambridge University Press, 1997）.

- *The Cambridge History of Early Christian Literature and The Cambridge History of Christianity: Origins to Constantine*（Cambridge University Press 2004）.
- *Brokenness and Blessing. Towards a Biblical Spirituality*（Sarum Lectures, DLT, 2007）.
- *Exegesis and Theology in Early Christianity*（Ashgate: Variorum, 2012）.
- *God's Presence: A Recapitulation of Early Christianity*（Cambridge University Press, 2013）.
- *Arthur's Call. A Journey of Faith in the Face of Severe Learning Disability*（SPCK, 2014）.
- *Construing the Cross: Type, Sign, Symbol, Word, Action*（Wipf and Stock: Cascade Books, 2015; SPCK, 2016）.
- *Ways of Reading Scripture. WUNT 369*（Tubingen: Mohr Siebeck, 2018）.
- *Scripture, the Genesis of Doctrine*（Eerdmans, 2023）.

なお上記以外の著作と論文のリストは、*Scripture, the Genesis of Doctrine*（Eerdmans, 2023）の二五八―二六〇頁に収録されている。

訳者（関川）は、一九八〇年にイギリス留学から帰国してまもなく本書の初版を知り、ちょうど教父研究を開始したばかりだったので、最新の著作や論文、さらに各教父の歴史的な背景を知る最良のガイドブックとして利用した。特に、一九八〇年代初頭は、アタナシオスやアレイオス研究の新しい業績が次々に発表されていた時期で、それらの研究の潮流を知る上でも、きわめて有益であった。その後、四年に一度オックスフォード大学で開催される国際教父学会に参加するようになり、著者であるヤング教授の研究発表や講演を直接聞く機会も与えられた。いつの頃か、この書物を翻訳して紹介すれば、日本の教父研究者にも有益だろうと考えるようになった。

彼女の講義や講演のいくつかは、現在ではYouTubeでも公開されているので、関心のおありの方は、著者の名前で検索してくださると簡単にヒットする。

一九九〇年代後半には、東京神学大学の大学院で、この書物の初版をテキストに用いて演習を行った。大学院の学生に各章を分担して発表してもらった。ヤングのやや難解な英文に苦労しつつ、大学院の学生諸氏と教父学の基礎知識を習得する良い機会となったと記憶している。二〇一〇年代の初めに、博士後期課程に在学していた本城仰太君とともに共同で翻訳して出版しようということになった。教文館の髙木誠一氏に出版を引き受けていただいたので、鋭意翻訳を開始したが、予想を超えて、翻訳には時間と労力が必要なことがわかり、本格的に翻訳作業にとりかかってから、十年以上の歳月が流れてしまった。翻訳は遅れに遅れてしまったが、このたび、ようやく出版にこぎつけることができたことは大きな喜びである。忍耐強く出版を待ってくださった教文館の渡部満社長、髙木誠一出版部次長、また最後の最後まで丁寧な校正をしてくださった豊田祈美子さんには感謝に堪えない。

本書が、これから教父学を志す方々のよきガイドブックとなることを願ってやまない。同時に、すでに教父学を学び、一定の知識をお持ちの方々にも、最新の文献を提供し、研究史の見取り図も提供できるのではないかと思う。とりわけ、日本ではほとんど紹介されたことのない分野も含まれているので、今後の研究の展開に少しでも貢献できるのではないかと思う。

なお本書の題名は、『ギリシア教父の世界――ニカイアからカルケドンまで』とした。一般の読者も想定して、原題を副題とした。本書が扱っている領域は、三二五年のニカイア会議前後から四五一年のカルケドン会議前後のいわゆるギリシア教父の黄金時代の著作家の思想と文献である。ラテン教父は、この概説の対象とはなっていないので、全教父を網羅したPatrology（教父学概説）とは性格を異にしている。特に、ギリシア教父の神学とその歴史的な背景を最新の学問的成果を用いて紹介する著者の文章は、通り一遍の概説ではなくて、深い思想の洞察に満ちている。したがって、神学研究者のみならず、古代の歴史研究者にとっても、有益な読み物にして必須の概説となるであろう。

翻訳にあたっては、まず本城君が下訳し、それを関川が修正・推敲して最終的な訳稿を作成した。したがって、翻訳の最終責任は、関川にあることは言うまでもない。用語、人名、著者名、地名など統一をはかったが、思わぬところに不備があるかもしれない。お気づきのところあれば、読者諸氏のご指摘を期待している。最後に索引の作成にあたっては、妻瑞恵の協力を得ることができたことを感謝をもって記す。

関川泰寛

二〇二四年七月二二日　池上にて

本索引は、原著387頁以下の事項・人名索引に基づいて、訳者が作成したものである。読者の便宜を考えて、事項と人名を混在させず別項目に作り変え、不要と思われる項目や目次によって代替できると思われる小項目などは省いた。事項項目については、英語の表記も加えた。また原著にある現代の研究者の索引は、注に原語の氏名表記を記したので、すべて省いてある。

人名索引

ア行

カ行

サ行

タ行

ナ行

ハ行

マ行

ヤ・ラ行

事項索引

サ行

タ行

略語表

一般および一次史料

Ad M.	*Ad Monachos*
Apol.	*Apology*
Bibl.	*Bibliotheca*
C. Arianios	*Contra Arianos*
CG	*Contra Gentes*
Comm.	*Commentary*
De fide et inc.	*De Fide et Incarnatione*
De O.	*De Oratione*
De Trin.	*On the Trinity*
Dem. Evang.	*Demonstratio Evangelica*
DI	*De Incarnatione*
Ep(p).	*Epistle(s)*
ET	English translation
Fr(s).	Fragment(s)
Haer.	*Panarion against all Heresies*
HE	*Ecclesiastical History*
Heb.	Hebrews
Hom.	*Homily*
Hom. Cat.	*Catechetical Homilies*
Jn.	John
KG	*Kephalaia gnōstika*
KMP	*Kata Meros Pistis*
L	Lietzmann (1904)
Laus	*Laus Constantini*
LXX	Septuagint
Matt.	Matthew
MS(S)	manuscript(s)
Myst. Cat.	*Mystagogical Catecheses*
n.	note
NS	New Series
NT	New Testament
OT	Old Testament
Orat.	*Oration*
Poem.	*Poemata*
Praep. Evang.	*Praeparatio Evangelica*

proph.	*Prophet*
Rom.	Romans
VA	*Vita Antonii*
Vir.	*De Viris Illustribus*
Vita	*Vita Constantini*

雑誌・シリーズ名、二次史料

下記を除き、全て Schäferdiek (1997)に従っている。

ACO	*Acta Conciliorum Œcumenorum*, Berlin: de Gruyter.
CCG	*Corpus Christianorum*, Series Graeca, Turnhout: Brepols.
CCL	*Corpus Christianorum*, Series Latina, Turnhout: Brepols.
CSCO	*Corpus Scriptorum Christianorum Orientalum*, Louvain/ Leuven: Peeters.
FC	*Fathers of the Church*, Washington, DC: Catholic University of America Press.
JECS	*Journal of Early Christian Studies* (Journal of the North American Patristic Society – formerly *The Second Century*), Baltimore: John Hopkins University Press.
JEH	*Journal of Ecclesiastical History*, Cambridge: Cambridge University Press.
JTS	*Journal of Theological Studies*, Oxford: Oxford University Press.
NPNF	*A Select Library of the Christian Church: Nicene and Post-Nicene Fathers.*
PG	*Patrologia Graeca*
PL	*Patrologia Latina*
SC	*Sources Chrétiennes*, Paris.
SJT	*Scottish Journal of Theology*, Edinburgh: T. & T. Clark.
SP	*Studia Patristica.* Papers presented at the Oxford Patristics Conferences. Formerly Berlin, Akademie-Verlag; Oxford, Pergamon; Kalamazoo, MI: Cistercian Publications; Leuven: Peeters.
TZF	*Texte zur Forschung:* Darmstadt: Wissenschaftliche Buchgesellschaft.
WS	*Woodbrooke Studies*
ZNW	*Zeitschrift für die neutestamentlische Wissenschaft und die Kunde der älteren Kirche*, Berlin: Topelmann.

参考文献

以下の文献表は、原著344–386頁をそのまま載録したものである。第二版が出た2010年の時点での最新の文献表である。各教父の原典と翻訳、教父学の諸分野の著作、論文などが挙げられており、教父研究をさらに志す研究者にはきわめて有益な情報である。

この文献表は、本書の注で引用された膨大な諸文献のリストとなっているとともに、一次史料（原典と翻訳）と二次史料（現代の研究者による著書、論文）のリストを提供する。さらにこの文献表では、参考文献が分野ごとに分類されて、アルファベット順に並べられている。主題ごとに、最初に概括的な文献、次に教父ごとの原典と翻訳、さらに二次文献表が加えられて、読者の便宜が図られている。

これらは、出版された全ての研究書や論文を網羅する包括的な文献表ではない。読者は、常に *Bibliographia Patristica*（Berlin: Walter de Gruyter, 1959-）や *Clavis Patrum Graecorum*（Turnhout: Brepols, 1974-）などの文献表やインターネットによって、最新の文献情報にアクセスすることが可能である。これらの参考文献を読みこなすことで、まず各教父の原典の解題、背景などを理解し、さらにキリスト論、救済論、サクラメント論、政治と神学の関係など個別の神学的な主題を解明していくことができる。この文献表の活用によって、本書は本格的な教父研究の入門ガイドとしての役割を果たすことができる。

一次史料

全般（Miscellaneous）

Bindley, T. H. and F. W. Green, 1955. *The Oecumenical Documents of the Faith*, London: Methuen.

Festugière, A.-J., 1982. *Ephèse et Chalcédoine: Actes des Conciles,* Paris: Beauchesne.

——, 1983. *Actes du concile de Chalcédoine: Sessions III–VI*, Geneva: Patrick Cramer Éditeur.

Froehlich, K., 1984. *Biblical Interpretation in the Early Church*, Sources of Early Christian Thought, Philadelphia: Fortress Press.

Musurillo, H. A., 1972. *Acts of the Christian Martyrs, Oxford Early Christian Texts*, Oxford: Oxford University Press.

Norris, Richard A., Jr, 1980. *The Christological Controversy*, Sources of Early Christian Thought, Philadelphia: Fortress Press.

Price, Richard and Michael Gaddis, 2005. *The Acts of the Council of Chalcedon: vols I–III*, Liverpool: Liverpool University Press.

Russell, N., 2007. *Theophilus of Alexandria*, London: Routledge.

Schwartz, E., 1927–. *Acta Conciliorum Oecumenicorum*, Berlin/Leipzig: de Gruyter.

Staab, K., 1933/84. *Pauluskommentare aus der griechischen Kirche*, Münster: Aschendorf.

Stevenson, K., 1966. *Creeds, Councils and Controversies*, London and New York: SPCK.

Vaggione, Richard P., 1987. *Eunomius: The Extant Works*, Oxford: Clarendon Press.

ラオディキアのアポリナリオス（Apollinarius of Laodicea）

Migne, *PG* 33.
Lietzmann, H., 1904. *Apollinaris und seine Schüle,* Tübingen: Mohr.
Ludwich, A., 1912. *Apollinaris: Metaphrasis in Psalmos*, Leipzig: Teubner.
Mühlenberg, E., 1975. *Psalmenkommentare aus der Katenenüberlieferung*, vol. I, Apollinarius and Didymus, Berlin: de Gruyter.

砂漠の師父（Apophthegmata Patrum）

Migne, *PG* 65.
Draguet, R., 1968. *Les cinq recensions de l'Ascéticon syriaque d'abba Isaie, CSCO* 294（Scriptores Syriaci 123）, Louvain: Sécretariat du CSCO.
——, 1970. *Abbé Isaïe: Recueil ascétique, Introduction et traduction française par les moines des Solesmes*, Begrolles: Abbaye de Bellefontaine.
Guy, J.-C.（ed.）, 1968. *Les apophtegmes des pères du désert (série alphabétique)*, Étoilles（Essonne）: Les Dominos.
——（ed.）, 1993. *Les Apophtegmes de Pères: collection systematique, books 1–9, SC 387*, Paris: Éditions de Cerf.
Nau F., 1907–9, 1912–13. *Codex Coislinianus, published in instalments in the Revue de l'Orient Chrétien* 12–14 and 17–18.
Regnault, L., 1981. *Les sentences des Pères du désert: collection alphabétique*, Sarthe: Éditions de Solesmes.
——, 1985. *Les Sentences des Pères du désert: Série des anonymes*, Solesmes: Éditions de Solesmes.
——, 1992. *Les chemins de Dieu au désert: collection systematique des Apophtegmes de Pères*, Solesmes: Éditions de Solesmes.
——（introd.）, J. Dion and G. Oury, and the monks of Solesmes（trans.）, 1966, 1970, 1976. *Les sentences des pères du désert* I（Pélage et Jean）, II & III（Coislin. 126 and Greek, Syriac, Coptic, etc.）, Sarthe: Éditions de Solesmes.
Waddell, Helen, 1936. *The Desert Fathers*, London and New York: Burns, Oates & Washbourne.
Ward, Benedicta, 1975a. *The Sayings of the Desert Fathers*, London: Mowbrays.
——, 1975b. T*he Wisdom of the Desert Fathers*, Oxford: SLG Press.

アタナシオス（Athanasius）

Migne, *PG* 25–28. ET in *NPNF* II.4.
Anatolios, K., 2004. *Athanasius*, London: Routledge.
Bartelink, G. J. M., 1994. *Vie d'Antoine. Athanase d'Alexandrie,* Introduction, texte critique, traduction, notes, *SC 400,* Paris: Les Éditions du Cerf.
Brennecke, H. C., U. Heil, A. von Stockhausen and A. Wintjes, 2007. *Athanasius Werke, 3.1, Dokumente zur Geschichte des arianischen Streites*, 3 Lieferung, Berlin and New York: de Gruyter.
Bright, W., 1884. *Orationes Contra Arianos I–III*, Oxford: Clarendon Press.

Camelot, P. T., 1977. *Athanase d'Alexandrie, Contre les Paiens,* texte grec, introduction et notes, *SC 18*, Paris: Les Éditions du Cerf.

Cureton, W., 1848. *The Festal Letters of Athanasius (Syriac text),* Society for the Publication of Oriental Texts, London: Madden & Co.

Draguet, René, 1980. *La Vie primitive de Saint Antoine conservée en syriaque, CSCO 417–18*, Louvain: Sécretariat du CSCO.

Gregg, Robert C., 1980. *Athanasius: Life of Antony and Letter to Marcellinus*, ET and introduction, New York: Paulist Press.

Heil, Uta, 1999. *Athanasius von Alexandrien de Sententia Dionysii*, Einleitung, Übersetzung und Kommentar, Berlin and New York: de Gruyter.

Kannengiesser, C., 1973/2000. *S. Athanase. Sur l'incarnation du Verbe*, Introduction, texte critique, traduction, notes, *SC 199*, Paris: Les Éditions du Cerf.

Lebon, J. S., 1947. *S. Athanase. Lettres à Serapion, SC 15*, Paris: Les Éditions du Cerf.

Lefort, L.-Th., 1955. *S. Athanase. Lettres festales et pastorals en copte*, with French translation, Louvain: L. Durbecq.

Martin, A., with M. Albert, 1985. *Histoire 'acephale' et Index syriaque des Lettres festales d'Athanase d'Alexandrie, SC 317*, Paris: Les Éditions du Cerf.

Meijering, E. P., 1984. *Athanasius. Contra Gentes*, introduction, translation and commentary, Leiden: Brill.

——, with J. C. M. van Winden, 1989. *Athanasius. De Incarnatione Verbi,* Einleitung, Übersetzung, Kommentar, Amsterdam: Gieben.

Meyer, Robert T., 1950. *Athanasius. Life of Antony*, ET, Westminster, MD: Newman Press.

Opitz, H. G., 1934. U*rkunden zur Geschichte des arianischen Streites, Athanasius Werke*, vol. III.1, Berlin: de Gruyter.

——, 1935a. D*ie Apologien, Athanasius Werke*, vol. II.1, Berlin: de Gruyter.

Shapland, C. R. B., 1951. *The Letters of St. Athanasius concerning the Holy Spirit*, London: Epworth.

Szymusiak, Jan M., 1958/87. *Athanase d'Alexandrie. Deux Apologies à l'empereur Constance et pour sa fuite*, introduction, texte critique et notes, SC 56, Paris: Les Éditions du Cerf.

Tetz, M., 1996, 1998, 2000. *Athanasius Werke, Band I. Die dogmatischen Schriften*, 3 vols, Berlin: de Gruyter.

Thomson, Robert W., 1971. *Athanasius. Contra Gentes–De Incarnatione*, text and ET, Oxford: Clarendon Press.

カエサリアのバシレイオス（Basil of Caesarea）

Migne, *PG* 29–32. ET in *NPNF* II.8.

Amand de Mendietta, D. and Stig Y. Rudberg, 1997. *Basilius von Caesarea. Homilien zur Hexaemeron, GCS*, Berlin: Akademie Verlag.

Anderson, David（trans.）, 1980. *St Basil the Great: On the Holy Spirit*, Crestwood, NY: St Vladimir's Seminary Press.

Boulenger, F.（ed.）, 1935. *Saint Basile: Aux Jeunes Gens*, Budé, Paris: Les Belles Lettres.

Clarke, W. K. L., 1925. *The Ascetic Works of St Basil*, London: SPCK.

Courtonne, Y.（ed.）, 1935. *Homélies sur la richesse*, Paris: Firmin-Didot.

——, 1957, 1961, 1966. *Saint Basile: Lettres,* 3 vols, Budé, Paris: Les Belles Lettres.

Deferrari, R.（ed. with ET）, 1926, 1928, 1930, 1934. *Basil, The Letters*, 4 vols, LCL, London: Heinemann / Cambridge, MA: Harvard University Press.

Giet, S., 1968. *Basile de Césarée. Homélies sur l'Hexaémeron, SC 26*, Paris: Les Éditions du Cerf.

Hauschild, Wolf-Dieter, 1973, 1990, 1992. *Briefe: Basilius von Caesarea*, 3 vols, Stuttgart: Anton Hiersemann.

Marti, Heinrich, 1989. *De ieiunio I, II: Zwei Predigten über des Fasten nach Basileios von Kaisareia und Rufin von Aquileia. Ausgabe mit Einleitung, Übersetzung und Anmerkungen*, Leiden: Brill.

Pruche, B., 1968. *Basile de Césarée. Traité du Saint-Esprit, SC 17*, Paris: Les Éditions du Cerf.

Risch, F. X., 1992. *Pseudo-Basilius, Adversus Eunomium IV–V. Einleitung, Übersetzung and Kommentar*, Leiden: Brill.

Rudberg, S. Y., 1962. *L'Homélie de Basile de Césarée sur le mot 'Observe-toi toi-même'*, Stockholm: Almqvist & Wicksell.

Sesboüé, B., G.-M. de Durand and L. Doutreleau, 1982, 1983. B*asile de Césarée. Contre Eunome I & II, SC 299 & 305*, Paris: Les Éditions du Cerf.

Sieben, Herman Josef, 1993. *De Spiritu Sancto*, Freiburg im Breisgau: Herder.

Silvas, Anna M., 2005. *The Asketicon of St. Basil the Great*, Oxford: Oxford University Press.

Smets, Alexis and M. van Esbroek, 1970. *Basile de Césarée. Sur l'origine de l'homme: Homélies X et XI de l'Hexaémeron, SC 160,* Paris: Les Éditions du Cerf.

Wagner, M. M., 1950. *Saint Basil. Ascetical Works, FC*, Washington, DC: Catholic University of America Press.

Way, Sister Agnes Clare, 1951, 1955. *Saint Basil. Letters,* 2 vols, *FC*, Washington, DC: Catholic University of America Press.

——, 1963. *Saint Basil. Exegetic Homilies, FC*, Washington, DC: Catholic University of America Press.

Wilson, N. G., 1975. *Saint Basil on the Value of Greek Literature*, London: Duckworth.

アレクサンドリアのキュリロス（**Cyril of Alexandria**）

Migne, *PG* 68–77.

Burguière, P. and P. Evieux, 1985. *Cyrille d'Alexandrie: Contre Julien*, vol. 1, *SC 322*, Paris: Les Éditions du Cerf.

Burns, W. H. et al., 1991, 1993, 1998. *Lettres festales*（I–VI）,（VII–XI）,（XII–XVII）, *SC 372, 392 & 434*, Paris: Les Éditions du Cerf.

Chabot, J. B., 1912. S. *Cyrilli Alexandrini commentarii in Lucam I, CSCO, reprinted with Latin trans. by R. M. Tonneau*, 1953, 1954. 2 vols, Paris: E Typographeo Reipublicae.

Durand, G. M. de, 1964. *Cyrille d'Alexandrie. Deux dialogues christologiques, SC 97*, Paris: Les Éditions du Cerf.

——, 1976, 1977, 1978. *Cyrille d'Alexandrie. Dialogues sur la Trinité, SC 231, 237 & 246*, Paris: Les Éditions du Cerf.

Hill, R. C., 2007, 2008. St. *Cyril of Alexandria. Commentary on the 12 Prophets*, 2 vols, FC, Washington, DC: Catholic University of America Press.

McEnerney, J. I., 1987. *St Cyril of Alexandria: Letters 1–50, FC*, Washington, DC: Catholic University of America Press.

——, 1987. *St Cyril of Alexandria: Letters 51–110, FC*, Washington, DC: Catholic University of America Press.

McGuckin, J. A., 1994. *Cyril of Alexandria: The Christological Controversy: Its History, Theology and Texts*, Leiden: Brill / republished Crestwood, NY: St Vladimir's Seminary Press.

——, 1995. *St. Cyril of Alexandria: On the Unity of Christ*, Crestwood, NY: St Vladimir's Seminary Press.

Payne Smith, R., 1858. *S. Cyrilli Alexandriae archiepiscopi Commentarii in Lucae evangelium quae supersunt syriace e manuscriptis apud Museum Britannicum*, Oxford: Clarendon Press.

——, 1859. *A Commentary upon the Gospel according to St Luke by St Cyril, Patriarch of Alexandria*, 2 vols, Oxford: Oxford University Press（reprinted in one vol. New York: Studion, 1983）.

Pusey, P. E., 1868. *S. Cyrilli Archiepiscopi Alexandrini in XII Prophetas*, 2 vols, Oxford: Clarendon Press.

——, 1872a. *S. Cyrilli Archiep. Alex. in S. Ioannis Evangelium*, 3 vols, Oxford: Clarendon Press.

——, 1872b. *The Three Epistles of St Cyril*, LFC, Oxford: James Parker.

——, 1874. *Commentary on the Gospel according to St John by S. Cyril Archbishop of Alexandria*, vol. 1, LFC, Oxford: James Parker.

——, 1875. *S. Cyrilli Alexandrini epistolae tres oecumenicae, Libri V contra Nestorium, XII Capitum Explanatio, XII Capitum Defensio utraque, Scholia de Incarnatione Unigeniti*, Oxford: James Parker.

——, 1877. *S. Cyrilli Alexandrini De Recta Fide ad Imperatorem, De Incarnatione Unigeniti Dialogus, De Recta Fide ad Principissas, De Recta Fide ad Augustas, Quod unus sit Christus Dialogus, Apologeticus ad Imperatorem*, Oxford: James Parker.

——, 1881. *S. Cyril Archbishop of Alexandria: Five Tomes against Nestorius, Scholia on the Incarnation, Christ is One, and Fragments against Diodore of Tarsus, Theodore of Mopsuestia, and the Synousiasts*, LFC, Oxford: James Parker.

——, 1885. *Commentary on the Gospel according to St John by S. Cyril Archbishop of Alexandria*, vol. 2, ET by T. Randell, LFC, London: James Parker.

Russell, N., 2000. *Cyril of Alexandria*, London and New York: Routledge.

Wickham, L. R., 1983. *Cyril of Alexandria: Select Letters*, ed. and ET, Oxford: Clarendon.

エルサレムのキュリロス（Cyril of Jerusalem）

Migne, *PG* 33. ET in *NPNF* II.7.

Bihain, E., 1973. 'L'épitre de Cyrille de Jérusalem à Constantine sur la vision de la croix（BHG3 413）', *Byzantion* 43, pp. 264–96.

Cross F. L., 1951. *St Cyril of Jerusalem's Lectures on the Christian Sacraments (Texts for Students)*, London: SPCK.

McCauley, Leo P. and Anthony A. Stephenson, 1969, 1970. *The Works of Cyril of Jerusalem, FC* 61, 64, Washington, DC: Catholic University of America Press.

Piédagnel, A., 1966. *Cyrille de Jérusalem: Catéchèses mystagogiques*, trans. P. Paris, *SC* 126, Paris: Les Éditions du Cerf.

Reischl, W. K. and J. Rupp, 1848, 1860. *S. Cyrilli: Opera quae supersunt omnia*, 2 vols, Munich: Sumptibus Librariae Lentnerianae; reissued Hildesheim: Georg Olms, 1967.

Telfer, W., 1955. *Cyril of Jerusalem and Nemesius of Emesa*, introduction and translation of selections (Library of Christian Classics IV), London and Philadelphia: SCM Press.

Yarnold, E., SJ, 2000. *Cyril of Jerusalem*, Introduction and ET of selections, London and New York: Routledge.

盲目のディデュモス（Didymus the Blind）

Migne, *PG* 39.

Binder, G., L. Liesenborghs, J. Kramer, B, Krebber and M. Gronewald (eds), 1969–83. *Didymos der Blinden. Kommentar zum Ecclesiastes*, 6 vols, Pap. Texte und Abhandlung 9, 13, 16, 22, 24–6, Bonn: Rudolf Habelt Verlag.

Doutreleau, Louis (ed.), 1962. *Didyme l'Aveugle. Sur Zacharie*, 3 vols, *SC* 83–5, Paris: Les Éditions du Cerf.

—— (ed.), 1992. *Didyme l'Aveugle: Traité du Saint-Ésprit, SC* 386, Paris: Les Éditions du Cerf.

——, A. Gesché and M. Gronewald (eds), 1968–70. *Didymos der Blinden. Psalmenkommentar*, 5 vols, Pap. Texte und Abhandlungen 4, 6–8, 12, Bonn: Rudolf Habelt Verlag.

Hadegorn, Ursula and Dieter Hadegorn, 1994–2000. *Die älteren grieschichen Katenen zum Buch Hiob*, Vol. 1, Patristische Texte und Studien 40, 48, 53. Berlin: de Gruyter.

Henrichs, A., U. and D. Hadegorn and L. Koenen (eds), 1968–85, *Didymos der Blinden. Kommentar zu Hiob*, 4 vols, Pap. Texte und Abhandlungen 1–3, 33.1, Bonn: Rudolf Habelt Verlag.

Hill, R. C. (trans.), 2006. *Didymus. Commentary on Zechariah, FC*, Washington, DC: Catholic University of America Press.

Hönscheid, J, (ed.), 1975. *De Trinitate I von Didymus der Blinde*, Hrsg. und übersetzt, Meisenheim: Verlag Anton Hain.

Mühlenberg, Ekkehard, 1975–8. *Psalmenkommentare aus der Katenenüberlieferung*, 3 vols, Berlin: de Gruyter.

Nautin, P. and L. Doutreleau, 1976, 1978. *Didyme l'Aveugle. Sur la Genèse, SC* 233 & 244, Paris: Les Éditions du Cerf.

Petit, François, 1986. *Catenae Graecae in Genesim et in Exodum. Vol 2: Collectio Coisliniana in Genesim, CCG*, 15. Turnhout: Brepols.

Petit, François, 1992–1995. *La chaîn sur Genèse: édition integral.* 3 vols, Traditio Exegetica Graeca 1–3. Leuven: Peeters.

Risch, F. X., 1999. Pseudo-Basilius, *Adversus Eunomium IV–V. Einleitung, Übersetzung and Kommentar*, Leiden: Brill.

Seiler, I (ed.), 1975. *De Trinitate II.1–7 von Didymus der Blinde*, Hrsg. und übersetzt, Meisenheim: Verlag Anton Hain.

タルソスのディオドロス（Diodore of Tarsus）

Migne, *PG* 33.

Abramowski, R., 1949. 'Der Theologische Nachlass des Diodor von Tarsus', *ZNW* 42, 1949, pp. 19–69.

Brière, M., 1946. 'Fragments syriaques de Diodore de Tarse réédités et traduits pour la première fois', *Revue de l'Orient Chrétien* 10, pp. 231–83.

Hill, Robert C., 2005. *Diodore of Tarsus. Commentary on Psalms 1–51*, Atlanta, GA: SBL.

Olivier, Jean-Marie, 1980. *Diodori Tarsensis commentarii in Psalmos I–L, CCG*, Turnhout: Brepols.

シリアのエフライム（Ephrem Syrus）

Brock, Sebastian, 1990. *Saint Ephrem: Hymns on Paradise*, Crestwood, NY: St Vladimir's Seminary Press.

—— and George A. Kiraz, 2006. *Ephrem the Syrian: Select Poems*, Text and ET: Provo, UT: Brigham Young University Press.

Matthews, Edward G. and Joseph P. Amar, ed. Kathleen McVey, 1994. *St Ephrem the Syrian: Selected Prose Works, FC* 91, Washington, DC: Catholic University of America Press.

McCarthy, Carmel, 1993. *Saint Ephrem's Commentary on Tatian's Diatesseron, Journal of Semitic Studies*, Supplement 2, Oxford: Oxford University Press.

McVey, Kathleen, 1989. *Ephrem the Syrian: Hymns, Classics of Western Spirituality*, New York: Paulist Press.

サラミスのエピファニオス（Epiphanius of Salamis）

Migne, *PG* 41–3.

Amidon, Philip R., 1990. *The Panarion of St. Epiphanius. Selected Passages*, New York/ Oxford: Oxford University Press.

Blake, R. P. and H. de Vis, 1934. *Epiphanius, De Gemmis*, eds and trs（Studies and Documents 2）, London: Christophers.

Dean, J. E., 1935. *Epiphanius' Treatise on Weights and Measures*, ed. and ET, Chicago, IL: University of Chicago Press.

Holl, K., 1915. *Ancoratus. Panarion 1–33, GCS*, Leipzig: Hinrichs.

——, rev. ed. J. Dummer, 1980. *Panarion 34–64, GCS*, Berlin: Akademie Verlag.

——, rev. ed. J. Dummer, 1985. *Panarion 65–80, De Fide, GCS*, Berlin: Akademie Verlag.

Stone, Michael E. and Roberta Ervine, 2000. *The Armenian Texts of Epiphanius of Salamis, De Mensuris et ponderibus*, Leuven: Peeters.

Williams, Frank, 1987/94. *The Panarion of Epiphanius of Salamis,* 2 vols, Leiden: Brill.

カエサリアのエウセビオス（Eusebius of Caesarea）

Migne, *PG* 19–24. ET in *NPNF* II.1.

Amacker, R. and E. Junod, 2002. *Apologie pour Origène/Pamphile et Eusèbe de Césarée, SC* 464, Paris: Les Éditions du Cerf.

Bardy, G. (ed.), 1952–60. *Eusèbe de Césarée. Histoire Ecclésiastique, SC* 31, 41, 55 & 73, Paris: Les Éditions du Cerf.

Cameron, A. and Stuart G. Hall, 1999. *Eusebius. The Life of Constantine* (introd., trans. and commentary), Oxford: Clarendon Press.

Conybeare, F. C., 1921. *Philostratus, the Life of Apollonius of Tyana, the Epistles of Apollonius, and the Treatise of Eusebius*, 2 vols, LCL, London: Heinemann.

Drake, H. A., 1976. *In Praise of Constantine: a Historical Study and New Translation of Eusebius' Tricennial Orations*, Berkeley: University of California Press.

Ferrar, W. J., 1920. *The Proof of the Gospel* (*Demonstratio Evangelica*), 2 vols, London: SPCK.

Forrat, M., with E. des Places (eds), 1986. E*usèbe de Césarée. Contre Hiéroclès, SC* 333, Paris: Les Éditions du Cerf.

Freeman-Grenville, G. S. P., Joan E. Taylor and R. L. Chapman III, 2003. *The Onomasticon by Eusebius of Caesarea—Palestine in the Fourth Century*, Jerusalem: Carta.

Gifford, E. H., 1903. *Eusebii Pamphili Evangelicae Praeparationis Libri XV*, Oxford: Oxford University Press.

Gressmann, H. (ed.), 1904. *Die Theophanie: die griechischen Bruchstücke und Übersetzung der syrischen Überlieferung. Eusebius Werke III, GCS* (2nd edn A. Laminski, 1992), Berlin: Akademie Verlag.

Helm, R. (ed.), 1913. *Die Chronik des Hieronymus. Eusebius Werke VII, GCS* (3rd edn U. Treu, 1984), Leipzig: Hinrichs.

Heikel, I. (ed.), 1913. *Die Demonstratio evangelica. Eusebius Werke VII, GCS*, Leipzig: Hinrichs.

Karst, J., 1911. *Die Chronik des Eusebius aus dem armenischen übersetzt. Eusebius Werke V, GCS*, Leipzig: Hinrichs.

Klostermann, E., 1904. *Das Onomastikon der biblischen Ortsnamen, Eusebius Werke III, GCS*, Leipzig: J. C. Hinrichs.

——, (ed.), 1906. *Gegen Marcell, über die kirchliche Theologie, die Fragmente Marcells. Eusebius Werke IV, GCS* (3rd edn G. C. Hansen, 1991), Berlin: Akademie Verlag.

Lawlor, H. J. and J. E. L. Oulton, 1927. *Eusebius, Bishop of Caesarea, The Ecclesiastical History and the Martyrs of Palestine*, ET and notes, 2 vols, London: SPCK.

Lee, S., 1843. *Eusebius. On the Theophaneia*, Cambridge: Cambridge University Press.

Mras, K. (ed.), 1982–3. *Die Praeparatio evangelica. Eusebius Werke VIII, GCS* (2nd edn E. des Places), Berlin: Akademie Verlag.

Notley, R. S. and Z. Safrai, 2005. *Eusebius, Onomasticon. The Place-Names of Divine Scripture. A Triglott edition with Notes and Commentary*, Leiden: Brill.

Places, E. des, et al. (eds), 1974–91. E*usèbe de Césarée, la Préparation Évangélique, SC* 206, 228, 262, 266, 215,369, 292, 307 & 338, Paris: Les Éditions du Cerf.

Schwartz, E. (ed.), 1903–9. *Die Kirchengeschichte. Eusebius Werke II, GCS*, 3 vols, Leipzig: Hinrichs.

Stevenson, J., 1957. *A New Eusebius*, London: SPCK.

Williamson, G. A., 1965/89. *Eusebius. The History of the Church from Christ to Constantine,* rev. edn A. Louth, Harmondsworth and Baltimore: Penguin Books.

Winkelmann, F. (ed.), 1975. *Über das Leben des Kaisers Konstantin. Eusebius Werke I, GCS* (2nd edn

1991), Berlin: Akademie Verlag.
Ziegler, J. (ed.), 1975. *Der Jesajakommentar. Eusebius Werke IX, GCS,* Berlin: Akademie Verlag.

アンティオキアのエウスタティオス（Eustathius of Antioch）

Migne, *PG* 18.
Declerck, J. H., 2002. *Eustathii Antiocheni, Opera quae supersunt omni*a, CC Series Graeca 51, Turnhout: Brepols.
Greer, Rowan A. and Margaret M. Mitchell, 2007. *The 'Belly-Myther' of Endor. Interpretations of 1 Kings 28 in the Early Church*, Atlanta, GA: SBL.
Spanneut, M., 1948. *Recherches sur les écrits d'Eustathe d'Antioche avec une édition nouvelle des fragments dogmatiques et exégétiques*, Lille: Facultés catholiques.

エヴァグリオス・ポンティコス（Evagrius Ponticus）

Migne, *PG* 40.
Casiday, A. M., 2006. *Evagrius Ponticus, The Early Christian Fathers*, London and New York: Routledge.
Driscoll, Jeremy, OSB, 2003. *Evagrius Ponticus: Ad Monachos, Translation and Commentary, Ancient Christian Writers* 59, New York: Newman Press.
Géhin, Paul, 1987. *Évagre le pontique: Scholies aux Proverbes, SC* 340, Paris: Les Éditions du Cerf.
—— (ed.), 1993. *Évagre le pontique: Scholies à l'Ecclésiaste, SC* 397, Paris: Les Éditions du Cerf.
Guillaumont, A., 1958. *Les six centuries des 'Kephalaia Gnostica' d'Évagre le Pontique, Patrologia Orientalis* 28.1, Paris: CNRS.
—— and C. Guillaumont, 1971, 1972. *Évagre le pontique: Traité pratique ou le moine I & II, SC* 170 & 171, Paris: Les Éditions du Cerf.
—— and C. Guillaumont, 1989. *Évagre le pontique: Le Gnostique, SC* 356, Paris: Les Éditions du Cerf.
Harmless, William and Raymond R. Fitzgerald, 2001. '"The Sapphire Light of the Mind": The Skemmata of Evagrius Ponticus', *Theological Studies* 62, pp. 498–529.
Hausherr, I., 1959, 1960. 'Le Traité de l'Oraison d'Évagre le Pontique: Introduction, authenticité, traduction française et commentaire', *Revue d'Ascétique et de Mystique* 137, pp. 3–26; 138, pp. 121–46; 139, pp. 241–65; 140, pp. 361–85; 141, pp. 3–35; 142, pp. 137–87.
Muyldermans, J., 1931. 'Evagriana', *Le Muséon* 44, pp. 37–68.
Sinkewicz, Robert E., 2003. *Evagrius of Pontus. The Greek Ascetic Corpus*, Oxford Early Christian Studies, Oxford: Oxford University Press.

ナジアンゾスのグレゴリオス（Gregory of Nazianzus）

Migne, *PG* 37–8. ET in *NPNF* II.7.
Bernardi, J., 1978. *Saint Grégoire de Nazianze. Discours 1–3, SC* 247, Paris: Les Éditions du Cerf.
——, 1983. *Saint Grégoire de Nazianze. Discours 4–5, Contre Julien, SC* 309, Paris: Les Éditions du Cerf.
——, 1992. *Saint Grégoire de Nazianze. Discours 42–3, SC* 384, Paris: Les Éditions du Cerf.

Calvet-Sebasti, M., 1995. *Saint Grégoire de Nazianze. Discours 6–12, SC* 405, Paris: Les Éditions du Cerf.

Daley, Brian E., 2006. *Gregory of Nazianzus*, London and New York: Routledge.

Gallay, P., 1964, 1967. *Saint Grégoire de Nazianze. Lettres*, 2 vols, Budé, Paris: Les Belles Lettres.

——, 1969. *Gregor von Nazianzus. Briefe, GCS*, Leipzig and Berlin: Akademie-Verlag.

—— and M. Jourjon, 1974. *Saint Grégoire de Nazianze. Lettres théologiques, SC* 208, Paris: les Éditions du Cerf.

—— and M. Jourjon, 1978. *Saint Grégoire de Nazianze. Discours théologiques (27–31), SC* 250, Paris: les Éditions du Cerf.

Gilbert, Peter, 2001. *On God and Man: The Theological Poetry of St. Gregory of Nazianzus,* Crestwood, NY: St Vladimir's Seminary Press.

Jungck, Christoph (ed.), 1974. *Gregor von Nazianz. De Vita Sua*, Heidelberg: Carl Winter Universitätsverlag.

Mason, A. J. (ed.), 1899. *The Five Theological Orations of Gregory of Nazianzus*, Cambridge Patristic Texts 1, Cambridge: Cambridge University Press.

McCauley, Leo P. et al., 1953. *Funeral Orations of St. Gregory Nazianzen and St. Ambrose, FC* 22, New York: Fathers of the Church.

McGuckin, J. A., 1986/9. *St Gregory Nazianzen: Selected Poems*, Oxford: SLG Press.

Meehan, D., 1987. *St Gregory of Nazianzus. Three Poems, FC* 75, Washington, DC: Catholic University of America Press.

Meier, Benno, 1989. *Gregor von Nazianz. Über die Bischöfe* (Carmen 2, 1, 12), Paderborn: Schöningh.

Moreschini, C., 1985. *Discours 32–37, SC* 318, Paris: Les Éditions du Cerf.

——, 1990. *Discours 38–41, SC* 358, Paris: Les Éditions du Cerf.

—— (ed.) and D. A. Sykes (ET and Commentary), 1997. *Gregory of Nazianzus: Poemata Arcana*, Oxford: Clarendon Press.

Mossay, J. and Guy Lafontaine, 1980. *Discours 20–23, SC* 270, Paris: Les Éditions du Cerf.

—— and Guy Lafontaine, 1981. *Discours 24–26, SC* 284, Paris: Les Éditions du Cerf.

Norris, F. W., with F. Williams and L. Wickham, 1991. *Faith Gives Fullness to Reasoning: The Five Theological Orations of St. Gregory Nazianzen*, Supplement to *VigChr* 13, Leiden: Brill.

Palle, Roberto, 1985. *Gregor von Nazianz: Carmina de virtute 1a/1b*, Graz: Institut für ökumenische Theologie und Patrologie de Universität Graz.

Simelidis, Christos, 2006. 'Selected Poems of Gregory of Nazianzus', critical edn with introduction and commentary, Oxford University DPhil thesis.

Tuilier, A. and G. Bady (ed.), with T. Bernardi (trans. and notes), 2004. *Saint Grégoire de Nazianze. Œuvres poétiques: I. Poèmes personnels,* Paris: Les Belles Lettres.

Vinson, Martha, 2003. *Gregory Nazianzen. Select Orations, FC,* Washington, DC: Catholic University of America Press.

Werhahn, H. M., 1953. *Gregorii Nazianzeni: 'Synkrisis Bion',* Wiesbaden: Harrassowitz.

White, C., 1996. *Gregory of Nazianzus: Autobiographical Poems*, Cambridge Medieval Classics, Cambridge: Cambridge University Press.

ニュッサのグレゴリオス（Gregory of Nyssa）
Migne, *PG* 44–6. ET in *NPNF* II.5.
Callahan, V. Woods, 1967. *Gregory of Nyssa. Ascetical Works, FC* 58, Washington, DC: Catholic University of America Press.
Drobner, H. R. and A. Viciano（eds）, 2000. *Gregory of Nyssa. Homilies on the Beatitudes*, Leiden: Brill.
Ferguson, E. and A. Malherbe, 1978. *The Life of Moses, Classics of Western Spirituality*, New York: Paulist Press.
Graef, Hilda, 1954. *The Lord's Prayer. The Beatitudes*, Ancient Christian Writers 18, New York: Newman Press.
Hall, S. G.（ed.）, 1993. *Gregory of Nyssa. Homilies on Ecclesiastes*, Proceedings of the Seventh International Colloquium on Gregory of Nyssa, 1990, Berlin and New York: de Gruyter.
Heine, R., 1995. *Gregory of Nyssa's Treatise on the 'Inscriptions on the Psalms'*, Oxford: Oxford University Press.
Jaeger, W. et al., 1960–. *Gregorii Nysseni Opera*, Leiden: Brill
——, Vols I and II: *Contra Eunomii Libri;*
——, Vol. III（in five parts）: *Opera Dogmatica Minora;*
——, Vol. V: *In Inscriptiones Psalmorum. In Sextum Psalmum. In Ecclesiastes Homiliae;*
——, Vol. VI: *In Canticum Canticorum;*
——, Vol. VII（in two parts）: *De Vita Moysis. De Oratione Dominica. De Beatitudinibus;*
——, Vol. VIII（in two parts）: *Epistolae;*
——, Vols IX and X（in two parts）: *Sermones.*
Karfikova, L., Scot Douglass and Johannes Zachhuber（eds）, 2007. *Gregory of Nyssa: Contra Eunomium II. An English version with Supporting Studies,* Proceedings of the Tenth International Colloquium on Gregory of Nyssa, 2004, Supplements to *VigChr* 82, Leiden: Brill.
Mateo-Seco, L. F. and J. L. Bastero（eds）, 1988. *El 'Contra Eunomium I' en la produccion literaria de Gregorio de Nisa*, Pamplona: Editiones Universidad de Navarra.
McCambley, Casimir, 1987. *St. Gregory of Nyssa: Commentary on the Song of Songs*, Brookline, MA: Hellenic College Press.
Meredith, Anthony, 1999. *Gregory of Nyssa*, London and New York: Routledge.
Musurillo, H.（ed. and trans.）, 1961. *From Glory to Glory: Texts from Gregory of Nyssa's Mystical Writings*, New York: Scribner.
Peroli, E., 1997. 'Gregory of Nyssa and the Neoplatonic Doctrine of the Soul', *VigChr* 51（2）, pp. 117–39.
Roth, Catherine, 1993. *On the Soul and the Resurrection, Crestwood,* NY: St Vladimir's Seminary Press.
Silvas, Anna M., 2007. *Gregory of Nyssa: The Letters. Introduction, Translation and Commentary,* Leiden: Brill.
——, 2008. *Macrina the Younger, philosopher of God*, Turnhout: Brepols.
Spira, Andreas and Christoph Klock（eds）, 1981. *The Easter Sermons of Gregory of Nyssa*, Translation and Commentary, Proceedings of the Fourth International Colloquium on Gregory of Nyssa, 1978, Cambridge, MA: Philadelphia Patristic Foundation.

Srawley, J. R., 1903. *The Catechetical Oration of Gregory of Nyssa*, Cambridge: Cambridge University Press.

——, 1917. *The Catechetical Oration of Gregory of Nyssa*, London: SPCK.

ヨアンネス・クリュソストモス（John Chrysostom）

Migne, *PG* 47–64. ET in *NPNF* I.9–14.

Aubineau, M. and R. E. Carter, 1968, 1970. *Codices Chrysostomici Graeci* I, II and III, Paris: Éditions de CNRS.

Brändle, Rudolf and Verena Jegher-Bucher, 1995. *Johannes Chrysostomos. Acht Reden gegen Juden*, Stuttgart: Anton Hiersemann.

Brottier, Laurence, 1989. *Jean Chrysostome, neuf sermons sur la Genèse*, Lille: A.N.R.T. Université de Lille III.

Christo, G. G., 1998. *St. John Chrysostom. On Repentance and Almsgiving, FC* 96, Washington, DC: Catholic University of America Press.

Dumortier, J., 1955. *Saint Jean Chrysostome. Les cohabitations suspects; Comment observer la virginité*, Budé, Paris: Les Belles Lettres.

——, 1966. *Jean Chrysostome. À Theodore, SC* 117, Paris: Les Éditions du Cerf.

——, 1981. *Jean Chrysostome. Homélies sur Ozias, SC* 277, Paris: Les Éditions du Cerf.

—— and Arthur Lifooghe, 1983. *Jean Chrysostome. Commentaire sur Isaïe, SC* 304, Paris: Les Éditions du Cerf.

Exarchos, B. K., 1954. *Johannes Chrysostomos über Hoffart und Kindererziehung*, Munich: Hüber.

Goggin, Sister T. A., 1957, 1960. *Saint John Chrysostom. Commentary on Saint John the Apostle and Evangelist, FC* 33 and 41, NY: Fathers of the Church.

Grillet, Bernard and G. H. Ettlinger, 1968. *Jean Chrysostome. À une jeune veuve, SC* 138, Paris: Les Éditions du Cerf.

Hagedorn, Ursula and Dieter, 1990. *Johannes Chrysostomos. Kommentar zu Hiob*, Berlin: de Gruyter.

Haidacher, S., 1907. *Des hl. Johannes Chrysostomos über Hoffart und Kindererziehung*, Freiburg: Herder.

Halton, Thomas, 1963. *In Praise of St. Paul by John Chrysostom*, Washington, DC: Catholic University of America Press.

Harkins, P. W., 1963. *John Chrysostom. Baptismal Instructions,* ET, Ancient Christian Writers 31, Westminster, MD: Newman Press.

——, 1979. *Saint John Chrysostom. Discourses against Judaizing Christians, FC* 68, Washington, DC: Catholic University of America Press.

——, 1984. *Saint John Chrysostom. On the Incomprehensible Nature of God, FC* 72, Washington, DC: Catholic University of America Press.

Hill, R. C., 1986, 1990, 1992. *St John Chrysostom. Homilies on Genesis 1–17, 18–45, 46–67, FC* 74, 82 & 87, Washington, DC: Catholic University of America Press.

——, 1998. *St. John Chrysostom. Commentary on the Psalms*, vol. 1, Brookline, MA: Holy Cross Orthodox Press.

Hunter, David G., 1988. *A Comparison between a King and a Monk / Against the Opponents of the*

Monastic Life. Two treatises by John Chrysostom, Lewiston: Edwin Mellen.

Laistner, M. C. W., 1951. ET of *On Vainglory and the education of children in Christianity and Pagan Culture*, Ithaca, NY: Cornell University Press.

Malingrey, A. M., 1961. *Jean Chrysostome. Sur la providence de Dieu, SC* 79, Paris: Les Éditions du Cerf.

——, 1964. *Jean Chrysostome. Lettre d'exil à Olympias et tous les fidèles, SC* 103, Paris: Les Éditions du Cerf.

——, 1968. *Jean Chrysostome. Lettres à Olympias, SC* 13, Paris: Les Éditions du Cerf.

——, 1970. *Jean Chrysostome. Sur l'incomprehensibilité de Dieu, SC* 28; 2nd ed., Paris: Les Éditions du Cerf.

——, 1972. *Jean Chrysostome. Sur la vaine gloire et l'éducation des enfants, SC* 188, Paris: Les Éditions du Cerf.

——, 1980. *Jean Chrysostome. Sur la sacerdoce: dialogue et homélie, SC* 272, Paris: Les Éditions du Cerf.

——, 1994. *Jean Chrysostome. Sur l'égalité du Père et du Fils: contre les anoméens homélies vii–xii, SC* 396, Paris: Les Éditions du Cerf.

Mayer, W. and P. Allen, 2000. *John Chrysostom*, London and New York: Routledge.

Mayer, W. and N. Bronwen, 2006. *John Chrysostom. The Cult of the Saints: Select Homilies and Letters*, Crestwood, NY: St Vladimir's Seminary Press.

Musurillo, H. and B. Grillet (eds), 1966. *Jean Chrysostome, La Virginité, SC* 125, Paris: Les Éditions du Cerf.

Neville, G., 1964. *St. John Chrysostom. Six books on Priesthood*, London: SPCK; revised T. A. Moxon, Crestwood, NY: St Vladimir's Seminary Press.

Piédagnel, A., 1982. *Jean Chrysostome. Panégyriques de S. Paul, SC* 300, Paris: Les Éditions du Cerf.

—— and Louis Doutreleau, 1990. *Trois catéchèses baptimales, SC* 366, Paris: Les Éditions du Cerf.

Roth, Catharine P., 1999. *St. John Chrysostom. On Wealth and Poverty*, Crestwood, NY: St Vladimir's Seminary Press.

—— and David Anderson, 1997. *St. John Chrysostom. On Marriage and Family Life*, Crestwood, NY: St Vladimir's Seminary Press.

Schatkin, Margaret A. and P. W. Harkins, 1985. *St. John Chrysostom. Apologist*, including ET of t*he Discourse on the Blessed Babylas and against the Greeks, and the Demonstration against the pagans that Christ is God, FC* 73, Washington, DC: Catholic University of America Press.

Schatkin, Margaret A. et al., 1990. *Jean Chrysostome. Discours sur Babylas, Homélie sur Babylas, SC* 362, Paris: Les Éditions du Cerf.

Schulte, F., 1914. *Johannes Chrysostomos, De inanani Gloria et de educandis liberis,* Progr. 627 Collegium Augustinianum Gaesdonck, Münster: Schöningh.

Shore, Sally Rieger, 1983. *John Chrysostom. On Virginity. Against Remarraige*, Lewiston, NY: Edwin Mellen.

Sorlin, Henri and Louis Neyrand, 1988. *Jean Chrysostome. Commentaire sur Job, SC* 346 & 348, Paris: Les Éditions du Cerf.

Wenger, A. (ed.), 1957. *Jean Chrysostome. Huit catéchèses baptismales inédites, SC* 50, Paris: Les Éditions du Cerf.

「マカリオス」（'Macarius'）

Migne, *PG* 34.

Berthold, H.（ed.）, 1973. *Makarios/Symeon: Reden und Briefe. Die Sammlung I des Vaticanus Graecus 694 (B)*, 2 vols, GCS, Berlin: Akademie Verlag.

Desprez, Vincent（ed.）, 1980. *Pseudo-Macaire. Homélies propres à la collection III, SC* 275, Paris: Les Éditions du Cerf.

Dörries, Hermann, Erich Klostermann and Matthias Kroeger（eds）, 1964. *Die 50 Geistlichen Homilien des Makarios*, PTS 4, Berlin: de Gruyter.

Klostermann, E. and H. Berthold（eds）, 1961. *Neue Homilien des Makarios/Symeon aus Typus III*, TU 72, Berlin: Akademie-Verlag.

Maloney, G. A., SJ（trans.）, 1992. *Pseudo-Macarius. The Fifty Spiritual Homilies and the Great Letter*, Classics of Western Spirituality Series, New York: Paulist Press.

Mason, A. J.（trans.）, 1921. *Fifty Spiritual Homilies of St. Macarius the Egyptian*, London: SPCK.

Staats, R.（ed.）, 1984. *Makarios-Symeon: Epistola Magna. Eine messalianische Mönchsregel und ihre Umschrift in Gregors von Nyssa 'De Instituto Christiano'*, Göttingen: Vandenhoeck and Ruprecht.

アンキュラのマルケロス（Marcellus of Ancyra）

Vinzent, M., 1997. *Markell von Ankyra: Die Fragmente und der Brief an Julius von Rom*, Supplement to *VigChr* 39, Leiden: Brill.

エメサのネメシオス（Nemesius of Emesa）

Migne, *PG* 40.

Edelstein, L. and I. G. Kidd（eds）, 1972. *Posidonius*, Vol. I: The Fragments, Cambridge: Cambridge University Press.

Morani, M., 1987. *Nemesius. De Natura Hominis*, Leipzig: Teubner.

Telfer, W., 1955. *Cyril of Jerusalem and Nemesius of Emesa*（Library of Christian Classics, vol. IV）, London: SCM Press.

ネストリオス（Nestorius）

Abramowski, L. and A. E. Goodman, 1972. *A Nestorian Collection of Christological Texts*, Cambridge and New York: Cambridge University Press.

Bedjan, P., 1910. *Le Livre d'Héraclide de Damas*, Syriac text, Paris: Letouzey et Ané.

Driver, G. R. and L. Hodgson, 1925. *Nestorius, The Bazaar of Heraclides*, ET, Oxford and New York: Clarendon Press.

Loofs, F., 1905. *Nestoriana*, Halle: Max Niemeyer.

Nau, F., 1910. *Le Livre d'Héraclide de Damas*, French, trans. with Introduction and notes, Paris: Letouzey et Ané.

パラディオス、『ヒストリア・ラウシアカ』と『修道士の歴史』(**Palladius, *Lausiac History* and *Historia monachorum***)

Migne, *PG* 34 and 47.

Berghoff, W.（ed.）, 1967. *Palladius. De gentibus Indiae et Bragmanibus,* Meisenheim am Glan: Verlag Anton Hain.

Butler, Cuthbert, 1904. *The Lausiac History of Palladius: A critical Discussion, together with notes on Early Monachism* in *Texts and Studies* 6, Cambridge: Cambridge University Press.

Coleman-Norton, P. R.（ed.）, 1928. *Dialogus de vita S. Joannis Chrysostomi*, Cambridge: Cambridge University Press.

Derrett, J. D.（ed.）, 1960. *The History of Palladius on the Races of India and the Brahmans*（Classica et Mediaevalia）, Copenhagen: Gyldendal.

Festugière, A.-J., 1961/71. *Historia Monachorum in Aegypto*, édition critique du text grec, Brussels: Société des Bolandistes.

——, 1965. *Enquête sur les moines d'Egypte, Les Moines d'Orient*, vol. IV.1（French trans. of *Historia Monachorum*）, Paris: Les Éditions du Cerf.

Halkin, F., 1932. *S. Pachomii Vitae graecae*（Subsidia hagiographica 19）, Bruxelles: Société des Bollandistes.

Malingrey, A. M. and Philippe Leclerq, 1988. *Palladius. Dialogue sur la vie de Jean Chrysostome, SC* 341, 342, Paris: Les Éditions du Cerf.

Meyer, R. T., 1965. *Palladius: The Lausiac History*, Ancient Christian Writers 34, New York: Newman Press.

Moore, Herbert, 1921. *The Dialogue of Palladius concerning the life of Chrysostom*, London: SPCK.

Nau, F., 1908. *Histoire de S. Pachome, Patrologia Orientalis* 4, pp. 425–503.

Preuschen, Erwin, 1897. *Palladius und Rufinus: ein Beitrag zur Quellenkunde des ältesten Mönchtums, Texte und Untersuchungen.* Giessen: J. Rickersche Buchhandlung.

Russell, Norman, 1981. *The Lives of the Desert Fathers: The 'Historia monachorum in Aegypto', CS* 34, Kalamazoo, MI: Cistercian Publications.

フィロストルギオス（**Philostorgius**）

Migne, *PG* 65.

Bidez, J., 1972/81. *Kirchengeschichte mit dem Leben des Lucian von Antiochen und den Fragmenten eines arianischen Historiographen, GCS*, 2nd/3rd edn F. Winkelmann, Berlin: Akademie-Verlag.

ソクラテス・スコラティクス（**Socrates Scholasticus**）

Migne, *PG* 67. ET in *NPNF* II.2.

Hansen, G. C., 1995. *Sokrates. Kirchengeschichte, GCS*, Berlin: Akademie-Verlag.

——, P. Périchon and P. Maraval, 2004, 2005, 2006, 2007. *Socrate de Constantinople. Histoire ecclésiastique, SC* 477, 493, 505 & 506, Paris: Les Éditions du Cerf.

ソゾメノス（Sozomen）
Migne, *PG* 67. ET in *NPNF* II.2.
Bidez, J. and G. C. Hansen, 1960. *Sozomenus Kirchengeschichte, GCS*, 2nd ed., Berlin: Akademie Verlag.
Bidez, J., B. Grillet, Guy Sabbah and A.-J. Festugière, 1983, 1996. *Sozomène. Histoire ecclésiastique, SC* 306 & 418, Paris: Les Éditions du Cerf.

キュレネのシュネシオス（Synesius of Cyrene）
Migne, *PG* 66.
Garzya, A. and D. Roques, 2000a. *Synésios de Cyrène II. Lettres I–LXIII*, Budé, Paris: Les Belles Lettres.
Garzya, A. and D. Roques, 2000b. *Synésios de Cyrène III. Lettres LXIV–CLVI*, Budé, Paris: Les Belles Lettres.
Fitzgerald, A., 1926. *Letters of Synesius*, Oxford and New York: Oxford University Press.
——, 1930. *Essays and Hymns of Synesius*, 2 vols, ET, Oxford and New York: Oxford University Press.
Lacombrade, C., 1951b. *Le Discours sur la Royauté de Synésios de Cyrène à l'empereur Arcadios*, Paris: Les Belles Lettres.
——, 1978. *Synésios de Cyrène I. Hymnes, Synésios de Cyrène I*, Budé, Paris: Les Belles Lettres.
Lamoureux, J. and N. Aujoulat, 2008. *Synésios de Cyrène IV. Opuscula*, Budé, Paris: Les Belles Lettres.
Hercher, R.（ed.）, 1873. *Epistolographi Graeci*（includes Synesius' letters, pp. 638–739）, Paris: Didot.
Terzaghi, N.（ed.）, 1939. *Synesius Cyrenensis Hymni*, Rome: Typis Regiae Officinae Polygraphicae.
——（ed.）, 1944. *Synesius Cyrenensis Opuscula*, 2 vols, Rome: Typis Regiae Officinae Polygraphicae.

モプスエスティアのテオドロス（Theodore of Mopsuestia）
Migne, *PG* 66.
Abramowski, L., 1958. 'Ein unbekanntes Zitat aus "Contra Eunomium" des Theodor von Mopsuestia', *Le Muséon* 71, pp. 97–104.
Devreesse, R., 1939. *Le Commentaire de Théodore de Mopsueste sur les Psaumes*（Studi e Testi 93）, Rome: Vaticana.
——, 1948. *Essai sur Théodore de Mopsueste*（Studi e Testi 141）, Rome: Vaticana; appendix includes the Greek text of the Commentary on John.
Hill, R. C., 2003. *Commentary on the Twelve Prophets, FC* 108, Washington, DC: Catholic University of America Press.
——, 2006. *Theodore of Mopsuestia. Commentary on Psalms 1–81*, SBL, Leiden: Brill.
Kalantzis, George, 2004. *Theodore of Mopsuestia. Commentary on the Gospel of John*, Strathfield, NSW: St Paul's Publications.
McLeod, Frederick G., 2009. *Theodore of Mopsuestia*, Abingdon and New York: Routledge.
Mingana, A., 1932. *Theodore, Catechetical Homilies*, Syriac text and ET, Commentary of Theodore of Mopsuestia on the Nicene Creed（= *Hom. cat.* i–x], Woodbrooke Studies v; Cambridge: Heffer.
——, 1933. *Theodore, Catechetical Homilies*, Syriac text and ET, Commentary …on the Lord's Prayer and the Sacraments of Baptism and the Eucharist（= *Hom. cat.* xi–xvi）, Woodbrooke Studies vi;

Cambridge: Heffer.
——, 1934. *Early Christian Mystics,* Woodbrooke Studies vii; Cambridge: Heffer.
Nau, F., 1913. *Théodore, Controverse avec les Macédoniens,* Patrologia Orientalis 9, Paris: Firmin–Didot, pp. 637–67.
Rompay, Lucas van, 1982. *Fragments syriaques du Commentarie des Psaumes (Pss. 118 et 138–148),* Louvain: Peeters.
Sprenger, H. N., 1977. *Theodori Mopsuesteni, Commentarius in XII Prophetas,* Wiesbaden: Harrassowitz.
Swete, H. B., 1880–2. *Theodori Episcopi Mopsuesteni in epistolas B. Pauli commentarii*, 2 vols, Cambridge: Cambridge University Press.
Tonneau, R., 1949. *Les Homélies Catéchétiques de Théodore de Mopsueste*, with French trans., Studi e Testi 145, Rome: Vaticana.
Vaggione, R. P., 1980. 'Some neglected Fragments of Theodore of Mopsuestia's Contra Eunomium', *JTS* （NS） 31, pp. 403–70.
Vosté, J.-M., 1940. *Theodori Mopsuesteni Commentarius in Evangelium Iohannis Apostoli, CSCO,* Louvain: Officina Orientali.

キュロスのテオドレトス（Theodoret of Cyrus）

Migne, *PG* 80–84. ET in *NPNF* II.3.
Azéma, Y., 1954. *Théodoret de Cyr. Discours sur la providence,* Budé, Paris: Les Belles Lettres.
——, 1955, 1964, 1965. *Théodoret, Correspondence,* 3 vols, *SC* 40, 98, 111 & 429, Paris: Les Éditions du Cerf.
Canivet, P. （ed.）, 1958/2000. *Théodoret de Cyr, Thérapeutique des Maladies Helléniques*, 2 vols, *SC* 57, Paris: Les Éditions du Cerf.
—— and A. Leroy-Molinghen （eds）, 1977, 1979. *Théodoret de Cyr, Histoire des Moines de Syrie*, 2 vols, *SC* 234 & 257, Paris: Les Éditions du Cerf.
Doran, Robert, 1992. *The Lives of Simeon Stylites*, trans. with introd., Kalamazoo, MI: Cistercian Publications.
Ehrhard, A., 1888. D*ie Cyrill von Alexandrien zugeschriebene Schrift περὶ τῆς τοῦ κυρίου ἐνανθρωπήσεωζ; ein Werk Theodorets von Cyrus*, Würtzburg 1988–9, Tübingen: H. Laupp, Jr.
Ettlinger, G. H., 1975. *Theodoret: Eranistes*, Oxford: Oxford University Press.
——, 2003. *Theodoret: Eranistes, FC* 106, Washington, DC: Catholic University of America Press.
Guinot, J.-N., 1980, 1982, 1984. *Théodoret de Cyr. Commentaire sur Isaïe*, 3 vols SC 276, 295 & 315, Paris: Les Éditions du Cerf.
Halton, Thomas, 1988. *Theodoret. On Divine Providence*, New York, NY: Newman Press.
Hill, R. C., 2000, 2001. *Theodoret of Cyrus. Commentary on the Psalms*, 2 vols, Psalms 1–82, Psalms 73–150, *FC* 101 & 102, Washington, DC: Catholic University of America Press.
——, 2001a. *Theodoret of Cyrus. Commentary on the Song of Songs*, Brisbane: Centre for Early Christian Studies.
——, 2001b. *Theodoret of Cyrus. Commentary on the Letters of St Paul,* 2 vols, Brookline: Holy Cross Orthodox Press.

Möhle, A., 1932. *Theodoret von Kyros. Kommentar zu Jesaia*, Berlin: Weidmannsche Buchhandlung.
Otto, J. T. C., 1880. *Corpus Apologetarum Christianorum saeculi secundi*, vol. 4, Jena: Gust. Fischer.
Parmentier, L., 1954/98. *Theodoret. Kirchengeschichte, GCS* 2nd/3rd edn rev. F. Scheidweiler, Berlin: Akademie-Verlag.
——, G. C. Hansen, J. Bouffartique, A. Martin and P. Canivet, 2006, 2009. *Theodoret de Cyr. Histoire ecclésiastique, SC* 501, 530, Paris: Les Éditions du Cerf.
Pásztori-Kupán, István, 2006. *Theodoret of Cyrus,* London and New York: Routledge.
Petruccione, John F. and Robert C. Hill, 2007. *Theodoret of Cyrus. The Questions on the Octateuch*, Greek text and ET, Washington, DC: Catholic University of America Press.
Price, R. M., 1985. *Theodoret of Cyrrhus. A History of the Monks of Syria*, trans., Kalamazoo, MI: Cistercian Publications.

二次史料

概説―(a) 全般 (General: (a) miscellaneous)

Altaner, B., 1960. *Patrology,* ET New York: Herder & Herder.
Amand de Mendietta, D., 1945. *Fatalisme et liberté dans l'antiquité grèque,* Louvain: Bibliothèque de l'Université de Louvain.
Armstrong, A. H. (ed.), 1967. *Cambridge History of Later Greek and Early Medieval Philosophy,* Cambridge: Cambridge University Press.
Bell, H. I., 1924. *Jews and Christians in Egypt,* London: British Museum.
——, 1941. 'Anti-semitism in Alexandria', *JRS* 31, pp. 1–18.
Bradshaw, Paul, 2002. *The Search for the Origins of Christian Worship*, 2nd edn, London: SPCK.
Brock, S. P., 1973. 'Early Syrian Asceticism', *Numen* 20, pp. 1–19.
Brown, Peter, 1971a. 'The Rise and Function of the Holy Man in Late Antiquity', *JRS* 61, pp. 80–101.
——, 1971b. *The World of Late Antiquity*, London and New York: Thames & Hudson.
——, 1988. *The Body and Society: Men, Women and Sexual Renunciation in Early Christianity,* London/Boston: Faber & Faber.
Cameron, Alan and Jacqueline Long, with Lee Sherry, 1993. *Barbarians and Politics at the Court of Arcadius*, Berkeley: University of California Press.
Campenhausen, H. von, 1963. *The Fathers of the Greek Church*, ET London: A. & C. Black.
Chadwick, H., 2003. *The Church in Ancient Society: From Galilee to Gregory the Great*, Oxford: Oxford University Press.
Chesnut, Glenn F., 1977. *The First Christian Histories: Eusebius, Socrates, Sozomen, Theodoret and Evagrius*, Paris: Beauchesne.
Christensen, M. J. and J. A. Wittung (eds), 2007. *Partakers of Divine Nature: The History and Development of Deification in the Christian Traditions*. Madison and Teaneck, NJ: Fairleigh Dickinson University Press / Grand Rapids, MI: Baker Academic.
Clark, Elizabeth A., 1992. *The Origenist Controversy: The Cultural Construction of an Early Christian*

Debate, Princeton, NJ: Princeton University Press.

Constantelos, B., 1968. *Byzantine Philosophy and Social Welfare*, New Brunswick, NJ: Rutgers University Press.

Crislip, Andrew T., 2005. *From Monastery to Hospital: Christian Monasticism and the Transformation of Health Care in Late Antiquity*, Ann Arbor: University of Michigan Press.

Day, J., 2001. 'Adherence to the Disciplina Arcani in the Fourth Century', *SP* 35, pp. 266–70.

Dillon, J., 1977. *The Middle Platonists,* London: Duckworth.

Dix, G., 1945. *The Shape of the Liturgy*, London: Dacre Press.

Downey, G., 1965. 'The Perspective of the Early Church Historians', *Greek, Roman and Byzantine Studies* 6, pp. 57–70.

Edwards, M. J. and S. Swain (eds), 1997. *Portraits: Biographical Representation in the Greek and Latin Literature of the Roman Empire*, Oxford: Clarendon Press.

Elm, Susanna, 1994. *'Virgins of God': The Making of Asceticism in Late Antiquity,* Oxford: Clarendon Press.

Festugière, A. J., 1959. *Antioche paienne et chrétienne*, Paris: Éditions de Boccard.

——, 1961–5. *Les Moines d'Orient*, 4 vols, Paris: Les Éditions du Cerf.

Finn, Richard, 2006. Almsgiving in the Later Roman Empire: Christian Promotion and Practice (313–450), Oxford: Oxford University Press.

Frank, Georgia, 2000. *The Memory of the Eyes: Pilgrims to the Living Saints in Christian Late Antiquity*, Berkeley: University of California Press.

Frend, W. H. C., 1965. *The Early Church*, London: SCM Press.

Greer, Rowan A., 1973. *The Captain of our Salvation*, Tübingen: Mohr Siebeck.

Haas, Christopher, 1997. *Alexandria in Late Antiquity: Topography and Social Conflict,* Baltimore and London: Johns Hopkins University Press.

Harnack, A. von, 1931. *Lehrbuch der Dogmengeschichte*, 5th edn, reprint of 4th (1909), Tübingen: Mohr.

Haykin, Michael A. G., 1994. *The Spirit of God: The Exegesis of 1 & 2 Corinthians in the Pneumatomachian Controversy of the Fourth Century*, Leiden: Brill.

Holum, Kenneth G., 1982. *Theodosian Empresses: Women and Imperial Dominion in Late Antiquity,* Berkeley: University of California Press.

Horton, Jr, F. L., 1976. *The Melchizedek Tradition*, Cambridge: Cambridge University Press.

Hunt, E. D., 1982. *Holy Land Pilgrimage in the Later Roman Empire*, Oxford: Clarendon Press.

Kelly, J. N. D., 1950. *Early Christian Creeds*, London: Longman.

——, 1958. *Early Christian Doctrines*, London: A. & C. Black.

——, 1975. *Jerome*, London: Duckworth.

Liebeschuetz, J. H. W. G., 1972. *Antioch: City and Imperial Administration in the Later Roman Empire*, Oxford: Oxford University Press.

——, 1990. *Barbarians and Bishops in the reign of Arcadius,* Oxford: Oxford University Press.

Louth, Andrew, 1981. *The Origins of the Christian Mystical Tradition: From Plato to Denys*, Oxford: Clarendon Press.

Luchman, Harriet A. and Linda Kulzer (eds), 1999. *Purity of Heart in Early Ascetic and Monastic Literature*, Collegeville, MN: Liturgical Press.

Malone, E. E., 1950. *The Monk and the Martyr: the monk as successor of the martyr*, Washington, DC: Catholic University of America Press.

McLeod, Frederick, 1999. *The Image of God in the Antiochene Tradition*, Washington, DC: Catholic University of America Press.

Mitchell, Margaret and Frances Young, 2006. *The Cambridge History of Christianity: Origins to Constantine*, Cambridge: Cambridge University Press.

Murray, Robert, 1975. 'The Features of the Earliest Christian Asceticism', in Peter Brooks (ed.), *Christian Spirituality: Essays in Honour of Gordon Rupp*, London: SCM Press, pp. 63–77.

O'Keefe, John J., 2000. '"A Letter that Killeth": Toward a Reassessment of Antiochene Exegesis, or Diodore, Theodore, and Theodoret on the Psalms', *JECS* 8, pp. 83–104.

Prestige, G. L., 1936. *God in Patristic Thought*, London: SPCK.

——, 1940. *Fathers and Heretics*, London and New York: SPCK.

Quasten, J., 1960. *Patrology III*, Westminster, MD: Newman Press.

Riedmatten, H. de, 1956, 1957. 'La correspondence entre Basile de Césarée et Apollinaire de Laodicée', *JTS* (NS) 7, pp. 199–210; 8, pp. 53–70.

Riley, Hugh M., 1974. *Christian Initiation: a comparative study of the interpretation of the baptismal liturgy in the mystagogical writings of Cyril of Jerusalem, John Chrysostom, Theodore of Mopsuestia and Ambrose of Milan,* Washington, DC: Catholic University of America Press.

Rist, J. M., 1967. *Plotinus: The Road to Reality,* Cambridge: Cambridge University Press.

Rousseau, Philip, 1978. *Ascetics, Authority and the Church in the age of Jerome and Cassian*, Oxford: Oxford University Press.

Russell, Norman, 2004. *The Doctrine of Deification in the Greek Patristic Tradition*, Oxford: Oxford University Press.

Schäferdiek, K. (ed.), 1997. *Bibliographia Patristica: Internationale Patristische Bibliographie.* Berlin and New York: de Gruyter.

Schäublin, Christoph, 1974. *Untersuchungen zu Methode und Herkunft der Antiochenischen Exegese*, Köln: Hanstein.

Setton, K. M., 1941. *The Christian Attitude to the Emperor in the Fourth Century*, New York: Columbia University Press.

Steenberg, M. C., 2009. *Of God and Man: Theology as Anthropology from Irenaeus to Athanasius,* London: T. & T. Clark International.

Stemberger, Gunter, 2000. *Jews and Christians in the Holy Land: Palestine in the Fourth Century,* Edinburgh: T. & T. Clark.

Sterk, Andrea, 2004. *Renouncing the World Yet Leading the Church: The Monk-Bishop in Late Antiquity,* Cambridge, MA: Harvard University Press.

Vööbus, A., 1958, 1960. *A History of Asceticism in the Syrian Orient,* 2 vols, Louvain: Secretariat du CSCO.

Walker, P. W. L., 1990. *Holy City, Holy Places? Christian Attitudes to Jerusalem and the Holy Land in the*

Fourth Century, Oxford: Oxford University Press.
Wallace-Hadrill, D. S., 1982. *Christian Antioch: A Study of Early Christian Thought in the East*, Cambridge: Cambridge University Press.
Wiles, M. F., 1960. *The Spiritual Gospel,* Cambridge: Cambridge University Press.
Wilken, Robert L., 1992. *The Land Called Holy: Palestine in Christian History and Thought*, New Haven, CT and London: Yale University Press.
Young, Frances M., 1977. 'Christian Attitudes to Finance in the First Four Centuries', *Epworth Review* 4, pp. 78–86.
——, 1989. 'The Rhetorical Schools and their Influence on Patristic Exegesis' in Rowan Williams (ed.), *The Making of Orthodoxy: Essays in honour of Henry Chadwick*, Cambridge: Cambridge University Press, pp. 182–199.
——, 1997a. *Biblical Exegesis and the Formation of Christian Culture,* Cambridge: Cambridge University Press.
——, 1997b. 'The Fourth Century Reaction against Allegory', *SP* 30, pp. 120–5.

概説一(b) キリスト論 (General: (b) Christology)

Daley, B. E., 2002. '"Heavenly Man" and "Eternal Christ": Apollinarius and Gregory of Nyssa on the Personal Identity of the Savior', *JECS* 10, pp. 469–88.
Fairbairn, Donald, 2003. *Grace and Christology in the Early Church*, Oxford: Oxford University Press.
Galtier, P., 1956. 'Saint Cyrille et Apollinaire', *Gregorianum* 37, pp. 584–609.
Grillmeier, A., 1965/75. *Christ in Christian Tradition*, ET, London and Oxford: Mowbrays.
Loofs, F., 1924. *Paulus von Samosata*, Leipzig: Hinrichs.
Lyman, R. J., 1993. *Christology and Cosmology: Models of Divine Activity in Origen, Eusebius and Athanasius.* Oxford: Oxford University Press.
Richard, M., 1945/77. 'L'Introduction du mot 'hypostase' dans la théologie de l'incarnation', *Mélanges de Science Religieuse* 2, pp. 5–32, 243–70; republished in M. Richard, 1977. *Opera Minora* II, Turnhout: Brepols.
——, 1946/77. 'Les traités de Cyrille d'Alexandrie contre Diodore et Théodore et les fragments dogmatiques de Diodore de Tarse', *Mélanges F. Grat I*, pp. 99–116; republished in M. Richard, 1977. *Opera Minora* II, Turnhout: Brepols.
Robertson, J. M., 2007. *Christ as Mediator: A Study of the Theologies of Eusebius of Caesarea, Marcellus of Ancyra, and Athanasius of Alexandria,* Oxford Theological Monographs, Oxford: Oxford University Press.
Sellers, R. V., 1940. *Two Ancient Christologies*, London: SPCK.
——, 1953. *The Council of Chalcedon*, London: SPCK.
Spoerl, K. M., 1993. 'Apollinarius and the Response to Early Arian Christology', *SP* 26, pp. 421–7.
——, 1994. 'Apollinarian Christology and the anti-Marcellan tradition', *JTS* (NS) 45, pp. 545–68.
Vine, A. R., 1948. *An Approach to Christology*, London: Independent Press.
Wigram, W. A., 1923. *The Separation of the Monophysites*, London: Faith Press.
Wiles, M. F., 1965. 'The Nature of the Early Debate about Christ's Human Soul', *JEH* 16, pp.

139–51.
Young, Frances M., 1969. 'Christological Ideas in the Greek Commentaries on the Epistle to the Hebrews', *JTS* (NS) 20, pp. 150–63.
——, 1971. 'A Reconsideration of Alexandrian Christology', *JEH* 22, pp. 103–14.

ラオディキアのアポリナリオス（Apollinarius of Laodicea）

Golega, Joseph, 1960. *Der Homerische Psalter: Studia über die dem Apollinarios von Laodikeia zugeschriebene Psalmenparaphrase,* Ettal: Buch-Kunstverlag Ettal.
Hübner, R., 1972. 'Gotteserkenntnis durch die Inkarnation Gottes. Zu einer neue Interpretation der Christologie des Apollinaris von Laodicea,' *Kleronomia* 4, pp. 131–61.
Kannengiesser, C., 1971. 'Une nouvelle interpretation de la christologie d'Apollinaire', *RSR* 59, pp. 27–36.
Mühlenberg, E., 1969. *Apollinaris von Laodicea*, Göttingen: Vandenhoeck & Ruprecht.
Raven, C. E., 1923. *Apollinarianism*, Cambridge and New York: Cambridge University Press.
Riedmatten, H. de, 1948. 'Some Neglected Aspects of Apollinarist Christology', *Dominican Studies* I, pp. 239–60.

砂漠の師父、修道院運動全般（Apophthegmata Patrum and Monasticism in general）

Bousset, W., 1923. *Apophthegmata: Studien zur Geschichte des ältesten Mönchtums*, Tübingen: Mohr.
Burton-Christie, 1993. *The Word in the Desert: Scripture and the Quest for Holiness in Early Christian Monasticism*, New York and Oxford: Oxford University Press.
Chitty, Derwas, 1966. *The Desert a City*, Oxford: Oxford University Press.
——, 1971. 'Abba Isaiah', *JTS* (NS) 22, pp. 47–72.
——, 1974. 'The Books of the Old Men', *Eastern Churches Review* 6, pp. 15–21.
Goehring, James E., 1999. *Ascetics, Society and the Desert: Studies in Egyptian Monasticism*, Harrisburg, PA: Trinity Press International.
Gould, Graham, 1993a. *The Desert Fathers on Monastic Community,* Oxford: Clarendon Press.
Gould, Graham, 1993b. 'Recent Work on Monastic Origins: A Consideration of the Questions Raised by Samuel Rubenson's *The Letters of St Antony*', *SP* 25, pp. 405– 16.
Guy, J.-C., 1955. 'Remarques sur le texte des Apophthegmata Patrum', *RSR* 43, pp. 252–8.
——, 1962. *Recherches sur la tradition grèque des Apophthegmata Patrum.* Subsidia Hagiographica 36, Brussels: Société des Bollandistes.
——, 1974. 'Educational innovation in the Desert Fathers', *Eastern Churches Review* 6, pp. 44–51.
Harmless, William, SJ, 2004. *Desert Christians: An Introduction to the Literature of Early Monasticism*, New York: Oxford University Press.
Regnault, L., 1987. *Les Pères du désert à travers leurs Apophtegmes*, Sarthe: Solesmes.
——, 1990. *La vie quotidienne des Pères du désert en Égypte au iv siècle*, Mesril-surl'Estrée: Éditions Hachette.
Rousseau, Philip, 1999. *Pachomius: The Making of a Community in Fourth-Century Egypt*, updated (original publication 1985), Berkeley, Los Angeles and London: University of California Press.

Rubenson, S., 1990. *The Letters of St. Antony: Origenist Theology, Monastic Tradition and the Making of a Saint*, Bibliotheca Historico-Ecclesiastica Lundensis 24, Lund: Lund University Press.

アレイオス主義とニカイア正統神学の形成（Arius, Arianism and the shaping of Nicene orthodoxy）

Ayres, L., 2004a. *Nicaea and its Legacy: An Approach to Fourth-Century Trinitarian Theology*, Oxford: Oxford University Press.

Bardy, G., 1927. 'La Thalie d'Arius', *Revue de Philologie* 53 (3rd series I), pp. 211–33 (reproduced in Bardy 1936, pp. 246–74).

——, 1936. *Recherches sur Lucien d'Antioche*, Paris: Beauchesne.

Barnard, L. W., 1970. 'The Antecedents of Arius', *VigChr* 24, pp. 172–88.

——, 1972. 'What was Arius' Philosophy?' *Theologische Zeitschrift* 28, pp. 110–17.

Barnes, M. R. and D. H. Williams (eds) 1993. *Arianism After Arius: Essays on the Development of the Fourth Century Trinitarian Conflicts*, Edinburgh: T. & T. Clark.

Barnes, T., 2009. 'The Exile and Recalls of Arius', *JTS* (NS) 60, pp. 109–29.

Baynes, N. H., 1948. 'Sozomen, Ecclesiastica Historia 1.15', *JTS* 49, pp. 165–9.

Böhm, T., 1992. 'Die Thalia des Arius: Ein Beitrag zur Frühchristlichen Hymnologie', *VigChr* 46 (4), pp. 334–55.

Boularand, E., 1972. *L'Hérésie d'Arius et la 'Foi' de Nicée*, Paris: Éditions Letouzey et Ané.

Edwards, M. J., 1995. 'The Arian Heresy and the Oration to the Saints', *VigChr* 49 (4), pp. 379–87.

Gregg, Robert and Dennis Groh, 1977. 'The Centrality of Soteriology in Early Arianism', *Anglican Theological Review* 59, pp. 260–78.

——, 1981. *Early Arianism: a View of Salvation*, Philadelphia: Fortress Press.

Hanson, R. P. C., 1985. 'The transformation of images in the Trinitarian Theology of the Fourth Century' in *Studies in Christian Antiquity*, Edinburgh: T. & T. Clark.

——, 1988. *The Search for the Christian Understanding of God*, Edinburgh: T. & T. Clark.

Leroux, J. M., 1966. 'Acace évêque de Césarée de Palestine (341–365)', *SP* 8, pp. 82– 5.

Pollard, T. E., 1958. 'The Origins of Arianism', *JTS* (NS) 9, pp. 103–11.

Stead, G. C., 1964. 'The Platonism of Arius', *JTS* (NS) 15, pp. 14–31.

——, 1978. 'The Thalia of Arius and the Testimony of Athanasius', *JTS* (NS) 29, pp. 20–52.

Telfer, W., 1936. 'Arius Takes Refuge at Nicomedia', *JTS* 37, pp. 60–3.

——, 1946. 'When did the Arian Controversy begin?', *JTS* 47, pp. 129–42.

——, 1949. 'Sozomen 1.15. A reply', *JTS* 50, pp. 187–91.

Vaggione, R. P. C., 2000. *Eunomius of Cyzicus and the Nicene Revolution*, Oxford: Oxford University Press.

Vinzent, M., 1993. *Asterius von Kappadokien: Die Theologische Fragmente*, Leiden: Brill.

Wiles, Maurice, 1962. 'In Defence of Arius', *JTS* (NS) 13, pp. 339–47.

——, 1996. *Archetypal Heresy: Arianism through the Centuries*, Oxford: Clarendon Press.

Williams, R. D., 1983. 'The Logic of Arianism', *JTS* (NS) 34, pp. 56–81.

——, 1986. 'Arius and the Melitian Schism', *JTS* (NS) 37, pp. 35–52.

——, 1987. *Arius: Heresy and Tradition*, London: Darton, Longman & Todd.

アタナシオス（Athanasius）

Anatolios, K., 1998. *Athanasius: The Coherence of his Thought*, Routledge Early Christian Monographs, London: Routledge.

Armstrong, C. B., 1921. 'The Synod of Alexandria and the schism of Antioch in AD 362', *JTS* 22, pp. 206–21, 347–55.

Ayres, L., 2004b. 'Athanasius' Initial Defense of the term homoousios; re-reading the De Decretis', *JECS* 12, pp. 337–59.

Barnard, L. W., 1974. 'The date of Athanasius' *Vita Antonii*', *VigChr* 28, pp. 169–75.

——, 1975. 'Athanasius and the Meletian Schism in Egypt', *Journal of Egyptian Archaeology* 59, pp. 183–9.

Barnes, Timothy D., 1986. 'Angel of Light or Mystic Initiate: The Problem of the Life of Antony', *JTS*（NS）37, pp. 353–68.

——, 1993. *Athanasius and Constantius: Theology and Politics in the Constantinian Empire*, Cambridge, MA and London: Harvard University Press.

Blennan, B. R., 1976. 'Dating Athanasius' *Vita Antonii*', *VigChr* 30, pp. 52–4.

Bouyer, L., 1943. *L'Incarnation et l'Église-Corps du Christ dans la théologie de S. Athanase*, Paris: Les Éditions du Cerf.

Brakke, David, 1994. 'The Greek and Syriac Versions of the Life of Antony', *Le Muséon* 107, pp. 29–53.

——, 1995. *Athanasius and the Politics of Asceticism*, New York: Oxford University Press; published in paperback as *Athanasius and Asceticism*, Baltimore and London: Johns Hopkins University Press, 1998.

Campbell, T. C., 1974. 'The Doctrine of the Holy Spirit in the Theology of Athanasius', *SJT* 27, pp. 408–40.

Cross, F. L., 1945. *The Study of St Athanasius*, Oxford: Clarendon Press.

Dörries, Hermann, 1966. 'Die *Vita Antonii* als Geschichtsquelle', in Dörries, *Wort und Stunde* I, Göttingen: Vandenhoeck und Ruprecht, pp. 145–224.

Ernest, James D., 2004. *The Bible in Athanasius of Alexandria*, Leiden: Brill.

Frazier, F., 1998. 'L'Antoine d'Athanase à Propos des Chapitres 83–88 de *La Vita*', *VigChr* 54（3）, pp. 227–56.

Frend, W. H. C., 1976. 'Athanasius as an Egyptian Church Leader in the Fourth Century', in Frend, *Religion Popular and Unpopular in the Early Christian Centuries*, London: Variorum, pp. 20–37.

Galtier, P., 1955. 'S. Athanase et l'âme humaine du Christ', *Gregorianum* 36, pp. 552– 89.

Gywnn, D. M., 2007. *The Eusebians: The Polemic of Athanasius of Alexandria and the Construction of the 'Arian Controversy'*, Oxford Theological Monographs, Oxford: Oxford University Press.

Haarlem, A. van, 1961. *Incarnatie en verlossing bii Athanasius*, Wageningen: Veenman.

Kannengiesser, C., 1964a. 'Le témoignage des Lettres Festales de S. Athanase sur la date de l'apologie *Contre les païens, Sur l'incarnation du Verbe*', *RSR* 52, pp. 91– 100; Reproduced in Kannengiesser,

Arius and Athanasius, Aldershot: Variorum, 1991.
——, 1964b, 1965. 'Le texte court du *De Incarnatione* Athanasien', *RSR* 52, pp. 589–96; 53, pp. 77–111.
——, 1966. 'Les différentes recensions du traité *De Incarnatione Verbi* de S. Athanase', *SP* 7, pp. 221–9.
——, 1970a. 'Ou et quand Arius composa-t-il la Thalie?', in P. Granfield and J. A. Jungmann (eds), *Kyriakon: Festschrift Johannes Quasten*, Vol. 1, Münster: Aschendorff, pp. 346–51.
——, 1970b. 'La date de l'Apologie d'Athanase "Contre les Paiens" et "Sur l'incarnation du Verbe"', *RSR* 58, pp. 383–428; reproduced in Kannengiesser, *Arius and Athanasius*, Aldershot: Variorum, 1991.
——, 1972. 'λόγος et νοῦς chez Athanase d'Alexandrie', *SP* 11, pp. 199–202.
——, 1973. 'Athanasius of Alexandria and the Foundation of Traditional Christology', *Theological Studies* 34, pp. 103–13; reproduced in Kannengiesser, *Arius and Athanasius*, Aldershot: Variorum, 1991.
—— (ed.), 1974. *Politique et Théologie chez Athanase d'Alexandrie*, Paris: Beauchesne.
—— 1975. 'Le mystère pascal du Christ selon Athanase d'Alexandrie', *RSR* 63, pp. 407–42. Reproduced in Kannengiesser, *Arius and Athanasius*, Aldershot: Variorum, 1991.
——, 1982. 'Athanasius of Alexandria, Three orations against the Arians: a reappraisal', *SP* 18, pp. 981–95. Reproduced in Kannengiesser, *Arius and Athanasius*, Aldershot: Variorum, 1991.
Lorenz, R., 1989. 'Die griechische *Vita Antonii* des Athanasius und ihre syrische Fassung: Bemerküngen zu einer These von R. Draguet', *Zeitschrift für Kirchengeshchichte* 100, pp. 77–84.
Louth, Andrew, 1985. 'Athanasius' understanding of the humanity of Christ', *SP* 16, pp. 309–18.
——, 1988. 'St Athanasius and the Greek *Life of Antony*', *JTS* (NS) 39, pp. 504–9.
Martin, Annik, 1996. *Athanase d'Alexandrie et l'Église d'Égypte au IVe siècle (328–373)*, Rome: École Française de Rom.
Meijering, E. P., 1968. *Orthodoxy and Platonism in Athanasius*, Leiden: Brill.
——, 1996. 'Zur Echtheit der Dritten Rede des Athanasius Gegen die Arianer (Contra Arianos III)', *VigChr* 50 (4), pp. 364–86.
Meyer, J. R., 1998. 'Athanasius' Use of Paul in His Doctrine of Salvation', *VigChr* 52 (2), pp. 146–71.
Nordberg, H., 1961a. 'A reconsideration of the date of Athanasius' *Contra Gentes* and *De Incarnatione*', *SP* 3, pp. 262–6.
——, 1961b. *Athanasius' Tractates Contra Gentes and De Incarnatione: An attempt at Redating*, Helsinki: Societas Scientarum Fennica.
Opitz, H. G., 1935b. *Untersuchungen zur Überlieferung der Schriften des Athanasius*, Berlin: de Gruyter.
Pettersen, Alvyn, 1980. *Athanasius and the Human Body*, Bristol: Bristol Press.
——, 1982. 'A reconsideration of the date of the *Contra Gentes-De Incarnatione* of Athanasius of Alexandria', *SP* 18, pp. 1030–40.
——, 1995. *Athanasius,* London: Geoffrey Chapman.
Prestige, G. L., 1933. 'ΑΓΕΝ[Ν]ΗΤΟΣ and cognate words in Athanasius', *JTS* 34, pp. 258–65.
Richard, M., 1947. 'S. Athanase et la psychologie du Christ, selon les Ariens', *Mélanges de Science*

Religieuse 4, pp. 5–54; republished in Richard, 1977. *Opera Minora* II, Turnhout: Brepols.
Roldanus, J., 1968. *Le Christ et l'homme dans la théologie d'Athanase d'Alexandrie*, Leiden: Brill.
Rondeau, M. J., 1968. 'Une nouvelle preuve de l'influence littéraire d'Eusèbe de Césarée sur Athanase: l'interprétation des psaumes', *RSR* 56, pp. 385–434.
Ryan, G. J. and R. P. Casey, 1945/6. *The De Incarnatione of Athanasius* (Studies and Documents 14), (Part I, The Long Recension, by G. J. Ryan, Part II, The Short Recension, by R. P. Casey), London: Christophers.
Slusser, M., 1986. 'Athanasius, *Contra Gentes* and *De incarnatione*: Place and Date of Composition', *JTS* 31, pp. 114–17.
Stead, G. C., 1976. 'Rhetorical Method in Athanasius', *VigChr* 30, pp. 121–37.
——, 1992. 'Athanasius' in A. di Berardino, *Encyclopedia of the Early Church*, Cambridge: James Clarke, pp. 93–5.
Tetz, M., 1973. 'Markellianer und Athanasios von Alexandrien: Die markellinnische Expositio fidei ad Athanasium des Diakonos Eugenios von Ankyra', *ZNW* 64, pp. 75–121.
——, 1975. 'Über Nikäische Orthodoxie. Der sog. Tomus ad Antiochenos des Athanasios von Alexandrien', *ZNW* 66, pp. 194–222.
——, 1983. 'Athanasius und die *Vita Antonii*: literarische und theologische Relationen, *ZNW* 73, pp. 1–30.
Vinzent, M., 1996. *Pseudo-Athanasius, Contra Arianos IV: eine Schrift gegen Asterius von Kappadokien, Eusebius von Cäsarea, Markell von Ankyra und Photin von Sirmium*, Leiden: Brill.
Weinandy, T. G., 2007. *Athanasius: A Theological Introduction*, Aldershot: Ashgate.
Winden, J. C. M. van, 1975. 'On the Date of Athanasius' Apologetical Treatises', *VigChr* 29, pp. 291–5.

カエサリアのバシレイオス（**Basil of Caesarea**）

Amand de Mendietta, D., 1949. *L'Ascèse monastique de S. Basile*, Denée: Éditions de Maredsous.
——, 1965a. 'The Pair Κήρυγμα and Δόγμα in the Theological Thought of St Basil of Caesarea', *JTS* (NS) 16, pp. 129–45.
——, 1965b. *The Unwritten and Secret Apostolic Traditions in the Theological Thought of St Basil of Caesarea*, SJT Occasional Papers no. 13, Edinburgh: Oliver & Boyd.
——, 1976. 'The Official Attitude of Basil of Caesarea as a Christian Bishop towards Greek Philosophy and Science', in D. Baker (ed.), *The Orthodox Churches and the West*, Studies in Church History 13, Oxford: Blackwell, pp. 25–49.
Bobrinskoy, B., 1969. 'Liturgie et ecclésiologie trinitaire de S. Basile', *Verbum Caro* 89, pp. 1–32.
Coman, J., 1966. 'La démonstration dans le traité Sur le Saint Esprit de Saint Basile le Grand. Préliminaires', *SP* 9, pp. 172–209.
Courtonne, Y., 1934. *S. Basile et l'Hellénisme*, Paris: Firmin Didot.
Doresse, J. and E. Lanne, 1960. *Un témoin archaïque de la liturgie copte de S. Basile*, Louvain: Publications Universitaires.
Fedwick, Paul J., 1979. T*he Church and the Charisma of Leadership in Basil of Caesarea*, Toronto:

Pontifical Institute of Mediaeval Studies.
—— (ed.), 1981. *Basil of Caesarea, Christian, Humanist, Ascetic: A Sixteen-Hundredth Anniversary Symposium*, 2 vols, Toronto: Pontifical Institute of Mediaeval Studies.
——, 1993–2004. *Bibliotheca Basiliana Universalis*: I—V, CCG, Turnout: Brepols.
Gribomont, J., 1953. *Histoire du texte des Ascétiques de S. Basile*, Louvain: Muséon.
——, 1957. 'Les Règles Morales de S. Basile et le Nouveau Testament', *SP* 2, pp. 416–26.
——, 1963. 'L'Origénisme de S. Basile', in *L'Homme devant Dieu. Mélanges H. Lubac*, Vol. 1, Paris: Aubier, pp. 281–94; reprinted in *Saint Basile: Évangile et église. Mélanges*, 2 vols, Bégrolles-en-Mauges: Abbaye de Bellefontaine, 1984.
——, 1975. 'Les lemmes de citation de S. Basile indice de niveau littéraire', *Augustinianum* 14, pp. 513–26.
Hanson, R. P. C., 1968. 'Basil's doctrine of tradition in relation to the Holy Spirit', *VigChr* 22, pp. 241–55.
Hayes, W. M., 1972. *The Greek Mss Tradition of (Ps.-) Basil's Adversus Eunomium*, Leiden: Brill.
Hildebrand, Stephan M., 2007. *The Trinitarian Theology of Basil of Caesarea: a Synthesis of Greek Thought and Biblical Truth*, Washington, DC: Catholic University of America Press.
Lèbe, L., 1965. 'S. Basile et ses Règles morales', *Revue Benédictine* 75, pp. 193–200.
Lim, R., 1990. 'The Politics of Interpretation in Basil of Caesarea's *Hexaemeron*', *VigChr* 44, pp. 351–70.
Loofs, F., 1878. *Eustathius von Sebaste und die Chronologie der Basiliusbriefe*, Halle: Niemeyer.
Moffatt, A., 1972. 'The Occasion of Basil's Address to Young Men', *Antichthon* 6, pp. 74–86.
Murphy, F. X., 1976. 'Moral and Ascetical Doctrine in St Basil', *SP* 14, pp. 320–6.
Orphanos, M., 1975. *Creation and Salvation according to Basil of Caesarea*, Athens: Gregorios Parisianos.
Prestige, G. L., 1956. *St. Basil the Great and Apollinaris of Laodicea* (ed. Henry Chadwick), London: SPCK.
Pruche, B., 1966. 'Δόγμα et Κήρυγμα dans le traité *Sur le Saint-Esprit* de Saint Basile de Césarée en Cappadoce', *SP* 9, pp. 257–62.
Rousseau, Philip, 1994. *Basil of Caesarea*, Berkeley/Los Angeles/London: University of California Press.
Rudberg, S. Y., 1953. *Études sur la tradition manuscrite de S. Basile*, Uppsala: AB Lundequistska Bokhandeln.

カッパドキア教父（**Cappadocians in general**）

Balas, D., 1976. 'The Unity of Human Nature in Basil's and Gregory of Nyssa's Polemics against Eunomius', *SP* 14, pp. 275–81.
Bernardi, J., 1970. *La Prédication des Pères Cappadociens*, Paris: Presses Universitaires de France.
Gregg, Robert C., 1975. *Consolation Philosophy: Greek and Christian 'Paideia' in Basil and the Two Gregories*, Philadelphia: Philadelphia Patristic Foundation.
Holman, Susan R., 2001. *The Hungry are Dying: Beggars and Bishops in Roman Cappadocia*, Oxford:

Oxford University Press.
Junod, E., 1972. 'Remarques sur la composition de la Philocalia d'Origène par Basile de Césarée et Grégoire de Nazianze', *Revue d'histoire et de philosophie religieuse* 52, pp. 149–56.
Meredith, A., 1995. *The Cappadocians*, London: Geoffrey Chapman.
Mitchell, Stephen, 1993. *Anatolia: Land, Men and Gods in Asia Minor*, 2 vols, Oxford: Oxford University Press.
Rousseau, P., 2005. 'The Pious Household and the Virgin Chorus: Reflections on Gregory of Nyssa's Life of Macrina', *JECS* 13, pp. 165–86.
Smith, J. Warren, 2004. 'A Just and Reasonable Grief: the Death and Function of a Holy Woman in Gregory of Nyssa's Life of Macrina', *JECS* 12, pp. 57–84.
Van Dam, Raymond, 2002. *Kingdom of Snow: Roman Rule and Greek Culture in Cappadocia*, Philadelphia: University of Pennsylvania Press.
——, 2003a. *Families and Friends in Late Roman Cappadocia*, Philadelphia: University of Pennsylvania Press.
——, 2003b. *Becoming Christian: The Conversion of Roman Cappadocia*, Philadelphia: University of Pennsylvania Press.

アレクサンドリアのキュリロス（Cyril of Alexandria）

Boulnois, M.-O., 1994. *Le paradoxe trinitaire chez Cyrille d'Alexandrie*, Paris: Institut des Études Augustiniennes.
Burghardt, W. J., 1957. *The Image of God in Man according to Cyril of Alexandria*, Washington, DC: Catholic University of America Press.
Chadwick, H., 1951. 'Eucharist and Christology in the Nestorian Controversy', *JTS*（NS）2, pp. 145–64.
Gebremedhin, E., 1977. *Life-Giving Blessing: An Inquiry into the Eucharistic Doctrine of Cyril of Alexandria*, Uppsala: Borgströms.
Grant, R. M., 1964. 'Greek Literature in the Treatise De Trinitate and Cyril Contra Iulianum', *JTS*（NS）15, pp. 265–79.
Hallmann, Joseph M., 1997. 'The Seed of Fire: Divine Suffering in the Christology of Cyril of Alexandria and Nestorius of Constantinople', *JECS* 5, pp. 369–91.
Jouassard, G., 1945. 'L'activité littéraire de S. Cyrille d'Alexandrie jusqu'à 428', *Mélanges E. Podechard*, Lyons: Facultés Catholiques, pp. 159–75.
——, 1977. 'La date des écrits antiariens de S. Cyrille d'Alexandrie', *Revue Bénédictine* 87, pp. 172–8.
Keating, D. A., 2004. *The Appropriation of Divine Life in Cyril of Alexandria*, Oxford: Oxford University Press.
Kerrigan, A., 1952. *St Cyril of Alexandria: Interpreter of the Old Testament*, Analecta Biblica 21, Rome: Pontificio Istituto Biblico.
Koen, L., 1991. *The Saving Passion: Incarnational and Soteriological Thought in Cyril of Alexandria's Commentary on the Gospel according to St. John*, Uppsala: Graphic Systems.
Liébaert, J., 1951. *La Doctrine Christologique de S. Cyrille d'Alexandrie avant la querelle Nestorienne*,

Lille: Facultés Catholiques.
——, 1970. 'L'évolution de la christologie de S. Cyrille d'Alexandrie à partir de la controverse nestorienne. La lettre paschale XVII et la lettre aux Moines (428–9)', *Mélanges de Science Religieuse* 27, pp. 27–48.
Malley, William J., 1979. *Hellenism and Christianity: The Conflict between Hellenic and Christian Wisdom in the* Contra Galilaeos *of Julian the Apostate and the* Contra Julianum *of St. Cyril of Alexandria*, Analecta Gregoriana 210, Rome: Università Gregoriana.
Manoir, H. du, 1944. *Dogme et Spiritualité chez S. Cyrille d'Alexandrie*, Paris: J. Vrin.
McGuckin, J. A., 1994/2004. *Cyril of Alexandria: The Christological Controversy: Its History, Theology and Texts*, Leiden: Brill / republished Crestwood, NY: St Vladimir's Seminary Press.
McKinion, S. A., 2000. *Words, Imagery, and the Mystery of Christ: A Reconstruction of Cyril of Alexandria's Christology*, Leiden: Brill.
Meunier, B., 1997. *Le Christ de Cyrille d'Alexandrie: L'humanité, le salut et la question monophysite*, Paris: Beauchesne.
Norris, R. A., 1975. 'Christological Models in Cyril of Alexandria', *SP* 13, pp. 255–68.
Siddals, Ruth M., 1987. 'Logic and Christology in Cyril of Alexandria', *JTS* (NS) 38, pp. 341–6.
Weinandy, Thomas G. and Daniel A. Keating, 2003. *The Theology of St Cyril of Alexandria: A Critical Appreciation*, London and New York: T. & T. Clark.
Welch, L. J., 1994. *Christology and Eucharist in the Early Thought of Cyril of Alexandria*, San Francisco: International Scholars Press.
Wessel, Susan, 2001. 'Socrates' Narrative of Cyril of Alexandria's Episcopal Election', *JTS* (NS) 52, pp. 98–104.
——, 2004. *Cyril of Alexandria and the Nestorian Controversy: The Making of a Saint and of a Heretic*, Oxford: Oxford University Press.
Wilken, Robert L., 1966. 'Exegesis and the History of Theology: Reflections on the Adam-Christ Typology in Cyril of Alexandria', *Church History* 35, pp. 139–56.
——, 1971. *Judaism and the Early Christian Mind: A Study of Cyril of Alexandria's Exegesis and Theology*, New Haven, CT: Yale University Press.

エルサレムのキュリロス（Cyril of Jerusalem）

Baldovin, John F., 1989. *Liturgy in Ancient Jerusalem*, Nottingham: Grove Books.
Berten, I., 1968. 'Cyrille de Jérusalem, Eusèbe d'Emèse et la théologie semi-arienne', *Revue des Sciences Philosophiques et Théologiques* 52, pp. 38–75.
Beukers, C., 1961. '"For our Emperors, Soldiers and Allies": An attempt at dating the 23rd Catechesis by Cyrillus of Jerusalem', *VigChr* 15, pp. 177–84.
Camelot, P. T., 1970. 'Note sur la théologie baptismale des Catéchèses attribuées à S. Cyrille de Jérusalem', in P. Granfield and J. A. Jungmann (eds), *Kyriakon: Festschrift Johannes Quasten*, Vol. 2, Münster: Aschendorff, pp. 724–9.
Day, J., 2007. *The Baptismal Liturgy of Jerusalem: Fourth- and Fifth-Century Evidence from Palestine, Syria and Egypt*, London: Ashgate.

Doval, Alexis James, 1997. 'The Date of Cyril of Jerusalem's *Catecheses*', *JTS* 48, pp. 129–32.

——, 2001. *Cyril of Jerusalem, Mystagogue: The Authorship of the Mystagogic Catecheses*, Patristic Monograph Series 17, Washington, DC: Catholic University of America Press.

Drijvers, J. W., 2004. *Cyril of Jerusalem: Bishop and City*, Supplements to *VigChr*, Leiden: Brill.

Gregg, Robert C., 1985. 'Cyril of Jerusalem and the Arians', in Gregg (ed.), *Arianism: Historical and Theological Reassessments*, Cambridge, MA: Philadelphia Patristic Foundation, pp. 85–109.

Kretschmar, G., 1956. 'Die frühe Geschichte der Jerusalemer Liturgie', *Jahrbuch für Liturgik und Hymnologie*, pp. 22–46.

Lebon, J., 1924. 'La position de S. Cyrille de Jérusalem dans les luttes provoquées par l'Arianisme', *Revue d'Histoire Écclésiastique* 20, pp. 181–210, 357–86.

Piédagnel, A., 1970. 'Les Catéchèses Mystagogiques de S. Cyrille de Jérusalem. Inventaire de la tradition manuscrite grecque', *SP* 10, pp. 141–5.

Stephenson, A. A., 1954a. 'The Lenten Catechetical Syllabus in Fourth-century Jerusalem', *Theological Studies* 15, pp. 103–14.

——, 1954b. 'St. Cyril of Jerusalem and the Alexandrian heritage', *Theological Studies* 15, pp. 573–93.

——, 1957. 'St Cyril of Jerusalem and the Alexandrian Christian Gnosis', *SP* 1, pp. 142–56.

——, 1972. 'St Cyril of Jerusalem's Trinitarian Theology', *SP* 11, pp. 234–41.

Swaans, W. J., 1942. 'A propos des "Catéchèses Mystagogiques" attribués à S. Cyrille de Jérusalem', *Le Muséon* 55, pp. 1–43.

van Nuffelen, P., 2007. 'The Career of Cyril of Jerusalem (c.348–87): A Reassessment', *JTS* (NS) 58, pp. 134–46.

Yarnold, E. J., 1972. 'Baptism and Pagan Mysteries in the Fourth Century', *Heythrop Journal* 13, pp. 247–67.

——, 1973. '"Ideo et Romae fideles dicuntur qui baptizati sunt": a note on *De Sacramentis* 1.1', *JTS* (NS) 24, pp. 202–7.

——, 1975. 'Did St Ambrose know the Mystagogical Catecheses of St Cyril of Jerusalem?', *SP* 12, pp. 184–9.

——, 1978. 'The Authorship of the *Mystagogic Catecheses* attributed to Cyril of Jerusalem', *Heythrop Journal* 19, pp. 143–61.

盲目のディデュモス（Didymus the Blind）

Bardy, G., 1910. *Didyme l'Aveugle*, Paris: Beauchesne.

——, 1937. 'Aux origènes de l'école d'Alexandrie', *RSR* 27, 65–90.

——, 1942. 'Pour l'histoire de l'école d'Alexandrie', *Vivre et Penser* (the wartime *Revue Biblique*) 2, pp. 80–109.

Béranger, L., 1963. 'Sur deux énigmes du *De Trinitate* de Didyme l'Aveugle', *RSR* 51, pp. 255–67.

Bienart, W. A., 1972. *'Allegoria' und 'Anagoge' bei Didymos dem Blinden von Alexandria*, Patristische Texte und Abhandlungen 13, Berlin: de Gruyter.

Bouteneff, P. C., 2001. 'Placing the Christology of Didymus the Blind', *SP* 37, pp. 389–95.

de Regnon, T., 1892–8. *Études de théologie positive sur la Sainte Trinité*, 4 vols, Paris: Victor Retaux.

Doutreleau, L., 1957. 'Le *De Trinitate* est-il l'oeuvre de Didyme l'Aveugle?', *RSR* 45, pp. 514–57.
——, 1961. 'Ce quel' on trouvera dans l'*In Zachariam* de Didyme l'Aveugle', *SP* 3, pp. 183–95.
—— and J. Aucagne, 1955. 'Que savons-nous aujourd'hui des papyrus de Toura?', *RSR* 43, pp. 161–93.
—— and L. Koenen, 1967. 'Nouvel inventaire des Papyrus de Toura', *RSR* 55, pp. 547–64.
Gauche, W. J., 1934. *Didymus the Blind, an Educator of the Fourth Century*, Washington, DC: Catholic University of America Press.
Gesché, A., 1959, 'L'âme humaine de Jesus dans la Christologie du IVe Siècle. Le témoignage du commentaire sur les Psaumes découvert à Toura', *Revue d'Histoire Ecclésiastique* 54, pp. 385–425.
——, 1962. *La christologie du 'Commentaire sur les Psaumes' découvert à Toura*, Gembloux: J. Duculot.
Hayes, W. M., 1982. 'Didymus the Blind is the author of *Adversus Eunomium* IV–V', *SP* 17, pp. 1108–14.
Holl, K., 1928. *Gesammelte Aufsätze zur Kirchegeschichte II*, Tübingen: Mohr, pp. 298–309.
Hübner, R., 1989. *Die Schrift des Apollinarius von Laodicea Gegen Photin (Pseudo-Athanasius, Contra Sabellianos und Basilius von Caesarea)*, PTS 30, Berlin: de Gruyter.
Layton, Richard A., 2000. '*Propatheia:* Origen and Didymus on the Origin of the Passions', *VigChr* 54（3）, pp. 262–82.
——, 2004. *Didymus the Blind and His Circle in Late-Antique Alexandria*, Urbana and Chicago, IL: University of Illinois Press.
Lebon, J., 1937. 'Le Pseudo-Basile（*Adv. Eunom.* IV–V）est bien Didyme d'Alexandrie', *Le Muséon* 50, pp. 61–83.
Pruche, B., 1970. 'Didyme l'Aveugle est-il bien l'auteur des livres *Contre Eunome* IV et V attribués à Saint Basile de Césarée?', *SP* 10, pp. 151–5.
Tigcheler, J. H., 1977. 'Didyme l'Aveugle et l'exégèse allégorique. Étude sémantique de quelques termes exégétiques importants de son Commentaire zur Zacharie', Nijmegen: Dekker and van de Vegt.

タルソスのディオドロス（Diodore of Tarsus）

Abramowski, R., 1931. 'Untersuchungen zu Diodor von Tarsus', *ZNW* 30, pp. 234– 62.
Greer, R. A., 1966. 'The Antiochene Christology of Diodore of Tarsus', *JTS*（NS）17, pp. 327–41.
Schweizer, E., 1941. 'Diodor von Tarsus als Exeget', *ZNW* 40, pp. 33–75.

シリアのエフライム（Ephrem Syrus）

Amar, Joseph P., 1995. 'A Metrical Homily on Holy Mar Ephrem by Mar Jacob of Sarug', *Patrologia Orientalis* 47, pp. 1–76.
Bou Mansour, P. Tanios, 1988. *La pensée symbolique de saint Ephrem le Syrien*, Kaslik, Lebanon: Bibliothèque de l'Université Saint-Esprit.
Brock, Sebastian, 1985. *The Luminous Eye: The Spiritual World Vision of St Ephrem*, Rome: CIIS; republished Cistercian Publications 1992.
den Biesen, Kees, 2002. *Bibliography of Ephrem the Syrian*, Giove in Umbria: self- published.

——, 2006. *Simple and Bold: Ephrem's Art of Symbolic Thought*, Piskataway, NJ: Gorgias Press.

Griffith, Sidney H., 1986. 'Ephraem, the Deacon of Edessa, and the Church of the Empire', in Thomas Halton and Joseph P. Williman（eds）, *Diakonia: Studies in Honor of Robert T. Meyer*, Washington, DC: Catholic University of America Press, pp. 22–52.

——, 1987. 'Ephraem the Syrian's Hymns "Agaist Julian": Meditations on History and Imperial Power', *VigChr* 41, pp. 238–66.

——, 1997. *'Faith Adoring the Mystery': Reading the Bible with St. Ephraem the Syrian*, Milwaukee, WI: Marquette University Press.

——, 2001. 'The Thorn among the Tares: Mani and Manichaeism in the Works of St. Ephraem the Syrian', *SP* 35, pp. 395–427.

Harrison, Verna, 1996. 'Gender, Generation, and Virginity in Cappadocean Theology', *JTS*（NS）47, pp. 38–68.

Murray, Robert, 2006. *Symbols of Church and Kingdom*, rev. edn（originally published 1975）, London: T. & T. Clark.

Petersen, William L., 1985. 'The Dependence of Romanos the Melodist upon the Syriac Ephrem; its importance for the Origin of the Kontakion', *VigChr* 39, pp. 171–87.

Possekel, Ute, 1999. *Evidence of Greek Philosophical Concepts in the Writings of Ephrem the Syrian*, *CSCO* supplement 102, Louvain: Peeters.

Russell, P. S., 1994. *St. Ephraem the Syrian and St. Gregory the Theologian Confront the Arians*, Kottayam.

——, 2006. 'Avoiding the Lure of Edessa: A Plea for Caution in Dating the Works of Ephraem the Syrian', *SP* 41, pp. 71–4.

Shepardson, Christine, 2001. 'Anti-Jewish Rhetoric and Intra-Christian Conflict in the Sermons of Ephrem Syrus', *SP* 35, pp. 502–7.

Van Rompay, Lucas, 1996. 'The Christian Syriac Tradition of Interpretation', in Magne Saebo（ed.）, *Hebrew Bible/Old Testament: The History of Its Interpretation*, Vol. I, Göttingen: Vandenhoeck & Ruprecht, pp. 612–41.

Yousif, P., 1990. 'Exegetical principles of St. Ephraem of Nisibis', *SP* 18, pp. 296–302.

サラミスのエピファニオス（Epiphanius of Salamis）

Benko, S., 1967. 'The Libertine Sect of the Phibionites according to Epiphanius', *VigChr* 21, pp. 103–19.

Dechow, Jon F., 1988. *Dogma and Mysticism in early Christianity: Epiphanius of Salamis and the legacy of Origen*, Leuven: Peeters.

Fraenkel, P, 1963. 'Histoire sainte et hérésie chez S. Epiphane de Salamine', *Revue de Théologie et Philosophie* 12, pp. 175–91.

Holl, Karl, 1910. *Die handschriftliche Überlieferung des Epiphanius*, TU 36.2, Leipzig: Hinrichs.

——, 1928. 'Die Schriften des Epiphanius gegen die Bilderverehrung', in *Gesammelte Aufsätze zur Kirchengeschichte* II, Tübingen: Mohr Siebeck, pp. 351–87.

Kösters, Oliver, 2003. *Die Trinitätslehre des Epiphanius von Salamis, ein Kommentar zum 'Ancoratus'*, Göttingen: Vandenhoeck & Ruprecht.

Lipsius, R. A., 1865. *Zur Quellenkritik des Epiphanius*, Vienna: Wilhelm Braumüller.
Moutsoulas, E., 1966. 'Der Begriff "Häresie" bei Epiphanius von Salamis', *SP* 7, pp. 362–71.
Nautin, P., 1949. *Hippolytus, Contre les hérésies*, Paris: Les Éditions du Cerf.
Palachkovsky, V., 1966. 'Une interpolation dans l'Ancoratus de S. Epiphane', *SP* 7, pp. 265–73.
Young, F. M., 1982. 'Did Epiphanius know what he meant by heresy?', *SP* 18, pp. 199–205.

カエサリアのエウセビオス（Eusebius of Caesarea）

Attridge, H. W. and G. Hata（eds）, 1992. *Eusebius, Christianity and Judaism*, Leiden: Brill.
Barnes, T. D., 1981. *Constantine and Eusebius*, Cambridge, MA: Harvard University Press.
Baynes, N. H., 1929. 'Constantine the Great and the Christian Church', *Proc. of British Academy* XV, pp. 341–442.
——, 1933/55. 'Eusebius and the Christian Empire', originally published in *Mélanges Bidez*; reprinted in *Byzantine Studies and Other Essays*, London: Athlone Press, pp. 168–72.
——, H. J. Lawlor and G. W. Richardson, 1924–5. 'The Chronology of Eusebius', *Classical Quarterly* 19, pp. 95–100.
Burgess, R. W.,（1997）. 'The Dates and Editions of Eusebius' *Chronici Canones* and *Historia Ecclesiastica*', *JTS*（NS）48, pp. 471–504.
Cangh, J. M. van, 1971, 1972. 'Nouveaux Fragments Hexaplaires. Commentaire sur Isaie d'Eusèbe de Césarée', *Revue Biblique* 78, pp. 384–90; 79, p. 76.
Carriker, Andrew James, 2003. *The Library of Eusebius of Caesarea*, Leiden: Brill.
Delcogliano, Mark, 2006. 'Eusebian Theologies of the Son as the Image of God before 341', *JECS* 14, pp. 459–84.
Frede, Michael, 1999. 'Eusebius' Apologetic Writings' in Mark Edwards, Martin Goodman and Simon Price（eds）, *Apologetics in the Roman Empire. Pagans, Jews and Christians*, Oxford: Oxford University Press, pp. 223–50.
Grafton, Anthony and Megan Williams, 2006. *Christianity and the Transformation of the Book: Origen, Eusebius, and the Library of Caesarea*, Cambridge, MA: Harvard University Press.
Grant, R. M., 1972. 'Eusebius and his Church History', in J. Reumann（ed.）, *Understanding the Sacred Text: Studies in Honor of M. S. Enslin*, Valley Forge, PA: Judson Press, pp. 233–47.
——, 1975. 'The Case against Eusebius, or Did the Father of Church History Write History?', *SP* 12, pp. 413–21.
——, 1980. *Eusebius as Church Historian*, Oxford and New York: Clarendon Press.
Hollerich, Michael J., 1999. *Eusebius of Caesarea's* Commentary on Isaiah*: Christian Exegesis in the Age of Constantine*, Oxford: Clarendon Press.
Jones, A. H. M., 1954. 'Notes on the genuineness of the Constantinian documents in Eusebius' *Life of Constantine*', *JEH* 5, pp. 196–200.
Kofsky, Aryeh, 2000. *Eusebius of Caesarea Against Paganism*, Leiden: Brill.
Lawlor, H. J., 1912. *Eusebiana: Essays on the Ecclesiastical History of Eusebius, Bishop of Caesarea*, Oxford: Oxford University Press.
Lienhard, J. T., 1999. Contra Marcellum: *Marcellus of Ancyra and Fourth Century Theology*, Washington,

DC: Catholic University of America Press.
Louth, Andrew, 1990. 'The Date of Eusebius' *Historia Ecclesiastica*', *JTS*（NS）41, pp. 111–23.
Luibheid, C., 1978. *Eusebius of Caesarea and the Arian Crisis*, Dublin: Irish Academic Press.
Lyman, Rebecca, 1993. *Christology and Cosmology: Models of Divine Activity in Origen, Eusebius and Athanasius*, Oxford: Clarendon Press.
Markus, R. A., 1975. 'Church History and the Early Church Historians' in D. A. Baker（ed.）, T*he Materials, Sources and Methods of Ecclesiastical History*, Studies in Church History 11, Oxford: Blackwell, pp. 1–17.
Möhle, A., 1934. 'Der Jesaiakommentar des Eusebios von Kaisareia fest vollständig wieder aufgefunden', *ZNW* 33, pp. 87–9.
Momigliano, A., 1963. 'Pagan and Christian Historiography', in Momigliano（ed.）, *The Conflict between Paganism and Christianity in the Fourth Century*, Oxford and New York: Clarendon Press, pp. 79–99.
Mosshammer, A. A., 1979. The Chronicle *of Eusebius and Greek Chronographical Tradition*, Cranbury, NJ and London: Associated University Presses.
Nautin, P., 1961. *Lettres et écrivains chrétiens des IIe et IIIe siècles*, Paris: Les Éditions du Cerf.
Places, E. des, 1975. 'Numenius et Eusèbe de Césarée', *SP* 12, pp. 19–28.
Ricken, F., 1967. 'Die Logoslehre des Eusebios von Caesarea und der Mittelplatonismus', *Theologie und Philosophie* 42, pp. 341–58.
Sirinelli, J., 1961. *Les vues historiques d'Eusèbe de Césarée durant la période prénicéenne*, Dakar: Université de Dakar.
Stead, G. C., 1973. 'Eusebius and the Council of Nicaea', *JTS*（NS）24, pp. 85–100.
Storch, R. H., 1971. 'The Eusebian Constantine', *Church History* 40, pp. 145–55.
Tabbernee, W., 1997. 'Eusebius' "Theology of Persecution": as seen in the various editions of his *Church History*', *JECS* 5, pp. 319–34.
Wallace-Hadrill, D. S., 1955. 'The Eusebian Chronicle: The Extent and Date of Composition of its Early Editions', *JTS*（NS）6, pp. 248–53.
——, 1960. *Eusebius of Caesarea*, London: Mowbray.
Weber, A., 1965. *APXH. Ein Beitrag zur Christologie des Eusebius von Caesarea*, Rome: Pontifica Universita Gregoriana.

アンティオキアのエウスタティオス（Eustathius of Antioch）

Sellers, R. V., 1928. *Eustathius of Antioch*, Cambridge: Cambridge University Press.
Spanneut, M., 1954. 'La position théologique d'Eustathe d'Antioche', *JTS*（NS）5, pp. 220–4.

エヴァグリオス・ポンティコス（Evagrius Ponticus）

Guillaumont, A., 1962. *Les 'Kephalaia Gnostica' d'Évagre le Pontique et l'histoire de l'origénisme chez les Grecs et chez les Syriens*, Patristica Sorbonensia 5, Paris: Éditions du Seuil.
Konstantinovsky, Julia, 2009. *Evagrius Ponticus: The Making of a Gnostic*, Farnham: Ashgate.
Stewart, Columba, 2001. 'Imageless Prayer and the Theological Vision of Evagrius Ponticus', *JECS* 9,

pp. 173–204.
Young, R. D., 2001. 'Evagrius the Iconographer: Monastic Pedagogy in the *Gnostikos*', *JECS* 9, pp. 53–71.

ナジアンゾスのグレゴリオス（Gregory of Nazianzus）

Beeley, Christopher A., 2008. *Gregory of Nazianzus on the Trinity and the Knowledge of God*, Oxford: Oxford University Press.
Bernardi, J., 1995. *Saint Grégoire de Nazianze: Le Théologien et son temps (330–390)*, Paris: Les Éditions du Cerf.
Børtnes, J. and Tomas Hägg（eds）, 2006. *Gregory of Nazianzus: Images and Reflections*, Copenhagen: Museum Tusculanum.
Coman, J., 1976. 'Hellénisme et Christianisme dans le 25e discourse de saint Grégoire de Nazianze', *SP* 14, pp. 290–301.
Cross, R., 2006. 'Divine Monarchy in Gregory of Nazianzus', *JECS* 14, pp. 105–16.
Demoen, K., 1996. *Pagan and Biblical Exempla in Gregory Nazianzen: A Study in Rhetoric and Hermeneutics*, Corpus Christianorum, Turnhout: Brepols.
Ellverson, Anna-Stina, 1981. *The Dual Nature of Man: A Study in the Theological Anthropology of Gregory of Nazianzus*, Uppsala: Acta Universitatis Upsaliensis.
Fleury, E., 1930. *Hellénisme et Christianisme: S. Grégoire de Nazianze et son temps*, Paris: Gabriel Beauchesne.
McGuckin, J., 2001. *Gregory of Nazianzus*, Crestwood, NY: St Vladimir's Seminary Press.
Plagnieux, J., 1951. *Saint Grégoire de Nazianze théologien*, Études de science religieuse 7, Paris: Éditions Franciscaines.
Ruether, Rosemary, 1969. *Gregory Nazianzen, Rhetor and Philosopher*, Oxford: Clarendon Press.
Spidlik, T., 1971. *Grégoire de Nazianze: Introduction à l'étude de sa doctrine spirituelle*, Rome: Ponitificum Institutum Studiorum Orientalium.
Sykes, D. A., 1970. 'The *Poemata Arcana* of St Gregory Nazianzen', *JTS*（NS）21, pp. 32–42.
Winslow, Donald F., 1979. *The Dynamics of Salvation: A Study in Gregory of Nazianzus*, Cambridge, MA: Philadelphia Patristics Foundation.

ニュッサのグレゴリオス（Gregory of Nyssa）

Balthasar, H. Urs von, 1942. *Présence et pensée: Essai sur la philosophie religieuse de Grégoire de Nysse*, Paris: Éditions Beauchesne（ET of 1988 edition, 1995, *Presence and Thought*, by Mark Sebanc, San Francisco: Ignatius Press）.
Barnes, Michel René, 2001. *The Power of God: Δύναμις in Gregory of Nyssa's Trinitarian Theology,* Washington, DC: Catholic University of America Press.
Bebis, G., 1967. 'Gregory of Nyssa's *De Vita Moysis*: a philosophical and theological analysis', *Greek Orthodox Theological Review* 12, pp. 369–93.
Brightman, R. S., 1973. 'Apophatic Theology and Divine Infinity in St Gregory of Nyssa', *Greek Orthodox Theological Review* 18, pp. 404–23.

Canévet, Mariette, 1983. *Grégoire de Nysse et l'herméneutique biblique: Étude des rapports entre le langage et la connaisance de Dieu*, Paris: Études Augustiniennes.

Cherniss, H. F., 1930. *The Platonism of Gregory of Nyssa*, New York: Burt Franklin.

Coakley, Sarah (ed.), 2003. *Re-Thinking Gregory of Nyssa*, Oxford: Blackwell.

Cross, R., 2006. 'Divine Monarchy in Gregrory of Nazianzus', *JECS* 14 (1), pp. 105–16.

Daniélou, J., 1954. *Platonisme et théologie mystique*, Paris: Aubier.

——, 1964. 'Le symbole de la caverne chez Grégoire de Nysse', in A. Stuiber and A. Hermann (eds), *Mullus: Festschrift für Theodor Klauser*, Münster: Aschendorf, pp. 43–51.

——, 1965. 'Grégoire de Nysse à travers les lettres de saint Basile et de saint Grégoire de Nazianze', *VigChr* 19, pp. 31–41.

——, 1966a. 'La chronologie des oeuvres de Grégoire de Nysse', SP 7, pp. 159–69.

——, 1966b. 'Le traité "Sur les enfants morts prematurement" de Grégoire de Nysse', *VigChr* 20, pp. 159–82.

——, 1967. 'Grégoire de Nysse et le néoplatonisme de l'Ecole d'Athènes', *Revue des Études Grecques* 80, pp. 395–401.

Dörrie, H., M. Altenburger and A. Schramm, 1976. *Gregor von Nyssa und die Philosophie*, Zweites internationales Kolloquium über Gregor von Nyssa, Freckenhorst bei Münster 1972, Leiden: Brill.

Dünzl, F., 1990. 'Gregor von Nyssa *Homilien zum Canticum* auf dem Hintergrund seiner *Vita Moysis*', *VigChr* 44, pp. 371–81.

Ferguson, E., 1973. 'God's Infinity and Man's Immutability Perpetual Progress according to Gregory of Nyssa', *Greek Orthodox Theological Review* 18, pp. 59–78.

——, 1976. 'Progress in perfection: Gregory of Nyssa's *Vita Moysis*', S*P* 14, pp. 307–14.

Fontaine, J. and C. Kannengiesser (eds), 1972. *Epektasis: Mélanges patristiques offerts au Cardinal J. Daniélou*, Paris: Beauchesne.

Geljon, A.-K., 2005. 'Divine Infinity in Gregory of Nyssa and Philo of Alexandria', *VigChr* 59, pp. 152–77.

Harl, M. (ed.), 1971. *Écriture et culture philosophique dans la pensée de Grégoire de Nysse*, Actes du colloque de Chevetogne, Leiden: Brill.

Harrison, V., 1992. *Grace and Human Freedom according to Gregory of Nyssa*, Lewiston, NY: Edwin Mellen.

Heine, R., 1975. *Perfection in the Virtuous Life: A study of the relationship between edification and polemical theology in Gregory of Nyssa's* De Vita Moysis, Cambridge, MA: Philadelphia Patristic Foundation.

Jaeger, W., 1966. *Gregor von Nyssa's Lehre vom Heiligen Geist* (ed. H. Dörries), Leiden: Brill.

Laird, Martin, 2004. *Gregory of Nyssa and the Grasp of Faith: Union, Knowledge, and Divine Presence*, Oxford: Oxford University Press.

Ludlow, Morwenna, 2000. *Universal Salvation: Eschatology in the Thought of Gregory of Nyssa and Karl Rahner*, Oxford: Oxford University Press.

——, 2007. *Gregory of Nyssa*, Ancient and [Post]modern, Oxford: Oxford University Press.

Mann, F., 1977. 'Gregor, Rhetor et Pastor: Interpretation des Proömiums der Schrift Gregors von Nyssa, *De Infantibus praemature abreptis*', *VigChr* 31, pp. 126–47.

Maspero, Giulio, 2007. *Trinity and Man: Gregory of Nyssa's* Ad Ablabium, Supplements to *VigChr*, Leiden: Brill.

May, G., 1966. 'Gregor von Nyssa in der Kirchenpolitik seiner Zeit', *Jahrbuch der österreichischen Byzantinistischen Gesellschaft* 15, pp. 105–32.

Macleod, C. W., 1970. 'ΑΝΑΛΥΣΙΣ: A Study in Ancient Mysticism', *JTS* (NS) 21, pp. 43–55.

——, 1971. 'Allegory and Mysticism in Origen and Gregory of Nyssa', *JTS* (NS) 22, pp. 362–79.

Meredith, A., 1975. 'Orthodoxy, Heresy and Philosophy in the Later Half of the Fourth Century', *Heythrop Journal* 16, pp. 5–21.

——, 1976. 'Traditional Apologetic in the *Contra Eunomium* of Gregory of Nyssa', *SP* 14, pp. 315–19.

Moutsoulas, E. D. (ed.), 2005. *Jesus Christ in St. Gregory of Nyssa's Theology*, Athens: Eptalophos.

Mühlenberg, E., 1966. *Die Unendlichkeit Gottes bei Gregor von Nyssa*, Göttingen: Vandenhoeck & Ruprecht.

Pottier, B., 1994. *Dieu et le Christ selon Grégoire de Nysse*, Namur: Culture et Vérité.

Ramelli, I. L. E., 2007. 'Christian Soteriology and Christian Platonism: Origen, Gregory of Nyssa, and the Biblical and Philosophical Basis of the Doctrine of Apokatasis', *VigChr* 61, pp. 313–56.

Schoedel, W. R. and R. L. Wilken (eds), 1979. *Early Christian Literature and the Classical Intellectual Tradition*, in honorem Robert M. Grant, Paris: Beauchesne.

Smith, Warren J., 2004. *Passion and Paradise: Human and Divine Emotion in the Thought of Gregory of Nyssa*, New York: Crossroad.

Spira, Andreas (ed.), 1984. *The Biographical Works of Gregory of Nyssa*, Proceedings of the Fifth International Colloquium on Gregory of Nyssa, 1982, Cambridge, MA: Philadelphia Patristic Foundation.

Stritzky, M. von, 1973. *Zum Problem der Erkenntnis bei Gregor von Nyssa*, Münster: Aschendorf.

Turcescu, Lucian, 2005. *Gregory of Nyssa and the Concept of Divine Persons*, Oxford: Oxford University Press and the American Academy of Religion.

Zachhuber, J., 2000. *Human Nature in Gregory of Nyssa: Philosophical Background and Theological Significance*, Supplements to *VigChr*, Leiden: Brill.

ヨアンネス・クリュソストモス (John Chrysostom)

Aldama, J. A., 1965. *Repertorium pseudo-Chrysostomicum*, Paris: CNRS.

Allen, Pauline, 1997. 'John Chrysostom's Homilies on I & II Thessalonians: The Preacher and his Audience', *SP* 31, pp. 3–21.

Ameringer, T. E., 1921. *The Stylistic Influence of the Second Sophistic on the Panegyrical Sermons of St John Chrysostom,* Washington, DC: Catholic University of America Press.

Amirav, Hagit, 2003. *Rhetoric and Tradition: John Chrysostom on Noah and the Flood*, Leuven: Peeters.

Baur, C., 1907. S. *Jean Chrysostome et ses oeuvres dans l'histoire littéraire*, Paris: Fontemoing.

——, 1929/59. *St Chrysostom and His Time* (German original 1929), ET by M. Gonzaga, Westminster, MD and London: Sands.

Brändle, R., 1977. 'Jean Chrysostome: l'importance de Matt. 25:31–46 pour son éthique', *VigChr* 31, pp. 47–52.

——, 2004. *John Chrysostom, Bishop, Reformer, Martyr*, ET Strathfield, NSW: St. Paul's.

Carter, R. E., 1962. 'Chrysostom's *Ad Theodorum Lapsum* and the early chronology of Theodore of Mopsuestia', *VigChr* 16, pp. 87–101.

——, 1970. 'The Future of Chrysostom Studies', *SP* 10, p. 20.

Chase, F. H., 1887. *Chrysostom: A Study in the History of Biblical Interpretation*, Cambridge: Deighton, Bell.

Clark, E. A., 1977. 'John Chrysostom and the Subintroductae', *Church History* 46, pp. 171–85.

Coman, J., 1968. 'Le rapport de la justification et de la charité dans les homélies de S. Jean Chrysostome à l'Epitre aux Romains', *Studia Evangelica* 5 (TU 103), pp. 248–71.

Danassis, A. K., 1971. *Johannes Chrysostomos: Pädagogisch-psychologische Ideen in seinem Werk*, Bonn: Bouvier Verlag.

Fabricius, C., 1962. *Zu den Jugendschriften des Johannes Chrysostomos: Untersuchungen zum Klassizismus des vierten Jahrhunderts,* Lund: Gleerup.

Garrett, Duane A., 1992. *An Analysis of the Hermeneutics of John Chrysostom's Commentary on Isaiah 1–8 with an English Translation*, Lewiston, NY: Edwin Mellen.

Goodall, Blake, 1979. *The Homilies of John Chrysostom on the Letters of Paul to Titus and Philemon: prolegomena to an edition*, Berkeley: University of California Press.

Gorday, Peter, 1983. *Principles of Patristic Exegesis: Romans 9–11 in Origen, John Chrysostom, and Augustine*, New York and Toronto: Edwin Mellen.

Greeley, D., 1982. 'St. John Chrysostom. Prophet of Social Justice', *SP* 17, pp. 1163–8.

Hartney, Aideen M., 2004. *John Chrysostom and the Transformation of the City*, London: Duckworth.

Hunter, David G., 1989. 'Libanius and John Chrysostom: New Thoughts on an Old Problem', *SP* 22, pp. 129–35.

Kelly, J. N. D., 1995. *Goldenmouth: The Story of John Chrysostom, Ascetic, Preacher, Bishop*, London: Duckworth.

Lawrenz III, Melvin E., 1996. *Christology of John Chrysostom*, Lewiston, NY: Edwin Mellen.

Leroux, J. M., 1961. 'Monachisme et communauté chrétienne d'après saint Jean Chrysostome', in *Théologie de la vie monastique*, Études sur la tradition patristique, Paris: Aubier, pp. 143–90.

——, 1975. 'Saint Jean Chrysostome et le monachisme', in C. Kannengiesser (ed.), *Jean Chrysostome et Augustin*, Paris: Beauchesne, pp. 125–44.

Leyerle, Blake, 1994. 'John Chrysostom on almsgiving and the use of money', *Harvard Theological Review* 87, pp. 29–47.

——, 2001. *Theatrical Shows and Ascetic Lives: John Chrysostom's Attack on Spiritual Marriage*, Berkeley, Los Angeles and London: University of California Press.

Malingrey, A. M., 1970. 'La tradition manuscrite des homélies de Jean Chrysostome *De Incomprehensibilité*', *SP* 10, pp. 22–8.

——, 1973. 'L'édition critique de Jean Chrysostome. Actualité de son oeuvre. Volumes parus. Projets', in P. C. Christou, *Symposion: Studies on Saint John Chrysostom*, Thessaloniki: Patriarchikon

Hidryma Paterikon Meleton, pp. 77–90.

Maxwell, Jaclyn L., 2006. *Christianization and Communication in Late Antiquity*, Cambridge: Cambridge University Press.

Mayer, Wendy, 1997. 'John Chrysostom and his Audiences: distinguishing different congregations at Antioch and Constantinople', *SP* 31, pp. 70–5.

——, 2005. *Homilies of St. John Chrysostom: Provenance—reshaping the foundations*, Roma: Pontificio Istituto Orientale.

Meyer, L., 1933. *S. Jean Chrysostome: Maître de perfection chrétienne*, Paris: Beauchesne.

Mitchell, Margaret M., 2000. *The Heavenly Trumpet: John Chrysostom and the Art of Pauline Interpretation*, Hermeneutische Untersuchungen zur Theologie 40, Tübingen: Mohr Siebeck.

Murphy, F. X., 1972. 'The Moral Doctrine of St John Chrysostom', *SP* 11, pp. 52–7.

Nowak, E., 1972. *Le chrétien devant la souffrance: Étude sur la pensée de Jean Chrysostome*, Paris: Beauchesne.

Ommerslaeghe, F. van, 1977. 'Que vaut le témoignage de Pallade sur la procès de S. Jean Chrysostom?', *Analecta Bollandiana* 95, pp. 389–414.

——, 1979. 'Jean Chrysostome en conflit avec l'impératrice Eudoxie', *Analecta Bollandiana* 97, pp. 131–59.

Paverd, Frans van de, 1991. *St. John Chrysostom. Homilies on the Statues. An Introduction*, Roma: Pont. Institutum Studiorum Orientalium.

Plassmann, O., 1961. *Das Almosen bei Johannes Chrysostomus*, Münster: Aschendorf.

Quère-Jaulmes, F., 1966. 'L'aumone chez Grégoire de Nysse et Grégoire de Nazianze', *SP* 8, pp. 449–55.

Retzleff, A., 2003. 'John Chrysostom's Sex Aquarium: Acquatic Metaphors for Theatre in *Homily 7 On Matthew*', *JECS* 11, pp. 195–207.

Thonnard, F.-J., 1967. 'S. Jean Chrysostome et S. Augustine dans la controverse pélagienne', *Revue des Études Byzantines* 25, pp. 189–218.

Vandenberghe, Bruno H., 1961. *S, Jean Chrysostome et la parole de Dieu*, Paris: Les Éditions du Cerf.

Wilken, Robert L., 1983. *John Chrysostom and the Jews: Rhetoric and Reality in the Late Fourth Century*, Berkeley: University of California Press.

「マカリオス」（'Macarius'）

Dörries, H., 1941. *Symeon von Mesopotamien: Die Überlieferung der Messalianischen 'Makarios'–Schriften*, TU 55, Leipzig: Hinrichs.

——, 1978. *Die Theologie des Makarios-Symeon*, Göttingen: Vanderhoeck & Ruprecht.

Golitzin, A., 2002. 'A Testimony to Christianity as Transfiguration: The Macarian Homilies and Orthodox Spirituality' in S. T. Kimbrough, Jr（ed.）, *Orthodox and Wesleyan Spirituality*, Crestwood, NY: St Vladimir's Seminary Press, pp. 129–56.

Jaeger, W., 1954. *Two Rediscovered Works of Ancient Christian Literature: Gregory of Nyssa and Macarius*, Leiden: Brill.

Plested, Marcus, 2004. *The Macarian Legacy: The place of Macarius-Symeon in the eastern Christian*

tradition, Oxford Theological Monographs, Oxford: Oxford University Press.

Staats, R., 1968. *Gregor von Nyssa und die Messalanier*, PTS 8, Berlin: de Gruyter.

Stewart, Columba, 1991. '*Working the Earth of the Heart': The Messalian Controversy in History, Texts, and Language to AD 431*, Oxford: Clarendon Press.

Villecourt, L., 1920. 'La date et l'origine des "Homélies spirituelles" attribuées à Macaire', in *Comptes rendus de l'Académie des Inscriptions et Belles-Lettres*, Paris, pp. 250–8.

Young, Frances M., 1987. 'Allegory and Atonement', *Australian Biblical Review* 35, pp. 107–14.

——, 2002. 'Inner Struggle: Some Parallels between John Wesley and the Greek Fathers,' in S. T. Kimbrough, Jr (ed.), *Orthodox and Wesleyan Spirituality*, Crestwood, NY: St Vladimir's Seminary Press, pp. 157–72.

アンキュラのマルケロス（Marcellus of Ancyra）

Lienhard, J. T., 1982. 'Marcellus of Ancyra in Modern Research', *ThS* 43, pp. 486–503.

——, 1993. 'Did Athanasius Reject Marcellus?', in M. R. Barnes and D. H. Williams (eds), *Arianism After Arius: Essays on the Development of the Fourth Century Trinitarian Conflicts,* Edinburgh: T. & T. Clark, pp. 65–80.

——, 1999. Contra Marcellum: *Marcellus of Ancyra and Fourth-Century Theology.* Washington, DC: Catholic University of America Press.

Loofs, Friedrich, 1902. 'Die Trinitätslehre Marcell's von Ancyra und ihr Verhältnis zur älteren Tradition', in Loofs, *Patristica: ausgewählte Aufsätze zur Alten Kirche*, ed. H. C. Brennecke and J. Ulrich, Berlin: de Gruyter, 1999, pp. 123–42.

Parvis, S., 2006. *Marcellus of Ancyra and the Lost Years of the Arian Controversy, 325–345*, Oxford Early Christian Studies, Oxford: Oxford University Press.

——, 2008. '"Τά τίνων ἄρα ῥήματα θελογεῖ?": The Exegetical Relationship between Athanasius' *Orationes contra Arianos I–III* and Marcellus of Ancyra's *Contra Asterium*', in L. DiTommaso and L. Turcescu (eds), *The Reception and Interpretation of the Bible in Late Antiquity: Proceedings of the Montréal Colloquium in Honour of Charles Kannengiesser, 11–13 October 2006*, Leiden and Boston: Brill, pp. 337–67.

Vinzent, M., 1996. *Pseudo-Athanasius Contra Arianos IV: Eine Schrift gegen Asterius von Kappadokien, Eusebius von Cäsarea, Markell von Ankyra und Photin von Sirmium*, Supplement to *VigChr* 36, Leiden: Brill.

エメサのネメシオス（Nemesius of Emesa）

Jaeger, W. W., 1914. *Nemesios von Emesa: Quellenforschungen zum Neuplatonismus und seinen anfängen bei Posidonios*, Berlin: Weidman.

Reinhardt, K., 1953. 'Poseidonios von Apamea', in A. F. Pauly, G. Wissowa and W. Kroll (eds), *Real-Encyclopädie der klassischen Altertumswissenschaft* 22, Stuttgart: Metzler, col. 773.

Skard, E., 1936, 1937, 1938, 1939, 1942. 'Nemesiosstudien', *Symbolae Osloenses* 15, pp. 23–43; 17, pp. 9–25; 18, pp. 31–41; 19, pp. 46–56; 22, pp. 40–8.

Streck, Martin, 2005. *Das Schönste Gut: der menschliche Wille nach Nemesius von Emesa und Gregor von*

Nyssa, Göttingen: Vanderhoeck & Ruprecht.
Young, Frances, 1983. 'Adam, the soul and immortality: a study of the interaction of "science" and the Bible in some anthropological treatises of the Fourth Century', *VigChr* 37, pp. 110–40.

ネストリオス（Nestorius）

Abramowski, L., 1963. *Untersuchungen zum Liber Heraclidis des Nestorius, CSCO* 242（Subsidia 22）, Louvain: Secretariat du CSCO.
Amann, E., 1931. 'Nestorius', in *Dictionnaire de Théologie Catholique* XI, pp. 76–157.
Anastos, Milton V., 1962. 'Nestorius was Orthodox', *Dumbarton Oaks Papers* 16, pp. 119–40.
Bethune-Baker, J. F., 1908. *Nestorius and his Teaching*, Cambridge: Cambridge University Press.
Chesnut, Roberta C., 1978. 'The Two Prosopa in Nestorius' *Bazaar of Heraclides*', *JTS*（NS）29, pp. 392–409.
Hodgson, L., 1918. 'The Metaphysic of Nestorius', *JTS* 19, pp. 46–55（republished as Appendix IV in G. R. Driver and L. Hodgson, *Nestorius. The Bazaar of Heraclides*, ET, Oxford and New York: Clarendon Press, 1925）.
Loofs, F., 1914. *Nestorius and His Place in the History of Christian Doctrine*, Cambridge and New York: Cambridge University Press.
Scipioni, L. I., 1975. *Nestorio e il concilio di Epheso, Studia Patristica Mediolanensia*, Milan: Pubblicazioni della Università Cattolica del Sacro Cuore.
Turner, H. E. W., 1975. 'Nestorius Reconsidered', *SP* 13, pp. 306–21.

パラディオス、『ヒストリア・ラウシアカ』と『修道士の歴史』（Palladius, *Lausiac History* and *Historia monachorum*）

Bammel, C. P., 1996. 'Problems of the *Historia Monachorum*', *JTS*（NS）47, pp. 92–104.
Bousset, W., 1917. 'Komposition und Charakter del Historia Lausiaca', in *Nachrichten von der königlichen Gesellschaft der Wissenschaften zu Göttingen, Phil.–hist. Klasse*, pp. 173–217.
——, 1922. 'Zur Komposition del Historia Lausiaca', *ZNW* 21, pp. 81–98.
Buck, D. F., 1976. 'The Structure of the *Lausiac History*', *Byzantion* 46, pp. 292–307.
Chitty, D. J., 1955. 'Dom Cuthbert Butler and the Lausiac History', *JTS*（NS）6, 239–58.
Coleman-Norton, P. R., 1926. 'The Authorship of the *Epistola de Indicis gentibus et de Bragmanibus*', *Classical Philology* 21, pp. 154–60.
Draguet, R., 1944. 'Le chapitre de l'Histoire Lausiaque sur les Tabénnesiotes', Le Muséon 57, pp. 53–146.
——, 1945. 'Le chapitre de l'*Histoire Lausiaque* sur les Tabénnesiotes', *Le Muséon* 58, pp. 15–96.
——, 1946. 'L'Histoire Lausiaque, une oeuvre écrite dans l'esprit d'Evagre', *Revue d'Histoire Ecclésiastique* 41, pp. 321–64.
——, 1947a. 'L'Histoire Lausiaque, une oeuvre écrite dans l'esprit d'Evagre', *Revue d'Histoire Ecclésiastique* 42, pp. 5–49.
——, 1947b. 'Une nouvelle source Copte de Pallade: le chapitre viii（Amoun）', *Le Muséo*n 60, pp. 227–55.

——, 1949. 'Un nouveau témoin du texte G de l'Histoire Lausiaque (MS. *Athènes 281*)', *Analecta Bollandiana* 67, pp. 300–8.

——, 1950. 'Butler et sa Lausiac History face à un ms. de l'édition I Wake 67', *Le Muséon* 63, pp. 203–30.

——, 1955. 'Butleriana: Une mauvaise cause et son malchanceux avocat', *Le Muséon* 68, pp. 239–58.

Festugière, A.-J., 1955. 'Le problème littéraire de l'*Historia Monachorum*', *Hermes* 83, pp. 257–84.

Halkin, F., 1930. 'L'Histoire Lausiaque et les vies grecques de S. Pachome', *Analecta Bollandiana* 48, pp. 257–301.

——, 1929. 'Les vies grecques de S. Pachome', *Analecta Bollandiana* 47, pp. 376–83.

Hunt, E. D., 1973. 'Palladius of Helenopolis: A Party and its Supporters in the Church of the late Fourth Century', *JTS* (NS) 24, pp. 456–80.

Meyer, R. T., 1970. 'Palladius and Early Christian Spirituality', *SP* 10, pp. 379–90.

Molinier, Nicolas, 1995. *Ascèse, contemplation et ministre: d'après l'Histoire Lausiaque de Pallade d'Hélénopolis*, SO 54, Bégrolles-en-Mauges: Abbaye de Bellefontaine.

Peeters, P., 1936. 'Une vie copte de S. Jean de Lycopolis', *Analecta Bollandiana*, 54, pp. 359–83.

Telfer, W., 1937. 'The Trustworthiness of Palladius', *JTS* 38, pp. 379–83.

ソクラテス・スコラティクス（Socrates Scholasticus）

Chesnut, Glenn F., 1975. 'Kairos and Cosmic Sympathy in the Church Historian Socrates Scholasticus', *Church History* 44, pp. 69–75.

Urbainczyk, Theresa, 1997. *Socrates of Constantinople, Historian of Church and State*, Ann Arbor: University of Michigan Press.

キュレネのシュネシオス（Synesius of Cyrene）

Crawford, W. S., 1901. *Synesius the Hellene*, London: Rivingtons.

Barnes, T. D., 1986a. 'Synesius in Constantinople', *Greek, Roman and Byzantine Studies* 27, pp. 93–112.

——, 1986b. 'When did Synesius become Bishop of Ptolemais?', *Greek, Roman and Byzantine Studies* 27, pp. 325–9.

Bayless, W. N., 1977. 'Synesius of Cyrene: A Study of the Roles of the Bishop in Temporal Affairs', *Byzantine Studies: Études Byzantines* 4, pp. 147–56.

Bregman, Jay, 1974. 'Synesius of Cyrene: Early Life and Conversion to Philosophy', *California Studies in Classical Antiquity* 7, pp. 55–88.

——, 1982. *Synesius of Cyrene: Philosopher-Bishop*, Berkeley/Los Angeles/London: University of California Press.

Grützmacher, G., 1913. *Synesius von Kyrene*, Leipzig: Dechert.

Lacombrade, C., 1951a. *Synésios de Cyrène: Héllène et chrétien*, Paris: Les Belles Lettres.

——, 1961. 'Perspectives nouvelles sur les hymnes de Synésios', *Revue des Études Grecques* 74, pp. 439–49.

Liebeschuetz, J. H. W. G., 1985. 'Synesius and Municipal Politics of Cyrenaica in the Fifth Century',

Byzantion 55, pp. 146–64.
——, 1986. 'Why did Synesius become Bishop of Ptolemais?', *Byzantion* 56, pp. 180–95.
Marrou, H. I., 1936. 'Synesius of Cyrene and Alexandrian Neoplatonism', in A. Momigliano (ed.), *The Conflict between Paganism and Christianity in the Fourth Century*, Oxford: Oxford University Press, pp. 128–50.
Pack, R., 1949. 'Folklore and Superstitions in the Writings of Synesius', *Classical Weekly* 43, pp. 51–6.
Roques, D., 1977. 'Le Lettre 4 de Synésios de Cyrène', *Revue des Études Grecques* 90, pp. 263–95.
——, 1987. *Synésios de Cyrène et la Cyrenaique du Bas-Empire*, Paris: Éditions du CNRS.
——, 1989. *Études sur la correspondence de Synésios de Cyrène*, Bruxelles: Latomus.
Schmitt, T., 2001. *Die Bekehrung des Synesios von Kyrene: Politik und Philosophie, Hof und Provinz als Handlungsräume eines Aristokraten bis zu seiner Wahl zum Metropoliten von Ptolemais*, München: K. G. Saur.
Seeck, O., 1894. 'Studien zu Synesios', *Philologus* 52, pp. 442–83.
Volkmann, R., 1869. *Synesius von Cyrene*, Berlin: Ebeling & Plahn.

モプスエスティアのテオドロス（Theodore of Mopsuestia）

Abramowski, Luise, 1961. 'Zur Theologie Theodors von Mopsuestia', *Zeitschrift für Kirchengeschichte* 72, pp. 263–93.
Bultmann, R., 1984. *Die Exegese des Theodor von Mopsuestia*, ed. H. Field and K. Schelke, Stuttgart: W. Kohlhammer.
Carter, R. E., 1962. 'Chrysostom's *Ad Theodorum lapsum* and the Early Chronology of Theodore of Mopsuestia', *VigChr* 16, pp. 87–101.
Devreesse, R., 1948. *Essai sur Théodore de Mopsueste*, Studi e Testi 141, Rome: Vaticana.
Dewart, J., 1971. *The Theology of Grace of Theodore of Mopsuestia*, Washington, DC: Catholic University of America Press.
——, 1975. 'The Notion of "Person" underlying the Christology of Theodore of Mopsuestia', *SP* 12, pp. 199–207.
Gerber, S., 2000. *Theodor von Mopsuestia und das Nicanum: Studien zu den katechetischen Homilien*, Leiden: Brill.
Greer, R., 1961. *Theodore of Mopsuestia: Exegete and Theologian*, London: Faith Press.
McKenzie, J. L., 1953. 'The Commentary of Theodore of Mopsuestia on Jn. 1.46–51', *Theological Studies* 14, pp. 73–84.
——, 1958. 'Annotations on the Christology of Theodore of Mopsuestia', *Theological Studies* 19, pp. 345–73.
McLeod, F., 2002. 'The Christological ramifications of Theodore of Mopsuestia's Understanding of Baptism and the Eucharist', *JECS* 10, pp. 37–75.
——, 2005. *The Role of Christ's Humanity in Salvation: Insights from Theodore of Mopsuestia*, Washington, DC: Catholic University of America Press.
Norris, R. A., 1963. *Manhood and Christ*, Oxford and New York: Clarendon Press.
Patterson, L., 1926. *Theodore of Mopsuestia and Modern Thought*, London: SPCK.

Pirot, L., 1913. *L'Oeuvre exégétique de Théodore de Mopsueste*, Rome: Sumptibus Pontificii Instituti Biblici.

Richard, M., 1943/77. 'La tradition des fragments du traité Περί τῆς ἐνανθρωπήσεως de Théodore de Mopsueste', *Le Muséon* 56, pp. 55–75; republished in M. Richard, 1977. *Opera Minora* II, Turnhout: Brepols.

Sullivan, F. A., 1956. *The Christology of Theodore of Mopsuestia*, Rome: Analecta Gregoriana.

——, 1959. 'Further Notes on Theodore of Mopsuestia. A Reply to Fr. McKenzie', *Theological Studies* 20, pp. 264–79.

Unnik, W. C. van, 1963. 'παρρησία in the "Catechetical Homilies" of Theodore of Mopsuestia', in *Mélanges offerts à Mlle Christine Mohrmann*, Utrecht: Spectrum, pp. 12–22.

Wiles, M. F., 1960. *The Spiritual Gospel*, Cambridge: Cambridge University Press.

——, 1967. *The Divine Apostle*, Cambridge: Cambridge University Press.

——, 1970. 'Theodore of Mopsuestia as Representative of the Antiochene School', in *The Cambridge History of the Bible* Vol. 1, Cambridge and New York: Cambridge University Press, pp. 489–510.

キュロスのテオドレトス（Theodoret of Cyrus）

Ashby, G. W., 1972. *Theodoret of Cyrrhus as Exegete of the Old Testament*, Grahamstown, South Africa: Rhodes University.

Brok, M. F. A., 1951. 'The Date of Theodoret's *Expositio Rectae Fidei*', *JTS*（NS）2, pp. 178–83.

Canivet, P., 1957. *Histoire d'une entreprise apologétique de Ve siècle*, Paris: Bloud & Gay.

——, 1977. *Le monachisme Syrien selon Théodoret de Cyr*, Paris: Éditions Beauchesne.

Chesnut, G. F., 1981. 'The Date of Composition of Theodoret's Church History', *VigChr* 35, pp. 245–52.

Clayton, P. B., Jr, 2007. *The Christology of Theodoret of Cyrus: Antiochene Christology from the Council of Ephesus (431) to the Council of Chalcedon (451)*, Oxford: Oxford University Press.

Delahaye, H., 1923. *Les Saints Stylites*, Bruxelles: Société des Bollandistes.

Devos, P., 1979. 'La structure de l'*Histoire Philothée* de Théodoret de Cyr: Le nombre de chapitres', *Analecta Bollandiana* 97, pp. 319–36.

Fairbairn, D., 2007, 'The puzzle of Theodoret's Christology: A Modest Suggestion', *JTS*（NS）58, pp. 100–33.

Guinot, J.-N., 1995. *L'exégèse de Théodoret de Cyr*, Paris: Beauchesne.

Honigmann, E., 1953. 'Theodoret of Cyrrhus and Basil of Seleucia: The Time of Their Death', *Patristic Studies*（Studi e Testi 173）, Rome: Vaticana, pp. 174–84.

Koch, G., 1974. *Strukturen und Geschichte des Heils in der Theologie des Theodoret von Kyros*, Frankfurter Theologischen Studien 17, Frankfurt am Main: Verlag Josef Knecht.

Krueger, D., 1997. 'Typological Figuration in Theodoret of Cyrrhus's Religious History and the Art of Postbiblical narrative', JECS 5, pp. 393–419.

Lebon, J., 1930. 'Restitutions à Théodoret de Cyr', *Revue d'Histoire Ecclésiastique* 26, pp. 524–50.

Leroy-Molinghen, A., 1964. 'A propos de la Vie de Syméon Stylite', Byzantion 34, pp. 375–84.

Mandac, M., 1971. 'L'Union christologique dans les oeuvres de Théodoret anterieures au concile

d'Ephèse', *Ephemerides Theologicae Lovanienses* 47, pp. 64–96.
McNamara, K., 1955. 'Theodoret of Cyrus and the Unity of Person in Christ', *Irish Theological Quarterly* 22, pp. 313–28.
Parvis, P. M., 1975, 'Theodoret's Commentary on the Epistles of St Paul', Oxford University, unpublished D.Phil. thesis.
Peeters, P., 1943. 'S. Symeon Stylite et ses premiers biographes', *Analecta Bollandiana* 61, pp. 29–71; republished in *Le tréfonds oriental de l'hagiographie byzantine* (Subsidia Hagiographica 26), Brussels: Société des Bollandistes, 1950, chapter V.
Richard, M., 1935/77. 'L'activité littéraire de Théodoret avant le concile d'Ephèse', *Revue des Sciences Philosophiques et Théologiques* 24, pp. 83–106; republished in Richard, *Opera Minora* II, Turnhout: Brepols, 1977.
——, 1936/77. 'Notes sur l'évolution doctrinale de Théodoret', *Revue des Sciences Philosophiques et Théologiques*, 25, pp. 459–81; republished in Richard, *Opera Minora* II, Turnhout: Brepols, 1977.
——, 1946/77. 'Théodoret, Jean d' Antioche et les moines d'Orient', *Mélanges de Science Religieuse 3, pp. 148–61*; republished in Richard, *Opera Minora* II, Turnhout: Brepols, 1977.
Schor, A. M., 2007. 'Theodoret on the 'School of Antioch': A Network Approach', *JECS* 15, pp. 517–62.
Sellers, R. V., 1945. 'Pseudo-Justin's *Expositio Rectae Fidei*, a Work of Theodoret', *JTS* 46, pp. 145–60.
Urbainczyk, T., 2002. *Theodoret of Cyrrhus: The Bishop and the Holy Man*, Ann Arbor: University of Michigan Press.
Wagner, M. M., 1948. 'A Chapter in Byzantine Epistolography', *Dumbarton Oaks Papers* 4, pp. 119–81.

《訳者紹介》

関川泰寛（せきかわ・やすひろ）

慶応大学経済学部卒業後、エディンバラ大学神学部卒業、東京神学大学大学院博士課程前期課程修了。東北学院大学助教授を経て、東京神学大学教授、現在、大森めぐみ教会牧師。

著書　『ニカイア信条講解——キリスト教の精髄』（教文館、1995年）、『聖霊と教会——実践的教会形成論』（教文館、2001年）、『アタナシオス神学の研究』（教文館、2006年）、『ここが知りたいキリスト教——現代人のための道案内』（教文館、2010年）、『子どもとともに学ぶ　新・明解カテキズム』（解説、教文館、2017年）、『キリスト教古代の思想家たち——教父思想入門』（YOBEL、2023年）ほか多数。

訳書　ブロックス『古代教会史』（教文館、1999年）、ファーガソン『共同体のキリスト教的基礎』（教文館、2002年）、クランフィールド『使徒信条講解』（新教出版社、1995年）、ヘロン『聖霊』（ヨルダン社、1991年）ほか多数。

本城仰太（ほんじょう・こうた）

東京神学大学、同大学大学院で学ぶ。東京神学大学博士（論文題「テルトゥリアヌス神学の研究——信仰の基準を中心に」）。現在、東京神学大学准教授、日本基督教団中渋谷教会牧師。

著書　『使徒信条の歴史』（教文館、2023年）

ギリシア教父の世界——ニカイアからカルケドンまで

2024年10月30日　初版発行

訳　者　関川泰寛・本城仰太
発行者　渡部　満
発行所　株式会社　教文館
〒104-0061　東京都中央区銀座 4-5-1　電話 03(3561)5549　FAX 03(5250)5107
URL　http://www.kyobunkwan.co.jp/publishing/

印刷所　モリモト印刷株式会社

配給元　日キ販　〒112-0014　東京都文京区関口 1-44-4
電話 03(3260)5670　FAX 03(3260)5637

ISBN978-4-7642-7490-7　Printed in Japan